Das grün-rote Experiment
in Baden-Württemberg

Felix Hörisch · Stefan Wurster
(Hrsg.)

Das grün-rote Experiment in Baden-Württemberg

Eine Bilanz der Landesregierung
Kretschmann 2011–2016

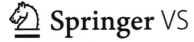

Herausgeber
Felix Hörisch
Institut für Politische Wissenschaft
Universität Heidelberg
Heidelberg, Deutschland

Stefan Wurster
Technische Universität München
München, Deutschland

ISBN 978-3-658-14867-6   ISBN 978-3-658-14868-3   (eBook)
DOI 10.1007/978-3-658-14868-3

Die Deutsche Nationalbibliothek verzeichnet diese Publikation in der Deutschen National-
bibliografie; detaillierte bibliografische Daten sind im Internet über http://dnb.d-nb.de abrufbar.

Springer VS

Lektorat: Jan Treibel

Gedruckt auf säurefreiem und chlorfrei gebleichtem Papier

Springer VS ist Teil von Springer Nature
Die eingetragene Gesellschaft ist Springer Fachmedien Wiesbaden GmbH
Die Anschrift der Gesellschaft ist: Abraham-Lincoln-Str. 46, 65189 Wiesbaden, Germany

Inhaltsverzeichnis

Einleitung „Das grün-rote Experiment: Politikwechsel nach 57 Jahren CDU-Regierung?"

Felix Hörisch und Stefan Wurster

Zusammenfassung

Nach 57 Jahren Regierungsbeteiligung der CDU kam mit der von Winfried Kretschmann geführten Koalition aus Grünen und SPD 2011 in Baden-Württemberg erstmals in einem deutschen Bundesland eine Koalition unter Führung eines grünen Ministerpräsidenten zustande. Die Abwahl der CDU-FDP-Regierungskoalition stellte eine Zäsur in der Politik und der Geschichte des Landes Baden-Württemberg dar. Der vorliegende Sammelband analysiert, ob dieser Regierungswechsel hin zu Grün-Rot auch zu einem entsprechenden rapiden Politikwechsel geführt hat. Die Einleitung in den Sammelband gliedert sich in drei Teile. Zunächst wird eine Einführung in den historischen Kontext der Regierungsübernahme von Grün-Rot 2011 in Baden-Württemberg gegeben. Zudem werden die drei Leitfragen des Sammelbandes entwickelt und es wird in die theoretischen Grundlagen des Sammelbandes, wie insbesondere die Parteiendifferenztheorie, eingeführt. Anschließend werden institutionelle Neuerungen im ersten Kabinett Kretschmann, wie etwa die Schaffung des Integrationsministeriums und die Zusammenlegung des Finanz- und Wirtschaftsministeriums, dargestellt. Zudem wird knapp in die

F. Hörisch (✉)
Institut für Politische Wissenschaft, Ruprecht-Karls-Universität Heidelberg,
Heidelberg, Deutschland
E-Mail: felix.hoerisch@ipw.uni-heidelberg.de

S. Wurster
Hochschule für Politik München an der Technischen Universität München,
München, Deutschland
E-Mail: stefan.wurster@hfp.tum.de

© Springer Fachmedien Wiesbaden 2017   1
F. Hörisch und S. Wurster (Hrsg.), *Das grün-rote Experiment in
Baden-Württemberg*, DOI 10.1007/978-3-658-14868-3_1

Schwerpunktsetzung grün-roter Regierungspolitik im Vergleich der verschiedenen Politikfelder sowohl im Koalitionsvertrag wie auch in der Entwicklung der Ausgabenanteile der verschiedenen Ministerien im Laufe der Legislaturperiode eingeführt. Abschließend wird jeweils ein kurzer Überblick über die einzelnen folgenden Beiträge des Sammelbandes gegeben.

1   Das grün-rote Experiment

Nach 57 Jahren Regierungsbeteiligung der CDU kam 2011 in Baden-Württemberg mit der von Winfried Kretschmann geführten Koalition aus Grünen und SPD erstmals in einem deutschen Bundesland eine Koalition unter einem grünen Ministerpräsidenten an die Macht. Die Abwahl der CDU-FDP-Regierungskoalition im März 2011 stellt eine Zäsur in der Politik und der Geschichte des Landes Baden-Württemberg dar. Anschließend wurde mit Winfried Kretschmann zum ersten Mal in der Geschichte der Bundesrepublik Deutschland ein Politiker der Grünen Ministerpräsident eines Landes – und das ausgerechnet im als besonders konservativ geltenden Südwesten. Der vorliegende Sammelband analysiert, ob dieser Regierungswechsel nach über fünf Jahrzehnten mit CDU-Regierungsbeteiligung hin zu Grün-Rot auch zu einem rapiden Politikwechsel geführt hat, und wenn ja, in welche Richtung, oder ob die Kontinuität in den ersten fünf Jahren der grün-roten Koalition überwog und es zu keinem Pfadbruch kam. Welche Politik hat die erste grün-rote Landesregierung in Baden-Württemberg bei diesem strukturell konservativen Umfeld und unter dem Einfluss des langen konservativen Politikerbe verfolgt?

Diese Fragestellung wird dabei für verschiedene Politikfelder beantwortet. Damit reiht sich der Sammelband ein in die kleine, aber wachsende komparatistische Literatur zur Politikfeldanalyse auf Ebene der Bundesländer (vgl. Schneider und Wehling 2006; Hildebrandt und Wolf 2008, 2016; Wagschal und Wenzelburger 2009; Bräuninger und Debus 2012). In der Regel werden die Autoren dieses Bandes dabei in drei Schritten vorgehen. Zunächst werden erstens die Wahlprogramme zur Landtagswahl 2011 von Grünen, SPD, CDU und – wenn im jeweiligen Politikfeld relevant – der FDP miteinander und mit dem anschließend ausgehandelten Koalitionsvertrag verglichen. Was fällt im Vergleich der Wahlprogramme untereinander auf? Was haben die verschiedenen Parteien sich vor der Wahl vorgenommen? Welche Schwerpunkte legten Grüne und SPD im Vergleich zur bürgerlichen Opposition? Entspricht diese Schwerpunktsetzung den Erwartungen der klassischen Parteiendifferenztheorie (vgl. Hibbs 1977; Schmidt 2010; Wenzelburger 2015) oder weicht sie davon ab? Und welche dieser Schwerpunktsetzungen findet sich im Koalitionsvertrag wieder? Welche Partei hat es besser geschafft, dieser Koalition ihren Stempel aufzudrücken? Wahlprogramme und Koalitionsverträge sind das eine. In der politischen Praxis werden diese Ankündigen und Vorhaben jedoch häufig von aktuellen Entwicklungen überrollt, auf die Politik reagieren muss. Auch die Politik der grün-roten Landesregierung war geprägt von den Nach- bzw. Auswirkungen der Finanz- und Eurokrise, bei gleichzeitig sehr positiver wirtschaftlicher Entwicklung in Baden-Württemberg selbst, dem institutionellem Diktat der Schuldenbremse, der Auseinandersetzung um Stuttgart 21, Diskussionen um Lehrerstellenabbau und Gemeinschaftsschule sowie der Polizeireform, den Notwendigkeiten einer bundesweit angestoßenen Energiewende und zudem den Folgen der europaweiten Flüchtlingskrise, um nur einige zu nennen. Daher soll zweitens ein Überblick über die tatsächlich getätigten Reformen der grün-roten Landesregierung im jeweiligen Politikfeld gegeben werden. Wie beeinflusste die wirtschaftliche Lage und das politische Umfeld während der Legislaturperiode die Politik im jeweiligen Politikfeld? Wie beeinflussten die Finanzkrise bei gleichzeitig guter konjunktureller Lage in Baden-Württemberg die Opportunitätsstrukturen für die Politik von Grün-Rot? Welchen Einfluss hatte die Schuldenbremse, nach der alle Bundesländer spätestens 2020 einen ausgeglichenen Haushalt präsentieren müssen, auf die Gestaltungsspielräume für Politik? Wie begegnete die Landespolitik aktuellen Herausforderungen auf nationaler und internationaler Ebene, wie der Flüchtlingskrise, dem demografischen Wandel und der bundesweiten Energiewende?

Die theoretische Grundlage zur Beantwortung dieser Fragen soll dabei insbesondere die Parteiendifferenztheorie bilden. Die Hypothese des Einflusses von Parteieneffekten beruht auf der umfassenden Literatur zum Einfluss der parteipolitischen Färbung von Regierungsparteien auf Policy-Outcomes. Die Parteiendifferenz-Hypothese besagt, dass die parteipolitische Färbung von Regierungsparteien wesentlichen Einfluss auf die Policy-Entscheidungen von Regierungen hat und dass Parteien an der Regierung einen signifikanten Unterschied für das Politikergebnis ausmachen können (vgl. Budge und Keman 1990, S. 132; Rose 1984). Ausgangspunkt der Parteiendifferenztheorie war die Untersuchung von Hibbs (1977), der zufolge sich die Regierungsbeteiligung von Rechts- und Linksparteien in jeweils unterschiedlichen Höhen von Arbeitslosigkeit und Inflation äußert. Sozialdemokratische und Linksparteien an der Regierung führen dabei zu einer niedrigeren Arbeitslosigkeit, bürgerliche Parteien dagegen zu einer niedrigeren Inflation. Hibbs führt dies in erster Linie auf eine jeweils unterschiedliche Wählerklientel der beiden Parteienfamilien und von divergierenden Präferenzen dieser Wählerklientel zurück, die zu unterschiedlichem

Regierungshandeln der Parteien führen, indem diese versuchen, die Interessen ihrer jeweiligen Klientel zu befriedigen. Edward R. Tufte stimmte diesen Vorstellungen zu (vgl. Tufte 1978, S. 83), ergänzt die Theorie von Hibbs allerdings um Überlegungen über den Wahlzeitpunkt, der für das Verhalten der Regierungs- und Oppositionsparteien maßgeblich werden kann (vgl. Schmidt und Ostheim 2007, S. 53). Da Parteien, um ihre Programme langfristig durchzusetzen, neben der Policy- auch immer die Stimmen- und Ämtermaximierung im Auge behalten müssen, erhält der Wahlterminkalender (vgl. Tufte 1978, S. 100) und die Mobilisierungswirkung, die ein Thema für den Parteienwettbewerb hat, für die Regierungstätigkeit im jeweiligen Politikfeld eine große Bedeutung (vgl. Zohlnhöfer 2001, S. 657). Neuere Studien zeigen immer wieder Parteieneffekte auf, allerdings sind diese meist abhängig von weiteren Faktoren, wie beispielsweise der gewählten Untersuchungsperiode, dem Untersuchungsdesign und des jeweiligen Ländersamples (vgl. Schmidt 2010; Wenzelburger 2015). Auch spielen die interdependenten Zusammenhänge aller relevanten Parteien in einem Parteiensystem (Grad an Konsens- und Konfliktpotenzial) eine mitunter entscheidende Rolle (vgl. Stern 2000, S. 60).

Abschließend soll drittens eine Einordnung der durchgeführten Reformen im jeweiligen Politikfeld vorgenommen werden. Als Maßstab werden hierzu in den einzelnen Beiträgen zunächst die jeweiligen Spielräume für die Landespolitik innerhalb des jeweiligen Politikfelds herangezogen (institutionelle Vorgaben und Zuständigkeiten, etc.). Anschließend wird analysiert werden, inwieweit diese Spielräume von der grün-roten Landesregierung im spezifischen Politikfeld genutzt wurden. Zur Beantwortung der Frage, ob die dargestellten Reformen der grün-roten Landesregierung in den verschiedenen Politikfeldern einen radikalen Pfadbruch oder einen substanziellen Politikwechsel darstellen, oder ob im Wesentlichen die Politik der Vorgängerregierung fortgesetzt wurde, wird dabei auf unterschiedliche Klassifikationen von Reformen zurückgegriffen. Dies kann etwa die Klassifizierung von Reformen durch Peter Hall sein, je nach den Spezifika des jeweiligen Politikfeldes wird jedoch auch auf andere Reformklassifikationen zurückgegriffen. Hall (1993) unterscheidet in seiner Klassifikation zwischen Reformen erster, zweiter und dritter Ordnung. Reformen werden dabei als Reformen erster Ordnung bezeichnet, wenn die grundlegenden Ziele und verwendeten Maßnahmen der Politik gleich bleiben und es lediglich zu einer Veränderung des Ausmaßes des Einsatzes der verschiedenen Politikinstrumente kommt, indem beispielsweise eine bestehende Steuer erhöht oder gesenkt wird. Reformen zweiter Ordnung liegen dagegen vor, wenn es zur Veränderung der eingesetzten Politikinstrumente kommt, also beispielsweise ein neuer Steuerungsmechanismus wie eine neue Abgabe oder Steuer eingeführt wird. Reformen dritter Ordnung setzen darüber hinaus voraus, dass ein Wandel des der Politik zugrunde liegenden Paradigmas stattfindet, dass die Politik also zum Beispiel fundamental neue Ziele ihrer eingesetzten Politiken formuliert.

Somit soll das Buch die Politik der ersten grün geführten Landesregierung in der Bundesrepublik Deutschland umfassend analysieren und Antworten auf folgende drei Leitfragen liefern:

1. Welche Politik hat die erste grün-rote Landesregierung in Baden-Württemberg bei einem strukturell konservativen Umfeld und unter dem Einfluss des langen konservativen Politikerbes verfolgt? Wird hierbei ein spezifisches politisches Profil der grün-roten Regierung sichtbar?
2. Wie lassen sich Reformtiefe und Richtung der Reformen bewerten?
3. Weicht die Politik der grün-roten Landesregierung systematisch sowohl von der ihrer Vorregierungen als auch von den Politiken der Regierungen in anderen Bundesländern in den Jahren 2011 bis 2016 ab?

2 Das Kabinett Kretschmann und die Schwerpunkte grün-roter Regierungspolitik

Mit der Wahl zum Ministerpräsidenten am 25. Mai 2011 zog Winfried Kretschmann in die Villa Reitzenstein ein und mit ihm kamen zwölf Minister ins Amt; davon fünf mit grünem und sieben mit SPD-Parteibuch. Während die SPD sich die klassischen Ressorts Finanzen und Wirtschaft, Innen, Justiz, Arbeit und Soziales, Bildung und Kultus, Bundesrat, Europa und internationale Angelegenheiten sowie Integration sichern konnte, übernahmen die Grünen die Ministerien für Wissenschaft, Verkehr, Umwelt und Energie, Ländlicher Raum und Verbraucherschutz sowie das Ministeramt im Staatsministerium. Institutionelle Neuerungen stellten insbesondere die Zusammenlegung von Finanz- und Wirtschaftsministerium unter dem stellvertretenden Ministerpräsidenten Nils Schmid, das neu geschaffene Integrationsministerium und die Schaffung je eigenständiger Ressorts für Umwelt und Verkehr dar.

Der gemeinsame Koalitionsvertrag mit dem Titel „Der Wechsel beginnt" (Koalitionsvertrag 2011) enthielt ebenfalls inhaltliche Neuerungen und Schwerpunktverschiebungen. Hervorzuheben ist einerseits der Versuch einen neuen Politikstil des „Gehört Werdens" zu etablieren, der auf ein Mehr an Bürgerbeteiligung und Bürgernähe abzielt. So wurde auch erstmals eine Staatsrätin für Zivilgesellschaft und Bürgerbeteiligung im Staatsministerium berufen. Inhaltlich äußert sich dieser Fokus in einem Mehr an Bürgerbeteiligungsverfahren wie beispielsweise der Volksabstimmung um Stuttgart 21, sowie der Einsetzung von zahlreichen beratenden Beiräten zu Themen wie TTIP und Industrie 4.0. Weitere programmatische Änderungen betrafen sowohl Themen der Wirtschafts- und Finanzpolitik (Anhebung der Grunderwerbssteuer um 1,5 Prozentpunkte, sowie struktureller Ausgleich des Haushalts im Hinblick auf die Schuldenbremse), der Wissenschafts- und Bildungspolitik (Abschaffung der Studiengebühren und Einführung von Gemeinschaftsschulen), der Umwelt-, Verkehrs- und Energiepolitik (Entwicklung zu einer führenden Energie- und Klimaschutzregion, Förderung nachhaltiger Mobilität, Ausbau des Schienenverkehrs) sowie einer Stärkung der kommunalen Finanzen. Während eine genauere Analyse des Koalitionsvertrags den einzelnen Kapiteln vorbehalten bleibt, zeigt bereits dieser exemplarische Überblick eine unterschiedliche Schwerpunktsetzung der neuen Regierungsparteien, die in wesentlichen Teilen den klassischen Parteiendifferenzen entspricht. Grüne und SPD hatten jeweils schon in ihren Wahlprogrammen wie auch anschließend im Koalitionsvertrag eine Politik angekündigt, die einer genuin grün-roten Schwerpunktsetzung entsprach: Ökologie und nachhaltige Erneuerung einerseits und klassische industrie- und arbeitnehmerfreundliche Politik andererseits.

In einigen Bereichen deutet der Koalitionsvertrag allerdings auch Kontinuität in Relation zur Politik der schwarz-gelben Vorgängerregierung an. So versprach der neue Ministerpräsident Winfried Kretschmann bereits in seiner ersten Regierungserklärung „Baden-Württemberg steht keine politische Revolution bevor, sondern eine ökologisch-soziale Erneuerung" (Regierungserklärung 2011, S. 3). Dies zeigte sich beispielsweise in der Finanzpolitik. Die Landesregierung bekundete hier, sich für eine Reform des Länderfinanzausgleichs einzusetzen, mit dem Ziel Geberländer wie Baden-Württemberg zu entlasten und größere Anreize zur Stärkung der Steuereinnahmen in Geber- und Nehmerländern zu schaffen (vgl. Koalitionsvertrag 2011, S. 56). Zudem bekundete auch die grün-rote Landesregierung den Willen die wirtschaftliche Stärke des Industrie- und Exportstandortes Baden Württemberg zu sichern und die weitere Stärkung des bestehenden Wissenschaftsstandorts und der universitären Spitzenforschung voranzutreiben. Relative Konstanz signalisierte der Koalitionsvertrag auch in Bereichen der Innen- und Justizpolitik sowie Kontinuität in zahlreichen weiteren Fragen wie des Ausbaus der Breitbandinfrastruktur.

Die Kombination von Wandel einerseits und von Pfadabhängigkeiten sowie Kontinuität andererseits werden im Koalitionsvertrag insgesamt unter dem Motto „Erneuern und Bewahren" angekündigt. Vergleicht man die tatsächliche anschließende Entwicklung der Ausgabenanteile der Landesministerien im Laufe der Legislaturperiode, fallen verschiedene Entwicklungstrends auf (siehe Tab. 1).

Tab. 1 Ausgabenanteile der Landesministerien im Vergleich. (Quelle: Eigene Darstellung auf Basis der Daten des Haushalts des Landes Baden-Württemberg. Ministerium für Finanzen und Wirtschaft Baden-Württemberg. http://haushalt.service-bw.de/HaushaltBW/HaushaltBW_Epl.html. Zuletzt zugegriffen am 26.4.2016)

Ministerium	2012 (Ist)		2013 (Ist)		2014 (Ist)		2015 (Plan)		2016 (Plan)	
	Ausgaben (in Mio. €)	Anteil in %	Ausgaben (in Mio. €)	Anteil in %	Ausgaben (in Mio. €)	Anteil in %	Ausgaben (in Mio. €)	Anteil in %	Ausgaben (in Mio. €)	Anteil in %
Allgemeine Finanzverwaltung	14.681	37,2	15.584	37,8	15.526	36,4	17.681	40,0	18.200	38,9
Ministerium für Kultus, Jugend und Sport	9248	23,5	9428	22,9	9766	22,9	9953	22,4	10.246	21,9
Ministerium für Wissenschaft, Forschung und Kunst	4806	12,2	4954	12	5296	12,4	5030	11,3	5089	10,9
Innenministerium	2503	6,4	2552	6,2	2579	6,0	2658	6	2732	5,9
Ministerium für Arbeit und Sozialordnung, Familie, Frauen	1799	4,6	2077	5	2155	5,1	1418	3,2	1477	3,2
Ministerium für Verkehr und Infrastruktur	1674	4,2	1822	4,4	1973	4,6	1899	4,3	1901	4,1
Justizministerium	1454	3,7	1468	3,6	1532	3,6	1622	3,7	1651	3,5
Ministerium für Finanzen und Wirtschaft	1385	3,5	1368	3,3	1801	4,2	1421	3,2	1445	3,1
Ministerium für Ländlichen Raum und Verbraucherschutz	813	2	800	1,9	796	1,9	875	2,0	879	1,9

(Fortsetzung)

Tab. 1 (Fortsetzung)

Ministerium	2012 (Ist)		2013 (Ist)		2014 (Ist)		2015 (Plan)		2016 (Plan)	
	Ausgaben (in Mio. €)	Anteil in %	Ausgaben (in Mio. €)	Anteil in %	Ausgaben (in Mio. €)	Anteil in %	Ausgaben (in Mio. €)	Anteil in %	Ausgaben (in Mio. €)	Anteil in %
Ministerium für Finanzen und Wirtschaft (Wirtschaft)	501	1,3	486	1,2	493	1,2	550	1,2	689	1,5
Ministerium für Umwelt, Klima und Energiewirtschaft	371	0,9	385	0,9	398	0,9	443	1	441	0,9
Ministerium für Integration	67	0,2	135	0,3	247	0,6	677	1,5	1916	4,1
Landtag	64	0,2	69	0,2	73	0,2	77	0,2	82	0,2
Staatsministerium	45	0,1	45	0,1	39	0,1	53	0,1	45	0,1
Rechnungshof	21	0,1	21	0,1	22	0,1	22	0,1	22	0,1
Verfassungsgerichtshof							0,4		0,4	0,0
Gesamt	39.432		41.196		42.696		44.380		46.816	

Zum einen ist der Ausgabenanteil für die Allgemeine Finanzverwaltung, dem größten Ausgabeposten, substanziell von 37,2 % zu Beginn der Legislaturperiode auf 38,9 % gestiegen. Dieser Ausgabenposten umfasst insbesondere den kommunalen Finanzausgleich sowie den Finanzausgleich zwischen den verschiedenen Bundesländern untereinander und mit dem Bund. Insofern spiegelt der höhere Ausgabenanteil dieses Postens insbesondere die größere Belastung des Landes Baden-Württembergs aufgrund der positiven wirtschaftlichen Lage des Landes bei den Finanzausgleichsmechanismen im Untersuchungszeitraum wieder, sowie die finanziell verbesserte Ausstattung der Kommunen.

Dagegen ist der Ausgabenanteil der beiden Ministerien mit dem nächsthöchsten Anteil an dem Gesamthaushalt von 23,5 auf 21,9 % im Fall des Ministeriums für Kultus, Jugend und Sport und von 12,2 auf 10,9 % im Fall des Ministeriums für Wissenschaft, Forschung und Kunst gesunken. Ebenfalls von Einsparungen betroffen war das Ministerium für Arbeit und Sozialordnung, Familie, Frauen, dessen Ausgabenanteil im Laufe der Legislaturperiode von anfangs 4,6 auf 3,2 % sank, was mit Sicherheit auch mit der sehr guten Lage am Arbeitsmarkt in Baden-Württemberg und damit einer gesunkenen Nachfrage nach Ausgaben in diesem Bereich zu erklären ist.

Relativ konstant waren dagegen die Ausgabenanteile für das Innenministerium, das Ministerium für Verkehr und Infrastruktur, das Justizministerium, das Ministerium für Finanzen und Wirtschaft, das Ministerium für Ländlichen Raum und Verbraucherschutz sowie das Ministerium für Umwelt, Klima und Energiewirtschaft.

Einen vergleichsweise starken Zuwachs verzeichnet dagegen das nach der Regierungsübernahme von grün-rot neu gegründete Integrationsministerium, dass seinen Ausgabenanteil von 0,2 % im Jahr 2012 auf 4,1 % im Jahr 2016 vervielfachen konnte. Inwiefern sich diese finanziellen Schwerpunktverschiebungen auch auf die Entscheidungen in den einzelnen Politikfeldern ausgewirkt haben, wird Teil der Analyse in den jeweiligen Kapiteln dieses Sammelbandes sein.

3   Der Sammelband im Überblick

Mit dem vorliegenden Bilanzband soll eine umfassende und systematische Analyse der ersten Legislaturperiode der grün-roten Landesregierung in Baden-Württemberg aus verschiedenen Blickwinkeln vorgelegt werden. Dies verspricht einen bedeutenden Erkenntnisgewinn nicht nur im Hinblick auf die vergleichende Policy-Analyse der Politik von Landesregierungen im Bundesländervergleich, sondern auch spannende Einsichten in Bezug auf die Policy-Positionen und

Politikpräferenzen von grün geführten Landesregierungen und grün-roten Koalitionen, die eine aktuelle und ertragreiche Anwendung der Parteiendifferenztheorie (vgl. Hibbs 1977; Schmidt 2010) darstellen.

Die Voraussetzungen für Unterschiede in der Staatstätigkeit werden maßgeblich mitgeprägt durch die jeweiligen Gegebenheiten des Parteienwettbewerbs. Diese analysiert *Marc Debus* in seinem Beitrag zu den „verrückten Verhältnissen" des Parteienwettbewerbs während der Regierungszeit des Kabinetts Kretschmanns. Debus zeichnet die Entwicklung des Parteienwettbewerbs in Baden-Württemberg zwischen 2011 und 2016 nach und geht dabei insbesondere den Fragen nach, warum die Sozialdemokraten in Baden-Württemberg so schwach verankert sind, wie sich die programmatischen Positionen aller Parteien während der Legislaturperiode entwickelt haben und welche Koalitionsoptionen auf Basis von inhaltlicher Nähe der Parteien und Ämtermaximierungsüberlegungen nach der Landtagswahl 2016 wahrscheinlich waren. In die Analyse der Staatstätigkeit steigt *Felix Hörisch* mit dem zentralen Politikfeld der Finanzen und Wirtschaft ein. Hier lotet er die finanziellen Handlungsspielräume der neuen Landesregierung und deren Schwerpunktsetzungen unter dem Eindruck der Finanzkrise und den institutionellen Vorgaben der Schuldenbremse im Industrie- und Exportland Baden-Württemberg aus. *Frank Bandau* untersucht die Arbeitsmarkt- und Sozialpolitik. Bei nur begrenzten Handlungsspielräumen auf Bundesländerebene hatte auch unter der grün-roten Landesregierung die niedrige Arbeitslosenquote bestand. Der Autor analysiert einerseits, inwieweit dies auf die spezifischen arbeitsmarktpolitischen Maßnahmen der Landesregierung zurückgeführt werden kann, und nimmt andererseits sozialpolitische Reformmaßnahmen etwa in der Gesundheits- und Wohnungspolitik genauer in den Blick. Anschließend analysieren *Helge Staff* und *Georg Wenzelburger* die Innen- und Justizpolitik. In diesem Politikfeld, das sonst häufig in konservativer Hand liegt, stach vor allem die umstrittene Reform der Polizeiverwaltung hervor. Während diese nur außerhalb der Koalition heftig umstritten war, offenbarte die Analyse anderer Reformvorhaben in der Innen- und Justizpolitik deutliche parteipolitische Differenzen auch innerhalb der Landesregierung. Mit dem auf landespolitischer Ebene zentralen Politikfeld Bildung und Kultus beschäftigen sich *Marius Busemeyer* und *Susanne Haastert*. Neben Kontinuität lassen sich hier auch deutliche Prioritätsverschiebungen erkennen. So sorgten die Abschaffung der Grundschulempfehlung, die Einführung von Gesamtschulen, der Ausbau der Ganztagsschulbetreuung sowie die Diskussion um Lehrerstellenabbau für teils heftige Diskussionen im „Ländle". Im verwandten Bereich der Wissenschafts- und Forschungspolitik versucht *Falk Bartscherer* Kontinuität und Wandel nachzuspüren. Neben der Debatte um die Zukunft des Wissenschaftsstandorts

Baden-Württemberg mit vier Eliteuniversitäten, spielte die Situation des wissenschaftlichen Nachwuchses sowie die Weiterentwicklung der Exzellenzinitiative
eine wichtige Rolle. Mit der Asyl- und Integrationspolitik beschäftigt sich *Sandra Kostner* – einem Politikfeld, das im Laufe der Legislaturperiode zu ungea-
ahnter Bedeutung und ins Zentrum öffentlicher Diskussion rückte. Das eigens
neu geschaffene Ministerium für Integration wurde dabei durch die Flüchtlingskrise vor große Herausforderungen gestellt. Mit dem Ministerium für Umwelt,
Ländlichen Raum und Verbraucherschutz besetzen die Grünen ein für ihre Partei klassisches Ressort. *Jale Tosun* und *Ulrich Hartung* beantworten die Frage,
inwieweit sich dies in den Entscheidungen und initiierten Reformen des Politikfelds wiederspiegelt. Dabei nehmen sie unter anderem die Agrar- und Verbraucherpolitik mit einem besonderen Fokus auf die grüne Gentechnik näher in den
Blick – ein Bereich, in dem ein weitreichender Politikwandel stattgefunden hat.
Stefan Wurster analysiert Ausmaß und Folgen der Energiewende in Baden-Württemberg. Neben Fragen des Netzausbaus und des Atomausstiegs stehen dabei die
Förderung erneuerbarer Energien, wie insbesondere der Windenergie, sowie der
Energieeffizienz im Fokus. Auch werden die Maßnahmen der Landesregierung
zum Energiesparen kritisch unter die Lupe genommen. Die „Außenpolitik" des
Landes in Form der Beziehungen zu Bund und EU, sowie das Verhalten im Bun-
desrat stehen im Mittelpunkt des Beitrags von *Hanno Degner* und *Daniela Kroll*.
Hierbei analysieren sie die Funktionsweise der „Nebenaußenpolitik" des Landes
Baden-Württemberg sowohl über den indirekten Weg des Bundesrats wie auch
über den direkten Weg über Präsenz in Brüssel und bi-/multilaterale Kooperationen. Zudem werfen sie die Frage auf, ob es eine genuin grün-rote Außen- und
Europapolitik gab, oder ob in diesem Politikfeld die Kontinuität zur Vorgängerregierung überwog. Neues Terrain betrat die Landesregierung in Fragen der Partizipation und Bürgerbeteiligung. Unter dem Stichwort „Politik des Gehört Werdens"
wurden zahlreiche Initiativen und Maßnahmen ergriffen, die *Matthias Fatke* auf
ihre Auswirkungen hin unter die Lupe nimmt. Im Anschluss beleuchten Patrick
Bernhagen, Saskia Geyer und Felix Goldberg das Verhältnis der Landesregierung
zu Verbänden und Unternehmen. Nach langer bürgerlicher Regentschaft erwies
sich dabei vor allem das Verhältnis zur Industrie zunächst als kontrovers. Für
andere Verbände und Interessengruppen aus dem Sozial- und Umweltspektrum
ergaben sich dagegen neue Möglichkeiten. Die Bewertung der grün-roten Landesregierung im Urteil der Wähler steht im Mittelpunkt des Beitrages von *Johannes
Blumenberg* und *Thorsten Faas*. Der Vergleich der Umfragenentwicklung und
Wahlergebnisse über die Legislaturperiode hinweg zeigt auffällige Verschiebungen des Parteiengefüges. So stabilisieren sich die Grünen bei starken Populari-
tätswerten Kretschmanns als Landesvater auf hohem Niveau. Gleichzeitig war es

für den kleineren Koalitionspartner SPD deutlich schwieriger, öffentliches Profil zu gewinnen. Nachdem die CDU sich zunächst an die für sie ungewohnte Rolle in der Opposition gewöhnen musste, machte ihr gegen Ende der Legislaturperiode das Erstarken der AfD im Zuge der Flüchtlingskrise zu schaffen. Im abschließenden Fazit führen die Herausgeber *Stefan Wurster* und *Felix Hörisch* die Ergebnisse der einzelnen Beiträge zusammen und beantworten dabei die Frage nach dem von der ersten grün-roten Landesregierung eingeschlagenen Kurs.

Zum Gelingen dieses Sammelbandes haben neben den einzelnen Autoren auch die Diskutanten Miriam Koch, Johannes Diederich und Matthias Valta maßgeblich beigetragen. Zudem bedanken sich die Herausgeber sehr herzlich beim „Field of Focus 4: Self-Regulation and Regulation" der Universität Heidelberg für die großzügige Finanzierung des Autorenworkshops am 17. und 18. März 2016 an der Universität Heidelberg. Für wertvolle Unterstützung bei der Organisation der Tagung und der Zusammenstellung des Sammelbandes bedanken wir uns schließlich auch bei Julia Weiß.

Literatur

Bräuninger, T., und M. Debus. 2012. *Parteienwettbewerb in den Bundesländern*. Wiesbaden: VS Verlag.

Budge, I., und H. Keman. 1990. *Parties and democracy. Coalition formation and government functioning in twenty states*. Oxford: Oxford University Press.

Hall, P. 1993. Policy paradigms, social learning, and the state. The case of economic policymaking in Britain. *Comparative Politics* 25:275–296.

Hibbs, D. A. 1977. Political parties and macroeconomic policy. *American Political Science Review* 71 (04): 1467–1487.

Hildebrandt, A., und F. Wolf. 2008. *Politik der Bundesländer Staatstätigkeit im Vergleich*. Wiesbaden: VS Verlag.

Hildebrandt, A., und F. Wolf. 2016. *Politik der Bundesländer. Staatstätigkeit im Vergleich*, 2. Aufl. Wiesbaden: VS Verlag.

Koalitionsvertrag. 2011. *Der Wechsel beginnt. Koalitionsvertrag zwischen BÜNDNIS 90/ DIE GRÜNEN und der SPD Baden-Württemberg*. Baden-Württemberg.

Regierungserklärung. 2011. *Regierungserklärung von Ministerpräsident Winfried Kretschmann am 25. Mai 2011 im Landtag von Baden-Württemberg*. Stuttgart.

Rose, R. 1984. *Do parties make a difference?* Basingstoke: Palgrave Macmillan.

Schmidt, M. G. 2010. Parties. In *The oxford handbook of the welfare State*, Hrsg. F. G. Castles, S. Leibfried, J. Lewis, H. Obinger, und C. Pierson, 211–226. Oxford: Oxford University Press.

Schmidt, M. G., und T. Ostheim. 2007. Die Lehre von der Parteiendifferenz. In *Der Wohlfahrtsstaat Eine Einführung in den historischen und internationalen Vergleich*, Hrsg. M.

G. Schmidt, S. Leibfried, T. Ostheim, N. A. Siegel, und R. Zohlnhöfer, 51–61. Wiesbaden: VS Verlag.

Schneider, H., und H. G. Wehling. 2006. *Landespolitik in Deutschland. Grundlagen – Strukturen – Arbeitsfelder.* Wiesbaden: VS Verlag.

Stern, J. 2000. *Programme versus Pragmatik. Parteien und ihre Programme als Einfluss- und Gestaltungsgröße auf bildungspolitische Entscheidungsprozesse.* Frankfurt a. M.: Lang.

Tufte, E. R. 1978. *Political control of the economy.* Princeton: Princeton University Press.

Wagschal, U., und G. Wenzelburger. 2009. Determinanten der Haushaltskonsolidierung der Bundesländer (1992–2006). *Zeitschrift für vergleichende Politikwissenschaft* 3:33–58.

Wagschal, U., O. Wintermann, und T. Petersen. 2009. *Konsolidierungsstrategien der Bundesländer.* Gütersloh: Verlag Bertelsmann Stiftung.

Wenzelburger, G. 2015. Parteien. In *Handbuch Policy-Forschung,* Hrsg. G. Wenzelburger und R. Zohlnhöfer, 81–112. Wiesbaden: Springer VS.

Zohlnhöfer, R. 2001. Parteien, Vetospieler und der Wettbewerb um Wählerstimmen: Die Arbeitsmarkt- und Beschäftigungspolitik der Ära Kohl. *Politische Vierteljahresschrift* 42:655–682.

Über die Autoren

Dr. Felix Hörisch ist zurzeit Vertreter der Professur für Politische Wissenschaft (Prof. Dr. Jale Tosun; zu 50 %) sowie Projektmitarbeiter im EU-FP 7-Projekt „Kulturelle Pfade zu wirtschaftlicher Selbstsuffizienz und Unternehmertum: Familienwerte und Jugendarbeitslosigkeit in Europa (CUPESSE)" (zu 50 %) am Institut für Politische Wissenschaft der Universität Heidelberg. Seine Arbeit konzentriert sich auf die Politische Ökonomie und die Vergleichende Policy-Forschung, insbesondere in den Bereichen Arbeitsmarktpolitik, Sozialpolitik, Wirtschaftspolitik, Fiskalpolitik, Unternehmensmitbestimmung und Analyse politischer Strategien.

Dr. Stefan Wurster ist Professor für Policy Analysis an der Hochschule für Politik München an der Technischen Universität München. Seine Schwerpunkte in Forschung und Lehre sind die Vergleichende Staatstätigkeitsforschung, der Demokratie-Autokratie-Vergleich, die Nachhaltigkeitsforschung sowie das Politische System der Bundesrepublik Deutschland.

Verrückte Verhältnisse? Wahlverhalten und Parteienwettbewerb in Baden-Württemberg zwischen 2011 und 2016

Marc Debus

Zusammenfassung

Der Beitrag zeichnet die Entwicklung des Parteienwettbewerbs in Baden-Württemberg zwischen 2011 und 2016 nach und geht dabei insbesondere den Fragen nach, warum die Sozialdemokraten so schwach in diesem Bundesland verankert sind, wie sich die programmatischen Positionen der Parteien entwickelt haben und welche Koalitionsoptionen nach der Landtagswahl 2016 wahrscheinlich sind. Auf der Grundlage von Theorien des Wahlverhaltens und der Koalitionsbildung werden Erwartungen formuliert, die mithilfe von Umfragedaten und einem Datensatz zur Regierungsbildung in den deutschen Bundesländern seit 1990 getestet werden. Die Ergebnisse zeigen, dass der SPD in Baden-Württemberg die Verankerung im gewerkschaftlich organisierten Arbeitermilieu fehlt, und dass – vor allem aufgrund der Koalitionsaussage der FDP – eine Koalition aus Grünen und CDU das wahrscheinlichste Ergebnis der Regierungsbildung ist.

1 Einleitung und Fragestellung

Die Landtagswahlen in Baden-Württemberg vom März 2011 haben dadurch zur Bereicherung der Parteienkonstellationen wie auch der Koalitionsoptionen beigetragen, dass die Sozialdemokraten (SPD) als „catch all party" (Kirchheimer 1965)

M. Debus (✉)
Fakultät für Sozialwissenschaften, Universität Mannheim, Mannheim, Deutschland
E-Mail: marc.debus@uni-mannheim.de

© Springer Fachmedien Wiesbaden 2017
F. Hörisch und S. Wurster (Hrsg.), *Das grün-rote Experiment in Baden-Württemberg*, DOI 10.1007/978-3-658-14868-3_2

sowie als Juniorpartner eine Koalitionsregierung unter Führung der „niche party" (Meguid 2005) Bündnis 90/Die Grünen eingegangen sind, die im 2011 gewählten Landtag mandatsmäßig stärker als die SPD war. Mit Hinblick auf das Wahlergebnis bei der Landtagswahl 2016 fällt die Bilanz für die beiden Regierungsparteien mehr als gemischt aus: während die Grünen zum ersten Mal in ihrer Geschichte stärkste Partei bei einer Landtagswahl wurden und 30,3 % der Stimmen erreichten, brachen die Sozialdemokraten auf 12,7 % und damit auf ein historisches Tief im deutschen Südwesten ein. Für die grün-rote Koalitionsregierung von Ministerpräsident Kretschmann und seinem Stellvertreter, Finanz- und Wirtschaftsminister Schmid (SPD), ist das Ergebnis 2016 insgesamt betrachtet eine Niederlage: da die grün-rote Koalitionsregierung im neu gewählten Stuttgarter Landtag keine Mehrheit mehr hat, wird sie nicht fortgesetzt werden können. Es zeigt sich, dass selbst wenn der kleinere Koalitionspartner ein wirtschafts- und finanzpolitisches „Superministerium" kontrolliert, die Wähler eine gute ökonomische Lage der Partei des Regierungschefs zuschreiben, sodass diese bei einem retrospektiv ausgerichteten Wahlverhalten – auf Kosten des kleinen Koalitionspartners – profitiert (vgl. Debus et al. 2014).

Aufgrund des Einzugs der „Alternative für Deutschland" (AfD) in den Landtag 2016 ergibt sich – im Gegensatz zu 2011 – keine Mehrheit für eines der beiden Lager aus Christdemokraten (CDU) und Freien Demokraten (FDP) einerseits sowie SPD und Grünen andererseits. Dies hat bereits vor der Wahl dazu geführt, dass über bislang abgelehnte oder zumindest nicht besonders gewünschte Koalitionen wie die der „Ampel" aus Grünen, SPD und FDP, die bei den Liberalen bislang auf wenig Anklang stieß, als – zwar ungeliebte – Alternative zu „Schwarz-Grün" oder einer Koalition aus CDU und Sozialdemokraten seitens der Medien wie der beteiligten Parteien offen diskutiert wurde.[1] Auch eine so genannte „Deutschland-Koalition" aus Union, SPD und Freien Demokraten rückte insbesondere die FDP und – nach den Wahlen – auch die CDU in den Mittelpunkt des Interesses als Alternative zu einer „Ampel" oder zu einer „grün-schwarzen" Koalition. Dass ein Bündnis aus Grünen und Union nach den Wahlen die einzige mehrheitsfähige Option ist, hat vor allem den Grund, dass sich die Liberalen nach der Wahl endgültig einer „Ampelkoalition" verweigerten und die

---

[1]http://www.esslinger-zeitung.de/region/baden-wuerttemberg_artikel,-%E2%80%9Ekanzlerin-muss-verheerende-fehler-einraeumen%E2%80%9C-_arid,2018357.html; http://www.spiegel.de/politik/deutschland/baden-wuerttemberg-die-ampel-steht-vor-dem-comeback-a-1070555.html (Zugriff jeweils am 22. Januar 2016).

SPD für sich die Teilnahme an einer „Deutschland-Koalition" mit CDU und FDP ausschloss.

Diese im Vergleich zur Bundes- wie Landesebene einmaligen Verhältnisse in der Parteien- und Koalitionskonstellation – 2011 die SPD und 2016 die CDU als kleiner Koalitionspartner der ansonsten gegenüber den beiden Parteien fast immer mit geringeren Stimmen- und Sitzanteilen ausgestatteten Grünen sowie die Öffnung gegenüber neuen Koalitionskonstellationen aufgrund der Stärke der AfD – werfen die folgenden zwei Forschungsfragen auf: Wodurch ist, erstens, die Schwäche der Sozialdemokraten in Baden-Württemberg begründet, auf der die „verrückten Verhältnisse" nachhaltig fußen, und wie wahrscheinlich sind die verschiedenen Koalitionsmöglichkeiten in Baden-Württemberg tatsächlich gewesen?

Um diese Fragen zu beantworten, wird zum einen die Entwicklung des Parteienwettbewerbs in Baden-Württemberg zwischen den Landtagswahlen 2011 und 2016 kurz nachgezeichnet und zum anderen in theoretische Ansätze eingeführt, die helfen können, das Phänomen der Schwäche der SPD in Baden-Württemberg zu erklären. Während auf sozialstrukturell-interessengeleitete sowie sozialpsychologische Theorien zur Erklärung der SPD-Wahlabsicht zurückgegriffen wird, erfolgt die Ermittlung der Muster des baden-württembergischen Parteienwettbewerbs zwischen 2011 und 2016 sowie der dominierenden Koalitionsoptionen in Folge der Landtagswahl 2016 über formale wie institutionell-kontextorientierte Koalitionstheorien und deren Anwendung auf die Regierungsbildung in den deutschen Bundesländern seit 1990 (vgl. Bräuninger und Debus 2008, 2011, 2012; Debus 2011; Debus und Müller 2011). Aus den Ergebnissen dieser zweistufigen Analyse werden Implikationen für die Entwicklung des Parteienwettbewerbs in Baden-Württemberg und – mit Hinblick auf die kommende Bundestagswahl 2017 – auch auf Bundesebene abgeleitet. Dabei wird wie folgt vorgegangen: Der nächste Abschnitt zeichnet kurz die Entwicklung des Parteienwettbewerbs in Baden-Württemberg zwischen 2011 und 2016 nach. Im dritten Abschnitt werden die relevanten Theorien des Wahlverhaltens sowie der Koalitionsbildung kompakt vorgestellt und Erwartungen abgeleitet, die in Abschn. 5 einem empirischen Test unterzogen werden. Zuvor wird im vierten Abschnitt auf die herangezogenen Daten – die Landtagswahlstudien der Forschungsgruppe Wahlen zu den Landtagswahlen in Baden-Württemberg und Rheinland-Pfalz 2011 sowie die Wahlprogramme der baden-württembergischen Parteien zu den Landtagswahlen 2011 und 2016 – als auch auf das methodische Vorgehen näher eingegangen. Die Schlussbetrachtung fasst die gewonnenen Erkenntnisse zusammen und gibt einen Ausblick auf die künftige Entwicklung der Muster von Parteienwettbewerb und Regierungsbildung in Deutschland.

2   Parteiensystem und Parteienwettbewerb
in Baden-Württemberg zwischen 2011 und 2016

Die Landtagswahl vom 27. März 2011 in Baden-Württemberg stand maßgeblich
unter den Vorzeichen des seit dem Spätsommer an Intensität drastisch gewonnenen Konflikts um den Umbau des Stuttgarter Hauptbahnhofs und den damit einhergehenden Auseinandersetzungen zwischen Polizei und Demonstranten sowie
der Reaktorkatastrophe im japanischen Fukushima, die sich am 11. März 2011
ereignete (vgl. für eine ausführliche Analyse die Beiträge in Wagschal et al. 2013;
Gabriel et al. 2014). Vor dem Hintergrund dieser beiden Faktoren sowie der Sym-
pathie, die dem Grünen-Spitzenkandidaten Winfried Kretschmann im Gegensatz
zum amtierenden Ministerpräsidenten Stefan Mappus (CDU) entgegengebracht
wurde, erzielte die bisherige Opposition aus SPD und Bündnis 90/Die Grünen
eine Mehrheit der Mandate im Stuttgarter Landtag und konnte die amtierende
Regierungskoalition aus CDU und Freien Demokraten ablösen (vgl. Roth 2013).
Zum ersten Mal seit 1953 wurde kein Christdemokrat Ministerpräsident des 1952
gegründeten Südweststaates, sondern mit Winfried Kretschmann der Spitzenkan-
didat von Bündnis 90/Die Grünen. Somit hat – aus dem Blickwinkel der Parteienkonstellation und der parteipolitischen Zusammensetzung von Regierung und
Opposition – die Landtagswahl vom März 2011 aus zweierlei Gründen für „verrückte Verhältnisse" in Baden-Württemberg gesorgt: zum einen durch die erste
Wahl eines Politikers, der nicht der CDU bzw. einer Partei des bürgerlichen
Lagers angehörte[2], zum Ministerpräsidenten und zum anderen aufgrund der Tatsache, dass die SPD zum ersten Mal bei einer Landtagswahl in Deutschland
schwächer abschnitt als die Grünen und damit nur als Juniorpartner in eine grün-
rote Koalition eintreten konnte.

In Tab. 1 finden sich die Wahlergebnisse der Landtagswahl vom März 2011,
der Bundestagswahl vom September 2013, die Resultate der Wahlen zum Europäischen Parlament, den Kreistagen und Gemeinderäten, die jeweils im Mai 2014
stattfanden, sowie der Landtagswahl vom März 2016. Es wird auf der einen Seite
deutlich, dass Bündnis 90/Die Grünen ihren knappen Vorsprung gegenüber der
SPD, den sie bei der Landtagswahl 2011 errungen hatten, bei den Folgewahlen
zu Parlamenten auf anderen Ebenen des politischen Systems nicht verteidigen
konnten. Vor dem Hintergrund, dass in Folge der „Energiewende" die Salienz des
Issues Atomenergie zurückgegangen ist und die Debatte um „Stuttgart 21" nach

---

[2]Von 1952 bis 1953 stand Ministerpräsident Reinhold Maier (FDP) einer Koalitionsregierung aus SPD und Heimatvertriebenen (BHE) vor.

dem Volksentscheid im November 2011 ebenfalls abflachte sowie andere Themen die Wahlkämpfe auf europäischer, nationaler und kommunaler Ebene 2013
und 2014 dominierten, ist es nicht überraschend, dass die Grünen den Rang der
zweitstärksten Partei in Baden-Württemberg vor der SPD zunächst nicht erneut
erringen konnten. Jedoch verdeutlichen die in Tab. 1 abgetragenen Ergebnisse,
dass die Sozialdemokraten, die 2011 ihr bis dahin schlechtestes Ergebnis bei
einer Landtagswahl in Baden-Württemberg erzielt haben, ihren Stimmenanteil
im Südwesten im Vergleich weder zur Bundestags- noch zur Europawahl steigern
konnten und somit nicht mehr als 23 % der abgegebenen Stimmen erzielten. Bei
den Wahlen zu Kreistagen und Gemeinderäten 2014 lag das Wahlresultat der SPD
mit jeweils 18,2 % der Stimmen noch niedriger, um bei der Landtagswahl 2016
mit 12,7 % auf einen neuen Tiefstand zu fallen. Gleichzeitig konnten die Grünen

Tab. 1 Wahlergebnisse in Baden-Württemberg bei Bundestags-, Landtags-, Europa- und
Kommunalwahlen in der Legislaturperiode von 2011 bis 2016 in Prozent

	LTW 2011	BTW 2013 (Zweitstim-men)	EW 2014	KTW 2014	GRW 2014	LTW 2016
CDU	39,0	45,7	39,3	34,7	29,5	27
Bündnis 90/ Die Grünen	24,2	11	13,2	13,4	12,2	30,3
SPD	23,1	20,6	23	18,2	18,2	12,7
FDP	5,3	6,2	4,1	6,0	4,4	8,3
Die Linke	2,8	4,8	3,6	2,4	1,8	2,9
AfD		5,2	7,9	0,9	1,5	15,1
Piraten	2,1	2,3	1,2	0,1	0,5	0,4
NPD	1,0	1,0	0,6	0,0	0,1	0,4
Republikaner	1,1	0,4	0,6	0,3	0,1	0,3
Freie Wähler/ Wählerverei-nigungen	–	0,6	2,3	23,2	31,4	–
Sonstige	1,4	2,8	4,2	0,8	0,3	2,6

Anmerkung: Stimmenanteile für gemeinsame Listen von Wählervereinigungen und Parteien wurden bei den Ergebnissen für die jeweiligen Parteien mit eingerechnet. (Quelle:
https://www.statistik-bw.de/Wahlen/ 6. April 2016)
LTW: Landtagswahl; BTW: Bundestagswahl; EW: Wahl zum Europäischen Parlament;
KTW: Kreistagswahl; GRW: Gemeinderatswahl

stabil zweistellige Ergebnisse zwischen 11 und 13,4 % erreichen, 2016 schließlich mit 30,3 % sogar stärkste Partei werden.

Dieser einfache Vergleich verdeutlicht die strukturelle Schwäche, mit der sich die SPD in Baden-Württemberg konfrontiert sieht. Dieser Eindruck wird noch verstärkt, wenn berücksichtigt wird, dass die Sozialdemokraten zum Zeitpunkt der Landtagswahl 2016 keinen einzigen Landratsposten stellen und auch auf Ebene der neun kreisfreien Städte – trotz einer momentanen Kontrolle des Oberbürgermeisteramtes in Mannheim, Karlsruhe, Pforzheim und Heilbronn – Konkurrenz nicht nur durch CDU und Freie Wähler bzw. Parteiunabhängige, sondern auch durch die Grünen besteht, die derzeit die Oberbürgermeister von Stuttgart und Freiburg stellen.

Die Wahlergebnisse im Zeitraum der Legislaturperiode des 2011 gewählten Landtags zeigen zudem, dass die Freien Demokraten über ein halbwegs stabiles Wählerpotenzial im Südwesten verfügen: so konnten die Liberalen bei der Bundestagwahl 2013 6,2 % der Stimmen erzielen, während sie bundesweit mit 4,8 % der Stimmen den Einzug in den Bundestag verfehlten. Selbst bei den Kommunalwahlen, die nach dem parlamentarischen Aus für die FDP auf Bundesebene stattfanden und bei denen bürgerliche Parteien wie die Liberalen starker Konkurrenz seitens der Wählervereinigungen ausgesetzt sind, lag ihr Stimmenanteil bei den Kreistagswahlen in Baden-Württemberg bei sechs Prozent. Gleichzeitig war die CDU – abgesehen von der Gemeindeebene – die stimmenstärkste Partei in Baden-Württemberg. Dies hat sich mit der Landtagswahl 2016 jedoch geändert.

Die strukturelle Schwäche der SPD im Südwesten wird häufig auf das Fehlen eines ausgeprägten, sich langfristig etablierten Industriearbeitermilieus zurückgeführt. Ein für sozialdemokratisch-linke Parteien günstiges „sozial-moralisches Milieu" (Lepsius 1973) konnte demnach aufgrund der Nebentätigkeit vieler Arbeiter in der Landwirtschaft in den württembergischen Industrieregionen um Stuttgart und Heilbronn nicht entstehen. Durch die hohe Anzahl so genannter „Arbeiterbauern" bildete sich kein rein proletarisches Milieu heraus. Diese Art von doppelter Berufstätigkeit und der dadurch weiter bestehenden Verwurzelung im ländlich-agrarischen Umfeld begünstigte vielmehr liberale und insbesondere christlich-konservative Parteien mit ausgeprägtem wohlfahrtsstaatlichen Profil, wie etwa die Zentrumspartei in der Weimarer Republik und die CDU in der Bundesrepublik. Dieses Muster kann sich durch die „Akademisierung" der SPD ab den 1970er Jahren und damit der zurückgehenden Dominanz der „klassischen" Arbeiterbewegung innerhalb der deutschen Sozialdemokratie noch verstärkt haben (vgl. Lösche 1994). Ein Indikator hierfür ist die Anzahl der von der SPD bei baden-württembergischen Landtagswahlen noch gewonnenen Direktmandate und in welcher Region diese erzielt wurden. Während die SPD bei den

Landtagswahlen zwischen 1952 und 1964 noch zwischen 20 und 33 der 74 bzw. seit 1956 70 Mandate direkt gewinnen konnte, so waren es 1968 und 1972 noch 9 bzw. 10 Wahlkreise und in der Folgezeit nie mehr als 7 Direktmandate (vgl. http://www.wahlen-in-deutschland.de/blBawue.htm). Bei den Landtagswahlen 1976, 1996, 2006 und 2011 errang die SPD sogar nur noch in einem Wahlkreis die meisten Stimmen, 2016 war sie in keinem Wahlkreis mehr die stärkste Partei. Während 1968 und 1972 neben Wahlkreisen aus Mannheim die SPD auch in manchen Wahlkreisen Stuttgarts, Heilbronns, Esslingens und Freiburgs Erfolge erzielen konnte, blieb nur der Mannheimer Norden bis einschließlich der Landtagswahl 2011 in Händen der Sozialdemokraten. Abgesehen von der Landtagswahl 2001 konnte die CDU mit nur sehr wenigen Ausnahmen in den – industriell geprägten, aber im Gegensatz zum Mannheimer Norden nicht mit ausgeprägten Arbeitermilieustrukturen unterfütterten – Wahlkreisen in Stuttgart und Umgebung die meisten Stimmen erzielen. Stattdessen gewann die SPD in den 1980er und 1990er Jahren entgegen dem Landestrend mitunter Direktmandate in universitär geprägten Wahlkreisen wie Freiburg oder Heidelberg.

Diese strukturelle Schwäche der Sozialdemokraten kann auch mit den spezifischen Mustern der ideologischen Parteienkonstellation in Baden-Württemberg zusammenhängen. Inhaltsanalysen der programmatischen Dokumente der baden-württembergischen Landtagsparteien zeigen, dass die Positionen von Christ- und Sozialdemokraten sowie die von FDP und Bündnis 90/Die Grünen sich relativ zentral in einem Politikraum befinden, der sich aus einer wirtschafts- und gesellschaftspolitischen Dimension zusammensetzt (Bräuninger und Debus 2008, 2012). Zwar findet sich die für Deutschland typische „Benelux-Konstellation" auch in Baden-Württemberg wieder, wo die Liberalen wirtschaftspolitisch der Union, gesellschaftspolitisch hingegen der SPD näherstehen (Laver und Hunt 1992, S. 56; Bräuninger und Debus 2012, S. 60 ff.). Überraschend ist jedoch die schwach ausgeprägte konservative Haltung der Christdemokraten in der Gesellschaftspolitik sowie die Veränderungen, die FDP und Bündnisgrüne in ihrer programmatischen Ausrichtung im Zeitverlauf vollzogen haben. Insbesondere die Grünen wandelten sich zwischen 1992 und 2006 von einer eher „links" ausgerichteten hin zu einer moderaten politischen Kraft in wirtschafts- und sozialpolitischen Fragen (Bräuninger und Debus 2012, S. 62), sodass in diesem Politikfeld zentristisch ausgerichtete Wähler in Baden-Württemberg ein ansprechendes Politikangebot nicht nur bei Union und SPD, sondern auch bei den Grünen finden konnten. Dies kann – mit Rückgriff auf das Distanz-Modell von Downs (1957) sowie auf inhaltliche Distanzen ausgerichtete Koalitionstheorien (Axelrod 1970; De Swaan 1973; Schofield 1993) – helfen, den Wahlerfolg der Grünen 2011 als auch die 2001 und 2006 als realistisch erachtete Koalitionsoption aus CDU und

Grünen zu erklären (Schneider 2001, S. 392; Gabriel und Völkl 2007, S. 20; Weber 2010, S. 124).

Von Interesse für die Erklärung der „verrückten Verhältnisse" im Kontext der Wahlergebnisse in Baden-Württemberg ist daher, ob sozialstrukturelle Merkmale wie der Arbeiterstatus in Verbindung mit der Gewerkschaftsbindung einen Einfluss auf die Wahlabsicht zugunsten der SPD im Vergleich zu anderen Regionen Deutschlands haben. Im Zusammenhang mit den Mustern des Parteienwettbewerbs im Südwesten gilt es zu untersuchen, inwiefern die programmatischen Positionen der Landesparteien – gerade mit Hinblick auf den Einzug der rechtskonservativen „Alternative für Deutschland" (AfD) in den Landtag – bislang unerwünschte bis ausgeschlossene, „lagerübergreifende" Koalitionen wie eine Ampelkoalition, Grün-Schwarz oder ein Bündnis aus CDU, SPD und FDP möglich erscheinen lassen. Bevor diesen Fragen empirisch nachgegangen wird, werden im folgenden Abschnitt zunächst theoretische Fundierungen für die Erklärung von Wahlverhalten und Parteienwettbewerb näher ausgeführt, um so in der Analyse hypothesengeleitet und damit strukturiert vorgehen zu können.

3   Theoretische Zugänge zur Erklärung von Wahlverhalten, Parteienwettbewerb und Regierungsbildung

Ziel sozialwissenschaftlicher Forschung ist nicht das Beschreiben, sondern das theoretisch fundierte Erklären von gesellschaftlichen oder politischen Phänomenen sowie deren Ursprünge, Charakteristika und Konsequenzen. Daher wird im Folgenden kurz ein Überblick zu zentralen theoretischen Ansätzen der Erklärung des Wahlverhaltens gegeben, mit denen die Determinanten der SPD-Wahlabsicht in Baden-Württemberg ermittelt werden können, sowie formale und institutionell-kontextuell ausgerichtete Theorien der Koalitions- und Regierungsbildung näher vorgestellt.

3.1   Determinanten des Wahlverhaltens

Aus makrosoziologischer Perspektive und dabei mit Rückgriff auf die Theorie sozialer Konfliktlinien von Lipset und Rokkan (1967) kann davon ausgegangen werden, dass sich ein Wähler mit hoher Wahrscheinlichkeit für die Partei entscheidet, die seine über die soziale Gruppenzugehörigkeit determinierten Interessen am ehesten vertritt (vgl. Kohler 2002). In Deutschland repräsentieren CDU und SPD die Interessen jeweils sozialstrukturell klar definierbarer Gruppen, welche die Persistenz zweier grundlegender Konfliktlinien widerspiegeln (vgl. Pappi und Shikano 2002, S. 449 f.). Dies ist zum einen der Konflikt zwischen Staat und römisch-katholischer Kirche, der sich im „Kulturkampf" der 1870er und 1880er Jahre herausgebildet und zur Gründung der Zentrumspartei als Interessenvertretung der Katholiken in Deutschland auf politischer Ebene geführt hat. Begünstigt durch die Gründung einer überkonfessionellen Partei in Form der CDU/CSU nach dem Zweiten Weltkrieg hat sich der Gegensatz zwischen „staatstragenden" Protestanten und den so genannten „ultra-montanen" Katholiken zu einem Gegensatz zwischen religiösen und nicht-religiösen Wählern gewandelt (vgl. Pappi 1985). Bürger mit einer hohen Kirchgangshäufigkeit, insbesondere wenn sie römisch-katholischer Konfession sind, haben gemäß zahlreicher Studien nach wie vor eine statistisch signifikant stärker ausgeprägte Wahrscheinlichkeit, CDU oder CSU zu wählen (vgl. etwa Pappi und Brandenburg 2010; Debus 2010, 2012; Roßteutscher 2012).

Ebenfalls der prominenten Individualisierungsthese (Beck 1986) entgegen steht der in Deutschland nach wie vor vorhandene Zusammenhang zwischen der Berufsgruppe eines Wählers und seiner Parteipräferenz bzw. Wahlabsicht. Die für die hier behandelte Fragestellung wichtigere, zweite Konfliktlinie verläuft zwischen abhängig Beschäftigten und Kapitaleignern und betrifft vor allem die Sozialdemokratische Partei, die den traditionellen Bündnispartner von Arbeitern und deren beruflichen Interessengemeinschaften in Form der Gewerkschaften darstellt (vgl. Kohler 2002, S. 58; Pappi 2002, S. 36 f.; Pappi und Shikano 2002, S. 449 f.), auch wenn sich dies seit der bundesweiten Etablierung der „Linken" in Folge der wirtschafts- und sozialpolitischen Reformen der rot-grünen Bundesregierung unter Kanzler Gerhard Schröder (SPD) seit 2003 abgeschwächt hat (Pappi und Brandenburg 2010; vgl. auch Müller und Klein 2012). Studien zum Wahlverhalten und der Stärke der Parteien in Baden-Württemberg sehen die im zweiten Abschnitt dieses Beitrags bereits erwähnte strukturelle Schwäche der SPD im Südwesten dadurch bedingt, dass sie – im Gegensatz zur SPD allgemein oder in anderen Bundesländern – nicht auf ein sozialstrukturell verankertes, stabiles Stammwählerpotenzial in Form der (gewerkschaftlich gebundenen) Arbeiterschaft zurückgreifen kann (vgl. Eith 2008). Prinzipiell sollten die industriellen Ballungs- und Dienstleistungszentren in Württemberg zwischen Stuttgart und Heilbronn eine ideale Basis für linke – sozialdemokratische oder sozialistische – Parteien darstellen, jedoch konnte aufgrund der häufigen Nebentätigkeit vieler Arbeiter in der Landwirtschaft kein für sozialdemokratisch-linke Parteien günstiges „sozial-moralisches Milieu" (Lepsius 1973) in diesen Regionen Baden-Württemberg entstehen. Zu erwarten ist daher, dass – im Gegensatz zur Bundesebene

oder anderen Bundesländern – Arbeiter in Baden-Württemberg keine stärker ausgeprägte Wahlabsicht zugunsten der Sozialdemokraten aufweisen.

Neben Faktoren, die in der Sozialstruktur begründet liegen, lassen sich theoriegeleitet weitere Faktoren identifizieren, die das Wahlverhalten beeinflussen
und für die im statistischen Schätzmodell kontrolliert werden muss. Dies sind die
einer Partei zugewiesene Kompetenz bei der Lösung von Problemen zu als relevant angesehenen Sachfragen und eine Präferenz für den Spitzenkandidaten einer
Partei (vgl. für eine Übersicht Pappi und Shikano 2007; Schoen und Weins 2014).
Demzufolge sollte eine Präferenz für den SPD-Spitzenkandidaten Nils Schmid
und eine den Sozialdemokraten zugewiesene Problemlösungskompetenz für die
wichtigsten Sachfragen in Baden-Württemberg die Chancen auf Entwicklung
einer SPD-Wahlabsicht positiv beeinflussen. Auch dem Geschlecht eines Wählers
wird ein Einfluss auf das Wahlverhalten zugeschrieben: gemäß der Literatur zum
„modern gender gap" sollten zur Durchsetzung wohlfahrtsstaatlicher Policies, die
unter anderem Frauen eine soziale Absicherung bieten, weibliche Wähler eher
dazu tendieren, Parteien links der Mitte und damit auch die SPD zu wählen (vgl.
Inglehart und Norris 2000; Giger 2009; Debus 2016). Da Landtagswahlen in ihrer
Form als „second order election" (Reif und Schmitt 1980) zudem als Möglichkeit angesehen werden, die Bundesregierung abzustrafen, sollte – bei einer negativen Bewertung für die Arbeit der Bundesregierung – die Chance sinken, SPD
zu wählen, wenn die Sozialdemokraten an der Regierung in Berlin beteiligt sind,
bzw. steigen, wenn sie auf Bundesebene die Opposition stellen (vgl. Jeffery und
Hough 2001; Burkhart 2005; Müller und Debus 2012). Schließlich kann – aufbauend auf der Literatur zum retrospektiven Wählen (Lewis-Beck und Stegmaier
2000) – erwartet werden, dass bei einer im Bundesland Baden-Württemberg als
gut empfundenen wirtschaftlichen Lage die Regierungsparteien wiedergewählt
werden, wohingegen die Wähler bei einer als schlecht eingeschätzten Situation
einen Anreiz darin sehen könnten, sich für die Opposition zu entscheiden. Während die SPD als Oppositionspartei 2011 von einer schlechten Einschätzung der
wirtschaftlichen Lage profitieren sollte, sollte 2016 das Gegenteil der Fall sein.

3.2   Determinanten der Koalitions- und Regierungsbildung

Die koalitionstheoretische Literatur identifiziert vier Faktoren und Prozesse als
entscheidend für die parteipolitische Zusammensetzung einer Regierung. Diese
sind 1) das Wahlergebnis bzw. die Sitzstärke der Parteien, auf die sich die an
der Maximierung von politischen Ämtern ausgerichteten Koalitionstheorien

konzentrieren (von Neumann und Morgenstern 1944; Riker 1962; Peleg 1981; van Deemen 1989); 2) die sachpolitisch-inhaltliche Positionierung der partei-politischen Akteure, was dem policy-orientierten Ansatz der Koalitionstheorie entspricht (vgl. Axelrod 1970; De Swaan 1973; Laver und Shepsle 1996); 3) die institutionell-kontextuellen Faktoren des politischen Prozesses allgemein und des Regierens im Besonderen (vgl. Strøm et al. 1994; Kropp 2001; Martin und Stevenson 2001, 2010; Bäck und Dumont 2008); 4) die seitens der Parteien mitunter geäußerten, positiv wie negativ formulierbaren Koalitionsaussagen (Golder 2006; Debus 2007, 2009).

Durch das Wahlergebnis wird zunächst die Menge an potenziell möglichen Koalitionen festgelegt (vgl. zum folgenden Debus 2011, S. 286 f.). Insofern die Parteien lediglich an Ämtern interessiert sind, stehen Sitzstärke und Anzahl der Koalitionspartner im Vordergrund des Interesses. Entsprechend gehen office-ori-entierte Ansätze der kooperativen Koalitionstheorie davon aus, dass sich kleine oder kleinstmögliche Gewinnkoalitionen bilden (von Neumann und Morgenstern 1944; Riker 1962) bzw. Gewinnkoalitionen mit einer möglichst geringen Anzahl an Parteien, sodass Verhandlungskosten gering ausfallen (Leiserson 1968). Auch in nicht-kooperativen Ansätzen kommt der Sitzstärke der Parteien eine wichtige Bedeutung zu. So hat die an Mandaten im Parlament stärkste Partei einen Vorteil sowohl bei der Wahl des „Regierungsbildners" (formateur) als auch in den Koalitionsverhandlungen (vgl. Austen-Smith und Banks 1988).

Zweitens nehmen politische Akteure programmatische Standpunkte zu sach-politischen Fragen ein. Diese Positionen bilden die Grundlage für die Koalitions-präferenzen von sachpolitisch motivierten Parteien, die Koalitionen anhand ihres zu erwartenden Politikergebnis bewerten. Im Allgemeinen wird eine Partei solche Koalitionen anstreben, deren erwartbare Politik der eigenen Position nahe kommt. Daher beziehen policy-orientierte Ansätze der Koalitionstheorien die ideologischen bzw. politikfeldspezifischen Positionen der Parteien ein und prognostizieren die Wahl von Koalitionen mit geringer Heterogenität (vgl. Axelrod 1970; De Swaan 1973).

In Deutschland übt drittens der Mehrebenencharakter des politischen Systems einen Einfluss auf die Regierungsbildung aus. So wirken die bundespolitischen Mehrheitsverhältnisse auf die Regierungsbildung in den Bundesländern ein (vgl. Jun 1994; Kropp 2001; Pappi et al. 2005; Bräuninger und Debus 2008; Däubler und Debus 2009). Um ihre Politikziele auch im Bundesrat durchsetzen zu können, sollten die an der Bundesregierung beteiligten Parteien versuchen, partei-politisch gleiche Landesregierungen zu installieren, um damit das Lager der Regierungsländer im Bundesrat zu stärken. Umgekehrt ist zu erwarten, dass die

Oppositionsparteien auf Bundesebene die Schwächung des Regierungslagers zum Ziel haben.

Zudem kommt weiteren, „kontextuellen" Merkmalen ein entscheidender Einfluss auf die parteipolitische Zusammensetzung von Regierungen zu (vgl. Strøm et al. 1994; Martin und Stevenson 2010). So weisen Koalitionsoptionen mit Parteien, mit denen in der Vergangenheit bereits Erfahrungen im gemeinsamen Regieren gesammelt werden konnten, im Allgemeinen geringere Unsicherheiten und geringere Transaktionskosten auf (vgl. Bäck und Dumont 2007). Zu den Kontextmerkmalen zählt auch der Ausschluss von einer oder mehreren Parteien aus dem Koalitionsspiel aufgrund ihres Status als „Anti-System-Partei". Einzelne Parteien können zum einen generell, also von allen anderen Mitbewerbern, von der Regierungsbildung a priori ausgeschlossen werden, zum anderen aber auch nur von einigen Parteien als von vornherein „nicht regierungsfähig" deklariert werden (Debus 2007, 2009). Gleiches gilt – mit umgekehrtem Vorzeichen – für positiv formulierte Koalitionsaussagen oder Vorwahlallianzen (Decker 2009; vgl. Jun 1994; Martin und Stevenson 2001; Bräuninger und Debus 2008; Debus 2009).

Alle hier aufgeführten Faktoren tragen zur Erklärung der Regierungsbildung in den deutschen Bundesländern – allerdings in variierendem substanziellem Ausmaß – bei. Das Ziel der zweiten Stufe der Analyse ist daher, auf der Basis der hier kurz vorgestellten theoretischen Zugänge zur Regierungs- und Koalitionsbildung eine empirisch fundierte Analyse und Vorhersage des Regierungsbildungsprozesses in Baden-Württemberg nach der Landtagswahl 2016 vorzunehmen. Die dazu wie auch für die Analyse des Wahlverhaltens notwendigen Daten und Methoden werden im folgenden Abschnitt näher beschrieben.

4   Daten und Methoden

Zur Evaluierung der im vorangegangenen Abschnitt hergeleiteten Erwartungen wird zum einen Datenmaterial benötigt, das die Ermittlung der Determinanten der SPD-Wahlabsicht ermöglicht. Da zur Landtagswahl 2016 die entsprechenden Umfragedaten noch nicht verfügbar sind, wird die Wahltagsbefragung der Forschungsgruppe Wahlen e. V. herangezogen, die zur Landtagswahl 2011 erstellt wurde. Um zu überprüfen, ob die ermittelten Effekte theoretisch hergeleiteter Variablen auf die SPD-Wahlabsicht für Baden-Württemberg Besonderheiten aufweisen, wird die gleiche Analyse für die Landtagswahl in Rheinland-Pfalz durchgeführt. Da beide Landtagswahlen zum selben Zeitpunkt stattfanden, können kontextuelle Faktoren, die das Wahlverhalten beeinflussen können, konstant gehalten werden.[3] Schließlich wird die zu erklärende Variable variiert, indem nicht nur der Einfluss der theoretisch als relevant identifizierten Faktoren auf die SPD-Wahlabsicht, sondern auch auf eine Parteiidentifikation mit bzw. subjektive Parteinähe zur SPD als dem Kernkonzept des sozialpsychologischen Modells des Wahlverhaltens (Campbell et al. 1960) ermittelt werden.

Zum anderen werden – um die Spezifika des Parteienwettbewerbs in Baden-Württemberg untersuchen und die Konsequenzen für den Regierungsbildungsprozess 2016 analysieren zu können – Informationen zu den politikfeldspezifischen Positionen der Landesparteien benötigt. Diese werden – aufbauend auf einem bestehenden Datensatz – auf der Grundlage einer computergestützten Inhaltsanalyse der Wahlprogramme zu den Landtagswahlen 2011 und 2016 vorgenommen (vgl. Bräuninger und Debus 2012).

Die abhängige Variable für den ersten Schritt der Untersuchung umfasst Informationen darüber, ob ein in den Wahlstudien Befragter die Absicht hatte, SPD zu wählen oder nicht bzw. ob er oder sie angab, eine subjektive Nähe zur Sozialdemokratischen Partei zu empfinden. Die Ausprägungen dieser dichotom codierten abhängigen Variablen werden mit Variablen erklärt, die sich aus den in Abschn. 3 kurz aufgeführten theoretischen Ansätzen ergeben. Die für die hier behandelte Fragestellung zentrale erklärende Variable ergibt sich aus der Berufsgruppe eines Befragten in Kombination mit der Variable „Gewerkschaftsmitgliedschaft" als Indikator für die soziale Integration eines Befragten in das Arbeitermilieu. Sollte also die Erwartung zutreffen, dass die baden-württembergische SPD ein Problem hat, Wähler aus dem (gewerkschaftlich organisierten) Arbeitermilieu zu erreichen, dann sollte diese Variable keinen signifikant positiven Effekt auf die Wahlabsicht und Parteiidentifikation zugunsten der Sozialdemokraten ausüben, in Rheinland-Pfalz hingegen schon.

Gleichzeitig wird für weitere Variablen kontrolliert, denen ein Einfluss auf das individuelle Wahlverhalten allgemein und insbesondere auf die SPD-Wahlabsicht zugeschrieben werden kann. Einen positiven Effekt auf eine Wahlabsicht zugunsten der SPD sollte eine der SPD zugewiesene Kompetenz für die Lösung des am wichtigsten angesehenen Problems, d. h. für die Handhabung der Atomenergiepolitik sowie von „Stuttgart 21", bei der Landtagswahl 2011 ausüben. Kandidatenzentriertes Wählen in Form des Wunsches, dass der SPD-Spitzenkandidat – im Fall Baden-Württembergs Nils Schmid, für Rheinland-Pfalz 2011 Kurt Beck – (erneut) Ministerpräsident wird, sollte eine Wahlabsicht zugunsten der Sozialdemokraten wahrscheinlicher machen. Der Eingebundenheit von Landtagswahlen in

---

[3]Das Datenmaterial wurde vom Archiv der GESIS bereitgestellt (ZA-Nr. 5625 und 5626).

das deutsche Mehrebenensystem und die damit für die Wähler verbundene Möglichkeit, die die Bundesregierung stellenden Parteien abzustrafen, wird mit der Integration einer Variable berücksichtigt, welche die Zufriedenheit eines Befragten mit der Bundesregierung umfasst. Sofern keine Zufriedenheit vorliegt, sollte bei beiden Landtagswahlen ein Anreiz bestanden haben, die SPD zu wählen, die 2011 im Bundestag die Opposition gegen die schwarz-gelbe Bundesregierung anführte. Retrospektives Wählen wird anhand der Einschätzung der wirtschaftlichen Lage im Bundesland erfasst: als Oppositionspartei in Baden-Württemberg sollte die SPD von einer als gemischt oder schlecht eingestuften wirtschaftlichen Lage profitieren, wohingegen diese Variable einen negativen Effekt auf die Wahlabsicht der in Rheinland-Pfalz von 2006 bis 2011 alleine regierenden Sozialdemokraten haben sollte. Schließlich wird in den logistischen Regressionsmodellen, die bei einer dichotom codierten abhängigen Variablen angebracht sind, noch für das Geschlecht der Befragten und für deren religiöse Orientierung kontrolliert.

Zur Ermittlung der Positionen der baden-württembergischen Parteien auf den beiden den deutschen Parteienwettbewerb maßgeblich prägenden Konfliktdimensionen – dem Gegensatz zwischen einem „starken", intervenierenden und einem „schwachen", zurückhaltenden Staat in der Wirtschafts- und Sozialpolitik einerseits und dem Gegenüber von progressiv-liberalen und traditionell-konservativen Positionen in der Innen-, Rechts- und Gesellschaftspolitik andererseits (vgl. Laver und Hunt 1992; Pappi und Shikano 2004; Benoit und Laver 2006; Bräuninger und Debus 2012) – wird hier auf das rein computergestützte „Wordscores"-Verfahren zurückgegriffen (Laver et al. 2003). Insbesondere für Deutschland, aber auch für eine Reihe weiterer westeuropäischer Staaten ergeben sich hohe Zusammenhangswerte zwischen den mit Wordscores ermittelten Parteipositionen und manuell erhobenen ideologischen Positionswerten im Zeitverlauf (vgl. Bräuninger et al. 2013), sodass von einer hohen Zuverlässigkeit der hier ermittelten Werte ausgegangen werden kann.[4] Einem auf der Grundlage dieses Verfahrens bereits

---

[4]Das Verfahren geht von der Beobachtung aus, dass die Wortwahl politischer Akteure in ihren programmatischen Dokumenten oder Reden nicht nach dem Zufallsprinzip erfolgt. Vielmehr wird angenommen, dass man allein aufgrund der relativen Worthäufigkeit eines Dokuments auf dessen programmatische Position schließen kann. Vorab werden Referenztexte identifiziert, denen für die jeweilige Politikdimensionen Referenzwerte zugewiesen werden. Für die hier vorgenommene Analyse sind die Referenztexte die Bundestagswahlprogramme von Union, SPD, FDP und Grünen zu den Bundestagswahlen 1990 und 2002, das Wahlprogramm der PDS 2002 und das der NPD zur Bundestagswahl 2013. Die Referenzwerte für die Parteipositionen sind den Expertenbefragungen von Laver und Hunt (1992) sowie von Benoit und Laver (2006) entnommen.

erstellten Datensatzes, der die Positionen der deutschen Bundes- und Landesparteien seit Januar 1990 umfasst (Bräuninger und Debus 2008, 2012), wurden die zu den Landtagswahlen in Baden-Württemberg verfassten Wahlprogramme von CDU, Bündnis 90/Die Grünen, SPD, FDP, Die Linke und AfD hinzugefügt. Zudem erlaubt dieser Datensatz mithilfe multivariater Regressionsmodelle[5] die Ermittlung der Determinanten der Koalitionsbildung in Bund und Ländern, auf deren Grundlage sich wiederum die Wahrscheinlichkeit für jede mögliche Koalitionsoption, die sich aus der Anzahl der parlamentarisch vertretenen Parteien ergibt, sowie die Chancen berechnen lassen, dass eine Partei allgemein an der nächsten Regierung beteiligt sein wird (Bräuninger und Debus 2008, S. 328 ff.; Linhart et al. 2010, S. 248 ff.; Debus und Müller 2011; Glasgow und Golder 2015).

5   Ergebnisse

Die Präsentation der Ergebnisse der Analyse erfolgt in zwei Schritten. Zunächst werden die Determinanten der SPD-Wahlabsicht und SPD-Parteiidentifikation in Baden-Württemberg und Rheinland-Pfalz zu den Landtagswahlen 2011 mithilfe logistischer Regressionsmodelle ermittelt, um so die Frage zu beantworten, ob den Sozialdemokraten im Südweststaat der „sozialstrukturelle Unterbau" fehlt, was zu einer Erklärung ihres zunehmend schlechten Abschneidens bei Wahlen in Baden-Württemberg beitragen würde. In einem zweiten Schritt werden die programmatischen Positionen der Parteien in Baden-Württemberg zu den Landtagswahlen 2011 und 2016 präsentiert, Positionsverschiebungen interpretiert und auf der Grundlage gängiger Koalitionstheorien die Wahrscheinlichkeit des Eintretens verschiedener Koalitionsmöglichkeiten ermittelt und diskutiert.

---

[5]Aus Platzgründen wird auf die Ausweisung der Ergebnisse der einzelnen bedingten logistischen Regressionen verzichtet. Für eine ausführliche Darstellung vgl. Bräuninger und Debus (2008, 2012, S. 181 ff.) sowie Debus und Müller (2011).

Tab. 2 Determinanten der SPD-Wahlabsicht (Modell 1) und SPD-Parteiidentifikation (Modell 2) zur Landtagswahl 2011 in Baden-Württemberg

	SPD-Wahlabsicht	SPD-Parteiidentifikation
Haupterklärungsvariablen		
Arbeiter	0,12	0,10
	(0,29)	(0,26)
Gewerkschaftsmitglied/-haushalt	0,55*	0,32
	(0,23)	(0,22)
Arbeiter x Gewerkschaftsmitglied/-haushalt	−0,42	−0,05
	(0,50)	(0,46)
Kontrollvariablen		
Evangelisch	−0,06	0,44*
	(0,20)	(0,19)
Konfessionslos	−0,10	−0,05
	(0,25)	(0,24)
Frau	−0,33[+]	−0,38*
	(0,19)	(0,18)
Ministerpräsidentenpräferenz: Nils Schmid	1,59**	1,16**
	(0,19)	(0,18)
Allgemeine wirtschaftliche Lage: (eher) schlecht	0,15	0,20
	(0,20)	(0,18)
Allgemeine Problemlösungskompetenz: SPD	2,40**	1,79**
	(0,19)	(0,18)
Übereinstimmung Atomkraftpolitik: SPD	1,08**	0,89**
.	(0,25)	(0,23)
Übereinstimmung Stuttgart 21: SPD	0,78**	0,29
	(0,24)	(0,23)
Zufriedenheit mit der Bundesregierung	0,01	−0,06[+]
	(0,04)	(0,03)
Konstante	−3,26**	−2,57**
	(0,34)	(0,30)

(Fortsetzung)

Tab. 2 (Fortsetzung)

	SPD-Wahlabsicht	SPD-Parteiidentifi-kation
N	1393	1393
Pseudo R^2	0,394	0,275
AIC	861.00	982.80

Anmerkungen: Angegeben sind nicht standardisierte Regressionskoeffizienten mit Standardfehlern in Klammern. Signifikanzniveaus: $+ p < 0.10$, $* p < 0.05$; $** p < 0.01$

5.1 Determinanten der SPD-Wahlabsicht und – Parteiidentifikation in Baden-Württemberg und Rheinland-Pfalz

Die Ergebnisse der logistischen Regressionsmodelle mit der abhängigen Variable, ob ein Befragter eine Wahlabsicht zugunsten der SPD (Modell 1) oder eine subjektive Nähe zu den Sozialdemokraten (Modell 2) im Rahmen der Landtagswahlstudie der Forschungsgruppe Wahlen 2011 angab oder nicht, sind in Tab. 2 abgetragen. Die Ergebnisse des ersten Modells zeigen, dass Befragte, die selbst Gewerkschaftsmitglied sind oder in einem Gewerkschaftshaushalt leben, eine höhere Wahrscheinlichkeit aufweisen, eine Wahlabsicht zugunsten der Sozialdemokraten in Baden-Württemberg 2011 geäußert zu haben. Gleiches gilt, wenn ein Befragter den SPD-Spitzenkandidaten Nils Schmid als Ministerpräsidenten präferierte, der SPD die Lösungskompetenz bei dem als am wichtigsten angesehenen Problem zuwies, als auch die Sozialdemokraten als die Partei nannte, die seine Einstellungen in Fragen von „Stuttgart 21" sowie dem Issue „Atomkraft" am ehesten vertritt. Eine subjektiv empfundene Parteinähe zur SPD hat ebenfalls in statistisch signifikanter Weise die Wahrscheinlichkeit erhöht, die SPD bzw. ihre Wahlkreiskandidaten in Baden-Württemberg zur Landtagswahl 2011 zu wählen. Die für die hier gestellte Fragestellung zentrale Variable – die Zugehörigkeit eines Befragten zur Berufsgruppe der Arbeiter – weist hingegen keinen von Null verschiedenen Effekt auf: Arbeiter in Baden-Württemberg hegen keine signifikant höhere Wahrscheinlichkeit zur Wahl der Partei, welche die Interessen ihrer Berufsgruppe gemäß ihrem – historisch gewachsenen – Selbstverständnis wie auch dem theoretischen Ansatz des in der Sozialstruktur verankerten interessegeleiteten Wählens repräsentiert. Auch der Interaktionseffekt zwischen Gewerkschaftsgebundenheit und Arbeiterstatus ist nicht signifikant. Es sind – entgegen den sich für die Bundesrepublik insgesamt ergebenden Resultaten (vgl. Pappi und Brandenburg 2010; Debus 2010, 2012) – in Baden-Württemberg nicht die

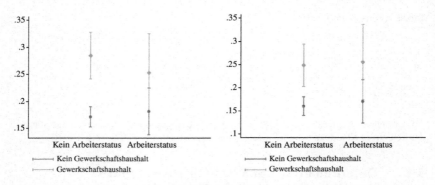

Abb. 1 Effekt des Arbeiterstatus in Abhängigkeit der Gewerkschaftsgebundenheit auf die SPD-Wahlabsicht (links) und die SPD-Parteiidentifikation (rechts) in Baden-Württemberg 2011. (Quelle: eigene Berechnungen auf der Grundlage der Regressionsmodelle in Tab. 2)

(gewerkschaftsgebundenen) Arbeiter, die eine signifikant höhere Wahrscheinlichkeit der SPD-Wahl aufweisen. Vielmehr führt die Mitgliedschaft in einer Gewerkschaft nur bei den Befragten, die einer anderen Berufsgruppe als den Arbeitern angehören, zu einer signifikant höheren SPD-Wahlabsicht (vgl. Abb. 1). An den Ergebnissen ändert sich mit Hinblick auf die Haupterklärungsvariablen nichts Wesentliches, wenn nicht die SPD-Wahlabsicht, sondern die subjektive Nähe zur SPD als abhängige Variable in der Regressionsanalyse herangezogen wird (vgl. Modell 2 in Tab. 2). Gemäß Abb. 2 ist vor allem die Gewerkschaftsmitgliedschaft ausschlaggebend für eine SPD-Wahlabsicht und SPD-Parteiidentifikation in Baden-Württemberg 2011, und dies auch nur bei Befragten, die nicht der Berufsgruppe der Arbeiter angehören.

Für den Fall der Determinanten der SPD-Wahlabsicht in Rheinland-Pfalz (vgl. Tab. 3), wo 2011 gleichzeitig mit Baden-Württemberg Landtagswahlen stattfanden, ergibt sich ein leicht anderes Bild. Während auch hier eine der SPD zugewiesene Problemlösungskompetenz sowie eine Präferenz für Kurt Beck als künftigen Ministerpräsidenten die Chance statistisch signifikant erhöht haben, dass ein Befragter eine Wahlabsicht zugunsten der Sozialdemokraten hegt oder sich mit ihr identifiziert, so gilt letzteres – im Gegensatz zu Baden-Württemberg – auch für die Berufsgruppe der gewerkschaftlich gebundenen Arbeiter und damit für die soziale Gruppe, die gemäß ihrer sozialstrukturell determinierten Interessenlage eine besondere Affinität zur Wahl der SPD aufweisen sollte. Abb. 2 verdeutlicht dies grafisch: Gewerkschaftlich gebundene Arbeiter wiesen 2011 in Rheinland-Pfalz eine Chance von rund 41 % auf, sich mit der SPD zu identifizieren,

Tab. 3 Determinanten der SPD-Wahlabsicht zur Landtagswahl 2011 in Rheinland-Pfalz

	SPD-Wahlabsicht	SPD-Parteiidentifikation
Haupterklärungsvariablen		
Arbeiter	0,26	−0,54[+]
	(0,28)	(0,29)
Gewerkschaftsmitglied/-haushalt	−0,06	−0,03
	(0,25)	(0,24)
Arbeiter x Gewerkschaftsmitglied/-haushalt	0,26	1,18[*]
	(0,51)	(0,50)
Kontrollvariablen		
Evangelisch	0,44[*]	0,47[*]
	(0,21)	(0,20)
Konfessionslos	0,29	0,32
	(0,26)	(0,26)
Frau	0,28	0,21
	(0,19)	(0,19)
Ministerpräsidentenpräferenz: Kurt Beck	1,69[**]	1,24[**]
	(0,24)	(0,24)
Allgemeine wirtschaftliche Lage: (eher) gut	−0,06	−0,11
	(0,20)	(0,19)
Allgemeine Problemlösungskompetenz: SPD	2,11[**]	1,99[**]
	(0,19)	(0,20)
Übereinstimmung Atomkraftpolitik: SPD	0.66[**]	0,37
	(0,25)	(0,24)
Zufriedenheit mit der Bundesregierung	0,00	−0,05
	(0,03)	(0,03)
Konstante	−3,45[**]	−2,79[**]
	(0,36)	(0,34)
N	955	955
Pseudo R^2	0,337	0,281
AIC	778.32	800.83

Anmerkungen: Angegeben sind nicht standardisierte Regressionskoeffizienten mit Standardfehlern in Klammern.   Signifikanzniveaus: + p < 0.10, * p < 0.05; ** p < 0.01

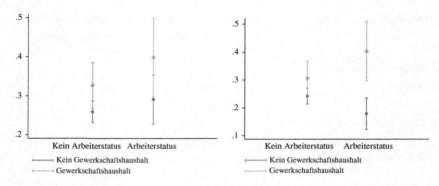

Abb. 2 Effekt des Arbeiterstatus in Abhängigkeit der Gewerkschaftsgebundenheit auf die SPD-Wahlabsicht (links) und die SPD-Parteiidentifikation (rechts) in Rheinland-Pfalz 2011. (Quelle: eigene Berechnungen auf der Grundlage der Regressionsmodelle in Tab. 3)

gewerkschaftlich nicht gebundene Wähler bzw. Befragte aus anderen Berufsgruppen ohne Gewerkschaftshintergrund hatten nur eine Wahrscheinlichkeit von 18 bzw. 24 %, eine subjektive Parteinähe zur SPD anzugeben.

Zusammenfassend kann somit festgehalten werden, dass – im Unterschied zu den am gleichen Termin stattfindenden Landtagswahlen in Rheinland-Pfalz im März 2011 – die SPD in Baden-Württemberg in Übereinstimmung mit der in Abschn. 2 hergeleiteten Erwartung keine Basis unter der (gewerkschaftlich gebundenen) Arbeiterschaft hatte. Dieses Fehlen eines sozialstrukturell determinierten und stabilen „Wählersockels" kann eine Erklärung dafür darstellen, dass die Sozialdemokraten in Baden-Württemberg nicht nur bei den Landtagswahlen 2011, sondern auch bei den folgenden, in Tab. 1 dargestellten Wahlen schwache Ergebnisse erzielt haben und bei der Landtagswahl 2016 nur 12,7 % der Stimmen erreichten.

5.2 Parteienwettbewerb und Regierungsbildung in Baden-Württemberg zwischen 2011 und 2016

Gemäß den Ergebnissen der „Wordscores"-Analyse haben sich die Muster des Parteienwettbewerbs in Baden-Württemberg zwischen 2011 und 2016 kaum verändert. Ihre Positionen in statistisch signifikanter Form haben insbesondere die FDP sowie Bündnis 90/Die Grünen und die CDU verschoben. Während die Liberalen ihre – für eine liberale Partei typische – auf tendenziell weniger staatlichen

Einfluss setzende Position beibehalten haben, hat die FDP ihre gesellschafts-politisch sehr progressive Position 2011 zur Landtagswahl 2016 deutlich abge-schwächt. Dies mag mit der Flüchtlingskrise und der zunehmenden Skepsis innerhalb der Bevölkerung zur Integrationsfähigkeit der Menge an Migranten zu tun haben, da die gesellschaftspolitische Dimension auch Fragen der Auslän-derpolitik mit abdeckt. Diese programmatische Verschiebung der FDP weg von SPD und Grünen und in Richtung der Position der Union sollte potenzielle Ver-handlungen über eine „Ampelkoalition" schwieriger machen. Die CDU hat ihre gesellschaftspolitisch moderat konservative Position beibehalten und ist auf der sozio-ökonomischen Links-Rechts-Achse weiter in die Mitte gerückt. Auch dies ist typisch für eine christdemokratische Partei in Europa (Laver und Hunt 1992; Benoit und Laver 2006). Die baden-württembergischen Grünen haben ihre – ohne-hin schon sehr moderate (Bräuninger und Debus 2012, S. 61 ff.) – Position noch weiter wirtschaftspolitisch nach rechts verschoben sowie ihre gesellschaftspoli-tisch progressiven Standpunkte weiter abgemildert. Die SPD wie die Linke haben ihre programmatischen Positionen nicht geändert; in der baden-württembergischen ideologischen Parteienkonstellation stehen die Sozialdemokraten und insbeson-dere die Linke für eher staatsinterventionistische Positionen in der Wirtschaftspo-litik und treten – jedoch in einem weniger starken Ausmaß als die Grünen – für gesellschaftspolitisch progressive Politikinhalte ein. Die zur Landtagswahl 2016 erstmals angetretene AfD markiert – erwartungsgemäß – das rechte Ende des Spektrums in gesellschaftspolitischen Fragen, ist jedoch wirtschafts- und sozial-politisch überraschend moderat ausgerichtet, was mit dem Austritt des wirtschafts-liberalen Flügels aus der Partei 2015 erklärt werden könnte. Wenn lediglich die programmatische Ausrichtung der Parteien ausschlaggebend für die Regierungs-bildung wäre, dann würde die in Abb. 3 präsentierte Parteienkonstellation für eine Zusammenarbeit aus SPD, Grünen und Linken sprechen. Diese drei Parteien bil-den einen programmatisch kohärenten Block. Eine Kooperation zwischen CDU, FDP und AfD müsste größere inhaltliche Distanzen überbrücken; letzteres würde umso mehr für eine schwarz-grüne Koalition oder eine „Jamaika-Koalition" aus Union, Grünen und Liberalen gelten. Auch eine „Deutschland-Koalition" aus CDU, SPD und FDP dürfte Probleme haben, sich auf Politikkompromisse insbe-sondere in wirtschaftspolitischen, aber auch in gesellschaftspolitischen Fragen zu einigen.

Diese Betrachtungsweise bezieht jedoch nicht die sich aus den office-orien-tierten Koalitionstheorien sowie den institutionell-kontextuellen Faktoren erge-benden weiteren Variablen in die Ermittlung der Wahrscheinlichkeit aller theoretisch möglichen Koalitionsoptionen ein. Im Folgenden wird daher auf der

Abb. 3 Programmatische Positionen ausgewählter Parteien zu den Landtagswahlen in Baden-Württemberg, 2011–2016. (Quelle: eigene Berechnungen auf der Grundlage des Datensatzes von Bräuninger und Debus 2008, 2012)

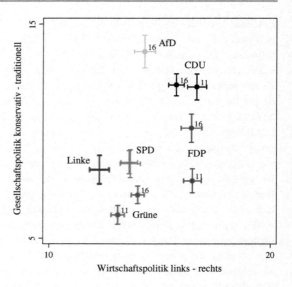

Grundlage eines bedingten logistischen Regressionsmodells, das Variablen aus dem Bereich der office-, policy- und (semi-)institutionellen Koalitionstheorie umfasst und auf Daten zu allen 98 Regierungsbildungsprozessen in den deutschen Bundesländern zwischen 1990 und 2015 basiert (vgl. Bräuninger und Debus 2008; Debus und Müller 2011), die Wahrscheinlichkeiten dafür ermittelt, dass sich die aufgrund der Anzahl und Stärke der im Landtag in Stuttgart vertretenen Fraktionen theoretisch möglichen Koalitionen auch tatsächlich bilden. Um die Effekte ausgewählter Variablen – insbesondere der Koalitionsaussagen der Parteien – auf die Wahrscheinlichkeit verschiedener Koalitionsoptionen zu überprüfen, werden drei Szenarien gewählt, auf deren Grundlage die Schätzung der Koalitionswahrscheinlichkeiten basiert.[6] Aufgrund des Wahlergebnisses gehören dem Landtag von Baden-Württemberg fünf Parteien an: Bündnis 90/Die Grünen, CDU, SPD, AfD und FDP. Die Anzahl der theoretisch möglichen Koalitionen liegt damit – gemäß der Formal 2^n-1, wobei n für die Anzahl aller im Parlament

---

[6]Eine Situation, in der Grüne und SPD bzw. CDU und FDP jeweils eine Mehrheit ohne einen weiteren Partner erreichen, lassen wir unberücksichtigt. Diese zwei Koalitionen sind die von den jeweiligen Parteien ohnehin präferierten Optionen und würden sich – auch gemäß den Modellschätzungen – bei gegebener Mehrheit mit an Sicherheit grenzender Wahrscheinlichkeit auch bilden.

Tab. 4 Eintrittswahrscheinlichkeiten ausgewählter Koalitionsoptionen

Koalitionsoption	Szenario 1 Wahlergebnis; Ausschluss der AfD vom Regierungsbildungsprozess (%)	Szenario 2 Wahlergebnis; Ausschluss der AfD vom Regierungsbildungsprozess; FDP schließt a priori Ampelkoalition aus (%)	Szenario 3 Wahlergebnis; Ausschluss der AfD vom Regierungsbildungsprozess; FDP schließt eine Ampelkoalition a priori aus; CDU lehnt Beteiligung an einer von Grünen geführten Koalition ab (%)
Grüne-CDU	44,6	69,4	<0,1
Grüne-SPD-FDP	35,7	<0,1	<0,1
CDU-SPD-FDP	12,3	19,1	69,4
Grüne-SPD	4,5	7	25,6
Andere	2,9	4,4	4,9

Anmerkung: Ergebnisse basieren auf der Schätzung der Determinanten der Regierungsbildung in den deutschen Bundesländern von 1990 bis 2015 mithilfe einer bedingten logistischen Regression (McFadden 1973; Martin und Stevenson 2001; Bräuninger und Debus 2008, Debus und Müller 2011)

vertretenen Parteien steht – bei 31. Das erste Szenario berücksichtigt nicht die Ablehnung einer „Ampelkoalition" seitens der FDP, das zweite Szenario hingegen schon. Szenario 3 fügt der zweiten Konstellation die Information hinzu, dass die CDU eine Koalition mit Bündnis 90/Die Grünen ausschließt, in der die Grünen die stärkste Partei sind, was auf Äußerungen des CDU-Spitzenkandidaten Guido Wolf in der Woche vor der Wahl basiert.

Tab. 4 weist die Eintrittswahrscheinlichkeiten ausgewählter Koalitionsoptionen für die drei dargelegten Szenarien aus. Gemäß dem ersten Szenario, dass nur den Ausschluss der AfD vom Koalitionsspiel, nicht aber die Ablehnung einer Ampelkoalition durch die FDP berücksichtigt, wäre eine grün-schwarze Koalition mit 44,6 % leicht wahrscheinlicher als eine Ampelkoalition (35,7 %). Eine Eintrittswahrscheinlichkeit von 12,3 % erreicht die so genannte „Deutschland-Koalition" aus CDU, SPD und FDP. Deren Chance auf Formierung würde leicht auf 19,1 % anwachsen, wenn in die Analyse mit einbezogen würde, dass die FDP eine Ampelkoalition nach der Wahl ausschließt. Allerdings wäre die Bildung einer grün-schwarzen Koalition mit 69,4 % das bei weitem wahrscheinlichste Ergebnis des Regierungsbildungsprozesses. Würde – gemäß Szenario 3 – Grün-Schwarz als ausgeschlossen betrachtet, dann bliebe nur die Deutschlandkoalition als Ausweg und wäre deutlich wahrscheinlicher als eine grün-rote Minderheitsregierung. Insgesamt betrachtet ergibt sich – gemäß des die Realität vor der Landtagswahl 2016 abbildenden zweiten Szenarios – ein durchaus klares Bild: eine Koalition aus Grünen und CDU dominiert die Alternative einer Dreierkoalition aus CDU, SPD und FDP, in der die stärkste Partei im Parlament – die Grünen – nicht miteinbezogen wäre.

Eine Möglichkeit, die „Dominanz" einer Partei im Regierungsbildungsprozess zu ermitteln, ergibt sich aus der Summe der ermittelten Wahrscheinlichkeiten für die potenziellen Koalitionen, an denen eine Partei beteiligt wäre (Tavits 2008; Glasgow und Golder 2015). Je höher der Wert, desto wahrscheinlicher ist es, dass eine Partei – in welcher Kombination auch immer – Teil der künftigen Regierung ist. Tab. 5 gibt – wiederum differenziert nach den drei Szenarien – die Wahrscheinlichkeitswerte an, mit der die fünf im Landtag vertretenen Parteien in der Regierung vertreten sein werden.

Gemäß dem ersten Szenario sind die Grünen die Partei, die mit höchster Wahrscheinlichkeit Teil der künftigen Regierung werden sollte. Wird jedoch die Ablehnung der Ampelkoalition durch die FDP berücksichtigt, dann ist die CDU mit einer Wahrscheinlichkeit von knapp 92 % in der künftigen Regierung vertreten, die Grünen mit gut 80 %. Durch die Absage der Liberalen an ein Bündnis mit Grünen und SPD sank die Chance von FDP und Sozialdemokraten gegenüber

Tab. 5 Wahrscheinlichkeiten der Regierungsbeteiligung der im Landtag vertretenen Parteien

Partei	Szenario 1 Wahlergebnis; Ausschluss der AfD vom Regierungsbildungsprozess (%)	Szenario 2 Wahlergebnis; Ausschluss der AfD vom Regierungsbildungsprozess; FDP schließt eine a priori Ampelkoalition aus (%)	Szenario 3 Wahlergebnis; Ausschluss der AfD vom Regierungsbildungsprozess; FDP schließt eine Ampelkoalition a priori aus; CDU lehnt Beteiligung an einer von Grünen geführten Koalition ab (%)
Grüne	87,3	80,2	27,9
CDU	59,1	91,9	70,4
SPD	53,9	28,4	95,8
AfD	<0,1	<0,1	<0,1
FDP	49,5	21,5	70,5

Anmerkung: siehe Tab. 4

Szenario 1 deutlich ab, an der Regierung beteiligt zu sein. Würde man die in Szenario 3 berücksichtigte Aussage von Guido Wolf ernst nehmen, dass die CDU nicht in eine von den Grünen geführte Koalitionsregierung eintreten würde, dann profitieren davon neben den Christdemokraten vor allem die SPD, die mit einer Wahrscheinlichkeit von knapp 96 % im Stuttgarter Kabinett vertreten wäre. Auch die FDP hat in dieser Konstellation – maßgeblich bedingt durch die Aussichten für die so genannte „Deutschland-Koalition" – Chancen von rund 70 %, Repräsentanten in das künftige Kabinett zu entsenden. CDU, SPD und FDP liegen damit deutlich vor den Chancen der Grünen, in die künftige Regierung einzuziehen. Durch den Ausschluss der AfD vom Koalitionsspiel durch alle anderen Parlamentsparteien ist die Chance der „Alternative für Deutschland" nahe Null, in der nächsten Landesregierung vertreten zu sein.

Aus diesem Blickwinkel betrachtet war – allerdings nur in Kombination mit der Absage von Guido Wolf an eine CDU-Beteiligung an einer von den Grünen geführte Koalitionsregierung – der Schachzug der Liberalen, eine Ampelkoalition auszuschließen, nicht unklug: zum einen hatte die FDP im Wahlkampf nicht das Problem, dass ihnen Stimmen frustrierter CDU-Anhänger verloren gehen, die der Regierung aus Grünen und SPD überdrüssig sind. Gleichzeitig ergab sich so eine Koalitionsoption mit Christ- und Sozialdemokraten, in der die FDP mehr von ihren Inhalten hätte umsetzen und damit die Interessen ihrer Anhängerschaft besser hätte bedienen können als in einer Ampelkoalition. Zusammengefasst zeigt sich, dass die CDU trotz eines schwachen Abschneidens gute Chancen hat, in der nächsten Landesregierung vertreten zu sein, obwohl sie nur zweitstärkste Partei im Parlament geworden ist.

6 Schlussbetrachtung

Ziel dieses Beitrags war es, die „verrückten Verhältnisse" der baden-württembergischen Parteienkonstellation zu erklären, die sich nach der Landtagswahl 2011 ergeben haben. Dazu wurde die Entwicklung des Parteienwettbewerbs und die Wahlergebnisse im Zeitraum von 2011 bis 2016 dargestellt, um anschließend Erwartungen auf der Grundlage gängiger Theorien des Wahlverhaltens im Hinblick auf die strukturelle Schwäche der SPD sowie – mit Rückgriff auf Theorien der Koalitions- und Regierungsbildung – das wahrscheinliche Ergebnis des Regierungsbildungsprozesses und die Chancen der Präsenz der Parteien in der Landesregierung abzuleiten. Die Ergebnisse haben gezeigt, dass die Sozialdemokraten, partiell im Gegensatz zu Rheinland-Pfalz, nicht auf eine besondere

Unterstützung aus der Berufsgruppe der ihnen eigentlich aus interessegeleiteter Perspektive nahestehenden (gewerkschaftlich gebundenen) Arbeiter zurückgreifen können, was ein Baustein für die Erklärung für das schwache Abschneiden der SPD im Südwesten sein kann. Im Hinblick auf die Koalitionsbildung ergeben sich – je nach Sitzverteilung im Landtag und wenn keine typische „Lagerkoalition" eine Mehrheit erhält – hohe Wahrscheinlichkeiten für eine grün-schwarze Koalition, wenn man die Aussage des CDU-Spitzenkandidaten Guido Wolf ignoriert, nicht unter grüner Führung in einer Koalition einzutreten. Die Chancen auf eine Ampelkoalition waren gering, da die FDP vor der Wahl klare negative Signale im Hinblick auf eine gemeinsame Koalition mit SPD und Grünen an die Wählerschaft gesendet hat.

Nicht berücksichtigt werden konnten die Koalitionspräferenzen der Wähler, von denen ebenfalls ein signifikanter Einfluss auf die Koalitionsbildung – zumindest in den deutschen Bundesländern – ausgeht (Debus und Müller 2013). Wenn Wähler bestimmte Parteienkombinationen auch aus inhaltlichen Gründen und geringer programmatischer Distanz bevorzugen (vgl. hierzu Debus und Müller 2014) und Parteien dies wissen, dann sollten Parteien eher solche Koalitionen bilden, die mehrheitlich bevorzugt werden, da diese Koalition Politikinhalte implementieren würde, die von einer Mehrheit der Wähler gut geheißen würden. Letzteres sollte sich schlussendlich positiv auf den Stimmenanteil der Koalitionsparteien bei der folgenden Wahl auswirken.

Welche Bilanz lässt sich für die baden-württembergischen Parteien einerseits und für künftige Regierungs- und Koalitionsbildungsprozesse insbesondere mit Hinblick auf die Bundestagswahl 2017 andererseits ziehen? Die SPD als kleiner Koalitionspartner in Stuttgart hatte nicht nur das Problem, ihre traditionelle Anhängerschaft zu mobilisieren – sie konnte 2016 noch nicht einmal das Direktmandat im durch ein starkes Industriearbeitermilieu gekennzeichneten Mannheimer Norden gewinnen –, sondern wurde auch nicht – trotz der Besetzung eines Superministeriums mit ihrem Spitzenkandidaten Nils Schmid – für die gute wirtschaftliche Lage im Südwesten honoriert. Dieser Bonus entfiel – wie häufig auf nationaler Ebene als auch im internationalen Vergleich (vgl. Debus et al. 2014) – auf die größte Regierungspartei, die auch den Regierungschef stellt. Die CDU wird im Falle einer grün-schwarzen Koalition Gefahr laufen, ein ähnliches Schicksal zu erleiden.

Die im Vergleich zur Bundesebene andere Anordnung des Parteiensystems in Baden-Württemberg mit den Grünen als zweistärkster oder gar stärkster Partei, der SPD an dritter Stelle und der parlamentarischen Präsenz von AfD und FDP, nicht aber der Linken, macht es schwierig, den Südweststaat als Vorlage für Koalitionsspekulationen im Bund oder in anderen Bundesländern heranzuziehen.

Dennoch lassen sich einige Trends identifizieren. Die Tatsache, dass die FDP eine Koalition mit Grünen und SPD zumindest nicht rundweg ausgeschlossen hat und in Rheinland-Pfalz eine Ampelkoalition schließlich bildete, lässt diese Option in Berlin wieder in den Bereich der Möglichkeiten rücken. Ob – aufgrund der Schwäche von CDU und SPD in Baden-Württemberg – eine sogenannte schwarz-rot-gelbe „Deutschland-Koalition" auf Bundesebene auch ernsthaft diskutiert werden wird, erscheint fraglich, da die Grünen wohl nicht die SPD als zweitstärkste Partei auf Bundesebene ablösen werden, sodass CDU/CSU und SPD wahrscheinlich auch 2017 eine gemeinsame Mehrheit im Bundestag erreichen dürften. Allerdings gilt, dass das koalitionspolitische Lagerdenken zwischen einer bürgerlichen Koalition aus Union und FDP einerseits sowie SPD und Grünen und gegebenenfalls der Linken andererseits starke Risse bekommen hat. Das rasche Aufkommen neuer Parteien wie kurzfristig der Piraten und, je nachdem wie sich die Flüchtlingskrise weiter entwickelt, eventuell längerfristig der AfD macht Mehrheiten für die klassischen Lagerkoalitionen unwahrscheinlich, sodass unorthodoxe Dreierbündnisse nicht nur auf Landes-, sondern auch auf Bundesebene wahrscheinlicher werden.

Literatur

Austen-Smith, D., und J. Banks. 1988. Elections, coalitions, and legislative outcomes. *American Political Science Review* 82 (2): 405–422.

Axelrod, R. M. 1970. *Conflict of interest: A theory of divergent goals with applications to politics*. Chicago: Markham Publishing Company.

Bäck, H., und P. Dumont. 2007. Combining large-n and small-n strategies: The way forward in coalition research. *West European Politics* 30 (3): 467–501.

Bäck, H., und P. Dumont. 2008. Making the first move. A two-stage analysis of the role of formateurs in parliamentary government formation. *Public Choice* 135 (3–4): 353–373.

Beck, U. 1986. *Risikogesellschaft: Auf dem Weg in eine andere Moderne*. Frankfurt a. M.: Suhrkamp.

Benoit, K., und M. Laver. 2006. *Party policy in modern democracies*. London: Routledge.

Bräuninger, T., und M. Debus. 2008. Der Einfluss von Koalitionsaussagen, programmatischen Standpunkten und der Bundespolitik auf die Regierungsbildung in den deutschen Ländern. *Politische Vierteljahresschrift* 49 (2): 309–338.

Bräuninger, T., und M. Debus. 2011. Die Regierungsbildung nach der Bundestagswahl 2009: Wie wahrscheinlich ist eine Neuauflage der großen Koalition. In *Politik im Klimawandel: Keine Macht für gerechte Lösungen*, Hrsg. S. Schüttemeyer, 261–286. Baden-Baden: Nomos.

Bräuninger, T., und M. Debus. 2012. *Parteienwettbewerb in den deutschen Bundesländern*. Wiesbaden: VS Verlag.

Bräuninger, T., M. Debus, und J. Müller. 2013. *Estimating policy positions of political actors across countries and Ttme*. MZES Arbeitspapier Nr. 153. Mannheim: Mannheimer Zentrum für Europäische Sozialforschung.

Burkhart, S. 2005. Parteipolitikverflechtung. Über den Einfluss der Bundespolitik auf Landtagswahlentscheidungen von 1976 bis 2000. *Politische Vierteljahresschrift* 46 (1): 14–38.

Campbell, A., P. E. Converse, W. E. Miller, und D. E. Stokes. 1960. *The American voter*. New York: Wiley.

Däubler, T., und M. Debus. 2009. Government formation and policy formulation in the German states. *Regional and Federal Studies* 19 (1): 73–95.

De Swaan, A. 1973. *Coalition theories and cabinet formations: A study of formal theories of coalition formation applied to nine European parliaments after 1918*. Amsterdam: Elsevier.

Debus, M. 2007. *Pre-electoral alliances, coalition rejections, and multiparty governments*. Baden-Baden: Nomos.

Debus, M. 2009. Pre-electoral commitments and government formation. *Public Choice* 138 (1–2): 45–64.

Debus, M. 2010. Soziale Konfliktlinien und Wahlverhalten: Eine Analyse der Determinanten der Wahlabsicht bei Bundestagswahlen von 1969 bis 2009. *Kölner Zeitschrift für Soziologie und Sozialpsychologie* 62 (4): 731–749.

Debus, M. 2011. Parteienwettbewerb, Regierungsbildung und Ergebnisse der Koalitionsverhandlungen nach der Bundestagswahl 2009. In *Die Parteien nach der Bundestagswahl 2009*, Hrsg. O. Niedermayer, 281–306. Wiesbaden: VS Verlag.

Debus, M. 2012. Sozialstrukturelle und einstellungsbasierte Determinanten des Wahlverhaltens und ihr Einfluss bei Bundestagswahlen im Zeitverlauf: Westdeutschland 1976–2009. In *Wählen in Deutschland*, Hrsg. R. Schmitt-Beck, 40–62. Baden-Baden: Nomos.

Debus, M. 2016. Weder ein „modern gender gap" noch „same gender voting" in Deutschland? Zum Einfluss des Geschlechts auf das individuelle Wahlverhalten bei den Bundestagswahlen zwischen 1998 und 2013. In *Wahlen und Wähler. Analysen aus Anlass der Bundestagswahl 2013*, Hrsg. H. Schoen, und B. Weßels. Wiesbaden: Springer VS.

Debus, M., und J. Müller. 2011. Government formation after the 2009 federal election: The remake of the Christian-Liberal coalition under new patterns of party competition. *German Politics* 20 (1): 164–185.

Debus, M., und J. Müller. 2013. Do voters' coalition preferences affect government formation? *West European Politics* 36 (5): 1007–1028.

Debus, M., und J. Müller. 2014. Expected utility or learned familiarity? The formation of voters' coalition preferences. *Electoral Studies* 34 (1): 54–67.

Debus, M., M. Stegmaier, und J. Tosun. 2014. Economic voting under coalition governments: Evidence from Germany. *Political Science Research and Methods* 2 (1): 49–67.

Decker, F. 2009. Koalitionsaussagen der Parteien vor Wahlen. Eine Forschungsskizze im Kontext des deutschen Regierungssystems. *Zeitschrift für Parlamentsfragen* 40 (2): 431–453.

Downs, A. 1957. An economic theory of political action in a democracy. *The Journal of Political Economy* 65 (2): 135–150.

Eith, U. 2008. Das Parteiensystem Baden-Württembergs. In *Parteien und Parteiensysteme in den deutschen Ländern*, Hrsg. U. Jun, M. Haas, und O. Niedermayer, 103–123. Wiesbaden: VS Verlag.

Gabriel, O. W., und K. Völkl. 2007. Die baden-württembergische Landtagswahl vom 26. März 2006: Schwarzes Land mit bunten Tupfern. *Zeitschrift für Parlamentsfragen* 38 (1): 16–31.

Gabriel, O. W., H. Schoen, und K. Faden-Kuhne. 2014. *Der Volksentscheid über Stuttgart 21.* Opladen: Barbara Budrich.

Giger, N. 2009. Towards a modern gender gap in Europe?: A comparative analysis of voting behavior in 12 countries. *The Social Science Journal* 46 (3): 474–492.

Glasgow, G., und S. N. Golder. 2015. A new approach to the study of parties entering government. *British Journal of Political Science* 45 (4): 739–754.

Golder, S. N. 2006. Pre-electoral coalition formation in parliamentary democracies. *British Journal of Political Science* 36 (2): 193–212.

Inglehart, R., und P. Norris. 2000. The developmental theory of the gender gap: Women's and men's voting behavior in global perspective. *International Political Science Review* 21 (4): 441–463.

Jeffery, C., und D. Hough. 2001. The electoral cycle and multi-level voting in Germany. *German Politics* 10 (2): 73–98.

Jun, U. 1994. *Koalitionsbildung in den deutschen Bundesländern: theoretische Betrachtungen, Dokumentation und Analyse der Koalitionsbildungen auf Länderebene seit 1949.* Opladen: Leske + Budrich.

Kirchheimer, O. 1965. Der Wandel des westeuropäischen Parteisystems. *Politische Vierteljahresschrift* 6 (1): 20–41.

Kohler, U. 2002. *Der demokratische Klassenkampf: Zum Zusammenhang von Sozialstruktur und Parteipräferenz.* Frankfurt a. M.: Campus Verlag.

Kropp, S. 2001. *Regieren in Koalitionen: Handlungsmuster und Entscheidungsbildung in deutschen Länderregierungen.* Wiesbaden: Westdeutscher Verlag.

Laver, M., und B. W. Hunt. 1992. *Policy and party competition.* New York: Routledge.

Laver, M., und K. A. Shepsle. 1996. *Making and breaking governments: Cabinets and legislatures in parliamentary democracies.* Cambridge: Cambridge University Press.

Laver, M., K. Benoit, und J. Garry. 2003. Extracting policy positions from political texts using words as data. *American Political Science Review* 97 (2): 311–331.

Leiserson, M. 1968. Factions and coalitions in one-party Japan: An interpretation based on the theory of games. *American Political Science Review* 62 (3): 770–787.

Lepsius, R. M. 1973. Parteiensystem und Sozialstruktur. In *Die deutschen Parteien vor 1918,* Hrsg. G. A. Ritter, 56–80. Köln: Vandenhoeck & Ruprecht.

Lewis-Beck, M. S., und M. Stegmaier. 2000. Economic determinants of electoral outcomes. *Political Science* 3 (1): 183–219.

Linhart, E., M. Debus, und T. Bräuninger. 2010. The 2009 elections in Schleswig-Holstein: polarised electoral campaign, exceptional election results, and an unspectacular process of government formation. *German Politics* 19 (2): 237–253.

Lipset, S. M., und S. Rokkan. 1967. *Party systems and voter alignments: Cross-national perspectives.* New York: The Free Press.

Lösche, P. 1994. *Kleine Geschichte der deutschen Parteien.* Stuttgart: Kohlhammer.

Martin, L. W., und R. T. Stevenson. 2001. Government formation in parliamentary democracies. *American Journal of Political Science* 45 (1): 33–50.

Martin, L. W., und R. T. Stevenson. 2010. The conditional impact of incumbency on government formation. *American Political Science Review* 104 (3): 503–518.

McFadden, D. 1973. Conditional logit analysis of qualitative choice behaviour. In *Frontiers in Econometrics*, Hrsg. P. Zarembka, 105–142. New York: Academic Press.

Meguid, B. M. 2005. Competition between unequals: The role of mainstream party strategy in niche party success. *American Political Science Review* 99 (3): 347–359.

Müller, J., und M. Debus. 2012. „Second order"-Effekte und Determinanten der individuellen Wahlentscheidung bei Landtagswahlen: Eine Analyse des Wahlverhaltens im deutschen Mehrebenensystem. *Zeitschrift für Vergleichende Politikwissenschaft* 6 (1): 17–47.

Müller, W., und M. Klein. 2012. Die Klassenbasis in der Parteipräferenz des deutschen Wählers. Erosion oder Wandel? In *Wählen in Deutschland*, Hrsg. R. Schmitt-Beck, 85–110. Baden-Baden: Nomos.

Pappi, F. U. 1985. Die konfessionell-religiöse Konfliktlinie in der deutschen Wählerschaft: Entstehung, Stabilität und Wandel. In *Wirtschaftlicher Wandel, religiöser Wandel und Wertewandel. Folgen für das politische Verhalten in der Bundesrepublik Deutschland*, Hrsg. D. Oberndörfer, H. Rattinger, und K. Schmitt, 263–290. Berlin: Duncker & Humblot.

Pappi, F. U. 2002. Die politisierte Sozialstruktur heute: Historische Reminiszenz oder aktuelles Erklärungspotential? In *Das Ende der politisierten Sozialstruktur?* Hrsg. F. Brettschneider, J. W. van Deth, und E. Roller, 25–46. Wiesbaden: VS Verlag.

Pappi, F. U., und J. Brandenburg. 2010. Sozialstrukturelle Interessenlagen und Parteipräferenz in Deutschland. *Kölner Zeitschrift für Soziologie und Sozialpsychologie* 62 (3): 459–483.

Pappi, F. U., und S. Shikano. 2002. Die politisierte Sozialstruktur als mittelfristig stabile Basis einer deutschen Normalwahl. *Kölner Zeitschrift für Soziologie und Sozialpsychologie* 54 (3): 444–475.

Pappi, F. U. und S. Shikano. 2004. *Ideologische Signale in den Wahlprogrammen der deutschen Bundestagsparteien 1980 bis 2002*. MZES Arbeitspapier Nr. 76. Mannheim: Mannheimer Zentrum für Europäische Sozialforschung.

Pappi, F. U., und S. Shikano. 2007. *Wahl- und Wählerforschung. Theorien und Forschungsstand*. Baden-Baden: Nomos.

Pappi, F. U., A. Becker, und A. Herzog. 2005. Regierungsbildung in Mehrebenensystemen: Zur Erklärung der Koalitionsbildung in den deutschen Bundesländern. *Politische Vierteljahresschrift* 46 (3): 432–458.

Peleg, B. 1981. Coalition formation in simple games with dominant players. *International Journal of Game Theory* 10 (1): 11–33.

Reif, K., und H. Schmitt. 1980. Nine second order national elections – A conceptual framework for the analysis of European election results. *European Journal of Political Research* 8 (1): 3–44.

Riker, W. H. 1962. *The theory of political coalitions*. New Haven: Yale University Press.

Roßteutscher, S. 2012. Die konfessionell-religiöse Konfliktlinie zwischen Säkularisierung und Mobilisierung. In *Das Ende der politisierten Sozialstruktur?* Hrsg. R. Schmitt-Beck, 111–133. Baden-Baden: Nomos.

Roth, D. 2013. Baden-Württemberg 2011: Was entschied die Wahl? In *Der historische Machtwechsel. Grün-Rot in Baden-Württemberg,* Hrsg. U. Wagschal, U. Eith, und M. Wehner, 15–29. Baden-Baden: Nomos.

Schneider, H. 2001. Parteien in der Landespolitik. In *Parteiendemokratie in Deutschland,* Hrsg. O. W. Gabriel, O. Niedermayer, und R. Stöss, 385–405. Bonn: Bundeszentrale für Politische Bildung.

Schoen, H., und C. Weins. 2014. Der sozialpsychologische Ansatz zur Erklärung von Wahlverhalten. In *Handbuch Wahlforschung,* Hrsg. J. W. Falter, und H. Schoen, 241–329. Wiesbaden: Springer VS.

Schofield, N. 1993. Political competition and multiparty coalition governments. *European Journal of Political Research* 23 (1): 1–33.

Strøm, K., I. Budge, und M. Laver. 1994. Constraints on cabinet formation in parliamentary democracies. *American Journal of Political Science* 38 (2): 303–335.

Tavits, M. 2008. The role of parties' past behavior in government formation. *American Political Science Review* 102 (4): 495–507.

Van Deemen, A. M. A. 1989. Dominant players and minimum size coalitions. *European Journal of Political Research* 17 (3): 313–332.

Von Neumann, J., und O. Morgenstern. 1944. *Theory of games and economic behavior.* Princeton: Princeton University Press.

Wagschal, U., U. Eith, und M. Wehner Hrsg. 2013. *Der historische Machtwechsel: Grün-Rot in Baden-Württemberg.* Baden-Baden: Nomos.

Weber, R. 2010. Baden-Württemberg – ‚Stammland des Liberalismus' und Hochburg der CDU. In *Parteien in den deutschen Ländern: Geschichte und Gegenwart,* Hrsg. A. Kost, W. Rellecke, und R. Weber, 103–126. München: Beck.

Über den Autor

Prof. Dr. Marc Debus ist Professor für Politikwissenschaft mit dem Schwerpunkt Vergleichende Regierungslehre an der Fakultät für Sozialwissenschaften der Universität Mannheim und Leiter des Arbeitsbereichs B „Die politischen Systeme Europas und ihre Integration" am Mannheimer Zentrum für Europäische Sozialforschung (MZES). Seine Schwerpunkte in der Forschung sind die Analyse von Parteienwettbewerb, des Bildens von und des Regierens in Koalitionen, insbesondere in Mehrebenensystemen, sowie legislatives Handeln und Entscheiden in den Parlamenten moderner Demokratien.

Finanz- und Wirtschaftspolitik unter dem Eindruck der Finanzkrise

Felix Hörisch

Zusammenfassung

Im März 2011 kam in Baden-Württemberg mit der Koalition aus Grünen und SPD erstmals in einem deutschen Bundesland eine Koalition unter einem grünen Ministerpräsidenten zustande. Dieser Artikel analysiert, ob diesem Regierungswechsel nach über fünf Jahrzehnten mit CDU-Regierungsbeteiligung auch ein entsprechend rapider Politikwechsel im Bereich der Finanz- und Wirtschaftspolitik folgte. Dazu werden zuerst die Wahlprogramme zur Landtagswahl 2011 von Grünen, SPD und CDU miteinander und mit dem anschließend ausgehandelten Koalitionsvertrag verglichen. Anschließend wird ein Überblick über die wesentlichen tatsächlich getätigten Reformen der grün-roten Landesregierung gegeben. Danach wird analysiert, welche Schlussfolgerungen für die zukünftige Politik die drei großen Parteien CDU, Grüne und SPD aus der Finanz- und Wirtschaftspolitik der grün-roten Landesregierung gezogen haben. Hierzu werden die finanz- und wirtschaftspolitischen Kapitel der Wahlprogramme der drei Parteien miteinander verglichen, mit denen diese zur Landtagswahl 2016 angetreten sind. Abschließend werden mögliche Gründe für die jeweilige Positionierung der beiden Regierungsparteien während der Legislaturperiode 2011 bis 2016 diskutiert, sowie eine Einordnung der durchgeführten Reformen nach der Reformklassifikation von Peter Hall vorgenommen und die Wirtschafts- und Finanzpolitik der ersten grün-roten Landesregierung Deutschlands bewertet.

F. Hörisch (✉)
Institut für Politische Wissenschaft, Ruprecht-Karls-Universität Heidelberg, Heidelberg, Deutschland
E-Mail: felix.hoerisch@ipw.uni-heidelberg.de

© Springer Fachmedien Wiesbaden 2017
F. Hörisch und S. Wurster (Hrsg.), *Das grün-rote Experiment in Baden-Württemberg*, DOI 10.1007/978-3-658-14868-3_3

1   Einleitung

Nach fast 58 Jahren Regierungsbeteiligung der CDU, kam 2011 in Baden-Würt-
temberg mit der Koalition aus Grünen und SPD erstmals in einem deutschen
Bundesland eine Koalition unter einem grünen Ministerpräsidenten zustande.[1]
Die Frage, die in diesem Artikel gestellt und beantwortet werden soll, ist, ob dieser Regierungswechsel nach über fünf Jahrzehnten mit CDU-Regierungsbeteiligung hin zu Grün-Rot auch zu einem entsprechend rapiden Politikwechsel im
Bereich der Finanz- und Wirtschaftspolitik geführt hat, und wenn ja, in welche
Richtung, oder ob die Kontinuität in den fünf Jahren der grün-roten Koalition
überwog und es zu keinem Pfadbruch kam.

Diese Fragestellung soll dabei in vier Schritten beantwortet werden. Zunächst
sollen erstens die Wahlprogramme zur Landtagswahl 2011 von Grünen, SPD
und CDU miteinander und mit dem anschließend ausgehandelten Koalitionsvertrag verglichen werden. Was fällt im Vergleich der Wahlprogramme untereinander auf? Was haben die verschiedenen Parteien sich vor der Wahl vorgenommen?
Welche Schwerpunkte legten Grüne und SPD im Vergleich zur CDU? Und welche dieser Schwerpunktsetzungen findet sich auch im Koalitionsvertrag wieder?
Zweitens soll ein Überblick über die wesentlichen tatsächlich getätigten Reformen der Grün-roten Landesregierung gegeben werden. Wie beeinflusste die
wirtschaftliche Lage und das wirtschaftspolitische Umfeld während der Legislaturperiode die Politik? Wie beeinflussten die Finanzkrise bei gleichzeitig guter
konjunktureller Lage in Baden-Württemberg die Opportunitätsstrukturen für die
Finanz- und Wirtschaftspolitik von Grün-Rot? Wie beeinflusste die Schuldenbremse, nach der alle Bundesländer spätestens 2020 einen ausgeglichenen Haushalt präsentieren müssen, die Politik unter Finanz- und Wirtschaftsminister Nils
Schmid (SPD)? Danach soll drittens analysiert werden, welche Schlussfolgerungen für die zukünftige Politik die drei großen Parteien CDU, Grüne und SPD
aus der Finanz- und Wirtschaftspolitik der grün-roten Landesregierung gezogen
haben. Hierzu sollen die finanz- und wirtschaftspolitischen Kapitel der Wahlprogramme der drei Parteien miteinander verglichen werden, mit denen diese

---

[1]Für Unterstützung bei der Datenrecherche und -aufbereitung möchte ich mich sehr herzlich bei Julia Weiß und Sophie Dolinga und für zahlreiche hilfreiche Kommentare bei
Johannes Scharr bedanken. Teile des Artikels fußen auf einer deutlich kürzeren Vorversion
des Artikels, die unter dem Titel „Mehr Industrie wagen!? Die Finanz- und Wirtschaftspolitik der ersten grün-roten Landesregierung in Baden-Württemberg" in der Zeitschrift „Der
Bürger im Staat" Ausgabe 65 (4/2015) erschienen ist (Hörisch 2015).

zur Landtagswahl 2016 angetreten sind. Abschließend sollen viertens mögliche Gründe für die jeweilige Positionierung der beiden Regierungsparteien während der Legislaturperiode 2011 bis 2016 diskutiert werden, sowie eine Einordnung der durchgeführten Reformen vorgenommen werden und die Wirtschafts- und Finanzpolitik der fünf Jahre Grün-Rot bewertet werden.

2 Die Wahlprogramme und der Koalitionsvertrag im Vergleich

In ihrem Wahlprogramm zur Landtagswahl 2011 hatte die SPD im Kapitel zur Wirtschaftspolitik gleich zu Beginn in der ersten Überschrift postuliert „Die Industrie bleibt das Herz unserer Wirtschaft" (SPD-Regierungsprogramm 2011, S. 62). Die Grünen fordern dagegen an der gleichen Stelle, „Den Industriestandort Baden-Württemberg ökologisch umgestalten" zu wollen (Grünes Landtagswahlprogramm 2011, S. 18). Diese unterschiedlichen Überschriften sind symptomatisch für eine unterschiedliche Schwerpunktsetzung von Grünen und SPD in der Wirtschaftspolitik in ihren Wahlprogrammen. Auf der einen Seite kündigten die Grünen einen ökologischen Umbau des Wirtschafts- und Industriestandorts Baden-Württemberg mithilfe eines „Green New Deal" (Grünes Landtagswahlprogramm 2011, S. 14) an. Auf der anderen Seite strebte die SPD eine „Politik für die solidarische Mitte" an (SPD-Regierungsprogramm 2011, S. 73), die zum Beispiel mithilfe der Mitbestimmung in wesentlichen Teilen eine Politik für die klassische sozialdemokratische Kernwählerschaft der Industriearbeiter ankündigte. Diese beiden klaren – aber unterschiedlichen – Festlegungen zur Entwicklung Baden-Württembergs als Industriestandort münden im Koalitionsvertrag in der Formulierung „Den Industrie- und Wirtschaftsstandort stärken – dynamische und nachhaltige Wachstumsfelder erschließen" (vgl. Koalitionsvertrag 2011, S. 17). Diese, beide Schwerpunktsetzungen verbindende, Kompromissformel wird im Koalitionsvertrag weiter konkretisiert. So wird im Koalitionsvertrag zwischen Grünen und SPD darüber hinaus eine Fokussierung der Wirtschaftspolitik auf die vier Felder „nachhaltige Mobilität", „Umwelttechnologien, Erneuerbare Energien und Ressourceneffizienz", „Gesundheit und Pflege" sowie „Informations- und Kommunikationstechnologien (IKT), Green IT und intelligente Produkte" (Koalitionsvertrag 2011, S. 17–18) festgesetzt, von denen sich die Koalitionspartner besondere Wachstumsdynamiken versprechen. Mit dieser Schwerpunktsetzung – drei der vier Bereiche können zumindest teilweise der „Green Economy" zugeordnet werden – setzt die grün-rote Koalition im Koalitionsvertrag durchaus Akzente, die so nicht von einer

CDU-geführten Landesregierung zu erwarten wären.[2] Diese Schwerpunktsetzung entspricht vielmehr dem, was auch die klassische Parteiendifferenztheorie
(vgl. Hibbs 1977; Schmidt 2010; Wenzelburger 2015) erwarten ließe: Grüne
Parteien an der Regierung setzen sich für eine ökologische Modernisierung und
eine möglichst umweltverträgliche Wirtschaftspolitik ein. Insgesamt scheinen
sich die Grünen bei der Wahl der Schwerpunktsetzung im Koalitionsvertrag
etwas stärker durchgesetzt zu haben als die SPD, jedoch ist mit dem Politikfeld
„Gesundheit und Pflege" auch ein Schwerpunkt klassischer Sozialpolitik
enthalten.

Ebenfalls im Einklang mit der Parteiendifferenztheorie stehen eine Reihe
weiterer finanz- und wirtschaftspolitischer Vereinbarungen der grün-roten Koalition im Koalitionsvertrag. Ein Beispiel ist hier die Anhebung der Grunderwerbssteuer um 1,5 Prozentpunkte, die bereits im Koalitionsvertrag angekündigt
wurde (Koalitionsvertrag 2011, S. 57) und nach Antritt der Koalition auch sehr
schnell beschlossen wurde (siehe unten). Auch die Erklärung, sich für eine
deutliche Rücknahme von Public-Private-Partnership-Maßnahmen einzusetzen
(Koalitionsvertrag 2011, S. 19) entspricht mit ihrer Hinwendung zum Staat als
Wirtschaftsakteur anstatt einer Auslagerung öffentlicher Aufgaben hin zu privaten
Wirtschaftsakteuren diesen klassischen Parteiendifferenzen.

Insgesamt ist somit im Vergleich der Wahlprogramme untereinander und
mit dem Koalitionsvertrag eine unterschiedliche Schwerpunktsetzung der Parteien festzuhalten, die in wesentlichen Teilen den klassischen Parteiendifferenzen entspricht. Grüne und SPD haben jeweils in ihren Wahlprogrammen wie
auch im Koalitionsvertrag eine Wirtschafts- und Finanzpolitik angekündigt, die

---

[2]So findet sich zwar interessanterweise auch im CDU-Wahlprogramm eine ähnliche
Schwerpunktsetzung: „Vor allem vier Wirtschaftsbereiche versprechen nachhaltige Wachs-
tumschancen im neuen Jahrzehnt. Diese Wachstumsfelder sind: Nachhaltige Mobilität und
automobile Zukunft,Umwelttechnik und Ressourceneffizienz, IT-Systeme und -Dienstleis-
tungen sowie Gesundheit und Pflege" (vgl. CDU-Regierungsprogramm 2011, S. 40). Die
Ähnlichkeiten'in der Schwerpunktsetzung sind wohl auch durch eine gemeinsame Orientierung an den Empfehlungen des Innovationsrats Baden-Württemberg zu erklären. Allerdings
scheint durch kleine, aber wesentliche Änderungen die Formulierung des grün-roten Koalitionsvertrags ökologischen Zielen noch etwas mehr Raum einzuräumen. Bemerkenswert
sind hier insbesondere das Weglassen der „automobile(n) Zukunft" und die Ergänzung um
die „Erneuerbaren Energien" im grün-roten Koalitionsvertrag im Vergleich zum Wahlprogramm der CDU. Interessant ist ferner, dass diese Übernahme der Passage aus dem CDU-
Wahlprogramm in den grün-roten Koalitionsvertrag öffentlich kaum thematisiert wurde.
Nur in der Rede des FDP-Fraktionsvorsitzenden Hans-Ulrich Rülke zur Regierungserklärung Winfried Kretschmanns vom 26. Mai 2011 wurde dies kurz und eher beiläufig thematisiert, ohne jedoch anschließend öffentlich größer aufgegriffen zu werden.

einer genuin grün-roten Schwerpunktsetzung entspricht: Ökologische Reformen einerseits und klassische industrie- und arbeitnehmerfreundliche Politik andererseits.

In einigen Bereichen der Wirtschafts- und Finanzpolitik deutet der Koalitionsvertrag allerdings auch einiges an Kontinuität in Relation zur Politik der schwarz-gelben Vorgängerregierung an. So kündigt Grün-Rot in der Finanzpolitik beispielsweise bereits hier an, sich für eine Reform des Länderfinanzausgleichs einzusetzen, mit dem Ziel Geberländer wie Baden-Württemberg selbst zu entlasten und größere Anreize zur Stärkung der Steuereinnahmen in Geber- und Nehmerländern zu schaffen (vgl. Koalitionsvertrag 2011, S. 56).

3   Überblick über die Finanz- und Wirtschaftspolitik

Wahlprogramme und Koalitionsverträge sind das eine. In der politischen Praxis werden diese Ankündigen und Vorhaben jedoch häufig schnell von aktuellen Entwicklungen überrollt, auf die Politik reagieren muss. Auch die fünf Jahre grünroter Wirtschaftspolitik waren geprägt von den Nach- bzw. Auswirkungen der Finanz- und Eurokrise, bei gleichzeitig sehr positiver wirtschaftlicher Entwicklung in Baden-Württemberg selbst sowie dem institutionellem Diktat der Schuldenbremse. Zudem ist der landespolitische Handlungsspielraum im Bereich der Wirtschafts- und Finanzpolitik eher als maximal mittelgroß einzuschätzen, da insbesondere die meisten Steuergesetzgebungskompetenzen nicht in der Kompetenz der Bundesländer liegen. Allerdings gibt es auch einzelne reine Landessteuern, wie die Grunderwerbssteuer, deren Aufkommen alleine den Ländern zusteht und über deren Höhe die Länder unabhängig entscheiden können. Vor dem Hintergrund dieser mittleren Handlungsspielräume für die Landesregierung in der Finanz- und Wirtschaftspolitik soll im Folgenden ein Überblick sowohl über die wirtschaftliche Entwicklung im „Ländle" als auch die wesentlichen tatsächlich getätigten Reformen der Regierung Kretschmann gegeben werden.

Im Anschluss wird zur genaueren Beantwortung der Frage, ob die dargestellten Reformen der grün-roten Landesregierung in der Finanz- und Wirtschaftspolitik in der Legislaturperiode von 2011 bis 2016 einen radikalen Pfadbruch oder einen substanziellen Politikwechsel darstellen, oder ob im Wesentlichen die Politik der Vorgängerregierung fortgesetzt wurde, auf die Klassifizierung von Reformen durch Peter Hall zurückgegriffen werden. Hall unterscheidet dabei zwischen Reformen erster, zweiter und dritter Ordnung (Hall 1993). Reformen werden dabei als Reformen erster Ordnung bezeichnet, wenn die grundlegenden Ziele und verwendeten Maßnahmen der Politik gleich bleiben und es lediglich zu einer

Veränderung des Ausmaßes des Einsatzes der verschiedenen Politikinstrumente kommt, indem beispielsweise eine bestehende Steuer erhöht oder gesenkt wird. Reformen zweiter Ordnung liegen dagegen vor, wenn es zur Veränderung der eingesetzten Politikinstrumente kommt, also beispielsweise ein neuer Steuerungsmechanismus wie eine neue Abgabe oder Steuer eingeführt wird. Reformen dritter Ordnung setzen darüber hinaus voraus, dass ein Wandel des der Politik zugrunde liegenden Paradigmas stattfindet, dass die Politik also zum Beispiel fundamental neue Ziele ihrer Finanz- und Wirtschaftspolitik formuliert.

3.1 Finanz- und Wirtschaftspolitik in sehr günstigem Umfeld

Betrachtet man die Entwicklung des Bruttoinlandsprodukts und der Arbeitslosigkeit in Baden-Württemberg seit 2011 (vgl. Abb. 1 und 2), so zeigt sich, dass die grün-rote Finanz- und Wirtschaftspolitik in sehr günstigem Umfeld agieren

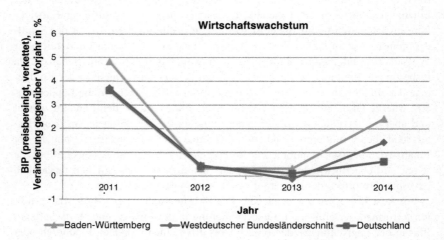

Abb. 1 Die Entwicklung des Wirtschaftswachstums in Baden-Württemberg. (Quelle: Eigene Darstellung auf Basis der Daten des Arbeitskreis „Volkswirtschaftliche Gesamtrechnungen der Länder" 2016a)

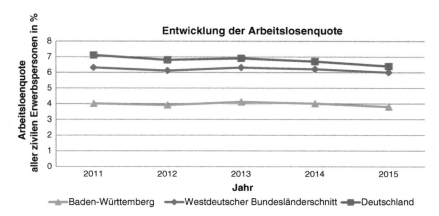

Abb. 2 Die Entwicklung der Arbeitslosenquote in Baden-Württemberg. (Quelle: Eigene Darstellung auf Basis der Daten der Arbeitsmarktstatistik der Bundesagentur für Arbeit 2016)

konnte. Da Baden-Württemberg als klassisches Industrieland[3] mit einer Exportquote von 43 % (im Vergleich zu 33 % im Schnitt aller Bundesländer) besonders stark von der wirtschaftlichen Entwicklung insbesondere in der Euro-Zone abhängt, war der Einfluss der Finanz- und Eurokrise auf die wirtschaftliche Entwicklung in Baden-Württemberg vor dem Regierungsantritt Grün-Rots besonders groß gewesen. Schließlich gehen 64 % des baden-württembergischen Exports in die europäischen Länder.[4] Dementsprechend war zwar der Einbruch der Wirtschaftsleistung infolge der internationalen Finanzkrise und der Eurokrise in Baden-Württemberg besonders groß, entsprechend wirkungsmächtig fiel allerdings auch die anschließende Erholung wieder aus. So lag das Wirtschaftswachstum in Baden-Württemberg im gesamten Zeitverlauf der Legislaturperiode ab 2011 sowohl deutlich über dem gesamtdeutschen Durchschnitt wie auch dem Mittelwert der westdeutschen Länder. Nach einem starkem Einbruch der Wirtschaftsleistung im Zuge der Finanzkrise (auch in Baden-Württemberg insbesondere im Jahre 2009), wuchs die Wirtschaft im Südwesten 2011 mit fast 5 %

---

[3]Der Anteil der Industrie an der Bruttowertschöpfung ist in Baden-Württemberg mit 29 % deutlich höher als im Bundesdurchschnitt (21 %). Rund 1,5 Mio. Arbeitnehmer sind in Baden-Württemberg in der Industrie beschäftigt (vgl. http://mfw.baden-wuerttemberg.de/de/mensch-wirtschaft/wirtschaftsstandort/wirtschaftsstruktur/).

[4]Vgl. http://mfw.baden-wuerttemberg.de/de/mensch-wirtschaft/wirtschaftsstandort/aussenwirtschaft/.

Wirtschaftswachstum besonders beeindruckend – ein Effekt der guten wirtschaftlichen Erholung nach dem starken Rückgang insbesondere der Industrieleistung während der Wirtschaftskrise. In den Folgejahren wuchs die Wirtschaft mit Wachstumsraten von 0,3 % in den Jahren 2012 und 2013 und 2,4 % im Jahr 2014 zwar deutlich schwächer, aber doch – gerade im Vergleich zu anderen Bundesländern – in einem soliden Ausmaß.

Ähnliches zeigt sich beim Blick auf die Arbeitslosenquote, die mit um die 4 % im Laufe der gesamten Legislaturperiode stetig auf einem sehr niedrigen Level blieb, verglichen mit ebenfalls eher günstigen 6–7 % im Schnitt der westdeutschen Länder beziehungsweise im gesamten Bundesgebiet. Diese konstant niedrige Arbeitslosenquote in Baden-Württemberg ist besonders beeindruckend, wenn man sich vor Augen führt, dass Volkswirte häufig schon bei einer Arbeitslosenquote von 3–4 % von Vollbeschäftigung sprechen, ein Niveau, das in Baden-Württemberg während der gesamten Legislaturperiode von Grün-Rot nahezu erreicht wurde. Die Lage am Arbeitsmarkt betreffend stand Baden-Württemberg somit sowohl im nationalen wie auch im internationalen Vergleich mit anderen EU-Mitgliedsstaaten außergewöhnlich gut da (vgl. Arndt und Hörisch 2015; Hörisch et al. 2014 sowie Tosun 2015). Insgesamt bestätigen diese Zahlen den Befund, dass die Landesregierung Kretschmann, zu einem Zeitpunkt, in dem viele europäische Staaten noch mit massiven Auswirkungen der Finanz-, Wirtschafts- und Währungskrise kämpf(t)en, Politik in einem wirtschaftlich vergleichsweise günstigen Umfeld bei soliden Wachstumsraten und geringer Arbeitslosigkeit gestalten konnte.

Dementsprechend lag auch die Verschuldung mit relativ konstanten Werten von 17 % der Wirtschaftsleistung in 2011 und 16 % in 2012 und 2013 deutlich unter dem Durchschnittswert der westdeutschen Bundesländer (siehe Abb. 3), wobei hier natürlich die Einführung der Schuldenbremse für die Bundesländer ab dem Jahr 2020 eine gewisse Beschränkung der Handlungsmöglichkeiten der Landesregierung im Hinblick auf zusätzliche Kreditaufnahmen darstellte. Diese wurde wegen steigender und hoher Steuereinnahmen und einer verbesserten Einnahmebasis im Laufe der Legislaturperiode jedoch auch nicht notwendig.

Der Vergleich der Staatseinnahmen und der Staatsausgaben im Verlauf der Legislaturperiode zeigt, dass beide Größen während der Legislaturperiode substanziell von jeweils über 37 Mrd. EUR im Jahr 2011 auf circa 44 Mrd. EUR im Jahr 2015 anstiegen (siehe Abb. 4). Während die Staatsausgaben die Staatseinnahmen in den Jahren 2011 und 2013 jeweils noch knapp überstiegen, konnte die grün-rote Landesregierung in den Jahren 2012, 2014 und 2015 insbesondere aufgrund der gestärkten Staatseinnahmebasis aufgrund der guten konjunkturellen Entwicklung jeweils leichte Haushaltsüberschüsse präsentieren.

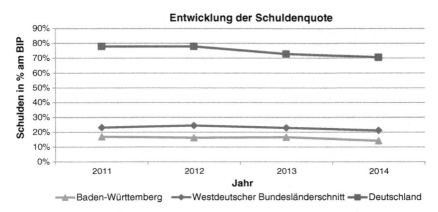

Abb. 3 Die Entwicklung der Schuldenquote in Baden-Württemberg. (Quelle: Eigene Darstellung auf Basis der Daten des Arbeitskreis „Volkswirtschaftliche Gesamtrechnungen der Länder" 2016b sowie des Bundesministeriums für Finanzen 2016)

Abb. 4 Die Entwicklung des Staatseinnahmen und der Staatsausgaben in Baden-Württemberg. (Quelle: Eigene Darstellung auf Basis der Daten des Statistischen Landesamtes Baden-Württemberg 2016)

3.2   Die Reformen der grün-roten Landesregierung im Überblick

Wie hat nun die grün-rote Landesregierung diese vergleichsweise günstigen wirtschaftlichen Rahmenbedingungen genutzt? Welche Reformen im Bereich der Wirtschafts- und Finanzpolitik wurden im Laufe der Regierung Kretschmann umgesetzt?

Mit dem Amtsantritt der Regierung Kretschmann wurde gleich die erste institutionelle Neuerung im Bereich der Finanz- und Wirtschaftspolitik der grün-roten Landesregierung wirksam. Der SPD-Spitzenkandidat Nils Schmid übernahm mit dem Ministerium für Finanzen und Wirtschaft ein „Superministerium", das aus dem Zusammenschluss der beiden Häuser des Finanzministeriums und des Wirtschaftsministeriums resultierte. Dieser – in der Öffentlichkeit stark debattierte – Zusammenschluss der beiden Politikfelder Wirtschaft und Finanzen in einem Ministerium bildete in der Geschichte des Landes Baden-Württembergs ein Novum, da beide Politikfelder seit dem Zusammenschluss Baden-Württembergs 1952 stets in zwei getrennten Ministerien verantwortet worden waren.[5] Die Entscheidung zur Zusammenlegung der beiden Ministerien war insbesondere der Koalitionsarithmetik in der grün-roten Landesregierung geschuldet, denn sie sollte es dem stellvertretendem Ministerpräsident und SPD-Landesparteivorsitzendem Nils Schmid ermöglichen als Superminister für beide Politikfelder möglichst auf Augenhöhe mit dem Ministerpräsidenten zu regieren. Schließlich sind sowohl das Wirtschaftsministeriums wie auch das Finanzministeriums beides gewichtige und einflussreiche Ministerien in Baden-Württemberg, die vom Zuschnitt und der Zuständigkeit her betrachtet auch sinnvoll zu kombinieren sind. Dennoch muss man wohl rückblickend konstatieren, dass das Ziel der Erreichung der Augenhöhe mit dem grünen Ministerpräsidenten Kretschmann zumindest in der öffentlichen Wahrnehmung nicht erreicht werden konnte, was zwar teilweise persönlichen Faktoren zuzuschreiben sein könnte, primär aber noch stärker der herausragenden Bedeutung des Ministerpräsidenten innerhalb der Landespolitik in der öffentlichen Wahrnehmung geschuldet ist.

Betrachtet man nun die inhaltlichen Reformen der grün-roten Landesregierung jenseits dieser institutionellen Neuerung, so fällt zunächst auf, dass gleich zu Beginn der Legislaturperiode von der grün-roten Landesregierung beschlossen

---

[5]So machte die grün-schwarze Landesregierung diesen Zusammenschluss kurz nach ihrer Wahl 2016 auch wieder rückgängig und teilte das vormalige Ministerium für Finanzen und Wirtschaft wieder in zwei Ministerien, nämlich das Finanzministerium sowie das Ministerium für Wirtschaft, Arbeit und Wohnungsbau, auf.

wurde, die Grunderwerbssteuer wie im Koalitionsvertrag angekündigt mit Wirkung zum 5. November 2011 von 3,5 % des Kaufpreises auf 5 % zu erhöhen. Die Grunderwerbssteuer gehört im deutschen Steuersystem zu den vergleichsweise wenigen reinen Landessteuern, deren Höhe allein das Land festlegen kann. Vom Gesamtvolumen betrachtet, ist die Grunderwerbsteuer in Baden-Württemberg die umfangreichste reine Landessteuer. Deshalb kann man zunächst feststellen, dass es unter Finanzminister Nils Schmid von der SPD durchaus zu wesentlichen Änderungen im Bereich der Steuerpolitik gekommen ist. Diese substanzielle Erhöhung der Grunderwerbssteuer ist besonders beachtlich, wenn man bedenkt, dass sie – ausgerechnet im „Land der Häuslebauer" – die in der Regel politisch sehr durchsetzungsfähige und gut vernetzte obere Mittelschicht – zumindest gefühlt – besonders betrifft. Umgekehrt gilt es jedoch auch zu bedenken, dass einer Landesregierung, die den Haushalt konsolidieren möchte, kaum umfangreiche Landessteuern zur Verfügung stehen. Möchte eine Landesregierung den Haushalt nicht oder nicht vollumfänglich durch Kürzungen auf Seite der Staatsausgaben durchführen, so bleiben der Landesregierung deshalb nur wenig Alternativen zu einer Erhöhung der Grunderwerbssteuer.

Relativ zu Beginn der Legislaturperiode im Dezember 2011 hat die Landesregierung außerdem eine „Allianz für Fachkräfte" gegründet mit dem Ziel, den durch die zukünftige demografische Entwicklung entstehenden Fachkräftemangel zu bekämpfen und den Wirtschaftsstandort Baden-Württemberg zu stärken. Für Baden-Württemberg als Industriestandort mit geringer Arbeitslosigkeit von nur circa 4 % und im Bundeslandvergleich niedriger Frauenerwerbsquote stellt sich das Problem des Fachkräftemangels früher und akuter als in anderen Bundesländern. An der Allianz für Fachkräfte wurden Wirtschafts- und Arbeitgeberorganisationen, die Gewerkschaften, die Regionaldirektion Baden-Württemberg der Bundesagentur für Arbeit, die Kommunalen Spitzenverbände, die regionalen Wirtschaftsfördergesellschaften, der Landesfrauenrat sowie Vertreter der Landesregierung beteiligt.[6] Diese von Finanz- und Wirtschaftsminister Nils Schmid geleitete und korporatistisch geprägte Initiative versucht den Fachkräftemangel unter anderem mithilfe von verstärkter beruflicher Aus- und Weiterbildung, einer höheren Arbeitsmarktbeteiligung von Frauen, älteren Arbeitnehmern und Personen mit Migrationshintergrund, gezielter Zuwanderung sowie der Bekämpfung von Langzeitarbeitslosigkeit zu bekämpfen. Um dies zu erreichen, wurde zudem die Gründung von regionalen Fachkräfteallianzen angeregt.

---

[6]Vgl. http://www.baden-wuerttemberg.de/fileadmin/redaktion/dateien/Altdaten/202/Vereinbarung_Fachkraefteallianz.pdf.

Ebenfalls in der Tradition korporatistischer Politik steht die Initiative „Industrie 4.0". An dieser Initiative der grün-roten Landesregierung unter Federführung von Nils Schmid nahmen circa 50 verschiedene Organisationen wie beispielsweise Industrieverbände, Gewerkschaften, Kammern, Hochschulen und Forschungsinstitute teil. Ziel der Initiative „Industrie 4.0" der Landesregierung war es dabei, die digitale Vernetzung in der industriellen Produktion vor allem auch in kleinen und mittleren Unternehmen zu fördern. Für die Initiative „Industrie 4.0" stellte Wirtschaftsminister Schmid insgesamt 14,5 Mio. EUR zur Verfügung.[7]

Klassischen Parteiendifferenzen geschuldet ist zudem die gemeinsam mit der rot-grünen Landesregierung von Rheinland-Pfalz im Dezember 2011 eingebrachte Bundesratsinitiative zur stärkeren Regulierung des Arbeitsmarktes durch Einführung eines flächendeckenden gesetzlichen Mindestlohns in Höhe von mindestens 8,50 EUR.[8] Diese Bundesratsinitiative der beiden grün-roten bzw. rot-grünen Landesregierungen ist mit Sicherheit schon im Kontext des einsetzenden Bundestagswahlkampf 2013 einzuordnen. So gewann die Initiative zur Einführung eines Mindestlohns im Bundesrat dann auch nicht die notwendige Mehrheit. Im März 2013 wurde dann dieselbe Bundesratsinitiative – freilich bei veränderten Mehrheitsverhältnissen – erneut in den Bundesrat eingebracht und ein Mindestlohn in Höhe von 8,50 EUR[9] beschlossen, der dann nach den Bundestagswahlen 2013 in der schwarz-roten Koalition zum 1.1.2015 auch Gesetz wurde.

Das Tariftreuegesetz[10], das bereits im Koalitionsvertrag angekündigt wurde (Koalitionsvertrag 2011, S. 21) trat zum 1.7.2013 in Kraft. Auch hier zeigt sich eine genuin sozialpolitische Zielrichtung der Wirtschaftspolitik unter Minister Schmid, in der wirtschaftspolitische Ziele verfolgt werden, die relativ weitgehend klassischer sozialdemokratischer Programmatik entsprechen.

Im Gegensatz dazu stehen jedoch auf der anderen Seite insbesondere die Diskussionen um die Personalkürzungen vorwiegend bei den Lehrern, die unter dem Druck der Schuldenbremse und der demografischen Entwicklung zunächst

---

[7]Vgl. http://www.stuttgarter-zeitung.de/inhalt.industrie-40-das-land-will-zum-vorreiter-werden. cc5397f6-b732-458e-9dc9-55cc8d0281cf.html.

[8]Vgl. http://www.baden-wuerttemberg.de/de/service/presse/pressemitteilung/pid/landesregierung-beschliesst-initiative-zum-mindestlohn/.

[9]Vgl. http://www.baden-wuerttemberg.de/de/service/presse/pressemitteilung/pid/damit-menschen-von-ihrer-arbeit-leben-koennen/.

[10]Tariftreuegesetze legen fest, dass bei der Vergabe öffentlicher Aufträge nur solche Unternehmen zum Zug kommen, die ihre Arbeitnehmer mindestens nach Tarif entlohnen (vgl. Sack 2010).

angekündigt wurden, später jedoch im weiteren Verlauf der Legislaturperiode zurückgenommen beziehungsweise relativiert wurden (vgl. den Artikel von Marius Busemeyer und Susanne Haastert zur Bildungspolitik i. d. B.). Im Bereich der Steuerverwaltung des Landes wurden dagegen 500 zusätzliche Stellen sowie 500 weitere Ausbildungsstellen geschaffen, insbesondere mit dem Ziel Steuerhinterziehung zu bekämpfen und die Staatseinnahmeseite zu stärken.[11] Ebenfalls mit dem Ziel der Steigerung der Steuereinnahmen setzte sich die Landesregierung für den Kauf der sogenannten Steuersünder-CDs ein. Den Kauf dieser CDs mit den Daten deutscher Kunden Schweizer Banken, die mutmaßlich Steuern hinterzogen haben, hatte die schwarz-gelbe Vorgängerregierung in Baden-Württemberg noch abgelehnt. Im Gegensatz zu ihrer Vorgängerregierung unter Stefan Mappus, befürwortete die grün-rot geführte Landesregierung von Winfried Kretschmann und Nils Schmid dagegen den Kauf von Steuer-CDs, um zusätzliche Steuereinnahmen zu generieren und so die Staatseinnahmebasis zu stärken und um für mehr Steuergerechtigkeit zu sorgen.[12] Auch weitere Initiativen im Bereich der Finanzpolitik zeigen, dass die Landesregierung in der Legislaturperiode versucht hat, über den Bundesrat Einfluss auf die Finanzpolitik jenseits der Landesgrenzen Baden-Württembergs zu nehmen. So hat sie beispielsweise im Mai 2013 eine Verlängerung der Verjährungsfrist für Steuerhinterziehung im Bundesrat initiiert.[13] Der anschließende Bundesratsbeschluss fand sodann aber nicht die Zustimmung vom schwarz-gelb dominierten Bundestag.[14] Diese rege Gesetzesinitiativtätigkeit im Bundesrat ist natürlich insbesondere mit dem Wunsch bundespolitischer Profilierung sowie unter parteitaktischen bundespolitischen Gesichtspunkten im laufenden Bundestagswahlkampf des Jahres 2013 zu sehen.

So zeigt die Analyse der Reformen von Finanz- und Wirtschaftsminister Schmid, dass die Haushaltskonsolidierung einen der Schwerpunkte der Finanz- und Haushaltspolitik der ersten grün-roten Landesregierung in Baden-Württemberg darstellte. Dies ist natürlich auch insbesondere dem institutionellen Diktat der Schuldenbremse zuzuschreiben. Die Schuldenbremse legt fest, dass die deutschen Bundesländer spätestens 2020 strukturell ausgeglichene Haushalte aufzuweisen haben. Dies bedeutet eine deutliche Einschränkung der fiskalpolitischen

---

[11]Vgl. http://mfw.baden-wuerttemberg.de/de/haushalt-finanzen/haushalt/haushaltspolitik/.

[12]Vgl. http://www.welt.de/wirtschaft/article117628938/Baden-Wuerttemberg-will-mehr-Steuer-CDs-kaufen.html.

[13]Vgl. http://www.baden-wuerttemberg.de/de/service/presse/pressemitteilung/pid/land-bringt-gesetz-zur-bekaempfung-von-steuerstraftaten-auf-den-weg/.

[14]Vgl. http://www.bundestag.de/presse/hib/2013_06/01/256332.

Handlungsoptionen für die Landesregierungen, jedoch bleibt konjunkturell
bedingte Neuverschuldung dennoch ebenso möglich wie auch verschiedene Formen der „Sparpolitik". Haushaltskonsolidierungen können nämlich stets auf zwei
Arten und Weisen durchgeführt werden (vgl. zu verschiedenen Haushaltskonsoli-
dierungsstrategien in den deutschen Bundesländern Wagschal et al. 2009; zu den
Bestimmungsfaktoren erfolgreicher Budgetkonsolidierungsprozesse in Bundesländern siehe Wagschal und Wenzelburger 2009). Einerseits kann der Staat seine
Staatsausgaben kürzen, indem er etwa seine Sozialausgaben, staatliche Gehäl-
ter oder Investitionen senkt. Andererseits kann Haushaltskonsolidierung aber
auch staatseinnahmeseitig erfolgen, indem der Staat etwa Steuern oder Abgaben
erhöht. Interessanterweise hat sich die erste grün-rote Landesregierung mit der
Erhöhung der Grunderwerbssteuer und der Schaffung zusätzlicher Stellen im
Bereich der Steuerfahndung primär für die zweite Variante der Verbreiterung der
Staatseinnahmebasis zum Zwecke der Haushaltskonsolidierung entschieden.

Jedoch gab es auch einzelne Maßnahmen, wie die Kürzung der Lehrerstellen,
die staatsausgabeseitig zur Haushaltskonsolidierung beitrugen. Allerdings wurden die ursprünglich sehr weitgehenden Pläne 11.600 Lehrerstellen abzubauen,
auch wegen des verringerten Spardrucks aufgrund der positiven wirtschaftlichen Entwicklung in Baden-Württemberg selber, im Laufe der Legislaturperiode
zunehmend abgemildert. Diese Pläne waren ursprünglich auch nicht in den Wahlprogrammen von Grünen oder SPD oder im Koalitionsvertrag verankert, sondern
wurden von Ministerpräsident Kretschmann infolge von Berechnungen des Lan-
desrechnungshofs aufgrund des Schülerrückgangs zu Beginn der Legislaturperiode kurzfristig auf die politische Agenda gesetzt.

Eine eher wirtschaftsfreundliche Position bezog die grün-rote Landesregierung in der Diskussion um das Freihandelsabkommen TTIP (Transatlantic Trade
and Investment Partnership), das die Regierung Kretschmann grundsätzlich
befürwortete. Das Freihandelsabkommen biete die Chance, „Impulse für eine
nachhaltige Entwicklung der Wirtschaft in Baden-Württemberg, Deutschland, der
EU und den USA zu geben".[15] Gleichzeitig stellte die Landesregierungen jedoch
auch Bedingungen an das Freihandelsabkommen, insbesondere in Bezug auf die
Sicherung des bestehenden Schutzniveaus in den Bereichen des Verbraucher-,
Sozial-, Umwelt-, Arbeits- und Datenschutzes sowie die Einhaltung der demokratischen Gesetzgebungsbefugnisse der Mitgliedstaaten.[16] Begleitet wurde die Dis-

---

[15]Vgl. http://www.baden-wuerttemberg.de/fileadmin/redaktion/dateien/PDF/150317_
Anlage_TTIP.pdf.

[16]Vgl. http://www.baden-wuerttemberg.de/fileadmin/redaktion/dateien/PDF/150317_
Anlage_TTIP.pdf.

kussion um TTIP von einem eigens von der Landesregierung eingerichteten 33-köpfigen Beirat aus Vertretern von Verbänden, Gewerkschaften, Kommunen, Wissenschaft, Kirchen und der Zivilgesellschaft.[17] Unter anderem bei diesem Thema legte sich der Ministerpräsident Kretschmann persönlich jedoch insgesamt mit einem klaren Bekenntnis zum Freihandel gegen die grundsätzliche Linie der Grünen-Bundespartei auf wirtschafts- und industriefreundliche Positionen fest: „Wir wollen eine ambitionierte TTIP, die unserer starken Exportwirtschaft im Land, aber gleichermaßen auch den Bürgerinnen und Bürgern nutzt".[18]

Auch in der Diskussion um die Neuregelung des Länderfinanzausgleichs gab es durchaus Pfadabhängigkeiten und Kontinuität zu den bürgerlichen Vorgänger-regierungen. Hier legten Winfried Kretschmann und Nils Schmid im März 2015 ein „Kompromiss-Konzept" zur Neugestaltung der Bund-Länder-Finanzbeziehun-gen vor, das unter anderem zusätzliche Investitionen, die belastungs- und aufkommensneutrale Integration des Solidaritätszuschlags in die Tarife der Einkommens- und Körperschaftsteuer, eine Übernahme von Sozialleistungen durch den Bund und eine Entlastung der Steuerpflichtigen durch den Abbau der kalten Progression vorsah.[19] Von der Verteilungswirkung würde das Konzept insbesondere eine Entlastung für die Finanzsituation der Länder auf Kosten des Bundes bedeuten, wobei die Geberländer des Finanzausgleichsystems besonders profitieren würden.[20] Hier zeigt sich somit – ähnlich wie beim für die Industrie wichtigem Freihandelsabkommen TTIP – die Dominanz der spezifischen Länder-interessen Baden-Württembergs für die Regierung Kretschmann/Schmid, für die beide gelegentlich bereit waren, die Landesinteressen über die Positionierungen ihrer jeweiligen (Bundes-)Parteien zu stellen. Dies gilt in besonderem Maße für den Ministerpräsident Kretschmann, der versuchte, durch einen „präsidentiellen Regierungsstil" den Ruf als über den Parteien stehender Landesvater zu verfestigen.

---

[17]Vgl. https://www.baden-wuerttemberg.de/index.php?id=205&no_cache=1&tx_rsmpress_detail[message]=73889.

[18]Vgl. Taz (2015): *Freihandelsabkommen TTIP – Kretschmann freut sich drauf.* Abrufbar auf: http://m.taz.de/!156674;m/.

[19]Vgl. https://mfw.baden-wuerttemberg.de/fileadmin/redaktion/dateien/PDF/150319_Anhang_PM_Kompromiss-Konzept_Kretschmann_Schmid.pdf.

[20]Vgl. https://www.baden-wuerttemberg.de/fileadmin/redaktion/dateien/PDF/150319_Anhang_PM_Tabelle_Konzept_LFA.pdf.

4   Reaktionen auf die Finanz- und Wirtschaftspolitik der Legislaturperiode: Vergleich der Landtagswahlprogramme zur Wahl 2016

Welche Schlussfolgerungen für die zukünftige Politik zogen nun die drei großen Parteien aus der Finanz- und Wirtschaftspolitik der grün-roten Landesregierung? Vergleicht man die Wahlprogramme, mit denen die Parteien CDU, die Grünen und die SPD zur Landtagswahl im März 2016 antraten miteinander, so fallen gleich mehrere bemerkenswerte Punkte auf. Erstens traten alle drei Parteien in ihren Wahlprogrammen in eine Debatte darüber ein, wem die gute haushalts- und finanzpolitische Lage in Baden-Württemberg zu verdanken ist. So reklamiert die CDU die Urheberschaft für die gute Entwicklung der Landeshaushalte mit der Begründung von 58 Jahren Vorarbeit und der Finanzpolitik der CDU auf Bundesebene unter Kanzlerin Merkel und ihrem Einfluss auf das Land im Rahmen föderalistischer Politikverflechtung ausführlich und akribisch für sich ebenso wie die Grünen und die SPD. Diese beiden Regierungsparteien berufen sich bei der Begründung ihrer Urheberschaft der guten finanzpolitischen Lage auf die Arbeit der „grün-geführten" Landesregierung respektive der Zuständigkeit von Finanz- und Wirtschaftsminister Nils Schmid. Darüber hinaus grenzt sich die CDU zweitens mit dem Slogan „Baden-Württemberg muss wieder spitze werden" (2016) und der Forderung nach der Schaffung eines eigenen Ministeriums für die Wirtschaft und somit der Rückabwicklung der Zusammenlegung von Finanz- und Wirtschaftsministerium durch Grün-Rot klar – wie im Wahlkampf zu erwarten – von beiden Regierungsparteien ab. Im Gegensatz zu diesem Befund überrascht drittens, dass die von Grün-Rot gleich zu Beginn der Legislaturperiode beschlossene Grunderwerbssteuererhöhung von der CDU nicht thematisiert wird. Dies erstaunt auch deshalb, da eine Rücknahme bzw. Senkung der stärkeren Besteuerung des Erwerbs von Wohneigentum gerade für die konservativ-bürgerliche Mittel- und Oberschicht und damit bei traditionellem CDU-Kernklientel wohl ein willkommenes Wahlkampfthema gewesen wäre.[21] Viertens fällt bei der Lektüre des Grünen-Wahlprogramms für 2016 auf, wie stark die neue doppelte Rolle der Grünen als reformfreudige links-ökologische Partei einerseits, und als starke staatstragende Partei des Ministerpräsidenten Kretschmanns andererseits, auch in der wirtschafts- und finanzpolitischen Programmatik deutlich wird. So finden sich

---

[21]Eine mögliche Erklärung hierfür könnte darin liegen, dass auch die CDU, im Falle einer Übernahme der Regierungsverantwortung nach der Landtagswahl 2016, nicht auf die zusätzlichen Einnahmen durch diese wichtigste reine Landessteuer im Vorfeld der Einführung der Schuldenbremse verzichten wollte.

hier, neben der Betonung klassischer grünen Themen aus dem Bereich der Ökologie, wie etwa Nachhaltigkeitsindikatoren und -strategien, der Förderung von ökologischen Innovationen und auch entwicklungspolitischer Ziele, auch umfangreiche Passagen, die eine stärkere Förderung von Start-ups und Gründerinnen sowie die Förderung des Mittelstands und des Handwerks versprechen (Grünes Landtagswahlprogramm 2016, S. 24–26). Hier spiegelt sich die strategische Ausrichtung von Kretschmann, die Grünen weit über klassische links-alternative Milieus in der Mitte der Gesellschaft wählbar und mehrheitsfähig zu machen, wieder. Wie bei den Grünen, so fällt auch bei der SPD fünftens auf, dass sich die Versprechungen und die Vorhaben für die Legislaturperiode ab 2016 im Wesentlichen mit der Stoßrichtung der ersten grün-roten Landesregierung decken. So finden sich bei der SPD besonders viele Vorhaben, die deutlich machen, dass ein ausgeglichener Haushalt entsprechend der zu erwartenden klassischen Parteiendifferenzen nicht ausschließlich über Einsparungen (SPD-Regierungsprogramm 2016, S. 74), sondern insbesondere auch über eine solide Staatseinnahmebasis erreicht werden solle. Zudem fällt bei der SPD im Vergleich zu den anderen Wahlprogrammen die starke Betonung der Gewerkschaften, insbesondere im Rahmen klassischer Bündnisse wie der Fachkräfteallianz, des Ausbildungsbündnisses sowie der Allianz „Industrie 4.0" auf. Insgesamt zeigt dieser kurze Vergleich der Wahlprogrammatiken für die Landtagswahl 2016, neben der im Wahlkampf erwartbaren Betonung der Parteiendifferenzen, insbesondere die gewandelte Rolle der Grünen im baden-württembergischen Parteiensystem ebenso wie die Unzufriedenheit der CDU mit der in Baden-Württemberg ungewohnten Oppositionsrolle.

5 Fazit: Einordnung und Bewertung der Reformen nach der Reformklassifikation von Peter Hall

Betrachtet man abschließend die skizzierten von der grün-roten Landesregierung durchgeführten Reformen und bewertet sie nach dem Schema der oben dargestellten Reformklassifikation von Hall, so fällt zunächst auf, dass der Regierungswechsel hin zu Grün-Rot nicht zu einem radikalen Politikwechsel oder elementaren Pfadbrüchen im Bereich der Finanz- und Wirtschaftspolitik geführt hat. Reformen dritter Ordnung, wie ihn beispielsweise eine deutliche Abkehr vom Industrie- und Automobilstandort Baden-Württemberg dargestellt hätte, haben nicht stattgefunden. Auch in der Diskussion um eine mögliche Reform des Länderfinanzausgleichs überwiegt die Kontinuität zur Position der Vorgängerregierung: Sowohl Schwarz-Gelb wie auch Grün-Rot setzten sich für eine Reform

des Länderfinanzausgleichs ein, an dessen Ende eine Verringerung der Zahlungs-
verpflichtungen Baden-Württembergs stünde. Insofern lässt sich festhalten, dass
Winfried Kretschmann mit der Ankündigung „Baden-Württemberg steht keine
politische Revolution bevor, sondern eine ökologisch-soziale Erneuerung" in seiner ersten Regierungserklärung zumindest im ersten Teil Recht behalten sollte
(Regierungserklärung 2011, S. 3).

Auf der Ebene der Reformen erster oder zweiter Ordnung sind in den fünf
Jahren Grün-Rot nach dem Regierungswechsel 2011 jedoch zahlreiche interessante Reformen durchgeführt und zum Teil andere Schwerpunktsetzungen gewählt worden, die so bei einer anderen Regierungskonstellation nicht zu
erwarten gewesen wäre. Ein Beispiel stellt hier, neben der Zusammenlegung des
Finanz- und Wirtschaftsministeriums, insbesondere die Erhöhung der Grunderwerbssteuer von 3,5 auf 5 % dar. Diese Steuererhöhung, wahltaktisch geschickt
gleich zu Beginn der Legislaturperiode beschlossen und verabschiedet, hat –
neben der oben beschriebenen positiven wirtschaftlichen Lage – ihren Teil dazu
beigetragen, dass die Staatseinnahmeseite in der Finanzpolitik gestärkt wurde und
in den Jahren 2012, 2014 sowie 2015 ein ausgeglichener Landeshaushalt präsentiert werden konnte, wobei freilich 2011 und 2013 leichte Defizite verzeichnet
wurden.

Bei der Analyse der Wirtschafts- und Finanzpolitik von Grün-Rot zwischen
2011 und 2016 fällt auf, dass beide Koalitionspartner unterschiedliche Akzente
setzten: Während sich die Grünen unter Ministerpräsident Kretschmann weit
über ihre ursprüngliche Kernklientel hinaus in der Mitte positionierten, wie etwa
bei der Diskussion um das Freihandelsabkommen TTIP, setzte die SPD in vielen
Bereichen wie dem Tariftreuegesetz oder der „Allianz für Fachkräfte" eher auf
klassische sozialdemokratische Politik zugunsten der (Industrie-)Arbeitnehmer-
schaft. Wie lässt sich diese unterschiedliche strategische Ausrichtung von Grünen
und der SPD in der Finanz- und Wirtschaftspolitik in Baden-Württemberg erklären? Eine vollständige Erklärung dieser unterschiedlichen Positionierungen kann
an dieser Stelle zwar nicht geleistet werden (vgl. hierzu unter anderem den Beitrag von Marc Debus zum Wandel des Parteienwettbewerbs in Baden-Württemberg in diesem Sammelband [Debus 2017]), allerdings sollen mögliche Gründe
an dieser Stelle zumindest andiskutiert werden.

Neben individuellen Faktoren, wie den persönlichen Überzeugungen des
„Oberrealos" Winfried Kretschmanns liegen die Ursachen für die linkere Positionierung der SPD im Vergleich zu den Grünen einerseits in der Struktur des
Parteienwettbewerbs und andererseits im asymmetrischen Rückgang der Wahlbeteiligung (vgl. ausführlicher Hörisch 2016). Wie Armin Schäfer gezeigt hat, ist
der Rückgang der Wahlbeteiligung, den wir in den letzten Jahrzehnten beobachtet

haben, asymmetrisch erfolgt (Schäfer 2013, 2015). Lag die Wahlbeteiligung bei
Bundestagswahlen in den 1980er Jahren sowohl in den oberen, mittleren und
unteren Einkommensschichten oberhalb von 90 %, so war der anschließende
Rückgang der Wahlbeteiligung in einem hohen Maße vom sozialen Status abhängig. Während das obere Einkommensdrittel immer noch Wahlbeteiligungen von
über 90 % aufweist, sinkt die Wahlbeteiligung in der Mittelklasse auf gut 80 %,
während im unteren Einkommensdrittel nur noch zwei von drei Wahlberechtigten ihr Kreuz an der Wahlurne machen (Schäfer 2013, 2015). Dies gilt wohlge-
merkt für Bundestagswahlen, bei Landtagswahlen und Kommunalwahlen, die
seit jeher eine geringere Wahlbeteiligung mit sich bringen, ist der Effekt zum
Teil noch deutlich stärker. Die Grünen, deren Wähler mittlerweile im Vergleich
zu den anderen Parteien über die höchstens Einkommen verfügen, sind von diesem Trend deutlich weniger betroffen als die SPD, zumal es links und noch ökologischer von den Grünen keine ernst zu nehmende Parteienkonkurrenz gibt.
Anders stellt sich die Lage bei der SPD dar, die im linken Parteienspektrum deutlich stärker als die Grünen mit der Linkspartei konkurriert. So konnte Winfried
Kretschmann die Grünen in Baden-Württemberg konsequent auf einen Mittekurs
trimmen und den Grünen so erfolgreich neue Wählermilieus erschließen, denn
er hatte weder großflächige Wahlabstinenz, noch das Abwandern großer Teile
des linken Flügels der Grünen zu befürchten. Anders stellt sich die Situation für
die SPD dar, die sich entsprechend auch stärker als die Grünen bemühte, durch
relativ klassisch sozialdemokratische Reformen den Interessen und Vorstellungen
auch ihrer linken Wählerbasis in der Wirtschafts- und Finanzpolitik Geltung zu
verschaffen.

   Bewertet man die oben dargestellten Reformen der Regierung Kretschmann
abschließend in ihrer Gänze aus politikwissenschaftlicher Sicht, so fällt insgesamt auf, dass es trotz des Regierungswechsels nach jahrzehntelanger CDU-
Regentschaft zur Regierung Kretschmann nicht zu radikalen Pfadbrüchen und
Politikwechseln in der grün-roten Regierungszeit gekommen ist. Wesentliche
Teile der Wirtschafts- und Finanzpolitik der Regierung Kretschmann befinden
sich durchaus in Kontinuität zu der Politik der bürgerlichen Vorgängerregierungen, etwa bei den Positionierungen zum Länderfinanzausgleich und zum Freihandelsabkommen TTIP. Unterhalb der Ebene radikaler Politikwechsel, kann
jedoch auch festgestellt werden, dass sehr wohl auch erkennbare Unterschiede
in der Schwerpunktsetzung von finanz- und wirtschaftspolitischen Maßnahmen
auf der Ebene Reformen erster und zweiter Ordnung erfolgt sind, die den Annah-
men der klassischen Parteiendifferenztheorie in weiten Teilen entsprechen, etwa
bei der Erhöhung der Grunderwerbssteuer und beim Tariftreuegesetz. So zeigt
die Analyse der tatsächlich durchgeführten Reformen der grün-roten Finanz- und

Wirtschaftspolitik, dass von Grün-Rot zahlreiche wirtschaftspolitische Entscheidungen gefällt wurden, die in dieser Form von einer CDU-geführten Landesregierung nicht zu erwarten gewesen wären, während in anderen Bereichen durchaus Kontinuität zur Politik der Vorgängerregierung(en) gewahrt wurde.

Literatur

Arbeitskreis „Volkswirtschaftliche Gesamtrechnungen der Länder". 2016a. http://www. vgrdl.de/VGRdL/tbls/tab.asp?rev=RV2011&tbl=tab02&lang=de-DE. Zugegriffen: 6. März 2016.

Arbeitskreis „Volkswirtschaftliche Gesamtrechnungen der Länder". 2016b. http://www. vgrdl.de/VGRdL/MethDef/brochure.pdf#%FE%FF%00I%00n%00h%00a%00l%00t%00 0_%00V%00G%00R%00_%00B%00r%00o%00s%00c%00h%00%FC%00r%00e%00_ %002%000%001%004%00.%00i%00n%00d%00d%00%3A%00.%004%004%003%00 4%003%00%3A%002%004%007%000%009. Zugegriffen: 6. März 2016.

Arbeitsmarktstatistik der Bundesagentur für Arbeit. 2016. https://statistik.arbeitsagentur.de/ Navigation/Statistik/Statistik-nach-Regionen/Politische-Gebietsstruktur-Nav.html?year_ month=201502. Zugegriffen: 6. März 2016.

Arndt, C., und F. Hörisch. 2015. *Flexicurity policies in Europe – Diffusion and effects of flexicurity labour market policies.* CUPESSE Working Paper No. 2. CUPESSE Working Paper Series, Heidelberg.

Bundesministerium für Finanzen. 2016. http://www.bundesfinanzministerium.de/Content/ DE/Monatsberichte/2015/02/Inhalte/Kapitel-5-Statistiken/5-1-13-schulden-der-oeffent-lichen-haushalte.html. Zugegriffen: 6. März 2016.

Busemeyer, M., und S. Haastert. i. d. B. Bildungspolitik: Nicht alles anders, aber manches … In *Das grün-rote Experiment – Eine Bilanz der Landesregierung Kretschmann,* Hrsg. Hörisch, Felix und Stefan Wurster. Wiesbaden: Springer VS.

CDU-Regierungsprogramm. 2011. *Chancen ergreifen. Wohlstand sichern. Regierungspro-gramm der CDU Baden-Württemberg.* Baden-Württemberg.

CDU-Regierungsprogramm. 2016. *Gemeinsam. Zukunft. Schaffen. Das Regierungspro-gramm der CDU Baden-Württemberg 2016–2021.* Baden-Württemberg.

Debus, M. 2017. *Verrückte Verhältnisse? Wahlverhalten und Parteienwettbewerb in Baden-Württemberg zwischen 2011 und 2016.* In *Das grün-rote Experiment – Eine Bilanz der Landesregierung Kretschmann,* Hrsg. Felix Hörisch und Stefan Wurster. Wiesbaden: Springer VS.

Grünes Landtagswahlprogramm. 2011. *Das neue Programm für Baden-Württemberg.* Stutt-gart: Bündnis 90/ Die Grünen Baden-Württemberg.

Grünes Landtagswahlprogramm. 2016. *Grün aus Verantwortung für Baden-Württemberg.* Stuttgart: Bündnis 90/ Die Grünen Baden-Württemberg.

Hall, S. 1993. Policy paradigms, social learning, and the state. The case of economic poli-cymaking in Britain. *Comparative Politics* 25:275–296.

Hibbs, D. A. 1977. Political parties and macroeconomic policy. *American Political Science Review* 71:1467–1487.

Hörisch, F. 2015. Mehr Industrie wagen!? Die Finanz- und Wirtschaftspolitik der ersten grün-roten Landesregierung in Baden-Württemberg. *Der Bürger im Staat* 65 (4): 207–213.

Hörisch, F. 2016. Die Mitte ist schon besetzt. *Berliner Republik* 17 (2): 73–74.

Hörisch, F., J. Shore, J. Tosun, und C. Werner. 2014. *Labour market policies and youth unemployment*. Policy Brief No. 1 of the project Cultural Pathways to Economic Self-Sufficiency and Entrepreneurship (CUPESSE). Mannheim.

Koalitionsvertrag. 2011. *Der Wechsel beginnt.* Koalitionsvertrag zwischen BÜNDNIS 90/ DIE GRÜNEN und der SPD Baden-Württemberg. Baden-Württemberg.

Regierungserklärung. 2011. *Regierungserklärung von Ministerpräsident Winfried Kretschmann am 25. Mai 2011 im Landtag von Baden-Württemberg.* Stuttgart.

Sack, D. 2010. Europäisierungsdruck und Parteiendifferenz in den deutschen Bundesländern Die Rechtsprechung des EuGH und die Novellierung von Tariftreueregelungen. *Politische Vierteljahresschrift* 51:619–642.

Schäfer, A. 2013. Wahlbeteiligung und Nichtwähler. *Aus Politik und Zeitgeschichte* 63 (48– 49): 39–46.

Schäfer, A. 2015. *Der Verlust politischer Gleichheit. Warum die sinkende Wahlbeteiligung der Demokratie schadet.* Frankfurt a. M.: Campus.

Schmidt, M. G. 2010. Parties. In *The oxford handbook of the welfare state*, Hrsg. F. G. Castles, S. Leibfried, J. Lewis, H. Obinger, und C. Pierson, 211–226. Oxford: Oxford University Press.

SPD-Regierungsprogramm. 2011. *Regierungsprogramm der SPD Baden-Württemberg 2011–2016.* Baden-Württemberg.

SPD-Regierungsprogramm. 2016. *Baden-Württemberg leben Regierungsprogramm der SPD Baden-Württemberg 2016–2021.* Baden-Württemberg.

Statistisches Landesamt Baden-Württemberg. 2016. https://www.statistik-bw.de/FinSteuern/FinLand/OF_LA_GG.jsp002E. Zugegriffen: 30. Mai 2016.

Taz. 2015. *Freihandelsabkommen TTIP – Kretschmann freut sich drauf.* http://m.taz. de/!156674;m/.

Tosun, J. 2015. Jugendarbeitslosigkeit und Beschäftigungspolitik in der EU. *Aus Politik und Zeitgeschichte* 65:12–19.

Wagschal, U., O. Wintermann, und T. Petersen. 2009. *Konsolidierungsstrategien der Bundesländer.* Gütersloh: Verlag Bertelsmann Stiftung.

Wagschal, U., und G. Wenzelburger. 2009. Determinanten der Haushaltskonsolidierung der Bundesländer (1992–2006). *Zeitschrift für vergleichende Politikwissenschaft* 3:33–58.

Wenzelburger, G. 2015. Parteien. In *Handbuch Policy-Forschung*, Hrsg. G. Wenzelburger, und R. Zohlnhöfer, 81–112. Wiesbaden: Springer VS.

Über den Autor

Dr. Felix Hörisch ist zurzeit Vertreter der Professur für Politische Wissenschaft (Prof. Dr. Jale Tosun; zu 50 %) sowie Projektmitarbeiter im EU-FP 7-Projekt „Kulturelle Pfade zu wirtschaftlicher Selbstsuffizienz und Unternehmertum: Familienwerte und

Jugendarbeitslosigkeit in Europa (CUPESSE)" (zu 50 %) am Institut für Politische Wissenschaft der Universität Heidelberg. Seine Arbeit konzentriert sich auf die Politische Ökonomie und die Vergleichende Policy-Forschung, insbesondere in den Bereichen Arbeitsmarktpolitik, Sozialpolitik, Wirtschaftspolitik, Fiskalpolitik, Unternehmensmitbestimmung und Analyse politischer Strategien.

Arbeitsmarkt- und Sozialpolitik: Begrenzte Handlungsspielräume genutzt?

Frank Bandau

Zusammenfassung

Zu Beginn der Regierungszeit erklärte die neue grün-rote Regierung, Baden-Württemberg sozialer und zum ‚Musterland Guter Arbeit' machen zu wollen. Bei der Verfolgung dieser Ziele sah sich die Landesregierung jedoch mit zwei Arten von Hindernissen konfrontiert. Zum einen verfügen die Länder in der Arbeitsmarkt- und Sozialpolitik nur über einen begrenzten Gestaltungsspielraum, da die Kompetenzen in diesen Politikfeldern größtenteils beim Bund liegen. Zum anderen war auch der finanzielle Handlungsspielraum aufgrund der angestrebten Haushaltskonsolidierung äußerst begrenzt. Die zentrale Frage lautet also, ob die grün-rote Landesregierung trotz des begrenzten Spielraums neue Akzente in der Arbeitsmarkt- und Sozialpolitik zu setzen vermochte.

1 Einleitung

„Baden-Württemberg steht keine politische Revolution bevor, sondern eine ökologisch-soziale Erneuerung", mit diesem Worten leitete Winfried Kretschmann am 25. Mai 2011 seine erste Regierungserklärung ein. Eine Prüfung der

F. Bandau (✉)
Otto-Friedrich-Universität Bamberg, Bamberg, Deutschland
E-Mail: frank.bandau@uni-bamberg.de

© Springer Fachmedien Wiesbaden 2017   69
F. Hörisch und S. Wurster (Hrsg.), *Das grün-rote Experiment in Baden-Württemberg*, DOI 10.1007/978-3-658-14868-3_4

Frage, inwieweit sich der soziale Teil dieser Erneuerung in konkreter Politik widerspiegelte, muss – neben den Reformen in der Bildungspolitik (siehe Busemeyer/Haastert i. d. B.) – natürlich auch die Arbeitsmarkt- und Sozialpolitik der ersten grün-roten Landesregierung in den Blick nehmen. Als zentrale Probleme in diesen Politikfeldern nannte die grün-rote Koalition das auch im wohlhabenden Baden-Württemberg zu beobachtende zunehmende Auseinanderklaffen der Schere zwischen Arm und Reich und die damit einhergehende Gefährdung der gesellschaftlichen Teilhabemöglichkeiten der sozial Schwachen sowie, im Bereich der Arbeitsmarktpolitik, die Zunahme prekärer Beschäftigung (Koalitionsvertrag 2011).

Bei der Verfolgung des Zieles Baden-Württemberg sozialer und zum ‚Musterland Guter Arbeit' (Koalitionsvertrag 2011, S. 21) zu machen, sah sich die Landesregierung jedoch mit zwei Arten von Hindernissen konfrontiert. Zum einen verfügen die Länder, anders als beispielsweise in der Bildungspolitik, in der Arbeitsmarkt- und Sozialpolitik nur über einen begrenzten Gestaltungsspielraum, da die Kompetenzen in diesen Politikfeldern größtenteils beim Bund liegen. Zum anderen erklärte die Kretschmann-Regierung das Erreichen eines ausgeglichenen Haushalts zu einem der zentralen Ziele (siehe Hörisch i. d. B.), was – auch angesichts der begrenzten Möglichkeiten von Steuererhöhungen auf Landesebene – bedeutete, dass eine deutliche Aufstockung des Sozialetats nicht infrage kam. Die zentrale Frage, die es im Rahmen dieses Beitrags zu beantworten gilt, lautet also, ob und inwieweit unter der grün-roten Regierung trotz des in doppelter Hinsicht begrenzten Handlungsspielraums ein Politikwandel in der Arbeitsmarkt- und Sozialpolitik zu beobachten war beziehungsweise welche neuen Akzente die Regierung in diesen Politikfeldern zu setzten vermochte.

Um diese Frage zu beantworten, wird folgendermaßen vorgegangen: Im nächsten Abschnitt wird zunächst dargelegt, ob ausgehend von der Parteiendifferenztheorie prinzipiell ein Politikwandel unter Grün-Rot zu erwarten war und welche Kompetenzen den Ländern in der Arbeitsmarkt- und Sozialpolitik generell zukommen. Anschließend folgt ein Blick in die Wahlprogramme und den Koalitionsvertrag, um festzustellen, wie die grün-rote Koalition die vorhandenen Gestaltungsräume zu nutzen beabsichtigte und welche Schwerpunkte sie setzte. Darauf aufbauend werden in den beiden folgenden Kapiteln die Arbeitsmarkt- und die Sozialpolitik der grün-roten Regierung analysiert. Der vorletzte Abschnitt widmet sich schließlich der arbeitsmarkt- und sozialpolitischen Reaktion der Regierung auf die Flüchtlingskrise, bevor im abschließenden Kapitel eine Beurteilung der Frage folgt, ob es der grün-roten Regierung gelungen ist, neue Akzente in den beiden untersuchten Politikfeldern zu setzen.

2   Theoretische Vorüberlegungen

Die Basis der empirischen Betrachtung der Arbeitsmarkt- und Sozialpolitik der grün-roten Landesregierung bilden theoretische Vorüberlegungen zum Ausmaß des durch den Regierungswechsel zu erwartenden Wandels. Dabei müssen zwei Aspekte voneinander unterschieden werden, nämlich zum einen die sozialpolitischen Differenzen zwischen linken und rechten Parteien, also die grundsätzliche Bereitschaft einen Unterschied machen zu *wollen,* und der auf Landesebene in den untersuchten Politikfeldern vorhandene Spielraum tatsächlich einen Unterschied machen zu *können.*

2.1   Klare sozialpolitische Parteiendifferenzen...

Zunächst gilt es zu klären, ob ein Regierungswechsel von Schwarz-Gelb zu Grün-Rot einen größeren sozialpolitischen Richtungswechsel erwarten lässt. Mit Rückgriff auf die Parteidifferenztheorie lässt sich die Erwartung formulieren, dass dies der Fall ist. Programmatische Unterschiede zwischen Parteien werden demzufolge auf die unterschiedliche Wählerklientel und/oder die abweichenden Wertvorstellungen der Parteimitglieder zurückgeführt (Zohlnhöfer 2003). Die Sozialpolitik gilt gemeinhin als ein Bereich, in dem die programmatischen Differenzen zwischen linken und rechten Parteien besonders groß ausfallen. Dies lässt sich zum einen damit erklären, dass linke Parteien wie die SPD traditionell die Interessen der „kleinen Leute" vertreten und dementsprechend für einen starken Sozialstaat eintreten. Zum anderen – und damit finden auch die Grünen Berücksichtigung – spielen Werte wie Gleichheit und soziale Gerechtigkeit für linke Parteien ideologisch eine deutlich größere Rolle als für rechte Parteien, die übermäßigen Gleichheitsversprechen eher misstrauisch gegenüberstehen (für mehr siehe Bandau 2015, S. 30–46).

Dass zwischen SPD und Grünen auf der einen Seite und CDU und FDP auf der anderen Seite beträchtliche programmatische Differenzen in der Sozialpolitik bestehen, wird durch eine Auswertung der Wahlprogramme auf Bundesebene bestätigt. In Abb. 1 ist die durchschnittliche sozialpolitische Positionierung der vier Parteien über die letzten 20 Jahre abgetragen, wobei ein hoher Wert eine starke Unterstützung des Wohlfahrtsstaats bedeutet. Basierend auf der Annahme, dass sich die Positionen der Landesparteien nicht fundamental von der Bundesebene unterscheiden, lässt sich die Hypothese aufstellen, dass ein Regierungswechsel von Schwarz-Gelb zu Grün-Rot in der Arbeitsmarkt- und Sozialpolitik zu einem merklichen Politikwandel in Richtung einer sozialstaatsfreundlicheren Politik führen sollte.

Abb. 1 Sozialpolitische Positionierung der Parteien auf Bundesebene (1994–2013). (*Anmerkungen:* Die Zahlenwerte spiegeln wider, welchen quantitativen Stellenwert die Parteien dem Sozialstaat und sozialer Gerechtigkeit in ihren Wahlprogrammen einräumen. Es handelt sich um Durchschnittswerte der Wahlen 1994, 1998, 2002, 2005, 2009 und 2013. Für weitere Informationen siehe Bandau 2015, S. 120–121. Quelle: Volkens et al. 2013 eigene Berechnung)

2.2 ...aber beschränkte Kompetenzen der Länder

Welche Kompetenzen kommen den Ländern nun in der Arbeitsmarkt- und Sozialpolitik zu? Ein eher flüchtiger Blick auf die einschlägige Literatur zum Thema offenbart, dass der gestalterische Einfluss der Länder in diesen Bereichen als äußerst beschränkt angesehen wird. Angesichts der äußerst weitreichenden Kompetenzen des Bundes in der Sozialpolitik kommen einige Autoren zu der Einschätzung, in diesem zentralen Politikfeld könne „nicht einmal von einem amputierten Föderalismus gesprochen werden" (Schieren 2008, S. 241). Um die Bedeutung der Arbeitsmarktpolitik der Bundesländer zu verdeutlichen, greift Josef Schmid (2008) zu einer Fußballmetapher, in welcher er die Arbeitsmarktpolitik der Länder mit dem Regionalliga-Fußball vergleicht – dem er in diesem Zusammenhang jedoch weder Reiz noch Relevanz abspricht. Diese Einschätzungen werfen natürlich die Frage auf, über welche konkreten Kompetenzen bzw. Einflussmöglichkeiten die Bundesländer in der Arbeitsmarkt- und Sozialpolitik überhaupt verfügen.

Grundsätzlich können die Länder auf drei Wegen Einfluss auf die Sozialpolitik nehmen, nämlich über die Beeinflussung der Gesetzgebung des Bundes, die Ausführung von Bundesgesetzen sowie die eigenständige Gesetzgebung (Stoy 2016, S. 83–88). Erstens haben die Länder die Möglichkeit, über den Bundesrat Einfluss auf die Sozialgesetzgebung zu nehmen. Da viele Gesetze in diesem Bereich einer Zustimmung des Bundesrats bedürfen, können die Länder hier als Vetospieler fungieren (Tsebelis 2002), wobei ein einzelnes Bundesland wie Baden-Württemberg natürlich nur im Zusammenspiel mit anderen Ländern erfolgreich Gesetzesinitiativen der Bundesregierung blockieren kann. Darüber hinaus können Bundesländer alleine oder im Verbund Gesetzesinitiativen in den Bundesrat einbringen, um Druck auf die Bundesregierung auszuüben. Dieses Vorgehen eignet sich vor allem für parteipolitisch motivierte Initiativen, im Falle des grün-roten

Landesregierung Baden-Württembergs also in erster Linie in Verbindung mit rot-grün regierten Bundesländern (Schieren 2008, S. 223–224). Zusätzlich zu diesen zumindest in gestalterischer Hinsicht eher beschränkten Möglichkeiten der Einflussnahme auf die Bundessozialpolitik, besitzen die Länder einen gewissen Gestaltungsspielraum bei der Implementierung von Bundesgesetzen. Die Sozialversicherungen sind hiervon allerdings ausgenommen, wodurch sich die Verwaltungshoheit der Länder auf Leistungen wie Sozialhilfe, Elterngeld und Betreuungsgeld beschränkt. Beim parteipolitisch hoch umstrittenen Betreuungsgeld konnten die Bundesländer beispielsweise – bis zu dessen Annullierung durch das Verfassungsgericht – darüber entscheiden, ob sie sich auf eine reine Gesetzesausführung beschränken oder aktiv für dessen Inanspruchnahme werben sollten.

Von zentraler Bedeutung im Rahmen dieses Artikels sind natürlich die eigenen Gesetzgebungskompetenzen der Länder in der Sozialpolitik. Obwohl diese, wie bereits angedeutet, bei Weitem hinter den Bundeskompetenzen zurückbleiben, lässt sich bei näherer Betrachtung festhalten, „dass die Länder sehr wohl über legislative Kompetenzen verfügen, die elementar für bestimmte Bereiche des deutschen Sozialstaates sind" (Stoy 2016, S. 86). Dabei ist die alleinige Gesetzgebungskompetenz der Länder tatsächlich äußerst begrenzt und beschränkt sich auf einige wenige Bereiche wie das Heimrecht. Ein erhebliches Maß an Gestaltungsmacht herrscht dagegen in Bereichen der konkurrierenden Gesetzgebung, in denen der Bund entweder auf seine Gesetzgebungskompetenz verzichtet oder per Bundesgesetz sozialpolitische Aufgaben an die Länder übertragen hat. Der erste Fall liegt beispielsweise bei der Festsetzung der Höhe des Landespflegegelds und des Blindengelds vor. Der zweite Fall betrifft die Konkretisierung des Bundesrahmenrechts durch die Länder in Form von Ausführungsgesetzen, was vornehmlich den Bereich der sozialen Dienste betrifft und „quantitativ das bedeutendste Feld der Gesetzgebung der Länder" darstellt (Stoy 2016, S. 87). Die Länder besitzen dadurch ein erhebliches Maß an Gestaltungsmöglichkeiten in wichtigen Bereichen der sozialen Infrastruktur wie Krankenhäusern, stationärer Pflege und Kindertagesstätten. Eine wichtige landespolitische Stellschraube besteht hier in der Höhe der für die Kommunen bereitgestellten Zuschüsse und Fördergelder.

Bleibt die Frage, welche gestalterische Rolle den Bundesländern, abgesehen von Bundesratsinitiativen, in der Arbeitsmarktpolitik zukommt. Auch hier ist zunächst festzuhalten, dass die Arbeitsmarktpolitik in den Zuständigkeitsbereich des Bundes bzw. der Bundesagentur für Arbeit fällt, während zusätzliche Anstrengungen der Länder in diesem Politikfeld freiwillig sind (Schmid et al. 2004, S. 5–8; Malik 2008, S. 2–7). Gerade diese „Nichtzuständigkeit" und der Umstand, nicht an das im SGB III festgeschriebene arbeitsmarktpolitische Instrumentarium gebunden zu sein, eröffnet den Ländern jedoch die Möglichkeit

zur Entwicklung eigener Instrumente, beispielsweise im Bereich der Langzeit-
arbeitslosen. Dabei besteht ein Vorteil darin, dass die Länder aufgrund ihrer
Zuständigkeit für die Strukturpolitik in der Lage sind, „die besonderen regiona-
len Bedürfnisse ‚ihres' Arbeitsmarktes zu berücksichtigen und eine koordinierte
Verzahnung von Wirtschafts-, Struktur- und Arbeitsmarktpolitik zu verfolgen"
(Malik 2008, S. 2). Bei der Finanzierung eigener Modellprojekte können die
Länder auf Mittel des Europäischen Sozialfonds (ESF) zugreifen, wenn sie sich
selbst an der Finanzierung beteiligen und den Nachweis erbringen, dass durch die
ESF-Förderung keine nationalen Programme ersetzt werden. Unter finanzieller
Mithilfe des ESF können die Länder damit beispielsweise im Rahmen von Lan-
desarbeitsmarktprogrammen innovative Modellprojekte durchführen, weshalb sie
in der Literatur auch als „Laboratorien der Arbeitsmarktpolitik" (Blancke 1999,
S. 30) bezeichnet werden.

   Zusammenfassend lässt sich festhalten, dass der Handlungsspielraum der
Bundesländer in der Arbeitsmarkt- und Sozialpolitik einerseits relativ begrenzt
ist, da der Großteil der Entscheidungen in diesen Politikfeldern auf der Bundesebene gefällt wird. Andererseits besitzen die Landesregierungen in Bereichen wie
der Förderung der sozialen Infrastruktur und der Auflegung von Landesarbeits-
marktprogrammen durchaus gewisse Gestaltungsspielräume. Damit sind auch
die Grenzen abgesteckt, in denen sich ein möglicher grün-roter Politikwandel in
Baden-Württemberg vollziehen konnte. Im folgenden Abschnitt wird mittels einer
Analyse des Koalitionsvertrags untersucht, wie die grün-rote Landesregierung
die geschilderten Gestaltungsspielräume in der Arbeitsmarkt- und Sozialpolitik
zu nutzen gedachte und in welchen Bereichen sie explizit einen Politikwechsel
anstrebte.

3   Grün-roter Koalitionsvertrag: Für ein sozialeres Baden-Württemberg

In der Präambel des Koalitionsvertrags gelangte die neu gewählte grün-rote
Regierung zu folgender Bestandaufnahme: „Baden-Württemberg ist ein starkes Land mit Schwächen. [...] Einer verhältnismäßig niedrigen Arbeitslosenquote steht die Zunahme prekärer Beschäftigung gegenüber. Auch im reichen
Baden-Württemberg nimmt die Kinderarmut zu, die soziale Schere klafft immer
weiter auseinander" (Koalitionsvertrag 2011, S. 1). Das bereits in den Wahlprogrammen der beiden Regierungsparteien proklamierte Eintreten für ein ‚soziales
Baden-Württemberg' (SPD 2011, S. 42–57) beziehungsweise ein ‚solidarisches
Baden-Württemberg' (Die Grünen 2011, S. 148–192) sollte sich folglich unter

der grün-roten Regierung in einer stärkeren arbeitsmarkt- und sozialpolitischen Fokussierung auf die sozial Benachteiligten äußern als dies unter den bürgerlichen Vorgängern der Fall war. Welche konkreten Ankündigungen und Schwerpunktsetzungen finden sich dazu im Koalitionsvertrag? In der Arbeitsmarktpolitik lautete das übergeordnete Ziel, Baden-Württemberg zum Musterland ‚Guter Arbeit' zu machen (Koalitionsvertrag 2011, S. 21–24). Unter dem im Wahlkampf vor allem von der SPD benutzten Begriff der ‚Guten Arbeit' verstand die Regierung dabei Arbeit, „die gerecht entlohnt wird, die Teilhabe an den sozialen Sicherungssystemen ermöglicht, Anerkennung bietet, nicht krank macht, erworbene Qualifikationen nutzt und ausbaut, demokratische Teilhabe garantiert und die Vereinbarkeit von Beruf und Familie gewährleistet" (Koalitionsvertrag 2011, S. 21). Ein wichtiges Ziel bildete dabei die Bekämpfung prekärer Beschäftigung. Da die zentralen gesetzlichen Regelungen in diesem Bereich zu Mindestlohn und Leiharbeit auf Bundesebene getroffen wurden, bedeutete dies einerseits die Ankündigung von Bundesratsinitiativen zur Unterstützung der Bundesparteien (Koalitionsvertrag 2011, S. 22). Auf Landesebene kündigte die grün-rote Regierung an, durch die Verabschiedung eines Tariftreuegesetzes, welches die Zahlung von Tariflöhnen bei öffentlichen Aufträgen sicherstellen sollte, einen Beitrag zu ‚guter Arbeit' zu leisten (Koalitionsvertrag 2011, S. 21).

Das Herzstück der eigenen Arbeitsmarktpolitik sollten allerdings die Gründung einer ‚Allianz für Fachkräfte' sowie die Auflegung von Modellprojekten zur besseren Integration von Langzeitarbeitslosen in den Arbeitsmarkt bilden. Die neben der Landesregierung Vertreter von Arbeitgebern, Arbeitnehmern und Kommunen umfassende ‚Allianz für Fachkräfte' sollte dem „mittelfristig drohenden Mangel von mehr als 200.000 Fachkräften" (Koalitionsvertrag 2011, S. 22) entgegenwirken. Zusätzlich zu dieser korporatistischen Politikkomponente kündigte die neue Landesregierung an, aktiver die im vorangegangenen Abschnitt erläuterten Handlungsspielräume in der Arbeitsmarktpolitik zu nutzen, „aus denen sich die ehemalige Landesregierung in den vergangenen Jahren zurückgezogen" habe (Koalitionsvertrag 2011, S. 23). Im Rahmen dieser Neuausrichtung sollten Modellprojekte zur Entwicklung eines ‚sozialen Arbeitsmarktes' geschaffen werden, von denen insbesondere Langzeitarbeitslose profitieren sollten. Zu diesem Zwecke sollte ein Landesarbeitsmarktprogramm aufgelegt werden, die Finanzierung sollte folglich durch eine Kofinanzierung von Land und ESF erfolgen.

In der Sozialpolitik identifizierte die neue Regierung das Auseinanderklaffen der Schere zwischen Arm und Reich im Land als ein drängendes Problem, besonders die Bekämpfung der Kinderarmut sowie die Verbesserung der Teilhabemöglichkeiten sozial Benachteiligter wurden als ein zentrale Ziele ausgegeben. Die politische und gesellschaftliche Sensibilität für die vorhandenen sozialen Probleme sollte durch die Einführung einer Armuts- und Reichtumsberichterstattung auf Landesebene geschärft werden (Koalitionsvertrag 2011, S. 44). Darüber hinaus kündigte die grün-rote Regierung in den Bereichen der vorschulischen und schulischen Kinderbetreuung, der Gesundheitsversorgung und der Wohnungsbaupolitik Reformen an, die die Teilhabemöglichkeiten sozial Benachteiligter sicherstellen bzw. verbessern sollten. Dabei wurde seitens der neuen Regierung ausdrücklich darauf hingewiesen, dass viele der geplanten Maßnahmen einen Bruch mit der bisherigen Landespolitik bedeuteten.

Im Bereich der Kinderbetreuung bildeten der quantitative und qualitative Ausbau der Kleinkinderbetreuung, eine Reform des Landeserziehungsgeldes sowie ein Ausbau der Schulsozialarbeit zentrale Reformversprechen (Koalitionsvertrag 2011, S. 3). Im Gesundheitsbereich kam im Koalitionsvertrag der Sicherung der flächendeckenden Grundversorgung zentrale Bedeutung zu. Neben einer Verbesserung der Pflegestrukturen kündigte Grün-Rot in deutlicher Abkehr von der schwarz-gelben Vorgängerregierung an, sich im Klinikbereich für „öffentliche und freigemeinnützige Träger" einzusetzen und „das bislang chronisch unterfinanzierte Landeskrankenhausprogramm [...] auf der Basis neuer, zukunftsorientierter Förderkriterien und Förderschwerpunkte" auszubauen, um „den über Jahre aufgelaufenen Investitionsstau sukzessive" abzutragen (Koalitionsvertrag 2011, S. 47). Schließlich strebte die grün-rote Regierung – bereits bevor das Thema in Folge der Zuspitzung der Flüchtlingskrise in den Fokus der Öffentlichkeit rückte – im Wohnungsbau einen „Paradigmenwechsel" an (Koalitionsvertrag 2011, S. 51–53). Dieser sollte in einer Abkehr von der schwarz-gelben Eigentumsförderung hin zu einer Neuausrichtung auf eine sozial orientierte und ökologisch nachhaltige Mietraumförderung bestehen.

Ein Abgleich des Koalitionsvertrages mit den Wahlprogrammen der beiden Regierungsparteien zeigt, dass die sozialpolitischen Ankündigungen größtenteils den Vorstellungen beider Koalitionspartner entsprachen. Dies gilt für den Ausbau der Kinderbetreuung (Grüne 2011, S. 95; SPD 2011, S. 14) und die Aufstockung der Investitionsmittel beim Krankenhausbau (Grüne, S. 67–168; SPD 2011, S. 46) ebenso wie für die soziale Wohnraumförderung (Grüne 2011, S. 154–155; SPD 2011, S. 76). In Übereinstimmung mit den theoretischen Vorüberlegungen bestanden in diesen Bereichen deutliche Differenzen zu den Plänen des politischen Gegners (CDU 2011). Im Bereich der Arbeitsmarktpolitik ist dagegen eindeutig eine sozialdemokratische Handschrift zu erkennen. Während sich Aspekte wie das Eintreten für einen gesetzlichen Mindestlohn und die Fachkräfteoffensive bei Grünen und SPD finden, gehen die Ankündigung eines Tariftreuegesetzes und die Schaffung eines sozialen Arbeitsmarktes unter Einsatz von ESF-Mitteln auf die

SPD zurück (SPD 2011, S. 36, 38). Vor diesem Hintergrund ist es nicht verwunderlich, dass die SPD nach den Wahlen in Person von Katrin Altpeter das Sozialressort (offiziell: ,Ministerium für Arbeit und Sozialordnung, Familie, Frauen und Senioren') übernahm.

4 Sozialdemokratisierung der Landesarbeitsmarktpolitik

Bevor auf die zentralen regulatorischen Reformen auf Landesebene sowie die Fachkräfteallianz und das Landesarbeitsmarktprogramm ,Gute und sichere Arbeit' eingegangen wird, lohnt es sich einen Blick auf die zahlreichen Bundesratsinitiativen zu werfen, mit denen die grün-rote Landesregierung – in der Regel im Verbund mit anderen sozialdemokratisch geführten Bundesländern – versuchte, Einfluss auf die Bundespolitik zu nehmen. So beteiligte sich das Land Baden-Württemberg während der Regierungszeit der schwarz-gelben Bundesregierung an gleich drei Bundesratsvorstößen zur Einführung eines flächendeckenden gesetzlichen Mindestlohns (BR-Drs. 816/11, 136/13, 343/13). Mit diesen Initiativen, von denen die beiden späteren im März und Mai 2013 die Zustimmung der Mehrheit des Bundesrats fanden, unterstützte die grün-rote Landesregierung ihre Bundesparteien dabei, politischen Druck auf die schwarz-gelbe Regierung in Berlin auszuüben – Bemühungen, die nach dem Regierungswechsel 2013 bekanntlich von Erfolg gekrönt waren. Ein vergleichbares Ziel verfolgte die Landesregierung mit der Beteiligung an insgesamt vier Bundesratsinitiativen, die sich gegen den Missbrauch von Leiharbeit und Werkverträgen richteten (BR-Drs. 237/12, 343/13, 687/13, 89/16). Der letzte, von der baden-württembergischen Regierung ausgehende Vorstoß erfolgte dabei im Februar 2016, also mitten im Landeswahlkampf. Erklärtes Ziel dieser Initiative war es, „die Blockadehaltung der CDU in Berlin bei der Bekämpfung der Auswüchse von Leiharbeit und Werkverträgen nicht länger tatenlos hin[zu]nehmen" (Sozialministerium 2016a) und Bundesarbeitsministerin Nahles bei ihren Gesetzesplänen zu unterstützen. Schließlich stellte sich die grün-rote Regierung auch hinter die auf der Bundesebene vor allem von Familienministerin Schwesig vorgetragenen Bemühungen, ein Gesetz zur gleichen Bezahlung von Männern und Frauen auf den Weg zu bringen (BR-Drs. 129/12, 343/13).

Parallel zu den genannten Bundesratsinitiativen zu gesetzlichem Mindestlohn und Leiharbeit wurde die grün-rote Regierung beim Kampf für ,gute Arbeit' auch auf Landesebene gesetzgeberisch aktiv. Dies geschah in Form des ,Tarifreue- und Mindestlohngesetzes' (LTMG), nach dem Auftragnehmer öffentlicher

Aufträge mit einem Volumen von mehr als 20.000 € dazu verpflichtet wurden, sich an geltende Tarifregelungen zu halten und einen Mindestlohn von 8,50 € zu zahlen (LT-Drs. 15/2742). Letztere Regelung war notwendig, da das Gesetz am 1. Juli 2013 in Kraft trat, also noch vor Verabschiedung des gesetzlichen Mindestlohns auf Bundesebene. Die Einführung des Mindestlohns durch die Große Koalition in Berlin war es auch, die seitens der Landtagsfraktionen von CDU und FDP/DVP zu der Forderung führte, das LTMG aufzuheben, um Unternehmen vor unnötiger Bürokratie zu befreien (LT-Drs. 15/6098). Diese Forderung stieß bei der grün-roten Landesregierung auf Ablehnung, welche darauf verwies, dass die im LTMG enthaltenen Regelungen zur Tariftreue beispielsweise in der Nahverkehrsbranche die Zahlung von Löhnen deutlich oberhalb des Mindestlohns sicherstellten (LT-PlPr. 15-118, S. 7134–7140).

Während bereits das LTMG bei Arbeitgebern und bürgerlicher Opposition auf wenig Gegenliebe stieß, traf eine andere Reforminitiative der Landesregierung bei eben diesen Akteuren auf offene Ablehnung. Hierbei handelte es sich um das sogenannte Bildungszeitgesetz (BzG), das in erster Linie von den Sozialdemokraten in Person von Wirtschaftsminister Schmid forciert wurde. Das erst gegen Ende der Regierungszeit auf den Weg gebrachte BzG sollte laut Regierung die Weiterbildungsbereitschaft der Arbeitnehmer fördern, indem es ihnen jährlich eine Freistellung von bis zu fünf Tagen für berufliche oder politische Weiterbildung sowie für die Qualifizierung für ein Ehrenamt gewährte (LT-Drs. 15/6403). Das auch innerhalb der Regierungskoalition nicht unumstrittene Gesetz wurde von CDU und FDP als wirtschaftsfeindlich und überflüssig abgelehnt, wobei einerseits auf vorhandene Weiterbildungsmöglichkeiten verwiesen und andererseits davor gewarnt wurde, dass das Gesetz dazu diene, Arbeitern und Angestellten einen „Tauchurlaub auf Mallorca" zu ermöglichen (LT-PlPr. 15/120, S. 7237–7245). Der baden-württembergische Arbeitgeberpräsident Dulger bezeichnete das BzG als „Verschwendung von Zeit und Geld" und befürchtete einen deutlichen Anstieg der Arbeitskosten (Stuttgarter Zeitung 2014). Bis auf einige Zugeständnisse seitens des Wirtschaftsministers blieben diese Proteste jedoch letztlich erfolglos. Das Bildungszeitgesetz passierte im März 2015 den Landtag und trat am 1. Juli 2015 in Kraft.

Während das LTMG und das Bildungszeitgesetz in regulatorischer Hinsicht die bedeutendsten arbeitsmarktpolitischen Maßnahmen der grün-roten Landesregierung darstellten, bildete das Landesarbeitsmarktprogramm ‚Gute und sichere Arbeit' hinsichtlich des finanziellen Einsatzes von Landesmitteln den Kern der grün-roten Arbeitsmarktpolitik. Ausgehend von der im Bundesvergleich äußerst günstigen Lage am Arbeitsmarkt – die Arbeitslosenquote Baden-Württembergs lag bei Amtsantritt der Kretschmann-Regierung bei vier Prozent, verglichen mit etwas mehr als sieben Prozent im gesamten Bundesgebiet –, konzentrierte sich die grün-rote Regierung, wie im Koalitionsvertrag angekündigt, darauf, Langzeitarbeitslose bzw. besonders schwer vermittelbare Personen in den ersten Arbeitsmarkt zu integrieren. Das Ziel des bis Ende der Legislaturperiode insgesamt fast 73 Mio. € umfassenden Programms bestand darin, „Lücken im bestehenden Fördersystem" zu schließen und nachzuweisen, „dass eine entsprechende Weiterentwicklung der arbeitsmarktpolitischen Instrumente im Zweiten Sozialgesetzbuch (SGB II) auf Bundesebene sinnvoll und zweckmäßig ist" (Sozialministerium 2016b). Zentrale und innovative Elemente des Ende 2012 gestarteten und Ende 2014 verlängerten Programms[1] sind der sogenannte ‚Passiv-Aktiv-Tausch' (PAT) sowie die sozialpädagogische Betreuung der geförderten Personen.

Der auf Langzeitarbeitslose mit mehrfachen Vermittlungshindernissen ausgerichtete Passiv-Aktiv-Tausch zielt darauf ab, den passiven Bezug von Arbeitslosengeld II durch von Jobcenter und Kommunen geleistete Zuschüsse für sozialversicherungspflichtige Beschäftigung zu ersetzen. Das Land übernimmt dabei die Finanzierung der begleitenden sozialpädagogischen Betreuung, welche die Chancen auf eine erfolgreiche und dauerhafte Integration erhöhen soll. Bis Anfang 2016 nahmen über 1000 Personen an dem Modellprojekt teil, für das 13,3 Mio. € aus Landesmitteln zur Verfügung gestellt wurden (Sozialministerium 2016c). Eine wissenschaftliche Evaluation des PAT kommt zu einem überwiegend positiven Fazit. Zwar zeigen sich im Vergleich zu nicht geförderten Personen zumindest kurzfristig keine signifikanten Arbeitsmarktwirkungen. Allerdings beurteilten sowohl teilnehmende Unternehmen und als auch Geförderte das Programm als sehr positiv, wobei nicht zuletzt aufgrund der sozialpädagogischen Betreuung „ungeachtet des weiteren Erwerbsverlaufs während der Förderung substanzielle Entwicklungen unter den Geförderten zu verzeichnen sind" (ISG/ IAB 2015, S. 135–136). Wesentliche Bestandteile des Passiv-Aktiv-Tauschs wurden inzwischen in ein ESF-Bundesprogramm zur Eingliederung von Langzeitarbeitslosen übernommen (Sozialministerium 2015a).

Einen weiteren wichtigen Baustein des Landesprogramms bildeten Ausbildungsprogramme, die sich vor allem an benachteiligte Jugendliche und alleinerziehende Frauen richten. Hierfür stellen Land und ESF bis Ende 2018 insgesamt 22,5 Mio. € zu Verfügung, 6800 Personen sollen bis 2018 gefördert werden

---

[1]Insgesamt umfasste das Landesarbeitsmarktprogramm fünf Bausteine: 1) Sozialer Arbeitsmarkt/Passiv-Aktiv-Tausch, 2) Ausbildung für Benachteiligte/Assistierte Ausbildung/Teilzeitausbildung, 3) Nachhaltigkeit der Integration in den Arbeitsmarkt, 4) Unterstützung von Arbeitslosen(beratungs)zentren und 5) Arbeit und Gesundheit.

(Sozialministerium 2016b). Im Rahmen der ‚assistierten Ausbildung' erhalten benachteiligte Jugendliche ähnlich wie beim PAT eine begleitende sozialpädagogische Betreuung, um diesen eine erfolgreiche duale Ausbildung zu ermöglichen. Für den Erfolg des Programms spricht, dass es bis Mitte 2016 durch den Bund in den Leistungskatalog des SGB II und III übernommen werden soll (Sozialministerium 2016c). Auf Landesebene wird das Assistenzmodell derweil auch im Bereich der Langzeitarbeitslosen angewendet, wobei der ESF bis 2017 über elf Millionen Euro bereitstellt. Darüber hinaus werden im Rahmen der sogenannten Teilzeitausbildung, welche eine reguläre Ausbildung bei reduzierter Stundenzahl ermöglichen soll, auch Alleinerziehende und seit 2015 zusätzlich Personen, die Angehörige pflegen, unterstützt. Ein letztes, rein aus Landesmitteln finanziertes Modellprojekt betrifft schließlich die Einrichtung von zwölf Arbeitslosenberatungszentren, die unabhängig vom Staat sind und Langzeitarbeitslosen eine ganzheitliche Beratung und Betreuung bieten sollen.

Ein zweites grün-rotes Projekt auf Landesebene stellt die ebenfalls im Koalitionsvertrag angekündigte Allianz für Fachkräfte dar. Übergeordnetes Ziel des im Dezember 2011 gegründeten Bündnisses zwischen Wirtschaft, Gewerkschaften sowie Vertretern des Landes und der Kommunen war die Sicherung des Fachkräfteangebots in der mittelständischen Wirtschaft. Der Initiative lag die Diagnose zugrunde, dass das Industrieland Baden-Württemberg im Jahre 2010 mit 28 % die mit Abstand größte Fachkräftelücke aller Bundesländer im Bereich der technischen Berufe aufwies, was bedeutete dass bei Amtsantritt der grün-roten Regierung 20.000 Ingenieure, 12.000 Informatiker und 9500 Techniker fehlten (Wirtschaftsministerium 2012). Neben diesen technischen Bereichen gab es auch in der Kranken- und Altenpflege einen deutlichen Fachkräftemangel zu beklagen, wobei die demografische Entwicklung diese Engpässe massiv zu verschärfen drohte. Im Rahmen der Fachkräfteallianz wurden gemeinsame Ziele wie die Steigerung der Frauenerwerbstätigkeit, die Steigerung der Beschäftigung im Ingenieurwesen und die Sicherung des ausländischen Fachkräftepotenzials vereinbart, die durch gezielte Maßnahmen verfolgt werden sollten (Allianz für Fachkräfte 2011). Zu diesen gehörte beispielsweise die Einrichtung elf sogenannter ‚Welcome Center'[2], die mit mehreren Millionen Euro aus ESF-Mitteln finanziert wurden und internationalen Fachkräften beispielsweise aus Südeuropa als Anlaufstelle dienen sollten. Auf der anderen Seite sollten sich mittelständische Unternehmen auf diesem Wege über die Gewinnung eben dieser ausländischen

---

[2]Neben zehn regionalen Zentren für internationale Fachkräfte wurde ein zentrales Welcome Center für die Sozialwirtschaft mit Fokus auf Pflege und Erziehungswesen eingerichtet.

Tab. 1 Entwicklung arbeitsmarktpolitischer Kennziffern, 2010–2014. (Quellen: BA, IAB, Statistisches Landesamt Baden-Württemberg)

	2010	2011	2012	2013	2014
Arbeitslosigkeit	4,9	4,0	3,9	4,1	4,0
Erwerbslosigkeit, Migranten	8,2	5,7	5,4	5,5	4,9
Beschäftigungsquote, Frauen	51,1	52,5	55,0	55,6	56,7
Beschäftigungsquote, Ältere	42,0	43,4	46,0	47,7	48,5
Geringfügige Beschäftigung	22,0	21,5	20,8	20,3	
Ingenieure, Beschäftigte	138.700	140.800	k.A.	153.000	157.400
Ingenieure, Absolventen	10.700	11.600	13.000	14.000	

Fachkräfte informieren können (Wirtschaftsministerium 2013).[3] Eine weitere Maßnahme im Rahmen der landesweiten Fachkräfteallianz stellte die Einrichtung regionaler, von der Landesregierung finanziell geförderter Fachkräfteallianzen dar, welche als Koordinierungsstellen für Angebote und Projekte der regionalen Akteure fungieren sollen.

Die Erfüllung der selbst gesetzten Ziele wurde im Rahmen einer regelmäßigen Evaluierung durch das IAB überprüft. Dabei lässt sich in vielen der in der Allianz für Fachkräfte vereinbarten Handlungsfelder eine positive Entwicklung erkennen (siehe Tab. 1). Nicht nur bei der Erwerbstätigkeit von Frauen gab es von 2010 bis 2014 einen kontinuierlichen Anstieg zu verzeichnen, was die Landesregierung unter anderem auf den Ausbau der Kinderbetreuung zurückführte (s. u), sondern eine solche Zunahme war auch bei der Beschäftigungsquote älterer Personen zu beobachten. In weiteren Bereichen konnte die grün-rote Landesregierung ebenfalls auf Erfolge verweisen. So sank bis zum starken Anstieg der Flüchtlingszahlen 2015 nicht nur die Arbeitslosenquote unter Personen mit Migrationshintergrund, auch der Anteil von Personen ohne Berufsabschluss in dieser Gruppe ging zurück. Im Mangelberuf Ingenieurwesen ist sowohl bei Beschäftigten als auch bei Absolventen ein klarer Anstieg zu verzeichnen, wobei dieser, wie angestrebt, unter Frauen besonders stark ausfiel. Schließlich ist die Beschäftigung von Ausländern aus EU-Ländern sowie Drittstaaten seit 2010 um durchschnittlich 30.000 Personen pro Jahr gestiegen – ein deutlicher Anstieg im Vergleich zu früheren Jahren (vgl. Allianz für Fachkräfte 2015a, S. 18–23).

---

[3]Im Herbst 2016 startet in Baden-Württemberg außerdem ein Pilotprojekt im Bereich der Fachkräftezuwanderung, das sich am punktebasierten kanadischen Modell orientiert (Wirtschaftsministerium 2016a).

Mit dem massiven Anstieg der Flüchtlingszahlen im Verlauf des Jahres 2015 rückte schließlich das in der Fachkräfteallianz anvisierte Ziel, Personen mit Migrationshintergrund stärker in den Arbeitsmarkt zu integrieren, schlagartig in den Mittelpunkt der arbeitsmarktpolitischen Bemühungen. Die daraufhin in den letzten Monaten ihrer Amtszeit von der grün-roten Landesregierung ergriffenen Maßnahmen werden zusammen mit der sozialpolitischen Reaktion in Abschn. 6 thematisiert.

5   Neue Akzente in der Sozialpolitik

Wie weiter oben ausgeführt, bestand eine erste sozialpolitische Ankündigung der grün-roten Landesregierung in der Verfassung eines Armuts- und Reichtumsberichts für das Land Baden-Württemberg. Dieser Bericht, der sicherlich auch eine andere Schwerpunktsetzung als bei den Vorgängern signalisieren sollte, soll fortan einmal pro Legislaturperiode erscheinen. Angesichts der Kritik der bürgerlichen Opposition an der Überflüssigkeit einer solchen Veröffentlichung (LT-PlPr. 15/31, S. 1668–1677) erscheint dies im Falle eines Regierungswechsels jedoch durchaus fraglich. Tatsächlich enthält der erst im November 2015 vom Sozialministerium veröffentlichte Bericht keine bahnbrechenden neuen Befunde, konnte der Regierung andererseits jedoch bei der Rechtfertigung einer stärker an den sozial Schwachen ausgerichteten Sozialpolitik helfen. So zeigte die Analyse unter anderem, dass sowohl die Einkommensungleichheit als auch die Armutsquote von 2002 bis 2012 zugenommen hatte. Im wohlhabenden Baden-Württemberg galten 2012 demnach 14,7 % der Bevölkerung als armutsgefährdet, bei der Kinderarmut, auf der ein Schwerpunkt des Berichts ruhte, lag der Wert sogar bei 17,9 % (Sozialministerium 2015b, S. 25–76). Hinsichtlich der gerade im baden-württembergischen Fall interessanten Reichtumsberichterstattung litt der Bericht allerdings unter den gleichen Schwächen wie vergleichbare Studien, nämlich an einer mangelhaften Erfassung des Vermögens der wohlhabendsten Gesellschaftsmitglieder. Die im Bericht enthaltenen Handlungsempfehlungen setzen dementsprechend eher bei der Armutsbekämpfung und der Schaffung gesellschaftlicher Teilhabe als bei der Umverteilung von Vermögen an (Sozialministerium 2015b, S. 881–891).

Inwieweit konnte die grün-rote Landesregierung nun die im Koalitionsvertrag proklamierten sozialpolitischen Änderungen in die Tat umsetzen? Um diese Frage zu beantworten, werden im Folgenden die im Koalitionsvertrag erwähnten Bereiche wie Krankenhausfinanzierung, Kinderbetreuung und soziale Wohnungsbauförderung genauer beleuchtet, wobei qualitative Änderungen ebenso analysiert werden wie

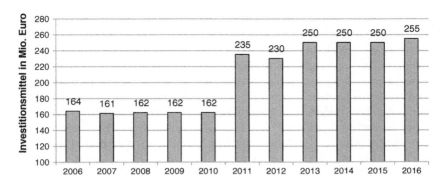

Abb. 2 Ausgaben des Landes für Jahreskrankenhausbauprogramme, 2006–2016. (Quelle: Sozialministerium Baden-Württemberg)

quantitative Steigerungen oder Verschiebungen im Sozialetat.[4] Insbesondere in finanzieller Hinsicht stellte die Ankündigung eines deutlichen Ausbaus der Krankenhausfinanzierung – die Länder sind im Rahmen der dualen Finanzierung für die Investitionsmittel zuständig – ein zentrales Wahlversprechen beider Regierungsparteien dar. Und in der Tat lässt ein Blick auf die Entwicklung der Ausgaben in diesem Bereich eine deutliche Steigerung erkennen. Dies wird bei Betrachtung der Investitionsmittel ersichtlich, die das Land im Rahmen des Jahreskrankenhausbauprogramms für Sanierung, Um- und Neubau zur Verfügung stellt (siehe Abb. 2). Die ursprünglich zu diesem Zweck für das Jahr 2011 eingeplanten Mittel von 185 Mio. € wurden um 50 Mio. € erhöht, ab 2013 kam es zu einer weiteren Steigerung. Bei den Gesamtmitteln des Landes für die Krankenhausfinanzierung ist ein Anstieg von 337 Mio. € im Jahre 2010 auf 455 Mio. € im Jahre 2016 zu beobachten. Parallel zu dieser Aufstockung der Investitionsmittel setzte sich die Landesregierung im Bundesrat gemeinsam mit anderen, nicht nur SPD-geführten Ländern dafür ein, dass die Gesetzliche Krankenversicherung einen größeren Beitrag bei der Finanzierung der Betriebskosten übernahm, was sich nicht nur in einem Konflikt mit dem früheren FDP-Gesundheitsminister Bahr äußerte, sondern sich auch bei der Debatte um das Krankenhausstrukturgesetz der Großen Koalition zeigte (Sozialministerium 2013a; BR-PlPr. 935, S. 263–264).

---

[4]Sowohl die Landeszuschüsse zur Kinderbetreuung als auch die soziale Wohnraumförderung fallen nicht in den Kostenbereich des Sozialhaushalts. Aufgrund ihrer beträchtlichen sozialpolitischen Bedeutung werden sie jedoch in die Betrachtung mit einbezogen.

Ein weiteres Wahlversprechen der Landesregierung bildete der Ausbau der Kinderbetreuung, während im Koalitionsvertrag außerdem eine Reform des Landeserziehungsgeldes angekündigt wurde. Beim Kita-Ausbau sind die Länder aufgrund des Konnexitätsgebots zu einer finanziellen Beteiligung verpflichtet. Das Land Baden-Württemberg beteiligt sich in diesem Rahmen an der Förderung der Betriebskosten für die Kleinkindbetreuung, wozu unter anderem die Personalkosten zählen. Der Ankündigung aus dem Koalitionsvertrag kam die grün-rote Regierung dementsprechend durch eine massive Aufstockung der Förderung der Betriebsausgaben nach, welche durch die Erhöhung der Grunderwerbsteuer um 1,5 Prozentpunkte gegenfinanziert wurde. Im Rahmen des Ende 2011 mit den Städten und Kommunen geschlossenen ‚Paktes für Familien und Kinder' erhöhte die Landesregierung ihre Zuweisungen an die Kommunen für das Jahr 2012 von 129 auf 444 Mio. € und für das Jahr 2013 von 152 Mio. € auf 477. Die Mehrausgaben für diese beiden Jahre betrugen also 640 Mio. €. Ab 2014 beteiligte sich das Land schließlich zu 68 % an den Betriebsausgaben pro Kind, was für die Jahre 2014 bis 2016 Ausgaben in Höhe von insgesamt 1,8 Mrd. € entsprach. Für 2015 wurde zusätzlich ein einmaliges Investitionsprogramm zum Kita-Ausbau in Höhe von 50 Mio. € aufgelegt (Staatsministerium 2011, 2014). Ebenfalls im Pakt für Familien und Kinder enthalten war der Wiedereinstieg des Landes in die Finanzierung der Schulsozialarbeit.[5] Während die schwarz-gelben Vorgängerregierungen hierfür seit 2005 kein Geld mehr zur Verfügung gestellt hatten, sagte die grün-rote Landesregierung zu, sich ab 2012 zu einem Drittel an den Kosten der Schulsozialarbeit zu beteiligen. Im Jahr 2012 unterstützte die Regierung die Kommunen jährlich mit 15 Mio. €, 2014 erhöhte sich der Betrag auf über 20 Mio. €. Ziel dieser finanziellen Unterstützung war es, die Zahl der Sozialarbeiter und Sozialarbeiterinnen an baden-württembergischen Schulen deutlich zu erhöhen und damit ein flächendeckendes Betreuungsangebot zu schaffen (Sozialministerium 2014a).

Im Gegensatz zu diesen Ausgabensteigerungen im Bereich der Betreuung und Unterstützung von Familien und Kindern sahen die Pläne der grün-roten Regierung beim Landeserziehungsgeld von Anfang an Kürzungen vor. Diese Leistung wurde bei Amtsantritt der grün-roten Regierung neben Baden-Württemberg lediglich in drei anderen, bis zu diesem Zeitpunkt durchweg unionsgeführten Bundesländern (Bayern, Sachsen und Thüringen) gezahlt. Das vom Einkommen und der Kinderzahl abhängige Landeserziehungsgeld wurde in Baden-Württemberg

---

[5]Neben den Betriebskosten für die Kinderbetreuung und der Schulsozialarbeit bildete die Bereitstellung zusätzlicher Mittel für die Sprachförderung im Bereich der 3–6 jährigen Kinder ein drittes Element des Paktes (Staatsministerium 2011).

ab dem 13. Monat im Anschluss an das Bundeselterngeld an Antragssteller
unter einer festgelegten Einkommensgrenze gezahlt, die 2010 bei 1480 € für
Paare und 1225 € für Alleinerziehende lag. Die ursprünglichen Pläne der Sozialministerin sahen vor, das Erziehungsgeld vorzuziehen, d. h. es unmittelbar im
Anschluss an die Geburt zu zahlen, und es außerdem an den Bedürftigsten auszurichten (LT-PlPr 15/9, S. 327–328). Auf diese Weise sollten Hartz IV-Bezieher
finanziell entlastet werden, die durch die von der schwarz-gelben Bundesregierung beschlossene Anrechnung des Elterngeldes auf das Arbeitslosengeld II Ein-
bußen hinzunehmen hatten (Bandau und Dümig 2015, S. 382–383). Letztendlich
entschied sich die grün-rote Regierung jedoch für eine vollständige Streichung
des Landeserziehungsgeldes. Diese Entscheidung, die vonseiten der CDU scharf
kritisiert wurde, begründete Sozialministerin Altpeter damit, dass die Bundesregierung angedeutet habe, das Landeserziehungsgeld wie das Elterngeld auf das
Arbeitslosengeld II anzurechnen. In diesem Falle wäre die Zahlung seitens des
Landes jedoch nicht den Bedürftigen, sondern dem Bund zugutegekommen, was
das Land angesichts der notwendigen Haushaltskonsolidierung nicht akzeptieren
könne (Sozialministerium 2012a).

Dass eine Zahlung wie das Erziehungsgeld gegenüber Investitionen in die
Kinderbetreuung von der Regierung, und hier insbesondere den Grünen, kritisch
gesehen wurde, zeigte sich in noch schärferer Form an der Ablehnung des auf
Drängen der CSU eingeführten Betreuungsgeldes. Dieses wurde von der Sozialministerin als „Rückfall in die 50er Jahre" (Sozialministerium 2012b) gebrand-
markt und letztlich vergeblich über den Bundesrat bekämpft (BR-Drs. 718/11,
198/13). Obwohl Baden-Württemberg im Ländervergleich gemessen an der
Bevölkerungszahl noch vor Bayern den höchsten Bezug von Betreuungsgeld aufwies[6], zeigte sich die grün-rote Landesregierung überaus erfreut, als das Betreuungsgeld vom Bundesverfassungsgericht als nicht verfassungskonform eingestuft
wurde. Im Einklang mit den Bundesparteien forderte die Landesregierung, die
durch das Urteil verfügbar werdenden Gelder unverzüglich in den Kita-Ausbau
zu investieren (Sozialministerium 2015c).

Eine Auflistung der Posten des Sozialetats, bei denen die Ausgaben der grün-
roten Regierung deutlich vom Ausgabenniveau des letzten Jahres der schwarz-
gelben Vorgängerregierung abweichen, bestätigt – neben den Mehrausgaben für
das im letzten Abschnitt behandelte Landesarbeitsmarktprogramm – zunächst die
bereits dargelegten Änderungen beim Landeserziehungsgeld sowie bei der

---

[6]Quelle: http://www.zeit.de/politik/deutschland/2015-04/betreuungsgeld-verfassung-
sgericht-csu.

Tab. 2 Ausgewählte Ausgabenposten des Sozialetats, 2010–2016. (Quelle: Haushalt Baden-Württemberg, Einzelpläne des Arbeits- und Sozialministeriums)

	2010	2011	2012	2013	2014	2015	2016
Landesarbeitsmarktprogramm	–	–	5,0	1,9	5,0	4,2	1,3
Landeserziehungsgeld	49,5	51,4	38,0	36,0	9,5	–	–
Schulsozialarbeit	–	–	15,0	15,0	25,0	20,1	25,0
Zuschüsse an Schulen für Ausbildung für Sozialberufe	38,5	41,2	48,6	58,8	62,8	72,0	78,4
Zuschüsse an Schulen für Berufe im Gesundheitswesen	17,8	19,1	19,5	21,0	22,1	24,0	24,9
Zuschüsse an Schulen an Kinderheimen	132,9	146,6	148,8	159,9	163,0	166,8	169,4
Jugendbildung	–	–	4,9	4,9	5,6	5,2	5,2
Zuschüsse an Psychiatrien	89,7	91,5	98,2	99,3	101,4	105,7	110,1

Schulsozialarbeit (siehe Tab. 2). Ähnlich wie der Ausbau der Letzteren stellen auch die zusätzlichen Mittel für die außerschulische Jugendbildung, welche den Trägern im Rahmen des ‚Zukunftsplans Jugend' zugesichert wurden (Sozialministerium 2013b), einen Beitrag zur Förderung sozial benachteiligter Jugendlicher dar. Darüber hinaus wird aus der Tabelle ersichtlich, dass die grüne-rote Regierung die Zuschüsse des Landes an Schulen für Sozialberufe und Berufe im Gesundheitswesen in den letzten Jahren deutlich aufgestockt hat, was als eine Reaktion auf den im vorangegangenen Kapitel thematisierten Fachkräftemangel verstanden werden kann. Flankiert wurde diese Politik durch die Informations- und Werbekampagne ‚Vom Fach – Für Menschen. Pflege- und Sozialberufe in Baden Württemberg', zu welchem Zweck auch ein Online-Portal mit Informationen und Praxisberichten eingerichtet wurde.[7] Schließlich sind auch bei den Zuschüssen an Kinderheime und psychiatrische Einrichtungen klare Zuwächse zu erkennen. Bei den Psychiatriezentren wurden allerdings im Gegenzug die Investitionen etwas zurückgefahren.

Ein letzter Posten, der wie die Ausgaben zur Kinderbetreuung nicht zum Sozialhaushalt gehört, ist die Wohnraumförderung des Landes. Aufgrund der sozialpolitischen Zielsetzung der grün-roten Koalition, die Wohnraumförderung komplett neu, nämlich deutlich sozialer auszurichten, darf diese im Rahmen der

---

[7]Homepage der Kampagne: http://www.vom-fach-fuer-menschen.de/pflegeberufe-in-baden-wuerttemberg.html.

vorliegenden Untersuchung jedoch nicht fehlen. Wie in Abschn. 3 dargelegt, hatte die grün-rote Regierung im Koalitionsvertrag angekündigt, mehr bezahlbaren Wohnraum zu schaffen und dafür Mittel von der Eigentumsförderung in die soziale Mietraumförderung umzuschichten. Das angestrebte Verhältnis von 4:1 (Koalitionsvertrag 2011, S. 51) wurde zwar nicht erreicht, Abb. 3 zeigt jedoch, dass im Laufe der grün-roten Regierungszeit tatsächlich eine erhebliche Umschichtung von der Eigentums- zur sozialen Mietraumförderung stattfand. Die Mittel für die Mietraumförderung stiegen von 15 Mio. € im Jahre 2011 auf über 50 Mio. € ab 2015. Das Gesamtfördervolumen für den Wohnungsbau wurde im Rahmen dieser Neuausrichtung ebenfalls angehoben, im Anschluss an den massiven Anstieg der Flüchtlingszahlen im Verlauf des Jahres 2015 kam es sogar zu einer weiteren Anhebung (s. u.).

Schließlich fielen auch mehrere Maßnahmen, die der Gleichstellungspolitik und Anti-Diskriminierungspolitik zuzuordnen sind, in den Gesetzgebungsbereich des Sozialministeriums. So novellierte die grün-rote Landesregierung, wie im Koalitionsvertrag vereinbart, das aus dem Jahr 2005 stammende Chancengleichheitsgesetz mit dem Ziel, Frauen und Männer im öffentlichen Dienst gleichzustellen und mehr Frauen in Führungspositionen zu bringen (LT-Drs. 15/7844). Um Frauen besser vor körperlicher und sexueller Gewalt zu schützen, präsentierte das Sozialministerium außerdem einen Landesaktionsplan (Sozialministerium 2014b), für den 2015 und 2016 insgesamt 3,6 Mio. € zur Verfügung gestellt wurden. Weitere Maßnahmen betrafen die Verankerung von Kinder- und Jugendrechten in der Landesverfassung, die Verabschiedung eines Aktionsplans zur

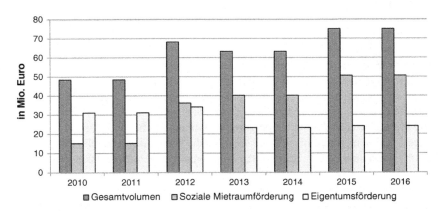

Abb. 3 Entwicklung der Wohnraumförderung, 2010–2016. (Quelle: Wirtschaftsministerium Baden-Württemberg)

Umsetzung der UN-Behindertenrechtskonvention sowie die Verabschiedung eines Landespsychiatriegesetzes zur Stärkung der Rechte psychisch kranker Personen (LT-Drs. 15/5521, 15/7412; Sozialministerium Sozialministerium 2015e). Zusammengenommen weisen alle diese Änderungen auf Bemühungen der grün-roten Landesregierung hin, gegen verschiedene Formen von Diskriminierung vorzugehen und die Rechte von Minderheiten und Randgruppen zu stärken.

6   Arbeitsmarkt- und Sozialpolitik im Zeichen der Flüchtlingskrise

Bevor die zu Beginn des Beitrags aufgeworfene Frage beantwortet wird, inwieweit die unter der grün-roten Landesregierung ergriffenen Maßnahmen einen Politikwechsel darstellen, wird in diesem Abschnitt ein Blick auf die arbeitsmarkt- und sozialpolitische Reaktion der Regierung auf die Flüchtlingskrise geworfen. Nachdem bereits 2013 und 2014 ein deutlicher Anstieg der Asylanträge im Ländle zu beobachten war – zusammen lag die Zahl bei fast 50.000 –, nahm Baden-Württemberg im Jahr 2015 offiziell knapp 100.000 Flüchtlinge auf, was etwas mehr als einem Fünftel der im gesamten Bundesgebiet gestellten Asylanträge entsprach (Integrationsministerium 2015). Die wirkliche Zahl der aufgenommenen Flüchtlinge lag nach Schätzungen jedoch fast doppelt so hoch. Dies stellte Baden-Württemberg natürlich auch in arbeitsmarkt- und sozialpolitischer Hinsicht vor enorme Herausforderungen, auf die die Landesregierung in kurzer Zeit Antworten finden musste (siehe auch Kostner i. d. B.).

Bereits vor dem Flüchtlingsgipfel zwischen Bund und Ländern im September 2015 veranstaltete die grün-rote Regierung zwei Flüchtlingsgipfel auf Landesebene, um über Reaktionen auf die veränderte Situation zu beraten. Neben der Forderung nach einer deutlichen Aufstockung der Bundesmittel, erklärte die Landesregierung auf dem ersten Flüchtlingsgipfel im Oktober 2014, also knapp ein Jahr vor dem massiven Anstieg der Flüchtlingszahlen, für 2015 und 2016 100 Mio. € aus dem Landeshaushalt zur Verfügung zu stellen. Daraus wurden 60 Mio. € für das Sonderbauprogramm ‚Wohnraum für Flüchtlinge' bereitgestellt, aus dem Kommunen Zuschüsse für die Errichtung von Flüchtlingsunterkünften erhalten können. Die Antragssteller müssen sich dabei dazu verpflichten, den Wohnraum mindestens für die nächsten zehn Jahre zur Flüchtlingsunterbringung oder für andere soziale Wohnzwecke zu verwenden (Wirtschaftsministerium 2015). Zusätzlich wurden die ursprünglich im Rahmen der Wohnraumförderung des Landes eingeplanten 75 Mio. € für 2015 und 2016 auf 93 Mio. bzw. 115 Mio. € angehoben (Wirtschaftsministerium 2016b).

Ende des Jahres 2015 begann sich der Flüchtlingszustrom auch in der Zahl der Arbeitslosen aus den Flüchtlingsländern bemerkbar zu machen (siehe Abb. 4). Um die bundesweit diskutierte schnelle Integration der Flüchtlinge in den Arbeitsmarkt zu fördern, wurde ein weiteres Sonderprogramm ‚Chancen gestalten – Wege der Integration in den Arbeitsmarkt eröffnen' aufgelegt, für das das Land insgesamt 4,4 Mio. € bereitstellte. Eine Million der Mittel soll von Oktober 2015 bis September 2017 in das ‚Landesprogramm zur regionalen Integration von Asylsuchenden und Flüchtlingen in den Arbeitsmarkt' (‚LAurA') fließen, in dessen Rahmen für 560 Teilnehmer berufliche Praktika zur Verfügung gestellt werden sollen. Im Fokus stehen dabei Berufszweige, „in denen es Arbeitgebern oft nicht gelingt, Personal zu gewinnen" (Sozialministerium 2015d), wie das Hotel- und Gaststättengewerbe. Schließlich soll das Modellprojekt dazu beitragen herauszufinden, welche zusätzlichen Maßnahmen diese besondere Zielgruppe benötigt. Weitere 1,3 Mio. € sollen aus Landes-, ESF- und BA-Mitteln in ein Förderprogramm fließen, das junge Flüchtlinge in Ausbildung bringen soll. Dieses Programm orientiert sich an der assistierten Ausbildung aus dem Landesarbeitsmarktprogramm, d. h. den teilnehmenden Jugendlichen wird sozialpädagogische, sprachliche und im Bedarfsfall psychologische Betreuung zuteil. In weiteren Förderprogrammen unterstützte das Sozialministerium unter anderem das ehrenamtliche Engagement im Bereich der Flüchtlingshilfe, im Februar 2016

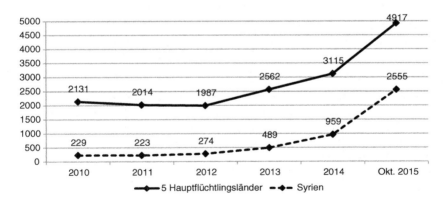

Abb. 4 Arbeitslosenzahlen von Migranten aus wichtigen Flüchtlingsländern, 2010–2015. (*Anmerkungen:* Die fünf Hauptflüchtlingsländer umfassen Syrien, Irak, Afghanistan, Eritrea und Somalia. Die Zahlen für die Jahre 2010 bis 2014 entsprechen dem Jahresdurchschnitt. Quelle: IAB 2015)

wurde schließlich ein Maßnahmenpaket zum Schutz von weiblichen Flüchtlingen beschlossen (für eine Übersicht über die Förderprogramme siehe Sozialministerium 2016d).

In den Verhandlungen mit dem Bund setzte sich die baden-württembergische Regierung neben der dauerhaften Beteiligung des Bundes an den Flüchtlingskosten für die Schaffung eines neuen Aufenthaltstitels für Flüchtlinge in Ausbildung sowie – als Bedingung für die Zustimmung der Landesregierung, die Westbalkanländer zu sicheren Herkunftsländern zu erklären – die Schaffung legaler Zugänge für qualifizierte Menschen vom Westbalkan ein. Diese Forderungen entsprachen auch der im Rahmen der Allianz für Fachkräfte angestrebten stärkeren Integration ausländischer Fachkräfte, um dem Fachkräftemangel entgegenzuwirken (Allianz für Fachkräfte 2015b). Schließlich setzte sich die grün-rote Landesregierung zusammen mit anderen Landesregierungen für die Einführung einer elektronischen Gesundheitskarte für Flüchtlinge ein, wodurch sie sich eine Verbesserung der Gesundheitsversorgung von Asylbewerbern erhoffte. Dementsprechend begrüßte die Regierung die gesetzliche Verankerung der Gesundheitskarte im Asylpaket I, ihre Einführung in Baden-Württemberg ließ jedoch bis zur Landtagswahl 2016 vergeblich auf sich warten. Zwar machte sich Ministerpräsident Kretschmann persönlich für die rasche Einführung der Gesundheitskarte stark, diese scheiterte aber wie in den meisten anderen Bundesländern am Streit zwischen Land, Kommunen und Krankenkassen über die abgedeckten Leistungen sowie die Finanzierung, insbesondere die Höhe der von den Kommunen zu übernehmenden Verwaltungskosten (Stuttgarter Nachrichten 2016).

7   Fazit: Grün-roter Politikwandel innerhalb eng gefasster Grenzen

Abschließend gilt es die zu Beginn des Beitrags aufgeworfene Frage zu klären, inwieweit es die grün-rote Regierung innerhalb des von vornherein begrenzten landespolitischen Handlungsspielraums vermochte, neue Akzente in der Arbeitsmarkt- und Sozialpolitik zu setzen. Lässt sich also, wie die zu Beginn des Beitrags angestellten Überlegungen nahelegen, ein deutlicher Politikwandel innerhalb enger Grenzen diagnostizieren?

Für die Arbeitsmarktpolitik lässt sich festhalten, dass dies durchaus der Fall war und dass eine stärkere sozialdemokratische Färbung in diesem Politikfeld unübersehbar ist. Dies wird an der korporatistisch ausgerichteten Fachkräfteallianz ebenso deutlich wie am LTMG und am Bildungszeitgesetz. Die auf höhere Löhne und Weiterqualifizierung zielenden Gesetze stießen bei den

Gewerkschaften – ganz im Gegensatz zur Arbeitgeberseite – auf große Unterstützung. So lobte Verdi-Landeschefin Breymaier, „noch nie hätten die Gewerkschaften einen so guten Zugang zu einer Südwest-Regierung" gehabt (Stuttgarter Zeitung 2016a). Die bürgerlichen Oppositionsparteien bemühten sich dagegen, wie dargelegt, vergeblich um eine Aufhebung des LTMG, während sowohl CDU als auch FDP in ihren Wahlprogrammen zur Landtagswahl 2016 ankündigen, das Bildungszeitgesetz novellieren (CDU 2016, S. 51) beziehungsweise komplett aufheben zu wollen (FDP 2016, S. 91). Auch das grün-rote Landesarbeitsmarktprogramm wurde von diesen Parteien überaus kritisch betrachtet, wohingegen die Fachkräfteallianz keinen fundamentalen Bruch mit der Politik der Vorgängerregierungen darstellte. Somit lässt sich bilanzieren, dass die grün-rote Regierung die zugegebenermaßen begrenzten Handlungsspielräume in der Arbeitsmarktpolitik durchaus zu einer klaren Akzentverschiebung nutzte, indem sie dieser einen sozialdemokratischen Anstrich verlieh.

In der Sozialpolitik ist eine vergleichbare Entwicklung in erster Linie bei der Kinderbetreuung beziehungsweise der Familienpolitik zu diagnostizieren (vgl. Wagschal 2013, S. 262–263). Der starken Aufstockung der Fördermittel für die Kleinkindbetreuung sowie die Jugendsozialarbeit stehen die Bekämpfung des Betreuungsgeldes und vor allem die Abschaffung des Landeserziehungsgeldes gegenüber. Die diesem Politikwandel zugrunde liegenden ideologischen Differenzen werden auch daran deutlich, dass die CDU in ihrem aktuellen Wahlprogramm das Landeserziehungsgeld nicht nur als ein „Markenzeichen unserer Politik" bezeichnet, sondern darüber hinaus ankündigt, die durch die erzwungene Einstellung des Betreuungsgeldes verfügbar werdenden Mittel im Falle eines Wahlsiegs in ein ‚Familiengeld Baden Württemberg' zu überführen (CDU 2016, S. 12). Eine weitere Akzentverschiebung unter Grün-Rot ist in der Wohnraumförderung zu beobachten. Hier kam es zu einer deutlichen Verlagerung von der Eigentumsförderung zur sozialen Mietraumförderung – eine Entwicklung, die unter einer CDU-geführten Regierung durchaus ein Ende finden könnte (Stuttgarter Zeitung 2016b). In Bezug auf die unter der grün-roten Koalition deutlich aufgestockte Krankenhausfinanzierung versprach die CDU dagegen „eine verlässliche Investitionsförderung durch das Land sicher[zu]stellen" (CDU 2016, S. 79). Schließlich setzte sich Grün-Rot mit vielen Einzelmaßnahmen wie der Novellierung des Chancengleichheitsgesetzes und der Einführung einer Armuts- und Reichtumsberichterstattung von CDU und FDP ab, welche derartige Reformen als Geldverschwendung und Regulierungswahn brandmarkten.

Eine tiefer gehende Analyse der grün-roten Arbeitsmarkt- und Sozialpolitik zeigt also, dass es unter der grün-roten Regierung innerhalb der eng abgesteckten Grenzen, in denen Landesregierungen in diesen Politikfeldern naturgemäß operieren, durchaus zu einigen beachtlichen Neuerungen und Veränderungen kam. Deren Beitrag zur von Ministerpräsident Kretschmann angekündigten sozialen Erneuerung Baden-Württembergs konnte aber gerade aufgrund der vorhandenen gesetzgeberischen und fiskalischen Beschränkungen von vornherein nur punktueller Natur sein.

Literatur

Allianz für Fachkräfte. 2011. *Vereinbarung einer Allianz für Fachkräfte Baden-Württemberg.* 15. Dez. 2011.

Allianz für Fachkräfte. 2015a. *Fachkräfteallianz Baden-Württemberg. Ziele, Bilanz und Maßnahmen 2015.* Stuttgart: Wirtschaftsministerium.

Allianz für Fachkräfte. 2015b. *Gemeinsame Erklärung der Allianz für Fachkräfte Baden-Württemberg zur Beschäftigung von Flüchtlingen.* Stuttgart, 30. Nov. 2015.

Bandau, F. 2015. *Wohlfahrtsstaatliche Strukturen und Parteieneffekte. Eine vergleichende Analyse sozialpolitischer Konfliktmuster in Großbritannien, Schweden und Deutschland.* Baden-Baden: Nomos.

Bandau, F., und K. Dümig. 2015. Verwaltung des deutschen ‚Beschäftigungswunders‘. Arbeitsmarktpolitik der Die schwarz-gelben Koalition 2009–2013. In *Politik im Schatten der Krise. Eine Bilanz der Regierung Merkel 2009–2013,* Hrsg. R. Zohlnhöfer und T. Saalfeld, 373–396. Wiesbaden: Springer VS.

Blancke, S. 2015. Push, Pull und Stay – Strategien gegen Arbeitslosigkeit in Deutschland. In *Die aktive Arbeitsmarktpolitik der Bundesländer. Dokumentation des Workshops Push, Pull und Stay – Strategien gegen Arbeitslosigkeit in Deutschland,* Hrsg. S. Blancke und J. Schmid, 28–36. Tübingen: WIP.

Busemeyer, M. und S. Haastert. i. d. B. Bildungspolitik. Nicht alles anders, aber manches … In *Das grün-rote Experiment. Eine Bilanz der Landesregierung Kretschmann,* Hrsg. F. Hörisch und S. Wurster, 49–96. Wiesbaden: Springer VS.

CDU. 2011. *Chancen ergreifen. Wohlstand sichern. Der Baden-Württemberg-Weg im neuen Jahrzehnt. Regierungsprogramm der CDU Baden-Württemberg.* Stuttgart: CDU BW.

CDU. 2016. *Gemeinsam. Zukunft. Schaffen. Das Regierungsprogramm der CDU Baden-Württemberg 2016–2021.* Stuttgart: CDU BW.

FDP. 2016. *Der nächste Schritt für unser Land. Das Wahlprogramm der Freien Demokraten Baden-Württemberg zur Landtagswahl 2016.* Stuttgart: FDP BW.

Grünen, Die. 2011. *Das neue Programm für Baden-Württemberg. JETZT!* Stuttgart: Bündnis 90/Die Grünen BW.

Hörisch, F. i. d. B. Finanz- und Wirtschaftspolitik unter dem Eindruck der Finanzkrise. In *Das grün-rote Experiment. Eine Bilanz der Landesregierung Kretschmann,* Hrsg. F. Hörisch und S. Wurster, 49–96. Wiesbaden: Springer VS.

IAB. 2015. Beschäftigung von Flüchtlingen. Sitzung der Fachkräfteallianz Baden-Württemberg, Stuttgart, 30. Nov. 2015. https://mfw.baden-wuerttemberg.de/fileadmin/redaktion/m-mfw/intern/Dateien/Downloads/Arbeiten_und_Leben/Fachkraefte/Praesentation_Fachkraeftealliianz.pdf. Zugegriffen: 12. Apr. 2016.

Integrationsministerium. 2015. Asylantragssteller seit 1990. http://www.integrationsministerium-bw.de/pb/,Lde/Startseite/Fluechtlingspolitik/Asylantragsteller+seit+1990. Zugegriffen: 12. Apr. 2016.

ISG/IAB. 2015. *Wissenschaftliche Begleitung und Evaluation des Programms „Modellhafte Entwicklung eines sozialen Arbeitsmarktes ‚Passiv-Aktiv-Tausch (PAT)'"*. *Vorläufiger Endbericht.* Köln: IAB/ISG.

Koalitionsvertrag. 2011. *Der Wechsel beginnt. Koalitionsvertrag zwischen BÜNDNIS 90/ DIE GRÜNEN und der SPD Baden-Württemberg.* Stuttgart, 9. Mai 2011.

Kostner, S. i. d. B. Asyl und Integration. Aufbrüche in stürmischen Zeiten. In *Das grünrote Experiment. Eine Bilanz der Landesregierung Kretschmann,* Hrsg. F. Hörisch und S. Wurster, 49–96. Wiesbaden: Springer VS.

Kretschmann, W. 2011. *Regierungserklärung von Ministerpräsident Winfried Kretschmann.* Landtag von Baden-Württemberg, Stuttgart, 25. Mai 2011.

Malik, C. 2008. *Die Arbeitsmarktpolitik der Bundesländer nach den ‚Hartz-Reformen'.* Berlin: WZB.

Schieren, S. 2008. Sozialpolitische Aufgabenerfüllung als Merkmal und Triebfaktor des unitarisierenden Bundesstaates. In *Föderale Politikgestaltung im deutschen Bundesstaat. Variable Verflechtungsmuster in Politikfeldern,* Hrsg. H. Scheller und J. Schmid, 216–241. Baden-Baden: Nomos.

Schmid, J. 2008. *Arbeitslosigkeit und Arbeitsmarktpolitik in den Bundesländern. Variation und Evolution.* Symposium ‚Der arbeitende Staat in der organisierten Gesellschaft', Konstanz, 18. Apr. 2008.

Schmid, J., U. Hörrmann, D. Maier, und C. Steffen. 2004. *Wer macht was in der Arbeitsmarktpolitik Maßnahmen und Mitteleinsatz in den westdeutschen Bundesländern.* Münster: LIT.

Staatsministerium. 2011. Pakt verbessert Zukunftschancen der Kinder, 1. Dezember 2012. https://www.baden-wuerttemberg.de/de/service/presse/pressemitteilung/pid/pakt-verbessert-zukunftschancen-fuer-kinder/. Zugegriffen: 12. Apr. 2016.

Sozialministerium. 2012a. Altpeter zur Streichung des Landeserziehungsgeldes, 18. September 2012. http://www.baden-wuerttemberg.de/de/service/presse/pressemitteilung/pid/altpeter-zur-streichung-des-landeserziehungsgeldes/. Zugegriffen: 12. Apr. 2016.

Sozialministerium. 2012b. Einführung des Betreuungsgeldes ist Rückfall in die 50 Jahre, 6. Juni 2012. http://www.baden-wuerttemberg.de/de/service/presse/pressemitteilung/pid/einfuehrung-des-betreuungsgeldes-ist-rueckfall-in-die-50er-jahre/. Zugegriffen: 12. Apr. 2016.

Sozialministerium. 2013a. Bahrs Krankenhauspläne sind Schnellschuss ohne nachhaltige Wirkung, 22. März 2013. http://www.baden-wuerttemberg.de/de/service/presse/pressemitteilung/pid/bahrs-krankenhausplaene-sind-schnellschuss-ohne-nachhaltige-wirkung/. Zugegriffen: 12. Apr. 2016.

Sozialministerium. 2013b. Kabinett beschließt ‚Zukunftsplan Jugend', 12. März 2013. http://www.baden-wuerttemberg.de/de/service/presse/pressemitteilung/pid/kabinett-beschliesst-zukunftsplan-jugend/. Zugegriffen: 12. Apr. 2016.

Sozialministerium. 2014a. Förderung der Schulsozialarbeit als Erfolgsprogramm, 22. Januar 2014. http://www.baden-wuerttemberg.de/de/service/presse/pressemitteilung/pid/foerderung-der-schulsozialarbeit-als-erfolgsprogramm/. Zugegriffen: 12. Apr. 2016.

Sozialministerium.2014b. Landesaktionsplan gegen Gewalt an Frauen vorgestellt, 24. November 2014. https://www.baden-wuerttemberg.de/de/service/presse/pressemitteilung/pid/landesaktionsplan-gegen-gewalt-an-frauen-vorgestellt/. Zugegriffen: 12. Apr. 2016.

Sozialministerium. 2015a. Evaluation bestätigt Erfolg des Landesprogramms für Langzeitarbeitslose, 12. August 2015. https://www.baden-wuerttemberg.de/de/service/presse/pressemitteilung/pid/evaluation-bestaetigt-erfolg-des-landesprogramms-fuer-langzeitarbeitslose-1/. Zugegriffen: 12. Apr. 2016.

Sozialministerium. 2015b. Erster Armut- und Reichtumsbericht Baden-Württemberg. Stuttgart: Sozialministerium.

Sozialministerium. 2015c. Genugtuung über das Urteil des Bundesverfassungsgerichts zum Betreuungsgeld, 21. Juli 2015. http://sozialministerium.baden-wuerttemberg.de/de/service/presse/pressemitteilung/pid/genugtuung-ueber-urteil-des-bundesverfassungsgerichts-zum-betreuungsgeld/. Zugegriffen: 12. Apr. 2016.

Sozialministerium. 2015d. Neues Programm ‚LAurA' zur beruflichen Integration von Flüchtlingen gestartet, 18. Dezember 2015. https://www.baden-wuerttemberg.de/de/service/presse/pressemitteilung/pid/neues-landesprogramm-laura-zur-beruflichen-integration-von-fluechtlingen-gestartet-1/. Zugegriffen: 12. Apr. 2016.

Sozialministerium. 2015e. *Aktionsplan der Landesregierung zur Umsetzung der UN-Behindertenrechtskonvention in Baden-Württemberg.* Stuttgart: Sozialministerium.

Sozialministerium. 2016a. Kabinett beschließt Bundesratsinitiative gegen den Missbrauch von Werkverträgen und Leiharbeit, 16. Februar 2016. http://sozialministerium.baden-wuerttemberg.de/de/service/presse/pressemitteilung/pid/kabinett-beschliesst-bundesratsinitiative-gegen-den-missbrauch-von-werkvertraegen-und-leiharbeit/. Zugegriffen: 12. Apr. 2016.

Sozialministerium. 2016b. Landesprogramm fördert gute und sichere Arbeit. https://sozialministerium.baden-wuerttemberg.de/de/arbeit-soziales/musterland-fuer-gute-arbeit/landesprogramm-gute-und-sichere-arbeit/. Zugegriffen: 12. Apr. 2016.

Sozialministerium. 2016c. Nahezu 73 Mio. Euro für Qualifizierung und Beschäftigung von alleinerziehenden Frauen, benachteiligten Jugendlichen und Langzeitarbeitslosen, 3. Februar 2016. http://sozialministerium.baden-wuerttemberg.de/de/service/presse/pressemitteilung/pid/nahezu-73-mio-euro-fuer-qualifizierung-und-beschaeftigung-von-alleinerziehenden-frauen-benachteili/. Zugegriffen: 12. Apr. 2016.

Sozialministerium. 2016d. Überblick der Förderprogramme und Informationen des Sozialministeriums. http://sozialministerium.baden-wuerttemberg.de/de/arbeit-soziales/integration-von-fluechtlingen/. Zugegriffen: 12. Apr. 2016.

SPD. 2011. *Regierungsprogramm der SPD Baden-Württemberg, 2011–2016.* Stuttgart: SPD BW.

Staatsministerium. 2014. Mehr Geld für Kleinkindbetreuung in den Kommunen, 6. November 2014. https://www.baden-wuerttemberg.de/de/service/presse/pressemitteilung/pid/mehr-geld-fuer-kleinkindbetreuung-in-den-kommunen/. Zugegriffen: 12. Apr. 2016.

Stoy, V. 2016. *Föderale Vielfalt im unitarischen Sozialstaat. Die sozialpolitische Angebotssteuerung der deutschen Länder.* Wiesbaden: Springer VS.

Stuttgarter Nachrichten. 2016. Vorerst keine Gesundheitskarte für Flüchtlinge. Stuttgarter Nachrichten online, 21. Januar 2016. http://www.stuttgarter-nachrichten.de/inhalt.fluechtlinge-in-baden-wuerttemberg-vorerst-keine-gesundheitskarte-fuer-fluechtlinge.8c1476a8-e5aa-4bb5-84e1-737c31d80593.html. Zugegriffen: 12. Apr. 2016.

Stuttgarter Zeitung. 2014. Arbeitgeber haben Gegenvorschlag. Stuttgarter Zeitung online, 28. Juli 2014. http://www.stuttgarter-zeitung.de/inhalt.bildungsurlaub-arbeitgeber-haben-gegenvorschlag.cd7c61fd-f5d8-4086-be30-dbf348a2a55a.html. Zugegriffen: 12. Apr. 2016.

Stuttgarter Zeitung. 2016a. Gewerkschaften: Grün-Rot hat ein offenes Ohr. Stuttgarter Zeitung online, 4. Februar 2016. http://www.stuttgarter-zeitung.de/inhalt.landtagswahl-2016-gewerkschaften-gruen-rot-hat-ein-offenes-ohr.877526ea-305f-4736-8b91-edc644487d75.html. Zugegriffen: 12. Apr. 2016.

Stuttgarter Zeitung. 2016b. Wohnungspolitik bei der Landtagswahl in Stuttgart. Mieterbund fordert Verdopplung der Bauleistung. Stuttgarter Zeitung online, 1. März 2016. http://www.stuttgarter-zeitung.de/inhalt.wohnungspolitik-bei-der-landtagswahl-in-stuttgart-mieterbund-fordert-verdopplung-der-bauleistung.1eb8d153-e9b6-4328-b870-a19ce0817cb8.html. Zugegriffen: 12. Apr. 2016.

Tsebelis, G. 2002. *Veto players. How political istitutions work*. New York: Russell Sage Foundation.

Volkens, A., P. Lehmann, N. Merz, S. Regel, A. Werner, O. P. Lacewell, und H. Schultze. 2013. *The manifesto data collection. Manifesto project (MRG/CMP/MARPOR)*. Berlin: WZB.

Wagschal, U. 2013. Politik nach dem Machtwechsel. Die Regierungstätigkeit von Grün-Rot in Baden-Württemberg. In *Der historische Machtwechsel. Grün-Rot in Baden-Württemberg*, Hrsg. U. Wagschal, U. Eith, und M. Wehner, 247–267. Baden-Baden: Nomos.

Wirtschaftsministerium. 2012. Fachkräfteallianz Baden Württemberg, 21. März 2012. https://www.baden-wuerttemberg.de/de/service/presse/pressemitteilung/pid/fachkraefteallianz-baden-wuerttemberg/. Zugegriffen: 12. Apr. 2016.

Wirtschaftsministerium. 2013. Welcome Center als Anlaufstelle für internationale Fachkräfte, 16. September 2016. https://www.baden-wuerttemberg.de/de/service/presse/pressemitteilung/pid/foerderung-von-welcome-centern-als-anlaufstelle-fuer-internationale-fachkraefte/. Zugegriffen: 12. Apr. 2016.

Wirtschaftsministerium. 2015. Förderprogramm ‚Wohnraum für Flüchtlinge' gestartet, 2. Januar 2015. https://mfw.baden-wuerttemberg.de/de/service/presse-und-oeffentlichkeitsarbeit/pressemitteilung/pid/foerderprogramm-wohnraum-fuer-fluechtlinge-gestartet/. Zugegriffen: 12. Apr. 2016.

Wirtschaftsministerium. 2016a. Punktebasiertes Modellprojekt zur Fachkräftezuwanderung ab Herbst 2016, 26. Februar 2016. https://www.baden-wuerttemberg.de/de/service/presse/pressemitteilung/pid/punktebasiertes-modellprojekt-zur-fachkraeftezuwanderung-ab-herbst-2016-1/. Zugegriffen: 12. Apr. 2016.

Wirtschaftsministerium. 2016b. Maßnahmen für den Wohnungsbau, 22. Februar 2016. https://www.baden-wuerttemberg.de/de/service/presse/pressemitteilung/pid/massnahmen-fuer-den-wohnungsbau-1/. Zugegriffen: 12. Apr. 2016.

Zohlnhöfer, R. 2003. Der Einfluss von Parteien und Institutionen auf die Wirtschafts- und Sozialpolitik. In *Politische Ökonomie. Demokratie und wirtschaftliche Leistungsfähigkeit*, Hrsg. H. Obinger, U. Wagschal, und B. Kittel, 47–80. Opladen: Leske + Budrich.

Über den Autor

Dr. Frank Bandau ist Wissenschaftlicher Mitarbeiter an der Professur für international vergleichende Politikfeldanalyse an der Universität Bamberg. Er beschäftigt sich mit Fragen der Politischen Ökonomie, sein besonderes Interesse gilt dem Einfluss von politischen Parteien auf den Ab- und Umbau der europäischen Sozialstaaten.

Innere Sicherheit und Justiz: Zwischen Großreform und Kontinuität

Helge Staff und Georg Wenzelburger

Zusammenfassung

Die Innen- und Justizpolitik gehört zu den Politikfeldern, in denen die deutschen Bundesländer vergleichsweise großen Handlungsspielraum haben. Vor diesem Hintergrund einer generell großen Gestaltungsmacht untersucht dieser Beitrag, welche Veränderungen die erste grün-rote Landesregierung in der Polizei- und Justizpolitik tatsächlich vorgenommen hat und wie sich das Reformprofil erklären lässt. Unter Rückgriff auf die Parteiendifferenztheorie werden dazu Wahlprogramme und der Koalitionsvertrag ausgewertet, bevor die gesetzgeberische Aktivität der Koalition sowie ihre Ausgaben- und Personalpolitik im Feld der Inneren Sicherheit überblicksartig untersucht wird. Die spezifische Analyse von drei zentralen Reformprojekten – Polizeireform, Neuordnung der Bewährungshilfe und Einführung einer Kennzeichnungspflicht – bestätigt schließlich das Bild eines durch Parteiendifferenz begrenzten Politikwandels zwischen Großreform und Kontinuität.

1 Einleitung

Die Politik der Inneren Sicherheit gehört zu den wenigen Politikfeldern, in denen die Bundesländer großen Handlungsspielraum besitzen, und teilt sich in drei Teilbereiche: Erstens in Kriminalpolitik, die sich vornehmlich mit dem Straf- und

H. Staff (✉) · G. Wenzelburger
Fachbereich Sozialwissenschaften, TU Kaiserslautern, Kaiserslautern, Deutschland
E-Mail: helge.staff@sowi.uni-kl.de

G. Wenzelburger
E-Mail: georg.wenzelburger@sowi.uni-kl.de

© Springer Fachmedien Wiesbaden 2017
F. Hörisch und S. Wurster (Hrsg.), *Das grün-rote Experiment in Baden-Württemberg*, DOI 10.1007/978-3-658-14868-3_5

Strafprozessrecht befasst; zweitens in Polizeipolitik, die sich mit der Organisation und den Kompetenzen der Polizei beschäftigt; und drittens in Justizpolitik, die sich vornehmlich auf die Gerichtsbarkeit und den Strafvollzug bezieht (Endreß 2013, S. 41; Frevel und Groß 2008, S. 67). Die Länderhoheit in Fragen der Inneren Sicherheit liegt vor allem in der Polizeipolitik und weniger in der auf Bundesebene angesiedelten Kriminalpolitik (für einen Überblick: Wenzelburger und Staff 2016), deren Konsequenzen die Länder freilich dennoch spüren, wenn etwa die Zahl der Häftlinge in den auf der Landesebene verwalteten (und finanzierten) Anstalten aufgrund von schärferen Bundesgesetzen steigt. In der Justizpolitik als drittem Teilbereich des Politikfelds Innere Sicherheit teilen sich Länder und Bund die Kompetenzen: Während auch hier das Gros der Entscheidungen auf Bundesebene fällt, haben die Länder seit der Föderalismusreform in spezifischen Bereichen – zum Beispiel beim Strafvollzug – freien Gestaltungsspielraum und nutzen diesen auch aus (Leunig und Pock 2010, S. 168–171). Entsprechend dieser Ausgestaltung der Kompetenzen analysiert unser Beitrag vornehmlich, *welche Veränderungen die erste grün-rote Landesregierung unter Ministerpräsident Winfried Kretschmann in der Politik der Inneren Sicherheit, das heißt vornehmlich in der Polizei- und der Justizpolitik, vorgenommen hat, und wie sich diese Reformen erklären lassen.* Dabei konzentrieren wir uns auf drei große Reformprojekte der Regierung: Die Polizeireform, die Reform der Bewährungshilfe sowie die Debatte um die Kennzeichnungspflicht von Polizisten. Um diese Schwerpunktsetzung in einen größeren Kontext einzuordnen, vergleichen wir zudem einige Aggregatindikatoren des Politikfelds – etwa die Staatsausgaben im Bereich der Inneren Sicherheit, die Personalstärken sowie die Gesetzgebungsaktivität.

Der theoretische Zugriff des Beitrags orientiert sich dabei an der Ausrichtung dieses Bandes, der die grün-rote Regierungszeit in Abgrenzung zu den bisherigen CDU-geführten Regierungen in Baden-Württemberg auffasst (s. Kap. 1). Entsprechend stellt sich aus theoretischer Sicht die Frage, ob die Policies im Bereich der Inneren Sicherheit durch die grün-rote Landesregierung eine spezifische parteipolitische Prägung erfahren haben oder ob sie eher in den eingeschlagenen Pfaden der bisherigen Politik verblieben sind. In Summe legt unsere Analyse nahe, dass die Politik der Inneren Sicherheit von Grün-Rot durch verhältnismäßig große Konstanz im Vergleich zur Vorgängerregierung geprägt ist und nur an wenigen aber neuralgischen Punkten, etwa bei der Polizeireform, eine Abkehr vom bisherigen Policy-Pfad und eine spezifische parteipolitische Ausrichtung der Politik erfolgte. Damit bestätigen wir die Einschätzung der bisherigen Literatur, die ebenfalls nur geringe programmatische Unterschiede zur Vorgängerregierung festgestellt hat (Wagschal 2013, S. 265). Insgesamt scheint das Politikfeld der

Inneren Sicherheit in Baden-Württemberg eher von Konsens denn von Konfrontation geprägt zu sein – ein Befund, der von wenigen Ausnahmen abgesehen (z. B. Polizeireform) auch für die Amtszeit der grün-roten Landesregierung gilt.

Der Beitrag ist wie folgt aufgebaut: Der nächste Abschn. 2 legt die theoretischen und konzeptionellen Grundlagen für eine systematische Analyse der Politik der Inneren Sicherheit unter der Regierung Kretschmann. In Anlehnung an die Forschungsfrage, welche die Policy-Unterschiede zwischen Grün-Rot und den Vorgängerregierungen in den Blick nimmt, diskutieren wir, welche Politik-Unterschiede zwischen den Regierungen aus theoretischer Sicht zu erwarten wären. Unser Ausgangspunkt ist dabei der Parteienwettbewerb und die daraus resultierenden programmatischen Unterschiede zwischen den Parteien, aus denen wir drei Dimensionen – die der Produktion, der Repression und der Organisation – ableiten, in denen parteipolitische Unterschiede aus theoretischer Sicht zutage treten sollten. In der anschließenden Analyse (Abschn. 3) der Wahlprogramme und des Koalitionsvertrags der grün-roten Regierung arbeiten wir heraus, welche zentralen Reformprojekte sich die Regierung Kretschmann für die Legislaturperiode in den drei Dimensionen vorgenommen hat. In Abschn. 4 untersuchen wir anhand von drei politischen Projekten sodann das tatsächliche Reformprofil der Regierung, bevor wir im fünften Teil ein Fazit ziehen und die Ergebnisse vor dem Hintergrund der Ausgangsfrage nach den Erklärungen des Reformprofils diskutieren.

2 Theorie: Innere Sicherheit zwischen Produktion, Repression und Organisation

Um die Frage nach der Erklärung von Unterschieden in der Politik der Inneren Sicherheit zwischen der grün-roten Landesregierung und ihren CDU-geführten Vorgängerregierungen zu beantworten, ist es in einem ersten Schritt notwendig zu klären, welche Policy-Veränderungen aus theoretischer Sicht zu erwarten sind. Wir unterscheiden dabei zwischen drei zentralen theoretischen Perspektiven: 1) der Parteiendifferenztheorie (etwa: Schmidt 1996), die eine starke Beeinflussung der Policies durch parteipolitische Unterschiede annimmt; 2) der Vetospielertheorie (Tsebelis 2002), die argumentiert, dass institutionelle Charakteristika die Durchsetzung von parteipolitischen Präferenzen bei der Formulierung von Policies hemmen; und 3) der Theorie der Pfadabhängigkeit (Beyer 2015; Pierson 2004), die, vereinfacht gesprochen, von nur inkrementellen Policy-Veränderungen ausgeht.

Der Parteienwettbewerb in den deutschen Ländern spielt sich auf zwei zentralen ideologischen Dimensionen ab: Auf einer gesellschaftspolitischen Dimension,
die progressive von eher konservativen Parteien unterscheidet; und auf einer wirtschaftspolitischen Dimension, die sich über die traditionelle Links-rechts-Achse
approximieren lässt (Bräuninger und Debus 2012). Beide Dimensionen sind auch
für die Politik der Inneren Sicherheit relevant – jedoch auf jeweils spezifische
Weise. Der kriminologischen und jüngeren politikwissenschaftlichen Literatur
folgend unterscheiden sich Parteien hinsichtlich der Politik der Inneren Sicherheit
vorwiegend durch ihre Positionierung auf der gesellschaftspolitischen Achse, die
liberale von repressiver Programmatik unterscheidet (Wenzelburger 2015a, b). In
Deutschland verkörpern die CSU, die CDU und in der Tendenz auch die SPD die
repressivere Seite, während Grüne und FDP für eine liberalere Programmatik stehen. Inhaltlich zeigen sich die parteipolitischen Unterschiede hier etwa mit Blick
auf die Härte von Strafen in der Kriminalpolitik oder die Stärke und Präsenz
sowie die Befugnisse der Polizei in der Polizeipolitik. Daneben bildet sich auch
die Links-rechts-Achse in der Politik der Inneren Sicherheit ab, jedoch weniger
mit Blick auf die Repressivität, sondern eher im Hinblick auf die Frage, ob der
Staat oder der Markt für die Produktion von Sicherheit verantwortlich sind. Während wirtschaftspolitisch „rechte" Parteien eine stärkere Einbeziehung des Marktes wünschen, stehen wirtschaftspolitisch „linke" Parteien für den starken Staat
und sehen damit die Produktion von Sicherheit als Kernaufgabe des Staates.[1]

Für das Land Baden-Württemberg lässt sich schließlich mit einer regionalen Dimension eine dritte Wettbewerbsachse ausmachen, die insbesondere die
CDU von den anderen Parteien unterscheidet. Für Weber (2010, S. 118) liegt
das Erfolgsgeheimnis der baden-württembergischen CDU in ihrem „Charakter
als landesweites Bündnis ganz unterschiedlicher ,Regionalparteien'". In der Tat
ist die CDU stark regional strukturiert und die vier alten Landesverbände (Nord-
Württemberg, Württemberg-Hohenzollern, Nordbaden, Südbaden) haben „als
Bezirksverbände innerhalb der baden-württembergischen CDU eine große Bedeutung bei der inhaltlichen und personellen Ausrichtung der Partei" (Weber 2010,
S. 114). Im Bereich der Inneren Sicherheit illustriert etwa die ehemalige Struktur der Landespolizei, die bis zur Polizeireform in 37 Polizeipräsidien und Polizeidirektionen – eine in jedem Stadt- oder Landkreis – gegliedert war, dass die

---

[1]Eine weitere Möglichkeit der Bereitstellung von Sicherheit betrifft die Einbeziehung
gesellschaftlicher Akteure, etwa bei der Schaffung von Bürgerwehren, oder – im Fall von
Baden-Württemberg – der Einbeziehung Ehrenamtlicher in die Bewährungshilfe oder den
freiwilligen Polizeidienst.

CDU-geführten Landesregierungen den Erhalt von Leitungsstrukturen in der Fläche garantierten. Daneben zeigt sich auch in Wahlergebnissen die starke regionale Verwurzelung insbesondere in der Stärke der CDU in den ländlichen Gebieten Baden-Württembergs, während die SPD und die Grünen in den Städten dominieren (Wehner 2013, S. 129–133). Entsprechend wäre aus theoretischer Sicht zu erwarten, dass eine CDU-geführte Landesregierung an der relativ kleinteiligen Organisation der Polizei mit sehr dezentralen Leitungsstrukturen nicht rütteln dürfte, da die starken regionalen Interessen innerhalb der Partei durch Bezirksverbände und Landräte einer Benachteiligung einzelner Landkreise entgegenstünden. Der Wechsel der Landesregierung zu Grün-Rot öffnet an dieser Stelle ein Gelegenheitsfenster für Policy-Wandel im Bereich der Organisation der Polizei, da weniger die regionalen Interessen der Landkreise als vielmehr die städtischen Interessen in den Regierungsparteien vertreten sind (z. B. über grüne Oberbürgermeister in größeren Städten).

Tab. 1 fasst die theoretischen Überlegungen zu parteipolitischen Unterschieden mit Blick auf die Programmatik zur Inneren Sicherheit zusammen. Es wird deutlich, dass die grün-rote Landesregierung in zwei der drei Dimensionen eine der Vorgänger-Regierung aus CDU und FDP entgegengesetzte Präferenz aufweist: Aus theoretischer Sicht wäre zu erwarten, dass die Regierung Kretschmann im Bereich der Produktion von Sicherheit eher auf staatliche denn auf private Lösungen setzt, während sie im Hinblick auf die Organisation eine deutlich weniger ausgeprägte Präferenz für den Erhalt einer stark dezentralen Struktur aufweist als die CDU. Im Gegensatz dazu liegt die Dimension der Repression quer zur Regierungskonstellation: Hier stehen CDU und SPD für eine eher repressive Politik während Grüne und FDP eine eher liberale Programmatik vertreten.

An dieser letzten, inkongruenten Konstellation der programmatischen Differenzen in der grün-roten Landesregierung lässt sich ein zentraler Aspekt der Vetospielertheorie (Tsebelis 1995, 2002) verdeutlichen. Dieser Theorieansatz argumentiert, dass die Tendenz zum Status Quo umso stärker ausfällt, je weiter

Tab. 1 Theoretische Einordnung der Parteipositionen zur Inneren Sicherheit

Wettbewerbsdimension	CDU	Grüne	SPD	FDP
Repression: Repressiv vs. liberal	Repressiv	Liberal	Eher repressiv	Liberal
Produktion: Staat vs. Markt	Markt	Eher Staat	Staat	Markt
Organisation: Dezentralität vs. Zentralität	Dezentral	Zentral	Zentral	–

die ideologischen Idealpunkte der zur Zustimmung benötigten Akteure auf einer ideologischen Achse auseinander liegen (Kongruenz der Vetospieler).[2] Mit Blick auf Tab. 1 lässt sich damit eine klare Aussage zur Wahrscheinlichkeit und zum Ausmaß des Politikwandels ableiten: Während eine substanzielle Politikveränderung in der Organisation von Innerer Sicherheit vergleichsweise wahrscheinlich ist, ist nicht zu erwarten, dass sich die Politik in der Dimension der Repression stark verändert, da hier Grüne und SPD unterschiedliche ideologische Präferenzen aufweisen. In der Produktionsdimension wiederum sind Reformen in Richtung einer stärkeren Betonung des Staates durchaus wahrscheinlich, allerdings dürften hier eher die SPD als die Grünen die treibende Kraft sein.

Während die Parteiendifferenztheorie in Kombination mit der Vetospielertheorie durchaus Möglichkeiten für Policy-Wandel sieht, nimmt die Theorie der Pfadabhängigkeit eine völlig konträre Sichtweise auf den Umfang und die Wahrscheinlichkeit von Policy-Veränderungen ein. Sie erwartet, dass amtierende Regierungen durch Entscheidungen ihrer Vorgängerregierungen in ihrem Handlungsspielraum stark begrenzt sind, was auf unterschiedlichen Mechanismen basieren kann (Beyer 2005, 2015). In der Regel bedarf es eines externen Ereignisses, um größere Policy-Veränderungen hervorzurufen – ansonsten erwartet die Theorie hauptsächlich inkrementellen Wandel (aber: Hacker 2004; Streeck und Thelen 2005). Für die zugrunde liegende Fragestellung bedeutet die theoretische Perspektive der Pfadabhängigkeit, dass in allen drei Dimensionen der Inneren Sicherheitspolitik eher Kontinuität denn radikaler Policy-Wandel zu vermuten ist – es sei denn, große einschneidende externe Ereignisse bewirken eine Abkehr von eingeschlagenen Policy-Pfaden.

---

[2]Die beiden weiteren zentralen Kriterien – die der Zahl der Vetospieler und die der Kohäsion – werden hier nicht weiter betrachtet. Während die Zahl der Vetospieler im Fall Baden-Württembergs stark begrenzt ist (es sind im Kern nur die beiden Regierungsparteien mit ihren Fraktionen im Landtag) und nicht im Beobachtungszeitraum variiert, lässt sich die Kohäsion der Vetospieler in unserem Fallbeispiel nur sehr schwierig bestimmen (Ganghof und Schulze 2015, S. 117).

3   Innere Sicherheit auf dem Papier: Die Parteien im Wahlkampf 2011 und der grün-rote Koalitionsvertrag

Im Wahlkampf zur Landtagswahl 2011, der von den Großthemen „Stuttgart 21" und Atomkraft dominiert wurde, spielte das Thema Innere Sicherheit keine bedeutende Rolle (Roth 2013, S. 21, 24). Allenfalls im Zusammenhang mit der Demonstration gegen Stuttgart 21 am „schwarzen Donnerstag" wurden Fragen der Inneren Sicherheit diskutiert, wobei mehr die Frage der politischen Steuerung des Polizeieinsatzes durch die Landesregierung als die grundsätzliche Ausrichtung der Politik der Inneren Sicherheit diskutiert wurden.

Dennoch zeigen sich in der Analyse der Wahlprogramme klare Unterschiede zwischen den Parteien, die sich gut in den drei Dimensionen der Repression, Produktion und Organisation abbilden lassen. Im *Bereich der Repression* betont insbesondere die CDU (2011) ihre repressive Position im Zusammenhang mit Kriminalität: So werden im Wahlprogramm der Union beispielsweise die Themen Ausländerkriminalität, Verschärfung des Jugendstrafrechts oder Terrorismusbekämpfung und Vorratsdatenspeicherung angesprochen, ohne dass das Land an dieser Stelle (außer über eine Bundesratsinitiative) direkt gesetzgeberisch zuständig wäre. Hier geht es der Union sichtlich darum, die Dimension der Repression thematisch zu besetzen. Die Wahlprogramme der Grünen (2011) und der FDP (2011) hingegen nehmen bzgl. der Repressivität die konträre Position zur CDU ein, wobei beide Parteien den Bezug zu den Grundrechten herstellen und sich als Verteidiger der Freiheitsrechte darstellen. Die SPD (2011) hingegen positioniert sich im Bereich der Repression eher zurückhaltend und fordert insbesondere eine Kennzeichnung von Polizisten bei Demonstrationen und Großveranstaltungen – eine Forderung, die auch im Programm der Grünen und der FDP auftaucht. In der *Dimension der Produktion,* die sich mit der Unterscheidung zwischen staatlicher und privater Bereitstellung von Sicherheit befasst, treten ebenfalls deutliche Unterschiede zwischen den Wahlprogrammen hervor. Während Grüne und SPD die Hoheit im Bereich der öffentlichen Sicherheit klar beim Staat sehen („Sicherheit bleibt öffentliche Aufgabe" [SPD 2011, S. 100]) und sich gegen Privatisierungen im Strafvollzug und bei der Gerichtshilfe wenden (Stopp des „Trends zur Beschäftigung kommunaler Ordnungsdienste und privater Sicherheitsfirmen" [Grüne 2011, S. 200]), fordert die CDU eine stärkere Vernetzung von Zivilgesellschaft und Polizei sowie mehr (private) Zugbegleiter im Nahverkehr. Die FDP geht sogar noch einen Schritt weiter und fordert, verstärkt Private-Public-Partnership-Modelle einzusetzen und weitere Privatisierungen von

Justizvollzugsanstalten zu prüfen. In der *Dimension der Organisation* zeigen sich hingegen nur sehr geringe parteipolitische Unterschiede. Zwar diskutieren insbesondere die Grünen die Notwendigkeit, die Organisation der Polizei zu verändern und fordern die Anzahl der Polizeidirektionen zu überprüfen sowie die Führungsebenen bei den Landespolizeibehörden zu bündeln. Allerdings verbinden sie dies mit der Aussage, dadurch die Polizeipräsenz in der Fläche zu stärken. Ähnlich argumentiert auch die FDP und fordert, dass die Polizei von Aufgaben entlastet wird, für die keine polizeiliche Ausbildung notwendig ist. Ohne Bezug zu Reformen der Organisation will die SPD laut ihres Programms die Polizeipräsenz in der Fläche verbessern und Postenschließungen rückgängig machen. Gleichermaßen verspricht auch die CDU, durch vorgezogene Neueinstellungen mehr Stellen in Polizei und Justiz zu schaffen. Angesichts der politischen Brisanz von Fragen der regionalen Umverteilung verwundert es einerseits nicht, dass sich keine der Parteien im Wahlprogramm hierzu klar äußert. Andererseits weisen zumindest die vorsichtigen Andeutungen aus dem Programm der Grünen darauf hin, dass eine Organisationsreform nicht auszuschließen ist. Zusammenfassend zeigen sich in den Wahlprogrammen neben den markanten Unterschieden im Bereich der Repression, die jedoch häufig nicht landesgesetzlich umzusetzen sind, daher insbesondere klare Divergenzen zwischen den Parteien bei der Frage der Produktion von Sicherheit. Hier stehen Grüne und SPD mit einem Vorrang für staatliche Lösungen der Position der FDP und der CDU gegenüber, die klar eine Stärkung des Marktes befürworten. Die Dimension der Organisation wird hingegen von allen Parteien nur sehr vage angedeutet, einzig die Grünen werden ein wenig konkreter – ohne jedoch das Thema der regionalen Umverteilung zu konkretisieren.

Der Koalitionsvertrag zwischen Grünen und der SPD fokussiert – angesichts der Wahlprogramme nicht überraschend – insbesondere auf die *Dimension der Produktion*. An vielen Stellen kündigt die neue Regierung an, die Hoheit des Staates über die Sicherheit herzustellen und Privatisierungsprozesse rückgängig zu machen: Dies gilt für die Justizvollzugsanstalt Offenburg, die kritische Prüfung der Privatisierung der Bewährungshilfe sowie eine Absage an Privatisierungsvorschläge im Bereich des Strafvollzugs und des Gerichtsvollzieherwesens. Daneben wird im Koalitionsvertrag erstmals konkreter die Frage der *Organisation* der Polizei angesprochen, in dem eine „ergebnisoffene" Überprüfung der Polizeistrukturen angekündigt wird – mit dem Ziel die Basisdienststellen zu stärken. Schließlich nimmt der Koalitionsvertrag an einigen Stellen Fragen der *Repression* auf, insbesondere mit Blick auf die Kennzeichnungspflicht von Polizisten, deren Einführung angekündigt wird. Daneben nimmt der Koalitionsvertrag Bezug zur Sicherungsverwahrung (Notwendigkeit von Unterbringungsmöglichkeiten) sowie zur Jugendkriminalität mit einer stärkeren Betonung präventiver Arbeit („Mehr ‚Häuser des Jugendrechts'" [Grüne und SPD 2011, S. 63]).

Welche Schlüsse lassen sich aus den Wahlprogrammen der vier im Landtag vertretenen Parteien und dem Koalitionsvertrag von Grün-Rot für die Analyse der Politik der Inneren Sicherheit ziehen? Zunächst zeigt sich, dass die Dimension der Repression zwar in den Wahlprogrammen, insbesondere von der Union, stark betont wird. Im Koalitionsvertrag findet diese Dimension sich jedoch mangels landesgesetzlicher Spielräume im Bereich der Kriminalpolitik kaum wieder. Stattdessen fokussiert der Koalitionsvertrag auf eine Vielzahl von Einzelmaßnahmen, welche die Frage der Produktion von Sicherheit betreffen. Dies steht im Einklang mit den großen Unterschieden zwischen CDU und FDP auf der einen und Grünen und SPD auf der anderen Seite mit Blick auf die Rolle von Staat und Markt bei der Herstellung von Sicherheit. Die Frage der Organisation von Sicherheit und einer Umgestaltung der Polizei unter Einbeziehung regionaler Aspekte wird im Koalitionsvertrag deutlich prominenter genannt als noch in den Wahlprogrammen, was mit der politischen Brisanz von Fragen regionaler Umverteilung zu erklären ist, die vor den Wahlen wahrscheinlich keine Partei (außer, etwas vage, die Grünen) thematisieren wollte.

4   Innere Sicherheit in der Praxis: Die zentralen Policy-Veränderungen unter Grün-Rot

4.1   Ein erster Überblick über die Innen- und Justizpolitik unter Grün-Rot

Bevor im nächsten Abschnitt auf jeweils eine große Reformdebatte in einer der Dimensionen Repression, Produktion und Organisation im Detail eingegangen wird, stellen wir in diesem ersten Abschnitt knapp die übergreifende Entwicklung im Bereich der Innen- und Justizpolitik unter Grün-Rot vor. Dabei greifen wir auf drei Aggregatmaße zurück: Die Ausgaben im Bereich der Innen- und Justizpolitik auf Basis der Landeshaushalte, die Personalstände sowie die Anzahl der Gesetze.

Im letzten von Ministerpräsident Mappus zu verantwortenden *Landeshaushalt,* dem dritten Nachtragshaushalt 2011, wurden die Ausgaben des Innenministeriums mit ca. 2,4 Mrd. EUR und des Justizministeriums mit ca. 1,4 Mrd. EUR angesetzt. Diese erhöhten sich mit dem vierten Nachtragshaushalt 2011, unterzeichnet von Ministerpräsident Kretschmann nur leicht. Am Ende der Wahlperiode finden sich aber im Nachtragshaushalt für 2016 deutliche Ausgabenerhöhungen in beiden Ministerien mit ca. 2,7 bzw. 1,6 Mrd. EUR. Diese Zahlen beschreiben keine radikale aber doch merkliche Steigerung der Ausgaben, die sich langsam aber stetig über die verschiedenen Haushaltspläne der grün-roten Koalition entwickelt hat. Die Ausgabensteigerung lässt sich nicht ausschließlich mit der Umsetzung der Polizeireform erklären, da sie bereits im Haushalt 2012 und somit deutlich vor der Reform-Umsetzung beginnt. Dennoch sind die Zuwächse klar dem Feld der Inneren Sicherheit zu zuordnen, da die Ausgaben vor allem in den Einzelkapiteln steigen, die die Innere Sicherheit betreffen (u. a. Landespolizei, Landesamt für Verfassungsschutz oder Justizvollzugsanstalten) (vgl. Abb. 1). Zur Beurteilung der Ausgabensteigerungen in den für uns relevanten Bereichen und Ministerien ist aber auch die Entwicklung des Gesamthaushaltes von Baden-Württemberg heranzuziehen, der sich unter der grün-roten Regierung von ca. 36 Mrd. EUR in 2011 auf ca. 46 Mrd. EUR in 2016 deutlich gesteigert hat. Die Ausgabensteigerungen im Feld der Inneren Sicherheit sind also Teil eines Gesamtwachstums des Landeshaushaltes und verhalten sich zu diesem unterproportional.

Im Hinblick auf die *personelle Ausstattung* von Polizei- und Justizbehörden sind die Änderungen durch die grün-rote Regierung zwar eher gering, jedoch angesichts der Schwierigkeit, Personalstärken kurzfristig zu verändern, durchaus nennenswert. Grundsätzlich ist ab dem Jahr 2005 ein leichter Rückgang des Personals bei der Polizei zu beobachten, der sich 2007 abschwächt und dann in einen geringfügigen Anstieg mündet, der sich ab 2011 – dem Jahr der Regierungsübernahme – leicht verstärkt (vgl. Abb. 2). Von besonderem Interesse sind daneben die personalpolitischen Reaktionen der grün-roten Koalition auf externe

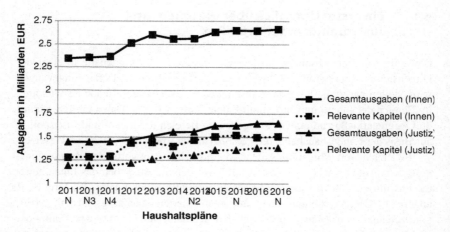

Abb. 1 Ausgaben des Innen- und Justizressorts, 2011–2016. (*Anmerkung:* Relevante Kapitel der Einzelpläne 03 (Innen): 314–321, sowie ab 2014 N2; 335–346; Relevante Kapitel der Einzelpläne 05 (Justiz): 501–503, 508; N – Nachtragshaushalt. Quelle: Eigene Darstellung auf Basis der Haushaltspläne des Landes Baden-Württemberg)

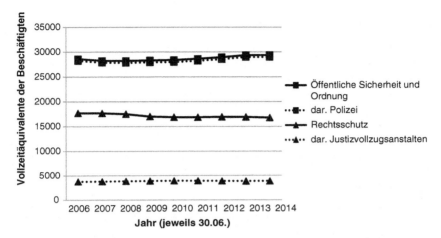

Abb. 2 Personalstärken im Innen- und Justizbereich, 2006–2014. (*Anmerkung:* Vollzeitäquivalente der Beschäftigten am 30.06. nach Beschäftigungsbereichen, Aufgabenbereichen und Ländern. Quelle: Statistisches Bundesamt, Fachserie 14/6 2006–2014, Tab. 4.3)

Ereignisse in der Innen- und Justizpolitik. Anfang des Jahres 2015 verkündete die Landesregierung in Reaktion auf die Anschläge in Paris im Januar und den rasanten Anstieg von Wohnungseinbrüchen in Baden-Württemberg zwei „Sicherheitspakete", die vor allen Dingen einen personellen Zuwachs der Polizei und Justiz bedeuteten. Das erste Paket versprach eine Aufstockung der Polizei im Bereich Terrorismusbekämpfung um 105 Stellen, sowie elf neue Stellen in der Justiz und 15 beim Landesamt für Verfassungsschutz (Landesregierung 2015c). Mit dem zweiten Paket beschloss die Regierung, ab 2017 den Polizeivollzugsdienst stufenweise um 226 Stellen aufzustocken, wofür auch eine Ausbildungsoffensive mit 100 zusätzlichen Ausbildungsplätzen in 2016 verabschiedet wurde (Landesregierung 2015a).[3]

Vergleicht man die *Gesetzgebung* in der 15. Wahlperiode mit den Vorperioden, so finden sich in 25 von 160 Gesetzgebungsbeschlüssen des baden-württembergischen Landtags (Stand 01. März 2016) Bezüge zur Inneren Sicherheit bzw. zur

---

[3]Ein drittes „Sicherheitspaket" in Folge der Anschläge in Paris am 13. November 2015 zielte vor allen Dingen auf die Modernisierung und Anschaffung von Ausrüstung und Bewaffnung für die Polizei, schuf aber auch 19 neue Stellen beim Landeskriminalamt, 30 beim Landesamt für Verfassungsschutz und 15 in der Justiz (Innenministerium 2015).

Justizpolitik. Im Vergleich zur Vorgängerregierung sind dies sieben zusätzliche erfolgreiche Gesetzgebungsakte in diesem Politikfeld. Zwölf der Beschlüsse der 15. Wahlperiode sind dabei auf Vorgaben des Bundesgesetzgebers bzw. gerichtlicher Instanzen zurückzuführen, wodurch die Anzahl von Gesetzen, welche auf das eigenständige politische Betreiben der Landesregierung oder anderer landespolitischer Akteure zurückgeht, auf 13 begrenzt bleibt. Auch in den beiden vorhergegangen Wahlperioden, in denen bei insgesamt geringeren Zahlen jeweils mehr als die Hälfte der Gesetzesbeschlüsse der Innen- und Justizpolitik mit Verweis auf externe Faktoren beschlossen wurden, findet sich dieser Zusammenhang. Mit Blick auf das Abstimmungsverhalten der im 15. Landtag vertretenen Fraktionen zeigt sich ein interessantes Bild: 22 der 25 Gesetze wurden einstimmig von allen vier im Landtag vertretenen Fraktionen verabschiedet. Darunter fallen u. a. die Stärkung der parlamentarischen Kontrolle des Verfassungsschutzes, die Neuregelung des Jugendarrestes in Folge der Föderalismusreform sowie die Ausweitung der Mitbestimmungsrechte von Richtern und Staatsanwälten. Bemerkenswert ist hier vor allen Dingen, dass die CDU die dezidiert pädagogische Ausgestaltung des Jugendarrests nicht zur Profilierung auf der Repressionsdimension nutzte. In zwei Fällen (Wegfall der Zinsen bei Hinterlegung der Schuld eines Gläubigers beim Land und Verschärfung des nächtlichen Alkoholverkaufsverbots) stimmte die FDP gegen den Gesetzesantrag. In nur einem Fall – dem der Polizeireform – stimmte die Opposition geschlossen gegen die grün-rote Mehrheit. Inwieweit dies auf einen allgemein ausgeprägten (Wehling 2004, S. 23) oder politikfeldspezifischen parteipolitischen Konsens in Baden-Württemberg, die beschränkten gesetzgeberischen Befugnisse der Länder in diesem Feld oder die Nichtbehandlung von strittigen Themen in der Form von erfolgreichen Gesetzgebungsbeschlüssen zurückzuführen ist, bleibt an dieser Stelle offen.

4.2   Analyse ausgewählter politischer Fragen und Gesetzgebungsprojekte

Nach der eher überblicksartigen Auseinandersetzung mit der Staatstätigkeit der grün-roten Landesregierung anhand hoch-aggregierter Indikatoren im vorherigen Abschnitt, aus dem sich eher ein Bild inkrementeller Politikveränderung ergibt, sollen nun drei Einzelaspekte in den Blick genommen werden, um die Tiefe des Policy-Wandels genauer zu erfassen. Sie dienen der Illustration parteipolitischer Unterschiede in den oben skizzierten Dimensionen der Politik Innerer Sicherheit, stehen aber auch für drei der wichtigen Themen, die die Innen- und Justizpolitik Baden-Württembergs in der 15. Wahlperiode geprägt haben.

4.2.1 Produktion von Sicherheit: Bewährungshilfe

Trotz der Ankündigungen einer „autonomen Justiz" im Koalitionsvertrag (Grüne und SPD 2011, S. 62) nahm die grün-rote Landesregierung keine größeren Umwälzungen in der Justizpolitik vor. Die wichtigsten Veränderungen betrafen die Produktionsdimension von Sicherheit: Die Regierung nahm dabei nicht nur die Privatisierung der JVA Offenburg zurück, sondern beschloss, vor allem auch die Aufgaben der Bewährungs- und Gerichtshilfe sowie des Täter-Opfer-Ausgleichs zurück in staatliche Hände zu führen. Damit nahm die Regierung Kretschmann einen zentralen Teil der grundsätzlichen Reform der Bewährungshilfe unter den schwarz-gelben Vorgängerregierungen zurück. 2003 hatte noch die Regierung Teufel den Beschluss gefasst, die Übertragung der Bewährungshilfe in private Hände in einem Pilotprojekt zu testen. Nach einer europaweiten Ausschreibung führte die gemeinnützige GmbH NEUSTART 2005–2006 und begrenzt auf Stuttgart und Tübingen die vormals staatlichen Aufgaben aus, die ihr vom Land mittels einer Beleihung übertragen waren (Justizministerium 2014a, S. 26, 28). Die Dienstleistungen der Landesbeschäftigten wurden dabei vom Land dem freien Träger überlassen, der ein fachliches Weisungsrecht auch bzgl. der Landesmitarbeiter erhielt (Justizministerium 2014a, S. 28, 29). Mit dem 1. Januar 2007 wurde dieses Konzept auf das gesamte Land Baden-Württemberg ausgeweitet und europaweit ausgeschrieben, wobei NEUSTART erneut den Zuschlag erhielt (Justizministerium 2014a, S. 28, 29).

Im Wahlkampf 2011 aber lehnten Grüne und SPD sowohl eine Übertragung von Aufgaben im Bereich der Inneren Sicherheit und der Justiz auf Private (SPD 2011, S. 100) generell ab als auch die spezifische Privatisierung der Bewährungs- und Gerichtshilfe (Grüne 2011, S. 208). Aus dieser gemeinsamen negativen Haltung bzgl. der Übertragung auf einen freien Träger folgte eine diesbezügliche Ankündigung im Koalitionsvertrag (Grüne und SPD 2011, S. 62):

> Die Übertragung der Aufgaben der Gerichts- und Bewährungshilfe auf einen freien Träger werden wir umfassend und kritisch evaluieren. Die Evaluierung umfasst die Durchleuchtung des mit der Neustart GmbH abgeschlossenen Vertrages auf Kündigungs- bzw. Optimierungsmöglichkeiten.

Das Ergebnis der Evaluation, durchgeführt vom Justizministerium unter Einbeziehung von Experten aus der Wissenschaft, entsprach aber in keiner Weise der zuvor geäußerten Kritik. Denn die Evaluation fasste mit Blick auf den vorherigen Status einer staatlichen Bewährungshilfe zusammen: „Heute werden erheblich mehr Mitarbeiter beschäftigt, als dies innerhalb der Justizverwaltung möglich war. Die laufenden Kosten haben sich dennoch nicht erhöht. Das zeigt, dass das

System effizienter arbeitet als zuvor" (Justizministerium 2014a, S. 1). Nach der erfolgten Evaluation kündigte Justizminister Stickelberger (SPD) für den Herbst eine Entscheidung über die neue Struktur der Bewährungshilfe angesichts des Ende 2016 ablaufenden Vertrages mit NEUSTART an und führte aus: „Neben der freien Trägerschaft seien etwa die Errichtung einer eigenständigen Behörde, einer Anstalt des öffentlichen Rechts oder auch eine vom Land getragene privatrechtliche Organisationsform denkbar" (Justizministerium 2014b). Zu einer letztendlichen Entscheidung kam es jedoch nicht, da am 27. November 2014 das abschließende Urteil des Bundesverwaltungsgericht bzgl. eines bereits seit 2007 andauernden Rechtsstreits zwischen dem Land und eines in der Bewährungshilfe tätigen Beamten über die Rechtmäßigkeit der Weisungsbefugnis durch einen privaten Träger erfolgte. Das Gericht griff dabei weit über den Einzelfall hinaus das gesamte Konstrukt der Übertragung, so wie es im Änderungsgesetz vom 11.12.2007 und im Vertrag mit NEUSTART vorgesehen war, als ein „in mehrfacher Hinsicht ,imperfektes' Regelungsgefüge" an. Gleichzeitig ließ das Gericht der Landesregierung bis Ende 2016 Zeit, den so festgestellten rechtswidrigen Status zu beenden (BVerwG 2 C 24.13:20). Durch die erst im März 2015 erfolgte schriftliche Begründung des Urteils zog sich die Diskussion bzgl. der zu treffenden landespolitischen Entscheidungen weiter hin. Während die SPD nun klar eine staatliche Lösung bevorzugte und entsprechende Beschlüsse der Landtagsfraktion fasste, prüften die Grüne die Schaffung einer Landesgesellschaft mit privaten Minderheitsanteilen (Stuttgarter-Nachrichten 2015). Am 27. Juli 2015 gab die Landesregierung schließlich den Beschluss des Kabinetts bekannt, die Bewährungs- und Gerichtshilfe sowie den Täter-Opfer-Ausgleich in staatliche Hände zurückzuführen, ohne dabei eine genaue Festlegung bzgl. der zukünftigen Form zu machen (Landesregierung 2015b).

Die politischen Positionen der Parteien waren im Diskurs über die Bewährungshilfe klar verteilt und deutlich beeinflusst durch die jeweilige weltanschauliche Ausrichtung sowie durch die wechselnden Rollen von Regierung und Opposition: Die stärksten Befürworter der Übertragung fanden sich daher folgerichtig in der marktliberalen FDP, die mit Ulrich Goll den Justizminister zur Zeit der Übertragung stellte. Er verteidigte seine damalige Politik im Landtag mit Verweis auf die vorbildliche Arbeit von NEUSTART (Landtag 2012, S. 1297) und warnte vor den organisatorischen und finanziellen Belastungen einer Rückführung in staatliche Hände (Landtag 2014, S. 6909). Wie die CDU (Landtag 2015a, S. 7169) bewertete er (vor Bekanntgabe der schriftlichen Urteilsbegründung) eine gerichtskonforme Änderung des Übertragungskonzepts als realisierbar (Landtag 2015a, S. 7168) und forderte, das Urteil nicht als „Vorwand für eine rechtspolitische Entscheidung zu nehmen" (Landtag 2015a, S. 7174). Insgesamt trat die CDU-Fraktion im Landtag zwar klar aber weniger leidenschaftlich für die Übertragung der Bewährungshilfe auf einen freien Träger ein. Die wenigen Debatten mit inhaltlichem Bezug zur Bewährungshilfe weisen aber auch die Positionsunterschiede auf, die sich im oben geschilderten Prozess der Entschlussfindung der grün-roten Landesregierung widerspiegeln. Die SPD gab sich bereits vor der Evaluation strikter in ihrer Ablehnung einer privaten Lösung (Landtag 2012, S. 1296), betonte insbesondere die Rechte der Mitarbeiter (Landtag 2012, S. 1296; Landtag 2015a, S. 7172), warf dann angesichts des Urteils des Bundesverwaltungsgerichts der Vorgängerregierung rechtspolitisches Versagen vor (Landtag 2014, S. 6906) und fragte offen: „Warum müssen wir etwas ausschreiben, wenn wir es selbst qualitativ genauso hinbekommen" (Landtag 2015a, S. 7173)? Die Redebeiträge des Abgeordneten der Grünen, Jürgen Filius, dokumentieren hingegen eine etwas vorsichtigere Haltung des großen Koalitionspartners. Die positive Evaluation wurde akzeptiert, wobei vor allen Dingen auf die neue Struktur und weniger auf den freien Träger gezielt wurde (Landtag 2014, S. 6904; Landtag 2015a, S. 7170). Gleichzeitig wurden die ehrenamtlichen Helfer für unverzichtbar erklärt (Landtag 2015a, S. 7170). Insgesamt übten die Grünen auch mit Blick auf die Entscheidung des Bundesverwaltungsgerichts weniger Fundamentalkritik als ihr Koalitionspartner: „Die Frage der Struktur, ob in staatlicher oder in freier Trägerschaft, muss im Lichte der Entscheidung bewertet werden" (Landtag 2015a, S. 7171).

4.2.2 Organisation von Sicherheit: Polizeireform

Dass die 15. Wahlperiode in der Innenpolitik vor allen Dingen durch eine grundlegende Reform der Landespolizei und damit durch die organisatorische Dimension und die Frage der regionalen Präsenz der Polizei geprägt sein würde, war im Vorfeld nur eingeschränkt erkennbar (s. o.). Im SPD-Wahlprogramm 2011 wurde zwar die schlechte personelle Ausstattung der Polizei beklagt, eine Reform der Strukturen aber nicht erwähnt (SPD 2011, S. 98). Das Wahlprogramm der Grünen (Grüne 2011, S. 201) hingegen führte mit Bezug zu einer schwindenden Polizeipräsenz aus:

> Im Gegenzug wollen wir die Führungsebenen bei den Landespolizeibehörden straffen und bündeln. Wir werden überprüfen, wie viele Polizeidirektionen in den Stadt- und Landkreisen für eine effektive Polizeiarbeit notwendig sind. Wir streben durch Bündelung von Aufgaben Synergieeffekte an, die eine Voraussetzung für eine personelle Aufstockung in der Fläche sind.

Diese deutliche Absichtserklärung, die Polizeistrukturen zu reformieren, – verknüpft mit der Personalsituation – findet sich abgeschwächt auch im grün-roten

Koalitionsvertrag (Grüne und SPD 2011, S. 64) vom 9. Mai 2011: „Wir werden die Polizeistrukturen überprüfen mit dem Ziel, die Basisdienststellen zu stärken, Freiräume für operative Schwerpunkte zu gewinnen und insgesamt die Aufgabenwahrnehmung bei flachen Hierarchien noch erfolgreicher zu gestalten".

Im September 2011 nahm diese Überprüfung konkrete Formen an: Eine Projektgruppe mehrheitlich aus leitenden Polizeibeamten wurde ebenso gebildet wie ein Lenkungsausschuss, der mit Kommunalpolitikern und Beamten aus verschiedenen Ministerien besetzt war (Innenministerium 2012, S. 9–10). Die Projektgruppe legte bereits im Januar 2012 Eckpunkte der Reform vor (Innenministerium 2012). Die konkretere Umsetzung aber, insbesondere die heiklen Standortentscheidungen bzgl. der regionalen Präsidien, wurde in einer Pressekonferenz am 27. März 2012 vorgestellt (Innenministerium 2014, S. 10). Daraufhin und nach einem formalen Beschluss des Ministerrats im April wurde die Reform in einer Projektorganisation mit insgesamt 22 Einzelprojekten vorbereitet (Innenministerium 2014, S. 12).

Die Polizeireform – gesetzgeberisch umgesetzt mit dem Polizeistrukturreformgesetz (PolRG) vom 18.07.2013 (Landtag 2013e) – bedeutete vor allen Dingen eine Zentralisierung von Leitungsstrukturen. Die vier Landespolizeidirektionen in den Regierungspräsidien von Stuttgart, Karlsruhe, Freiburg und Tübingen mit ihren insgesamt 37 Präsidien und Direktionen wurden in zwölf neue regionale Polizeipräsidien zusammengelegt. Diese neuen Präsidien sind direkt dem Innenministerium nachgeordnet und verfügen über eigene kriminal- bzw. verkehrspolizeiliche Direktionen. Damit reihte sich Baden-Württemberg in eine Gruppe von fünf anderen Flächenländern ein, die eine zweistufige Verwaltungsstruktur der Polizei aufweisen (Hesse 2015). Ferner wurden drei funktional differenzierte Präsidien geschaffen („Einsatz"/„Technik, Logistik, Service"/„Hochschule für Polizei Baden-Württemberg"). Diese tief greifende Reform der Organisation der Landespolizei selbst unter Beibehaltung der Struktur von Polizeirevieren und -posten führte zu mehr als 3300 reformbedingten Dienstortwechseln (Innenministerium 2014, S. 26). Neben den sozialen Kosten für die Polizeibeamten wurden finanziellen Kosten in der Höhe von 123 Mio. EUR für den Zeitraum 2013–2028 angesetzt[4] (Innenministerium 2014, S. 27–28).

Anhand der Polizeireform, die über die Wahlperiode auch im Landtag immer wieder thematisiert wurde, lassen sich einige zentrale Punkte herausarbeiten, welche die inhaltlichen Unterschiede zwischen den Parteien verdeutlichen. Die

---

[4]Darunter fallen auch bestimmte technische Anpassungen wie die Einführung des Digitalfunks sowie Einsparungen aufgrund von Zusammenlegungen und der Erlös freigewordener Liegenschaften.

Zielsetzung der Reform ergab sich bereits aus den oben zitierten Abschnitten des grünen Wahlprogramms und des Koalitionsvertrags. Diese Zielsetzung, „durch eine tief greifende Änderung der Organisationsstrukturen [...] eine personelle Verstärkung der operativen Basis" zu erreichen (Landtag 2013c, S. 1), wurde mit den allgemein wachsenden Aufgaben der Polizei bei sich verschlechternder personeller Lage und der fiskalischen Unmöglichkeit, Neueinstellung in der benötigten Größenordnung von 1000 Beamten vorzunehmen (Landtag 2013a, S. 4324; Landtag 2013d, S. 2), begründet. Insgesamt sollten die strukturellen Änderungen „ein Verstärkungspotenzial von 650 Stellen im Polizeivollzugsdienst und 200 Stellen im Nichtvollzug zur Stärkung der operativen Basiseinheiten" erzielen (Innenministerium 2014, S. 34), was der politischen Zielmarke von zwei Polizisten pro Revier entspricht. Neben dieser Zielmarke, die rhetorisch als Gegenpol zu den von CDU und FDP zu verantwortenden effektiven Stellenstreichungen in der vorherigen Wahlperiode benutzt wurde (Landtag 2013a, S. 4332; Landtag 2013b, S. 4555, 4561), sahen die Vertreter der grün-roten Koalition und des Innenministeriums insbesondere die Umsetzung der Reform als von Sachzwängen und polizeilichen Anforderungen bestimmt, während individuelle Härten und Wünsche durch ein Interessenbekundungsverfahren (IBV) aufgefangen bzw. eingebracht werden konnten (Landtag 2013a, S. 4325). Dieses IBV erlaubte dem Polizeipersonal die Äußerung von drei Wunschverwendungen, auf die bei der Besetzung der neuen und zusammengelegten Dienststellen Rücksicht genommen werden sollte, was laut Abschlussbericht bei 80 % der 16.650 am IBV beteiligten Personen gelang (Innenministerium 2014, S. 26). In der zweiten und letzten Beratung des Polizeistrukturreformgesetzes im Landtag fasste der innenpolitische Sprecher der CDU die Ablehnung seiner Fraktion in drei Kritikpunkten zusammen (Landtag 2013b, S. 4553):

> Sie werden nachher die Hand für eine Reform heben – so fürchte ich –, die Mitarbeiterrechte missachtet [...], die die Grundlagen der Landeshaushaltsordnung missachtet, die die Interessen des ländlichen Raumes missachtet. Wir lehnen diese Reform deshalb ab.

Zur Unterfütterung des ersten Punktes griff die CDU die Belastung der vielen Beamten, die aufgrund der Reform ihren Arbeitsplatz wechseln müssten, im Landtag auf und berief sich auf eine breite Unzufriedenheit mit der Reform an der Basis der Polizei sowie auf die negativen Einlassungen der Gewerkschaften und der kommunalen Vertreter im Anhörungsprozess (Landtag 2013a, S. 4328, 2013b, S. 4552). Der zweite Ansatzpunkt der Kritik waren die unklaren Kosten der Reform. Die veranschlagten 123 Mio. EUR bis 2028 beinhalteten bereits

unterschiedlichste Einsparungen der Reform darunter der große Posten der Veräu-
ßerung von ungenutzten Liegenschaften. Diese Verkaufserlöse exakt zu kalkulie-
ren und so eine genaue Aufstellung der Kosten der Reform zu erreichen, bevor
der Landtag die Reform billigt, war eine christdemokratische Kernforderung im
Innen- und im Finanzausschuss sowie Ziel einer Vielzahl von parlamentarischen
Anfragen (Landtag 2013d, S. 6–7, 11–12, 14–15). Die Hauptkritik der Opposition[5] richtete sich jedoch auf den zentralen Inhalt der Reform – die Zentralisierung der vormaligen 37 Polizeipräsidien auf Stadt- und Landkreisebene in zwölf
regionalen Großpräsidien. Hier wurde weniger die grundsätzliche Idee einer
Zusammenlegung von gewissen funktionalen Teilen kritisiert als die geringe
Anzahl von Präsidien und den damit einhergehenden „Rückzug aus der Flächen-
vertretung" (Landtag 2013a, S. 4328). Hierzu verwiesen die Oppositionspolitiker
auf die langen und zeitintensiven Anfahrtswege der zentralisierten Einheiten von
Verkehrs- und Kriminalpolizeidirektionen (Landtag 2013a, S. 4329). Den Vorwurf der Zentralisierung auf Kosten des ländlichen Raumes wies der Inspekteur
der Polizei im Innenausschuss mit Verweis auf die grundsätzliche Steigerung der
Präsenz in der Fläche unter anderem auch durch die Entlastungen der einzelnen
Reviere in den Bereichen Leitung, Verkehr und kriminalpolizeilichen Ermittlun-
gen zurück (Landtag 2013d, S. 10). Politisch wurde der Zentralisierungsvorwurf
aber auch mit Verweis auf die Angst der Vorgängerregierung vor kommunalen
Interessen und den Landräten gekontert, die unter Schwarz-Gelb eine längst über-
fällige Reform verhindert habe (Landtag 2013a, S. 4335).

4.2.3 Repression und Sicherheit: Kennzeichnung von Polizisten

Neben herausragenden gesetzgeberischen Projekten wie der Polizeireform
verspricht auch die Analyse von Nicht-Entscheidungen einen Erkenntnisgewinn – insbesondere in der oben skizzierten Dimension der Repression. Von
besonderem Interesse ist hier ein Aspekt, der sich explizit und fast identisch in
den Wahlprogrammen 2011 von Grünen und SPD sowie im Koalitionsvertrag
(Grüne 2011, S. 201; SPD 2011, S. 99; Grüne und SPD 2011, S. 66) findet –
aber nicht während der Wahlperiode umgesetzt wurde: die Kennzeichnungspflicht von Polizisten. Diese Forderung, Polizisten (insbesondere bei Großlagen
wie z. B. Demonstrationen) anonymisiert aber individuell zu kennzeichnen, um

---

[5]Die Debatte und gerichtliche Auseinandersetzung bzgl. der Besetzung der neuen polizeilichen Leitungsstrukturen wird hier nicht weiter ausgeführt, da sie für die Gesetzgebungstätigkeit an sich irrelevant war.

eine spätere straf- oder disziplinarrechtliche Verfolgung einfacher zu gestalten, ist im Kontext der gewalttätigen Vorkommnisse am 30. September 2010 bei der Räumung des Schlossgartens in Stuttgart zu sehen. Jedoch finden sich ähnliche Debatten in einer Reihe von Bundesländern, von denen die Mehrheit entweder bereits eine Kennzeichnungspflicht eingeführt hat oder dieses plant (Grüne 2015b).

Die politischen Positionen zur Kennzeichnungspflicht verteilten sich wie folgt: CDU und FDP unterstützt durch die Polizeigewerkschaften lehnten die Kennzeichnungspflicht über die gesamte Wahlperiode hinweg ab, während deren Einführung von den Grünen gefordert wurde. Die Position der SPD ist trotz eindeutiger Aussagen im Wahlprogramm hingegen eher unklar: Während die Jusos an der Seite der Grünen Jugend für die Kennzeichnungspflicht eintraten, war Innenminister Gall eher zögerlich bis offen ablehnend. Gleiches gilt für die SPD-Fraktion im Landtag mit ihrem innenpolitischen Sprecher Nikolaos Sakellariou (Jusos 2015). Die CDU machte ihre Kritik vor allen Dingen am „Misstrauen gegenüber dem Staat" (Landtag 2015d, S. 8748) fest, das eine solche Regelung implizieren würde (Landtag 2011c, S. 2) und verwies wie die Polizeigewerkschaften (DPolG 2015; GdP 2013) auf eine mögliche Beeinträchtigung der Motivation, der Sicherheit und der Persönlichkeitsrechte der Beamten (Landtag 2011b, S. 415; Landtag 2015c, S. 7745).

Der Gesetzgebungsprozess zur Kennzeichnungspflicht startete im Juli 2011, als die neue Landesregierung die Umsetzung mit Verweis auf den Versuch einer bundeseinheitlichen Regelung ankündigte und sich dem prompten Vorwurf der Opposition ausgesetzt sah, dass eine solche Regelung einen „Generalverdacht gegen die Polizei" implizieren würde (Landtag 2011c, S. 2). Drei Jahre später überraschte Innenminister Reinhold Gall aber gegenüber der Südwest-Presse (2014) mit der Aussage: „Wenn es allein nach mir ginge, könnten wir darauf verzichten". Im Folgenden werde er nun „mit den Koalitionsfraktionen intensiv erörtern, ob wir die Kennzeichnungspflicht tatsächlich einführen wollen". Der koalitionsinterne Streit zwischen SPD und Grünen (sowie den beiden Jugendorganisationen der Parteien) wurde schließlich im Dezember 2014 durch den Beschluss Galls beigelegt, eine Arbeitsgruppe der Polizei mit den Details einer Umsetzung zu beauftragen (Stuttgarter-Zeitung 2014). Dabei machte der Innenminister deutlich, dass eine Einführung nicht zwingend sei und antwortete im Landtag am 11. März 2015 auf die Frage nach der Umsetzung nur mit: „Wir werden sehen" (Landtag 2015b, S. 7368). Im August 2015 lag dieses Konzept vor, aber auch erste Überlegungen bzgl. eines Bürgerbeauftragten für die Polizei wurden in die Diskussion eingebracht (Stuttgarter-Zeitung 2015a). Anfang Dezember 2015 schließlich wurde bekannt, dass es keine Umsetzung der Kennzeichnungspflicht in der laufenden Wahlperiode geben würde, stattdessen aber die Einführung eines Bürgerbeauftragten (Stuttgarter-Zeitung 2015b). Die Verbindung zwischen beiden Vorhaben zog auch die Opposition und erklärte das Gesetz zur Einführung eines Bürgerbeauftragten damit, dass „die Grünen die Kennzeichnungspflicht für Polizisten nicht umsetzen konnten und ein Trostpflaster brauchen" würden (Landtag 2015e, S. 8801). Der grüne Landesvorsitzende, Oliver Hildenbrand, bestätigt diesen Zusammenhang (Grüne 2015a):

> Der unabhängige Bürgerbeauftragte und die Polizeikennzeichnung sind zwei Seiten derselben Medaille. Wir freuen uns, dass die grün-roten Regierungsfraktionen die eine Seite der Medaille noch in der aktuellen Legislaturperiode verwirklichen wollen. Aber es gibt überhaupt kein Vertun: Wir Grüne wollen auch die andere Seite der Medaille verwirklicht sehen.

5   Diskussion und Fazit

Betrachtet man die Politik der Inneren Sicherheit während der grün-roten Koalition unter Ministerpräsident Kretschmann in der Gesamtschau und fragt sich dabei in Anschluss an die Leitfrage dieses Beitrags, inwiefern die grün-rote Landesregierung gravierende Änderungen in diesem Politikfeld vorgenommen hat, so ergibt sich ein gemischtes Bild. Einerseits weisen die Aggregatdaten zu Staatsausgaben, Personalstärken wie auch zur Gesetzgebungsaktivität an sich eher auf Konstanz denn auf weitreichenden Politikwandel hin: Die Personalstärken, wenn auch leicht steigend insbesondere zum Ende der Legislaturperiode, verändern sich graduell; die Ausgaben im Politikfeld steigen – allerdings im Vergleich zum Gesamthaushalt eher unterproportional; Und auch wenn die Zahl der Gesetze insgesamt höher liegt als in den Legislaturperioden zuvor, sind nur wenige strittig und viele gehen auf bundespolitische Impulse zurück. Die vergleichsweise hohe Konstanz bei Ausgaben und Personal lässt sich dabei zu einem großen Teil durch den hohen Bindungsgrad der Landesausgaben erklären: Personal kann beispielsweise nicht kurzfristig entlassen werden und bei der Umsetzung von Rechtsverpflichtungen besteht ebenfalls kaum politischer Handlungsspielraum für die jeweilige Regierung. Entsprechend bestätigen diese Mechanismen die Theorie der Pfadabhängigkeit, nach der Policies stark durch Entscheidungen in der Vergangenheit vorgeprägt und inkrementelle Policy-Veränderungen zu erwarten sind. Die Einstellungswelle bei der Polizei in 2015 stellt eine Ausnahme dar, lässt sich aber sowohl durch externe Ereignisse – die Terroranschläge von Paris sowie die Einbruchswelle in Baden-Württemberg – als auch, mutmaßlich und der Analyse von Tepe und Vanhuysse (2013) folgend, durch die herannahende Wahl erklären.

Andererseits weist unsere Analyse jedoch auch darauf hin, dass die Regierung Kretschmann an einigen Stellen durchaus Akzente gesetzt hat, die das grünrote Profil deutlich von der Ausrichtung der schwarz-gelben Vorgängerregierung absetzen. Dies gilt insbesondere für die Polizeireform, die in der Tat auch Legislaturperioden-übergreifend ein herausragendes Reformereignis im Bereich der Inneren Sicherheit und einen durchaus weitreichenden Policy-Wandel darstellt. Die mit der Polizeireform verbundene Umstrukturierung der Polizeiorganisation, die – zumindest für die Leitungsebene – zulasten des ländlichen Raums geht und eine stärkere Zentralisierung der Leitungsstruktur bedeutet, dominierte die Debatten im Politikfeld der Inneren Sicherheit über die gesamte Amtszeit von Grün-Rot und war auch Grund für größere parteipolitische Auseinandersetzungen in einem sonst eher von Konsens dominierten Politikfeld.

Gemessen an den Ankündigungen in den Wahlprogrammen und im Koalitionsvertrag ist diese zentrale Rolle der Polizeireform einigermaßen überraschend. Zwar enthielt das Wahlprogramm der Grünen wie auch der Koalitionsvertrag bereits Hinweise auf eine Überprüfung der Polizeistrukturen und deutete das Ziel an, eine schlankere Leitungsebene zu schaffen und die operativen Einheiten zu stärken. Das Ausmaß der Umgestaltung, die letztlich aus dem „ergebnisoffenen" (Grüne und SPD 2011, S. 64) Reformprozess resultierte, war jedoch aus den Ankündigungen bei der Regierungsübernahme 2011 nicht abzulesen. Vielmehr wäre aufgrund der Wahlkampfaussagen zu erwarten gewesen, dass die Regierung insbesondere im Bereich der Kennzeichnungspflicht oder auch bei der Rücknahme von Privatisierungen schnell und umfangreich agiert.

Für die Erklärung dieses angesichts der Ankündigungen einigermaßen überraschenden Reformprofils ist es sinnvoll, auf die theoretischen Überlegungen zurück zu greifen, die wir zu Beginn dieses Beitrags angestellt haben. Mit Blick auf die parteiprogrammatischen Unterschiede zwischen Grün-Rot auf der einen und CDU bzw. FDP auf der anderen Seite haben wir herausgearbeitet, dass die programmatischen Ausrichtungen der beiden Regierungsparteien insbesondere in den Dimensionen der Produktion und der Organisation von Sicherheit stark übereinstimmen und sich gleichzeitig deutlich von Union und FDP unterscheiden, während im Bereich der Repression die ideologische Kongruenz in der Landesregierung eher niedrig ist (vgl. Tab. 1). Entlang dieser theoretischen Erwartung, die sich aus der Parteiendifferenz- und der Vetospielertheorie speist, ist es aus theoretischer Sicht absolut folgerichtig, dass der Machtwechsel von einer CDU-geführten Regierung zur Regierung Kretschmann gerade im Bereich der Organisation der Polizei zu den größten Umwälzungen geführt hat: Durch den Amtsantritt von Grünen und SPD verloren die regionalen Interessen, die zum Beispiel über die Landräte und die starken Bezirksverbände in der CDU historisch besonders prominent vertreten sind, ihren direkten Zugang zur Stuttgarter Politik und konnten die Überlegungen zu einer Strukturreform der Polizei zulasten der regionalen Leitungsstrukturen der Polizei und ihre Vertretung in jedem Landkreis nicht verhindern.[6]

Auch der zweite größere Reformbereich, die Rücknahme von Privatisierungen und geplanten Privatisierungen, exemplarisch dargestellt am Beispiel der Bewährungshilfe, lässt sich mithilfe unseres theoretischen Rasters gut plausibilisieren. Denn in der Dimension der Produktion von Sicherheit, in der sich insbesondere die Frage des Akteurs – Staat oder Markt – stellt, liegen erneut SPD und Grüne in ihrer programmatischen Ausrichtung relativ nah beisammen (Präferenz für staatliche Lösungen), während CDU und FDP die konträre Position beziehen (Einbeziehung von Markt). Die Rücknahme mehrerer Privatisierungen in der Justizpolitik durch die grün-rote Regierung untermauert diese Erwartung einer klaren Parteiendifferenz im Bereich der Produktion von Sicherheit, wobei das Beispiel der Bewährungshilfe verdeutlicht, dass insbesondere die SPD die Rückkehr vormals privatisierter Aufgaben in staatliche Hoheit forcierte. Die Zurückhaltung der Grünen, die in dieser Frage eine weniger klare Position bezogen haben und damit in der Regierung einen gewissen Gegenpol zur SPD bildeten, erklärt auch, warum die Reform der Bewährungshilfe erst vergleichsweise spät erfolgte.

Schließlich illustrieren die theoretischen Erklärungen auch, warum eines der Reformprojekte im Bereich der Repression – die Einführung einer Kennzeichnungspflicht für Polizisten – trotz glasklarer Ankündigung im Koalitionsvertrag und in beiden Wahlprogrammen letztlich nicht umgesetzt wurde. Hier stehen die ideologischen Präferenzen der Grünen deutlich näher am liberalen Pol als die der SPD, die – entsprechend unserer theoretischen Erwartungen – die Gesetzgebungsaktivitäten in Person des Innenministers stark bremste. Die übrigen politischen Maßnahmen in der Dimension der Repression – etwa die Sicherheitspakete nach den Terroranschlägen, die sich letztlich vor allem in der Einstellung neuer Polizisten ausdrückten – waren im Großen und Ganzen unstrittig.

In der Regierungserklärung vom 25. Mai 2011 zitierte der erste grüne Ministerpräsident Deutschlands den „Zauber des Anfangs" und die „Mühen der Ebene" (Landtag 2011a, S. 19). Angesichts der politischen Polarisierung in Folge der

---

[6]Hierüber lässt sich auch eine Brücke zur Theorie der Pfadabhängigkeit schlagen, die substanziellen Politikwandel in Fällen einer Destabilisierung des eingeschlagenen Pfades durch ein externes Ereignis durchaus prophezeit, wobei das externe Ereignis hier den Machtwechsel in der Landesregierung darstellt.

Gewalt am „schwarzen Donnerstag" und des Novums einer grün-roten Landesregierung, hätte man tatsächlich einen Neuanfang in der Sicherheitspolitik des Landes erwarten können. Unsere Analyse hat ein anderes Bild gezeichnet. Eine Großreform aber auch viel Kontinuität zeichnen die Bilanz der Regierung Kretschmann in der Justiz- und Innenpolitik aus. Der begrenzte politische Spielraum der Länder und insbesondere die Dynamik der Parteipositionen in der Koalition verhinderten weitreichende Liberalisierungen, ergaben aber auch die Gelegenheit zu einer tief greifenden Organisationsreform sowie einer Stärkung des Staates in der Bereitstellung von Sicherheit. In Summe brachte der Machtwechsel also einen Politikwandel, der jedoch stark eingehegt war durch die Wirkmächtigkeit vergangener Entscheidungen und die innerkoalitionäre Suche nach Kompromissen.

Literatur

Beyer, J. 2005. Pfadabhängigkeit ist nicht gleich Pfadabhängigkeit. Wider den impliziten Konservatismus eines gängigen Konzepts. *Zeitschrift für Soziologie* 34 (1): 5–21.
Beyer, J. 2015. Pfadabhängigkeit. In *Handbuch Policy-Forschung*, Hrsg. G. Wenzelburger, und R. Zohlnhöfer, 149–171. Wiesbaden: Springer Fachmedien.
Bräuninger, T., und M. Debus. 2012. *Parteienwettbewerb in den deutschen Bundesländern.* Wiesbaden: Springer.
CDU. 2011. *Chancen Ergreifen. Wohlstand sichern. Der Baden-Württemberg-Weg im neuen Jahrzehnt. Regierungsprogramm der CDU Baden-Württemberg.* http://www.cdu-bw.de/uploads/media/CDU-Regierungsprogramm.pdf. Zugegriffen: 28. Apr. 2016.
DPolG. 2015. *Nummerierung von Polizeibeamten bei geschlossenen Einsätzen.* http://dpolg-bw.de/kennzeichnungspflicht-73.html. Zugegriffen: 29. Jan. 2016.
Endreß, C. 2013. *Die Vernetzung einer gesamtstaatlichen Sicherheitsarchitektur. Das Politikfeld Innere Sicherheit im Spannungsverhältnis von politischen Interessen und sich wandelnden Bedrohungen.* Frankfurt a. M.: Peter Lang.
FDP. 2011. *Vorn Bleiben. Erfolgsmodell Baden-Württemberg. Regierungsprogramm 2011–2016.* https://www.fdp-bw.de/docs/ltw2011_programm_web.pdf. Zugegriffen: 28. Apr. 2016.
Frevel, B., und H. Groß. 2008. „Polizei ist Ländersache!" – Politik der Inneren Sicherheit. In *Die Politik der Bundesländer Staatstätigkeit im Vergleich*, Hrsg. A. Hildebrandt, und F. Wolf, 67–88. Wiesbaden: Springer VS.
Ganghof, S., und K. Schulze. 2015. Vetospieler und Institutionen. In *Handbuch Policy-Forschung*, Hrsg. G. Wenzelburger, und R. Zohlnhöfer, 113–148. Wiesbaden: Springer VS.
GdP. 2013. *GdP Baden-Württemberg lehnt Kennzeichnungspflicht von Einsatzkräften entschieden ab.* https://www.gdp.de/gdp/gdp.nsf/ID/34BA1DA9045AFFE7C1257C38003 8B6A5. Zugegriffen: 29. Jan. 2016.
Grüne. 2011. *Jetzt! Das neue Programm für Baden-Württemberg. Bündnis 90/Die Grünen Baden-Württemberg.* http://www.gruene-drogenpolitik.de/wp-content/uploads/2011/04/Landtagswahlprogramm-web.pdf. Zugegriffen: 21. Jan. 2016.

Grüne. 2015a. *Bürgerbeauftragter stärkt Dialog und Vertrauen.* https://www.gruene-bw. de/buergerbeauftragter-staerkt-dialog-und-vertrauen/. Zugegriffen: 21. Jan. 2016.

Grüne. 2015b. *Übersicht über die aktuellen Bestimmungen zur Kennzeichnung von Polizei- beamtinnen und -beamten in den Bundesländern.* https://www.gruene-fraktion-sachsen. de/fileadmin/user_upload/Hintergrundpapiere/zu_EP_Kennzeichnungspflicht_in_ande- ren_Bundeslaendern_2015_05.pdf. Zugegriffen: 21. März 2016.

Grüne/SPD. 2011. *Der Wechsel beginnt. Koalitionsvertrag zwischen Bündnis 90/Die Grü- nen und der SPD Baden-Württemberg. Baden-Württemberg 2011–2016.* https://www. baden-wuerttemberg.de/fileadmin/redaktion/dateien/PDF/Koalitionsvertrag-web.pdf. Zugegriffen: 21. Jan. 2016.

Hacker, J. S. 2004. Privatizing risk without privatizing the welfare state: The hidden poli- tics of social policy retrenchment in the United States. *American Political Science Review* 98 (2): 243–260.

Hesse, J. J. 2015. *Polizeireform Baden-Württemberg. Eine Strukturanalyse im Auftrag des Innenministeriums.* https://im.baden-wuerttemberg.de/fileadmin/redaktion/m-im/intern/ dateien/pdf/Polizeireform_BW_Gesamtdokument.pdf. Zugegriffen: 21. März 2016.

Innenministerium. 2012. Struktur der Polizei Baden-Württemberg. Eckpunkte. Projekt- gruppe Polizeistruktur BW. https://www.polizei-bw.de/UeberUns/polizeireform/ Documents/Download%20Startseite/Eckpunkte_Struktur_der_Polizei_BW_2012_Web- Version.pdf. Zugegriffen: 21. Jan. 2016.

Innenministerium. 2014. Polizeistrukturreform Baden-Württemberg. Abschlussbericht. Projektstab Polizeireform. https://www.polizei-bw.de/UeberUns/polizeireform/Docu- ments/Download%20Startseite/Abschlussbericht%20Polizeistrukturreform%20Baden- W%C3%BCrttemberg.pdf. Zugegriffen: 21. Jan. 2016.

Innenministerium. 2015. Landeskabinett verabschiedet Ergänzung des Sonderprogramms zur Bekämpfung des islamistischen Terrorismus. https://im.baden-wuerttemberg.de/ de/service/presse/pressemitteilung/pid/landeskabinett-verabschiedet-ergaenzung-des- sonderprogramms-zur-bekaempfung-des-islamistischen-terro-1/. Zugegriffen: 1. März 2016.

Jusos. 2015. Polizeikennzeichnung stärkt Vertrauen in die Polizei: Jusos fordern Umset- zung des Koalitionsvertrages. http://www.jusos-bw.de/2015/11/26/3136/. Zugegriffen: 29. Jan. 2016.

Justizministerium. 2014a. Evaluation der Bewährungs- und Gerichtshilfe sowie des Täter- Opfer-Ausgleichs in Baden-Württemberg. http://www.justiz-bw.de/pb/site/jum/get/ documents/jum1/JuM/JuM/Evalution%20der%20Bew%C3%A4hrungshilfe/Evalua- tion%20der%20Bew%C3%A4hrungshilfe%202014.pdf. Zugegriffen: 1. Febr. 2016.

Justizministerium. 2014b. Evaluation der Bewährungs- und Gerichtshilfe sowie des Täter- Opfer-Ausgleichs vorgestellt. http://www.baden-wuerttemberg.de/de/service/presse/ pressemitteilung/pid/evaluation-der-bewaehrungs-und-gerichtshilfe-sowie-des-taeter- opfer-ausgleichs-vorgestellt/. Zugegriffen: 1. Febr. 2016.

Landesregierung. 2015a. Landesregierung beschließt Offensivkonzept gegen Wohnungs- einbruch. http://www.baden-wuerttemberg.de/de/service/presse/pressemitteilung/pid/ landesregierung-beschliesst-offensivkonzept-gegen-wohnungseinbruch/. Zugegriffen: 22. Jan. 2016.

Landesregierung. 2015b. Rückführung der Bewährungs- und Gerichtshilfe in staatliche Trägerschaft. https://stm.baden-wuerttemberg.de/de/service/presse/pressemitteilung/

pid/rueckfuehrung-der-bewaehrungs-und-gerichtshilfe-in-staatliche-traegerschaft/. Zugegriffen: 1. Febr. 2016.

Landesregierung. 2015c. Sicherheitspaket zum besseren Schutz vor Terror beschlossen. https://www.baden-wuerttemberg.de/de/service/presse/pressemitteilung/pid/sicherheits-paket-zum-besseren-schutz-vor-terror-beschlossen/. Zugegriffen: 22. Jan. 2016.

Landtag. 2011a. Plenarprotokoll 15/4 des Landtags von Baden-Württemberg, 25.05.2011. http://www.landtag-bw.de/files/live/sites/LTBW/files/dokumente/WP15/Plp/15_0004_25052011.pdf. Zugegriffen: 28. Apr. 2016.

Landtag. 2011b. Plenarprotokoll 15/11 des Landtags von Baden-Württemberg, 27.07.2011. http://www.landtag-bw.de/files/live/sites/LTBW/files/dokumente/WP15/Plp/15_0011_27072011.pdf. Zugegriffen: 27. Apr. 2016.

Landtag. 2011c. Drucksache 15/189 des Landtags von Baden-Württemberg. http://www.landtag-bw.de/files/live/sites/LTBW/files/dokumente/WP15/Drucksachen/0000/15_0189_D.pdf. Zugegriffen: 27. Apr. 2016.

Landtag. 2012. Plenarprotokoll 15/25 des Landtags von Baden-Württemberg, 09.02.2012. http://www.landtag-bw.de/files/live/sites/LTBW/files/dokumente/WP15/Plp/15_0025_09022012.pdf. Zugegriffen: 27. Apr. 2016.

Landtag. 2013a. Plenarprotokoll 15/72 des Landtags von Baden-Württemberg. 20.06.2013. http://www.landtag-bw.de/files/live/sites/LTBW/files/dokumente/WP15/Plp/15_0072_20062013.pdf. Zugegriffen: 27. Apr. 2016.

Landtag. 2013b. Plenarprotokoll 15/75 des Landtags von Baden-Württemberg. 18.07.2013. http://www.landtag-bw.de/files/live/sites/LTBW/files/dokumente/WP15/Plp/15_0075_18072013.pdf. Zugegriffen: 27. Apr. 2016.

Landtag. 2013c. Drucksache 15/3496 des Landtags von Baden-Württemberg. http://www.landtag-bw.de/files/live/sites/LTBW/files/dokumente/WP15/Drucksachen/3000/15_3496_D.pdf. Zugegriffen: 27. Apr. 2016.

Landtag. 2013d. Drucksache 15/3730 des Landtags von Baden-Württemberg. http://www.landtag-bw.de/files/live/sites/LTBW/files/dokumente/WP15/Drucksachen/3000/15_3730_D.pdf. Zugegriffen: 27. Apr. 2016.

Landtag. 2013e. Drucksache 15/3843 des Landtags von Baden-Württemberg. http://www.landtag-bw.de/files/live/sites/LTBW/files/dokumente/WP15/Drucksachen/3000/15_3843_D.pdf. Zugegriffen: 27. Apr. 2016.

Landtag. 2014. Plenarprotokoll 15/115 des Landtags von Baden-Württemberg, 11.12.2016. https://www.landtag-bw.de/files/live/sites/LTBW/files/dokumente/WP15/Plp/15_0115_11122014.pdf. Zugegriffen: 27. Apr. 2016.

Landtag. 2015a. Plenarprotokoll 15/119 des Landtags von Baden-Württemberg, 04.02.2015. https://www.landtag-bw.de/files/live/sites/LTBW/files/dokumente/WP15/Plp/15_0119_04022015.pdf. Zugegriffen: 27. Apr. 2016.

Landtag. 2015b. Plenarprotokoll 15/122 des Landtags von Baden-Württemberg, 11.03.2015. https://www.landtag-bw.de/files/live/sites/LTBW/files/dokumente/WP15/Plp/15_0122_11032015.pdf. Zugegriffen: 27. Apr. 2016.

Landtag. 2015c. Plenarprotokoll 15/129 des Landtags von Baden-Württemberg, 07.05.2015. https://www.landtag-bw.de/files/live/sites/LTBW/files/dokumente/WP15/Plp/15_0129_07052015.pdf. Zugegriffen: 27. Apr. 2016.

Landtag. 2015d. Plenarprotokoll 15/146 des Landtags von Baden-Württemberg, 16.12.2015. https://www.landtag-bw.de/files/live/sites/LTBW/files/dokumente/WP15/Plp/15_0146_16122015.pdf. Zugegriffen: 27. Apr. 2016.

Landtag. 2015e. Plenarprotokoll 15/147 des Landtags von Baden-Württemberg, 17.12.2015. https://www.landtag-bw.de/files/live/sites/LTBW/files/dokumente/WP15/Plp/15_0147_17122015.pdf. Zugegriffen: 27. Apr. 2016.

Leunig, S., und M. Pock. 2010. Landespolitik nach der Föderalismusreform I. In *Föderalismusreform in Deutschland: Bilanz und Perspektiven im internationalen Vergleich*, Hrsg. J. Blumenthal, und S. Bröchler, 157–175. Wiesbaden: VS Verlag.

Pierson, P. 2004. *Politics in time: History, institutions, and social analysis*. Princeton: Princeton University Press.

Roth, D. 2013. Baden-Württemberg 2011: Was entschied die Wahl? In *Der historische: Machtwechsel Grün-Rot in Baden-Württemberg*, Hrsg. U. Wagschal, U. Eith, und M. Wehner, 15–29. Baden-Baden: Nomos.

Schmidt, M. G. 1996. When parties matter: A review of the possibilities and limits of partisan influence on public policy. *European Journal of Political Research* 30 (2): 155–183.

SPD. 2011. Regierungsprogramm der SPD Baden-Württemberg 2011–2016. https://spdnet. sozi.info/bawue/dl/ltw11_regierungsprogramm.pdf. Zugegriffen: 21. Jan. 2016.

Streeck, Wolfgang, und Kathleen Thelen, Hrsg. 2005. *Beyond continuity: Institutional change in advanced political economies*. Oxford: Oxford University Press.

Stuttgarter-Nachrichten. 2015. Zwang zu Reformen: Bewährungshilfe: Halb Staat, halb privat? http://www.stuttgarter-nachrichten.de/inhalt.zwang-zu-reformen-bewaehrungshilfe-halb-staat-halb-privat.fc434faa-546d-48c7-b9e2-98680bfc9745.html. Zugegriffen: 01. Febr. 2016.

Stuttgarter-Zeitung. 2014. Kennzeichnungspflicht kommt. http://www.stuttgarter-zeitung. de/inhalt.polizisten-in-baden-wuerttemberg-kennzeichnungspflicht-kommt.a90af869-daad-46b3-9af4-60d49a058a1d.html. Zugegriffen: 29. Jan. 2016.

Stuttgarter-Zeitung. 2015a. Ein Nummernschild für Polizisten. http://www.stuttgarter-zeitung.de/inhalt.konzept-fuer-kennzeichnungspflicht-ein-nummernschild-fuer-polizisten. ec8bd5ae-e106-4111-8bda-9c02b249b164.html. Zugegriffen: 29. Jan. 2016.

Stuttgarter-Zeitung. 2015b. Grün-Rot kreiert den Bürgerbeauftragten: Vermittler zwischen Bürger und Behörde. http://www.stuttgarter-zeitung.de/inhalt.gruen-rot-kreiert-den-buergerbeauftragten-vermittler-zwischen-buerger-und-behoerde.db96ae78-9088-4b64-a8dc-ef82c9b44c78.html. Zugegriffen: 29. Jan. 2016.

Südwest-Presse. 2014. Polizei: Gall gegen Kennzeichnung. http://www.swp.de/ulm/nachrichten/politik/Polizei-Gall-gegen-Kennzeichnung;art4306,2737120. Zugegriffen: 29. Jan. 2016.

Tepe, M., und P. Vanhuysse. 2013. Cops for hire? The political economy of police employment in the German states. *Journal of Public Policy* 33 (2): 165–199.

Tsebelis, G. 1995. Decision making in political systems: Veto players in Presidentialism, Parliamentarism, Multicameralism, and Multipartyism. *British Journal of Political Science* 25 (3): 289–325.

Tsebelis, G. 2002. *Veto players. How political institutions work*. Princeton: Princeton University Press.

Wagschal, U. 2013. Politikwechsel nach dem Machtwechsel: Die Regierungstätigkeit von Grün-Rot in Baden-Württemberg. In *Der historische Machtwechsel: Grün-Rot in Baden-Württemberg*, Hrsg. U. Wagschal, U. Eith, und M. Wehner, 247–267. Baden-Baden: Nomos.

Weber, R. 2010. Baden-Württemberg – „Stammland des Liberalismus" und Hochburg der CDU. In *Parteien in den Deutschen Ländern. Geschichte und Gegenwart*, Hrsg. A. Kost, W. Relleke, und R. Weber, 104–126. München: Beck.

Wehling, H. G. 2004. Baden-Württemberg. Nach Gestalt und Traditionen von großer Vielfalt. In *Die deutschen Länder. Geschichte, Politik, Wirtschaft*, Hrsg. H. G. Wehling, 17–34. Wiesbaden: VS Verlag.

Wehner, M. 2013. Die historische Niederlage der CDU – Ursachen für das Scheitern. In *Der historische Machtwechsel. Grün-Rot in Baden-Württemberg*, Hrsg. U. Wagschal, U. Eith, und M. Wehner, 119–141. Baden-Baden: Nomos.

Wenzelburger, G. 2015a. Die Politik der Inneren Sicherheit. In *Handbuch Policy-Forschung*, Hrsg. G. Wenzelburger, und R. Zohlnhöfer, 663–698. Wiesbaden: Springer VS.

Wenzelburger, G. 2015b. Parties, institutions and the politics of law and order. *British Journal of Political Science* 45 (3): 663–687.

Wenzelburger, G., und H. Staff. 2016. German exceptionalism? An empirical analysis of 20 years of law and order legislation. *Politics & Policy* 44 (2): 319–350.

Über die Autoren

Helge Staff ist wissenschaftlicher Mitarbeiter an der Juniorprofessur für Politikwissenschaft (Politische Ökonomie) an der TU Kaiserslautern und im DFG-Projekt „Die Politik der Inneren Sicherheit". In seiner Forschung beschäftigt er sich mit Vergleichender Policy-Analyse im Feld der inneren und privaten Sicherheit.

Dr. Georg Wenzelburger ist Juniorprofessor für Politikwissenschaft (Politische Ökonomie) an der TU Kaiserslautern. Sein Forschungsschwerpunkt liegt im Feld der Vergleichenden Policy-Forschung mit einem Fokus auf der Politik der Inneren Sicherheit, dem Wohlfahrtsstaat und wohlfahrtsstaatlichen Reformen sowie auf der Finanzpolitik.

Bildungspolitik: Nicht alles anders, aber manches

Marius R. Busemeyer und Susanne Haastert

Zusammenfassung

Dieses Kapitel beschreibt und diskutiert die Bildungsreformen der grün-roten Landesregierung. Nach einer kurzen Einführung in die wichtigsten theoretischen Perspektiven dokumentieren wir zunächst den bildungspolitischen Status Quo im Jahr 2011 vor Antritt der grün-roten Landesregierung und zeigen, dass es in Baden-Württemberg durchaus bildungspolitischen Handlungsbedarf gab, insbesondere bei der Reform der Schulstrukturen und der Inklusion. In drei Fallstudien zu wichtigen Reformprojekten (die Abschaffung der Verbindlichkeit der Grundschulempfehlung, die Einführung der Gemeinschaftsschule und die Umsetzung des Inklusionsprinzips in Schulen) wird deutlich, dass die grün-rote Landesregierung diese Kernprojekte im Großen und Ganzen auch gegen den Widerstand der Opposition umsetzen konnte. In einer abschließenden Bewertung und Analyse argumentieren wir, dass die wesentlichen Kernelemente dieser Reformen auch langfristig Bestand haben werden, da sie über die Erweiterung von Elternwahlrechten und die Mobilisierung von lokalen Akteuren im Rahmen von konsensorientierten Strukturreformen wirkmächtige Feedback-Effekte erzeugen.

M.R. Busemeyer (✉) · S. Haastert
Fachbereich Politik und Verwaltungswissenschaft, Universität Konstanz, Konstanz, Deutschland
E-Mail: marius.busemeyer@uni-konstanz.de

S. Haastert
E-Mail: susanne.haastert@uni-konstanz.de

© Springer Fachmedien Wiesbaden 2017
F. Hörisch und S. Wurster (Hrsg.), *Das grün-rote Experiment in Baden-Württemberg*, DOI 10.1007/978-3-658-14868-3_6

1   Einleitung

Im bundesdeutschen Föderalismus verbleibt den Bundesländern im Bereich der
Bildungspolitik ein erheblicher Gestaltungsspielraum, insbesondere bei der Ausgestaltung der Schulpolitik – dem „Kernbestand der Kulturhoheit" (Wolf 2008).
Durch die Föderalismusreform im Jahr 2006 wurde die Kompetenzhoheit der
Bundesländer in der Bildungspolitik weiter gestärkt, wenngleich dies vor allem
den Bereich der Hochschulpolitik und weniger die allgemeinbildenden Schulen
betraf, denn hier hatten die Länder auch schon vor der Reform weitreichende
Kompetenzen. So entscheiden die Bundesländer beispielsweise über die Ausprä-
gung der Schulstrukturen, die Höhe und die Verteilung der Bildungsausgaben, die
Bildungsplaninhalte, die Standardisierung der Abschlussprüfungen und die Ausgestaltung der Lehrerbildung.

Auch wenn der Gestaltungsfreiheit der Länder durch institutionalisierte
Mechanismen der horizontalen Koordination, insbesondere die Kultusministerkonferenz (KMK), faktische Grenzen auferlegt sind, hat die Hoheit der Bundesländer in der Ausgestaltung der Bildungspolitik dennoch zur Entstehung einer
vielfältigen Bildungslandschaft beigetragen (vgl. Wolf 2006, 2008; Von Below
2002; zum Folgenden insbes. Helbig und Nikolai 2015, Abschn. 4.1). So ist in
den meisten westdeutschen Flächenländern zusätzlich zum klassischen dreigliedrigen System (Gymnasium, Realschule, Hauptschule) mindestens ein weiterer
Schultypus (Gesamtschule und/oder andere Schularten mit mehreren Bildungsgängen) hinzukommen, sodass hier von vier- oder fünfgliedrigen Systemen
gesprochen werden muss (in Nordrhein-Westfalen, Hessen und Niedersachsen).
Die ostdeutschen Flächenländer und die Stadtstaaten (Bremen, Berlin und Hamburg), aber auch Rheinland-Pfalz und das Saarland, sind zu unterschiedlichen
Zeitpunkten und in unterschiedlicher Form zu strukturell zweigliedrigen Systemen übergegangen, in denen neben dem Gymnasium nur noch eine weitere
Schulform auf Sekundarschulebene existiert – in der Regel eine Schulart, die
mehrere Bildungsgänge miteinander vereint, in verschiedenen Bundesländern
aber auch unterschiedlich bezeichnet wird (die „Realschule Plus" in Rheinland-
Pfalz, die „Stadtteilschule" in Hamburg oder die „Gemeinschaftsschule" im
Saarland, in Thüringen und in Schleswig-Holstein). Diese großen Unterschiede
zwischen den Schulstrukturen verschiedener Bundesländer verdeutlichen, dass
die Landesregierungen im Bereich der Bildungspolitik durchaus einen beachtlichen Gestaltungs- und Handlungsspielraum haben, der größer ist als in vielen
anderen Politikfeldern.

In diesem Kapitel möchten wir vor diesem Hintergrund verschiedene Forschungsfragen beantworten: Wie kann der *status quo ante* in der

baden-württembergischen Bildungspolitik vor Antritt der grün-roten Landesregierung charakterisiert werden? Welche bildungspolitischen Reformen hat die grün-rote Landesregierung verfolgt und umgesetzt, um diesen *status quo* zu verändern? Stellen diese Reformen lediglich inkrementelle Veränderungen dar, oder sind langfristig transformative Auswirkungen auf die institutionelle Ausgestaltung des baden-württembergischen Schulsystems zu erwarten?

Zur Struktur des vorliegenden Kapitels: Im nächsten Abschnitt werden wir zunächst kurz theoretische Überlegungen skizzieren, ob bzw. unter welchen Bedingungen der Regierungswechsel zu Grün-Rot mit einem signifikanten Politikwandel in der Bildungspolitik einhergehen sollte. Im anschließenden empirischen Teil werden wir zunächst den bildungspolitischen *status quo ante* vor Antritt der grün-roten Landesregierung im Jahr 2011 und die Positionen der einzelnen Parteien zu diesem *status quo ante* anhand ihrer Wahlprogramme skizzieren. Anschließend geben wir einen Überblick über die Reformen im Bildungswesen und untersuchen drei der wichtigsten Bildungsreformen in kurzen Fallstudien. Wir schließen mit einer Gesamtbewertung zur Frage, ob die grün-roten Bildungsreformen einen langfristigen und politisch nachhaltigen Prozess des institutionellen Wandels im baden-württembergischen Schulsystem eingeleitet haben.

2   Theoretische Vorüberlegungen

Die Thematik, ob Regierungswechsel systematisch mit Policy-Wandel einhergehen, ist eine zentrale Frage der vergleichenden Policy-Forschung. Auf der einen Seite stehen Anhänger der Parteiendifferenztheorie (vgl. Castles 1982; Schmidt 1980, 1996, 2002), die diese Frage positiv beantworten. Die Parteiendifferenztheorie postuliert, dass sich die Policy-Präferenzen politischer Parteien deswegen systematisch unterscheiden, weil sie unterschiedliche Wählerklientel repräsentieren. Die klassische Variante der Parteiendifferenztheorie führte die politischen Interessen und Forderungen dieser Klientelgruppen auf unterschiedliche ökonomische Interessen entlang der Markt-Staat-Achse zurück (Castles 1982; Schmidt 1980). Linke Parteien sind demnach sozialstaatsfreundlicher, weil sie die Interessen der unteren Einkommensschichten vertreten, während rechte bzw. bürgerliche Parteien die wohlhabenderen Schichten repräsentieren und deswegen eher auf niedrigere Steuern statt einen weiteren Ausbau des Sozialstaates setzen. Neuere Varianten der Parteiendifferenztheorie erweitern diese Perspektive aufgrund der Tatsache, dass sich der parteipolitische Wettbewerb inzwischen nicht mehr ausschließlich auf der ökonomischen Markt-Staat-Achse abspielt, sondern auch auf einer zweiten Dimension, bei der Wertekonflikte eine größere Rolle spielen (vgl. grundlegendend Kitschelt 1994; sowie Häusermann et al. 2013). Den einen Pol dieser zweiten Achse bilden liberale Wertvorstellungen, wie zum Beispiel Unterstützung für Globalisierung, ein egalitäres Geschlechterverhältnis oder Umweltschutz. Im Gegensatz dazu finden sich am anderen Pol konservativ-autoritäre Wertvorstellungen, die stärker traditionelle Familienbilder und paternalistisch-hierarchische Sozialstrukturen betonen.

Wie vor allen Dingen die Arbeiten von Kitschelt (1994, 1999) gezeigt haben, stellt diese Rekonfiguration des politischen Raums vor allem für sozialdemokratische Parteien ein Dilemma dar. Einerseits müssen sie versuchen, durch ihre Politikangebote weiterhin ihre klassischen Klientel in den unteren Einkommensschichten und im Arbeitermilieu zu bedienen. Andererseits müssen angesichts des demografisch und sozio-strukturell bedingten Niedergangs des klassischen Arbeitermilieus auch neue Wählergruppen in der Mittelschicht angesprochen werden, die im Gegensatz zum Arbeitermilieu auf der zweiten, werteorientierten Achse dem liberalen Pol näher stehen (Gingrich und Häusermann 2015). Grüne Parteien waren und sind diesem Dilemma in weit weniger starkem Maße ausgesetzt. Aufgrund ihrer politischen Wurzeln in den außerparlamentarischen sozialen Bewegungen der 1960er und 1970er Jahre, die letztlich auch durch die Dynamik des gesellschaftlichen Wertewandels hin zum Post-Materialismus befördert wurden, nehmen grüne Parteien auf der liberal-autoritären Achse eine stärker homogene Position nahe des liberalen Pols ein. In Deutschland hat sich die grüne Partei zudem auf der Markt-Staat-Achse klar auf der linken Seite positioniert, auch wenn die baden-württembergischen Grünen im Vergleich zu anderen Landesverbänden hier eher Mitte-orientiert sind (Schlauch und Weber 2015).

Bezogen auf den Gegenstand der Bildungspolitik könnte daher erwartet werden, dass sich die grün-rote Regierungspolitik deutlich von der Politik der Vorgängerregierung unterscheidet. Die einschlägige Forschung zu Parteieneffekten in der Bildungspolitik hat argumentiert und gezeigt, dass sozialdemokratische Parteien tendenziell mehr für Bildung ausgeben, sich für Strukturreformen in Richtung eines Gemeinschafts- oder Gesamtschulmodells einsetzen, eher staatliche statt marktliche Steuerungsformen präferieren und sich für eine Ausweitung des Zugangs zu den höheren Stufen des Bildungswesens einsetzen (Ansell 2008; Boix 1997; Busemeyer 2007, 2009, 2015; Gingrich 2011; Nikolai 2007; Schmidt 1980, 2007; Wolf 2006; Wolf und Zohlnhöfer 2009).

Zu den bildungspolitischen Positionen von grünen Parteien gibt es wenig bis gar keine einschlägige Forschung. Dies mag auch daran liegen, dass grüne Parteien im internationalen Vergleich in der Bildungspolitik in vielen Ländern als „issue ignorer" (Busemeyer et al. 2013) auftreten, d. h. dem Thema insgesamt eine eher geringe Aufmerksamkeit widmen, da sie stärker mit anderen Themen wie etwa Umweltschutz oder Geschlechterpolitik befasst sind. Ein weiterer Grund ist schlicht die Tatsache, dass grüne Parteien bisher immer lediglich als kleiner Koalitionspartner an Regierungen beteiligt waren. Als Ausgangshypothese, der wir in den Fallstudien weiter nachgehen möchten, kann hier lediglich festgehalten werden, dass die Partei der Grünen – insbesondere in Deutschland als links-liberale Partei – in wesentlichen Punkten ein ähnliches Policy-Profil aufweisen sollte wie sozialdemokratische Parteien. Wenn diese These zutreffen würde (oder die Grünen im Vergleich zur SPD sogar noch weiter „links" zu verorten wären), würde dies allerdings wesentliche Grundannahmen der klassischen Parteiendifferenztheorie herausfordern: Die Wählerklientel der Grünen sind tendenziell wohlhabender als die der SPD und sollten insofern näher an den bildungspolitischen Positionen bürgerlicher Parteien sein. Wenn dem nicht so wäre, würde dies darauf hindeuten, dass die Werte-Dimension – zumindest bei den Wähler*innen der Grünen – eine gewichtigere Rolle spielt als die ökonomische Dimension.

Im Gegensatz dazu ist zu erwarten, dass die ehemaligen Oppositionsparteien, insbesondere die CDU, als Verteidiger des gegliederten Schulsystems auftreten und weniger hohe Bildungsausgaben anstreben. Christdemokratische Bildungspolitik begründet die Notwendigkeit eines gegliederten bzw. differenzierten Schulsystems damit, dass auf diese Weise unterschiedliche Begabungen und Fertigkeiten besser gefördert werden als durch ein Bildungssystem, das durch die Einführung neuer Schultypen wie der Gesamtschule diese inhärenten Unterschiede nicht Ernst genug nehme (vgl. etwa Wilms 1986).

Wolf (2006) konnte in einer umfassenden Analyse der Bildungsausgabenpolitik der Länder den erwarteten Zusammenhang zwischen der parteipolitischen Färbung einer Landesregierung und den Bildungsausgaben feststellen; in der späteren Zeitperiode scheinen es jedoch vor allem CDU/CSU-geführte Regierungen gewesen zu sein, die mehr für Bildung ausgegeben haben (vgl. auch Rauh et al. 2011 für den Bereich der Hochschulpolitik). Abgesehen von der Frage der Bildungsfinanzierung kristallisieren sich parteipolitische Konflikte zwischen den beiden großen Parteien über die institutionelle Ausgestaltung von Schulstrukturen weiterhin an der Frage, wie bzw. ob das gegliederte Sekundarschulwesen reformiert werden soll (Edelstein und Nikolai 2013; Helbig und Nikolai 2015). Neben der politischen Debatte zur Schulstruktur, die nun bereits seit Jahrzehnten geführt wird, sind allerdings auch neue Themen auf die bildungspolitische Agenda gekommen, insbesondere die Problematik der Umsetzung des Inklusionsprinzips an Schulen in Folge der Verabschiedung der UN-Behindertenrechtskonvention im Jahr 2009 (Blanck et al. 2014), die ebenfalls zwischen den Parteien umstritten sind. Tendenziell sind hier linke Parteien stärker engagiert als bürgerliche Parteien, da sie das Ziel der Bildungsgerechtigkeit höher gewichten.

Auch wenn sich die Parteiendifferenzthese in vielen Politikfeldern als erklärungskräftig erwiesen hat, gibt es gewichtige Einwände gegen ihre Gültigkeit. Im vorliegenden Beitrag möchten wir vor allen Dingen auf den potenziellen Einfluss des institutionellen Politikerbes eingehen. Wie Pierson (1993, 1994, 1996) und andere (Rose und Davies 1994) gezeigt haben, haben bestehende Institutionen einen starken Einfluss auf die Größe des reformpolitischen Spielraums. Verschiedene politische Akteure (organisierte Interessen, aber auch individuelle Bürger*innen) haben ihre Strategien und Präferenzen an den bestehenden Institutionen ausgerichtet. Diese „Policy-Feedback-Effekte" führen dazu, dass der Widerstand gegen weitreichende systemische/strukturelle Reformen in institutionalisierten Bildungs- oder wohlfahrtsstaatlichen Regimen groß ist. In der deutschen Bildungspolitik beispielsweise sind die Berufsverbände, die die Interessen der Lehrer*innen vertreten, in weiten Teilen auf der Grundlage der unterschiedlichen Schultypen des gegliederten Schulsystems organisiert. Allein aus diesem Grund ist zu erwarten, dass Reformversuche, die auf eine vollständige Überwindung des gegliederten Schulsystems zielen würden, auf großen Widerstand stoßen werden.

In seinen Arbeiten zum Wohlfahrtsstaat betont Pierson (1993, 1994, 2001) vor allen Dingen die Tatsache, dass bestehende Institutionen den Spielraum für Veränderungen aufgrund der soeben skizzierten „positiven" (also: den Status quo bestärkenden) Feedback-Effekte und der damit einhergehende Pfadabhängigkeiten beschränken. Im Gegensatz dazu haben neuere Arbeiten in der Tradition des historischen Institutionalismus allerdings herausgearbeitet, dass diese „positiven" unter bestimmten Bedingungen auch in „negative" (also: den Status quo verändernden) Feedback-Effekte umschlagen können. Zudem muss eine solche Transformation nicht zwangsläufig durch exogene Faktoren ausgelöst werden, sondern kann auch Resultat systemimmanenter, also endogener Veränderungsprozesse sein (vgl. etwa Greif und Laitin 2004; Jacobs und Weaver 2015; Soroka und Wlezien 2010; Streeck und Thelen 2005; Weaver 2010 sowie Busemeyer und Trampusch 2013 für eine Anwendung auf den deutschen Fall). Insofern können bestehende Institutionen aus sich selbst heraus auch politische Unterstützung für eine Abkehr vom Status Quo generieren, wenn dieser Status Quo etwa Nebeneffekte produziert, die aus der Perspektive einer relativen Mehrheit der Betroffenen negativ zu bewerten sind.

Im Folgenden untersuchen wir, inwiefern die Theorien der Parteiendifferenz, der Pfadabhängigkeit und der Feedback-Effekte die Parteipositionen und Bedingungen für Politikwandel in Baden-Württemberg 2011 erklären können.

3 Ausgangslage und Parteipositionen vor dem Regierungswechsel

Um die Vielzahl an Reformen einordnen zu können, ist zunächst ein Blick auf die Ausgangslage im Jahr 2011 hilfreich. Verschiedene Punkte sind hier relevant. Erstens war aufgrund des demografischen Wandels und sinkenden Schülerzahlen auf längere Frist ein flächendeckendes Angebot von Abschlussmöglichkeiten nicht mehr gewährleistet. Infolge des Akzeptanzverlusts der Haupt-/Werkrealschulen[1] sanken die Anmeldungen insbesondere an dieser Schulart, und viele Schulen mussten bereits schließen oder waren von der Schließung bedroht (Landesinstitut für Schulentwicklung 2015, S. 104–106).

Zweitens war in Baden-Württemberg im Vergleich zu anderen Bundesländern der Bildungserfolg von Kindern relativ stark von der sozialen Herkunft abhängig (Köller et al. 2010, S. 22). Dies lässt sich laut Bildungsforschern auch auf das gegliederte Schulsystem zurückführen (Hanushek und Wößmann 2006; Pfeffer 2008). So war Baden-Württemberg eines der wenigen Bundesländer ohne signifikante Anzahl an Schüler*innen in integrierten Gesamtschulen oder anderen Schulformen mit mehreren Bildungsgängen (Autorengruppe Bildungsberichterstattung 2012, S. 69). Im Schuljahr 2012/2013 beispielsweise besuchten lediglich 2,7 % der Fünftklässler in Baden-Württemberg eine Integrierte Gesamtschule[2] bei einem deutschlandweiten Durchschnitt von 24,8 % (Autorengruppe Bildungsberichterstattung 2014, S. 254). Nur Bayern (0,3 %) lag noch dahinter.

Drittens hatte Baden-Württemberg einen vergleichsweise niedrigen Anteil an Ganztagsschulen. Während der Bundesdurchschnitt bei 51 % lag, hatten in Baden-Württemberg lediglich 27 % der Schulen Ganztagsangebote (Autorengruppe Bildungsberichterstattung 2012, S. 79). Angesichts gestiegener örtlicher Mobilität und der Veränderung von Familienstrukturen leisten ganztägige Betreuungsangebote einen wichtigen Beitrag zur Vereinbarkeit von Familie und Beruf und erleichtern die Beteiligung von Frauen im Arbeitsmarkt. Insbesondere für Alleinerziehende sind Ganztagsschulen wichtig, um ihnen die Ausübung einer

---

[1]Werkrealschulen sind eine Weiterentwicklung der Hauptschulen, die durch einen Landtagsbeschluss unter der CDU-FDP-Regierungskoalition im Jahr 2009 gesetzlich vorgeschrieben wurde. Werkrealschulen bieten nach dem Hauptschulabschluss zusätzlich ein zehntes Schuljahr an um Hauptschüler*innen mehr Abschlussmöglichkeiten zu bieten (Schulgesetz § 6).

[2]Oder ein Sport- und Musikgymnasium. Diese beiden Schulformen werden von den Autoren des Bildungsberichts 2014 zusammengelegt.

Vollzeittätigkeit zu erleichtern. Zudem deuten Studienergebnisse an, dass Ganztagsschulen sich positiv auf die Fähigkeiten und Kompetenzen insbesondere von Kindern aus bildungsferneren Familien auswirken; qualitativ hochwertige Ganztagsangebote können somit auch zur Entkoppelung des Zusammenhangs von sozialer Herkunft und Bildungserfolg beitragen (Expertenrat „Herkunft und Bildungserfolg" 2011, S. 14, 90).

Schließlich lag Baden-Württemberg in Bezug auf die Umsetzung von Inklusion aufgrund von Schulversuchen zum Zeitpunkt des Regierungswechsels bereits über dem Bundesdurchschnitt. So wurden im Schuljahr 2010/11 in Baden-Württemberg 27,4 % aller Schüler*innen mit sonderpädagogischem Förderbedarf in allgemeinbildenden Schulen unterrichtet, während es bundesweit erst 22,4 % waren (Autorengruppe Bildungsberichterstattung 2012, Tab. D1–4 A). Jedoch beruhte dieser vergleichsweise hohe Wert teilweise auf der Erprobung von Inklusion in fünf zum Schuljahr 2010/2011 eingeführten Modellregionen sowie auf inklusiven Angeboten in Form von Außenklassen (Kultusministerium 2010). In Außenklassen kooperiert eine Sonder- oder Förderschule mit einer allgemeinbildenden Schule und bietet teilweise gemeinsamen Unterricht an. Diese Art der Inklusion wird jedoch kritisiert, da sie keine innerschulische Inklusion darstellt (Preuss-Lausitz 2010). Zudem war das Recht von Menschen mit Behinderung auf Bildung an allgemeinbildenden Schulen nicht im Schulgesetz verankert. Insofern bestand auch im Themenfeld Inklusion ein gewisser Handlungsbedarf.

Mit der Theorie der Feedback-Effekte lässt sich angesichts dieser Herausforderungen sagen, dass es neben starken positiven Feedback-Effekten aufgrund der lang etablierten Schulstruktur und entsprechend organisierter Interessengruppen auch beträchtliche negative Feedback-Effekte gab. So verursachte offensichtlich die Aufrechterhaltung eines differenzierten, gegliederten Schulwesens in ländlichen Räumen zunehmend finanzielle und andere praktische Schwierigkeiten, und die seit PISA geführte, öffentliche Diskussion über Bildungsgerechtigkeit stellte das gegliederte Schulsystem zunehmend infrage. Diese Gründe könnten nicht nur dazu beigetragen haben, dass die von Grün-Rot angestrebten Bildungsreformen politisch umsetzbar(er) wurden, sondern auch dazu, dass sich die Wähler*innen am 27. März 2011 überhaupt gegen die alte und für eine neue Regierung entschieden hatten. Doch: Wie planten die größten Parteien, diese Herausforderungen anzugehen?

Aus Sicht der CDU gab es keinen Grund die Schulstrukturen zu verändern. Den demografischen Wandel wollte die CDU hauptsächlich durch Familienförderung und verstärkte Einbindung älterer Menschen in den Arbeitsmarkt angehen (CDU 2011a, S. 40–43). Die CDU sah darüber hinaus vor, die Ganztagsschulen je nach Nachfrage vor Ort weiter auszubauen (CDU 2011a, S. 43). In Bezug auf die weitere Umsetzung von Inklusion findet sich im Wahlprogramm der CDU keine Aussage; eine Gesetzesänderung war jedoch zum Schuljahr 2013/2014 geplant (Rodenhausen 2010). Auch die FDP sah keine strukturellen Veränderungen im Schulwesen vor. Im Gegensatz zur CDU setzte sich die FDP allerdings für die Ermöglichung integrativer und innovativer Schulprojekte und -kooperationen ein (Rodenhausen 2010, S. 36–40) und beschrieb konkrete Maßnahmen zur Umsetzung von Inklusion, wie z. B. die Öffnung aller Schularten für Kinder mit und ohne Behinderung und die Verankerung des beschränkten Elternwahlrechts[3] (Rodenhausen 2010, S. 58 f.).

Für die SPD war Bildung das zentrale Wahlkampfthema. Sie beschrieb das gegliederte Schulsystem als Hindernis sowohl für soziale Gerechtigkeit als auch für den Erhalt von Schulstandorten, insbesondere im ländlichen Raum, und plante daher, im Dialog mit den Beteiligten vor Ort eine Schulstrukturreform umzusetzen. Diese sollte in der Einführung einer 10-jährigen Gemeinschaftsschule (mit anschließender gymnasialer Oberstufe) münden (SPD 2011, S. 16 f.). Neben der geplanten Schulstrukturreform versprach die SPD, verlässliche Rahmenbedingungen für Ganztagsschulen zu schaffen und die Umsetzung von Inklusion im Schulgesetz zu verankern (ohne hierfür konkrete Maßnahmen vorzuschlagen) (SPD 2011, S. 18–21).

Auch die Grünen setzten sich für eine 10-jährige gemeinsame Lernzeit an einer Basis- oder Gemeinschaftsschule ein. Dabei betonten sie, dass Kommunen und Gesellschaft mehr Verantwortung bei der Gestaltung der Schulstruktur bekommen sollten (Die Grünen 2011a, S. 98–107). Zudem versprachen die Grünen, Ganztagsschulen schneller auszubauen, indem zusätzliche Lehrerstellen bereit gestellt werden sollten (Die Grünen 2011a, S. 107 f.). In Bezug auf die Umsetzung von Inklusion befürworteten die Grünen ebenso wie die FDP eine Öffnung aller Schularten für Kinder mit und ohne Behinderung (Die Grünen 2011a, S. 109 f.). Jedoch gingen die Vorhaben der Grünen darüber hinaus: Sie wollten die Sonderschulpflicht sofort abschaffen und ein uneingeschränktes Elternwahlrecht im Schulgesetz verankern (Die Grünen 2011a, S. 109 f.). Als einzige Partei gingen die Grünen auch auf die anstehende Bildungsplanreform ein und forderten, ein Leitbild der nachhaltigen Entwicklung – Umweltbildung, Gleichberechtigung der Geschlechter, Toleranz und Gerechtigkeit – als roten Faden in die Bildungspläne zu integrieren (Die Grünen 2011a, S. 116 f.).

---

[3]Von einem „beschränkten" Elternwahlrecht wird gesprochen, wenn die zuständige Behörde unter Angabe überzeugender Gründe eine Schulform wählen kann, die nicht dem Elternwillen entspricht.

Dieser Überblick über die Parteipositionen zu den wichtigsten Herausforderungen zeigt, dass die Erwartungen der Parteidifferenztheorie weitgehend zutreffen: CDU und FDP versprachen – im Sinne ihrer konservativeren Wähler aus höheren Einkommens- und Bildungsschichten – den Erhalt des dreigliedrigen Schulsystems. Die SPD setzte sich für eine Schulstrukturreform zugunsten eines Gesamtschulsystems ein, was den Kindern von Arbeiterfamilien neue und erleichterte Zugangsmöglichkeiten zu höheren Bildungsabschlüsse bieten könnte. Die Grünen legten ein besonderes Augenmerk auf Ganztagsbetreuung und Beteiligungsprozesse, wovon ihre tendenziell höher gebildeten und politisch aktiveren Wähler direkt profitieren. Zudem legten sie großen Wert auf die Ausgestaltung von Bildungsinhalten und Betreuungskonzepten, soziale Gerechtigkeit und Inklusion, welche sie u. a. durch die Gemeinschaftsschule erreichen wollten. Hier ist ein Paradox zu erkennen: Aufgrund der höheren Bildungsabschlüsse der Grünen-Wähler könnte man annehmen, dass diese – aufgrund von materialistischen Überlegungen – eine Förderung von Gymnasium und Hochschulbildung vorziehen, aber die Einführung einer Gemeinschaftsschule ablehnen müssten. Wie oben bereits angedeutet scheint hier die postmaterialistische Orientierung der Grünen und ihrer Wählerklientel dazu beizutragen, dass die Partei sich für eine Schulform einsetzt, die nicht unbedingt den materiellen Interessen ihrer Wählerschaft entspricht, wohl aber ideellen Überzeugungen.

Zusammenfassend betrachtet waren die Ausgangsbedingungen für ambitiöse grün-rote Bildungsreformen bei dem Machtwechsel im Jahr 2011 daher nicht ungünstig. Die Policy-Positionen der beiden Koalitionspartner waren in diesem Politikfeld weit weniger weit voneinander entfernt als in anderen (wie etwa dem Konflikt um „Stuttgart 21"). Auch wenn die politischen und institutionellen Beharrungskräfte des bestehenden Bildungssystems durchaus beträchtlich waren, gab es einige Anhaltspunkte für Defizite im baden-württembergischen Bildungswesen, die letztlich auch auf den mangelnden Reformeifer der Vorgänger-Regierungen zurückgeführt werden konnten. Im folgenden Abschnitt befassen wir uns damit, welche Reformprojekte die grün-rote Landesregierung umsetzte und zeigen anhand einiger Fallbeispiele zu den wichtigsten grün-roten Reformprojekten, dass die Umsetzung der bildungspolitischen Reformen trotz vergleichbar günstiger Ausgangslage politisch recht kontrovers verlief.

4 Überblick über die Bildungsreformen der grün-roten Landesregierung

Mit dem Koalitionsvertrag einigten Grüne und SPD sich auf bestimmte, konkrete Reformvorhaben im Bildungsbereich, zum Beispiel die verbindliche Grundschulempfehlung durch eine Elternberatung zu ersetzen, Gemeinschaftsschulen auf Wunsch von Schulen und Schulträgern zu ermöglichen und zu fördern, den Anspruch auf Inklusion ins Schulgesetz aufzunehmen und das Elternwahlrecht einzuführen, sowie „Bildung für nachhaltige Entwicklung" als roten Faden in den Bildungsplänen zu verankern (Die Grünen und SPD 2011, S. 5–8). Im Vergleich mit den Wahlprogrammen der Parteien lässt sich erkennen, dass sich im Bereich der Inklusion ebenso wie in Bezug auf die Bildungspläne die expliziten Vorstellungen der Grünen durchgesetzt haben. Die Begrifflichkeiten und Vorhaben der SPD dominieren dagegen das Themenfeld der Gemeinschaftsschulen – und damit den Bereich möglicher Schulstruktur-Reformen.

Ebenfalls einigten sich die Koalitionäre darauf, dass das Kultusministerium von SPD-Mitglied Gabriele Warminski-Leitheußer geleitet werden sollte. Während der Legislaturperiode initiierte die grün-rote Landesregierung eine Vielzahl an Reformen (siehe Tab. 6) im Bildungswesen, die teilweise höchst kontrovers diskutiert wurden. Jedoch war die Bildungspolitik nicht nur von vielen Reformen, sondern auch von einem Wechsel an der Spitze des Kultusministeriums geprägt: Anfang Januar 2013 gab Kultusministerin Warminski-Leitheußer bekannt, dass sie ihr Amt aufgrund fehlenden Rückhalts in der eigenen Landtagsfraktion niederlegte (Kultusministerium 2013a). Als weitere Gründe für den Rücktritt gelten ihre schwierige Situation als SPD-Ministerin in einem jahrzehntelang CDU-geführten Haus sowie mangelnde Kommunikationsfähigkeit und Überforderung (Exp11; Wieselmann 2013). Am 23. Januar wurde Andreas Stoch als neuer Kultusminister im Amt vereidigt (Kultusministerium 2013b). Er bemühte sich in der Folge sehr, die Kommunikation mit den relevanten Stake-Holdern zu verstärken und die Bildungspolitik insgesamt ruhiger und sachlicher anzugehen (Exp11; Exp18). Tab. 6 gibt in chronologischer Reihenfolge einen Überblick über die wichtigsten Reformen unter Grün-Rot im Bildungssystem.

Neben den Reformen, die wir im folgenden Abschnitt im Rahmen von Fallstudien eingehender untersuchen, trug insbesondere die Überarbeitung der Bildungspläne zu kontroversen Diskussionen bei. Eine solche Überarbeitung findet etwa alle zehn Jahre statt und stand während der Legislaturperiode der grün-roten

Tab. 6 Die wichtigsten Bildungsreformen im Überblick, März 2011 – März 2016

Datum	Reform	Inhalte der Reform
01.12.2011	Pakt für Familien mit Kindern	Das Land verpflichtet sich, seine Beiträge zur Finanzierung der Kleinkindbetreuung auf 68 % der Betriebsausgaben zu erhöhen, um die Kommunen beim Ausbau von Betreuungsplätzen für Kleinkinder zu unterstützen
17.12.2011	Abschaffung der Verbindlichkeit der Grundschulempfehlung; Schulgesetz § 5(2)	Die Grundschulen haben die Aufgabe, die Eltern umfassend zu beraten, welche Schulart für ihr Kind geeignet ist; die Entscheidung treffen jedoch die Eltern
21.04.2012	Einführung der Gemeinschaftsschule; Schulgesetz § 8a	Die Gemeinschaftsschule ist eine Ganztagsschule und inklusive Schule. Schüler*innen lernen in eistungsheterogenen Gruppen gemeinsam bis zur 10. Klasse und arbeiten je nach individuellem Leistungsstand auf dem Niveau der Hauptschule, der Realschule oder des Gymnasiums. Sie bekommen verbales und schriftliches Feedback; Noten werden in der Abschlussklasse erteilt
22.05.2014	Festlegung eines Verfahrens für die regionale Schulentwicklung; Schulgesetz § 30	Das Verfahren der regionalen Schulentwicklung wird auf Antrag eines Schulträgers, Landkreises oder einer Gemeinde und bei Unterschreitung einer Mindestschülerzahl eingeleitet. Alle „Berührten" sind an dem Verfahren zu beteiligen, insbes. weitere Schulen und Gemeinden im relevanten Gebiet (Raumschaft). Wird kein Konsens erreicht, kommt es zu einer Schlichtung durch die obere Schulaufsichtsbehörde
16.04.2014	Schulganztag in Grundschulen & Grundstufen der Förderschulen; Schulgesetz § 4	Ganztagsschulen bieten an drei/vier Tagen der Woche eine pädagogisch sinnvolle Verbindung von Unterricht, Übungsphasen, Förderzeiten, Aktiv- und Kreativzeiten an und binden dabei außerschulische Partner ein

(Fortsetzung)

Tab. 6 (Fortsetzung)

Datum	Reform	Inhalte der Reform
15.06.2015	Umsetzung von Inklusion; Schulgesetz § 15	Inklusion von Kindern mit Anspruch auf sonderpädagogische Förderung ist Aufgabe aller Schulen. Nach umfassender Beratung auf einer Bildungswegekonferenz können die Erziehungsberechtigten entscheiden, ob ihr Kind in einer allgemeinen Schulen oder einem Sonderpädagogischen Bildungs- und Beratungszentren (SBBZ) unterrichtet werden soll
30.09.2015	Weiterentwicklung der Realschulen; Schulgesetz § 7	Realschulen erhalten mehr Mittel um individuelle Förderung umzusetzen. Sie bieten den Hauptschulabschluss und den Realschulabschluss an. Klasse 5 und 6 werden als Orientierungsstufe mit halbjährlicher Wechselmöglichkeit zwischen den Lernniveaus und leistungsheterogenen Lerngruppen gestaltet
23.03.2016	Bildungspläne 2016	Die kompetenzorientierten Bildungspläne sind anhand von Niveaustufen (statt Schularten) organisiert um individualisiertes Lernen zu erleichtern. Die Leitperspektiven sind unterrichtsübergreifend umzusetzen

Landesregierung an. Den Grünen war dabei eine schulartübergreifende, abschlussbezogene Ausgestaltung der Bildungspläne sowie die Einführung von Leitperspektiven[4], die sich als „roter Faden" durch alle Fächer ziehen, besonders wichtig, und die SPD stand ihnen dabei nicht im Weg. An dem Leitprinzip „Bildung für Toleranz und Akzeptanz von Vielfalt" jedoch entwickelte sich ein erbitterter Streit, der über Landesgrenzen hinweg wirkte. Konservative, rechtspopulistische und pietistische Kräfte im Land warfen der Landesregierung vor, diese Leitperspektive sei eine „pädagogische, moralische und ideologische

---

[4]Die Leitperspektiven sind: „Bildung für nachhaltige Entwicklung", „Bildung für Toleranz und Akzeptanz von Vielfalt", „Prävention und Gesundheitsförderung", „Berufliche Orientierung", „Medienbildung" und „Verbraucherbildung".

Umerziehung" (openpetition o. J.) und setzten sich mit einer Petition und mehreren Demonstrationen gegen ihre Umsetzung ein. Unterstützer der Bildungsplanreform organisierten Gegendemonstrationen, sodass die Polizei die Demonstranten trennen musste (z. B. Bilger 2014; Maier 2015). Nach ausführlicher Erprobung der neuen Bildungspläne und der Fortbildung von Lehrkräften gab Kultusminister Stoch die Pläne im März 2016 trotz des nach wie vor nicht beigelegten Streits als letzte Amtshandlung per Unterschrift frei (Osel 2016). Sie gelten somit ab dem Schuljahr 2016/2017 für alle allgemeinbildenden Schulen.

Ein weiterer sehr umstrittener Punkt war die Ankündigung Kretschmanns, angesichts sinkender Schülerzahlen mit einer Kürzung von 11.600 Lehrerstellen bis 2020 zu einem ausgeglichenen Landeshaushalt beizutragen (otr und dpa 2012). Aufgrund starker Proteste der Lehrergewerkschaften, einer neuen Berechnung der Bevölkerungsprognose sowie der Aufnahme von Geflüchteten in die baden-württembergischen Schulen wurde diese Aussage im Verlauf der Regierungsperiode mehrmals revidiert und auf 1200 gesenkt (red und dpa 2016). Ein Blick auf die Haushaltspläne der Landesregierung zeigt, dass im Verlauf der Regierungsperiode keine Personalstellen gestrichen wurden. Stattdessen lässt sich das Gegenteil feststellen: Insgesamt wurden im Haushaltsplan für 2016 für Primar- und Sekundarstufe zusammen über 5700 Personalstellen mehr eingeplant als im Haushaltsplan für 2011. Deutlichen Kürzungen von knapp 2000 Personalstellen im Bereich der Grund-, Haupt- und Werkrealschulen steht ein signifikanter Zuwachs von fast 6000 Personalstellen an Gemeinschaftsschulen entgegen. Zudem wurden für Sonderschulen im Nachtragshaushalt 2016 rund 330 mehr Personalstellen als 2011 eingeplant, was sich auf die Umsetzung der Reform zur Inklusion zurückführen lässt.

Im Folgenden wollen wir anhand einer Darstellung dreier wichtiger Reformprozesse analysieren, ob der Regierungswechsel von Schwarz-Gelb zu Grün-Rot tatsächlich – wie wir anhand der Parteiendifferenzthese erwarten würden – zu einer grundlegend anderen Bildungspolitik geführt hat. Gleichzeitig untersuchen wir, ob Pfadabhängigkeiten und Feedback-Effekte den Handlungsspielraum der grün-roten Regierungskoalition eingeschränkt oder erweitert haben. Konkret befassen wir uns im Detail mit der Abschaffung der Verbindlichkeit der Grundschulempfehlung, mit der Einführung der Gemeinschaftsschule im Zusammenhang mit der regionalen Schulentwicklung und mit der Verankerung von Inklusion im Schulgesetz.

5   Fallstudien

Wir bestimmen die Präferenzen unterschiedlicher involvierter Akteure anhand von Wahlprogrammen, Positionspapieren und Pressemitteilungen. Wir betrachten sowohl Parteien als auch Verbände der Lehrer-, Eltern- und Schülerschaft. Zusätzlich greifen wir auf Informationen zurück, die wir im Rahmen von Experteninterviews mit diesen Akteuren im Zeitraum Juli/August 2015 gewonnen haben (Busemeyer und Haastert 2015). Nach einer Übersicht über den Status Quo zum Zeitpunkt der Landtagswahl 2011 beschreiben wir die Vorstellungen der Akteure und ihre Rolle im Reformprozess, um mit der aktuellen Positionierung zu enden. Wir dokumentieren somit die politischen Positionen der relevanten Akteure, wie sich diese unter Umständen geändert haben und welche Akteure sich in den Reformprozessen durchsetzen konnten. Im Anschluss erfolgt eine Einschätzung über die Reichweite der beschlossenen Reform*inhalte,* um die Frage zu beantworten, ob bzw. inwiefern die baden-württembergische Bildungslandschaft durch die Reform grundlegend transformiert wurde.

5.1   Abschaffung der Verbindlichkeit der Grundschulempfehlung

In Baden-Württemberg wurde der Übergang eines Kindes auf eine weiterführende Schule bis zum Jahr 2011 durch die verbindliche Grundschulempfehlung geregelt, die von den Grundschulen im Verlauf der vierten Klasse an die Eltern übermittelt wurde. Sofern die Eltern nicht einverstanden waren, konnte ein Test- und Beratungsverfahren eingeleitet werden, um die Grundschulempfehlung zu überprüfen (Kultusministerium 2011a). Aus Sicht des damals CDU-geführten Kultusministeriums gab es keinen Grund, diese Regelung zu verändern, da sie ein bewährtes Instrument zur Steuerung der Schülerströme im gegliederten Schulsystem war (ebenso: Exp15, Exp17, Exp4). Zudem würden Schüler*innen aus benachteiligten Familien ohne die verbindliche Grundschulempfehlung weniger häufig ein Gymnasium besuchen, weil ihre Eltern diese Schulart nicht ernsthaft für ihre Kinder in Betracht ziehen würden (CDU 2011b; Kultusministerium 2011a).

Der baden-württembergische Landeselternbeirat (LEB) hingegen forderte bereits seit Jahren die Umwandlung der verbindlichen Grundschulempfehlung in eine „echte" Empfehlung mit ausführlicher Elternberatung im Verlauf der Grundschule und Elternwahlrecht in Bezug auf die weiterführende Schulart (LEB 2011). Auch SPD und Grüne sprachen sich in ihren Wahlprogrammen 2011 gegen die Verbindlichkeit der Grundschulempfehlung aus, da diese „unzeitgemäß" (SPD 2011, S. 17) sei und die Effekte der sozialen Herkunft auf die Bildungswege der Kinder verstärken würde (Die Grünen 2011a, S. 99). Zudem setze die „Jagd" (VBE 2012) nach der gewünschten Empfehlung nicht nur die Kinder unter hohen Leistungsdruck, sondern auch die Lehrkräfte unter Rechtfertigungsdruck (VBE 2012, Exp3, Exp24), wie SPD und Grüne in Übereinstimmung mit der Gewerkschaft Erziehung und Wissenschaft (GEW) und dem Verband Bildung und Erziehung (VBE) – den schulartübergreifenden gewerkschaftlichen Vertretungen der Lehrkräfte – argumentierten. Aufgrund dieser negativen Effekte der verbindlichen Grundschulempfehlung versprach die grün-rote Koalition die Einführung einer qualifizierten Elternberatung während der Grundschulzeit und das Elternwahlrecht (Die Grünen und SPD 2011, S. 6).

Direkt nach Amtsübernahme erarbeitete das Kultusministerium unter Anhörung verschiedener Akteure eine Gesetzesänderung zur Abschaffung der Verbindlichkeit der Grundschulempfehlung noch im Schuljahr 2011/2012. Im Verlauf dieses Prozesses wies der Landesschülerbeirat darauf hin, dass eine Umstellung zwar zu begrüßen, aber im laufenden Schuljahr noch zu früh sei, da eine ausreichende Elternberatung dann nicht möglich sei (Kultusministerium 2011b). Aus Sicht der Opposition war die schnelle Initiative zur Abschaffung der Verbindlichkeit nicht nur überhastet, sondern auch unnötig, da es bereits eine Elternberatung und Revisionsmöglichkeiten gebe (CDU 2011b). Zudem, so mutmaßte die Opposition, bringe die Reform keine Entlastung von Kindern und Lehrern in Grundschulen, sondern sei vielmehr eine Maßnahme, um das gegliederte Schulsystem zugunsten der Gemeinschaftsschule anzugreifen (Allgöwer 2011).

Trotz dieser Widerstände beschloss der Landtag am 17. Dezember 2011 die Abschaffung der Verbindlichkeit der Grundschulempfehlung. Seit dem Schuljahr 2011/2012 treffen demnach die Erziehungsberechtigten von Viertklässler*innen selbst die Entscheidung über eine weiterführende Schulart für ihr Kind und werden dabei von den Grundschullehrkräften durch kontinuierliche Beratungsgespräche unterstützt. Die weiterführende aufnehmende Schule hat kein Recht darauf, die Grundschulempfehlung einzusehen.

Infolge der Gesetzesänderung stiegen die Übergangsquoten an Realschulen und Gymnasien in den Schuljahren 2012/2013 und 2013/2014 stärker an als zuvor; dieser Trend ist seit dem Schuljahr 2013/2014 wieder leicht zurückgegangen (Landesinstitut für Schulentwicklung 2015, S. 94).[5] Durch die veränderten

---

[5]So sank die Übergangsquote auf Werkrealschulen von 23,7 % im Schuljahr 2011/2012 auf 9,3 % im Schuljahr 2014/2015, während die Übergangsquote auf Gymnasien von 40,9 % im Schuljahr 2011/2012 auf 44,6 % im Schuljahr 2013/2014 stieg und Realschulen eine Erhöhung von 34,2 % im Schuljahr 2011/2012 auf 37,1 % im Schuljahr 2012/2013 verzeichneten (Landesinstitut für Schulentwicklung 2015, S. 94).

Möglichkeiten der Schulwahl erhöhte sich offiziellen Statistiken zufolge insbesondere an Realschulen die Heterogenität der Schülerschaft in Bezug auf ihre Grundschulempfehlungen und es kam zu einer – zumindest temporären – Erhöhung der Nichtversetzen-Quote (Landesinstitut für Schulentwicklung 2015, S. 101, 131). Diese Entwicklungen zogen große mediale Aufmerksamkeit auf sich und auch die Gegner der Gesetzesänderung wiesen Jahr um Jahr auf die negativen Effekte von Nichtversetzung oder Schulwechsel auf die Lernmotivation und das Selbstbewusstsein der Kinder hin (Allgöwer 2014; Breining 2015; Kultusministerium 2013c; PHV 2013, 2014).

Für die Legislaturperiode 2016–2021 sieht jedoch keine der Parteien in ihren Wahlprogrammen eine direkte Wiedereinführung der Verbindlichkeit der Grundschulempfehlung vor: Grüne und SPD halten die unverbindliche Grundschulempfehlung in ihrer derzeitigen Form für richtig und wollen den Dialog zwischen Eltern und Grundschule weiter fördern (SPD 2016, S. 25 f.; Die Grünen 2016, S. 95). Die CDU verspricht, ein hochwertiges Beratungskonzept ab Klasse 1 zu etablieren, um die Grundschulempfehlung überflüssig zu machen und sieht für Real- und Werkrealschüler*innen eine weitere Bildungswegeempfehlung nach Klasse 6 vor (CDU 2016, S. 26). Die FDP setzt sich dahingegen für eine bessere Personalausstattung an Grundschulen für die Elternberatung ein und verspricht aufnehmenden Schulen das Recht, sich über die Grundschulempfehlung ihrer Schüler*innen informieren zu können. Sollten sich aber durch diese Maßnahmen die Nichtversetzen-Quoten nicht bis 2017 verringern, erwägt die FDP als einzige größere Partei eine Wiedereinführung der Verbindlichkeit der Grundschulempfehlung (FDP 2016, S. 20–25).

Insgesamt zeigt sich, dass trotz der harschen Kritik vonseiten der Opposition auch CDU und FDP auf dem neuen Status quo aufbauen wollen. Es scheint, dass die Einführung des Elternwahlrechts bei einem Großteil der Betroffenen auf Unterstützung stößt und somit mit hoher Wahrscheinlichkeit langfristig erhalten bleiben wird.

5.2 Gemeinschaftsschule und regionale Schulentwicklung

Im Jahr 2011 bestand das gegliederte Schulsystem in Baden-Württemberg aus Hauptschulen, Werkrealschulen, Realschulen, Gymnasien und Förderschulen. Aus Sicht von CDU und FDP, des Philologenverbandes und der beruflichen Schulen entsprach dieses differenzierte Schulsystem dem Motto „Kein Abschluss ohne Anschluss" und sei daher bestens dazu geeignet jede*n Schüler*in entsprechende seiner/ihrer Begabungen zu fördern (CDU 2011a, S. 40 f.; BLV 2014; Exp4, Exp17; FDP 2010, S. 12; FDP 2011, S. 37). Dieser Überzeugung entsprechend wurde Anträgen von Schulträgern, integrative Schulen einzurichten, vom CDU-geführten Kultusministerium nicht stattgegeben. Auch der Vorschlag der FDP, Verbünde verschiedener Schularten und individuelle Lernformen zu fördern (FDP 2010, S. 8, 12) wurde nicht umgesetzt.

Angesichts dieser Politik warfen die Grünen und die SPD der ehemaligen Landesregierung eine „ideologischen Fixierung" auf das dreigliedrige System (SPD 2008) und eine „Blockadepolitik" gegenüber Schulinnovationen (Die Grünen 2011a, S. 100) vor. Zudem sahen SPD und Grüne ebenso wie der Städtetag und der Landeselternbeirat eine große Herausforderung für das gegliederte Bildungssystem in den sinkenden Schülerzahlen, aufgrund derer die Zukunft vieler Schulstandorte im ländlichen Raum bedroht war (Die Grünen 2011a, S. 103, 107; Die Grünen 2011b; Exp21; Exp18; Exp11; Städtetag 2011).

Die Verankerung der Gemeinschaftsschule im Schulgesetz war daher eine Priorität der grün-roten Landesregierung. Integrative und inklusive, 10-jährige Gemeinschaftsschulen sollten das dreigliedrige System aufbrechen und mit neuen Lehr- und Lernformen längeres gemeinsames Lernen ermöglichen – was ein Beitrag für mehr Bildungsgerechtigkeit sei. Das Angebot aller Niveaustufen fördere zudem den Erhalt wohnortnaher Schulstandorte im Kontext sinkender Schülerzahlen, und die Einführung des Schulganztags verbessere die Vereinbarkeit von Familie und Beruf (Die Grünen und SPD 2011, S. 6).

Viele Akteure äußerten sich positiv oder zumindest abwartend gegenüber der geplanten Gemeinschaftsschule. So begrüßten der Landeseltern- und der Landesschülerbeirat die Einführung der Gemeinschaftsschule aus pädagogischen und sozialen Gründen (Exp18; LEB 2012; Kultusministerium 24.10.2011a), der Städtetag aus schulstrukturellen Überlegungen (Städtetag 2012), und Wirtschaftsvertreter aufgrund der Hoffnung auf bessere soziale Fähigkeiten und Reife der Absolventen (Exp16, Exp8). Jedoch kritisierten viele dieser prinzipiellen Reformbefürworter sehr, dass die Gemeinschaftsschule eingeführt werden sollte, ohne zuvor ein Gesamtkonzept für die Schullandschaft und die Finanzierung entwickelt zu haben (Gemeindetag 2012, 2013a; Städtetag 2012; Exp18). Ein großer Kritikpunkt war auch die Bevorzugung der Gemeinschaftsschulen im Hinblick auf Personalversorgung, bauliche Maßnahmen und finanzielle Ausstattung. Dies sei nicht im Sinne einer gerechten Ressourcenverteilung und führe zu Fehlanreizen für die Einrichtung einer Gemeinschaftsschule (LEB 2012; Gemeindetag 2012; Städtetag 2012).

Der vorgesehenen Ressourcenverteilung zufolge blieben Neid und Existenzängste unter den Schularten nicht aus. Die „ideologisch gesteuerte

Bildungspolitik" (RLV 2013) der grün-roten Landesregierung habe das Ziel, die Gemeinschaftsschule auf Kosten der bestehenden, leistungsfähigen Schularten durchzusetzen (CDU 2013c; Exp 4; Exp 17; Exp23; PHV 2012; RLV 2012). Neben den Lehrerverbänden der Gymnasial-, Realschul- und Berufsschullehrer warfen auch CDU und FDP der Landesregierung vor, dass die Gemeinschaftsschule das gegliederte Schulsystem zugunsten der „Einheitsschule" untergraben solle und sie damit die Leistungsfähigkeit des baden-württembergischen Bildungssystems zu zerstören drohe (o. A. 2011; FDP 2013, S. 4; CDU 2013c, S. 1 f.).

Trotz dieser massiven Kritik und zahlreicher Änderungsvorschläge veränderte das Kultusministerium weder die Reihenfolge der vorgesehenen Reformen, noch die Ausstattung der Gemeinschaftsschulen, da, so die Landesregierung, die Umstellung auf die neue Schulform einen Mehraufwand rechtfertige (Exp21, Exp22). Am 21. April 2012 fügte daher der Landtag dem Schulgesetz den Paragrafen § 8a hinzu, in dem die Gemeinschaftsschule gesetzlich festgeschrieben und ihre Ausgestaltung geregelt ist.

Im Schuljahr 2012/2013 begannen 41 Schulen mit über 2000 Schüler*innen als Gemeinschaftsschulen, im Schuljahr 2016/2017 gibt es bereits knapp 300 Gemeinschaftsschulen mit deutlich über 20.000 Schüler*innen (Landesinstitut für Schulentwicklung 2015, S. 119–121; Kultusministerium 2016). Davon sind die meisten ehemalige Werkrealschulen, aber auch über 30 ehemalige Realschulen oder Gymnasien gehören zu den Gemeinschaftsschulen (ibid.; Schwarz-Jung 2014). Die Resonanz von Schüler*innen, Eltern und Lehrkräften an den Gemeinschaftsschulen ist überwiegend positiv (Busemeyer und Haastert 2015), doch es werden auch Schwachstellen identifiziert. So sei die Arbeitsbelastung der Lehrkräfte durch die verbale und schriftliche Leistungsbewertung deutlich höher, und einige Standorte hätten sich nicht aus Überzeugung, sondern aus Standortsicherungsinteresse in eine Gemeinschaftsschule entwickelt (ibid.; PHV 2016; Exp11; Exp3).

Um die Herausforderung anzugehen, eine flächendeckende Versorgung mit Schulen und Abschlussmöglichkeiten auch in ländlichen Regionen Baden-Württembergs zu erhalten (und möglicherweise als Antwort auf den vielfach geäußerten Bedarf nach einer Schulentwicklungsplanung), erarbeitete das Kultusministerium im Verlauf des Jahres 2013 einen Gesetzesentwurf zur regionalen Schulentwicklung. Dieses Gesetzesvorhaben wurde deutlich weniger kontrovers diskutiert als die Einführung der Gemeinschaftsschule. Ein Grund hierfür war, dass sowohl das Ziel – vielfältige Abschlussmöglichkeiten und die zumutbare Erreichbarkeit der Schulstandorte zu erhalten – als auch das Verfahren – Beteiligungs- und Dialogverfahren vor Ort einzurichten – prinzipiell von vielen Seiten geteilt wurde (CDU 2013b; Städtetag 2013; Gemeindetag 2013b; Exp18). Kritik bezog sich hauptsächlich auf die Nennung der Verfahrensbeteiligten im Gesetz (LEB 2014; Exp18; CDU 2013b; Exp7) sowie die Festlegung von Mindestschülerzahlen (CDU 2013b; Exp20; Exp12).

Am 22. Mai 2014 beschloss der Landtag die vom Kultusministerium erarbeitete Änderung des Schulgesetzes zur regionalen Schulentwicklung für weiterführende Schulen. Demnach wird ein Verfahren der regionalen Schulentwicklung eingeleitet, wenn eine im Gesetz vorgegebene Mindestschülerzahl unterschritten wird oder wenn es von einem Schulträger, einer Gemeinde oder einem Landkreis gewünscht wird. Alle „von der schulorganisatorischen Maßnahme Berührten" (Schulgesetz § 30c Absatz 2) sind an den Dialogverfahren über die Schulentwicklungsplanung zu beteiligen, insbesondere weitere Schulen und Gemeinden im relevanten Gebiet. Dies verlangt eine große Kooperations- und Kompromissbereitschaft von den Verfahrensbeteiligten. Wird kein Konsens erreicht, kommt es zu einem Schlichtungsverfahren durch die obere Schulaufsichtsbehörde. Laut der SPD wurden seit der gesetzlichen Regelung der regionalen Schulentwicklung 93 % der 125 bisher abgeschlossenen Verfahren konsensual gelöst (SPD 2015).

Der mehrheitlich positiven Auffassung gegenüber der regionalen Schulentwicklung zufolge sehen alle Parteien in ihren Wahlprogrammen für 2016 von einer grundlegenden Veränderung dieser Regelung ab (Bündnis90/Die Grünen 2016, S. 95; SPD 2016, S. 26). Einzig die FDP plant, Bildungsregionen einzurichten und Inklusion gesetzlich in die regionale Schulentwicklung zu integrieren (FDP 2016, S. 25).

Deutlich größere Differenzen zwischen den Parteien bestehen jedoch hinsichtlich der Zukunft der Gemeinschaftsschulen und des Schulsystems allgemein: CDU und FDP wollen das differenzierte Bildungssystem erhalten und Gemeinschaftsschulen nicht weiter genehmigen oder bevorzugt finanzieren. Um Schulen im ländlichen Raum zu erhalten, sehen sie Verbundschulen vor, also die organisatorische Zusammenlegung von Werkreal- und Realschulen unter einer gemeinsamen Schulleitung. Laut CDU soll eine solche „Realschule Baden-Württemberg" die 5. und 6. Klasse in Form einer Orientierungsstufe mit leistungsheterogenen Schülergruppen organisieren und den halbjährlichen Wechsel des Lernniveaus zulassen. Ab Klasse 7 soll (in den Kernfächern) leistungsdifferenzierter Unterricht stattfinden (CDU 2016, S. 27, 29). Die FDP dagegen möchte den Schulen selbst die Wahl der Schulform sowie der pädagogisch-inhaltlichen Ausrichtung überlassen (FDP 2016, S. 25).

Grüne und SPD dagegen streben ein Zwei-Säulen-Modell an, das aus dem allgemeinbildenden Gymnasium einerseits und einer integrativen Säule andererseits bestehen soll. Die integrative Säule soll sowohl aus Gemeinschaftsschulen als

auch aus den weiterentwickelten Realschulen, Haupt- und Werkrealschulen bestehen. SPD und Grüne sehen vor, Realschulen durch Fortbildungen und Lehrerstun-
denzuweisung bei der Umsetzung von individualisiertem Lernen zu unterstützen;
auf Wunsch soll ihnen auch eine Umwandlung in Gemeinschaftsschulen möglich
sein. An der Ausstattung von Gemeinschaftsschulen sowie der Einrichtung der
gymnasialen Oberstufe an Gemeinschaftsschulen halten die Parteien fest (Die
Grünen 2016, S. 99 f.; SPD 2016, S. 26 f.).

Anhand der Wahlprogramme der Parteien lässt sich feststellen, dass die Einführung der Gemeinschaftsschule, die regionale Schulentwicklung und die Weiterentwicklung der Realschulen, die im Dezember 2015 beschlossen wurde, einen
strukturellen Wandel im Schulsystem initiiert hat: Sowohl die Gemeinschaftsschule als auch die weiterentwickelte Realschule bieten verschiedene Abschlus-
sarten an und setzen individualisierte Lernformen ein. Viele Akteure, vom
Landeselternbeirat über den Städtetag bis hin zu Wirtschaftsvertretern, stehen dieser Entwicklung positiv gegenüber, während Realschul-, Gymnasial- und Berufsschullehrer sowie die Oppositionsparteien sie kritisieren. Dennoch plant keine der
vier größten Parteien in Baden-Württemberg ein „Zurück" ins Schulsystem des
Jahres 2011. Es erscheint daher wahrscheinlich, dass sich auf längere Frist auch
in Baden-Württemberg ein zweigliedriges Schulsystem etablieren wird – ob die
Gemeinschaftsschule in ihrer aktuellen Form bestehen bleibt, hängt jedoch von
dem Wahlergebnis ab.

5.2.1 Inklusion

Die Umsetzung von Inklusion war in Baden-Württemberg zum Zeitpunkt der
Amtsübernahme durch die grün-rote Landesregierung bereits im Rahmen von
Schulversuchen auf den Weg gebracht. Die CDU-geführte Vorgängerregierung
hatte im Jahr 2010 Modellregionen – Stuttgart, Mannheim, Konstanz, Biberach
und Freiburg – eingerichtet, in denen Formen inklusiven Unterrichts erprobt wurden und sah vor, die dort gesammelten Erfahrungen in eine Gesetzesänderung
zum Schuljahr 2013/2014 einfließen zu lassen (Rodenhausen 2010).

Wie bereits angedeutet, setzten sich im Koalitionsvertrag zwischen den Grünen und der SPD weitgehend die Vorstellungen der Grünen durch. So versprach
die neue Landesregierung, den Anspruch auf sonderpädagogische Förderung in
allgemeinen Schulen gesetzlich zu verankern, das Elternwahlrecht einzuführen,
das Zwei-Pädagogen-Prinzip in inklusivem Unterricht zu realisieren und Sonderschulen für Kinder ohne Behinderung zu öffnen (Die Grünen und SPD 2011,
S. 7). Nach der Wahl wurden jedoch zunächst andere Reformen angegangen. Eine
interfraktionelle Arbeitsgruppe, wie sie die ehemalige Kultusministerin Warminski-Leitheußer zu Beginn ihrer Amtszeit vorgeschlagen hatte (und welche die

FDP mehrmals einforderte) richtete das Kultusministerium nicht ein (FDP 2012, 2014b). Dementsprechend warf die Opposition dem SPD-geführten Kultusministerium Desinteresse und sogar „unterlassene Hilfeleistung" (FDP 2013) vor (auch: CDU 2013a) und erarbeitete indes eigene Eckpunktepapiere zu Inklusion (CDU 2014; FDP 2014a).

Erst im Februar 2015 legte Grün-Rot einen Gesetzesentwurf zur Umsetzung des Inklusionsprinzips vor – und damit deutlich später als von der ehemaligen CDU-FDP-Koalition ebenso wie von Grün-Rot selbst geplant (Kultusministerium 2012, 2015; CDU 2014). Dieser nahm weitgehend die Vorschläge und Forderungen vorheriger Eckpunktepapiere von CDU und FDP auf (FDP 2014a; CDU 2014, 2015). Die Kritikpunkte der Opposition bezogen sich lediglich auf die Personalallokation und die Lehrerfortbildung (CDU 2015; Exp18; Exp19), während Städte- und Gemeindetag bemängelten, dass das beschränkte Elternwahlrecht zu unklar definiert sei und dass die geplanten gruppenbezogenen Lösungen – mehrere Kinder mit Behinderung werden an einer Schule unterrichtet – organisatorisch und finanziell zu aufwendig seien. Die Einrichtung von Schwerpunktschulen – bestimmte Schulen nehmen Kinder mit ähnlichen Behinderungen auf – sei für eine Übergangszeit besser geeignet (Gemeindetag 2015; Städtetag 2015).

Die am 15. Juli 2015 im Landtag beschlossene Änderung des Schulgesetzes zur Umsetzung von Inklusion an allgemeinen Schulen entspricht weitgehend dem Gesetzentwurf: Die Sonderschulpflicht ist abgeschafft, und alle Sonderschulen- und Förderschulen werden zu Sonderpädagogischen Bildungs- und Beratungszentren (SBBZ) mit Angeboten für Kinder mit und ohne Behinderung weiterentwickelt, sodass die Bildung und Erziehung von Schüler*innen mit Behinderung eine Aufgabe aller Schulen wird. Die Landesregierung sieht Bildungswegekonferenzen vor, in deren Rahmen Eltern über die Fördermöglichkeiten für ihr Kind an allgemeinen Schulen und SBBZ beraten werden. Die Entscheidung über den geeigneten Lernort treffen die Eltern, die Wahl einer konkreten Schule ist jedoch nicht möglich. Weiterhin wird inklusiver Unterricht durch gruppenbezogene Lösungen umgesetzt und das Zwei-Pädagogen-Prinzip angestrebt (Kultusministerium 2015b). Insgesamt lassen sich bei der Umsetzung der Inklusion also durchaus Pfadabhängigkeiten feststellen. Innerhalb der SBBZ bleibt das Angebot spezialisierter Bildung für behinderte Kinder – also das Sonder- und Förderschulangebot – erhalten, obwohl der Erhalt der Sonderschulen im Verlauf des Reformprozesses von Grün-Rot stark infrage gestellt worden war.

Für die Legislaturperiode 2016–2021 sehen die Parteien in Bezug auf die weitere Förderung von Inklusion verschiedene Maßnahmen, aber keine grundlegenden Änderungen vor. Die CDU möchte Eltern von Kindern mit Behinderung einen Elternlotsen sowie einen Landesombudsmann zur Seite zu stellen,

Sonderschulen primär mit Sonderpädagogen zu versorgen und freien Schulen mehr Unterstützung geben (CDU 2016, S. 32). Die FDP will den Sonderschulstatus gesetzlich festschreiben, freie Schulen besser unterstützen, und den Finanzierungsmechanismus verändern (FDP 2016, S. 26 f.). Die Grünen sehen vor, zusätzliche Lehrerstellen und mehr finanzielle Mittel für die Umsetzung von Inklusion bereitzustellen (Die Grünen 2016, S. 106 f.). Die SPD schließlich setzt den Fokus auf die weitere Aus- und Fortbildung der Lehrkräfte (SPD 2016, S. 29). Es besteht daher kein Zweifel daran, dass das qualifizierte Elternwahlrecht bestehen bleibt und sonderpädagogische Förderung zukünftig sowohl an den SBBZ als auch an allgemeinbildenden Schulen angeboten wird.

6 Analyse und abschließende Bewertung: Inkrementeller Wandel oder Systemwechsel?

Die Fallstudien belegen im Bereich der Bildungspolitik eine hohe Reformdichte. Innerhalb eines vergleichsweise kurzen Zeitraums wurde eine Vielzahl an Reformen angegangen und auch gegen Widerstände durchgesetzt. Damit konnten SPD und Grüne die von ihnen bereits länger geforderte Schulstrukturreform hin zu einem zweigliedrigen System angehen. Für den Bereich der Schulstrukturreformen lässt sich daher festhalten, dass die positiven Feedback-Effekte (Beharrungskräfte für das dreigliedrige Schulsystem) überwunden werden konnten. Dies mag zu einem großen Teil an den starken negativen Feedback-Effekten gelegen haben, die wir in Abschn. 3 beschrieben haben. Hierbei ist allerdings zu berücksichtigen, dass die Vorschläge der Grün-roten Regierung zu Strukturreform in gewissem Sinne bereits die Wirkmächtigkeit von Pfadabhängigkeiten widerspiegeln: Im Unterschied zu den Reformdiskussionen der 1970er Jahre stand nicht mehr die vollständige Abschaffung des dreigliedrigen Systems zugunsten eines integrierten Gesamtschulsystems auf der Agenda, sondern lediglich die Einführung eines zweigliedrigen Schulsystems mit einer integrativen ersten Säule und dem weiterhin zu erhaltenden Gymnasium als zweite Säule.

Dennoch werden viele Reformen auch über einen Regierungswechsel hinaus Bestand haben, wie der kurze Ausblick auf die Positionen der Parteien im Wahlkampf 2016 gezeigt hat. Dies sind insbesondere die Abschaffung der Verbindlichkeit der Grundschulempfehlung, die Umsetzung des Inklusionsprinzips (hierbei insbesondere die Einführung des Elternwahlrechts) und die Reformen der regionalen Schulplanung. Aber auch die Gemeinschaftsschule – also dasjenige Reformprojekt, das die meisten Kontroversen auf politischer Ebene auslöste – wird mit hoher Wahrscheinlichkeit als Schulform auch unter einer bürgerlichen

Regierung weiter bestehen bleiben, denn die Vorschläge der gegenwärtigen Oppositionsparteien zielen eher auf eine Konsolidierung des Bestehenden statt auf den Rückbau der Gemeinschaftsschulen. Insofern kann durchaus konstatiert werden, dass die grün-roten Reformen einen langfristigen Systemwandel von einem eher „traditionellen" dreigliedrigen System hin zu einem Modell mit „modernisierten Strukturen" (Helbig und Nikolai 2015, S. 261) eingeleitet hat. Dieser Systemwandel wird jedoch ein inkrementeller Prozess sein und kein radikaler Wandel (vgl. Streeck und Thelen 2005 zur Theorie von inkrementellem transformativem Wandel). Das dabei zu beobachtende Muster inkrementellen Wandels kann als eine Kombination aus „institutional layering" und „conversion" beschrieben werden, denn die grün-rote Regierung setzte mit der Gemeinschaftsschule einen neuen Schultypus neben die bereits bestehenden. Sie tat dies allerdings, indem bestehende Institutionen (konkret: Schulen) in Gemeinschaftsschulen umgewandelt wurden. Langfristig könnte dies zu einem Prozess des „institutional displacement" führen, denn die neuen Gemeinschaftsschulen könnten bei fortgesetzter, teils selektiver Förderung die bestehenden traditionellen Schulformen ersetzen.

Die grün-rote Regierung verfolgte bei den Bildungsreformen einen bestimmten politischen Ansatz, der sicherlich zu diesem relativen Erfolg der Reformpolitik beigetragen hat. Wie kann dieser Ansatz charakterisiert werden? Zunächst ist auffällig, dass die grün-rote Regierung nicht wie in einigen anderen Bildungsländern bereits zu Anfang ihrer Regierungszeit den Schulterschluss mit den Oppositionsparteien gesucht hat, um im Rahmen eines „Schulkompromisses" oder eines „Bildungsfriedens" Strukturreformen auszuhandeln, die auch langfristig über Regierungswechsel hinweg Bestand haben. Stattdessen hat die grün-rote Regierung ein ambitiöses und von den Oppositionsparteien dementsprechend hart kritisiertes Reformprogramm eingeleitet und in Gesetzesänderungen umgesetzt. Bei vielen Reformprojekten – insbesondere bei der Einführung der Gemeinschaftsschule – stand eine Reformkoalition angeführt von den grün-roten Regierungsparteien, unterstützt von Eltern- und einigen Lehrerverbänden und -gewerkschaften, die den Regierungsparteien politisch nahestehen, gegen die Oppositionsparteien und andere Lehrerverbände, die das traditionelle System verteidigten (insbesondere der Philologenverband sowie die Verbände der Realschul- und Berufsschullehrer).

Die harte Linie gegenüber der Opposition wurde allerdings dadurch relativiert, dass die Reformen in wichtigen Punkten die Rechte der Eltern stärkten (wie etwa bei der Abschaffung der Verbindlichkeit der Grundschulempfehlung oder dem Elternwahlrecht bei der Inklusion) und genug Spielraum für lokale Initiativen und Beteiligung ließen (wie bei der Einführung der Gemeinschaftsschule und der regionalen Schulentwicklung). Eine Alternative wäre beispielsweise gewesen, im Rahmen eines „top-down"-Ansatzes Gemeinschaftsschulen per Regierungsbeschluss umzuwandeln oder die Standorte von Schulen im Bundesland zentral von Stuttgart aus festzulegen. Der von Grün-Rot stattdessen implementierte „bottom-up"-Ansatz verbunden mit einer Politik der Stärkung der Beteiligungsrechte half sicherlich dabei, bei den entsprechenden Verbänden, Kommunalpolitikern und lokalen Stake-Holdern Unterstützung für die Reformen zu schaffen. Langfristig könnten dadurch wirkmächtige Feedback-Effekte entstehen, denn zukünftige Regierungen werden sich schwertun, die nun bestehenden Wahlmöglichkeiten und Beteiligungsrechte wieder zu beschränken.

Des Weiteren wurden im Rahmen einer „Politik des Goldenen Zügels" beträchtliche finanzielle Anreize gesetzt, dass sich bestehende Schulen in Gemeinschaftsschulen umwandeln. Aufgrund der besseren finanziellen und personellen Ausstattung der Gemeinschaftsschulen sahen auch pragmatisch veranlagte Lokalpolitiker der Oppositionsparteien in der Einführung der Gemeinschaftsschule eine Chance, die lokalen Schullandschaften zu konsolidieren und attraktiver zu machen (vgl. Busemeyer und Haastert 2015). Durch die finanziellen Anreize konnte die Landesregierung somit zusätzliche Unterstützer für ihre Reformen gewinnen, die traditionell nicht zu ihrem Wählerkreis gehörten. Dies kann die neuen Feedback-Effekte verstärken, da Kürzungen finanzieller Mittel immer mit politischen Konflikten verbunden sind.

Trotz dieser Stärken sind jedoch auch einige Schwachpunkte offensichtlich geworden. Die hohe Reformdichte hat die Beteiligten, insbesondere die Lehrerschaft, teilweise überfordert und bei diesen für erheblichen Unmut gesorgt. Durch die Einführung der Gemeinschaftsschule und die Umsetzung des Inklusionsprinzips müssen sich Lehrer*innen mit neuen Lernmethoden und -inhalten auseinandersetzen, die in der Lehreraus- und -weiterbildung noch nicht systematisch integriert sind. Die graduelle Einführung der Gemeinschaftsschule trägt außerdem dazu bei, dass die Schulstrukturen auf lokaler Ebene zunächst heterogener und komplexer werden, was weitere Steuerungsprobleme nach sich ziehen und generell zu einer Verunsicherung der Schüler- und Elternschaft beitragen könnte.

Aus theoretischer Perspektive ist die grün-rote Bildungspolitik ein interessanter Fall, denn erst auf längere Frist wird sich zeigen, in welchem „Gleichgewicht" sich die Schulstruktur stabilisieren wird. Während die grün-rote Landesregierung in diesem hochkontroversen Politikfeld das Angebot an Schultypen letztlich erhöht hat, wird die Nachfrage nach den verschiedenen Schularten durch Eltern und Schüler*innen darüber entscheiden, welche davon langfristig überleben werden. Einen solchen Prozess differenziellen Wachstums anzuregen scheint eine Möglichkeit zu sein, hochpolitisierte Politikbereiche zu reformieren, da dadurch auch kurzfristige Konflikte entschärft werden können.

Anhang I: Liste der Expert*innen

Experte*in	Stake-Holder	Kalenderwoche des Interviews (2015)
Exp3	Lehrergewerkschaft	KW 28
Exp4	Lehrkräfte (Gymnasien)	KW 29
Exp7	Privatschulen	KW 29
Exp8	Arbeitgeber	KW 29
Exp11	KommunaleVerwaltung	KW 30
Exp12	Kommunale Verwaltung	KW 30
Exp15	Bildungswissenschaft	KW 30
Exp16	Arbeitgeber	KW 30
Exp17	Lehrkräfte (Berufsschulen)	KW 30
Exp18	Familien	KW 30
Exp19	Lehrkräfte (Sonderschulen)	KW 31
Exp20	Politiker (Opposition)	KW 31
Exp21	Politiker (Regierungsfraktion)	KW 31
Exp22	Politiker (Regierungsfraktion)	KW 31
Exp23	Lehrer (Realschulen)	KW 32
Exp24	Lehrergewerkschaft	KW 32

Literatur

Allgöwer, R. 2011. Eltern bekommen das letzte Wort. *Stuttgarter Zeitung,* 10.11.2011. http://www.stuttgarter-zeitung.de/inhalt.grundschulempfehlung-eltern-bekommen-das-letzte-wort.0338cb1f-5a6d-4af1-b084-e8b017f51540.html. Zugegriffen: 05. Apr. 2016.

Allgöwer, R. 2014. CDU im Landtag – Sitzenbleiberzahlen nur Spitze des Eisbergs. *Stuttgarter Zeitung,* 15.08.2014. http://www.stuttgarter-zeitung.de/inhalt.cdu-im-landtag-sitzenbleiberzahlen-nur-spitze-des-eisbergs.69acb878-7911-44f7-995e-1ac78cfdb83f.html. Zugegriffen: 05. Apr. 2016.

Ansell, B.W. 2008. University challenges: Explaining institutional change in higher education. *World Politics* 60:189–230.

Autorengruppe Bildungsberichterstattung. 2012. *Bildung in Deutschland 2012: Ein indikatorgestützter Bericht mit einer Analyse zur kulturellen Bildung im Lebenslauf.* Berlin: Kultusministerkonferenz, Bundesministerium für Bildung und Forschung, wbv.

Autorengruppe Bildungsberichterstattung. 2014. *Bildung in Deutschland 2014: Ein indikatorgestützter Bericht mit einer Analyse zur Bildung von Menschen mit Behinderungen.* Berlin: Kultusministerkonferenz, Bundesministerium für Bildung und Forschung, wbv.

Bilger, C. 2014. Demo in Stuttgart – Bildungsplan-Gegner ausgebremst. http://www.stuttgarter-zeitung.de/inhalt.demo-in-stuttgart-bildungsplan-gegner-ausgebremst.df5fb98ddadd-413b-8cf7-c1c93eb64830.html. Zugegriffen: 05. Apr. 2016.

Blanck, J., B. Edelstein, und J. J. W. Powell. 2014. Auf dem Pfad zur inklusiven Bildung? Schulreformen in Deutschland und die UN-Behindertenrechtskonvention. In *Inklusion und Chancengleichheit: Diversity im Spiegel von Bildung und Didaktik*, Hrsg. S. SchuSener, N. Bernhardt, M. Hauser, und F. PoSe, 97–104. Bad Heilbrunn: Verlag Julius Klinkhardt.

BLV. 2014. *Strategische Ziele des BLV.* http://blv-bw.de/wp-content/uploads/2013/11/Strategische-Ziele-BLV-08.12.2014-1.pdf. Zugegriffen: 05. Apr. 2016.

Boix, C. 1997. Political parties and the supply side of the economy: The provision of physical and human capital in advanced economies, 1960–1990. *American Journal of Political Science* 41(3): 814–845.

Breining, T. 2015. Versetzungszahlen in Baden-Württemberg – In Städten wird öfter sitzengeblieben. *Stuttgarter Zeitung,* 23.03.2015. http://www.stuttgarter-zeitung.de/inhalt.versetzungszahlen-in-baden-wuerttemberg-in-staedten-wird-oefter-sitzengeblieben.a6a9b2e9-6c64-49b0-9362-1ddbbc61c20e.html. Zugegriffen: 05. Apr. 2016.

Busemeyer, M. R. 2007. The determinants of public education spending in 21 OECD democracies, 1980–2001. *Journal of European Public Policy* 14 (4): 582–610.

Busemeyer, M. R. 2009. Social democrats and the new partisan politics of public investment in education. *Journal of European Public Policy* 16 (1): 107–126.

Busemeyer, M. R. 2015. *Skills and inequality: The political economy of education and training reforms in Western welfare states.* Cambridge: Cambridge University Press.

Busemeyer, M. R., und S. Haastert. 2015. *Kontrovers aber erfolgreich!? Eine Zwischenbilanz grün-roter Bildungsreformen in Baden-Württemberg.* Stuttgart: Fritz-Erler-Forum der Friederich-Ebert Stiftung.

Busemeyer, M. R., und C. Trampusch. 2013. Liberalization by exhaustion: Transformative change in the German welfare state and vocational training system. *Zeitschrift für Sozialreform* 59 (3): 291–312.

Busemeyer, M. R., S. Franzmann, und J. Garritzmann. 2013. Who owns education? Cleavage structures in the partisan composition over educational expansion. *West European Politics* 36 (3): 521–546.

Castles, F. G. 1982. The impact of parties on public expenditure. In *The impact of parties: Politics and policies in democratic capitalist states*, Hrsg. F. G. Castles, 21–96. London: Sage.

CDU. 2011a. *In der Tat besser. Regierungsprogramm der CDU-Baden-Württemberg 2006–2011.* Stuttgart: CDU.

CDU. 2011b. *Zweite Beratung des Gesetzentwurfs der Landesregierung – Gesetz zur Änderung des Schulgesetzes für Baden-Württemberg.* Rede von Georg Wacker MdL. http://fraktion.cdu-bw.de/fileadmin/user_upload/infothek/Bildung/2011-12-08_Wacker_zu_Abschaffung_Grundschulempfehlung.pdf. Zugegriffen: 05. Apr. 2016.

CDU. 2013a. *Unsere Position zum Thema Inklusion auf dem Weg zu einem inklusiven Bildungssystem.* Beschluss des CDU-Landesvorstandes. http://www.cdu-bw.de/uploads/media/2013-01-12-Papier-Inklusion.pdf. Zugegriffen: 05. Apr. 2016.

CDU. 2013b. Meldungen: *So wird die regionale Schulentwicklung zu einem reinen Schulschließungsprogramm!* http://fraktion.cdu-bw.de/meldung/artikel/so-wird-die-regionale-schulentwicklung-zu-einem-reinen-schulschliessungsprogramm.html. Zugegriffen: 05. Apr. 2016.

CDU. 2013c. *Leistungsstarke Schulen für unsere Kinder in Baden-Württemberg. Bildungskonzept Anlage.* http://fraktion.cdu-bw.de/fileadmin/user_upload/infothek/Bildung/2013-11-26_PM_216_Hauk_und_Wacker_zu_Bildungskonzept_ANLAGE_Konzept.pdf. Zugegriffen: 05. Apr. 2016.

CDU. 2014. *Eckpunktepapier Inklusion.* Stuttgart: CDU-Landtagsfraktion. http://fraktion.cdu-bw.de/fileadmin/user_upload/infothek/Bildung/2014-07-31_Inklusionskonzept.pdf. Zugegriffen: 05. Apr. 2016.

CDU. 2015. *Inklusion muss richtig gemacht werden!* Rede von Dr. Monika Stolz MdL. http://fraktion.cdu-bw.de/fileadmin/user_upload/infothek/Bildung/2015-07-16_Plenarrede_Top_8_Dr._Stolz.pdf. Zugegriffen: 05. Apr. 2016.

CDU. 2016. *Gemeinsam. Zukunft. Schaffen. Das Regierungsprogramm der CDU Baden-Württemberg 2016–2021.* Stuttgart: CDU.

Die Grünen. 2011a. *Das neue Programm für Baden-Württemberg: Jetzt.* Stuttgart: Die Grünen.

Die Grünen. 2016. *Grün aus Verantwortung für Baden-Württemberg: Innovative Wirtschaft – Gesunde Natur – Starke Familien – Offene Bürgergesellschaft. Wahlprogramm zu Landtagswahl 2016.* Stuttgart: Die Grünen.

Die Grünen. 2011a. *Grün-Rotes Bildungskonzept: Gute Schule entsteht von unten.* https://www.gruene-bw.de/gruen-rotes-bildungskonzept-gute-schule-entsteht-von-unten/. Zugegriffen: 05. Apr. 2016.

Die Grünen & SPD. 2011. *Der Wechsel beginnt. Koalitionsvertrag zwischen Die Grünen und der SPD Baden-Württemberg.* Stuttgart: Die Grünen und SPD.

Edelstein, B., und R. Nikolai. 2013. Strukturwandel im Sekundarbereich. Determinanten schulpolitischer Reformprozesse in Sachsen und Hamburg. *Zeitschrift für Pädagogik* 59 (4): 482–494.

Expertenrat „Herkunft und Bildungserfolg". 2011. *Empfehlungen für Bildungspolitische Weichenstellungen in der Perspektive auf das Jahr 2020.* Stuttgart: Ministerium für Kultus, Jugend und Sport.

Openpetition. O.J. Zukunft – Verantwortung – Lernen: Kein Bildungsplan unter der Ideologie des Regenbogens. https://www.openpetition.de/petition/online/zukunft-verantwortung-lernen-kein-bildungsplan-2015-unter-der-ideologie-des-regenbogens. Zugegriffen: 05. Apr. 2016.

FDP. 2010. Landeshauptausschuss am 09.10.2010 in Freudenstadt: *Bildungsland Baden-Württemberg.* http://www.fdp-bw.de/docs/Beschluss_Bildungsland_BW.pdf. Zugegriffen: 05. Apr. 2016.

FDP. 2011. *Vorn bleiben. Erfolgsmodell Baden-Württemberg. Regierungsprogramm 2011 – 2016.* Stuttgart: FDP Landesverband Baden-Württemberg.

FDP. 2012. *Kern: Grün-Rot kommt bei der Inklusion nicht in die Gänge.* http://fdp-dvp-fraktion.de/pressemitteilungen/kern-grn-rot-kommt-bei-der-inklusion-nicht-in-die-gnge/?a=1. Zugegriffen: 05. Apr. 2016.

FDP. 2013. *Kern: Grün-Rot muss sich bei Inklusion den Vorwurf der unterlassenen Hilfestellung gefallen lassen.* http://fdp-dvp-fraktion.de/pressemitteilungen/kern-gruen-rot-muss-sich-bei-inklusion-den-vorwurf-der-unterlassenen-hilfeleistung-gefallen-lassen/?a=1. Zugegriffen: 05. Apr. 2016.

FDP. 2014a. *Impulspapier: Für mehr Freiheit und Eigenverantwortung in unserem Bildungswesen. Ein liberales Schulkonzept als Diskussionsgrundlage für einen stabilen Schulfrieden in Baden-Württemberg.* http://fdp-dvp.de/downloads/ein-liberales-schulkonzept-als-diskussionsgrundlage-fuer-einen-stabilen-schulfrieden-in-baden-wuerttemberg.pdf. Zugegriffen: 05. Apr. 2016.

FDP. 2014b. Kern: Auch bei der Inklusion zeigt sich, dass Grün-Rot kein echtes Interesse an einem Schulfrieden hat. http://fdp-dvp-fraktion.de/pressemitteilungen/kern-auch-bei-der-inklusion-zeigt-sich-dass-gruen-rot-kein-echtes-interesse-an-einem-schulfrieden-hat/?a=1. Zugegriffen: 05. Apr. 2016.

FDP. 2016. *Der nächste Schritt für unser Land. Das Wahlprogramm der Freien Demokraten Baden-Württemberg zur Landtagswahl 2016.* Stuttgart: FDP Landesverband Baden-Württemberg.

Gemeindetag. 2012. Gesetzentwurf zur Gemeinschaftsschule mit gravierendem Mangel: Aussagen zu Kostenfolgen fehlen vollständig – Gemeindetag steht unverändert zum Schulversuch. https://www.gemeindetag-bw.de/internet/presse/pressemitteilungen-2012. Zugegriffen: 05. Apr. 2016.

Gemeindetag. 2013a. Forderung nach sofortiger regionaler Schulentwicklung bleibt bestehen – Gemeindetag begrüßt höhere Flexibilität bei Genehmigung von Gemeinschaftsschulen. https://www.gemeindetag-bw.de/internet/presse/pressemitteilungen-2013. Zugegriffen: 05. Apr. 2016.

Gemeindetag. 2013b. Regionale Schulentwicklung darf kein Papiertiger bleiben – Zumeldung des Gemeindetags zur Pressemitteilung des Staatsministeriums Landeskabinett gibt Gesetzentwurf zur regionalen Schulentwicklung zur Anhörung frei. https://www.gemeindetag-bw.de/internet/presse/pressemitteilungen-2013. Zugegriffen: 05. Apr. 2016.

Gemeindetag. 2015. Vereinbarung zwischen Land und Kommunen ist eine gute Grundlage für den Start der schulischen Inklusion. https://www.gemeindetag-bw.de/internet/presse/pressemitteilungen-2015. Zugegriffen: 05. Apr. 2016.

Gingrich, J. R. 2011. *Making markets in the welfare state: The politics of varying market reforms.* Cambridge: Cambridge University Press.

Gingrich, J., und S. Häusermann. 2015. The decline of the working class vote, the reconfiguration of the welfare support coalition and consequences for the welfare state. *Journal of European Social Policy* 25:50–75.

Greif, A., und D.D. Laitin. 2004. A theory of endogenous institutional change. *American Political Science Review* 98 (4): 633–652.

Hanushek, E. A., und L. Wößmann. 2006. Does educational tracking affect performance and inequality? Differences-in-differences evidence across countries. *Economic Journal* 116:C63–C76.

Häusermann, S., G. Picot, und D. Geering. 2013. Review article: Rethinking party politics and the welfare state – recent advances in the literature. *British Journal of Political Science* 43 (1): 221–240.

Helbig, M., und R. Nikolai. 2015. *Die Unvergleichbaren: Der Wandel der Schulsysteme in den deutschen Bundesländern seit 1949*. Bad Heilbrunn: Verlag Julius Klinkhardt.

Jacobs, A. M., und R. K. Weaver. 2015. When policies undo themselves: Self-undermining feedback as a source of policy change. *Governance* 28 (4): 441–457.

Kitschelt, H. 1994. *The transformation of European social democracy*. Cambridge: Cambridge University Press.

Kitschelt, H. 1999. European social democracy between political economy and electoral competition. In *Continuity and change in contemporary capitalism*, Hrsg. H. Kitschelt, P. Lange, G. Marks, und J.D. Stephens, 317–345. Cambridge: Cambridge University Press.

Köller, O., M. Knigge., und B. Tesch. Hrsg. 2010. Sprachliche Kompetenzen im Ländervergleich: Befunde des ersten Ländervergleichs zur Überprüfung der Bildungsstandards für den Mittleren Schulabschluss in den Fächern Deutsch, Englisch und Französisch – Zusammenfassung https://www.iqb.hu-berlin.de/laendervergleich/LV08_09. Zugegriffen: 05. Apr. 2016.

Kultusministerium. 2010. Empfehlungen des Expertenrats zur schulischen Bildung von jungen Menschen mit Behinderung werden konsequent umgesetzt/Politische Beratung. http://www.kultusportal-bw.de/,Lde/778201/?LISTPAGE=778093. Zugegriffen: 05. Apr. 2016.

Kultusministerium. 2011a. Studie: Mehr Bildungsgerechtigkeit durch verbindliche Grundschulempfehlung. http://www.kultusportal-bw.de/,Lde/777625/?LISTPAGE=777557. Zugegriffen: 05. Apr. 2016.

Kultusministerium, 2011b. Kultusministerin besucht Landesschülerbeirat. http://www.kultusportal-bw.de/,Lde/777985/?LISTPAGE=777557. Zugegriffen: 05. Apr. 2016.

Kultusministerium. 2012. Kultusministerium: Inklusion hat einen überaus wichtigen politischen Stellenwert. http://www.kultusportal-bw.de/,Lde/777357/?LISTPAGE=776885. Zugegriffen: 05. Apr. 2016.

Kultusministerium. 2013a. Kultusministerin Gabriele Warminski-Leitheußer erklärt. http://www.kultusportal-bw.de/,Lde/776841/?LISTPAGE=776833. Zugegriffen: 05. Apr. 2016.

Kultusministerium. 2013b. Landespräsident vereidigt neuen Kultusminister. http://www.kultusportal-bw.de/,Lde/776869/?LISTPAGE=776833. Zugegriffen: 05. Apr. 2016.

Kultusministerium. 2013c. Dazu-Meldung: Philologenverband redet Situation an Gymnasien schlecht – Aufruf: Rückkehr zur Sachpolitik. http://www.kultusportal-bw.de/,Lde/Startseite/Bereich_Kommunikation/Zumeldung+PhV+_Zahlen+des+Philologenverbands+nicht+nachvollziehbar_/?LISTPAGE=776833. Zugegriffen: 05. Apr. 2016.

Kultusministerium. 2015. Ministerrat gibt Gesetzentwurf zur Inklusion zur Anhörung frei. http://www.km-bw.de/,Lde/Startseite/Service/24_02_2015+MP+Inklusion/?LISTPAGE=3728528. Zugegriffen: 05. Apr. 2016.

Kultusministerium. 2016. 28 weitere Gemeinschaftsschulen im Schuljahr 2016/17. http://www.km-bw.de/,Lde/Startseite/Service/01_02_2016+Gemeinschaftsschulen+Start+zum+Schuljahr+2016_2017. Zugegriffen: 05. Apr. 2016.

Landesinstitut für Schulentwicklung. 2015. *Bildungsberichterstattung 2015: Bildung in Baden-Württemberg*. Stuttgart: Landesinstitut für Schulentwicklung und Statistisches Landesamt Baden-Württemberg.

LEB. 2011. Stellungnahme zum neuen Übergangsverfahren von der Grundschule in die weiterführenden Schulen. http://www.leb-bw.de/infos-downloads/stellungnahmen/stellungnahmen-2011/105-stellungnahme-zur-grundschulempfehlung-und-kooperation-mit-weiterf-schulen/file. Zugegriffen: 05. Apr. 2016.

LEB. 2012. Stellungnahme des 16. LEB zum Gesetzentwurf zur Einrichtung der Gemeinschaftsschule. http://www.leb-bw.de/infos-downloads/stellungnahmen/stellungnahmen-2012/128-stellungnahme-des-leb-zur-gemeinschaftsschule/file. Zugegriffen: 05. Apr. 2016.

LEB. 2014. Stellungnahme des 16. Landeselternbeirates zum Gesetz zur Änderung des Schulgesetzes bezüglich der regionalen Schulentwicklung. http://www.leb-bw.de/infos-downloads/stellungnahmen/stellungnahmen-2014/237-stellungnahme-zur-regionalen-schulentwicklung/file. Zugegriffen: 05. Apr. 2016.

Maier, S. 2015. Demo gegen Bildungsplan – Austragungsort eines Kulturkampfes. *Stuttgarter Nachrichten*, 22.06.2015. http://www.stuttgarter-nachrichten.de/inhalt.demo-gegen-bildungsplan-austragungsort-eines-kulturkampfs.dfac3a14-d867-4ddb-acc0-6d1f4abf7377.html. Zugegriffen: 05. Apr. 2016.

Nikolai, R. 2007. *Die Bildungsausgaben der Schweiz im intranationalen und internationalen Vergleich.* Berlin: dissertation.de.

o. A. 2011. Deutliches Ja für eine „Schule von unten". *Stuttgarter Zeitung*, 26.02.2011. http://www.genios.de/presse-archiv/artikel/STZ/20110226/deutliches-ja-fuer-eine-schule-von-/BF176527C792FAA149EC515E8ECAD9BC.html. Zugegriffen: 05. Apr. 2016.

Osel, J. 2016. In letzter Sekunde. *Süddeutsche Zeitung*, 30.03.2016. http://www.sueddeutsche.de/bildung/baden-wuerttemberg-in-letzter-sekunde-1.2927271. Zugegriffen: 05. Apr. 2016.

otr/dpa. 2012. Baden Württemberg: Kretschmann will 11.600 Lehrer-Stellen streichen. http://www.spiegel.de/schulspiegel/baden-wuerttemberg-kretschmann-will-lehrerstellen-streichen-a-843705.html. Zugegriffen: 05. Apr. 2016.

Pfeffer, F.T. 2008. Persistent inequality in educational attainment and its institutional context. *European Sociological Review* 24(5): 543–565.

PHV. 2012. Einführung der Gemeinschaftsschule: Anhörungsentwurf zur Gesetzesänderung. http://www.phv-bw.de/Veroeffentlichung/Publikationen/GBW_2012_03/06-gesetz.html. Zugegriffen: 05. Apr. 2016.

PHV. 2013. Hoher Anteil an überforderten Kindern in den fünften Klassen der Gymnasien. http://www.phv-bw.de/Veroeffentlichung/Pressemitteilungen/2013/pm_23-13.pdf. Zugegriffen: 05. Apr. 2016.

PHV. 2014. *Hoher %satz an überforderten Kindern in den fünften und sechsten Klassen der Gymnasien.* http://www.phv-bw.de/Veroeffentlichung/Pressemitteilungen/2014/pm_12-14.pdf. Zugegriffen: 05. Apr. 2016.

PHV. 2016. Junge Philologen fordern spürbare Verbesserungen der Arbeitsbedingungen für gymnasiale Lehrkräfte an Gemeinschaftsschulen. http://www.phv-bw.de. Zugegriffen: 05. Apr. 2016.

Pierson, P. 1993. When effect becomes cause: Policy feedback and political change. *World Politics* 45 (4): 595–628.

Pierson, P. 1994. *Dismantling the welfare state? Reagan, thatcher, and the politics of retrenchment.* Cambridge: Cambridge University Press.

Pierson, P. 1996. The new politics of the welfare state. *World Politics* 48:143–179.

Pierson, P. Hrsg. 2001. *The new politics of the welfare state.* Oxford: Oxford University Press.

Preuss-Lausitz, U. 2010. *Inklusion aus Sicht der Erziehungswissenschaft – Vorschläge zur landesweiten Umsetzung inklusiver Unterrichts- und Schulentwicklung.* Vortrag im Rahmen des SPD-Forums „Schule ist für alle da – das Recht auf Inklusion". http://bildungsaufbruch.bawue.spd.de/cgi-sub/fetch.php?id=108. Zugegriffen: 05. Apr. 2016.

Rauh, C., A. Kirchner, und R. Kappe. 2011. Political parties and higher education spending: Who favours redistribution? *West European Politics* 34 (6): 1185–1206. doi:10.10 80/01402382.2011.616659. Zugegriffen: 05. Apr. 2016.

red/dpa. 2016. Reformen bis 2020: Kretschmann sagt Schulen zusätzliche Lehrerstellen zu. *Stuttgarter Nachrichten,* 04.03.2016. http://www.stuttgarter-nachrichten.de/inhalt. reformen-bis-2020-kretschmann-sagt-schulen-zusaetzliche-lehrerstellen-zu.e071a313-3ce6-4df7-9fbd-74fd3d8de9ec.html. Zugegriffen: 05. Apr. 2016.

RLV. 2012. Zumeldung des Realschullehrerverbandes (RLV) Baden-Württemberg zur Pressemitteilung des Kultusministeriums Nr. 106/2012. Wahlbetrug oder die Mär von der individuellen Förderung an der Realschule? http://www.rlv-bw.de/fileadmin/content/ PDFs/presse/pressemitteilungen/008_PM-07092012-Wahlbetrug-oder.pdf. Zugegriffen: 05. Apr. 2016.

RLV. 2013. Schluss mit der ideologisch gesteuerten Bildungspolitik! RLV fordert erneut Anpassung der Sachkostenbeiträge und Lehrerstunden zur individuellen Förderung. http://www.rlv-bw.de/fileadmin/content/PDFs/presse/pressemitteilungen/021_PM-07052013-Kuerzungen-AE.pdf. Zugegriffen: 05. Apr. 2016.

Rodenhausen, F. 2010. Der Weg zur gemeinsamen Bildung. *Stuttgarter Zeitung,* 09.08.2010. http://www.stuttgarter-zeitung.de/inhalt.der-weg-zur-gemeinsamen-bildung.057c83a9-3fd8-40f4-b712-ed0eb8b86618.html. Zugegriffen: 05. Apr. 2016.

Rose, R., und P. L. Davies. 1994. *Inheritance in public policy: Change without choice in Britain.* Yale: Yale University Press.

Schlauch, R., und R. Weber. 2015. *Keine Angst vor der Macht: Die Grünen in Baden-Württemberg.* Köln: Emons Verlag.

Schmidt, M. G. 1980. *CDU und SPD an der Regierung: Ein Vergleich ihrer Politik in den Ländern.* Frankfurt a. M.: Campus Verlag.

Schmidt, M. G. 1996. When parties matter: A review of the possibilities and limits of partisan influence on public policy. *European Journal of Political Research* 30 (2): 155–183.

Schmidt, M. G. 2002. The impact of political parties, constitutional structures and veto players on public policy. In *Comparative democratic politics: A guide to contemporary theory and research,* Hrsg. H. Keman, 166–184. London: Sage.

Schmidt, M.G. 2007. Testing the retrenchment hypothesis: Educational spending, 1960–2002. In *The disappearing state? Retrenchment realities in an age of globalisation,* Hrsg. F. G. Castles, 159–183. Cheltenham: Edward Elgar.

Schwarz-Jung, S. 2014. Die Gemeinschaftsschule: Eine neue Schulart in Baden-Württemberg. *Statistisches Monatsheft Baden-Württemberg* 5, 5–11.

Soroka, S. N., und C. Wlezien. 2010. *Degrees of democracy: Politics, public opinion, and policy.* Cambridge: Cambridge University Press.

SPD. 2008. *Bildungsaufbruch für alle.* Flyer zur Bildungskampagne der SPD-Landtagsfraktion. http://bildungsaufbruch.bawue.spd.de/cgi-sub/fetch.php?id=79. Zugegriffen: 05. Apr. 2016.

SPD. 2011. *Regierungsprogramm der SPD Baden-Württemberg 2011–2016*. Stuttgart: SPD.

SPD. 2015. Bildungsbericht unterstreicht Notwendigkeit regionaler Schulentwicklung. https://www.spd-bw.de/index.php?nr=89867&menu=1. Zugegriffen: 05. Apr. 2016.

SPD. 2016. *Baden-Württemberg leben. Regierungsprogramm der SPD Baden-Württemberg 2016–2021*. Stuttgart: SPD.

Städtetag. 2011. Schaffung stabiler und verlässlicher Schulstrukturen muss oberstes Bildungsziel des Landes sein. http://www.staedtetag-bw.de/media/custom/1198_62358_1.PDF?1323240695. Zugegriffen: 05. Apr. 2016.

Städtetag. 2012. Gesetz zur Gemeinschaftsschule; Anhörung. http://www.staedtetag-bw.de/media/custom/1198_63569_1.PDF?1328271742. Zugegriffen: 05. Apr. 2016.

Städtetag. 2013. Regionale Schulentwicklung, Gemeinschaftsschule und Ganztagsschule im Städtetagsschulausschuss mit Kultusminister Stoch MdL. http://www.staedtetag-bw.de/media/custom/safe/1198_75104_1.PDF?1364206822. Zugegriffen: 05. Apr. 2016.

Städtetag. 2015. Inklusive Bildungsangebote in Baden-Württemberg; Anhörung zur Änderung des Schulgesetzes für BW und anderer Vorschriften. http://www.staedtetag-bw.de/media/custom/2295_12199_1.PDF?1426686608. Zugegriffen: 05. Apr. 2016.

Stoch, A. 2016. Vorwort. *Bildungspläne 2016*. http://www.bildungsplaene-bw.de/,Lde/Startseite. Zugegriffen: 05. Apr. 2016.

Streeck, W., und K. Thelen. 2005. Introduction: Institutional change in advanced political economies. In *Beyond continuity: Institutional change in advanced political economies,* Hrsg. W. Streeck und K. Thelen, 1–39. Oxford: Oxford University Press.

VBE. 2012. VBE lobt die Grundschule: „Ein" „richtiges Erfolgsmodell". http://www.vbe-bw.de/grundschule/vbe-lobt-die-grundschule-ein-richtiges-erfolgsmodell-2/. Zugegriffen: 05. Apr. 2016.

Von Below, S. 2002. *Bildungssysteme und soziale Ungleichheit: Das Beispiel der neuen Bundesländer*. Opladen: Leske & Budrich.

Weaver, R.K. 2010. Paths and forks or chutes and ladders?: Negative feedbacks and policy regime change. *Journal of Public Policy* 30 (2): 137–162.

Wieselmann, B. 2013. Bildungspolitik – Kultusministerin wirft hin. *Der Tagesspiegel*, 08.01.2013. http://www.tagesspiegel.de/wissen/bildungspolitik-kultusministerin-wirft-hin/7597746.html. Zugegriffen: 05. Apr. 2016.

Wilms, D. 1986. Bildungspolitik im Umbruch. In *Berufsbildung 2000, DIHT-Jubiläum in Ludwigshafen, 30. September 1986*, Hrsg. H.-J. Demuth, 9–24. Bonn: Deutscher Industrie- und Handelstag.

Wolf, F. 2006. *Die Bildungsausgaben der Bundesländer im Vergleich: Welche Faktoren erklären ihre beträchtliche Variation?*. Münster: LIT Verlag.

Wolf, F. 2008. Die Schulpolitik – Kernbestand der Kulturhoheit. In *Die Schulpolitik – Kernbestand der Kulturhoheit*, Hrsg. F. Wolf, 21–41. Wiesbaden: VS Verlag.

Wolf, F., und R. Zohlnhöfer. 2009. Investing in human capital? The determinants of private education expenditure in 26 OECD countries. *Journal of European Social Policy* 19 (3): 230–244.

Über die Autoren

Prof. Dr. Marius R. Busemeyer ist Inhaber des Lehrstuhls für Politikwissenschaft, insbesondere Policy-Analyse und Politische Theorie, an der Universität Konstanz. Seine Forschungsschwerpunkte sind die vergleichende politische Ökonomie, Bildungspolitik im internationalen Vergleich, Wohlfahrtsstaaten, Staatsfinanzen sowie öffentliche Meinung zu Bildungs- und Sozialpolitik.

Susanne Haastert ist akademische Mitarbeiterin und Doktorandin am Lehrstuhl für Politikwissenschaft, insbesondere Policy-Analyse und Politische Theorie, der Universität Konstanz. In ihrer Forschung befasst sie sich schwerpunktmäßig mit Bildungssystemen, Bildung und politischer Partizipation in Demokratien und Autokratien.

Agieren von der Spitze aus – Wissenschaft und Forschung

Falk Bartscherer

Zusammenfassung

In diesem Beitrag wird die grün-rote Regierungspolitik im Bereich Hochschulen, Wissenschaft und Forschung analysiert. Im Anschluss an die institutionellen Rahmenbedingungen und parteipolitischen Positionen im Politikfeld werden die Reformen in zentralen Handlungsfeldern dargestellt. Dazu gehören Veränderungen bei der Hochschulfinanzierung vor dem Hintergrund gestiegener Studierendenzahlen, Reformen der Hochschulgovernance, die Reform des Lehramtsstudiums, die Rücknahme des Universitätsmedizingesetzes und die Weiterentwicklung des KIT. Es wird deutlich, dass die grün-rote Wissenschaftspolitik neben einigen umstrittenen Abweichungen vom Pfad der Vorgängerregierung durch viel Kontinuität und lagerübergreifende Konsensorientierung geprägt wurde. Viele Reformen dürften daher den Bestand der grün-roten Koalition überdauern.

F. Bartscherer (✉)
Institut für Politische Wissenschaft, Ruprecht-Karls-Universität Heidelberg,
Heidelberg, Deutschland
E-Mail: bartscherer@uni-heidelberg.de

© Springer Fachmedien Wiesbaden 2017
F. Hörisch und S. Wurster (Hrsg.), *Das grün-rote Experiment in Baden-Württemberg*, DOI 10.1007/978-3-658-14868-3_7

1   Einleitung

Baden-Württemberg ist das Land der Wissenschaft und Forschung. In keinem Bundesland sind die öffentlichen und privaten Ausgaben für Wissenschaft und Forschung so hoch wie zwischen Neckar und Bodensee.[1] Zugleich verfügt das Land über eine sehr heterogene Hochschullandschaft. Allein unter den staatlich getragenen Hochschulen zählt es neun Universitäten, sechs Pädagogische Hochschulen, 24 Hochschulen für Angewandte Wissenschaften, die Duale Hochschule Baden-Württemberg mit 12 Standorten sowie acht Kunst- und Musikhochschulen.[2] Die ausgehende schwarz-gelbe Regierungskoalition rühmte die Spitzenstellung des Landes in Wissenschaft und Forschung, symbolisiert durch die vier Eliteuniversitäten.[3] Auch die neue grün-rote Landesregierung war sich der Bedeutung dieser ausgebauten Wissenschaftslandschaft bewusst. „Aber die Herausforderung besteht ja gleichzeitig darin, […] in Schlüsselbereiche wie […] Hochschule [und] Forschung […] zu investieren, damit wir die Quellen des zukünftigen Reichtums nicht untergraben. Wir werden es nicht zulassen, dass wichtige Zukunftsthemen der Nachfinanzierung von Ihren Altlasten zum Opfer fallen", verkündete Ministerpräsident Winfried Kretschmann in seiner ersten Regierungserklärung am 25. Mai 2011 im Stuttgarter Landtag (Kretschmann 2011).

Diese Schlüsselthemen, Hochschule, Wissenschaft und Forschung, sind Gegenstand dieses Beitrages. Sie sind für die Analyse der Landespolitik insofern von besonderem Interesse, als dass sie auf Landesebene zu den größten Ausgabenposten zählen und zugleich zu denjenigen Politikfeldern, bei denen die Länder vergleichsweise viel eigene Gestaltungsmacht genießen. Die Föderalismusreform des Jahres 2006 hat den Handlungsspielraum der Länder weiter erhöht, sodass nach Jahrzehnten bürgerlicher Dominanz in Baden-Württemberg parteipolitisch bedingte Abweichungen in der Regierungstätigkeit besonders deutlich werden könnten. Dieser Erwartung soll mithilfe folgender Forschungsfragen nachgegangen werden:

1. Welche programmatischen Ziele hatten sich Grüne und SPD (2011) gesetzt und wie wichen sie von den programmatischen Vorstellungen von CDU und FDP ab?

---

[1]Mehr als 80 % der Aufwendungen für Forschung und Entwicklung werden allerdings von der Wirtschaft geleistet (BMBF 2016a, S. 335).
[2]Hinzu kommen insgesamt 27 nicht-staatliche Hochschulen.
[3]Seit der dritten Förderrunde der Exzellenzinitiative 2012 nur noch drei.

2. Welche Maßnahmen hat Grün-Rot in den Jahren 2011 bis 2016 umgesetzt und inwiefern unterscheiden sie sich vom bisherigen Pfad in der Wissenschaftspolitik?

Die Fragen werden in mehreren Schritten beantwortet. Zunächst werden die Landeskompetenzen in der Wissenschaftspolitik nach der Föderalismusreform herausgearbeitet um den Reformspielraum auszuloten. Im Anschluss werden mithilfe des Koalitionsvertrages und der Landtagswahlprogramme der Parteien die wissenschaftspolitischen Ziele der Regierungsparteien dargestellt und die parteipolitischen Differenzen zwischen den Lagern verdeutlicht. Im nachfolgenden Abschnitt werden zentrale Politikmaßnahmen präsentiert und in Hinblick auf Unterschiede zwischen grün-roten und christlich-liberalen Vorstellungen analysiert. Dabei werden fünf Betätigungsfelder berücksichtigt: die finanzielle Ausstattung des Wissenschaftssystems unter besonderer Berücksichtigung der Hochschulen, Reformen der Hochschulgovernance, die Weiterentwicklung der Bologna-Studiengänge mit besonderem Augenmerk auf die Lehramtsreform, die Rücknahme des Universitätsmedizingesetzes und schließlich die Reform des Karlsruher Instituts für Technologie (KIT). Im Fazit werden die Ergebnisse zusammengefasst.

2 Kompetenzverteilung zwischen Bund und Ländern

Die Wissenschaftspolitik umfasst neben der Hochschulpolitik auch die Förderung der außeruniversitären Forschungseinrichtungen. Der Handlungsrahmen beider Felder unterscheidet sich. Die Hochschulen unterliegen als Teil des Bildungswesens der Kulturhoheit der Länder, die den Kern ihrer Eigenstaatlichkeit konstituiert. Die starke Stellung der Länder in diesem Politikfeld wurde durch die Föderalismusreform 2006 zusätzlich aufgewertet.[4] Unter die alleinige Zuständigkeit der Länder fallen nunmehr Regelungen zur institutionellen Hochschulautonomie, zur Hochschulorganisation, über Studiengebühren, zur Qualitätssicherung in Studiengängen, zur Professorenbesoldung, zum Dienstrecht, zum Hochschulbau sowie zu Studienzulassung und Studienabschlüssen (Lanzendorf und Pasternack 2016, S. 35–38).

---

[4]Der damalige baden-württembergische Wissenschaftsminister begrüßte ausdrücklich die Föderalismusreform und sah nur wenige Nachteile an den neuen Regelungen (dpa/lsw 2006).

Allerdings ist das Hochschulwesen auch geprägt durch ein beachtliches Ausmaß an horizontaler und vertikaler Kooperation. Ursache hierfür ist der bundesweite Abstimmungsbedarf im Hochschulsektor. Das Grundgesetz verpflichtet zur Herstellung gleichwertiger Lebensverhältnisse, woraus ein Mindestmaß an Gleichwertigkeit von Bildungschancen abgeleitet werden kann. Hinzu kommen das Streben nach bundesweiten Qualitätsstandards in der Hochschulbildung sowie der politische Wille, Mobilität im Hochschulsektor zu ermöglichen (Lanzendorf und Pasternack 2016, S. 35–38). Zudem eröffnet Artikel 91b I GG dem Bund ein Einfallstor in die Hochschulpolitik: „Bund und Länder können aufgrund von Vereinbarungen in Fällen überregionaler Bedeutung zusammenwirken bei der Förderung von: 1) Einrichtungen und Vorhaben der wissenschaftlichen Forschung außerhalb von Hochschulen; 2) Vorhaben der Wissenschaft und Forschung an Hochschulen; 3) Forschungsbauten an Hochschulen einschließlich Großgeräten" (Fassung bis 31.12.2014).[5] Als Konsequenz ist ein dichtes Netz horizontaler und vertikaler Kooperation entstanden. Gemeinsame Beschlüsse fassen Bund und Länder in der Gemeinsamen Wissenschaftskonferenz (GWK). Der Bund ist nach der Föderalismusreform zwar kaum mehr in der Lage, eigenständige Hochschulpolitik zu betreiben, ihm bleibt jedoch als Einflussmöglichkeit, den Ländern im Austausch gegen Fördermittel Mitgestaltungsmöglichkeiten abzuringen (Mahner und Wolf 2010, S. 382 f.).[6]

Im Bereich der außeruniversitären Forschungseinrichtungen ist die Kulturhoheit der Länder bereits sehr stark erodiert. Die wichtigsten Forschungseinrichtungen[7] werden von Bund und Ländern gemeinsam finanziert; der weitaus größte

---

[5]Mit Wirkung zum 1.1.2015 haben Bundestag und Bundesrat das erst mit der Föderalismusreform 2006 eingeführte Kooperationsverbot zwischen Bund und Ländern auch mit Zustimmung des grün-roten Baden-Württemberg wieder gekippt. Die Neufassung des Art. 91b lautet: „Bund und Länder können auf Grund von Vereinbarungen in Fällen überregionaler Bedeutung bei der Förderung von Wissenschaft, Forschung und Lehre zusammenwirken. Vereinbarungen, die im Schwerpunkt Hochschulen betreffen, bedürfen der Zustimmung aller Länder." Die Neuregelung ermöglicht unter anderem auch eine institutionelle Förderung, z. B. bei der Hochschulfinanzierung, die vorher nur zeitlich und inhaltlich begrenzt möglich war (Wolff 2015, S. 11 f.).

[6]Bis zum Jahr 2019 stehen zudem noch Fördermittel des Bundes für die abgeschaffte Gemeinschaftsaufgabe Hochschulbau zur Verfügung.

[7]Deutsche Forschungsgemeinschaft (DFG), Max-Plack-Gesellschaft (MPG), Fraunhofer-Gesellschaft (FhG), Helmholtz-Gemeinschaft Deutscher Forschungszentren (HGF) sowie die Leibniz-Gemeinschaft (WGL).

Teil der Finanzmittel stammt jedoch vom Bund (Hinze 2010).[8] Sein „goldener Zügel" eröffnet ihm als Konsequenz mehr Einflussmöglichkeiten als in der Hochschulpolitik. Umgekehrt sind die Länder aufgrund der „verflochtenen Entscheidungsstrukturen" (Hohn 2010, S. 145) kaum zu eigenständigem Handeln bei der Förderung der außeruniversitären Forschung in der Lage. Politikwechsel durch Regierungswechsel sind deshalb eher in der Hochschulpolitik zu erwarten.

3   Parteiendifferenzen in der Wissenschaftspolitik

Die Parteiendifferenztheorie prognostiziert, dass auf Regierungswechsel Politikwechsel folgen (Hibbs 1977; Schmidt 1996, 2010; Wenzelburger 2015). Nach einer 60 Jahre anhaltenden bürgerlichen Dominanz in Baden-Württemberg ist demnach mit Kurswechseln auch in der Wissenschaftspolitik zu rechnen. Allerdings ist die Wissenschaftspolitik ein Politikfeld, das sich weitaus weniger zur Mobilisierung im Wettbewerb um Wählerstimmen eignet als das benachbarte Feld der Schulpolitik (vgl. Busemeyer und Haastert i. d. B.). Dazu trägt bei, dass sie nur einen vergleichsweise kleinen Teil der Bevölkerung tangiert (Studierende und Wissenschaftler), wissenschaftspolitische Entscheidungen oftmals im Geflecht der Bund-Länder-Beziehungen herbeigeführt werden, somit von Intransparenz geprägt sind, und Experten eine herausgehobene Rolle im Entscheidungsprozess spielen. Folglich analysiert die bestehende Literatur die Wissenschafts- und Forschungspolitik in Deutschland vorwiegend aus institutionalistischer, organisations- und wissenschaftssoziologischer oder ökonomischer Perspektive (Braun 1997; Simon et al. 2010).

Für die Finanzierung der Hochschulbildung wurden allerdings in mehreren Studien Parteieneffekte herausgearbeitet. Ein Strang der Literatur zur Bildungsfinanzierung findet im internationalen Vergleich einen positiven Zusammenhang zwischen linker Regierungsbeteiligung und öffentlichen Ausgaben im tertiären Bildungssektor (Busemeyer 2009). Im Unterschied dazu arbeiten Wolf (2006, 2007) sowie Rauh et al. (2011) für den Fall Deutschlands heraus, dass in den deutschen Bundesländern die Regierungsbeteiligung linker Parteien zu niedrigeren Ausgaben für Hochschulen relativ zum BIP (Wolf 2006, 2007) bzw. zum Gesamthaushalt der Länder führen. Ursache hierfür sei nach Rauh et al. (2011), dass weitaus mehr Kinder aus Gutverdienerhaushalten studieren als Kinder armer

---

[8]Konkret sind die Kosten zwischen Bund und Ländern wie folgt aufgeteilt: MPG 50:50, FhG 90:10, HGF 90:10, WGL 58:42, DFG 63:37.

Eltern.[9] Da gut verdienende Wähler überwiegend die bürgerlichen Parteien wählen, hätten CDU und FDP eine Präferenz für die Vergemeinschaftung der Ausbildungskosten in Form höherer öffentlicher Hochschulausgaben, während üppige öffentliche Hochschulfinanzierung für linke Parteien umgekehrt von geringerer Bedeutung ist.[10]

Über die Positionen der Grünen in der Hochschul- und Wissenschaftspolitik bietet die bestehende Literatur kaum Aufschluss, zumal das Politikfeld bisher nicht zu den Kernthemen grüner Politik gehörte. Rauh et al. (2011) fanden im Bundesländervergleich eher bremsende Effekte grüner Regierungsbeteiligung auf die Hochschulausgaben. Und auch die Landtagswahlprogramme von Grünen und SPD in Baden-Württemberg offenbarten ein hohes Maß an wissenschaftspolitischer Übereinstimmung (B'90/Die Grünen 2011; SPD 2011)[11], unter anderem auch bei der Bereitschaft, die Finanzierung der Hochschulen zu verbessern. Allerdings sprechen einige Argumente dafür, dass sich die baden-württembergischen Grünen von klassischen linken Parteien unterscheiden. Erstens tendieren die Grünen in ihrem Stammland stärker zur Mitte als in anderen Bundesländern. Zweitens zeigen die Wahlstatistiken, dass unter den Wählern der Grünen Hochschulabsolventen im Regelfall deutlich überrepräsentiert sind, so auch bei der Landtagswahl 2011 (Gabriel und Kornelius 2011, S. 794), und gerade die Universitätsstädte zu den grünen Hochburgen zählen. Drittens genießen Grünen-Wähler im Durchschnitt einen hohen sozioökonomischen Status, was in Anlehnung an das obige Argument eine Präferenz für steigende Anstrengungen in der Hochschulpolitik vermuten lassen würde.

---

[9]Dieser Befund wird auch von der 20. Sozialerhebung zur wirtschaftlichen und sozialen Lage der Studierenden in Deutschland gestützt. Demnach sind Kinder aus Familien mit hohem Bildungsstand der Eltern und hoher beruflicher Stellung im Vergleich zu früheren Erhebungen unverändert stark überrepräsentiert. Nahmen 2009 77 % der Kinder akademisch qualifizierter Eltern ein Studium auf, waren es bei den Kindern der Nichtakademiker nur 23 % (Middendorf et al. 2013, S. 111).

[10]Die SPD priorisiert stattdessen traditionell den Ausbau der beruflichen Bildung, die auf ihre klassische Klientel, die Industriearbeiterschaft, zugeschnitten ist und in Deutschland von den Unternehmen getragen wird (Wolf 2007, S. 48).

[11]Aus diesem Grund wird an dieser Stelle auf eine detaillierte Diskussion der Unterschiede verzichtet. Keinen Eingang in den Koalitionsvertrag fand unter anderem die Forderung der SPD nach einem Ausbau der sozialen Infrastruktur, insbesondere die Schaffung neuer Wohnheimplätze. Insgesamt erscheint im SPD-Programm gerade die Hochschulpolitik stärker angebunden an eine politikfeldübergreifende Sozialpolitik, mit dem Ziel soziale Spannungen zu überwinden. Bei den Grünen wird hingegen auch die Rolle der Hochschule bei der Bewältigung gesellschaftlicher Herausforderungen (Klimaschutz, Ökologie, Energiewirtschaft, Mobilität, soziales Miteinander, globale Gerechtigkeit) herausgestellt.

Das grün-rote Regierungsprogramm wurde im Koalitionsvertrag niederge-
legt. Er betonte den Wandel zur Wissenschaftsgesellschaft, die demografischen
Herausforderungen, den Wunsch nach mehr Handlungsfreiheit und Partizipation
sowie Nachhaltigkeit und Gerechtigkeit als Grundwerte (B'90/Die Grünen und
SPD 2011). Die wichtigsten wissenschaftspolitischen Vorhaben lauteten:

- Erhöhung der Grundfinanzierung der Hochschulen, Abschaffung der Studien-
gebühren und Bereitstellung zusätzlicher Studienplätze;
- Stärkung der demokratischen Strukturen an den Hochschulen durch Abkehr
vom Leitbild der „unternehmerischen Hochschule" und Wiedereinführung der
Verfassten Studierendenschaft;
- Rücknahme des Universitätsmedizingesetzes;
- Erhöhung des Frauenanteils in den Hochschulgremien;
- Verbesserung der Lehrerausbildung, einschließlich Förderung der Pädagogi-
schen Hochschulen;
- Förderung des Hochschulzugangs für Menschen mit Migrationshintergrund,
Kinder aus einkommensschwachen Familien, ausländische Studierende und
Berufstätige;
- bessere Förderung der Promovierenden und Schaffung zusätzlicher unbefriste-
ter Stellen an den Hochschulen;
- Weiterentwicklung des Karlsruher Instituts für Technologie (KIT) und Aus-
bau der Zusammenarbeit zwischen Hochschulen und außeruniversitären
Forschungseinrichtungen sowie Ausweitung der Finanzierung der außeruni-
versitären Forschungseinrichtungen gemäß dem Pakt für Forschung und
Innovation.

Weder die Wissenschaftspolitik noch die Hochschulpolitik gehörten im Jahr 2011
zu den wahlentscheidenden Themen (Haas 2013, S. 54). Zumindest der Streit
um die Studiengebühren fand Eingang in die mediale Konfrontation zwischen
Regierung und Opposition, unter anderem im TV-Duell, das vor der Wahl von
CDU-Ministerpräsident Stefan Mappus und SPD-Spitzenkandidat Nils Schmid
bestritten wurde (Vögele und Schmalz 2013, S. 221). Ein Blick in die Wahlprogramme von CDU und FDP (CDU 2011; FDP 2011a) macht weitere programmatische Abweichungen offenkundig. Die CDU wollte zwar die Regelungen der
studentischen Mitbestimmung modernisieren, trat aber nicht für die Einführung
der Verfassten Studierendenschaft ein. Im FDP-Programm tauchen Überlegungen
zur studentischen Mitbestimmung nicht auf. Governancereformen und Änderungen am Leitbild der Hochschulen plante die CDU nicht, die FDP wollte hingegen
die Autonomie der Hochschulen weiter stärken. Beide Parteien sinnierten über

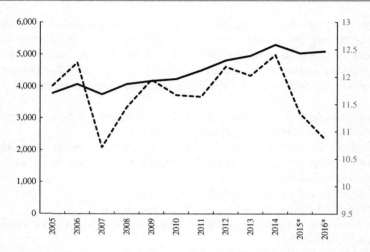

Abb. 1 Entwicklung des Budgets des Ministeriums für Wissenschaft, Forschung und Kunst 2005–2016. Linke Achse: Ausgaben in Mio. EUR (durchgezogene Linie); rechte Achse: Ausgaben als Anteil des Gesamthaushalts (gestrichelte Linie). Datenbasis: Haushaltsrechnung des Landes Baden-Württemberg für die Jahre 2005–2014; https://haushalt. service-bw.de/HaushaltBW/HaushaltBW_Fkt.html für Jahre 2015–16

die Wiedereinführung des „Diplom-Ingenieurs". Bei der Reform der Lehrerbildung sah die FDP nicht zwangsläufig eine Abkehr vom Staatsexamen vor.

4 Regierungstätigkeit der grün-roten Koalition

4.1 Entwicklung der Ausgaben für Hochschulen und Wissenschaft

Einen ersten Zugang zur Analyse der grün-roten Regierungstätigkeit liefert die Betrachtung der Ausgabenentwicklung im Politikfeld. Abb. 1 illustriert die Entwicklung der Ausgaben des Ministeriums für Wissenschaft, Forschung und Kunst zwischen 2005 und 2016[12]. Sie umfasst die Daten für die CDU/FDP-Vorgängerregierung unter den Ministerpräsidenten Oettinger und Mappus wie auch die Ausgaben des Ministeriums, die unter grün-roter Verantwortung getätigt wurden.

---

[12]Für die Jahre 2006 bis 2014 basieren die Daten auf Ist-Werten. Die Zahlen für die Jahre 2015 und 2016 basieren auf den Haushaltsplänen der Landesregierung.

Für die absolute Höhe der Ausgaben zeigt sich, dass sie sowohl unter der Vorgängerregierung als auch unter Grün-Rot mit Ausnahme der Jahre 2007 und 2015 kontinuierlich gestiegen sind. Während unter den von der schwarz-gelben Landesregierung verantworteten Länderhaushalten bis 2011 die Ausgaben des Ministeriums insgesamt um 10,4 % gestiegen sind, sieht der Haushaltsplan 2016 der Regierung Kretschmann 13,3 % höhere Ausgaben vor als 2011. Insgesamt ist die Dynamik der Ausgabenentwicklung durch Kontinuität geprägt.

Weniger eindrucksvoll fällt die Bilanz aus, wenn statt der absoluten Höhe der Ausgaben die Anteile an den Gesamtausgaben des Landes betrachtet werden. Nach dem Kultusministerium ist das Wissenschaftsministerium für den ausgabenintensivsten Politikbereich der Landesregierung verantwortlich. Bis zum Jahr 2014 hat die grün-rote Landesregierung den Weg der Vorgängerregierung nach 2007 fortgesetzt. 2014 flossen 12,4 % des Gesamthaushalts in die Wissenschaftspolitik, geringfügig mehr als im Jahr 2006 (12,2 %). In den Haushaltsjahren 2015 und 2016 sinken die geplanten Aufwendungen für Hochschulen und Wissenschaft allerdings auf nur noch 10,9 % des Gesamthaushalts. In Relation zu den anderen Ministerien erscheinen Einsparungen im Wissenschaftsbereich als überdurchschnittlich. Die eingesparten Mittel werden vor allem für die Integrationspolitik eingesetzt.[13]

Insgesamt legt die Analyse der Ausgaben zumindest für die Jahre bis 2014 eher Kontinuität statt einer Schwerpunktverschiebung zugunsten der Wissenschaftspolitik nahe. Besonders offensichtlich wird dies, wenn zugleich die Herausforderungen berücksichtigt werden, denen sich insbesondere Hochschulen ausgesetzt fühlten. Zu den Rahmenbedingungen grün-roter Wissenschaftspolitik zählt das massive Ansteigen der Studierendenzahlen, das in Abb. 2 dargestellt wird.

So stieg die Zahl der Studierenden im 1. Fachsemester zwischen dem Wintersemester 2007/2008 und dem Wintersemester 2013/2014 von 49.404 um mehr als 86 % auf 89.234 und stagnierte im folgenden Jahr auf hohem Niveau. Parallel dazu stieg die Gesamtzahl der Studierenden im gleichen Zeitraum bis zum Wintersemester 2014/2015 um knapp 53 % von 231.509 auf 354.166 Studierende (Statistisches Landesamt BW 2015, S. 1). Der größte Teil des Anstiegs erfolgte dabei zwischen 2008 und 2011, als bundesweit die Studierendenzahlen um etwa ein Drittel anstiegen. Baden-Württemberg gehört dabei zu jenen Bundesländern,

---

[13]Der Ausgabenanteil des Integrationsministeriums soll in den Jahren 2015 und 2016 von 0,6 auf 4,1 % des Landeshaushalts steigen.

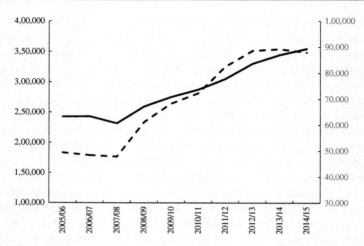

Abb. 2 Entwicklung der Studierendenzahlen an Hochschulen in Baden-Württemberg vom WS 2005/2006 bis zum WS 2014/2015. Linke Achse: Gesamtzahl der Studierenden (durchgezogene Linie); rechte Achse: Studierende im 1. Fachsemester (gestrichelte Linie). Datenbasis: Statistisches Landesamt BW (2015: Tab. 1)

in denen der Anstieg besonders stark ausfiel (Statistisches Bundesamt 2014). Die steigenden Ausgaben des Ministeriums für Wissenschaft und Forschung müssen daher vor dem Hintergrund der steigenden Nachfrage nach Studienplätzen gedeutet werden.

4.2   Hochschulfinanzierung: Abschaffung der Studiengebühren und „Perspektive 2020"

Obwohl die aggregierten Daten zur Finanzierung der Wissenschaftspolitik auf viel Kontinuität hinweisen, lohnt sich besonders im Hochschulsektor ein Blick auf einzelne Reformmaßnahmen um parteipolitische Unterschiede zu diagnostizieren. Nach der Regierungsübernahme wurde die Abschaffung der Studiengebühren wie im Koalitionsvertrag vorgesehen zum Sommersemester 2012 umgesetzt. Obgleich dies das sichtbarste Zeichen von Parteiendifferenz in der Hochschulpolitik war, und es von einigen Kommentaren als deutliche Abweichung vom Pfad der schwarz-gelben Koalition gedeutet wurde (Wagschal 2013, S. 251, 264), entsprach die Entscheidung zugleich einem bundesweiten Trend. Die ostdeutschen Bundesländer mit Ausnahme Sachsens hatten allgemeine

Studiengebühren nicht eingeführt. Wo sie eingeführt wurden, waren die Regierungen bürgerlich dominiert. Insgesamt existierten sie in acht Bundesländern; zusätzlich gab es in zwei Ländern Langzeitstudiengebühren sowie in zwei weiteren Ländern Studienkonten (Lanzendorf und Pasternack 2016, S. 52). In der Folgezeit wurden Studiengebühren für das Erststudium in allen Bundesländern wieder abgeschafft, selbst im CSU-geführten Bayern nach einem entsprechenden Volksentscheid (Lanzendorf und Pasternack 2016, S. 52–53). Studiengebühren hatten sich in der Wählerschaft als unpopulär erwiesen. Welsh (2015, S. 473) konstatiert daher, dass die bundesweite Abschaffung von Studiengebühren weniger durch ideologische Kurswechsel, sondern durch machtpolitisches Kalkül getragen wurde. So schließt mittlerweile auch die baden-württembergische CDU die Wiedereinführung von Studiengebühren explizit aus (CDU 2015). Die FDP trifft im Wahlprogramm 2016 keine Aussagen mehr zu Studiengebühren (FDP 2015a), setzt sich aber für die Einführung nachgelagerter Studiengebühren ein, die einkommensabhängig von den Berufstätigen gezahlt werden sollen (FDP 2011b).

Abweichend von dieser Entscheidung wurden allerdings mit der Änderung des Landeshochschulgebührengesetzes im März 2014 Studiengebühren für den neu geschaffenen weiterbildenden Bachelor eingeführt. Dabei handelt es sich um Studiengänge, die speziell auf Studierende ausgerichtet werden sollen, die bereits eine Berufsausbildung abgeschlossen haben und eine Weiterbildung in Form eines Studiums aufnehmen möchten. Begründet wird dies mit der Erwartung, dass die Hochschulen ohne neue Finanzierungsquellen nicht in der Lage sein würden, maßgeschneiderte Studiengänge anzubieten (Landtag BW 2014). Ähnliche Regelungen existieren für den weiterbildenden Master, der neben einem abgeschlossenen Hochschulstudium Berufserfahrungen von nicht weniger als einem Jahr voraussetzt. Die Höhe der Studiengebühren wird von den Hochschulen eigenständig gesetzt. Aktuell scheinen Gebühren in Höhe von bis zu 3000 EUR je Semester möglich (Bildungswerk der Baden-Württembergischen Wirtschaft e. V. 2015).

Um die Einnahmeausfälle durch die weggefallenen allgemeinen Studiengebühren aufzufangen, stellte die grün-rote Landesregierung Qualitätssicherungsmittel in Höhe von 280 EUR pro Studierenden zur Verfügung. Dies entsprach zu gut drei Vierteln dem realen Aufkommen der Studiengebühren.[14] Durchaus kritisch wurde allerdings aufgenommen, dass die Studierenden über die Verteilung

---

[14]Wolf und Mahner (2008) weisen für Baden-Württemberg einen durchschnittlichen Gebührenerlös von 367 EUR je Student aus.

dieser Mittel mitbestimmen sollten. Dies sei zwar innovativ, die Studierenden würden damit aber über ein Vetorecht über die Haushaltsmittel des Landes verfügen (Wagschal 2013, S. 251).

Fortgeführt und beschleunigt wurde das Programm „Hochschule 2012", das 2007 von der schwarz-gelben Vorgängerregierung initiiert worden war. Dieses zielte auf die Schaffung von insgesamt 20.000 neuen Studienplätzen für grundständige Bachelor-Studiengänge. Daran anschließend legte die neue Landesregierung 2013 das Programm „Master 2016" auf. Dadurch sollten bis 2017/2018 mit in der Endstufe 60 Mio. EUR 6300 zusätzliche Master-Studienplätze an den Hochschulen des Landes mit Schwerpunkt in den MINT-Fächern geschaffen werden.

Für die Jahre 2015 bis 2020 wurden mit dem im Januar 2015 von Landesregierung und den Hochschulrektoren unterzeichneten Hochschulfinanzierungsvertrag „Perspektive 2020" eine neue Finanzierungsgrundlage für die Hochschulen verabschiedet. Dieser Vertrag schloss an den „Solidarpakt II" an, mit dem die schwarz-gelbe Vorgängerregierung 2007 die langfristige Finanzierung der Hochschulen bis 2014 geregelt hatte. Mit dem neuen Vertrag werden den Hochschulen in den Jahren 2015 bis 2020 zusätzliche Finanzmittel in Höhe von 1,7 Mrd. EUR bereitgestellt. Auf Kürzungen, Stelleneinsparungen und Haushaltssperren soll bis 2020 verzichtet werden (Allgöwer 2014b).

Die wichtigste Maßnahme ist die schrittweise Erhöhung der Grundfinanzierung der Hochschulen um jährlich drei Prozent. Dies bedeutet eine deutliche Abkehr vom bisherigen Weg der Hochschulfinanzierung, denn die Grundmittel waren seit 1998 nicht mehr erhöht worden. Baden-Württemberg war damit gleichzeitig das erste Bundesland, das die Forderungen des Wissenschaftsrates nach Erhöhung der Grundmittel aufgriff.[15] Begrüßt wurde diese Entwicklung insbesondere von den Hochschulen, da sie über die Verwendung der Grundmittel im Unterschied zu Programm- und Drittmitteln selbst entscheiden können (Hochschulrektorenkonferenz 2015; Allgöwer 2014a). Die Hochschulen sollten damit in die Lage versetzt werden, bis 2020 bis zu 3800 neue Stellen zu schaffen, davon 2200 bereits in den Jahren 2015 und 2016. Allerdings wird die Erhöhung der

---

[15]Der Wissenschaftsrat empfahl im Juli 2013 die Grundmittel der Hochschulen langfristig jährlich „in einem Umfang von mindestens einem Prozentpunkt oberhalb der erwartbaren wissenschaftsspezifischen Tarif- und Kostensteigerungen zu erhöhen, damit es angesichts der gestiegenen Anforderungen nicht zu realen Kürzungen der Budgets kommt und damit ihre Gestaltungsfreiräume für die Herausbildung innovativer Leistungsbereiche nicht noch weiter eingeschränkt werden" (Wissenschaftsrat 2013, S. 57).

Grundmittel um 2,2 Mrd. EUR über die Vertragslaufzeit nur zur Hälfte aus zusätzlichen Geldern des Landes gestemmt. Die andere Hälfte entstammt Programmitteln, die ab 2015 zu Grundmitteln veredelt wurden.[16] Und auch die 1,1 Mrd. EUR an zusätzlichen Ausgaben erweisen sich im Detail als weniger beeindruckend. Darunter verrechnet werden die 360 Mio. EUR, die das Land durch die frei werdenden BAföG-Zahlungen[17] einspart sowie 567 Mio. EUR, die für kommende Besoldungs- und Tarifsteigerungen geplant sind (GEW 2015).

Zusätzlich sieht die neue Finanzierungsvereinbarung bis 2020 100 Mio. EUR jährlich für die bauliche Sanierung der Hochschulen, einen Energiekostenausgleich in Höhe von 50,8 Mio. EUR für die Jahre 1997 bis 2015 sowie einen bis 2020 ebenfalls um drei Prozent jährlich steigenden Energiekostenzuschuss vor. Sondermittel erhalten zudem die Universitätskliniken (jährlich 20 Mio. EUR) sowie die Hochschulen für Angewandte Wissenschaft (HAW) und die Duale Hochschule Baden-Württemberg (DHBW). An diesen Hochschulen waren die Studierendenzahlen besonders stark gestiegen, sodass das Land bis 2020 weitere 83 Mio. EUR (56 Mio. EUR HAW und 27 Mio. DHBW) in Form eines Personalkostenausgleichs außerhalb der Grundmittel zur Verfügung stellt.

Dreierlei ist deshalb zu konstatieren: Erstens weicht die grün-rote Regierung mit dem Hochschulfinanzierungsvertrag vom Pfad der Vorgängerregierung und dem langjährigen Bundestrend ab. Zweitens führt das Maßnahmenpaket aber nicht auf einen spezifisch grün-roten Pfad, da einerseits lediglich Empfehlungen des Wissenschaftsrats aufgegriffen werden und andererseits auch CDU und FDP während der Legislaturperiode grundsätzlich für eine Erhöhung der Grundmittel an den Universitäten eintraten. Drittens fällt die Summe der neu zur Verfügung gestellten Mittel weitaus niedriger aus als es auf den ersten Blick scheint. Hierzu trägt ein Befund bei, der aus der Staatstätigkeitsforschung bereits wohlbekannt

---

[16]Dazu zählen u. a. die Qualitätssicherungsmittel. Damit wird auch die erst 2012 eingeführte Mitbestimmung der Studierenden über diese Mittel wieder beseitigt. Übrig bleibt lediglich ein Sockelbetrag von 20 Mio. EUR, über deren Verwendung die Studierenden mitentscheiden können. Für den parteipolitischen Diskurs interessant ist, dass sich die FDP für ein stärkeres Mitspracherecht der Studierenden an der Verteilung der Finanzierungsmittel durch die Hochschulen einsetzt FDP (2015b, S. 14).

[17]Der Bund übernahm zum 1. Januar 2015, nach Zustimmung durch Bundestag und Bundesrat zum Fünfundzwanzigsten Gesetz zur Änderung des Bundesausbildungsförderungsgesetzes, den Länderanteil in Höhe von 35 % an der Finanzierung des BAföG. Auch Baden-Württemberg stimmte dem Gesetz zu. Im Unterschied zu anderen rot-grünen Ländern hat Baden-Württemberg den Hochschulen zugesagt, die frei gewordenen BAföG-Mittel vollständig für die Hochschulen zu verwenden.

ist: der fiskalpolitische Spielraum der Länder ist vergleichsweise gering, da sie ihre Einnahmen nur in beschränktem Maße erhöhen können und die Hochschulpolitik zugleich in Konkurrenz zu anderen Politikfeldern mit höherer Wählerresonanz steht (Schmidt 2013). Hinzu kommt die Einführung der Schuldenbremse, die die Länder zwingt, bis zum Jahr 2020 strukturell ausgeglichene Haushalte zu erreichen. Entsprechend wurde der Kurs der Haushaltskonsolidierung vom SPD-geführten Finanzministerium vorangetrieben (vgl. den Beitrag von Hörisch i. d. B.).

4.3 Reform der Hochschulstrukturen

Parteipolitisch umstritten war die Wiedereinführung der Verfassten Studierendenschaft. Seit 1977 hatte es zwar eine Vertretung der Studenten in den Organen der Hochschulen gegeben, jedoch verfügte sie weder über eine Satzungsautonomie noch über die Finanzhoheit oder ein politisches Mandat. Baden-Württemberg nahm damit neben Bayern eine Sonderrolle unter den Ländern ein. Dies änderte sich im Juni 2012 mit dem Gesetz über die Verfasste Studierendenschaft. Aufgabe der Studierendenschaft ist es, hochschulpolitische, fachliche und fachübergreifende sowie soziale, wirtschaftliche und kulturelle Belange der Studierenden wahrzunehmen. Obgleich sie über ein politisches Mandat verfügt, ist sie zu parteipolitischer Neutralität verpflichtet. Für ihre Arbeit erhebt sie von allen Studierenden Beiträge. Insgesamt schließt Baden-Württemberg damit zur Ländermehrheit auf, jedoch nicht ohne Widerspruch: CDU und FDP lehnten das Gesetzeswerk bei seiner Verabschiedung ab. Mittlerweile verwirft die CDU die Verfasste Studierendenschaft in ihrem Regierungsprogramm zur Wahl 2016 zwar nicht mehr grundsätzlich, verlangt aber eine „Weiterentwicklung". Gemeint ist vor allem ein Zuschneiden des Mandats auf hochschulpolitische Aspekte (CDU 2015, S. 44). Auch die FDP-Fraktion verlangt Änderungen am Mandat und spricht sich gegen Zwangsmitgliedschaft und Zwangsbeiträge der Studierenden aus (FDP 2015a, S. 33).

Innovativ war das Verfahren, das die Reform begleitete. Erstmals bei einem Gesetzgebungsverfahren in Baden-Württemberg wurde die Möglichkeit der Online-Beteiligung angeboten. Zwischen 24. Januar und 3. März 2012 hatten alle Interessierten die Möglichkeit auf einer eigens eingerichteten Webseite der Landesregierung das geplante Vorhaben zu kommentieren und eigene Vorstellungen einzubringen. Insgesamt waren so 508 Beiträge und 4400 Bewertungen zusammengekommen (Wissenschaftsministerium BW 2012, S. 1).

Herzstück grün-roter Hochschulpolitik war die Novelle des Landeshochschulgesetzes vom März 2014. Sie sollte eine Neudefinition des Leitbilds der Hochschule herbeiführen. Die schwarz-gelbe Vorgängerregierung hatte die Idee der „unternehmerischen Hochschule" verfolgt und die Hochschulsteuerung verstärkt den Leitlinien des New Public Management unterworfen. Die grün-rote Koalition war mit dem Ziel angetreten, die unternehmerische Hochschule zurückzudrängen. In ihrer Novelle des Landeshochschulgesetzes setzte sie die Prinzipien „Wissenschaftsfreiheit, Transparenz und die Beteiligung der Hochschulmitglieder" an die Stelle des Leitbilds der „unternehmerischen Hochschule" (Wissenschaftsministerium BW 2014, S. 1). Erwartungsgemäß stieß sie dabei auf den Widerstand der Hochschulen, die darauf bedacht waren, möglichst weite Teile ihrer Autonomie zu wahren. Die Landesregierung reagierte darauf, indem sie ihre Reformen in der Hochschulsteuerung mit dem Versprechen einer besseren finanziellen Ausstattung der Hochschulen verknüpfte (Lanzendorf und Pasternack 2016, S. 51 f.). Die wichtigsten Änderungen sind:

- Die Aufsichtsräte der Hochschulen werden in Hochschulräte umgebildet. Das Recht der Hochschulen, die Zusammensetzung der Hochschulräte selbst zu bestimmen, wurde aufgehoben. Stattdessen ist vorgesehen, dass die Mitglieder auf Vorschlag einer Findungskommission bestehend aus Senatsmitgliedern und Vertretern des Wissenschaftsministeriums vom Wissenschaftsminister bestellt werden. Das Wissenschaftsministerium erlangt somit eine stärkere Kontrolle über die Besetzung des Gremiums. Mindestens die Hälfte der Mitglieder des Hochschulrats sowie der Vorsitzende müssen externe Mitglieder sein. Zudem gilt eine Frauenquote von mindestens 40 %.
- Die Kompetenzen der Hochschulorgane werden stärker voneinander abgegrenzt. So wird der Senat in seiner Zuständigkeit für akademische Selbstbestimmung bestärkt, während dem Hochschulrat die strategische Planung sowie Haushaltskontrolle und Kontrolle der Arbeit des Rektorats obliegen.
- Die Kooperation zwischen Hochschulen soll gestärkt werden. Dafür wurde für die Hochschulen die Möglichkeit geschaffen, Verbünde in Form von Körperschaften des öffentlichen Rechts zu gründen, an denen sich auch andere juristische Personen beteiligen können.
- Kooperieren sollen Universitäten und Hochschulen für Angewandte Wissenschaften auch bei der Verleihung von Promotionen. Während das Hochschulgesetz mit der Experimentierklausel auch die Möglichkeit vorsieht, dass Zusammenschlüsse mehrerer HAW „zeitlich und thematisch begrenzt" das Promotionsrecht erhalten können, werden vor allem kooperative

Promotionskollegs von Universitäten, HAW und Pädagogischen Hochschulen angestrebt.[18]

- Das Recht, Unternehmen zu gründen wird beschnitten. Hochschulen dürfen nur dann Aufgaben an eigene Unternehmen auslagern, wenn sie sie nicht ebenso gut mit eigenen Mitteln und eigenem Personal selbst erfüllen können.
- Sämtliche Drittmittelprojekte sollen an den Hochschulen in Transparenzregistern erfasst werden. Mitarbeitern und den Senaten der Hochschulen wird so Einblick in Themen, Mitarbeiter, Finanzierung sowie Geheimhaltungsvereinbarungen und Publikationseinschränkungen der Drittmittelprojekte gewährt.
- Der Weg zur Professur soll für Nachwuchswissenschaftler erleichtert werden, indem die Möglichkeit eines Tenure-Track-Verfahrens geschaffen wird.
- Zwischen Doktoranden und Betreuern sollen zukünftig Promotionsvereinbarungen getroffen werden. Die Bildung von Promotionskonventen soll die Vernetzung der Promovierenden und ihre universitätsinternen Mitspracherechte stärken.
- Für Studienbewerber mit Fachholschulreife und Fachabitur wird der Hochschulzugang erleichtert. Zudem werden mit dem weiterbildenden Bachelor berufsbegleitende Studiengänge für Personen mit abgeschlossener Berufsausbildung geschaffen. Für geduldete Ausländer sowie Asylantragssteller wird der Zugang zum Hochschulstudium geöffnet.

Betrachtet man die Maßnahmen, so wird deutlich, dass die Abkehr von der „unternehmerischen Hochschule" nur bei der Reform der Aufsichtsräte und der Gründung von Unternehmen zu deutlichen Veränderungen der Hochschulgovernance führte. Darüber hinaus blieb die Autonomie der Hochschulen unangetastet.[19] An den neuen Hochschulräten entzündete sich sodann auch die Kritik an der Gesetzesnovelle. Die CDU möchte zum „Erfolgsmodell eigenverantwortlich handelnde Hochschule" zurückkehren und den Einfluss der Politik auf die Hochschulratsmitglieder zurückdrängen (CDU 2015, S. 40). Die FDP stößt sich besonders an der Besetzung der Hochschulräte und schlägt vor, diese in

---

[18]Die Landesregierung weitet ab 2016 die Förderung dieser Promotionskollegs aus. Unter dem Druck der Universitäten soll von der Experimentierklausel nur dann Gebrauch gemacht werden, wenn für Absolventen der HAW und PH keine andere Möglichkeiten zur Promotion bestehen (Burchard 2014).

[19]Lanzendorf und Pasternack (2016) zählen Baden-Württemberg dabei neben Nordrhein-Westfalen und Niedersachsen zu jenen Ländern mit besonders stark ausgebauter Hochschulautonomie. Für Dohmen und Krempkow (2015) gehört Baden-Württemberg zwar nur zu den Ländern mit mittlerer Hochschulautonomie, für das Jahr 2014 stellen sie im Vergleich zu 2009 aber keine Veränderung fest.

Eigenverantwortung den Hochschulen zu überlassen (FDP 2015b, S. 14), eine Kritik die auch vom baden-württembergischen Arbeitgeberverband geteilt wird. Ferner stießen die Transparenzpflichten bei Drittmittelprojekten bei CDU und FDP auf große Kritik. Dies verschlechtere die Chancen der Hochschulen, Mittel aus der Wirtschaft einzuwerben (Staatsanzeiger BW 2014).

4.4 Reform der Lehramtsausbildung

Baden-Württemberg gehörte zu jenen Ländern, in denen die Umstellung der Studiengänge auf das Bachelor-Master-System nur schleppend voranging. Insbesondere die Lehramtsstudiengänge waren von der Reform zunächst ausgenommen (Mahner 2012, S. 247–259). Stattdessen wurde noch im Jahr 2009 eine neue Staatsexamensprüfungsordnung eingeführt. Nach längerem Vorlauf hat die grün-rote Regierung schließlich das Lehramtsstudium zum Wintersemester 2015/2016 auf Bachelor und Master umgestellt. Ziel der Reform ist es, Lehrer besser auf den Schulalltag und die durch Heterogenität und Inklusion veränderten Anforderungen in der Schule vorzubereiten. Dafür setzen Grüne und SPD auf strukturelle Kooperationen von Universitäten und Pädagogischen Hochschulen, die gemeinsam die Lehramtsausbildung gestalten und hochschulübergreifende Lehramtsstudiengänge anbieten sollen.[20] Die ursprünglich von der Expertenkommission zur Weiterentwicklung der Lehrerbildung in Baden-Württemberg geplante Einführung einer Zwei-Säulen-Struktur, nach der nur zwei Typen von Lehramtsstudiengängen angeboten werden sollten, einer für das Grundschullehramt und einer für das Lehramt an allen weiterführenden Schulen einschließlich der Gymnasien, wurde nicht umgesetzt. Stattdessen wird an unterschiedlichen Lehramtsstudiengängen für die Sekundarstufen I und II und die Sonderpädagogik festgehalten.

Im Bundesländervergleich hatten sich einige Länder dafür entschieden, die Bachelor-Phase des Studiums als dezidierten Bachelor of Education auszugestalten, andere favorisierten einen polyvalenten Bachelor mit Lehramtsoption, der den Studierenden die Möglichkeit offenlassen soll, nach dem Ende des

---

[20]Dafür wurden von Universitäten und Pädagogischen Hochschulen bisher vier Schools of Education gegründet. Bund und Länder haben sich in der GWK im April 2013 auf eine Qualitätsoffensive Lehrerbildung geeignet. Demnach stellt der Bund ab 2015 für zehn Jahre insgesamt 500 Mio. EUR zur Verfügung um innovative Konzepte für das Lehramtsstudium zu fördern. In Baden-Württemberg haben sich in zwei Förderrunden bisher sechs Vorhaben durchgesetzt, darunter die vier Schools of Education in Heidelberg, Freiburg, Tübingen und Stuttgart.

Bachelorstudiums entweder mit dem Master of Education die Ausbildung zum Lehrer fortzusetzen oder einen fachwissenschaftlichen Master aufzunehmen. Baden-Württemberg beschreitet unter Grün-Rot einen Mittelweg. Die Rahmenvorgabeverordnung überlässt den Hochschulen die Entscheidung darüber, welcher Bachelor-Studiengang angeboten wird. Aktuell kann der polyvalente Bachelor mit Lehramtsoption an den Universitäten Heidelberg und Freiburg studiert werden, während die anderen Universitäten des Landes auf den Bachelor of Education setzen.

Mit dem Festhalten an getrennten Lehramtsstudiengängen für die einzelnen Schultypen verzichtete die grün-rote Regierung auch darauf, vom Pfad der Vorgängerregierung stark abzuweichen. CDU und FDP zeigten sich daher im Grundsatz mit der Reform zufrieden (Bäuerlein 2014), insbesondere damit, dass der „Einheitslehrer" für alle Schultypen nicht umgesetzt wurde. Vonseiten der CDU wurde auch über eine Weiterentwicklung der Staatsexamensstudiengänge nachgedacht. Fraglich sei, wie der Übergang vom Bachelor zum Master ausgestaltet werden soll, ohne dass es zu einem Flaschenhalseffekt komme, unter der auch die Attraktivität des Lehrerberufs leiden könne (CDU 2014).

4.5 Rücknahme des Universitätsmedizingesetzes

Umstritten war zu Beginn der Legislaturperiode auch die Rücknahme des Universitätsmedizingesetzes, das die schwarz-gelbe Vorgängerregierung noch im Februar 2011 durchgesetzt hatte. Dieses Gesetz sah vor, die medizinischen Fakultäten der Universitäten und die Universitätskliniken ab 2013 in Körperschaften für Universitätsmedizin (KUM) unter dem Dach der Universitäten zusammenzuführen. Mit der Gewährträgerversammlung, zusammengesetzt aus Abgeordneten und Vertretern der Ministerialbürokratie, sollte ein neues Leitungsgremium für die Entwicklung standortübergreifender Strategien der Hochschulmedizin in Baden-Württemberg etabliert werden. Vor allem die Ärzteschaft sowie die Vertreter der Universitäten und Universitätskliniken stellten die Fachkompetenz dieses „rein politischen Gremiums" infrage, befürchteten eine Anfälligkeit für Lobbyismus und schwerfällige Abstimmungsprozesse (Ärzteblatt 2011). Mit der Rücknahme des Gesetzes stellte Grün-Rot die Eigenständigkeit der Universitätskliniken wieder her, bei starker Gegenwehr von CDU und FDP.

4.6   Fortentwicklung des KIT und außeruniversitäre Forschungsförderung

Mit dem Karlsruher Institut für Technologie (KIT) beheimatet Baden-Württemberg einen Forschungsverbund aus der früheren Universität Karlsruhe (TH) und dem Forschungszentrum Karlsruhe der Helmholtz-Gemeinschaft. Die unter der grün-roten Regierung ergriffenen Maßnahmen zur Fortentwicklung des KIT zeugen eher von Kontinuität und der Suche nach parteiübergreifendem Konsens denn von Profilierung: Mit dem KIT-Weiterentwicklungsgesetz vom Mai 2012 wurde unter Zustimmung der Fraktionen von CDU und FDP die Autonomie des KIT gestärkt. Kernpunkt der Reform ist die Übertragung der Dienstherrnfähigkeit und Arbeitge-bereigenschaft vom Land auf das KIT. Damit verbunden ist die Kompetenz des KIT, selbstständig über die Berufung von Professoren und wissenschaftlichem Personal zu entscheiden. Ferner wird die Fachaufsicht des Wissenschaftsministeriums auf eine reine Rechtsaufsicht reduziert und dem Institut weitreichende Satzungsautono-mie zugestanden. Abgesehen von den Landesgrundstücken wurde das gesamte Ver-mögen, das vormals im Eigentum des Landes stand, auf das KIT übertragen. Die noch in ihrem Wahlprogramm von den Grünen geforderte Einführung einer Zivil-klausel, der Festlegung von Forschungseinrichtungen auf rein zivile Forschung (B'90/Die Grünen 2011), fand jedoch keinen Eingang ins Gesetz. Die Weiterent-wicklung des KIT ist insofern interessant, als dass die beschlossenen Maßnahmen die Sonderstellung des KIT in der Hochschullandschaft Baden-Württembergs weiter zementiert und die Autonomie des Instituts im Vergleich zu den anderen Hochschu-len des Landes deutlich gestärkt hat.

Jenseits des KIT hat die grün-rote Landesregierung in der Forschungsför-derung dezente Schwerpunktverschiebungen eingeleitet. Förderschwerpunkte stellen jetzt die Felder nachhaltige Mobilität, Umwelttechnologien, erneuer-bare Energien und Ressourceneffizienz, Gesundheit und Pflege sowie Informa-tions- und Kommunikationstechnologien, Green IT, intelligente Produkte und Digitalisierung dar (BMBF 2016b, S. 8). Die finanzielle Ausstattung der außer-universitären Forschungseinrichtungen hat sich seit der Amtsübernahme der grün-roten Regierung verbessert. Dafür verantwortlich ist jedoch in erster Linie der Bund. Im Rahmen des Pakts für Innovation und Forschung hatten Bund und Län-der im Jahr 2009 vereinbart, für die Jahre 2011 bis 2015 die Zuwendungen der Grundfinanzierung an die Wissenschaftsorganisationen HGF, MPG, FhG, WGL und DFG um jährlich 5 % zu steigern. Im Dezember 2014 beschlossen Bund und Länder eine Fortschreibung des Paktes bis 2020, allerdings nur noch mit einer jährlichen Erhöhung der Grundfinanzierung um 3 %. Die Zustimmung zur Fort-führung des Pakts wurde den Ländern leicht gemacht: Ab 2016 trägt der Bund den Aufwuchs der Mittel allein (BMBF o. J.).

5   Fazit

In welchem Ausmaß kann zusammenfassend von einem programmatischen Wandel in der Wissenschaftspolitik gesprochen werden? Das Urteil fällt gemischt aus. Der Blick auf die Ausgabenentwicklung spricht eher für Kontinuität, mit kontinuierlich leichten Zuwächsen beim Wissenschaftshaushalt zumindest bis 2014, die aber nicht über dem Wachstum der Gesamtausgaben des Landes liegen, unter Berücksichtigung der Haushaltspläne für 2015 und 2016 sogar darunter. Dies zeigt auch die Analyse des Herzstücks der grün-roten Reformen im Feld der Hochschulfinanzierung, der Hochschulfinanzierungsvertrag „Perspektive 2020". Während auf den ersten Blick eine bemerkenswerte Ausweitung der finanziellen Mittel für die Hochschulen vorgesehen war, zeigt die Detailanalyse, dass der tatsächliche Mittelzufluss weitaus niedriger ausfällt. Berücksichtigt man ferner die Entwicklung der Studierendenzahlen, wird deutlich, dass die Ausweitung der Finanzmittel für die Hochschulen auch als Reaktion auf die gestiegene Nachfrage nach Studienplätzen und somit wachsenden Problemdruck gedeutet werden muss.

Die Entwicklung der Hochschulstrukturen ist sowohl durch Kontinuität als auch Pfadabweichungen geprägt. Besonders sichtbar wurde Wandel mit der Einführung der Verfassten Studierendenschaft, die einen Beitrag zur „Demokratisierung" der Hochschulen leisten sollte und die eine Sonderstellung Baden-Württembergs unter den Bundesländern beendete. Auch die Rücknahme des Leitbilds der „unternehmerischen Hochschule" und der gewachsene Einfluss des Wissenschaftsministeriums auf die personelle Besetzung des Hochschulrates zeugen von einem Wandel der Wissenschaftspolitik und einem gestiegenen Appetit nach politischer Steuerung. Er erwies sich jedoch nicht als unersättlich, denn die Autonomie der Hochschulen blieb ansonsten unangetastet und wurde stattdessen weiter bekräftigt, im Falle des KIT sogar ausgebaut. Nicht selten wurde bei Reformen der Hochschulstrukturen der Konsens mit Hochschulen, Wissenschaftlern und Studierenden gesucht, wie auch das Beispiel der Online-Befragung zur Verfassten Studierendenschaft zeigt. In der Wissenschaftspolitik knüpft die Koalition damit an die „Politik des Gehörtwerdens" (vgl. den Beitrag von Fatke und Wöll i. d. B.) an, mit der die Landesregierung angetreten war.[21]

Mit Blick auf parteipolitische Differenzen wird deutlich, dass sich Grün-Rot in einigen Fällen zumindest grundsätzlich in Übereinstimmung mit den

---

[21]Für diesen konsensorientierten Politikansatz und das gute Verhältnis zwischen Wissenschaft und Ministerium spricht auch die Wahl von Theresia Bauer zur „Wissenschaftsministerin des Jahres" in den Jahren 2013, 2015 und 2016 durch die Mitglieder des Deutschen Hochschulverbandes (Krüger und Rudinger 2016).

Oppositionsparteien CDU und FDP befand. Das gilt unter anderem für den Bereich der finanziellen Ausstattung der Hochschulen, der Fortentwicklung des KIT, aber auch für den Bereich der Lehrerbildung. Den von CDU und FDP gefürchteten „Einheitslehrer" für alle Schultypen wird es auch mit dem Übergang zum Bachelor-Master-System in der Lehrerbildung nicht geben. Parteipolitisch umstritten blieben unter anderem die Abschaffung der Studiengebühren, die Rücknahme des Universitätsmedizingesetzes, die Einführung der Verfassten Studierendenschaft und Teile des Landeshochschulgesetzes.

Diese Unterschiede schlugen sich zum Teil in den Wahlprogrammen der Parteien zur Landtagswahl 2016 nieder, wenngleich die Kritik von CDU und FDP nuancierter und weniger grundsätzlich geworden ist. Da zudem die Grünen nach dem Wahlergebnis vom 13. März 2016 weiterhin die Regierung führen, wird das Erbe grün-roter Wissenschaftspolitik aller Voraussicht nach Bestand haben. Darauf deuten auch die Vereinbarungen im grün-schwarzen Koalitionsvertrag hin, die den Willen zur Fortführung der eingeschlagenen Politik betonen und Veränderungen nur im Detail vorsehen (B'90/Die Grünen und CDU 2016, S. 37 ff.).[22] Es wird damit deutlich, dass die grün-rote Wissenschaftspolitik nicht durch eine ausgesprochen linke Ausrichtung geprägt war, sondern sich als eher mitte- und konsensorientiert erwies. Angesichts der im Bundesländervergleich ausgeprägten Mitteorientierung der Grünen im Südwesten und der durch Experten geprägten Debatten im Politikfeld, überrascht dies nicht.

Literatur

Allgöwer, R. 2014a. Deutlich mehr Geld muss ins System. *Stuttgarter Zeitung*. http://www.stuttgarter-zeitung.de/inhalt.solidarpakt-der-hochschulen-deutlich-mehr-geld-muss-ins-system.46755bd0-5aa4-4795-96a8-ebbec32e1dd6.html. Zugegriffen: 11. Mai 2016.
Allgöwer, R. 2014b. Land gibt 1,7 Milliarden Euro mehr. *Stuttgarter Zeitung*. http://www.stuttgarter-zeitung.de/inhalt.hochschulen-in-baden-wuerttemberg-land-gibt-1-7-milliarden-euro-mehr.99d993bf-46a7-4660-8948-8e45118109ba.html. Zugegriffen: 11. Mai 2016.
Ärzteblatt. 2011. *Baden-Württemberg hebt Universitätsmedizingesetz auf.* Köln. http://www.aerzteblatt.de/nachrichten/46666. Zugegriffen: 11. Mai 2016.
B'90/Die Grünen. 2011. *Das neue Programm für Baden-Württemberg.* Stuttgart.

---

[22]Angedeutet wird u. a. eine Präzisierung des hochschulpolitischen Mandats der Verfassten Studierendenschaft (B'90/Die Grünen und CDU 2016, S. 42).

B'90/Die Grünen, und CDU. 2011. *Baden-Württemberg gestalten: Verlässlich. Nachhaltig. Innovativ.: Koalitionsvertrag zwischen Bündnis 90/Die Grünen Baden-Württemberg und CDU Baden-Württemberg. Entwurf.* Stuttgart.

B'90/Die Grünen, und SPD. 2011. *Der Wechsel beginnt: Koalitionsvertrag zwischen Bündnis 90/Die Grünen und der SPD Baden-Württemberg.* Stuttgart.

Bäuerlein, U. 2014. Reform der Lehrerausbildung: Parteien über Umstellung auf Bachelor- und Masterstudium weitgehend einig. *Staatsanzeiger für Baden-Württemberg.* http://www.staatsanzeiger.de/politik-und-verwaltung/debatten-im-landtag/nachricht/artikel/reform-der-lehrerausbildung-parteien-ueber-umstellung-auf-bachelor-und-masterstudium-weitgehend-ei/. Zugegriffen: 11. Mai 2016.

Bildungswerk der Baden-Württembergischen Wirtschaft e. V. 2015. *Weiterbildende Bachelor- und Masterstudiengänge und Kontaktstudien an Hochschulen in Baden-Württemberg.* Stuttgart. https://mwk.baden-wuerttemberg.de/fileadmin/redaktion/m-mwk/intern/dateien/pdf/Studium_und_Lehre/Katalog_HochschuleWirtschaft_2015.pdf. Zugegriffen: 11. Mai 2016.

BMBF. 2016a. *Bundesbericht Forschung und Innovation 2016.* Berlin.

BMBF. 2016b. *Forschungs- und Innovationspolitik der Länder: Bundesbericht Forschung und Innovation 2016 – Ergänzungsband III.* Berlin.

BMBF. o. J. Pakt für Forschung und Innovation. https://www.bmbf.de/de/pakt-fuer-forschung-und-innovation-546.html. Zugegriffen: 11. Mai 2016.

Braun, D. 1997. *Die politische Steuerung der Wissenschaft: Ein Beitrag zum „kooperativen Staat".* Frankfurt a. M.: Campus.

Burchard, A. 2014. Dr. FH nur unter Vorbehalt. *Tagesspiegel.* http://www.tagesspiegel.de/wissen/promotion-an-fachhochschulen-dr-fh-nur-unter-vorbehalt/10633980.html. Zugegriffen: 11. Mai 2016.

Busemeyer, M. R. 2009. Bildung und die „neue" Sozialdemokratie: eine Analyse aus der Sicht der vergleichenden Staatsausgabenforschung. *Politische Vierteljahresschrift* 49 (2): 283–308.

Busemeyer, M. R., und S. Haastert. i. d. B. Bildungspolitik: Nicht alles anders, aber manches. In *Das grün-rote Experiment – Eine Bilanz der Landesregierung Kretschmann*, Hrsg. F. Hörisch und S. Wurster, 125–158. Wiesbaden: Springer VS.

CDU. 2011. *Chancen ergreifen. Wohlstand sichern. Der Baden-Württemberg-Weg im neuen Jahrzehnt. Regierungsprogramm der CDU Baden-Württemberg.* Stuttgart.

CDU. 2014. *Landesregierung verkauft die Katze im Sack und lässt künftige Lehramtsstudenten im Unklaren!* Stuttgart.

CDU. 2015. *Gemeinsam. Zukunft. Schaffen. Das Regierungsprogramm der CDU Baden-Württemberg 2016–2021.* Stuttgart.

Dohmen, D., und R. Krempkow. 2015. *Hochschulautonomie im Ländervergleich: Bestandsaufnahme und Ausblick auf künftige Entwicklungen.* Berlin: Springer Fachmedien Wiesbaden.

dpa/lsw. 2006. *Minister Frankenberg: Kaum Nachteile durch Föderalismusreform.* Stuttgart.

Fatke, M., und L. Wöll. i. d. B. Die Politik des Gehörtwerdens: Zurück zum direktdemokratischen Musterländle? In *Das grün-rote Experiment – Eine Bilanz der Landesregierung Kretschmann*, Hrsg. F. Hörisch und S. Wurster, 303–330. Wiesbaden: Springer VS.

FDP. 2011a. *Vorn bleiben. Erfolgsmodell Baden-Württemberg: Regierungsprogramm 2011–2016.* Stuttgart.

FDP. 2011b. *Kern: FDP setzt sich für nachlaufende Studiengebühren ein.* Stuttgart.

FDP. 2015a. *Der nächste Schritt für unser Land. Das Wahlprogramm der Freien Demokraten Baden-Württemberg zur Landtagswahl 2016.* Stuttgart.

FDP. 2015b. *Impulspapier. Für eine Wissenschaftspolitik auf der Höhe der Zeit – damit unsere Hochschulen und Forschungseinrichtungen spitze bleiben.* Stuttgart. http://fdp-dvp-fraktion.de/downloads/fuer-eine-wissenschaftspolitik-auf-der-hoehe-der-zeit-da-mit-unsere-hochschulen-und-forschungseinrichtungen-spitze-bleiben.pdf. Zugegriffen: 3. März 2016.

Gabriel, O. W., und B. Kornelius. 2011. Die baden-württembergische Landtagswahl vom 27. März 2011: Zäsur oder Zeitenwende? *Zeitschrift für Parlamentsfragen* 42 (4): 784–804.

GEW. 2015. *Hochschulfinanzierungsvertrag Perspektive 2020: Mit politischen Zahlen jongliert.* Stuttgart. http://www.gew-bw.de/aktuelles/detailseite/neuigkeiten/hochschulfi-nanzierungsvertrag-perspektive-2020-mit-politischen-zahlen-jongliert/. Zugegriffen: 3. März 2016.

Haas, S. 2013. Wandern ins Grüne: Veränderungen im Elektorat. In *Der historische Machtwechsel: Grün-Rot in Baden-Württemberg,* Hrsg. U. Wagschal, U. Eith, und M. Wehner, 43–57. Baden-Baden: Nomos.

Hibbs, D. A. 1977. Political parties and macroeconomic policy. *American Political Science Review* 71 (4): 1467–1487.

Hinze, S. 2010. Forschungsförderung in Deutschland. In *Handbuch Wissenschaftspolitik,* Hrsg. D. Simon, A. Knie, und S. Hornbostel, 162–175. Wiesbaden: VS Verlag.

Hochschulrektorenkonferenz. 2015. *HRK-Präsident begrüßt verbesserte Grundfinanzierung der Hochschulen in Baden-Württemberg.* Bonn.

Hohn, H.-W. 2010. Wissenschaftspolitik im semi-souveränen Staat – die Rolle der außeruniversitären Forschungseinrichtungen und ihrer Trägerorganisationen. In *Die Gemeinschaftsaufgaben von Bund und Ländern in der Wissenschafts- und Bildungspolitik: Analysen und Erfahrungen,* Hrsg. M. Seckelmann, S. Lange und T. Horstmann, 145–168. Baden-Baden: Nomos.

Hörisch, F. i. d. B. Finanz- und Wirtschaftspolitik unter dem Eindruck der Finanzkrise. In *Das grün-rote Experiment – Eine Bilanz der Landesregierung Kretschmann,* Hrsg. F. Hörisch, und S. Wurster, 47–68. Wiesbaden: Springer VS.

Kretschmann, W. 2011. Regierungserklärung von Ministerpräsident Winfried Kretschmann am 25. Mai 2011 im Landtag von Baden-Württemberg. https://www.baden-wuerttem-berg.de/fileadmin/redaktion/dateien/Altdaten/202/110525_Regierungserklaerung_MP_Kretschmann_Protokollfassung.pdf. Zugegriffen: 11. Mai 2016.

Krüger, T., und G. Rudinger. 2016. Rektor und Wissenschaftsminister des Jahres 2016: Ergebnisse des DHV-Rankings. *Forschung & Lehre* 22 (3): 214–217.

Landtag BW. 2014. *Drucksache 15/4684: Gesetzentwurf der Landesregierung. Drittes Gesetz zur Änderung hochschulrechtlicher Vorschriften (Drittes Hochschulrechtsän-derungsgesetz – 3. HRÄG).* Stuttgart. http://www.landtag-bw.de/files/live/sites/LTBW/files/dokumente/WP15/Drucksachen/4000/15_4684_D.pdf. Zugegriffen: 3. März 2016

Lanzendorf, U., und P. Pasternack. 2016. Landeshochschulpolitiken nach der Föderalismusreform. In *Die Politik der Bundesländer: Staatstätigkeit im Vergleich,* Hrsg. A. Hildebrand und F. Wolf, 35–59. Wiesbaden: Springer VS.

Mahner, S. 2012. *Bologna als Ländersache: 16 Länder, eine Reform: Die verschlungenen Wege in Bachelor und Master.* Berlin: Lit Verlag.

Mahner, S., und F. Wolf. 2013. Die Bildungspolitik der Großen Koalition. In *zweite Große Koalition: Eine Bilanz der Regierung Merkel 2005–2009,* Hrsg. C. Egle und R. Zohlnhöfer, 380–402. Wiesbaden: VS Verlag.

Middendorf, E., B. Apolinarski, J. Poswkowsky, M. Kandulla, und N. Netz. 2013. *Die wirtschaftliche und soziale Lage der Studierenden in Deutschland 2012: 20. Sozialerhebung des Deutschen Studentenwerks durchgeführt durch das HIS-Institut für Hochschulforschung.* Berlin: Bundesministerium für Bildung und Forschung.

Rauh, C., A. Kirchner, und R. Kappe. 2011. Political parties and higher education spending: Who favours redistribution? *West European Politics* 34 (6): 1185–1206.

Schmidt, M. G. 1996. When parties matter: A review of the possibilities and limits of partisan influence on public policy. *European Journal of Political Research* 30 (2): 155–183.

Schmidt, M. G. 2010. Parties. In *The oxford handbook of the welfare State,* Hrsg. F. G. Castles, S. Leibfried, J. Lewis, H. Obinger und C. Pierson, 211–226. Oxford: Oxford University Press.

Schmidt, M. G. 2013. Deutschlands Hochschulausgaben im OECD-Länder-Vergleich. In *Analysen nationaler und supranationaler Politik: Festschrift für Roland Sturm,* Hrsg. K. Brummer und H. Pehle, 39–52. Opladen: Verlag Barbara Budrich.

Simon, D., A. Knie, und S. Hornbostel, Hrsg. 2010. *Handbuch Wissenschaftspolitik.* Wiesbaden: VS Verlag.

SPD. 2011. *Regierungsprogramm der SPD Baden-Württemberg 2011–2016.* Stuttgart.

Staatsanzeiger BW. 2014. Forschungsministerin will mehr Transparenz bei Drittmitteln. http://www.staatsanzeiger.de/politik-und-verwaltung/nachrichten/nachricht/artikel/forschungsministerin-will-mehr-transparenz-bei-drittmitteln/. Zugegriffen: 11. Mai 2016.

Statistisches Bundesamt. 2014. *Bildungsfinanzbericht 2014.* Wiesbaden: Statistisches Bundesamt.

Statistisches Landesamt BW. 2015. *Studierende an baden-württembergischen Hochschulen im Wintersemester 2014/2015* (Statistische Berichte Baden-Württemberg 3234 15001). Stuttgart. http://www.statistik.baden-wuerttemberg.de/Service/Veroeff/Statistische_Berichte/323415001.pdf. Zugegriffen: 3. März 2016.

Vögele, C., und I. Schmalz. 2013. „Bildung, Bildung und nochmals Bildung." Die Bildungspolitik im TV-Duell. In *Das TV-Duell in Baden-Württemberg: Inhalte, Wahrnehmungen und Wirkungen,* Hrsg. M. Bachl, F. Brettschneider, und S. Ottler, 219–236. Wiesbaden: Springer VS.

Wagschal, U. 2013. Politikwechsel nach dem Machtwechsel: Die Regierungstätigkeit von Grün-Rot in Baden-Württemberg. In *Der historische Machtwechsel: Grün-Rot in Baden-Württemberg,* Hrsg. U. Wagschal, U. Eith und M. Wehner, 181–206. Baden-Baden: Nomos.

Welsh, H. A. 2015. Kontinuität als Markenzeichen: Die Bildungspolitik der christlich-liberalen Koalition (2009–2013). In *Politik im Schatten der Krise: Eine Bilanz der Regierung Merkel 2009–2013,* Hrsg. R. Zohlnhöfer und T. Saalfeld, 469–491. Wiesbaden: Springer VS.

Wenzelburger, G. 2015. Parteien. In *Handbuch Policy-Forschung*, Hrsg. G. Wenzelburger und R. Zohlnhöfer, 81–112. Wiesbaden: Springer VS.

Wissenschaftsministerium BW. 2012. *Auswertung der Online-Beteiligung zur Wiedereinführung der Verfassten Studierendenschaft in Baden-Württemberg.* Stuttgart. https:// mwk.baden-wuerttemberg.de/fileadmin/redaktion/m-mwk/intern/dateien/pdf/Verfasste_ Studierendenschaft/Abschlussbericht_Online-Beteiligung_VerfassStud.pdf. Zugegriffen: 3. März 2016.

Wissenschaftsministerium BW. 2014. *Das neue Landeshochschulgesetz für Baden-Württemberg.* Stuttgart.

Wissenschaftsrat. 2013. *Perspektiven des deutschen Wissenschaftssystems.* Braunschweig. http://www.wissenschaftsrat.de/download/archiv/3228-13.pdf. Zugegriffen: 3. März 2016.

Wolf, F. 2006. *Die Bildungsausgaben der Bundesländer im Vergleich: Welche Faktoren erklären ihre beträchtliche Variation.* Berlin: Lit Verlag.

Wolf, F. 2007. Die Bildungsausgaben der Bundesländer: Bestimmungsfaktoren und sozialpolitische Relevanz. *Zeitschrift für Sozialreform* 53 (1): 31–56.

Wolf, J., und S. Mahner. 2008. Tropfen auf den heißen Stein oder folgenschwerer Paradigmenwechsel? Studiengebühren und private Hochschulausgaben in Deutschland. *Die Hochschule* 17 (1): 41–58.

Wolff, J. 2015. Der neue Art. 91b I GG – Verfassungsrechtliche Vorgaben und politische Spielräume. In *Neuer Artikel 91b GG Was ändert sich für die Wissenschaft? Publikation zur Konferenz am 19. Mai 2015 in der Friedrich-Ebert-Stiftung, Berlin,* Hrsg. A. Borgwardt, 11–15. Berlin: Friedrich-Ebert-Stiftung.

Über den Autor

Falk Bartscherer ist wissenschaftlicher Mitarbeiter und Doktorand an der Ruprecht-Karls-Universität Heidelberg. Seine Schwerpunkte in Forschung und Lehre liegen in der Vergleichenden Staatstätigkeitsforschung sowie den politischen Systemen der Bundesrepublik Deutschland und der EU.

Asyl und Integration: Aufbrüche in stürmischen Zeiten

Sandra Kostner

Zusammenfassung

Der Beitrag geht den Fragen nach: Inwiefern hat der Regierungswechsel in den Politikfeldern Integration und Asyl eine inhaltliche Akzentverschiebung mit sich gebracht? Auf welchem parteipolitisch konnotiertem Integrations- und Asylverständnis beruhen die im Koalitionsvertrag angekündigten Reformvorhaben? Und konnten die Reformvorhaben im Einklang mit dem Integrations- und Asylverständnis von Grün-Rot umgesetzt werden? Der Analyseschwerpunkt liegt auf den asylpolitischen Reformzielen, erstens, da diese in besonderem Maße auf eine Neuausrichtung abzielten und zweitens, aufgrund dessen, dass sich im Lauf der Legislaturperiode die Verwirklichungsbedingungen in diesem Politikfeld so stark veränderten, dass parteipolitische Positionen einem radikalen Realitätstest unterzogen wurden.

1   Vom Rand ins Zentrum

Am Ende der grün-roten Legislaturperiode waren die Politikfelder Migration und Integration aufgrund der hohen Zuwanderungszahlen von Unionsangehörigen und v. a. der seit 2013 stark ansteigenden Asyl- und Fluchtmigration deutlich weiter oben auf der politischen Agenda angesiedelt, als zum Zeitpunkt des Regierungswechsels

S. Kostner (✉)
Institut für Humanwissenschaften, Pädagogische Hochschule Schwäbisch Gmünd,
Schwäbisch Gmünd, Deutschland
E-Mail: sandra.kostner@ph-gmuend.de

© Springer Fachmedien Wiesbaden 2017   185
F. Hörisch und S. Wurster (Hrsg.), *Das grün-rote Experiment in
Baden-Württemberg*, DOI 10.1007/978-3-658-14868-3_8

im Frühjahr 2011. Die normative Kraft des Faktischen, die den Zuwanderungszahlen innewohnt, hat nicht nur dazu geführt, dass die bis dato zwar stark emotional besetzten, aber realpolitisch eher randständig behandelten Politikfelder Migration und Integration ins Zentrum des politischen Handelns rückten. Sie hat zudem die Landesverbände vor die Herausforderung gestellt, angesichts der ‚Flüchtlingskrise' parteipolitische Positionen an neue Realitäten anzupassen. In Zahlen ausgedrückt stellten sich die neuen Realitäten folgendermaßen dar: 2010, also im letzten Jahr der schwarz-gelben Koalition, lag der Wanderungssaldo in Baden-Württemberg bei 25.379 Personen. Für 2015, das letzte Jahr der grün-roten Regierung, liegt bislang nur eine Schätzung vor, die den Wanderungssaldo bei circa 166.000 Personen sieht. Somit hätte sich der Wanderungssaldo innerhalb weniger Jahre mehr als versechsfacht. Betrachtet man die 2010 und 2015 gestellten Erstanträge von Asylsuchenden in Baden-Württemberg, zeigt sich, dass sich diese mehr als verzwanzigfacht haben: von 4753 im Jahr 2010 auf 97.822 im Jahr 2015 (Statistisches Landesamt 2016).

Wenngleich der größte Bedeutungszuwachs für die Politikfelder Migration und Integration ereignisbedingt im Lauf der Legislaturperiode erfolgte, erfuhr das Politikfeld Integration bereits mit der Vorstellung des grün-roten Kabinetts eine Aufmerksamkeitssteigerung in den Medien und damit auch in der Öffentlichkeit. Dies lag weniger daran, dass eine intensive Auseinandersetzung mit den integrationspolitischen Zielen der neuen Regierung stattgefunden hätte. Vielmehr richtete sich die Aufmerksamkeit auf das neu geschaffene Ministerium für Integration und seine Ministerin. Mit Bilkay Öney (SPD) wurde nicht nur zum ersten Mal eine türkischstämmige Politikerin in Baden-Württemberg Ministerin, sie war zudem aus Berlin ‚angeworben' worden – ein Umstand, der aufseiten ‚im Ländle' verwurzelter Politikerinnen und Politiker durchaus zu Akzeptanzproblemen führte.

Die Einrichtung des bundesweit ersten Ministeriums für Integration ging in erster Linie auf die SPD zurück, die dergestalt ein Zeichen für die gesellschaftliche Bedeutung der Herstellung von Partizipationsgerechtigkeit für Menschen mit Migrationshintergrund setzen wollte. Zudem zielte die Einrichtung eines eigenständigen Ressorts darauf ab, integrationspolitische Maßnahmen stärker zu bündeln, zu steuern und somit wirksamer zu machen. Die Etablierung eines Ministeriums hat jedoch auch zu höheren Erwartungen und Ansprüchen an das Politikfeld Integration geführt sowie eine bessere Angriffsfläche für oppositionelle Stimmen mit sich gebracht. Insbesondere die CDU ließ keine Gelegenheit zur Kritik an der Relevanz, der Struktur und dem Aufgabenzuschnitt des „grünroten Sonnenscheinministerium" (Thomas Strobl in der *Heilbronner Stimme*) aus. Strukturell wurde kritisiert, dass das Ministerium mit 60 Mitarbeiterinnen und Mitarbeitern (in den letzten Monaten der Legislaturperiode aufgestockt auf 72) zu klein und zu teuer sei. Hinsichtlich der Relevanz und des Aufgabenzuschnitts kritisierte die Opposition, dass ein Querschnittsthema wie Integration ressort-übergreifende Zuständigkeiten erfordere. Integration ist in der Tat ein Politikfeld, das alle Lebensbereiche und damit Ressorts berührt. Diesem Umstand hat auch die grün-rote Landesregierung dadurch Rechnung getragen, dass für spezifische Politikfelder, wie z. B. Bildung oder aufenthaltsrechtliche Fragen, weiterhin die Hauptzuständigkeiten bei den entsprechenden Ressorts lagen. Diese Aufteilung von Zuständigkeiten bot der Opposition allerdings wiederum Anlass zur Kritik, nunmehr mit dem Hinweis, dass, wenn Kompetenzen ohnehin verteilt seien, es auch keine Notwendigkeit für ein Ministerium gebe und dieses damit in die Kategorie „Symbolpolitik" (Heilbronner Stimme) falle.

Die sich durch die Legislaturperiode ziehenden Kontroversen um Sinn und Zweck des Integrationsministeriums sind gleichsam Ausdruck für ein vergleichsweise junges, dynamisches und viele Lebensbereiche tangierendes Politikfeld, in dem Inhalte und Kompetenzen noch weniger klar abgesteckt sind – und vielleicht auch weniger eindeutig abgesteckt werden können – als in anderen politischen Handlungsfeldern. Trotz der Tatsache, dass Baden-Württemberg mit fast 28 % der Bevölkerung den höchsten Anteil an Menschen mit Migrationshintergrund in einem Flächenland aufweist, hat sich das Bundesland relativ spät einer aktiven, auf Gestaltung ausgerichteten Integrationspolitik zugewandt. Erst im Jahr 1996 richtete die Landesregierung das Amt des Ausländerbeauftragten (ab Juni 2006 Integrationsbeauftragten) ein, das der damalige Justizminister Ulrich Goll (FDP) in Personalunion mit seinem Ministeramt bis zum Regierungswechsel 2011 aus-übte.[1] Erstmals skizziert wurden die Eckpunkte einer gestaltenden Integrationspolitik, die in nicht unwesentlichem Maße Impulse aus der Bundespolitik aufgriff, im Koalitionsvertrag des Jahres 2006 (S. 40–43) unter der Überschrift „Ausländer- und Integrationspolitik – Miteinander in Baden-Württemberg". Vergleicht man die integrationspolitischen Ziele des Koalitionsvertrages mit den im Lauf der Legislaturperiode angestoßenen Initiativen, tritt die seit dem Jahr 2005 deutschlandweit zu konstatierende Dynamik des Politikfeldes Integration anschaulich zutage und verdeutlicht, dass sich Veränderungen nicht nur durch Regierungswechsel, sondern auch – in diesem Fall v. a. aufgrund bundespolitischer Akzente und des heraufziehenden Topos des Fachkräftemangels – innerhalb von Legislaturperioden vollziehen.

Im Gegensatz zur Dynamik des Politikfeldes Integration befand sich das Politikfeld Asyl- und Fluchtmigration von den frühen 2000er Jahren bis zum Frühjahr

---

[1]Ulrich Goll war von 1996 bis 2002 Justizminister und Ausländerbeauftragter und von 2004 bis 2011. Zwischen 2002 und 2004 zog er sich aus der Regierung zurück und arbeitete als Anwalt.

2014 weitgehend im ‚Winterschlaf'. Zuvor waren die Zugangszahlen von Asylsuchenden über Jahre so niedrig, dass kein das Thema auf die Agenda setzender
Handlungsdruck bestand. Dementsprechend dürftig fallen auch die Passagen zu
diesem Politikfeld in den meisten parteipolitischen Programmen sowie in Regie-
rungsdokumenten aus. Eine Ausnahme bilden die Regierungsprogramme (2005
und 2010) der Grünen, da sie die einzige im Landtag vertretene Partei sind, für
die die Liberalisierung des Asylsystems zum Kernbestandteil ihres parteipolitischen Profils gehört.

Nachfolgend geht es um die Fragen: Hat die grün-rote Landesregierung einen
programmatischen Wechsel in der Integrations- und Asylpolitik vollzogen, der
seinen Niederschlag in konkreten Gesetzen, Initiativen und Maßnahmen gefunden
hat? Inwiefern haben sich die unterschiedlichen Umsetzungsbedingungen in den
Politikfeldern Integration und Asyl auf die angekündigten Reformen ausgewirkt?
Zur Beantwortung dieser Fragen wird zunächst das in den jeweiligen Regierungsprogrammen sowie das im Koalitionsvertrag 2011 und im Partizipations- und
Integrationsgesetz 2015 dargelegte grün-rote Integrations- und Asylverständnis betrachtet und mit dem integrations- und asylpolitischen Verständnis der
CDU, wie es von dieser in ihren Regierungsprogrammen, im Koalitionsvertrag
2006, im Integrationsplan 2008 und in ihren integrationspolitischen Leitsätzen
2012/2015 zum Ausdruck gebracht wurde, verglichen. Danach wird hinsichtlich
des Politikfeldes Integration anhand von einigen zentralen Initiativen des Integrationsministeriums beleuchtet, inwieweit der programmatische Anspruch des
Koalitionsvertrags eingelöst wurde. Da die asylpolitischen Reformvorhaben von
Grün-Rot zu wesentlichen Teilen über die Bundespolitik verwirklicht werden
mussten, werden in die Analyse weitere Ressorts, insbesondere das Staatsministerium, einbezogen.

2 Integrations- und Asylverständnis – beginnt der Wechsel?

2.1 Integrationsverständnis

Im Koalitionsvertrag 2011 (S. 70) kündigten die grün-roten Koalitionspartner
eine Neuausrichtung der Integrationspolitik mit folgenden Worten an:

> Die Integrationspolitik der vergangenen Jahrzehnte hat durch zu spätes, unverbind-
> liches Handeln Integrationshemmnisse geschaffen, die wir abbauen wollen. Wir
> streben eine Neuausrichtung der Integrationspolitik an. Unser Ansatz soll seinen

Ausdruck in einem Partizipations- und Integrationsgesetz finden, das verbindliche und messbare Ziele definiert.

Auf welchem Verständnis von Integration beruht diese Neuausrichtung und inwiefern unterscheidet sich das grün-rote Integrationsverständnis von dem der Vorgängerregierung? Da die grün-roten Regierungspartner eine Neuausrichtung der Integrationspolitik ankündigten, wäre es naheliegend gewesen, wenn das dieser Neuausrichtung zugrunde liegende Integrationsverständnis im Koalitionsvertrag expliziter ausgeführt worden wäre. Der Koalitionsvertrag des Jahres 2011 – im markanten Gegensatz zum Koalitionsvertrag der Vorgängerregierung – gibt nur an wenigen Stellen Aufschluss über das Integrationsverständnis, auf dem er beruht. Eindeutiger tritt das Integrationsverständnis der grün-roten Landesregierung aus den Begründungen des im Juli 2015 vorgelegten Entwurfes des *Partizipations- und Integrationsgesetzes* hervor. Dort heißt es (S. 37):

> Integration ist keine einseitige Forderung an Menschen mit Migrationshintergrund, sondern eine gemeinschaftliche Aufgabe der ganzen Gesellschaft. Sie kann nur durch das Zusammenwirken aller Menschen vor Ort gelingen. Erfolgreiche Integration erfordert somit Engagement und Verantwortungsübernahme aller hier lebenden Menschen. Dies kann zum Beispiel konkret bedeuten, dass die Gesellschaft Menschen mit Migrationshintergrund Angebote zur Beteiligung eröffnen muss. Von Menschen mit Migrationshintergrund, vor allem von denjenigen, die Teilhabedefizite haben, werden der Wille und das Engagement zur Annahme dieser Angebote erwartet.

Wenngleich die grün-rote Regierung Integration als zweiseitigen Prozess sieht, der sowohl Veränderungsbereitschaft seitens der migrations- als auch der deutschstämmigen Bevölkerung erfordert, so nimmt sie in erster Linie den deutschstämmigen Teil der Gesellschaft in die Pflicht. Sie hebt schwerpunktmäßig auf die Verantwortung der mehrheitsgesellschaftlichen Institutionen ab, mittels Anerkennung und Wertschätzung migrationsbedingter Diversität und durch eine partizipationsfreundliche Ausrichtung der Strukturen und Dienstleistungen, die Grundlagen dafür zu schaffen, dass sich „Bereitschaft und Fähigkeit der Migrantinnen und Migranten zur Integration erhöhen" (Bündnis 90/Die Grünen und die SPD 2011, S. 70). Demnach beruht das Integrationsverständnis von Grün-Rot auf der Maxime: Öffnen sich die Deutschstämmigen für migrationsbedingte kulturelle Vielfalt, öffnen sich auch die Migrationsstämmigen für Integrationsmaßnahmen.

Auch in den Augen der CDU handelt es sich bei Integration um einen zweiseitigen Prozess, der auf der Integrationsmaxime „Fördern und Fordern" basiert. Zur

Illustration des Integrationsverständnisses der CDU, das diese konsistent seit dem Koalitionsvertrag 2006 vertritt, ein Textauszug aus dem Integrationsplan Baden-Württemberg (2008, S. 13):

> Sie [Integration *sic*] setzt einerseits die Integrationsbereitschaft der Migrantinnen und Migranten und andererseits die Bereitschaft der Aufnahmegesellschaft voraus, sich zu öffnen. Eine Gesellschaft bzw. ein Staat kann noch so offen sein, ist aber der Wille einer Person nicht vorhanden, sich der Gemeinschaft anzuschließen, ist keine Integration möglich. Migrantinnen und Migranten sind daher gefordert, Verantwortung dafür zu übernehmen, dass ihre Integration gelingt. Hierzu wird erwartet, dass sie sich aktiv in die Gesellschaft einbringen, unsere Rechts- und Werteordnung akzeptieren, Integrations- und Bildungsangebote nutzen oder sich anderweitig aktiv um ihre Integration bemühen.

Die CDU artikuliert zwar, dass es sich bei Integration um ein Fördern *und* Fordern handelt, wenn es um konkrete Forderungen geht, richten sich diese jedoch fast ausschließlich an die migrantische Bevölkerung. Diese ist aufgefordert, in Vorleistung zu treten, um der Mehrheitsgesellschaft zu demonstrieren, dass sie integrationswillig ist. Von der Mehrheitsgesellschaft wird erst danach erwartet, dass sie sich für die Belange der migrantischen Bevölkerung öffnet und diese bei der Integration unterstützt.

2.2   Asylverständnis

Da sich vor 2014 mit Ausnahme von Bündnis 90/Die Grünen kaum parteipolitische Aussagen zu Asylfragen finden, ist das Asylverständnis der Parteien im Vorfeld des Regierungswechsels 2011 nur bedingt bestimmbar. Für die CDU findet sich lediglich im Koalitionsvertrag 2006 (S. 40) der Passus, dass „der erfolgreiche Kurs bei der Aufenthaltsbeendigung ausreisepflichtiger Ausländer" fortgeführt werden solle. Dieser Satz bezog sich v. a. auf die Rückführung von Bürgerkriegsflüchtlingen aus dem ehemaligen Jugoslawien. Mit diesen Rückführungen sollte signalisiert werden, dass „Schutzgewährung in Bürgerkriegssituationen" nicht Einwanderung bedeutet (Koalitionsvertrag 2006, S. 40). Da es sich 2006 nur noch um eine kleine Gruppe rückzuführender Bürgerkriegsflüchtlinge handelte und die Zugangszahlen von Asylsuchenden gering waren, scheint es, als ob in den Augen der Union das Thema keiner weiteren Aufmerksamkeit bedurfte. Es finden sich weder im Integrationsplan 2008 noch im Regierungsprogramm 2010 asylpolitische Aussagen. Erst in ihrem Regierungsprogramm 2015 legt die CDU in Reaktion auf den sprunghaften Anstieg an Asylgesuchen ihre asylpolitischen Ziele dar.

Eines der zentralen Ziele lautet „Abschiebungen konsequent durchsetzen", womit eine Kontinuitätslinie zu den Zielen des Koalitionsvertrages 2006 erkennbar wird. Mit dem Ziel „Fehlanreize vermeiden" wird einerseits Kritik an der Landesregierung zum Ausdruck gebracht, die mit ihren Reformen (Sach- vor Geldleistungen, Gesundheitskarte) Deutschland für Flüchtlinge „attraktiv" gemacht und dadurch den „Zustrom" nach Deutschland erst ausgelöst habe (Koalitionsvertrag 2006, S. 125). Andererseits artikuliert die CDU hier auch ein Asylverständnis, das in einem restriktiven Asylsystem ein Abschreckungsinstrument für all diejenigen sieht, die nicht wirklich schutzbedürftig sind. Diese Artikulation kann als weitere parteipolitisch verankerte Kontinuitätslinie gelesen werden, in dem Sinne, dass die CDU solange sie an der Regierung war, genau diese auf Abschreckung angelegte Politik verfolgte.

Die SPD und noch vielmehr die Grünen strebten in ihren Regierungsprogrammen 2010 hingegen Liberalisierungen des Asylsystems an und sahen darin ein Mittel der Integrationsförderung. Im Regierungsprogramm der SPD findet sich zum Thema Asyl- und Fluchtmigration nur dieser Absatz (S. 52):

> Wir stehen für ein weltoffenes und integratives Baden-Württemberg. Deshalb werden wir die Residenzpflicht für Asylbewerberinnen und Asylbewerber sowie für Geduldete abschaffen. Gerade denjenigen, die aufgrund von Kettenduldungen zum Teil Jahrzehnte in unserem Land verbringen, ist die Residenzpflicht nicht zuzumuten. Sie stellt vielmehr ein riesiges Integrationshemmnis dar.

Die Grünen widmen dem Thema unter der programmatischen Überschrift „Für eine humane Flüchtlings- und Asylpolitik" in ihrem Regierungsprogramm vier von acht Seiten zum Politikfeld Migration und Integration. Neben dem Umfang, der teilweise auch darauf zurückgeht, dass die Regierungsprogramme der Grünen generell ausführlicher sind als die der anderen Parteien, heben sich die Grünen dadurch ab, dass sie beim Thema Asyl und Flucht eine sehr emotionale Sprache pflegen. Gleich einleitend erfolgt eine Abgrenzung zur Regierungspolitik von Schwarz-Gelb (S. 188):

> Wir GRÜNEN kämpfen an der Seite der Flüchtlingsverbände, der Kirchen und anderer Initiativen für einen humanen Umgang mit Flüchtlingen. Opfer von Krieg und Verfolgung brauchen finanzielle und organisatorische Hilfen und Schutz statt eine kalte Bürokratie der Ausgrenzung. [...] Wir setzen uns für eine Liberalisierung der Anerkennungsregeln für AsylbewerberInnen ein.

Während die SPD nur die Abschaffung der Residenzpflicht anstrebte, um Integrationshürden v. a. in Bezug auf Geduldete abzubauen, nahmen die Grünen deutlich darüber hinausgehende Liberalisierungen in den Blick, wie die Einführung einer uneingeschränkten Arbeitserlaubnis, die dezentrale Unterbringung in Wohnungen statt in Gemeinschaftsunterkünften und eine auf Geldleistungen basierende Versorgung von Asylsuchenden. Dabei beruhten die Ziele der Grünen, wie nachfolgende Textauszüge aus dem Regierungsprogramm illustrieren, auf einem von humanitären Prinzipien getragenen Asylverständnis:

> Asylsuchenden wie Geduldeten ist es bisher untersagt, ohne schriftliche Erlaubnis den Wirkungskreis der zuständigen Ausländerbehörde zu verlassen. Diese Beschneidung der Bewegungsfreiheit ist ein Skandal und europaweit einzigartig. Wir setzen uns dafür ein, dass Baden-Württemberg dem Vorbild Nordrhein-Westfalens folgt und die Residenzpflicht abschafft (Bündnis 90/Die Grünen 2015b, S. 190).

> Für Asylsuchende besteht in Deutschland ein Arbeitsverbot. Das bedeutet z. B. für Jugendliche, dass sie keine Berufsausbildung machen dürfen. Um Asylsuchenden Chancen auf ein lebenswertes Leben zu eröffnen, fordern wir eine uneingeschränkte Arbeitserlaubnis (S. 190).

> Die derzeit übliche fremdbestimmte Zwangsversorgung raubt AsylbewerberInnen jegliche Selbstbestimmung in einem existenziellen Lebensbereich und ist deshalb untragbar. Wir fordern daher, das Asylbewerberleistungsgesetz aufzuheben, die Leistungen für Flüchtlinge auf das Niveau der Hartz-IV-Regelsätze anzuheben und bar auszuzahlen (S. 191).

Resümierend lässt sich das Asylverständnis, mit dem die drei Parteien in die Legislaturperiode 2011–2016 gegangen sind, so zusammenfassen: Die CDU wollte ihren restriktiven, auf Abschreckung nicht schutzbedürftiger Personen angelegten Kurs beibehalten, um erstens, die Aufnahmekapazität für wirklich Schutzbedürftige zu erhalten und um zweitens, dafür Sorge zu tragen, dass Asyl nicht zu einem Einwanderungsweg ‚durch die Hintertür' wird. Dem Abbau von Integrationshemmnissen, selbst im funktionalen Sinne wie bei der SPD, stand die CDU ablehnend gegenüber, um ja keine potenziell migrationsauslösenden Fehlanreize zu senden. Die SPD nimmt eine Zwischenposition im untersuchten Parteienspektrum ein, wobei ihr Asylverständnis aufgrund der wenigen Aussagen noch schwieriger zu bestimmen ist als bei der CDU, da bei ersterer nicht die Möglichkeit besteht, die Regierungsarbeit an den Stellen zur Urteilsbildung heranzuziehen, an denen die Programme keinen Aufschluss geben. Festgehalten werden kann, dass die SPD zumindest im Fall von Geduldeten einem auf Integrationsförderung ausgerichteten Asylsystem gegenüber einem zum Zwecke der Abschreckung auf Ausgrenzung angelegten den Vorzug einräumte. Die Grünen hatten ihre Reformvorhaben ausführlich dargelegt. Diesen liegt durchgehend ein

Asylverständnis zugrunde, das ein liberales System für ein menschenrechtliches Gebot und eine humanitäre Verpflichtung hält. Großzügigen Bleiberechtsregelungen und schnellen Arbeitsmarktzugängen wurden seitens der Grünen keine Sogwirkung zugeschrieben bzw. eine solche Wirkung wurde gegenüber der menschenrechtskonformen Ausgestaltung der Asylbedingungen als nachrangig gesehen.

Die grün-rote Koalition ist demnach mit einem deutlich von der CDU abweichenden Integrations- und Asylverständnis in die Legislaturperiode gestartet. Da sich die neuen Koalitionspartner zuvor in Baden-Württemberg über Jahrzehnte in der Opposition befunden hatten, bedeutete der Regierungswechsel auch, dass ihre integrations- und asylpolitischen Prinzipien zum ersten Mal einem Realitätstest unterzogen wurden. Dies trifft ab Mitte der Legislaturperiode insbesondere auf das Politikfeld Asyl- und Fluchtmigration zu, auf welchem die Zugangszahlen einen Wechsel vom Reform- in den Krisenmodus notwendig machten. Wie sich einerseits das parteipolitisch ausgeprägte Asylverständnis auf den Umgang mit der ‚Flüchtlingskrise' und andererseits die ‚Flüchtlingskrise' auf die parteipolitischen Asylgrundsätze ausgewirkt hat, wird in Kap. 4 betrachtet.

3 Politikfeld Integration und Partizipation

Nachstehend wird anhand der beiden zentralen im Koalitionsvertrag genannten Handlungsfeldern *Einbürgerung* und *Partizipations- und Integrationsgesetz* analysiert, inwiefern die Umsetzung im Einklang mit dem Integrationsverständnis der Parteien steht und inwieweit die grün-rote Regierung eine Neuausrichtung der Integrationspolitik eingeleitet hat.

3.1 Handlungsfeld: Einbürgerung

Das unterschiedliche Integrationsverständnis von Grün-Rot und der CDU tritt im Hinblick darauf, was Einbürgerung bedeutet und auf welcher Stufe des Integrationsprozesses sie erfolgen soll besonders augenfällig zutage. Grün-Rot spricht der Einbürgerung einen Katalysatoreffekt für weitere Integrationsprozesse zu, während sie für die CDU „am Ende eines erfolgreichen Integrationsprozesses" steht (CDU 2015, S. 22). Dementsprechend muss in den Augen von Grün-Rot der Staat in Vorleistung treten, indem er die Identifikation der migrantischen Bevölkerung mit Deutschland durch Einbürgerungserleichterungen fördert. Die CDU individualisiert die Vorleistung und überträgt sie auf die Menschen mit

Migrationshintergrund. Zusätzlich fordert die CDU als Einbürgerungsvoraussetzung ein klares Bekenntnis zu Deutschland, womit auch gemeint ist, dass die doppelte Staatsbürgerschaft ein Ausnahmefall bleiben soll (CDU 2015, S. 22). Unter der Überschrift „Einbürgerung erleichtern" hat Grün-Rot im Koalitionsvertrag 2011 (S. 71) als Ziele vermerkt:

> Wir werden für eine größere Akzeptanz der doppelten Staatsbürgerschaft und eine Abschaffung des Optionszwangs auf Bundesebene eintreten. Unser Ziel ist es, unter Ausschöpfung des bundesgesetzlichen Rahmens Einbürgerungen zu erleichtern und das Verfahren insgesamt zu vereinfachen und zu beschleunigen. In diesem Sinne streben wir eine Verringerung der Einbürgerungstatbestände an, die der Zustimmung der Regierungspräsidien als höhere Staatsangehörigkeitsbehörde bedürfen.

Diese klar abgesteckten Ziele, die sich deckungsgleich im Regierungsprogramm der Grünen (S. 186) finden – die SPD hatte sich 2010 nicht zu Einbürgerungsfragen geäußert –, stellten für das Integrationsministerium in den ersten beiden Jahren der Legislaturperiode das zentrale Handlungsfeld dar. Bereits am 29. Juli 2011 wurde der Gesprächsleitfaden, der weit über die Landesgrenzen hinaus als „Gesinnungstest für Muslime" bekannt geworden war, abgeschafft. Der 30 Fragen umfassende Gesprächsleitfaden war 2006 von der Vorgängerregierung eingeführt worden, um den Einbürgerungsbehörden in Zweifelsfällen ein Instrument zur Prüfung der Einstellung von Einbürgerungsinteressierten gegenüber der deutschen Werte- und Rechtsordnung an die Hand zu geben. Die Bezeichnung „Gesinnungstest für Muslime" oder „Muslim-Test" rührte daher, dass er vorwiegend angewandt werden sollte, um die Haltung zu den Werten des Grundgesetzes bei Staatsangehörigen aus den 57 zur Islam Konferenz gehörenden Staaten zu überprüfen. Grün-Rot begründete die Abschaffung des von beiden Parteien seit Einführung heftig kritisierten Gesprächsleitfadens damit, dass Einbürgerungswillige muslimischen Glaubens durch diesen Test unter Generalverdacht gestellt und folglich unbotmäßig diskriminiert würden. Darüber hinaus war aus Sicht von Grün-Rot der Gesprächsleitfaden ohnehin in keinerlei Weise geeignet, die ihm zugedachte sicherheitspolitische Funktion, ergo die ‚wahre' Gesinnung von einbürgerungswilligen Islamisten aufzudecken, zu erfüllen (Staatsministerium 2006; *DIE WELT* 2006; *Stuttgarter Zeitung* 2011).

Obwohl die Rahmenbedingungen für Einbürgerungen vom Bund vorgegeben werden, haben die Länder einen gewissen Spielraum. Erste Einbürgerungserleichterungen führte das Integrationsministerium im Februar und März 2012 ein. Mit der im August 2013 in Kraft getretenen *Verwaltungsvorschrift zum Staatsangehörigkeitsgesetz* folgten weitere Einbürgerungserleichterungen. Großzügiger gehandhabt wird seitdem die Hinnahme von Mehrstaatigkeit, indem zum einen die Zahl der Staaten, die ihren Staatsangehörigen unzumutbare Entlassungsbedingungen aus der alten Staatsangehörigkeit auferlegen, ausgeweitet wurde. Zum anderen dadurch, dass, wenn Staaten ihren Staatsangehörigen abverlangen, dass sie ihren Wehrdienst vor der Entlassung aus der Staatsangehörigkeit ableisten, diese Entlassungsbedingung ab der zweiten Generation keine Anwendung mehr findet. Ferner wurde das Einbürgerungsverfahren für Personen, die über 60 Jahre alt sind und seit mindestens 12 Jahren rechtmäßig in Deutschland leben, erleichtert. Diese Personengruppe muss seit Februar 2012 keine schriftlichen Sprachkenntnisse mehr nachweisen und seit August 2013 auch keinen Einbürgerungstest mehr ablegen. Zudem werden bei Personen, die eine Ausbildung oder ein Studium in Deutschland absolviert haben, Ausbildungszeiten als Aufenthaltszeiten gewertet. Darüber hinaus kann bei ihnen die für eine Einbürgerung erforderliche Aufenthaltsdauer von acht auf sechs Jahre verkürzt und auf einen Sprachnachweis verzichtet werden (Ministerium für Integration 2012a, b und 2013b).

Um Menschen mit Migrationshintergrund zur Einbürgerung zu motivieren, hat das Integrationsministerium im September 2013 die Kampagne *Deutsche Sprache, Deutsche Vielfalt, Deutscher Pass* ins Leben gerufen. Die Kampagne setzt auf das Botschaftermodell, d. h. eingebürgerte Migrantinnen und Migranten, die ein breites demografisches Spektrum abdecken (z. B. unterschiedliches Alter, unterschiedliche Migrationsbiografien), werben mittels ihrer persönlichen Erfahrungen für die Einbürgerung.

Wie im Koalitionsvertrag angekündigt, haben sich die grün-roten Regierungspartner auf der Bundesebene für die Abschaffung der Optionspflicht[2] und die größere Akzeptanz der doppelten Staatsbürgerschaft eingesetzt. Wenngleich eine Abschaffung der Optionspflicht im Bundestag an der CDU/CSU-Fraktion scheiterte, so ist doch eine Neuregelung erreicht worden, welche die Befreiung von der Optionspflicht für in Deutschland geborene und aufgewachsene Kinder ausländischer Eltern und damit die Hinnahme von Mehrstaatigkeit bei Vorliegen bestimmter Bedingungen vorsieht. Die Bedingungen sind dann erfüllt, wenn Mitglieder dieser Personengruppe entweder seit acht Jahren ihren gewöhnlichen Aufenthalt

---

[2]Die Optionspflicht wurde mit der Reform des Staatsangehörigkeitsgesetzes im Jahr 2000 eingeführt und sah vor, dass alle in Deutschland geborenen Kinder ausländischer Eltern, die seit mindestens acht Jahren rechtmäßig in Deutschland lebten und einen unbefristeten Aufenthaltstitel besaßen, sich zwischen ihrem 18. und 23. Lebensjahr für eine der beiden Staatsangehörigkeiten entscheiden mussten. Diese Regelung traf ab 2007 nicht mehr auf Staatsangehörige von EU-Mitgliedstaaten und der Schweiz zu.

Tab. 1 Einbürgerungen in Baden-Württemberg (2008–2014) in Zahlen. (Quelle: http://www.statistik. baden-wuerttemberg.de/ Pressemitt/2014183.asp und http://www.statistik. baden-wuerttemberg.de/ Pressemitt/2015090.asp)

Jahr	Einbürgerungen
2008	11.281
2009	12.212
2010	12.778
2011	14.223
2012	16.390
2013	16.062
2014	16.804
2015	17.546

in Deutschland haben, sechs Jahre in Deutschland eine Schule besucht oder einen Schul- bzw. Berufsabschluss in Deutschland erworben haben (Bundesregierung 2014c).

Resümierend lässt sich sagen, dass die grün-rote Landesregierung ihre im Koalitionsvertrag anvisierten Vorhaben umsetzen konnte – gänzlich im Bereich der Landespolitik, partiell im Bereich der Bundespolitik, sodass es sich bei Einbürgerungen nunmehr weniger um einen krönenden Abschluss, sondern vielmehr um einen Zwischenschritt der Integration handelt. Eine Neuausrichtung der Einbürgerungspolitik wurde v. a. hinsichtlich der Hinnahme von Mehrstaatigkeit verwirklicht. Außerdem wurden durch die Verfahrenserleichterungen und die Einbürgerungskampagne Signale an die migrantische Bevölkerung gesandt, dass das Land sie als dazugehörig ansieht und deshalb ihre Einbürgerung anstrebt.

Bleibt zu fragen: Wie wirksam waren diese Neuregelungen bislang? Sowohl Einbürgerungserleichterungen als auch Einbürgerungskampagne werden ihre volle und sichtbare Wirksamkeit erst im Lauf der Zeit entfalten können. Als Zeichen der Wirksamkeit kann, wenngleich da die Zahlen in Tab. 1 keine Kausalitäten widerspiegeln mit der gebotenen Vorsicht, der Aufwärtstrend der jährlichen Einbürgerungszahlen gewertet werden.

3.2 Handlungsfeld: Partizipations- und Integrationsgesetz

Im Gegensatz zur Einbürgerung, wo die gesetzgeberischen Kompetenzen der Länder begrenzt sind, verfügen sie im Bereich Partizipations- und Integrationsgesetzgebung über weitreichende Handlungsspielräume. Sowohl die Grünen als auch die SPD hatten in ihren 2010 verfassten Regierungsprogrammen angekündigt, dass sie Maßnahmen zur Integrationsförderung und Herstellung von Teilhabegerechtigkeit ergreifen werden. Keine Partei sprach in diesem Zusammenhang allerdings von einem Partizipations- und Integrationsgesetz. Dieses Gesetzesvorhaben tritt erst mit dem Koalitionsvertrag (S. 70) auf die Agenda, dafür allerdings sogleich an prominenter Stelle, wird ihm doch quasi die Rolle des Herzstücks der anvisierten Neuausrichtung der baden-württembergischen Integrationspolitik zugewiesen.

Vor dem Hintergrund des Handlungsspielraums der Länder und der herausgehobenen Bedeutung des Gesetzes für die integrationspolitische Agenda der Koalitionäre, fällt auf, dass sich das Integrationsministerium bis Juli 2015 mit der Einbringung eines entsprechenden Gesetzentwurfs Zeit ließ. Das Ende November 2015 vom Landtag beschlossene *Partizipations- und Integrationsgesetz* „soll dazu beitragen, gleichberechtigte Teilhabe von Menschen mit und ohne Migrationshintergrund in allen Bereichen des gesellschaftlichen Lebens über soziale und ethnische Grenzen hinweg zu verwirklichen und auf diese Weise das friedliche Zusammenleben von Menschen aus unterschiedlichen Kulturen sowie den Zusammenhalt der Gesellschaft zu sichern" (Landesregierung 2015b, S. 1048). Erweitert man die vorstehend mit dem Gesetz verbundenen Ziele um die im Koalitionsvertrag vermerkten, erhöht sich der Anspruch an Reichweite und Wirksamkeit der Gesetzgebung um die Aspekte Neuausrichtung der Integrationspolitik sowie Definition von verbindlichen und messbaren Zielen. Grün-Rot hat also die Messlatte, an der sie dieses Gesetz bewerten lassen muss, sehr hoch gehängt.

Der integrationspolitische Sprecher der CDU-Landtagsfraktion, Bernhard Lasotta, bezeichnete das Gesetz als „reine Symbolpolitik", da es „vor allem bekannte Regelungen" enthalte, „die bereits ohne gesetzliche Grundlage funktionieren" (Lasotta 2015). Diese Kritik aufgreifend, wird nachstehend anhand der Ausgestaltung des Gesetzes analysiert – eine Bewertung seiner Wirksamkeit ist zum gegenwärtigen Zeitpunkt noch nicht möglich –, inwieweit es sich bei dem Gesetz in der Tat um eine Bündelung bestehender Initiativen und Regelungen handelt und inwiefern es eine inhaltliche Neuausrichtung verkörpert. Eine Neuerung stellt das Gesetz insofern dar, dass es den Verbindlichkeitsgrad für alle Landesinstitutionen erhöht hat, ihr Handeln auf die Herstellung von Teilhabegerechtigkeit für Menschen mit Migrationshintergrund auszurichten. Neu sind außerdem die Regelungen zur „Dienst- oder Arbeitsfreistellung" für Beschäftigte muslimischen und alevitischen Glaubens an ihren drei jeweils wichtigsten Feiertagen,[3] die anteilsmäßige Besetzung von Gremien mit Menschen mit Migrationshintergrund, „für die dem Land ein Berufungs- oder Vorschlagsrecht zusteht", die Einsetzung eines Landesbeirats für Integration zur Beratung der Landesregierung sowie die Änderungen der Ausbildungs- und Prüfungsordnungen bei 17 Berufen durch die Aufnahme des Passus, dass die Vermittlung interkultureller Kompetenz Ausbildungsbestandteil ist.

Ansonsten haben überwiegend bestehende Initiativen, allen voran die bereits etablierten Maßnahmen der interkulturellen Öffnung und die *Verwaltungsvorschrift Integration*, Eingang in das Gesetz gefunden (Ministerium für Integration 2013a, 2014c). Über die VwV-Integration werden drei Bereiche gefördert, die sich allesamt im *Partizipations- und Integrationsgesetz* wiederfinden: der Auf- und Ausbau kommunaler Integrationsstrukturen, wozu auch die Unterstützung der Kommunen bei der interkulturellen Öffnung ihrer Verwaltungsstrukturen gehört, die Förderung der „Elternbeteiligung am Bildungsweg der Kinder und Jugendlichen mit Migrationshintergrund" sowie die „Stärkung des Zusammenlebens und des gesellschaftlichen Zusammenhalts zwischen Menschen mit und ohne Migrationshintergrund" (Ministerium für Integration 2013a, 2014c). Insbesondere die interkulturelle Öffnung als Kernstrategie zur Herstellung von Partizipationsgerechtigkeit baut auf einer breiten Basis an Konzepten und Initiativen auf, die noch von der Vorgängerregierung angestoßen wurden. Die schwarz-gelbe Regierung hatte im Integrationsplan 2008 (S. 88 ff.) das Ziel der interkulturellen Öffnung der Verwaltung ausgegeben, dabei aber ausschließlich auf die Handlungsebene abgehoben. Die Beschäftigten sollten durch entsprechende Schulungen interkulturelle Kompetenz erwerben, um einen „bürgernahen und individuelleren Service" für Migrantinnen und Migranten anbieten zu können. In dem nur fünf Tage vor der Landtagswahl 2011 vom Ministerrat beschlossenen Leitbild *Vielfalt als Ressource. Wege zur interkulturellen Öffnung der Landesverwaltung Baden-Württemberg* wurde zwar weiterhin im interkulturellen Kompetenzerwerb der Beschäftigten der Schlüssel zur interkulturellen Öffnung gesehen. Das Leitbild enthält darüber hinaus aber zum ersten Mal Öffnungsstrategien, die mit der Gewinnung von Personal mit Migrationshintergrund und der Anpassung der Verwaltungskultur an die Bedürfnisse einer von migrationsbedingter Diversität geprägten Bevölkerung auf der Organisationsebene ansetzen (Justizministerium

---

[3]Die drei jeweils wichtigsten Feiertage wurden im Frühjahr 2015 durch den Runden Tisch Islam in Anlehnung an die bestehenden Freistellungsmöglichkeiten für christliche und jüdische Erwerbstätige. Der Runde Tisch Islam ist ein Arbeitsgremium, das muslimische und ministerielle Vertreterinnen und Vertreter umfasst. Das Arbeitsgremium besteht seit November 2011 und tagt halbjährlich.

2011). Die drei Bausteine interkulturelle Kompetenz, Gewinnung migrationsstämmiger Beschäftigter und Etablierung einer diversitätsgerechten Verwaltungskultur bilden auch die Grundlage der interkulturellen Öffnungsstrategien von Grün-Rot (Ministerium für Integration 2014c; Landesregierung 2015b). Im Handlungsfeld interkulturelle Öffnung zeigen sich also starke Kontinuitätslinien zwischen der alten und neuen Landesregierung.

Wurde mit dem *Partizipations- und Integrationsgesetz* der Anspruch eingelöst, die Integrationspolitik neu auszurichten und die Teilhabegerechtigkeit zu erhöhen? Ja, im Hinblick darauf, dass die Signalfunktion, die von einem solchen Gesetz ausgeht, nicht zu unterschätzen ist. Ja auch hinsichtlich der im Gesetz enthaltenen neuen Regelungen. Nein jedoch bzgl. des zentralen Partizipationsförderungsinstrumentes der interkulturellen Öffnung; einzig der Verpflichtungsgrad wurde hier – zunächst zumindest einmal auf dem Papier – erhöht. Last but not least bleibt noch zu fragen: Stehen die Inhalte des Gesetzes mit dem Integrationsverständnis von Grün-Rot im Einklang? Hierauf kann eindeutig mit ja geantwortet werden, da alle Regelungen auf dem Vorleistungsprinzip der Mehrheitsgesellschaft und ihrer Institutionen beruhen.

4 Politikfeld Asyl- und Fluchtmigration: Vom Reformprogramm zum „pragmatischen Humanismus"

Die grün-rote Landesregierung hat im Koalitionsvertrag ein klares Reformprogramm für das Politikfeld Asyl- und Fluchtmigration formuliert, das fast ausschließlich auf den parteipolitischen Positionen der Grünen beruht. Die schwarz-gelbe Vorgängerregierung hatte diesem Politikfeld, abgesehen vom Thema Abschiebungen, keine Aufmerksamkeit geschenkt. Zudem beruhte die Ausgestaltung des Asylsystems – auf Bundes- wie auch auf Landesebene – maßgeblich auf den asylpolitischen Positionen der CDU, sodass sich aus ihrer Sicht kein Reformbedarf ergab. Ganz anders stellte sich der Handlungsbedarf für die grün-rote Regierung dar. Insbesondere die Grünen wollten die Legislaturperiode nutzen, um das Asylsystem zu liberalisieren und auf diese Weise mit den humanitären Idealen der Partei in Einklang zu bringen. Ab Mitte der Legislaturperiode begannen sich jedoch die Verwirklichungsbedingungen für die Reformen zunehmend rasant zu verändern, was nicht ohne Auswirkungen auf das politische Handeln blieb. Welches Reformprogramm Grün-Rot formuliert und wie sie dessen Umsetzung in Angriff genommen haben, darum wird es unten stehend zunächst gehen. Wie sich die normative Kraft des Faktischen auf die asylpolitischen Ziele und Maßnahmen, v. a. der Grünen, ausgewirkt hat und wie der Grundsatz „Humanität hat Vorrang" (Koalitionsvertrag 2011, S. 72) zum „pragmatischen Humanismus" (Staatsministerium 2015a, S. 10) mutierte, darum geht es im zweiten Teil dieses Abschnitts.

4.1 Reformprogramm

Im Koalitionsvertrag (S. 72) hatten Grün-Rot für das Politikfeld Asyl- und Fluchtmigration nachfolgende Ziele festgeschrieben, die mit Ausnahme der Abschaffung der Residenzpflicht, alle aus dem Regierungsprogramm der Grünen hervorgegangen waren: Überprüfung der Unterbringungssituation anhand humanitärer Kriterien; Überprüfung der Besetzung der Härtefallkommission; Abschiebungen nur in sichere Staaten; Abschiebehaft nur als letztes Mittel und nur bei volljährigen, psychisch stabilen Personen; Einsatz auf Bundesebene für humanitäre Bleiberechtsregelungen von Geduldeten sowie die Aufhebung des Asylbewerberleistungsgesetzes; Selbstverpflichtung zur jährlichen Aufnahme angemessener Kontingente von Flüchtlingen im Rahmen bundesweiter *Resettlement*-Programme.

Im Vergleich zum Politikfeld Integration kam die Umsetzung der asylpolitischen Ziele des Koalitionsvertrages schleppend in Gang (siehe Abb. 1 und 2). Dies ist partiell auf die engeren landespolitischen Gestaltungsspielräume im

29.07.2011	Abschaffung des „Gesprächsleitfadens" zur Einbürgerung
24.11.2011	Erstes Treffen Runder Tisch Islam
07.02.2012/ 19.03.2012	Einbürgerungserleichterungen
15.11.2012	Land unterzeichnet *Charta der Vielfalt*
01/2013	Einjähriges Modellprojekt *Anonym Bewerben* startet
01.08.2013	Verwaltungsvorschrift zum Staatsangehörigkeitsgesetz bringt weitere Einbürgerungserleichterungen
29.08.2013	Verwaltungsvorschrift *VwV-Integration zur Förderung der Integrationsarbeit in den Kommunen* tritt in Kraft
09/2013	Einbürgerungskampagne *Deutsche Sprache, Deutsche Vielfalt, Deutscher Pass* startet
11.01.2014	Landesanerkennungsgesetz tritt in Kraft
03/2015	Kampagne *Vielfalt macht bei uns Karriere. Willkommen im öffentlichen Dienst* ins Leben gerufen
05.12.2015	Partizipations- und Integrationsgesetz tritt in Kraft

Abb. 1 Chronologie der zentralen Initiativen im Politikfeld Integration und Partizipation. (Quelle: Eigene Abbildung)

14.02.2012	Verordnung zur Lockerung der sogenannten Residenzpflicht
30.05.2012	Änderung Härtefallkommissionsverordnung, künftig muss Kommission Vertreter/in muslimischen Glaubens sowie des Flüchtlingsrates umfassen
01.01.2014	Neufassung des Flüchtlingsaufnahmegesetzes tritt in Kraft
09.04.2014	Neufassung Landeshochschulgesetz tritt in Kraft, ermöglicht Studium für Asylsuchende
19.09.2014	Asylkompromiss auf Bundesebene
13.10.2014	Erster Flüchtlingsgipfel der Landesregierung beschließt Maßnahmenpaket
01.01.2015	Landesförderprogramm *Wohnraum für Flüchtlinge* ausgeschrieben, erster Umsetzungsbaustein des Maßnahmenpakets
03/2015	Stipendienprogramm für 50 syrische Flüchtlinge als zweiten Umsetzungsbaustein des Maßnahmenpaktes aufgelegt
24.03.2015	Programm *Chancen gestalten – Wege der Integration in den Arbeitsmarkt öffnen* als dritten Umsetzungsbaustein des Maßnahmenpaketes aufgelegt
16.07.2015	VwV-Deutsch für Flüchtlinge zur Umsetzung des Programms *Chancen gestalten* beschlossen
27.07.2015	Zweiter Flüchtlingsgipfel der Landesregierung verabschiedet weiteres Maßnahmenpaket
09/2015	Programm *Integration durch Ausbildung – Perspektiven für Flüchtlinge* ausgeschrieben
10/2015	Programm „*LAurA*" zur regionalen Integration von Asylsuchenden und Flüchtlingen in den Arbeitsmarkt aufgelegt
23.10.2015	Asylpaket I auf Bundesebene verabschiedet
17.03.2016	Asylpaket II tritt in Kraft

Abb. 2 Chronologie der Maßnahmen im Politikfeld Asyl- und Fluchtmigration. (Quelle: Eigene Abbildung)

Handlungsfeld Asyl- und Fluchtmigration zurückzuführen, die eine zeitintensive Abstimmung auf Bundesebene erfordert; partiell auf den in den Jahren 2011 bis 2014 höher erscheinenden integrationspolitischen Handlungsdruck; partiell auf das inhaltlich insgesamt besser aufgestellte Politikfeld Integration (vgl. die von Bund, Ländern und Kommunen gemeinsam erarbeiteten Integrationspläne 2007 und 2012) und partiell u. U. auch darauf, dass die Umsetzung schwerpunktmäßig beim SPD-geführten Integrationsministerium lag, also bei der Partei, die dem Thema Asyl und Flucht weniger Aufmerksamkeit zuteilwerden ließ.

Die genauen Gründe für die unterschiedliche Umsetzungsgeschwindigkeit lassen sich an dieser Stelle nicht eruieren, augenfällig ist aber, dass mit der *Verordnung zur Lockerung der sogenannten Residenzpflicht* vom 14. Februar 2012 das Ziel zuerst in Angriff genommen wurde, das sowohl die Grünen als auch die SPD in ihren jeweiligen Regierungsprogrammen benannten. Eine vollständige Aufhebung der Residenzpflicht, wie im Koalitionsvertrag angestrebt, konnte das Land nicht vornehmen, da ihm lediglich die Kompetenz zustand, den Bewegungsradius von Asylsuchenden vom Bezirk der zuständigen Ausländerbehörde auf das

Bundesland zu erweitern. Asylsuchende können sich nunmehr ab dem Zeitpunkt der Unterbringung in den Kommunen vorübergehend in anderen Ausländeramtsbezirken des Bundeslandes aufhalten, vorausgesetzt sie verstoßen nicht gegen ihre „Mitwirkungspflichten im Asylverfahren" (Staatsministerium 2012).

Eine weitergehende Lockerung der Residenzpflicht musste über die Bundesebene verwirklicht werden und bedurfte dort der heraufziehenden ‚Flüchtlingskrise', um im Asylkompromiss vom 19. September 2014 eine Mehrheit zu finden. Der Asylkompromiss, zu dessen Zustandekommen Winfried Kretschmann maßgeblich beigetragen hat, bestand darin, dass neben der Residenzpflicht auch die Zugangsmöglichkeiten von Asylsuchenden zum Arbeitsmarkt liberalisiert wurden und im *Asylbewerberleistungsgesetz* das Vorrangprinzip von Sach- vor Geldleistungen im Anschluss an die Unterbringung in Erstaufnahmeeinrichtungen umgedreht wurde. Wenngleich durch den Asylkompromiss die Residenzpflicht nicht in Gänze abgeschafft wurde, konnte immerhin erreicht werden, dass sie nur noch in den ersten drei Monaten des Aufenthalts gilt. Auch das Koalitionsvertragsziel Aufhebung des *Asylbewerberleistungsgesetzes* konnte durch den Asylkompromiss dahin gehend teilverwirklicht werden, dass eine grundsätzliche Abkehr vom Sachleistungsvorrang beschlossen wurde (Bundesregierung 2014b; Staatsministerium 2014c).

Obwohl die Abschaffung des *Asylbewerberleistungsgesetzes* auf Bundesebene nicht mehrheitsfähig war, kam es zu einer weiteren aus Sicht der Landesregierung wichtigen Gesetzesreform, welche ohne Zutun von Grün-Rot vom Bundesverfassungsgericht auf den Weg gebracht wurde. Dieses erteilte dem Gesetzgeber am 18. Juli 2012 den Auftrag, die seit 1993 unveränderten Leistungen für Asylsuchende an die Sozialhilfe- bzw. Hartz-IV-Regelsätze anzupassen. Abweichungen von den Regelsätzen, so das Gericht, seien nur zulässig, wenn der „Bedarf an existenznotwendigen Leistungen von dem anderer Bedürftiger signifikant abweicht", wie dies z. B. in Erstaufnahmeeinrichtungen der Fall ist. Die Bundesländer setzten die vom Gericht angeordnete Übergangsregelung zügig um und einigten sich darauf, die Leistungen für Asylsuchende auf monatlich 346 EUR zu erhöhen (BVerfG 2012; *SPIEGEL* 2012). Auf eine verfassungskonforme gesetzliche Grundlage wurde die Leistungsgewährung aber erst am 1. März 2015 mit dem Inkrafttreten des novellierten *Asylbewerberleistungsgesetzes* gestellt. Dieses gewährt nun in den ersten 15 Monaten des Aufenthalts Leistungen in Anlehnung an das SGB XII bzw. an das Arbeitslosengeld II – in Anlehnung bedeutet, dass keine Mehrbedarfszuschläge gezahlt werden und nur Anspruch auf eine medizinische Grundversorgung besteht. Ab dem sechzehnten Monat sieht das novellierte Gesetz die Anwendung des SGB XII auf Asylsuchende vor. Zuvor war die Anwendung des SGB XII erst nach 48-monatigem Bezug von Leistungen nach dem *Asylbewerberleistungsgesetz* möglich. Durch diese Verkürzung wurde auch ein weiteres von Grün-Rot mit der Gesetzesaufhebung angestrebtes Ziel, nämlich die Aufnahme von Asylsuchenden in die gesetzliche Krankenversicherung, teilverwirklicht. Zwar steht Asylsuchenden in den ersten 15 Monaten unverändert nur eine medizinische Akutversorgung zu, aber die Wartefrist zur Aufnahme in die gesetzliche Krankenversicherung – und damit verbunden die volle Leistungsgewährung – wurde um 33 Monate verkürzt (Bundesregierung 2016a).

Ferner öffnete sich im Zuge der Verhandlungen zwischen der Bundesregierung und den Landesregierungen zum Asylpaket I ein Fenster zur Einführung einer Gesundheitskarte für Flüchtlinge, die den Zugang zur medizinischen Akutversorgung erleichtern und den Verwaltungsaufwand reduzieren sollte (Klinkhammer 2016). Die baden-württembergische Landesregierung hatte als Baustein ihres auf dem zweiten Flüchtlingsgipfel am 27. Juli 2015 verabschiedeten Maßnahmenpakets angekündigt, dass sie „eine Gesundheitskarte für Flüchtlinge einführen" werde, „sobald der Bund die gesetzliche Grundlage" bereitstelle (Staatsministerium 2015f, S. 3). Winfried Kretschmann und andere Regierungschefinnen und Regierungschefs konnten erreichen, dass die Bundesregierung die „notwendigen gesetzlichen Voraussetzungen", bestehend aus der Verpflichtung der Krankenkassen zur Ausgabe einer Gesundheitskarte an Flüchtlinge, mit Inkrafttreten des *Asylverfahrensbeschleunigungsgesetzes* am 24. Oktober 2015 geschaffen hat. Das *Asylverfahrensbeschleunigungsgesetz* sieht vor, dass die Krankenkassen die anfallenden Behandlungs- und Verwaltungskosten von den Ländern bzw. Kommunen erstatten bekommen, wobei der den Flüchtlingen zustehende Leistungskatalog auf die Akutversorgung begrenzt blieb. In diesem Sinne stellt die Gesundheitskarte auch nur insoweit eine Liberalisierung dar, als dass sie Flüchtlingen ermöglicht, sich direkt an einen Arzt zu wenden, ohne zuvor das Einverständnis der zuständigen Sozialbehörde einzuholen (Bundesregierung 2015c, S. 5; 2015d, S. 1733). Obwohl Baden-Württemberg sich für die Gesundheitskarte stark gemacht hatte, gestaltete sich gerade hier die Einführung aufgrund von Abstimmungsproblemen mit den Krankenkassen und den Kommunen schwierig (Landtag 2015a, S. 8379 f.; *Stuttgarter Zeitung* 2016, S. 5). Letztendlich wurde die Einführung auf die neue Legislaturperiode verschoben, wobei es gegenwärtig danach aussieht, dass sich damit auch das Fenster zur Einführung weitgehend geschlossen hat, da sich die CDU gegen die Gesundheitskarte positioniert hat und das Thema nicht Bestandteil des grün-schwarzen Koalitionsvertrages ist.

Kretschmann wusste zudem sich situativ öffnende Gestaltungsfenster zu nutzen, um das grüne Politikziel Arbeitsmarktzugang, das keine Aufnahme in den Koalitionsvertrag gefunden hatte, umzusetzen. Zwar konnte das im Regierungsprogramm 2010 (S. 191) formulierte Maximalziel einer „uneingeschränkten

Arbeitserlaubnis" für Asylsuchende nicht erreicht werden, aber im Rahmen der Verhandlungen zum Asylkompromiss und zum Asylpaket I konnte der Ministerpräsident Teilerfolge erzielen. Durch den Asylkompromiss wurden zunächst auf drei Jahre befristete Erleichterungen beim Arbeitsmarktzugang eingeführt, über deren Verlängerung „unter Berücksichtigung der Arbeitsmarktsituation" danach entschieden wird (Bundesregierung 2015f). Die erste Erleichterung bezieht sich auf die Wartefrist, die zwischen Einreise und Arbeitsaufnahme liegen muss, welche von neun Monaten (bei Geduldeten von zwölf Monaten) auf drei Monate verkürzt wurde. Ferner entfällt die Vorrangprüfung, also die Prüfung, ob für eine Stelle geeignete Deutsche, Unionsangehörige oder ausländische Staatsangehörige mit privilegiertem Aufenthaltstitel zur Verfügung stehen, nunmehr bei Asylsuchenden und Geduldeten bereits nach einem 15-monatigen Aufenthalt (zuvor nach 48 Monaten). Bei Personen, die einen anerkannten Hochschul- oder Berufsabschluss in einem Engpassberuf vorweisen können, wird von Beginn auf die Vorrangprüfung verzichtet (Bundesregierung 2014a, c, 2015e und 2016e).

Nicht durchsetzen konnte sich die Landesregierung mit ihrer Forderung, Asylsuchenden und Geduldeten *unabhängig* von der jeweiligen Bleibeperspektive eine Aufenthaltsgarantie für die Dauer einer Berufsausbildung zuzusichern. Ebenso wenig konnte sie ihre Forderung für ein zweijähriges Bleiberecht bei einer im Anschluss an die Ausbildung erfolgenden Übernahme (sogenannte 3 plus 2-Regelung) durchsetzen (Bundesregierung 2015a, S. 3, 6; *ZEIT* 2015; Staatsministerium 2015f). Das am 1. August 2015 in Kraft getretene *Gesetz zur Neubestimmung des Bleiberechts und der Aufenthaltsbeendigung* ermöglicht lediglich eine einjährige Duldung „für die Aufnahme einer Berufsausbildung" mit der Option der Verlängerung um jeweils ein Jahr, „wenn die Berufsausbildung noch fortdauert und in einem angemessenen Zeitraum mit ihrem Abschluss zu rechnen ist". Von dieser Neuregelung profitieren allerdings nur diejenigen, die ihre Berufsausbildung in Deutschland vor der Vollendung des 21. Lebensjahres aufgenommen haben und „nicht aus einem sicheren Herkunftsstaat" stammen (Bundesregierung 2015c, S. 1395).

Zwischenzeitlich hat der massiv erhöhte Handlungsdruck bewirkt, dass die Bundesregierung in ihrer am 25. Mai 2016 vorgelegten *Meseberger Erklärung zur Integration,* in der sie die Eckpunkte für ein Integrationsgesetz festlegte, den von Kretschmann, aber auch führenden Wirtschafts- und Handwerksverbänden, geforderten Liberalisierungen nachgekommen ist. Sowohl die 3 plus 2-Regelung soll eingeführt als auch die Altersgrenze aufgehoben werden. Zudem findet sich in der *Erklärung zur Integration* kein Hinweis darauf, dass nur Auszubildende mit guter Bleibeperspektive profitieren sollen. Das Gesetz sieht darüber hinaus die Aussetzung der Vorrangprüfung für drei Jahre vor (*Deutsche Handwerks*

Zeitung 2015; Bundesregierung 2016d). Somit konnten nachgelagert zur grün-roten Regierungszeit wichtige Etappenziele auf dem Weg zur „uneingeschränkten Arbeitserlaubnis" erreicht werden.

Zum Abbau von Beschäftigungsbarrieren hatte Grün-Rot bereits im novellier-ten *Flüchtlingsaufnahmegesetz* geregelt, dass auch Personen im Asylverfahren die Möglichkeit zum unentgeltlichen Erwerb von Grundkenntnissen der deut-schen Sprache erhalten sollen (Landesregierung 2013c, S. 40). Da die inhaltlich und strukturell weitaus wirksamere Öffnung der Integrationskurse nur von der Bundesebene verfügt werden kann, hat sich die Landesregierung bei den Ver-handlungen zum Asylpaket I für diese Öffnung stark gemacht. Im Gegensatz zur Regelung im *Flüchtlingsaufnahmegesetz* wurden die Integrationskurse sowie die berufsbezogenen Sprachförderprogramme aber lediglich für Personen mit guter Bleibeperspektive geöffnet (Bundesregierung 2015d, S. 6).

Einen weiteren Verhandlungserfolg konnte Kretschmann bei der Bund-Län-der-Abstimmung zum Asylpaket I im Hinblick auf die Schaffung von legalen Zugangswegen zum deutschen Arbeitsmarkt für Personen aus den nicht zur EU-gehörenden Balkanstaaten verbuchen (Landesregierung 2015a; Bundesregierung 2015b, S. 6, 2015d). Aus diesen Ländern waren in den Vorjahren viele Asylsu-chende gekommen. Um deren Zuzug zu reduzieren, hatte die Bundesregierung 2014c die Einstufung von Serbien, Mazedonien und Bosnien-Herzegowina als sichere Herkunftsländer in den Blick genommen, die sie im Asylkompromiss auch durchsetzen konnte, da sie mit ihren oben beschriebenen Zugeständnissen – zur Verärgerung vieler Grüner – Kretschmann dazu bewegen konnte, im Bun-desrat dieser Einstufung zuzustimmen (Staatsministerium 2014c, S. 5; Bundesre-gierung 2014a; *DIE WELT* 2014; vgl. auch *DIE WELT* 2015 und Bündnis 90/Die Grünen 2015a). Der Zustimmung des grünen Ministerpräsidenten zum Asylpaket I liegt ein sehr ähnlicher Kompromiss zugrunde: Kretschmann stimmte der Ein-stufung von Albanien, dem Kosovo und Montenegro zu sicheren Herkunftsstaaten zu, dafür wurden weitere Liberalisierungen eingeführt (siehe oben) und ein lega-ler Weg zur Arbeitsaufnahme für die Staatsangehörigen aus den sechs betroffe-nen Ländern geschaffen (Bundesregierung 2015e). Die Arbeitsmarktöffnung gilt zunächst bis 2020 und setzt voraus, dass die Antragsteller/innen einen „Arbeits-oder Ausbildungsvertrag mit tarifvertraglichen Bedingungen" vorlegen können. Um asylreduzierend zu wirken, wurde verfügt, dass Staatsangehörige dieser sechs Länder, die vor Inkrafttreten des Asylpakets I einen Asylantrag gestellt haben, nur bei unverzüglicher Ausreise eine Arbeitsgenehmigung beantragen können. Dieje-nigen, die über den 24. Oktober 2015 hinaus Leistungen nach dem *Asylbewer-berleistungsgesetz* beziehen, können frühestens 24 Monate nach ihrer Ausreise eine Arbeitsgenehmigung bekommen. Zur weiteren Attraktivitätsminderung des

Asylweges enthält das Asylpaket I die Bestimmung, dass Personen aus sicheren Herkunftsstaaten, die ihren Asylantrag nach dem 31. August 2015 stellen, mit einem Beschäftigungsverbot belegt werden (Bundesregierung 2015b).

Mit der Neufassung des *Flüchtlingsaufnahmegesetzes* wurde schon in der ersten Hälfte der Legislaturperiode ein weiteres wichtiges Reformvorhaben des Koalitionsvertrages weitgehend verwirklicht – weitgehend heißt, insofern der Landespolitik die Gesetzgebungskompetenz zustand. Begründet hat die Landesregierung die Novellierung im Einklang mit ihrem humanitären Asylverständnis folgendermaßen: „Das Flüchtlingsaufnahmegesetz vom 11. März 2004 bedarf einer humanitären Neuausrichtung. Den elementaren Bedürfnissen der vom Land aufgenommenen Flüchtlinge im Hinblick auf ihre Unterbringung, Betreuung und Versorgung soll besser Rechnung getragen werden, als dies bislang der Fall war" (Landesregierung 2013c, S. 1). Durch die Novellierung wurden alle von den Grünen in ihrem Regierungsprogramm 2010 unter der Überschrift „Die Wohnsituation von Flüchtlingen verbessern" anvisierten Reformen umgesetzt. Konkret heißt dies erstens, dass die Wohn- und Schlaffläche pro Asylsuchendem von 4,5 auf 7 Quadratmeter erhöht wurde. Zweitens sollen Asylsuchende nicht mehr nur in Gemeinschaftsunterkünften, sondern verstärkt in Wohnungen untergebracht werden. Drittens soll die geografische Lage der Gemeinschaftsunterkünfte dergestalt sein, dass sie Teilhabe am gesellschaftlichen Leben vor Ort fördert. Viertens erhalten Asylsuchende nun schon in der Erstaufnahme Zugang zu einer unabhängigen und qualifizierten Sozial- und Verfahrensberatung. Fünftens wurden verbindliche Standards für die Flüchtlingssozialarbeit festgelegt, um Asylsuchenden während des gesamten Verfahrens „ein menschenwürdiges, selbstverantwortliches Leben in Deutschland" zu ermöglichen und um „ihre Integrationsfähigkeit zu erhalten". Und sechstens sollen – soweit das Bundesrecht dies zulässt – im Anschluss an die Erstaufnahme die Leistungen als Geldmittel gewährt werden. Wie oben ausgeführt, konnte die Umkehrung des Sach- vor Geldleistungsprinzips erst im Rahmen des Asylkompromisses umgesetzt werden (Landesregierung 2013b; Ministerium für Integration 2014b, S. 5).

4.2   „Wir können auch Krise"

Wie sehr sich die Handlungsbedingungen im Politikfeld Asyl- und Fluchtmigration verändert haben, illustriert die von Winfried Kretschmann Mitte Dezember 2015 in einem Interview in der *Heilbronner Stimme* getroffene Aussage „Wir können auch Krise", die sich v. a. auf die in Baden-Württemberg geleistete Unterbringung und Versorgung so vieler Neuankommenden seit dem Sommer

Tab. 2 Erstanträge von Asylsuchenden (2007–2016) in Zahlen. (Quelle: http://www. integrationsministerium-bw. de/pb/,Lde/SCtartseite/ Fluechtlingspolitik/Asyl bewerber_+Zahlen+und +Daten und http://www. bmi.bund.de/SharedDocs/ Pressemitteilungen/ DE/2016/04/asylantraege-m%C3%A4rz-2016.html)

Jahr	Baden-Württemberg	Deutschland
2007	1595	19.164
2008	2448	22.085
2009	3022	27.649
2010	4753	41.332
2011	5262	45.741
2012	7913	64.539
2013	13.853	109.580
2014	25.673	173.072
2015	97.822	476.649
bis 31.3.2016	16.858	181.405

des Jahres bezog. In der Tat mussten seit Herbst 2014 in zunehmend kürzeren Abständen die Unterbringungskapazitäten erhöht werden – allein die Erstaufnahmeplätze wurden von 900 zu Beginn auf ca. 25.000 gegen Ende der grün-roten Regierungszeit ausgebaut (Staatsministerium 2015a, S. 7). Gab es bis Oktober 2014 nur eine Landeserstaufnahmestelle in Karlsruhe, so kamen danach, beginnend mit Meßstetten und Ellwangen, in immer kürzeren Intervallen neue hinzu, deren Kapazitäten in den Herbst- und Wintermonaten 2015 dennoch kaum mit den Zugangszahlen mithalten konnten (siehe Tab. 2 für eine Übersicht zur Entwicklung der Asylanträge im Zeitraum 1. Januar 2007 bis 31. März 2016).

Dass das Krisenmanagement in Baden-Württemberg erfolgreicher verlaufen ist als in anderen Bundesländern, legen die aus Tab. 2 hervorgehenden Zahlen der für das Jahr 2015 registrierten Erstanträge nahe. Nach dem Königsteiner Schlüssel[4] musste Baden-Württemberg 2015 ca. 13 % der neu nach Deutschland eingereisten Asylsuchenden aufnehmen. Registriert wurden in Baden-Württemberg jedoch 97.822 Erstantragsteller/innen, dies entspricht 20,5 % aller in Deutschland angenommenen Anträge. Zur vergleichsweise schnellen Annahme von Asylanträgen könnte in Baden-Württemberg auch das bundesweit einzigartige Zentrale Registrierungszentrum in Heidelberg beigetragen haben, das im Herbst 2015 zur

---

[4]Auf Grundlage des Königsteiner Schlüssel wird auf der Basis der Steuereinnahmen und der Bevölkerungszahl der Bundesländer jährlich festgelegt, welchen Anteil der Asylsuchenden sie unterbringen und betreuen müssen. Im Jahr 2015 entfielen auf Baden-Württemberg 12,97496 %; dies entspricht nach Nordrhein-Westfalen und Bayern dem drittgrößten Anteil.

Verfahrensbündelung und -beschleunigung eingerichtet wurde. Ferner hat Baden-Württemberg vergleichsweise früh auf die steigenden Zugangszahlen reagiert und als erstes Bundesland schon im Oktober 2014 einen Flüchtlingsgipfel ausgerichtet, auf dem ein umfassendes Maßnahmenpaket „für eine bessere Unterbringung, Betreuung und Integration der Flüchtlinge" verabschiedet wurde (Staatsministerium 2014b, 2015d).

Der erste Flüchtlingsgipfel steht noch weitgehend im Zeichen einer gestaltenden und reformorientierten Politik, die – in Übereinstimmung mit dem Koalitionsvertrag und dem Regierungsprogramm der Grünen – eine möglichst schnelle und umfassende Integrationsförderung von Flüchtlingen anstrebt. Das Maßnahmenpaket umfasst u. a. folgende Bausteine, die im Lauf des Jahres 2015 umgesetzt wurden (vgl. Abb. 2): Sonderkontingent zur Aufnahme von 1000 traumatisierten Frauen und Mädchen aus Syrien und dem Nordirak; Landesförderprogramm *Wohnraum für Flüchtlinge* zur Unterstützung der Kommunen bei der raschen Wohnraumschaffung; Stipendienprogramm für 50 syrische Flüchtlinge; Sprach- und Arbeitsmarktprogramm *Chancen gestalten – Wege der Integration in den Arbeitsmarkt öffnen* sowie die mit diesem verbundenen Arbeitsmarktaktivierungs- und Ausbildungsprogramme *Integration durch Ausbildung – Perspektiven für Flüchtlinge* (Zielgruppe: bis zu 750 Jugendliche mit guten Chancen auf Vermittlung in Ausbildung) und *Regionale Integration von Asylsuchenden und Flüchtlingen in den Arbeitsmarkt – LAurA* (Zielgruppe: bis zu 560 Personen mit hoher Bleibewahrscheinlichkeit) (Landtag 2015d; Salloum 2015; Ministerium für Finanzen und Wirtschaft 2015 a, c; Ministerium für Wissenschaft, Forschung und Kunst 2015; Ministerium für Integration 2015c; Ministerium für Arbeit und Sozialordnung 2015).

Die auf Partizipationsförderung ausgerichtete Reformorientierung tritt am stärksten beim Programm *Chancen gestalten* zutage. *Chancen gestalten* und seine Umsetzungsbausteine setzen schwerpunktmäßig dort an, wo aufgrund der Bundesgesetzgebung Versorgungslücken bei der Arbeitsmarktvorbereitung von Flüchtlingen bestehen, z. B. im Bereich Sprachkurse. Als *Chancen gestalten* im März 2015 aufgelegt wurde, bestand für Personen im Asylverfahren kein Zugang zu den Integrationskursen des Bundes. Das Asylpaket I brachte zwar eine Öffnung mit sich, blieb aber auf Personen mit guter Bleibeperspektive beschränkt, sodass nur Staatsangehörige der Länder Eritrea, Irak, Iran und Syrien profitieren, wobei selbst diese Personengruppe nur unter der Maßgabe, dass freie Plätze zur Verfügung stehen, zu den Kursen zugelassen wird. Somit bestehen Versorgungslücken in zweifacher Hinsicht fort: zum einen im Hinblick auf all diejenigen, die aus Ländern stammen, bei denen die Anerkennungsquote bei unter 50 % liegt und denen deshalb keine gute Bleibeperspektive zugesprochen wird, und zum anderen aufgrund der Kapazitätsengpässe bei den Integrationskursen. Somit haben die im Rahmen des Programms *Chancen gestalten* unabhängig von der Bleibeperspektive angebotenen Sprachkurse ihre kompensatorische Funktion behalten. Um Sprachangebote mit Arbeitsmarktperspektiven zu verbinden, enthält *Chancen gestalten* zudem die Bausteine „Qualifikationsfeststellungen" und „sozialpädagogisch begleitete betriebliche Praktika" (vgl. *LAurA*). Die Erhebung von Sprachkompetenzen sowie Bildungs-, Ausbildungs- und Arbeitsmarktbiografien soll schon in der Erstaufnahmeeinrichtung erfolgen, um durch individuelle Beratung und Förderung die Asylsuchenden frühestmöglich und qualifikationsadäquat in den Arbeitsmarkt zu integrieren (Ministerium für Integration 2015a, b; Landtag 2015b, S. 13, 2015c, S. 8721; Borstel 2015).

Das Maßnahmenpaket, das auf dem zweiten von der Landesregierung im Juli 2015 ausgerichteten Flüchtlingsgipfel beschlossen wurde, markiert den Beginn der zweiten Phase des Umgangs mit der steigenden Zahl der Asylgesuche. In dieser Phase wurden aufgrund des zunehmenden Realitätsdrucks die gestalterisch-liberalisierungsorientierten Elemente immer stärker von reaktiv-restriktiven Handlungsstrategien überlagert. Das zweite Maßnahmenpaket, das vor dem Höhepunkt der ‚Flüchtlingskrise' verabschiedet wurde, enthält neben rein reaktiven Bausteinen (z. B. Ausbau der Erstaufnahmeplätze, Aufstockung des Landesprogramms *Wohnraum für Flüchtlinge,* Schaffung weiterer Lehrerstellen für Vorbereitungsklassen) noch eine ganz Reihe an Zielen, die liberalisierungsorientiert (3 plus 2-Regelung, Gesundheitskarte) waren oder kompensatorisch wirken sollten, wie die Forderung nach legalen Arbeitsmarktzugangsoptionen für Personen vom Westbalkan. Darüber hinaus wurde erstmals eine im Lauf der Legislaturperiode beschlossene Reform ausgesetzt, nämlich die Erhöhung der Quadratmeterzahl pro Unterbringungsplatz von 4,5 auf 7. Diese sollte bis zum 1. Januar 2016 umgesetzt werden, wurde aber „wegen der landesweiten Ausnahmesituation für zwei Jahre zurückgestellt" (Staatsministerium 2015f). In den Folgemonaten sollte sich zeigen, dass auch weitere Bestimmungen des novellierten *Flüchtlingsaufnahmegesetzes,* das von jährlich 12.000 Asylsuchenden ausging, mit der Realität kollidierten. So konnte weder das Unterbringungsmodell in Wohnungen noch die teilhabefördernde Lage der Unterkünfte im anvisierten Umfang realisiert werden (Landesregierung 2013, S. 3). Zudem wurde auf Landesebene erstmals ein Beschluss gefasst, der von einer bis dato zentralen grünen Grundsatzposition, nämlich dem Prinzip Anerkennung vor Rückführung, abweicht, wobei die grüne Handschrift weiterhin daran erkennbar ist, dass der *freiwilligen* Rückkehr Priorität vor der Abschiebung eingeräumt wird:

Die Landesregierung möchte mehr Asylbewerber ohne Bleibeperspektive dazu bewegen, freiwillig in ihre Heimat zurückzukehren. Deshalb werden die Beratungsangebote zur freiwilligen Rückkehr ausgeweitet. [...] Ausreisepflichtigen Flüchtlingen, die sich weigern, zurückzukehren und sich der Rückführung entziehen, sollen künftig Leistungen wie etwa das Taschengeld gekürzt werden (Staatsministerium 2015f).

Nur wenige Monate später stimmte Baden-Württemberg dem Asylpaket I zu, welches im Hinblick auf Rückführungen Bestimmungen enthielt, die eindeutig im Gegensatz zum grünen Regierungsprogramm aus dem Jahr 2010 stehen. So forderten die Grünen damals, dass von Abschiebung betroffenen Personen der Termin „rechtzeitig mitgeteilt werden" müsse (S. 188). Im Asylpaket I akzeptierte Winfried Kretschmann hingegen den Passus: „Nach Ablauf der Frist zur freiwilligen Ausreise darf der Termin der Abschiebung dem Ausländer nicht mehr angekündigt werden" (Bundesregierung 2015d, S. 1728). In ihrem Regierungsprogramm hielten die Grünen eine Abschiebung von Personen in den Kosovo auch deshalb für „unverantwortlich", da sie „Zweifel an der Sicherheit der Abgeschobenen" dort hegten (S. 188 f.). Das Asylpaket I zielt jedoch gerade auf die zügige Rückführung von Asylsuchenden aus den Westbalkanstaaten, darunter das Kosovo, ab. Beim Asylpaket II billigte die Landesregierung sogar eine massive Einschränkung bei den gesundheitsbedingten Abschiebehindernissen, welche nur noch im Falle von „lebensbedrohlichen oder schwerwiegenden Erkrankungen, die sich durch die Abschiebung wesentlich verschlechtern würden", geltend gemacht werden können (Bundesregierung 2016b, S. 392).

Weitere insbesondere von den Positionen der Grünen abweichende Bestimmungen, die durch die Asylpakete I und II (wieder-)eingeführt wurden, beziehen sich auf das Sach-/Geldleistungsprinzip und die Residenzpflicht. Sie betreffen folglich zwei grün-rote Reformziele, deren Verwirklichung erst im September 2014 erreicht worden war. Das Asylpaket I sieht für die Zeit der Unterbringung in Erstaufnahmeeinrichtungen wieder den Vorrang von Sachleistungen beim sogenannten Taschengeld vor, wobei das Sachleistungsprinzip auf die Unterbringung in Gemeinschaftsunterkünften ausgedehnt werden kann. Ob die Bundesländer dieser Umkehr folgen möchten, liegt in deren Ermessensspielraum (Bundesregierung 2015d, S. 1726). Da die grün-rote Landesregierung maßgeblich zur Umkehr des Leistungsprinzips beigetragen hatte, ist es durchaus überraschend, dass sie Mitte November 2015 verkündete, in den Erstaufnahmeeinrichtungen die Leistungen zukünftig nicht mehr bar, sondern mittels sogenannter Geldwertkarten auszuzahlen zu wollen. Aufgrund von Umsetzungsschwierigkeiten ist diese Karte, die im grün-schwarzen Koalitionsvertrag nun Sachleistungskarte heißt, allerdings bislang nicht eingeführt worden. Nichtsdestotrotz erwägt die neue grün-schwarze

Regierung die Karte, sollte sie sich bewähren, sogar für die gesamte Dauer des Asylverfahrens einzusetzen (Muschel 2016; Bündnis 90/Die Grünen und CDU 2016, S. 64).

Die Residenzpflicht wurde durch die Asylpakete wieder dahin gehend ausgeweitet, dass Asylsuchende verpflichtet werden können, bis zu sechs Monate in der Erstaufnahmeeinrichtung zu verbleiben, was bedeutet, dass sie in diesem Zeitraum auch der Residenzpflicht unterliegen. Bei denjenigen aus sicheren Herkunftsstaaten kann sich die Verpflichtung zum Verbleib in der Erstaufnahmeeinrichtung bis zum Abschluss des Asylverfahrens erstrecken. Zudem wurde mit dem Asylpaket II für letztere Gruppe ein beschleunigtes Asylverfahren eingeführt, das in Anlehnung an das Flughafenverfahren, innerhalb einer Woche durchgeführt werden soll und für das eine „verschärfte Residenzpflicht" geschaffen wurde. Die Verschärfung besteht darin, dass ein Verstoß gegen die Residenzpflicht „den Wegfall des Leistungsanspruchs und das Ruhen des Asylantrags zur Folge" hat (Bundesregierung 2015d, S. 1723; Bundesregierung 2016e, S. 390 f.; CDU/CSU und SPD 2015).

Mit der im Asylpaket II enthaltenen zweijährigen Aussetzung des Familiennachzugs für subsidiär Schutzberechtigte, die diesen Status nach Inkrafttreten des Gesetzespakets erhalten, wurde eine weitere Restriktion eingeführt, die konträr zu den asylpolitischen Positionen der Grünen steht. Da es sich beim Asylpaket II um ein Einspruchsgesetz handelte, im Gegensatz zum Asylpaket I, das der Zustimmung des Bundesrates bedurfte, waren Baden-Württembergs Einflussmöglichkeiten auf das Asylpaket II gering, sodass es, wenngleich ‚mit Bauchweh' gebilligt werden musste (Bundesregierung 2016b, S. 392, 2016c; Bündnis 90/Die Grünen 2015b, S. 223 f.; Staatsministerium 2015b, c, 2016f).

Betrachtet man die Entwicklung der politischen Reaktionen auf die hochschnellenden Flüchtlingszahlen zwischen dem zweiten Flüchtlingsgipfel im Juli 2015 und der Verabschiedung des Asylpaketes II im März 2016 treten klare Schwerpunktverschiebungen von liberalisierungsorientiert-kompensatorisch zu restriktiv-abschreckend zutage. Diese sind einerseits auf den in diesem Zeitraum massiv gestiegenen Handlungsdruck zurückzuführen, spiegeln andererseits aber auch die Einflussmöglichkeiten der Landespolitik wider. So enthält der auf dem zweiten Flüchtlingsgipfel der baden-württembergischen Landesregierung beschlossene Maßnahmenkatalog mit der Rückkehrförderung lediglich ein restriktives Element. Das ca. drei Monate später verabschiedete Asylpaket I, auf dessen Inhalte die Länderregierungen Einfluss nehmen konnten, umfasst bereits sechs restriktive Elemente gegenüber drei liberalisierend-kompensatorischen, während das Asylpaket II, bei dem der Einfluss der Länder gering war, ausschließlich restriktiv ausgerichtet ist. Für die grün-rote Landesregierung bedeutete dies, dass sie ihre Zustimmung zum Asylpaket I noch von liberalisierenden und kompensatorischen Gegenleistungen (Gesundheitskarte, legale Zugangswege für Arbeitssuchende aus dem Westbalkan, Öffnung Integrationskurse) abhängig machen konnte, während sie das Asylpaket II hinnehmen musste.

Zwar hat auch aufseiten der grün-roten Landesregierung im Lauf der Krisenmonate September 2015 bis März 2016 eine Hinwendung zu restriktiven Strategien stattgefunden (z. B. Abschiebungen), die nur bedingt im Einklang mit den asylpolitischen Grundprinzipien v. a. der Grünen stehen. Dennoch blieb das asylpolitische Handeln der grün-roten Koalitionäre im Kern einem sich an humanitären Kriterien orientierenden Asylverständnis verpflichtet. Für den Spagat zwischen ereignisbedingtem Handlungsdruck und parteipolitischem Asylverständnis hat Winfried Kretschmann den Begriff des „pragmatischen Humanismus" gefunden, den er seit seiner Regierungserklärung am 1. Oktober 2015 immer wieder als Grundlage seines Handelns benannt hat (Staatsministerium 2015a, S. 10). So sagte er beispielsweise im Hinblick auf das aus grüner Sicht traditionell mit Skepsis betrachtete Thema Rückführung in einem Interview mit dem *Tagesspiegel* am 1. Februar 2016:

> Dass wir die Zahl der Flüchtlinge, die derzeit Zuflucht in Deutschland suchen, begrenzen müssen, das hat sich längst durchgesetzt in meiner Partei. Ein Gemeinwesen ohne Grenzen gibt sich auf. Wenn in diesem Jahr noch einmal eine Million Flüchtlinge in Deutschland hinzukommen, wird es problematisch. Die Integrationskraft einer Gesellschaft ist nicht beliebig ausdehnbar. Das muss man offen sagen, und das ist auch moralisch nicht verwerflich. Pragmatischer Humanismus, das ist meine Leitlinie. [...] Wer verfolgt wird oder aus Bürgerkriegsgebieten flieht, dem gewähren wir Hilfe, den wollen wir integrieren, wenn er bleibt. Wer aus anderen Gründen kommt, den müssen wir zurückschicken.

Der zur Bewältigung der ‚Flüchtlingskrise' von Kretschmann zum handlungsleitenden Prinzip erhobene „pragmatische Humanismus" ist schon bei seiner Zustimmung zum Asylkompromiss sowie zum Asylpaket I erkennbar. In beiden Fällen war er bereit, grüne Grundsatzpositionen im Gegenzug für Liberalisierungen des Asylsystems preiszugeben. Er legte damit eine „pragmatische und lösungsorientierte" Haltung an den Tag, mit der seine Partei durchaus haderte (Staatsministerium 2015a, S. 9; Bündnis 90/Die Grünen 2015a, b). Resümierend lässt sich sagen, dass Kretschmann mit seinem Konzept des „pragmatischen Humanismus" das regierungspolitische Handeln in der ‚Flüchtlingskrise' verantwortungsethisch ausgerichtet hat, während die asylpolitischen Positionen seiner Partei viel stärker gesinnungsethisch untermauert blieben.

5 Fazit und Ausblick: Von der Integrationspolitik für alle zur Integrationspolitik für Flüchtlinge

Ministerin Öney hat am 9. Mai 2016 in der *Stuttgarter Zeitung* die Umstände, unter denen ihr Haus die grün-roten integrations- und asylpolitischen Reformvorhaben umsetzen musste, als „widrig" bezeichnet (Wetzel 2016). Außergewöhnlich waren die Rahmenbedingungen in der Tat dahin gehend, dass das Ministerium neu war und über eine geringe Ressourcenausstattung verfügte, es seitens der Opposition besonders intensiv kritisiert wurde, wobei es nicht nur um die inhaltliche Arbeit, sondern noch vielmehr um die Daseinsberechtigung des Ressorts ging, und dass es federführend die ‚Flüchtlingskrise' zu bewältigen hatte.

Für das Politikfeld Integration wurden in diesem Beitrag die beiden zentralen Koalitionsvertragsziele Einbürgerung und *Partizipations- und Integrationsgesetz* darauf analysiert, ob ihre Umsetzung einen Richtungswechsel verkörpert. Ferner wurde betrachtet, inwiefern die Umsetzung von der Gesetzgebungskompetenz der Länder im jeweiligen Handlungsfeld abhängig war. Ein eindeutiger Richtungswechsel zeigt sich beim Integrationsverständnis. Zwar benennen sowohl Grün-Rot als auch Schwarz-Gelb das Prinzip des Förderns *und* Forderns als handlungsleitend für ihre Integrationspolitik, sie divergieren aber maßgeblich bei der Frage, welche Seite in Vorleistung zu treten habe. Grün-Rot nimmt schwerpunktmäßig die Mehrheitsgesellschaft in die Vorleistungspflicht, Schwarz-Gelb die migrantische Bevölkerung. Das unterschiedliche Integrationsverständnis tritt besonders deutlich beim Thema Einbürgerung zutage. Im Gegensatz zur Vorgängerregierung betrachtete Grün-Rot Einbürgerung als ein Instrument der Integrationsförderung und Identifikationssteigerung mit Deutschland, dementsprechend kündigten sie im Koalitionsvertrag eine möglichst weitgehende Liberalisierung der Einbürgerungsvoraussetzungen an, welche im Rahmen der Länderkompetenz auch verwirklicht wurden. Tiefer greifende Reformen waren nur über die Bundesebene erreichbar, und auch hier hat die grün-rote Landesregierung in Zusammenarbeit mit anderen Landesregierungen Liberalisierungserfolge erzielen können (Lockerung der Optionspflicht und Akzeptanz von Mehrstaatigkeit). Dass weder die Abschaffung der Optionspflicht noch die generelle Akzeptanz von Mehrstaatigkeit verwirklicht wurde, lag an der Haltung der CDU, die sowohl im Bund als auch in den Ländern einer weitergehenden Liberalisierung der Staatsangehörigkeitsbestimmungen reserviert gegenübersteht. Beim Handlungsfeld *Partizipations- und Integrationsgesetz* wirkte sich das unterschiedliche Integrationsverständnis weitaus geringer auf die von den jeweiligen Parteien formulierten und implementierten Strategien aus als bei der Einbürgerung. Dies liegt in erster

Linie daran, dass die im Gesetz enthaltene Kernstrategie der interkulturellen Öffnung, welche *per se* auf dem Vorleistungsprinzip der Mehrheitsgesellschaft gründet, bereits von Schwarz-Gelb entwickelt worden war.

Bei den von Grün-Rot im Koalitionsvertrag gesetzten asylpolitischen Akzenten erfolgte die Analyse entlang der Fragestellungen: Inwiefern wirkte sich die in diesem Politikfeld eingeschränkte Gesetzgebungskompetenz der Länder auf die Realisierung der Reformvorhaben aus? Inwieweit konnte die Landesregierung sich ereignisbedingt öffnende Verhandlungsfenster auf der Bundesebene nutzen, um Teile ihres Reformprogramms umzusetzen? Wie beeinflusste die Dynamik der ‚Flüchtlingskrise‘ die asylpolitischen Positionen bzw. das asylpolitische Handeln von Grün-Rot? Und steht das Handeln in der Krise im Einklang mit dem parteipolitischen Asylverständnis?

Mit dem Regierungswechsel kam ein grundlegend anderes und stark reformorientiertes Asylverständnis an die Macht, welches – im Gegensatz zum Politikfeld Integration, wo das Integrationsverständnis von den Grünen und der SPD weitgehend im Einklang stand – v. a. von den parteipolitischen Positionen der Grünen geprägt war. Das Asylverständnis der Grünen beruht auf der Maxime „Humanität hat Vorrang“. Entsprechend zielt der Koalitionsvertrag auf eine humanitärere Ausgestaltung des Asylsystems im Hinblick auf Unterbringung, Versorgung, Teilhabeförderung und Bleiberechtsregelungen ab. Die SPD trug diese Ziele im Koalitionsvertrag mit, pflegte aber ein funktionaleres Humanitätsverständnis, das sich auf die Abschaffung der Residenzpflicht zum Zweck der Integrationsförderung beschränkte. Für die CDU hingegen war Humanität immer mit Anreizvermeidung und Abschreckung verknüpft. Die Partei sieht bis heute in einem anreizarmen Asylsystem das beste Mittel, um diejenigen, die keinen Schutzstatus in Deutschland erhalten können, davon abzuhalten, sich auf den Weg zu machen.

Die grün-rote Landesregierung hat mit der Lockerung der Residenzpflicht, der Novellierung des *Flüchtlingsaufnahmegesetzes* und der Änderung der Härtefallkommissionsverordnung die auf Länderebene realisierbaren asylpolitischen Ziele des Koalitionsvertrages umgesetzt, wenngleich das Erreichte zwischenzeitlich krisenbedingt teilweise ausgesetzt werden musste (z. B. die Erhöhung der Quadratmeterzahl pro Flüchtling). Im Zeitraum Sommer 2014 bis Frühherbst 2015 hat sie zudem die erste Phase der ‚Flüchtlingskrise‘ erfolgreich genutzt, um über den Bundesrat Liberalisierungen des Asylsystems zu erwirken (z. B. Geld- statt Sachleistungen, Zugangserleichterungen zum Arbeitsmarkt, Verkürzung der Residenzpflicht), die allerdings in der zweiten Krisenphase aufgrund des enormen Handlungsdrucks partiell wieder rückgängig gemacht wurden (siehe Verschärfung der Residenzpflicht und Teilrückkehr zum Sachleistungsprinzip). Die von Baden-Württemberg im Gegenzug mitgetragene Einstufung von sechs

Balkanstaaten zu sichern Herkunftsländern sowie die Akzeptanz von verschärf-
ten Abschiebungsbestimmungen bedeuteten ein Abweichen von grünen Grundprinzipien, wofür Kretschmann von seiner Partei entsprechend kritisiert wurde.
Der Ministerpräsident selbst betrachtet seine Bereitschaft für die Verwirklichung
von Reformzielen solche Kompromisse einzugehen, als Beleg für ein auch in Kri-
senzeiten handlungsfähiges Humanitätsverständnis, das er als „pragmatischen
Humanismus" bezeichnet.

Insgesamt lässt sich festhalten, dass die Landesregierung einen Großteil ihrer
integrations- und asylpolitischen Reformvorhaben (teil-)verwirklichen konnte
und somit in der Tat den angekündigten Wechsel eingeleitet hat. Der Hand-
lungsschwerpunkt hat sich im Lauf der Legislaturperiode zunehmend verlagert:
von einer nachholenden Integrationspolitik, die Teilhabegerechtigkeit für die
migrantische Bestandsbevölkerung erreichen wollte, hin zu einer vorausschau-
enden Integrationspolitik, die darauf abzielt, dass bei Flüchtlingen keine Teil-
habedefizite entstehen. Ein Blick in die Regierungsprogramme der Parteien für
die Landtagswahl 2016 sowie in den grün-schwarzen Koalitionsvertrag illustriert
diese Schwerpunktverlagerung. Er zeigt aber auch, dass, wie die Parteien auf die
‚Flüchtlingskrise' reagiert haben, ganz entscheidend von verfestigten parteipolitischen Positionen geprägt geblieben ist.

Dass Regierungsprogramme immer auch Produkte ihrer Zeit sind, wird deutlich, wenn man die 2010 und 2015 verfassten Programme vergleicht. Spielte
im Jahr 2010 Asyl- und Fluchtmigration allenfalls eine randständige Rolle, so
dominierte dieses Politikfeld die Agenda im Jahr 2015. In den Programmen der
SPD und der CDU, die 2010 dem Thema Asyl- und Fluchtmigration kaum bzw.
keine Aufmerksamkeit geschenkt hatten, nimmt es 2015 jeweils etwas mehr als
die Hälfte der migrations- und integrationsbezogenen Ausführungen ein. Bei den
Grünen dominieren 2015 eindeutig die asylbezogenen Programmpunkte, und
nehmen ca. 11 von 13 Seiten zu Migrations- und Integrationsfragen ein. Auch im
grün-schwarzen Koalitionsvertrag stehen der Umgang mit Fluchtmigration sowie
die Integration von Flüchtlingen im Mittelpunkt. Wenngleich diese Schwerpunktsetzung vor dem Hintergrund des Flüchtlingszustroms im Zeitraum Juni 2015 bis
März 2016 nachvollziehbar ist, steht zu befürchten, dass die Regierung aus dem
Auge verliert, dass nicht nur Asyl- und Fluchtmigranten Unterstützung brauchen.
Auch für die migrantische Bestandsbevölkerung ist die angestrebte Teilhabegerechtigkeit noch nicht verwirklicht. Unterstützungsbedarf besteht ferner bei den
vielen neu einreisenden Unionsangehörigen aus den EU-Beitrittsländern, die seit
der Umsetzung der Arbeitnehmerfreizügigkeit 2011 bzw. 2014 in wachsender
Zahl nach Deutschland kommen, sowie den Arbeitssuchenden aus den von der
Wirtschaftskrise betroffenen südeuropäischen Mitgliedstaaten.

Dass der Handlungsdruck der ‚Flüchtlingskrise' nur in sehr bedingtem Maße zu einer programmatischen Annäherung der Parteien, v. a. der Grünen und der CDU, geführt hat, tritt aus den Regierungsprogrammen deutlich hervor. So stehen für die CDU weiterhin die Handlungsfelder „Fehlanreize vermeiden" und „Abschiebungen konsequent durchsetzen" im Mittelpunkt, während die Grünen nach wie vor das Prinzip „Humanität hat Vorrang" hochhalten, worunter sie auch verstehen, dass der freiwilligen Rückkehr Vorrang vor Abschiebungen einzuräumen ist (CDU 2015, S. 124; Bündnis 90/Die Grünen 2015b, S. 224). Im Koalitionsvertrag wurde für diese divergierenden Positionen die Formel „wirkungsvolles Rückkehrmanagement" gefunden (Bündnis 90/Die Grünen und die CDU 2016, S. 64 f.). Die Fähigkeit Kompromissformeln zu finden sowie der vom Regierungschef zum handlungsleitenden Prinzip erhobene „pragmatische Humanismus" deuten darauf hin, dass die Koalition trotz ihrer programmatischen Differenzen in der Asyl- und Integrationspolitik arbeitsfähig ist.

Literatur

Borstel, S. von. 2015. Welcher Flüchtling hat eine gute Bleibeperspektive? *DIE WELT*, 4. November 2015. http://www.welt.de/print/die_welt/politik/article148456691/Welcher-Fluechtling-hat-eine-gute-Bleibeperspektive.html. Zugegriffen: 29. Mai 2016.

Bündnis 90/Die Grünen. 2015a. Flüchtlingsgipfel: „Öffnung des Arbeitsmarktes für Zuwanderer aus dem Westbalkan ist ein großer Erfolg für uns Grüne". https://www.gruene-bw.de/fluechtlingsgipfel-oeffnung-des-arbeitsmarktes-fuer-zuwanderer-aus-dem-westbalkan-grosser-erfolg/. Zugegriffen: 10. Okt. 2015.

Bündnis 90/Die Grünen. 2015b. *Grün aus Verantwortung für Baden-Württemberg*, Stuttgart.

Bündnis 90/Die Grünen und SPD Baden-Württemberg. 2011. *Der Wechsel beginnt. Koalitionsvertrag zwischen BÜNDNIS 90/ DIE GRÜNEN und der SPD Baden-Württemberg*, Stuttgart, 9. Mai 2011.

Bündnis 90/Die Grünen und die CDU Baden-Württemberg. 2016. *Baden-Württemberg gestalten. Verlässlich. Nachhaltig. Innovativ. Koalitionsvertrag zwischen Bündnis 90/ Die Grünen und der CDU 2016–2021*, Stuttgart, 9. Mai 2016.

Bundesregierung. 2014a. Gesetz zur Einstufung weiterer Staaten als sichere Herkunftsstaaten und zur Erleichterung des Arbeitsmarktzugangs für Asylbewerber und geduldete Ausländer vom 31. Oktober 2014, *Bundesgesetzblatt*, Jahrgang 2014, Teil I Nr. 49, ausgegeben zu Bonn am 5. November 2014, S. 1649.

Bundesregierung. 2014b. Zweite Verordnung zur Änderung der Beschäftigungsverordnung vom 6. November 2014, *Bundesgesetzblatt*, Jahrgang 2014, Teil I Nr. 50, ausgegeben zu Bonn am 10. November 2014, S. 1683.

Bundesregierung. 2014c. Optionspflicht neu geregelt. http://www.bva.bund.de/SharedDocs/Kurzmeldungen/DE/BVA/Staatsangeh%C3%B6rigkeit/Staatsangeh%C3%B6rigkeitsgesetz_Bundestag.html. Zugegriffen: 21. Aug. 2015.

Bundesregierung. 2015a. Besprechung der Bundeskanzlerin mit den Regierungschefinnen und Regierungschefs der Länder am 18. Juni 2015. https://www.bundesregierung.de/Content/DE/_Anlagen/2015/06/2015-06-19-besprechung-regierungschefsmerkel.pdf;jse ssionid=5E084A10F88638F87CCF1075D3381181.s4t2?__blob=publicationFile&v=2. Zugegriffen: 23. Mai 2016.

Bundesregierung. 2015b. Besprechung der Bundeskanzlerin mit den Regierungschefinnen und Regierungschefs der Länder zur Asyl- und Flüchtlingspolitik am 24. September 2015. http://www.bundesregierung.de/Content/DE/_Anlagen/2015/09/2015-09-24-bund-laender-fluechtlinge-beschluss.pdf?__blob=publicationFile. Zugegriffen: 23. Mai 2016.

Bundesregierung. 2015c. Gesetz zur Neubestimmung des Bleiberechts und der Aufenthaltsbeendigung vom 27. Juli 2015, *Bundesgesetzblatt*, Jahrgang 2015 Teil I Nr. 32, ausgegeben zu Bonn am 31. Juli 2015, S. 1386–1399.

Bundesregierung. 2015d. Asylverfahrensbeschleunigungsgesetz vom 20. Oktober 2015, *Bundesgesetzblatt*, Jahrgang 2015 Teil I Nr. 40, ausgegeben zu Bonn am 23. Oktober 2015.

Bundesregierung. 2015e. Verordnung über die Beschäftigung von Ausländerinnen und Ausländern (Beschäftigungsverordnung) in der Fassung vom 24. Oktober 2015. https://www.gesetze-im-internet.de/beschv_2013/BJNR149910013.html#BJNR149910013B JNG000100000. Zugegriffen: 25. Mai 2016.

Bundesregierung. 2015f. Erleichterungen für Asylbewerber. https://www.bundesregierung.de/Content/DE/Artikel/2014/10/2014-10-29-verbesserungen-fuer-asylbewerber-beschlossen.html. Zugegriffen: 20. Mai 2016.

Bundesregierung. 2016a. Asylbewerberleistungsgesetz, geändert am 11. März 2016. https://www.gesetze-im-internet.de/asylblg/BJNR107410993.html. Zugegriffen: 22. Apr. 2016.

Bundesregierung. 2016b. Gesetz zur Einführung beschleunigter Asylverfahren vom 11. März 2016, *Bundesgesetzblatt*, Jahrgang 2016 Teil I Nr. 12, ausgegeben zu Bonn am 16. März 2016, S. 390–393.

Bundesregierung. 2016c. Asylpaket II in Kraft: Kürzere Verfahren, weniger Familiennachzug. https://www.bundesregierung.de/Content/DE/Artikel/2016/02/2016-02-03-asylpaket2.html. Zugegriffen: 21. Apr. 2016.

Bundesregierung. 2016d. *Meseberger Erklärung zur Integration*, 25. Mai 2016. https://www.bundesregierung.de/Content/DE/Pressemitteilungen/BPA/2016/05/2016-05-25-meseberger-erklaerung.html. Zugegriffen: 25. Mai 2016.

Bundesregierung. 2016e. Asylgesetz, geändert am 11. März 2016. https://www.gesetze-im-internet.de/asylvfg_1992/BJNR111260992.html. Zugegriffen: 22. Apr. 2016.

CDU Baden-Württemberg. 2015. *Gemeinsam. Zukunft. Schaffen. Das Regierungsprogramm der CDU Baden-Württemberg 2016–2021*, Stuttgart.

CDU-Landtagsfraktion Baden-Württemberg. 2015. *Vielfalt in Verantwortung*. Stuttgart: Integrationspolitische Leitsätze der CDU-Landtagsfraktion.

CDU/CSU und SPD. 2015. Beschluss der Parteivorsitzenden vom 5. November 2015. https://www.cdu.de/system/tdf/media/dokumente/151105-beschluss-parteivorsitzende-koalition.pdf?file=1. Zugegriffen: 30. Mai 2016.

Deutsche Handwerks Zeitung. 2015. Flüchtlingsgipfel: Bund und Länder einigen sich auf Aktionsplan, 19. Juni 2015. http://www.deutsche-handwerks-zeitung.de/fluechtlingsgipfel-bund-und-laender-einigen-sich-auf-aktionsplan/150/3091/295737. Zugegriffen: 25. Mai 2016.

DIE WELT. 2006. Fragen an einbürgerungswillige Muslime in Baden-Württemberg, 4. Januar 2006. http://www.welt.de/print-welt/article188598/Fragen-an-einbuergerungs-willige-Muslime-in-Baden-Wuerttemberg.html. Zugegriffen: 20. Aug. 2015.

DIE WELT. 2015. Grüne gegen Ausweitung sicherer Herkunftsstaaten, 18. August 2015. http://www.welt.de/politik/deutschland/article145361613/Gruene-gegen-Ausweitung-sicherer-Herkunftsstaaten.html. Zugegriffen: 24. Aug. 2015.

Integrationsbeauftragter der Landesregierung Baden-Württemberg. 2008. *Integrationsplan Baden-Württemberg. „Integration gemeinsam schaffen"*, Stuttgart.

Justizministerium Baden-Württemberg. 2011. *Leitbild Vielfalt als Ressource. Wege zur interkulturellen Öffnung der Landesverwaltung Baden-Württemberg.* Stuttgart.

Klinkhammer, G. 2016. Medizinische Versorgung von Asylbewerbern in Deutschland, *Bundeszentrale für politische Bildung.* http://www.bpb.de/gesellschaft/migration/kurzdossiers/225110/medizinische-versorgung. Zugegriffen: 25. Mai 2016.

Landesregierung Baden-Württemberg. 2013b. Gesetz über die Aufnahme von Flüchtlingen (Flüchtlingsaufnahmegesetz).http://www.landesrecht-bw.de/jportal/?quelle=jlink&query=Fl%C3%BCCAG+BW&max=true&aiz=true. Zugegriffen: 19. Aug. 2015.

Landesregierung Baden-Württemberg. 2013c. Gesetzentwurf zur Neuordnung der Aufnahme von Flüchtlingen in Baden-Württemberg, über die Erstattung von Mehraufwendungen aufgrund des Bundesverfassungsgerichtsurteils vom 18. Juli 2012 und zur Änderung sonstiger Vorschriften. http://www.integrationsministerium-bw.de/pb/site/pbs-bw/get/documents/mfi/MFI/pdf/20130724%20-%20FlAG%20-%20PDF-Gesamtfassung.pdf. Zugegriffen: 19. Aug. 2015.

Landesregierung Baden-Württemberg. 2015a. Flüchtlingsgipfel schnürt Maßnahmenpaket. https://www.baden-wuerttemberg.de/de/service/presse/pressemitteilung/pid/fluechtlingsgipfel-schnuert-massnahmenpaket/. Zugegriffen: 24. Aug. 2015.

Landesregierung Baden-Württemberg. 2015b. Gesetz zur Verbesserung von Chancengerechtigkeit und Teilhabe in Baden-Württemberg. https://www.landtag-bw.de/files/live/sites/LTBW/files/dokumente/WP15/Drucksachen/7000/15_7784_D.pdf. Zugegriffen: 19. Mai 2016.

Landtag von Baden-Württemberg. 2015a. Plenarprotokoll 15/140 vom 28. Oktober 2015. https://www.landtag-bw.de/files/live/sites/LTBW/files/dokumente/WP15/Plp/15_0140_28102015.pdf. Zugegriffen: 24. Mai 2016.

Landtag von Baden-Württemberg. 2015b. Große Anfrage der Fraktion FDP/DVP und Antwort der Landesregierung „Effektive Arbeitsmarktintegration von Flüchtlingen", Drucksache 15/7452. https://www.landtag-bw.de/files/live/sites/LTBW/files/dokumente/WP15/Drucksachen/7000/15_7452_D.pdf. Zugegriffen: 24. Mai 2016.

Landtag von Baden-Württemberg. 2015c. Plenarprotokoll 15/146 vom 16. Dezember 2015. https://www.landtag-bw.de/files/live/sites/LTBW/files/dokumente/WP15/Plp/15_0146_16122015.pdf. Zugegriffen: 24. Mai 2016.

Landtag von Baden-Württemberg. 2015d. Antrag des Abg. Dr. Bernhard Lasotta u. a. CDU und Stellungnahme des Staatsministeriums Aufnahme von 1000 traumatisierten Frauen aus Syrien und dem Irak, Stuttgart, 23. April 2015. https://www.landtag-bw.de/files/live/sites/LTBW/files/dokumente/WP15/Drucksachen/6000/15_6785_D.pdf. Zugegriffen: 23. Mai 2016.

Lasotta, B. 2015. Das Integrationsministerium ist eine Fehlkonstruktion. http://fraktion.cdu-bw.de/no_cache/druckansicht/meldung/artikel/das-integrationsministerium-ist.eine-fehlkonstruktion.html. Zugegriffen: 18. Aug. 2015.

Ministerium für Arbeit und Sozialordnung. 2015. Neues Landesprogramm „LAurA" zur beruflichen Integration von Flüchtlingen gestartet. https://www.baden-wuerttemberg. de/de/service/presse/pressemitteilung/pid/neues-landesprogramm-laura-zur-beruflichen-integration-von-fluechtlingen-gestartet-1/. Zugegriffen: 28. Mai 2016.

Ministerium für Finanzen und Wirtschaft. 2015a. Aufruf *Integration durch Ausbildung – Perspektiven für Flüchtlinge.* https://mfw.baden-wuerttemberg.de/fileadmin/ redaktion/m-mfw/intern/Dateien/Downloads/Arbeiten_und_Leben/Berufliche_Bildung/ Aufruf-Fl%C3%BCchtlinge_in_Ausbildung_92015.pdf. Zugegriffen: 28. Mai 2016.

Ministerium für Finanzen und Wirtschaft. 2015b. Förderprogramm *Wohnraum für Flüchtlinge* gestartet. https://mfw.baden-wuerttemberg.de/de/service/presse-und-oeffentlichkeitsarbeit/ pressemitteilung/pid/foerderprogramm-wohnraum-fuer-fluechtlinge-gestartet/. Zugegriffen: 28. Mai 2016.

Ministerium für Integration. 2012a. Baden-Württemberg erleichtert Einbürgerung ausländischer Studien- und Ausbildungsabsolventen. https://www.baden-wuerttemberg.de/de/ service/presse/pressemitteilung/pid/baden-wuerttemberg-erleichtert-einbuergerung-aus-laendischer-studien-und-ausbildungsabsolventen/. Zugegriffen: 18. Aug. 2015.

Ministerium für Integration. 2012b. Ministerium für Integration erleichtert Einbürgerungen. http://www.integrationsministerium-bw.de/pb/,Lde/1772241/?LISTPAGE=1771528. Zugegriffen: 18. Aug. 2015.

Ministerium für Integration. 2013a. Verwaltungsvorschrift des Ministeriums für Integration über die Gewährung von Zuwendungen zur Förderung der gesellschaftlichen Teilhabe und Integration, 12. August 2013. http://www.integrationsministerium-bw.de/pb/site/ pbs-bw/get/documents/mfi/MFI/pdf/VwV-Integration%20-%20GABl-2013%2B397. pdf. Zugegriffen: 18. Aug. 2015.

Ministerium für Integration. 2013b. Verwaltungsvorschrift des Ministeriums für Integration zum Staatsangehörigkeitsgesetz (VwV StAG) vom 8. Juli 2013. http://www.integrati-onsministerium-bw.de/pb/site/pbs-bw-new/get/documents/mfi/MFI/Abteilung2/Refe-rat21/20150216_VwV%20StAG.pdf. Zugegriffen: 18. Aug. 2015.

Ministerium für Integration. 2014b. Verordnung des Integrationsministeriums über die Durchführung des Flüchtlingsaufnahmegesetzes (DVO FlüAG) vom 8. Januar 2014. http://www.landtag-bw.de/files/live/sites/LTBW/files/dokumente/gesetzblaetter/2014/ GBl201402.pdf. Zugegriffen: 19. Aug. 2015.

Ministerium für Integration. 2014c. *Land der Vielfalt – Land der Chancen. Interkulturelle Öffnung der Landesverwaltung Baden-Württemberg.* Stuttgart: Baden-Württemberg.

Ministerium für Integration. 2015a. Flüchtlingen den Zugang zu Sprache und Arbeit erleichtern. http://www.integrationsministerium-bw.de/pb/,Lde/Startseite/Service/Integr ation+von+Fluechtlingen_+Land+erleichtert+Zugang+zu+Sprache+und+Arbeit/?L ISTPAGE=1771420[29.05.2016].

Ministerium für Integration. 2015b. Verwaltungsvorschrift des Ministeriums für Integration über die Gewährung von Zuwendungen an Stadt- und Landkreise zur Förderung von Deutschkenntnissen bei Asylbewerbern und Flüchtlingen in Baden-Württemberg (VwV Deutsch für Flüchtlinge) vom 16. Juli 2015. Stuttgart.

Ministerium für Integration. 2015c. Integration von Flüchtlingen. *Chancen gestalten – Wege der Integration in den Arbeitsmarkt öffnen.* http://www.integrationsministerium-bw.de/ pb/site/pbs-bw-new/get/documents/mfi/MFI/Abteilung3/Konzeption%20Integration%20 Fl%C3%BCchtlinge%20Schlussfassung.pdf. Zugegriffen: 12. Mai 2016.

Ministerium für Integration. o. J. Die Einbürgerungskampagne des Landes Baden-Württemberg. http://www.mein-deutscher-pass.de/startseite.html. Zugegriffen: 24. Aug. 2015.

Ministerium für Wissenschaft, Forschung und Kunst. 2015. Stipendienprogramm für Flüchtlinge aus Syrien. http://mwk.baden-wuerttemberg.de/de/hochschulen-studium/studienfinanzierung/stipendienprogramm-fuer-fluechtlinge-aus-syrien/. Zugegriffen: 24. Mai 2016.

Muschel, R. 2016. Geldwertkarte für Flüchtlinge erst nach der Landtagswahl, *Badische Zeitung*, 3. Februar 2016. http://www.badische-zeitung.de/suedwest-1/geldwertkarte-fuer-fluechtlinge-erst-nach-landtagswahl–116990929.html. Zugegriffen: 30. Mai 2016.

Salloum, R. 2015. Der Mann, der den Jesidinnen hilft, *SPIEGEL* Online, 13. August 2015. http://www.spiegel.de/politik/ausland/islamischer-staat-opfer-baden-wuerttemberg-hilft-jesiden-a-1047752.html. Zugegriffen: 23. Mai 2016.

Staatsministerium Baden-Württemberg. 2006. Oettinger und Rech halten an Gesprächsleitfaden für Einbürgerungsbehörden fest. https://www.baden-wuerttemberg.de/de/service/presse/pressemitteilung/pid/oettinger-und-rech-halten-an-gespraechsleitfaden-fuer-einbuergerungsbehoerden-fest/. Zugegriffen: 20. Aug. 2015.

Staatsministerium Baden-Württemberg. 2012. Humanität: Landesregierung lockert Residenzpflicht für Asylbewerber. https://www.baden-wuerttemberg.de/de/service/presse/pressemitteilung/pid/landesregierung-lockert-residenzpflicht-fuer-asylbewerber/. Zugegriffen: 21. Apr. 2016.

Staatsministerium Baden-Württemberg. 2014b. *Flüchtlingsgipfel bringt Maßnahmenpaket auf den Weg.* https://stm.baden-wuerttemberg.de/de/service/presse/pressemitteilung/pid/fluechtlingsgipfel-bringt-massnahmen-pakt-auf-den-weg/. Zugegriffen: 24. Jan. 2016.

Staatsministerium Baden-Württemberg. 2014c. Rede von Ministerpräsident Kretschmann zur Asylrechtsreform im Bundesrat. https://stm.baden-wuerttemberg.de/de/service/presse/pressemitteilung/pid/rede-von-ministerpraesident-kretschmann-zu-sichere-herkunftsstaaten/. Zugegriffen: 24. Jan. 2016.

Staatsministerium Baden-Württemberg. 2015a. Regierungserklärung durch Herrn Ministerpräsidenten Winfried Kretschmann zur Flüchtlings- und Integrationspolitik der Landesregierung „Herausforderung bewältigen, Verantwortung übernehmen, Integration zum Erfolg führen" (Protokollversion), Stuttgart, 1. Oktober 2015. https://stm.baden-wuerttemberg.de/de/service/presse/pressemitteilung/pid/integration-fordern-und-integration-foerdern/. Zugegriffen: 24. Jan. 2016.

Staatsministerium Baden-Württemberg. 2015b. Noch viele offene Fragen beim Asylpaket der Bundesregierung. https://stm.baden-wuerttemberg.de/de/service/presse/pressemitteilung/pid/noch-viele-offene-fragen-beim-asylpaket-der-bundesregierung/. Zugegriffen: 29. Jan. 2016.

Staatsministerium Baden-Württemberg. 2015c. Interview „Es gibt keinen Rabatt bei Integration" mit Winfried Kretschmann, erschienen in der *Wirtschaftswoche*. https://stm.baden-wuerttemberg.de/de/service/presse/pressemitteilung/pid/gras-waechst-nicht-schneller-wenn-man-dran-zieht/. Zugegriffen: 29. Jan. 2016.

Staatsministerium Baden-Württemberg. 2015d. Registrierungszentrum in Heidelberg fährt Kapazität hoch. http://www.fluechtlingshilfe-bw.de/themen/unterbringung/detailseite/news/registrierungszentrum-in-heidelberg-faehrt-kapazitaet-hoch/?tx_news_pi1[controller]=News&tx_news_pi1[action]=detail&cHash=1da93e28beee23d27518b9d809dc5e12. Zugegriffen: 28. Mai 2016.

Staatsministerium Baden-Württemberg. 2015f. *Flüchtlingsgipfel schnürt Maßnahmenpaket.* https://stm.baden-wuerttemberg.de/de/service/presse/pressemitteilung/pid/fluechtlingsgipfel-schnuert-massnahmenpaket/. Zugegriffen: 24. Jan. 2016.

Staatsministerium Baden-Württemberg. 2016. Interview „Europa steht auf dem Spiel" mit Winfried Kretschmann, erschienen im *Tagesspiegel* am 1. Februar 2016. https://stm. baden-wuerttemberg.de/de/service/presse/pressemitteilung/pid/europa-steht-auf-dem-spiel/. Zugegriffen: 10. Apr. 2016.

Statistisches Landesamt. 2016. Pressemitteilung 71/2016, Baden-Württemberg: Erneut hohe Zuwanderung von Ausländern. https://www.statistik-bw.de/Presse/Pressemitteilungen/2016071.pm. Zugegriffen: 16. Mai 2016.

Stuttgarter Zeitung. 2011. Einbürgerung. Gesinnungstest vor dem Aus, 24. Juli 2011. http://www.stuttgarter-zeitung.de/inhalt.einbuergerung-gesinnungstest-vor-dem-aus.6e99bbf1-f657-4e91-936e-580c8ac91b50.html. Zugegriffen: 20. Aug. 2015.

Zeitung, Stuttgarter. 2016. Gesundheitskarte für Flüchtlinge nicht vor Wahl, 27. Januar 2016, 5.

Wetzel, M. 2016. Abschied vom Südwesten. „Ich werde die Schwaben überall verteidigen", *Stuttgarter Zeitung*, 9. Mai 2016. http://www.stuttgarter-zeitung.de/inhalt.abschied-vom-suedwesten-ich-werde-die-schwaben-ueberall-verteidigen.d37ae97f-e150-404b-b481-92997cee164b.html. Zugegriffen: 12. Mai 2016.

ZEIT-Online. 2015. Bundesländer fordern mehr Rechte für junge Flüchtlinge, 6. Februar 2015. http://www.zeit.de/politik/deutschland/2015-02/laender-asylbewerber-ausbildung. Zugegriffen: 25. Mai 2016.

Weiterführende Literatur

Bündnis 90/Die Grünen. 2010. *Das neue Programm für Baden-Württemberg – Jetzt!* 5. Dezember 2010, Bruchsal.

Bundesregierung. 2007. *Nationaler Integrationsplan. Neue Wege – Neue Chancen*, Berlin.

Bundesregierung. 2012. *Nationaler Aktionsplan Integration. Zusammenhalt stärken – Teilhabe verwirklichen*, Berlin.

Bundesverfassungsgericht. 2012. Urteil des Ersten Senats vom 18. Juli, 1 BvL 10/10 – Rn. (1–140). http://www.bverfg.de/e/ls20120718_1bvl001010.html. Zugegriffen: 10. Apr. 2016.

CDU und FDP Baden-Württemberg. 2006. *Vereinbarung zwischen der Christlichen Demokratischen Union Deutschlands, Landesverband Baden-Württemberg, und der Freien Demokratischen Partei, Landesverband Baden-Württemberg, über die Bildung einer Koalitionsregierung für die 14. Legislaturperiode des Landtags von Baden-Württemberg*, Stuttgart.

CDU Baden-Württemberg. 2010. *Chancen ergreifen. Wohlstand sichern. Der Baden-Württemberg-Weg im neuen Jahrzehnt, Regierungsprogramm der CDU Baden-Württemberg*, Stuttgart.

CDU-Landtagsfraktion Baden-Württemberg. 2012. *Vielfalt in Verantwortung. Integrationspolitische Leitsätze der CDU-Landtagsfraktion*, Stuttgart.

Heilbronner Stimme. 2015. CDU-Chef Strobl nimmt Integrationsministerin in Schutz, 29. Juli 2015. http://www.stimme.de/suedwesten/nachrichten/pl/Regierung-Parteien-CDU-CDU-Chef-Strobl-nimmt-Integrationsministerin-in-Schutz;art19070,3431346. Zugegriffen: 18. Aug. 2015.

Landesregierung Baden-Württemberg. 2013a. Gesetz über die Anerkennung ausländischer Berufsqualifikationen in Baden-Württemberg (Landesanerkennungsgesetz), *Gesetzesblatt für Baden-Württemberg*, Stuttgart, 10. Januar 2014.

Landesregierung Baden-Württemberg. 2015c. Entwurf Gesetz zur Verbesserung von Chancengerechtigkeit und Teilhabe in Baden-Württemberg. www.service-bw.de. Zugegriffen: 17. Aug. 2015.

Ministerium für Integration. 2014a. *Die Charta der Vielfalt und ihre Umsetzung in der Landesverwaltung Baden-Württemberg*, Stuttgart.

SPD Baden-Württemberg. 2010. *Regierungsprogramm der SPD Baden-Württemberg 2011 – 2016*. Stuttgart.

SPD Baden-Württemberg. 2015. *Baden-Württemberg Leben. Regierungsprogramm der SPD Baden-Württemberg für die Wahl zum Landtag am 13. März 2016*. Stuttgart.

Spiegel Online. 2012. Asylbewerber: Länder zahlen 346 Euro pro Monat, 21. August 2012. http://www.spiegel.de/politik/deutschland/asylbewerber-laender-zahlen-346-euro-pro-monat-a-851272.html. Zugegriffen: 22. Apr. 2016.

Staatsministerium Baden-Württemberg. 2014a. Interview „Das Boot ist nie voll" mit Winfried Kretschmann, erschienen in *DIE ZEIT* 40/2014. https://stm.baden-wuerttemberg.de/de/service/presse/pressemitteilung/pid/kretschmann-im-interview-mit-der-zeit/. Zugegriffen: 24. Jan. 2016.

Staatsministerium Baden-Württemberg. 2015e. Interview „Wir können auch Krise" mit Winfried Kretschmann, erschienen in der *Heilbronner Stimme* am 17. Dezember 2015. https://stm.baden-wuerttemberg.de/de/service/presse/pressemitteilung/pid/wir-koennen-auch-krise/. Zugegriffen: 29. Jan. 2016.

Über die Autorin

Dr. Sandra Kostner ist Geschäftsführerin des Masterstudiengangs „Interkulturalität und Integration" an der PH Schwäbisch Gmünd. Ihre Schwerpunkte in Forschung und Lehre sind vergleichende Migrations- und Integrationspolitik mit dem Fokus Deutschland, Australien und Großbritannien sowie migrationsbedingte Diversität in der politischen Philosophie und Praxis.

Wie „grün" wurde die Agrar- und Verbraucherpolitik unter Grün-Rot?

Jale Tosun und Ulrich Hartung

Zusammenfassung

Agrar- und Ernährungswirtschaft ist ein Themenkomplex, der für die Partei Bündnis 90/Die Grünen eine zunehmend wichtige Rolle im Parteienwettbewerb auf Bundes- wie auf Länderebene spielt. In Baden-Württemberg wurde das für Agrar- und Verbraucherpolitik zuständige Ministerium für Ländlichen Raum und Verbraucherschutz (MLR) von 2011 bis 2016 zum ersten Mal seit Bestehen des Landes von einem grünen Minister geführt. Welche Ziele haben die baden-württembergischen Grünen im Hinblick auf die Agrar- und Ernährungswirtschaft in der Wahlkampfphase definiert? Inwieweit konnten die Grünen ihre Zielvorstellungen im Rahmen der Koalitionsverhandlungen mit der SPD festschreiben? Inwiefern wurde eine „grüne" Handschrift bei der inhaltlichen Ausgestaltung der Agrar- und Verbraucherpolitik sichtbar? In diesem Beitrag gehen wir diesen drei Forschungsfragen mithilfe einer Analyse von Wahlprogrammen, dem Koalitionsvertrag von 2011 sowie Entscheidungen im Hinblick auf die grüne Gentechnik nach. Daraus lassen sich folgende Erkenntnisse gewinnen: i) Die Grünen haben im Zuge des Landtagswahlkampfs eine umfangreiche Programmatik zu Agrar- und Ernährungswirtschaft vorgelegt; ii) bei den Koalitionsverhandlungen konnten die Grünen ihre Idealvorstellungen gegenüber den Positionen der SPD durchsetzen; iii) die grüne Gentechnik ist ein Bereich, in dem ein weitreichender Politikwandel stattgefunden hat.

J. Tosun (✉) · U. Hartung
Institut für Politische Wissenschaft, Universität Heidelberg, Heidelberg, Deutschland
E-Mail: jale.tosun@ipw.uni-heidelberg.de

U. Hartung
E-Mail: ulrich.hartung@ipw.uni-heidelberg.de

© Springer Fachmedien Wiesbaden 2017
F. Hörisch und S. Wurster (Hrsg.), *Das grün-rote Experiment in Baden-Württemberg*, DOI 10.1007/978-3-658-14868-3_9

Insgesamt zeigt die Analyse, dass die Agrar- und Verbraucherpolitik nach dem Regierungswechsel – und in Übereinstimmung mit den Wahlkampfaussagen – deutlich „grüner" geworden ist.

1   Einleitung

Agrar- und Verbraucherpolitik stellt einen Teilbereich der allgemeinen Landwirtschafts- bzw. Wirtschafts- und Gesellschaftspolitik dar, der darauf abzielt, die Rahmenbedingungen und ökonomischen Prozesse für diesen Sektor zu gestalten. Die Agrar- und Verbraucherpolitik nimmt in Deutschland und den anderen Mitgliedstaaten der Europäischen Union (EU) eine Sonderrolle ein, da sie als erster Politikbereich vergemeinschaftet wurde. Ursächlich hierfür war die zu Beginn des europäischen Integrationsprozesses herrschende Lebensmittelknappheit, aufgrund derer einheitliche Anreize geschaffen wurden, um eine Erhöhung der Produktion zu erzielen (vgl. Skogstad und Verdun 2010). So entstanden eine harmonisierte Gesetzgebung sowie die europaweite Landwirtschaftsförderung, die bis heute von hoher Relevanz für die Landwirtschaft in den Mitgliedsstaaten sind.

Nationale landwirtschaftspolitische Maßnahmen wurden insbesondere wieder mit dem Auftreten von Fällen boviner spongiformen Enzephalopathie (BSE) innerhalb der EU ergriffen. Während es in Großbritannien bereits ab 1985 zu einem deutlichen Anstieg von BSE-Infektionen bei Rindern gekommen war, wurde in Deutschland vor allem in den frühen 2000er Jahren eine hohe Anzahl an BSE-Fällen bestätigt (vgl. BMEL 2016). Die Tierseuche, welche durch Lebensmittel übertragen beim Menschen höchstwahrscheinlich zu einer Variante der Creutzfeldt-Jakob-Krankheit führen kann, rückte die Thematik des gesundheitlichen Verbraucherschutzes in das Bewusstsein der Öffentlichkeit. Der zunächst „risikofreudigen" BSE-Regulierung vonseiten der EU (vgl. Fischer 2009) folgte alsbald eine umfassende Institutionalisierung von Verbraucherschutzpolitik (vgl. Janning 2011). Dieser institutionelle Wandel bezog sich sowohl auf die europäische Ebene (z. B. mit der Gründung der Europäischen Behörde für Lebensmittelsicherheit) als auch auf eine Reihe von Mitgliedsstaaten (z. B. in Deutschland mit der Einrichtung des Bundesinstituts für Risikobewertung und des Bundesamtes für Verbraucherschutz und Lebensmittelsicherheit). Durch den Relevanzgewinn von Verbraucherschutzpolitik stellten einige EU-Mitgliedstaaten die Maßgaben der europäischen Landwirtschaftspolitik infrage und setzten in diesem Politikbereich zunehmend nationale Akzente.

Hieraus folgt, dass Agrar- und Verbraucherpolitik wieder verstärkt Gegenstand des Parteienwettbewerbs innerhalb der EU-Mitgliedstaaten geworden ist. In föderalen Staaten wie der Bundesrepublik spielt die Landwirtschaft damit auch eine Rolle für den Parteienwettbewerb in den Bundesländern (vgl. Bräuninger und Debus 2012). Während CDU und CSU als die beiden Parteien gelten, die traditionell die Interessen der Landwirtschaft vertreten (vgl. etwa Pappi et al. 2008; Jun 2010; Linhart 2010), hat sich die Partei Bündnis 90/Die Grünen (Grüne) mittlerweile als Konkurrenz um die Wählergunst der Landwirte etabliert. Im Zuge des Regierungswechsels 2011 beanspruchten die Grünen das baden-württembergische Ministerium für Ländlichen Raum und Verbraucherschutz (MLR) entsprechend für sich.

Vor diesem Hintergrund widmet sich dieser Beitrag folgenden drei Forschungsfragen: Welche Ziele haben die baden-württembergischen Grünen im Hinblick auf die Agrar- und Verbraucherpolitik in der Wahlkampfphase definiert? Inwieweit konnten die Grünen ihre Zielvorstellungen im Rahmen der Koalitionsverhandlungen mit der SPD festschreiben? Inwiefern wurde eine „grüne" Handschrift bei der inhaltlichen Ausgestaltung der Agrar- und Verbraucherpolitik sichtbar? Zur Beantwortung dieser Forschungsfragen untersuchen wir die Wahlprogramme der Grünen und der SPD zur Landtagswahl 2011, den am 9. Mai 2011 unterzeichneten Koalitionsvertrag zwischen den beiden Parteien sowie die landwirtschaftspolitischen Aktivitäten der Landesregierung, insbesondere im Bereich der heftig umstrittenen grünen Gentechnik.

Der Beitrag ist wie folgt gegliedert. Zunächst untersuchen und vergleichen wir die landwirtschaftspolitischen Positionen von Grünen und SPD während der Wahlkampfphase. Anschließend rückt der zwischen den beiden Parteien ausverhandelte Koalitionsvertrag in den Mittelpunkt unserer Untersuchung, bevor wir uns ausführlicher mit den landespolitischen Entscheidungen zur Regulierung von grüner Gentechnik befassen. Das Kapitel endet mit einer Zusammenfassung der wichtigsten Ergebnisse und einem Fazit.

2   Landwirtschaftspolitische Positionen von Bündnis 90/Die Grünen und SPD im Wahlkampf

In der Literatur wird in Anlehnung an Strøm (1990) und Strøm und Müller (1999) argumentiert, dass Parteien ihr Handeln an drei Zielen ausrichten. Zum einen geht es Parteien darum, die Anzahl ihrer Sitze im Parlament zu maximieren *(vote-seeking)*. Dann zielen Parteien auch darauf ab, Regierungsämter zu besetzen und/ oder die Kontrolle über Kabinettsposten zu behalten *(office-seeking)*. Des Weiteren ist das Parteienhandeln auch dadurch bestimmt, dass sie bestimmte Politikinhalte verwirklichen wollen *(policy-seeking)*. Im Mittelpunkt dieses Abschnitts steht die Wahlkampfphase. Um diesbezüglich Erwartungen zu formulieren, sind vor allem das erste und das dritte Ziel von Bedeutung.

Der ersten Logik folgend erwarten wir, dass Parteien ihre programmatischen Positionen so definieren, dass sie ihren Stimmenanteil bei der Wahl maximieren können. Dementsprechend werden Parteien ihre Ressourcen so einsetzen, dass sie Themenfelder besetzen, die für ihre Wähler von Bedeutung sind. Dies führt im Umkehrschluss dazu, dass Themen, die eine geringe Bedeutung für ihre Wählerschaft haben von den Parteien auch nur knapp oder überhaupt nicht behandelt werden. Somit gehen Parteien mit unterschiedlichen Themenschwerpunkten in den Wahlkampf.

Für welche Parteien ist es opportun, landwirtschaftliche Themen in ihren Wahlprogrammen aufzugreifen? Zur Beantwortung dieser Frage bietet sich eine Analyse der Wahlabsicht von Landwirten an, die in Tab. 1 dargestellt wird. Die Daten stammen aus dem Forsa-Bus 2014, der die Wahlabsicht bei

Tab. 1 Wahlabsicht bei der Bundestagswahl, 2014. (Quelle: Forsa 2015)

Wahlabsicht bei der Bundestagswahl	Landwirt = nein	Landwirt = ja
CDU	36.985	280
	39,29 %	48,44 %
CSU	4517	32
	4,80 %	5,54 %
SPD	23.853	67
	25,34 %	11,59 %
FDP	2697	30
	2,87 %	5,19 %
B'90/Grüne	12.203	88
	12,96 %	15,22 %
Linke	7876	32
	8,37 %	5,54 %
AfD	4511	39
	4,79 %	6,75 %
Andere	5685	10
	1,49 %	1,73 %
Total	94.136	578
	100 %	100 %

Anmerkungen: Anteil von Ja/Nein-Antworten auf folgende Frage: „Und welche Partei würden Sie wählen, wenn am nächsten Sonntag Bundestagswahl wäre?" [sbw95l].

Bundestagswahlen abbildet. Die Tabelle zeigt, dass über die Hälfte der befragten Landwirte ihre Stimme bei der Bundestagswahl den Unionsparteien geben würde, was sich mit den Befunden in der Literatur deckt (vgl. etwa Feindt 2009). Interessant ist in diesem Zusammenhang zudem, dass immerhin 15 % der befragten Landwirte ihre Stimme den Grünen geben würden, wodurch die Grünen nach den Unionsparteien die zweitbedeutendste Partei für diese Berufsgruppe darstellt. Die SPD landet hingegen nur auf Platz drei. Daher erwarten wir, dass die Grünen im Vergleich zur SPD eine umfangreichere Programmatik im Hinblick auf die Landwirtschaft aufweisen sollten, wenn wir die Logik der Stimmenmaximierung zugrunde legen.

Gilt dies auch für Baden-Württemberg? Um diese Frage zu beantworten können Daten für die Wahlabsicht von Landwirten in den einzelnen Bundesländern herangezogen werden. Abb. 1 zeigt die Wahlabsicht für Bündnis 90/Die Grünen in den 16 Bundesländern sowie auf Bundesebene; der Wert für Gesamtdeutschland liegt bei 15,22 % (vgl. Tab. 1). Zwischen den Bundesländern lässt sich eine variierende Unterstützung für die Grünen unter den Landwirten erkennen. Diese ist am höchsten in Berlin und am zweithöchsten in Baden-Württemberg, gefolgt

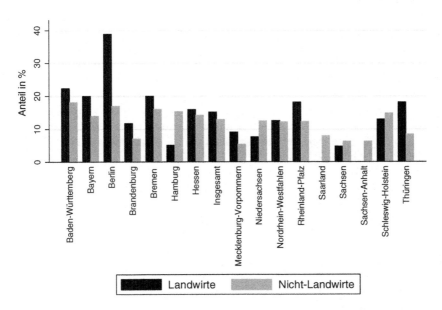

Abb. 1 Wahlabsicht für Bündnis 90/Die Grünen in den Bundesländern, 2014. (*Anmerkungen:* Berufsspezifische Auswertung von Frage sbw95l. Quelle: Forsa 2015)

von Bayern und Bremen. Wenn wir die Stadtstaaten aufgrund ihrer besonderen strukturellen Merkmale ausnehmen und uns nur auf die Flächenstaaten konzentrieren, dann ist der Zustimmungsgrad für die Grünen unter Landwirten in Baden-Württemberg bundesweit am höchsten und liegt außerdem über dem Bundesdurchschnitt.

In Anlehnung an die Logik, dass Parteien *vote-seeking* betreiben, leiten wir aus dieser deskriptiven Analyse ab, dass von den beiden späteren Regierungsparteien, Bündnis 90/Die Grünen den Themen im Bereich der Agrar- und Verbraucherpolitik eine größere Bedeutung beimessen sollten, um bei den folgenden Wahlen die Unterstützung von einem signifikanten Anteil der Landwirte zu erringen. Die SPD, für deren Anhängerschaft Agrar- und Verbraucherpolitik ein deutlich weniger relevantes Politikfeld darstellt und die unter den Landwirten unterrepräsentiert ist, sollte den Grünen daher im Zuge der Koalitionsverhandlungen freie Hand lassen, um für sich in anderen Politikfeldern bessere Kompromisse ausverhandeln zu können.

Diese Erwartung wird auch dadurch unterstützt, dass Bündnis 90/Die Grünen bereits früher erklärt haben, dass sie einen Wandel in der Agrar- und Verbraucherpolitik anstreben. Oder anders ausgedrückt: Es gibt Anzeichen dafür, dass die Grünen eine bestimmte Form von Agrar- und Verbraucherpolitik zu einem zentralen Anliegen ihrer Programmatik gemacht haben und einen Politikwandel anstreben, um diese Vorstellungen auch tatsächlich umsetzen zu können. Folglich können sie in diesem Bereich also auch als *policy-seeking* angesehen werden. So erklärte die damalige Bundesministerin für Verbraucherschutz, Ernährung und Landwirtschaft, Renate Künast, im Jahr 2001, dass eine „Agrarwende" notwendig sei, die durch mehr Nachhaltigkeit in der Landwirtschaftspolitik gekennzeichnet ist (Künast 2001). Die Agrarwende, wie sie von Künast beschrieben wurde, sah vor, dass Agrar- und Verbraucherpolitik mit Zielen aus anderen Politikfeldern „integriert" wird (vgl. Lang und Tosun 2014). Konkret nannte sie eine Integration von Agrarpolitik mit Umweltpolitik, um den Naturschutz voranzutreiben sowie die Integration mit Energiepolitik, bei der aus Landwirten „Energiewirte" werden sollten, die die Rohstoffe für die Energiewende zur Verfügung stellen und für sich selbst eine neue Einkommensquelle erschließen.

2.1 Analyse der Wahlprogramme

Der erste Untersuchungsschritt besteht in der Ermittlung der Positionen von Bündnis 90/Die Grünen und Sozialdemokraten im Hinblick auf die Ausgestaltung der baden-württembergischen Landwirtschaftspolitik. Hierzu kann gleich eingangs konstatiert werden, dass im Einklang mit den theoretischen Erwartungen das Wahlprogramm der Grünen der Landwirtschaft einen weitaus größeren Stellenwert einräumt, als dies bei den Sozialdemokraten der Fall ist.

In dem entsprechenden Kapitel zur „grünen Agrarwende" legen die Grünen dar, dass sie sich für eine nachhaltige Land- und Waldwirtschaftspolitik einsetzen (Bündnis 90/Die Grünen 2011). Besonders interessant ist in diesem Zusammenhang, dass sich die Ausführungen gleich eingangs auf die europäische Agrar- und Verbraucherpolitik beziehen. So soll durch den Wandel in Baden-Württemberg auch eine Weichenstellung für die Neuordnung der EU-Agrarpolitik vorgenommen werden. Konkret wird an dieser Stelle darauf verwiesen, dass die bisherigen Pauschalsubventionen beendet und die EU-Agrarsubventionen von den Direktzahlungen an die Landwirte (erste Säule) zunehmend auf die Entwicklung des ländlichen Raums (zweite Säule) umgeschichtet und alle Förderprogramme im Land an ökologischen Kriterien und artgerechter Tierhaltung ausgerichtet werden sollen. Generell wird im Wahlprogramm die Deckelung und Offenlegung der EU-Agrarsubventionen unterstützt. Auch die SPD geht auf die europäische Ebene ein, aber in einem deutlich geringeren Umfang. Im Kern fordert sie lediglich eine europaweite Harmonisierung der Umwelt- und Tierschutz-Standards auf deutschem Niveau.

Die Fokussierung auf die EU ist plausibel, da es sich bei der Agrar- und Verbraucherpolitik um ein Politikfeld handelt, für das die Regierungen der Mitgliedstaaten die vollständige Zusammenlegung der Zuständigkeiten sowie der erforderlichen Finanzmittel vereinbart haben und somit die EU als „Ganzes" diese Aufgabe übernimmt. Zwar werden die EU-weiten Bestimmungen in erster Linie von den Mitgliedern der Bundesregierung im Rahmen des europäischen Gesetzgebungsprozesses mitbestimmt, doch orientiert sich diese bei den Verhandlungen im Ministerrat an den Positionen der Landesregierungen. Entscheidender für die Analyse ist jedoch, welche Schwerpunkte für die Gestaltung von Landwirtschaftspolitik in Baden-Württemberg definiert wurden. Für die Grünen lassen sich in der Landwirtschaftspolitik im Allgemeinen gleich vier solcher Schwerpunkte ausmachen.

Erstens wird die Bedeutung der ökologischen Weiterentwicklung der Biogasnutzung hervorgehoben. Interessant ist hierbei, dass die Partei eine Abwägung der Vor- und Nachteile von Biogasnutzung vornimmt. Zum einen wird anerkannt, dass Biogasanlagen einen wichtigen Bestandteil der Energiewende sowie eine Einkommensquelle für Landwirte darstellen. Zum anderen wird jedoch auf die Probleme eingegangen, die von engen Fruchtfolgen und der Verdrängung der Nahrungsmittelproduktion durch steigende Pachtpreise sowie der ambivalenten Klimabilanz von Biogas herrühren. Daher machen die Grünen den weiteren

Ausbau von Biogasanlagen abhängig von der Entwicklung besserer technischer Standards und einer stärkeren Berücksichtigung von Klima- und Naturschutzzielen. In diesem Zusammenhang ist auch bemerkenswert, dass das Wahlprogramm relativ ausführlich auf die negativen Auswirkungen des großflächigen Anbaus von Mais für Biogasanlagen eingeht und daher auf Bundesebene Korrekturen am Erneuerbare-Energien-Gesetz (EEG) anmahnt (vgl. hierzu auch Linhart und Dhungel 2013).

Zweitens nimmt die „grüne" Waldwirtschaft und Jagd einen großen Stellenwert im Wahlprogramm ein. So soll die naturnahe Waldwirtschaft gestärkt und weiterentwickelt werden, sodass Waldbewirtschaftung und Naturschutz wieder stärker aneinander gekoppelt werden. Hierzu sollen sämtliche Waldflächen im Besitz des Landes eine FSC-Zertifizierung erhalten (vgl. Dietrich und Tosun 2013; Giessen et al. 2013). Jäger sollen einen Beitrag zum verbesserten Wildmanagement und der natürlichen Verjüngung der Wälder leisten. Zudem soll der Generalwildwegeplan im vorhandenen Straßenbestand umgesetzt werden, um Wildunfälle zu vermeiden. Verboten werden sollen die Fallenjagd sowie der Abschuss von Haustieren und der Einsatz lebender Tiere bei der Ausbildung von Jagdhunden. Des Weiteren sollen die Schonzeiten für bedrohte Tierarten ausgeweitet werden bzw. der Bejagung und Vergrämung unter Umständen vollständig untersagt werden. Zuletzt wird angekündigt, das bestehende Verbot der Bleischrotmunition bei der Wasservogeljagd auch auf die Landjagd auszudehnen sowie bleihaltige Munitionsarten zu verbieten.

Drittens führt das Wahlprogramm die Notwendigkeit an, den Ausbau von klima- und naturschutzgerechter Landwirtschaft stärker zu unterstützen. Um die Marktstellung von ökologischen landwirtschaftlichen Produkten zu verbessern, sollen regionale Erzeugergemeinschaften und deren Vereinigungen gefördert werden. Im Mittelpunkt stehen kleinere bäuerliche Strukturen und die ökologische Bewirtschaftung sowie Mechanismen zur Herstellung fairer Preise, so etwa die Einführung einer nachfrageorientierten Mengenregelung in der baden-württembergischen Milchwirtschaft. Zudem möchte die Partei die agrarstrukturelle Flurneuordnung als Aufgabe des Landes abgeben und stattdessen den Naturschutz über landesweit bedeutsame andere Programme bzw. Strukturen realisieren. Ländliche Entwicklung soll erreicht werden durch naturschutz- und nachhaltigkeitsorientierte Regionalentwicklungsprogramme, gestützt von einem partizipativen Ansatz.

Als vierten und letzten Punkt führt das Kapitel das Ziel an, ein „hundertprozentig gentechnikfreies Baden-Württemberg" zu erreichen, das sich nun sehr konkret auf die hier untersuchte Schnittstelle zwischen Agrar- und Verbraucherschutzpolitik bezieht. Aufgrund der Prominenz dieser Zielsetzung gehen wir in den nächsten beiden Abschnitten genauer darauf ein und legen dar, welche Maßnahmen hierzu von der Landesregierung ergriffen wurden.

Das Wahlprogramm der SPD enthält ebenfalls eine Reihe von Positionen zur Ausgestaltung der baden-württembergischen Landwirtschaft, die zwar weitgehend mit den Positionen von Bündnis 90/Die Grünen übereinstimmen, aber generell weniger ausdifferenziert bzw. konkretisiert sind. Die SPD fordert einen Ausbau des ökologischen Landbaus und einen besseren Tierschutz sowie eine Umlenkung von Fördermitteln auf kleine und mittlere landwirtschaftliche Betriebe, die den Zielen des integrativen Naturschutzes genügen. Die wirtschaftliche Lage der Landwirte soll durch einen möglichst großen Anteil an der Wertschöpfungskette und durch Direktvermarktung bzw. genossenschaftliche Vertriebsformen verbessert werden. Ebenso wie die Grünen unterstützt die SPD eine baden-württembergische Landwirtschaft ohne Gentechnik sowie ein bundesweites Verbot von gentechnisch verändertem Saatgut. Im Gegensatz zu den Grünen präsentiert die SPD ihre Positionen zu Waldwirtschaft und Jagd im Kapitel zum Naturschutz. Die Partei setzt sich außerdem für eine naturnahe Waldwirtschaft sowie für eine verstärkte staatliche Forstverwaltung ein.

2.2   Vergleich der Wahlprogrammatik

Die Positionen der beiden Parteien decken sich in der Mehrzahl, sodass auf den ersten Blick erkennbar wird, dass hier ein gemeinsames Politikangebot entwickelt werden kann. Allerdings gibt es auch einige Punkte, bei denen die Wahlprogrammatiken von Grünen und SPD gewisse Unterschiede aufweisen. Diese Differenzen beziehen sich auf Biogasanlagen, die Integration von Landwirtschaft und Naturschutz sowie die Umgestaltung des Jagdrechts.

Unterstützung für Biogasanlagen
Die SPD (2011) unterstützt die Energiegewinnung aus Biomasse ohne Vorbehalte und kündigt eine „Energieoffensive Ländlicher Raum" an. Hingegen zeigen die Grünen in ihrem Wahlprogramm eine gespaltene Haltung zu Biogasanlagen (S. 65). Zwar unterstützen sie Biogas als eine Form der regenerativen Energie, fordern jedoch gleichzeitig die negativen Externalitäten für die Umwelt zu reduzieren. Die Position der Grünen kann daher als eine bedingte Unterstützung von Biogas aufgefasst werden.

Stellenwert des Naturschutzes
Die SPD betont in ihrem Wahlprogramm die Bedeutung von Arbeitsplätzen auf dem Land und wettbewerbsfähigen Betrieben. Daher streben die Sozialdemokraten „eine Landwirtschaft an, in der die bäuerlichen Betriebe Lebensmittel,

Rohstoffe und Energie erzeugen und sich, wo dies sinnvoll ist, in den Natur- und Landschaftsschutz einbringen" (SPD 2011, S. 80). Beim Thema Naturschutz ist es nun also die SPD, die im Vergleich zu den Grünen eine bedingte Unterstützung für die Integration des Naturschutzes in die Landwirtschaft zum Ausdruck bringt.

Umgestaltung des Jagdrechts
Die SPD zielt darauf ab das Jagdrecht so zu novellieren, dass das Konzept des naturnahen Waldes realisiert werden kann, welches den Schwerpunkt auf die Naturverjüngung legt. In diesem Zusammenhang sollen die Jäger den Wildbestand so regulieren, dass die „Begründung naturnaher Mischbestände ohne Schutzmaßnahmen" ermöglicht wird (SPD 2011, S. 82). Konkret bedeutet dies, dass die Jagd der Dezimierung überhöhter Reh- und Rotwildbestände dienen soll. Die Position der SPD ist moderater als die der Grünen, die die Jagd einer strengeren Reglementierung unterwerfen und dem Tier- und Naturschutz Priorität einräumen wollen.

Gesamtbetrachtung
Beide Parteien fassen in ihren Wahlprogrammen eine Neuausrichtung der Landwirtschaft ins Auge, die auch Implikationen für Agrar- und Verbraucherpolitik hat. Demnach soll die Landwirtschaft in Baden-Württemberg ökologischer und nachhaltiger werden sowie dazu beitragen, Zielgrößen aus anderen Politikfeldern zu realisieren. Dieser Anspruch wird im Wahlprogramm der Grünen ausführlicher und konkreter dargelegt, als dies im Wahlprogramm der SPD der Fall ist. Darüber hinaus streben die Grünen eine weitreichendere Neuausrichtung an, was auch in den gewählten Begrifflichkeiten, insbesondere dem Begriff der „grünen Agrarwende" zum Ausdruck kommt. Die SPD signalisiert in ihrem Wahlprogramm eher die grundsätzliche Bereitschaft, eine solche Umgestaltung der Landwirtschaft mitzutragen, legt sich inhaltlich jedoch deutlich weniger fest als die Grünen.

3 Festschreibung landwirtschaftlicher Ziele im Koalitionsvertrag

Am 9. Mai 2011 unterzeichneten Grüne und SPD den Koalitionsvertrag und vereinbarten umfangreiche Maßnahmen mit dem Ziel, die Landwirtschaftspolitik und damit auch die Agrar- und Verbraucherpolitik grundlegend umzugestalten (vgl. Bündnis 90/Die Grünen und SPD 2011). Innerhalb des Kapitels „Ökologische und soziale Modernisierung zum Erhalt der natürlichen Lebensgrundlagen" widmet sich das Unterkapitel „Ländliche Räume brauchen und verdienen eine gute Zukunft" der Umsetzung der grünen Agrarwende (S. 39–42). Eine ausführliche Darstellung und Analyse der einzelnen Maßnahmen würde den Rahmen dieses Beitrags sprengen. Daher möchten wir in diesem Kapitel stattdessen einen Überblick über die wichtigsten Themen geben:

- Verstärkte Integration von Landwirtschaftspolitik mit Klima- und Umweltpolitik mit einer Schwerpunktlegung auf den Natur- und Artenschutz sowie Biodiversität
- Anreize für den Ausbau des einheimischen Biolandbaus
- Stärkung von Vermarktungsorganisationen (insbesondere von Milchbauern) und eine generellere Verbesserung der Qualität und der Vermarktungsstrukturen in der Landwirtschaft
- Naturnahe Waldwirtschaft mit einer gestärkten staatlichen Forstverwaltung
- Stärkung des Tierschutzes sowie artgerechte Haltungsformen in der landwirtschaftlichen Nutztierhaltung

Besonders viele Maßnahmen werden genannt, um den Einfluss der grünen Gentechnik in Baden-Württemberg während der Regierungszeit zu begrenzen, sodass der Fokus hier auf der etwas spezielleren Agrar- und Verbraucherpolitik liegt. Im Koalitionsvertrag halten die beiden Parteien fest, dass Baden-Württemberg im landwirtschaftlichen Pflanzenanbau und in der Viehzucht „völlig gentechnikfrei" bleiben sollte (S. 41). Hierfür sollten die landeseigenen Ernährungsanstalten stärker auf biologisch, regional sowie pestizidfrei erzeugte Lebensmittel ausgerichtet werden (S. 39). Ferner wird das Ziel definiert, dass die Koalitionsparteien alle Möglichkeiten ausschöpfen, um für die regionale Landwirtschaft „Marktvorteile" zu generieren (S. 41). In diesem Zusammenhang sollte das regionale Gütesiegel Qualitätszeichen Baden-Württemberg (QZBW) auch den in Deutschland im Jahr 2008 eingeführten Standard „ohne Gentechnik" umfassen, also nur solche Lebensmittel kennzeichnen, die ohne jegliche Nutzung von Gentechnik erzeugt wurden.

Weiterhin wird im Koalitionsvertrag festgeschrieben, dass das Land dem europäischen Netzwerk gentechnikfreier Regionen beitreten soll. Dieses transnationale Netzwerk stellt einen Zusammenschluss subnationaler Entitäten dar, dem sich eine zunehmende Anzahl von Regionen aus den 28 EU-Mitgliedsstaaten angeschlossen hat, um gemeinsam gegen die liberale grüne Gentechnologiepolitik der Europäischen Kommission einzutreten (vgl. Tosun und Shikano 2016). In diesem Zusammenhang wurde im Koalitionsvertrag auch festgeschrieben, dass sich die Landesregierung auf den beiden übergeordneten politischen Ebenen für eine restriktivere Kennzeichnungspflicht und Kontrollen von gentechnisch produzierten Lebens- und Futtermitteln engagieren will (S. 41). Schließlich einigten sich Grüne und SPD im Koalitionsvertrag darauf, keine Forschungsförderung der grünen Gentechnik auf Landesebene betreiben zu wollen (S. 41).

Bezogen auf die zahlreichen Bereiche, in denen zwischen den beiden Parteien weitgehend Übereinstimmung bestand, kann festgehalten werden, dass die konkrete Zielbestimmung stark von den Positionen der Grünen beeinflusst wurde. Nun stellt sich die Frage, wie es in den Bereichen aussieht, in denen die Koalitionspartner (geringfügig) unterschiedliche Positionen vertraten. Welche Partei konnte sich bei diesen Punkten bei der Verhandlung des Koalitionsvertrages besser durchsetzen?

Drei theoretische Argumente legen nahe, dass die Grünen ihre Positionen in den Koalitionsverhandlungen besser durchsetzen konnten als die SPD. Erstens sind die Grünen – wenn man die Verhandlungsmacht über die inner-koalitionäre Stärke bestimmt – die größere Partei in der grün-roten Landesregierung und sollten somit größeren Einfluss auf die Ausgestaltung und Inhalte des Koalitionsvertrags haben. Zweitens ergab sich in Folge des Wahlergebnisses und der Sitzverteilung im Stuttgarter Landtag aus Sicht der Sozialdemokraten keine für sie bessere Koalitionsoption: in einem schwarz-roten Bündnis wäre die SPD der deutlich kleinere Partner gewesen und hätte weniger Ministerien besetzen und wohl auch weniger Inhalte durchsetzen können als in der schließlich gebildeten Landesregierung mit den Grünen.

Ein weiteres theoretisches Argument bezieht sich auf die parteispezifische Salienz von Politikfeldern. Budge und Keman (1990; vgl. auch Bäck et al. 2011; Linhart und Windwehr 2012) konnten zeigen, dass Parteien aus bestimmten ideologischen Parteifamilien die Kontrolle über spezifische Kabinettsämter zu erlangen versuchen, um so die Interessen ihrer Anhängerschaft besser durchsetzen zu können und in der Folge größere Chancen auf Stimmenmaximierung bei folgenden Wahlen zu haben. Während sozialdemokratische Parteien vor allem Wert darauf legen, das Arbeits- und Sozialministerium zu besetzen, gilt dies bei grünen Parteien für das Umwelt- und auch das Landwirtschaftsministerium (vgl. Pappi et al. 2008; Linhart und Windwehr 2012).

Auch in Baden-Württemberg konnten die Grünen sowohl die Kontrolle über das Umwelt- als auch das Landwirtschaftsministerium gewinnen und damit zwei für sie und ihre Anhängerschaft saliente Ministerien besetzen. Dass die Grünen diese beiden Ministerien erhielten überrascht auch deswegen nicht, da beide Politikbereiche für die SPD und ihre Anhängerschaft von geringerer Bedeutung sind. Wie Abb. 1 zeigt, befindet sich unter den Landwirten in Baden-Württemberg ein hoher Anteil (23 % im Jahr 2014) von Befragten mit einer Wahlabsicht zugunsten der Grünen. Unter den SPD-Anhängern ist diese Berufsgruppe hingegen deutlich weniger stark vertreten. Aus Perspektive einer auf Stimmenmaximierung ausgerichteten Partei ist daher zu erwarten, dass die Grünen in diesen für ihre Anhängerschaft wichtigen Politikbereichen sich in den Koalitionsverhandlungen in inhaltlichen Fragen besser durchsetzen kann, als der sozialdemokratische Koalitionspartner. Wenn zudem die Kontrolle über die entscheidenden Ämter in einer Koalitionsregierung gewonnen wird, wie dies bei der Umwelt- und Landwirtschaftspolitik für die Grünen in Baden-Württemberg 2011 der Fall war, dann legt das Prinzip der ministeriellen Diskretion nahe, dass der entsprechende Minister einen großen Freiraum hat und die inhaltlichen Positionen seiner Partei weitgehend implementieren kann (vgl. Laver und Shepsle 1996).

So steht im Hinblick auf die Nutzung von Biomasse, der ersten Vergleichsdimension, dass diese zwar weiter vorangetrieben, der „Vermaisung" der Landwirtschaft durch die Anreizstrukturen, die das EEG bietet, aber entgegengewirkt werden soll (vgl. hierzu auch Linhart und Dhungel 2013). Allgemeiner steht im entsprechenden Passus geschrieben, dass die Landesregierung „Flächenkonkurrenz entspannen, die weitere Entstehung von Monokulturen, wie beispielsweise Mais in der Landschaft, verhindern und die klimagerechte Verwertung von Gülle vorantreiben" will (S. 41). Zudem sollen Biogasanlagen technisch verbessert werden. Wenn die Aussagen im Koalitionsvertrag mit den Positionen der beiden Parteien in ihren Wahlprogrammen verglichen werden, so kann festgestellt werden, dass das Verhandlungsergebnis näher am Idealpunkt der Grünen als dem der SPD liegt.

Die zweite Vergleichsdimension bezieht sich auf die Realisierung von Natur- und Landschaftsschutz im Rahmen der Landwirtschaftspolitik. Bei diesem Punkt hatte die SPD in ihrem Wahlprogramm eine Einschränkung vorgenommen und dargelegt, dass Natur- und Landschaftsschutz in die Landwirtschaft eingebracht werden sollen, „wo dies sinnvoll ist". Tatsächlich wurde in den Koalitionsvertrag aufgenommen, dass Umwelt- und Naturschutz als Querschnittsaufgaben zu begreifen sind und daher zur Wahrnehmung dieser Aufgaben den ländlichen Räumen mehr Aufmerksamkeit zugewandt werden wird (S. 32). Eine Relativierung bzw. Einschränkung, wie sie im Wahlprogramm der SPD zu finden war, ist im Koalitionsvertrag nicht enthalten. Stattdessen wird an verschiedenen Stellen der Stellenwert des Naturschutzes im Rahmen der Neuausrichtung der Landwirtschaftspolitik hervorgehoben.

Die dritte Dimension bezieht sich auf die Novelle des Jagdgesetzes. Dem Wahlprogramm der baden-württembergischen Grünen konnte klar entnommen werden, dass sie die Jagd in Zukunft stärker reglementieren möchte. Konsequenterweise ist im Koalitionsvertrag festgehalten, dass das existierende

Landesjagdgesetz zu überarbeiten und stärker an wildökologischen Anforderungen auszurichten ist und Belange des Tier- und Naturschutzes zu berücksichtigen sind. Auch in diesem Punkt geht die Vereinbarung im Koalitionsvertrag über das hinaus, was die SPD in ihrem Wahlprogramm gefordert hatte.

Insgesamt lässt sich feststellen, dass die landwirtschaftspolitischen Inhalte des Koalitionsvertrages eine ausgeprägt „grüne" Handschrift tragen. Allerdings handelt es sich bei der Mehrzahl der Maßnahmen um solche, die von beiden Parteien in ihren Wahlprogrammen angekündigt bzw. gefordert wurden. Für drei Bereiche kann festgestellt werden, dass sich die Grünen bei den Koalitionsverhandlungen gegenüber der SPD durchsetzen konnten.

4 Ein gentechnikfreies Baden-Württemberg als zentrales landwirtschaftspolitisches Ziel

Der grün-rote Koalitionsvertrag sah besonders weitreichende Zielvereinbarungen dahin gehend vor, dass Baden-Württemberg im Pflanzenanbau und in der Tierzucht gentechnikfrei bleiben sollte. In Anbetracht des hervorgehobenen Stellenwertes, den die Thematik der grünen Gentechnik im Koalitionsvertrag einnimmt, gehen wir in diesem Abschnitt auf die einzelnen Maßnahmen ein, die von der Landesregierung ergriffen wurden, um das Ziel eines gentechnikfreien Baden-Württembergs zu erreichen. Zur Einordnung der Maßnahmen geben wir zuvor einen Überblick über den Anbau von gentechnisch veränderten Pflanzen in Baden-Württemberg.

4.1 Anbau von gentechnisch veränderten Pflanzen

Laut öffentlichem Standortregister des Bundesamtes für Verbraucherschutz und Lebensmittelsicherheit (BVL) wurden in Baden-Württemberg in den Jahren von 2005 bis 2008 gentechnisch veränderte Pflanzen zu kommerziellen Zwecken angebaut (vgl. BVL 2016). Bei dem landwirtschaftlichen Anbau handelte es sich ausschließlich um die insektenresistente, gentechnisch veränderte Maissorte MON810 des amerikanischen Agrarkonzerns Monsanto. Seit der zurückgezogenen Anbauzulassung für die gentechnisch veränderte Kartoffelsorte Amflora des Chemiekonzerns BASF im Dezember 2013 ist MON810 die einzige gentechnisch veränderte Nutzpflanze, die in der EU zum kommerziellen Anbau zugelassen ist. Aufgrund des bundesweit geltenden Anbauverbotes von MON810, das die

Tab. 2 Anbau und Freisetzung gentechnisch veränderter Organismen in Baden-Württemberg sowie deren Gesamtverhältnis zum Anbau im gesamten Bundesgebiet, 2005–2008. (Quelle: Öffentliches Standortregister des Bundesamtes für Verbraucherschutz und Lebensmittelsicherheit (BVL), in Klammern ist die Anzahl der Standorte angegeben)

Baden-Württemberg	Anbau in m^2	Freisetzung in m^2	Gesamt in m^2	Bundesweiter Anbau und Freisetzung in m^2	Anteil am bundesweiten Anbau und Freisetzung in %
2005	20.008 (2)	100.000 (2)	120.008 (4)	3.666.600 (110)	3,27
2006	46.023 (7)	3890 (5)	49.913 (12)	9.554.004 (160)	0,52
2007	73.454 (6)	1932 (2)	75.386 (8)	27.531.508 (255)	0,27
2008	34.200 (3)	0 (0)	34.200 (3)	32.009.621 (239)	0,11

Bundesregierung im Jahr 2009 verhängt hatte, ist deren Kultivierung jedoch auch in Baden-Württemberg nicht mehr möglich.[1]

Die Freisetzung von gentechnisch veränderten Pflanzen zu wissenschaftlichen Zwecken erfolgte in Baden-Württemberg in den Jahren von 2005 bis 2007 (vgl. BVL 2016). Laut Standortregister wurden in diesem Zeitraum ausschließlich gentechnisch veränderte Maissorten zu wissenschaftlichen Versuchen freigesetzt. Die freigesetzten Maissorten verfügten über verschiedene Eigenschaften, wie einer Toleranz gegenüber dem Herbizid Glyphosat und/oder einer Resistenz gegenüber dem Maiszünsler, dem landwirtschaftlich bedeutendsten Schädling der Maisproduktion in Europa. Seit dem Jahr 2008 wurden in Baden-Württemberg keine Freilandexperimente mit solchen gentechnisch veränderten Pflanzen mehr durchgeführt.

Verglichen mit dem gesamten Bundesgebiet wurden gentechnisch veränderte Pflanzen in Baden-Württemberg in der Zeit von 2005 bis 2008 nur auf relativ kleinen landwirtschaftlichen Flächen angebaut und freigesetzt. Wie Tab. 2 zeigt, betrug der Anteil der in Baden-Württemberg insgesamt kultivierten

---

[1]Zu kommerziellen Zwecken angebaut wurde MON810 zuletzt 2011 in Sachsen-Anhalt, während die letzte wissenschaftliche Freisetzung 2013 in Mecklenburg-Vorpommern erfolgte. Seit 2014 wurden bundesweit keinerlei gentechnisch veränderte Pflanzen mehr angepflanzt (BVL 2016).

(kommerzieller Anbau und wissenschaftliche Freisetzungen) gentechnisch veränderten Pflanzen am gesamten bundesweiten Anbau sowie den gesamten Freisetzungen im Jahr 2005 lediglich 3,27 %. Der Anteil Baden-Württembergs an der Gesamtkultivierung fiel bis 2008 bereits unter der von Günther Oettinger geführten Koalitionsregierung aus CDU und FDP/DVP auf einen Anteil von nur 0,11 %, während die kommerziell und wissenschaftlich genutzten Flächen mit gentechnisch veränderten Pflanzen bundesweit stark ausgedehnt wurden. Trotz der geringen Bedeutung grüner Gentechnik für die baden-württembergische Landwirtschaft, einigten sich Grüne und SPD in ihren Koalitionsverhandlungen im Jahr 2011 darauf, hinsichtlich der grünen Gentechnik weitreichende Zielvereinbarungen in ihrem Koalitionsvertrag zu verankern.

4.2   Maßnahmen zur Umsetzung des Ziels der Gentechnikfreiheit

Im Oktober 2012 trat Baden-Württemberg als viertes Bundesland dem europäischen Netzwerk gentechnikfreier Regionen bei und setzte damit ein im Koalitionsvertrag aufgeführtes Vorhaben in die Praxis um (Baden-Württemberg 2012). Dem Netzwerk liegt die im Jahr 2005 verabschiedete, sogenannte Charta von Florenz zugrunde, die verschiedene Forderungen an die europäischen Behörden stellt, um den Einfluss der grünen Gentechnik in den unterzeichnenden Regionen einzuschränken und es seinen Mitgliedern ermöglicht sich offiziell als gentechnikfreie Region zu bezeichnen (vgl. Tosun und Shikano 2016).[2]

Im Jahr nach dem Regierungswechsel zur grün-roten Landesregierung wurde im Rahmen der Landwirtschaftspolitik in den beiden landwirtschaftlichen Landesanstalten Baden-Württembergs, in welchen Tierzucht betrieben wird, mit einer kompletten Umstellung auf gentechnikfreie Futtermittel begonnen (vgl. Landtag Baden-Württemberg 2012, S. 4).[3] Während in den beiden Einrichtungen, dem Landwirtschaftlichen Zentrum Baden Württemberg Aulendorf und der

---

[2]Gegenwärtig besteht das Netzwerk aus 64 Regionen aus den 28 EU-Mitgliedsstaaten. Vor Baden-Württemberg waren dem Netzwerk bereits die Bundesländer Thüringen (2010), Nordrhein-Westfalen (2011) und Schleswig-Holstein (zuletzt 2012) beigetreten. In den Jahren von 2013 bis 2015 traten zudem Rheinland-Pfalz, Saarland, Niedersachsen, Bayern, Hessen, Bremen und Hamburg bei, sodass dem Netzwerk mittlerweile elf von 16 Bundesländern angehören.

[3]Als gentechnikfrei gelten Futtermittel demnach dann, wenn sie dem Standard „ohne Gentechnik" entsprechen (Landtag BW 2012, S. 4).

Landesanstalt für Schweinezucht Boxberg, in der Vergangenheit gentechnisch verändertes Futtermittel eingesetzt wurde, müssen die Zulieferer der Landesanstalten seit 2012 die Gentechnikfreiheit der Futtermittel gemäß der Vorschriften zur Kennzeichnung nachweisen (vgl. Landtag Baden-Württemberg 2012, S. 4). Der Regierungswechsel und das Ziel der Landesregierung, den Einfluss der grünen Gentechnik in Baden-Württemberg im Rahmen ihrer Möglichkeiten weiter einzuschränken, spiegelte sich außerdem in der Verankerung eines Anbauverbots von gentechnisch veränderten Pflanzen in den Landespachtverträgen wider. Nach einem Kabinettsbeschluss im Jahr 2012 fügte die Landesregierung im Februar 2013 in ihre Landespachtverträge eine Klausel ein, wonach es den Pächtern mit Abschluss neuer Pachtverträge verboten ist, auf den vom Land gepachteten Flächen Landwirtschaft mit gentechnisch veränderten Pflanzen zu betreiben (vgl. MLR 2013). Neben Baden-Württemberg haben mit Bremen, Nordrhein-Westfalen, Hessen, Hamburg und Thüringen bis heute mehrere Bundesländer den Anbau von gentechnisch veränderten Pflanzen auf Landesflächen untersagt (vgl. Gentechnikfreie Regionen 2015).

Durch eine Novellierung des Landesnaturschutzgesetzes verankerte die grün-rote Landesregierung im Mai 2014 ein Verbot für den Anbau und die Freisetzung von gentechnisch veränderten Pflanzen in einem Radius von je 3000 m zu den Außengrenzen von Naturschutzgebieten (vgl. MLR 2014). Der zugrunde liegende Erlass des von Alexander Bonde (Grüne) geleiteten MLR greift ein für gentechnisch veränderte Pflanzen innerhalb von Naturschutzgebieten geltendes Anbauverbot auf und dehnt dieses auf Flächen außerhalb dieser Gebiete aus. Zwar könne ein „Restrisiko" auch trotz des gewählten Abstandes von 3000 m nicht ausgeschlossen werden, die gewählte Distanz richte sich jedoch nach wissenschaftlichen Erkenntnissen über die üblichen Flugdistanzen von Bienen und Schmetterlingen (MLR 2014, S. 3). Mit dem Verbot von gentechnisch veränderten Pflanzen in einem weiträumigen Umkreis um Naturschutzgebiete ist Baden-Württemberg das erste Bundesland, das eine solche Regelung rechtlich verankert hat. Ministerpräsident Kretschmann begründete das Verbot mit der deutlichen Ablehnung der Verbraucher (vgl. Baden-Württemberg 2014). Wegen der breiten Ablehnung schütze die Landesregierung zukünftig „auch sensible Naturschutzgebiete vor Verunreinigungen durch gentechnisch veränderte Organismen". Ein „zusätzlicher Schutzgürtel" solle sicherstellen „dass diese bedeutenden Refugien für viele Tier- und Pflanzenarten den Einflüssen der Gentechnik nicht ausgesetzt werden" (Baden-Württemberg 2014).

Während der grün-roten Regierungszeit wurde auch das regionale Gütesiegel QZBW deutlich in Richtung Gentechnikfreiheit verschärft. Die vollständige Umsetzung des im Koalitionsvertrag verankerten Vorhabens ist bis dato jedoch noch nicht erfolgt. Die Ausweisung von Lebensmitteln mit dem QZBW soll es den Verbrauchern grundsätzlich ermöglichen, regional erzeugte Lebensmittel hoher Qualität einfacher zu erkennen (vgl. Gemeinschaftsmarketing Baden-Württemberg 2016a). Das MLR entwickelte das Siegel nach unterschiedlichen Produktgruppen schrittweise in Richtung des Standards „Ohne Gentechnik" weiter (Landtag Baden-Württemberg 2012, S. 3): Seit Beginn des Jahres 2015 erfüllen alle pflanzlichen Produkte, die mit dem Gütesiegel QZBW versehen werden, den gesetzlichen „Ohne Gentechnik"-Standard. Dies gilt gleichermaßen für Produkte aus den Bereichen Lamm, Eier, Geflügel, Honig und Fisch. Zudem sollen bis Ende 2017 auch die Bereiche Milch und Milchprodukte sowie Rind und Schwein den Kriterien gentechnikfreier Produktion gemäß „Ohne Gentechnik"-Standard genügen (vgl. Gemeinschaftsmarketing Baden-Württemberg 2016b). Letzterer Schritt gilt als besonders wichtig, da innerhalb der EU gegenwärtig keine Kennzeichnungspflicht für tierische Produkte besteht, die mithilfe einer Fütterung mit (importierten) gentechnisch veränderten Futtermitteln erzeugt wurden. Genauso wie die nationale Kennzeichnung „Ohne Gentechnik" soll das QZBW die so erzeugten Produkte für den Verbraucher als eindeutig gentechnikfrei ausweisen.

Die Landesregierung Kretschmann verabschiedete ein umfangreiches Maßnahmenpaket, um den Einfluss grüner Gentechnik in Baden-Württemberg zu reduzieren. Im Einklang mit unseren theoretischen Erwartungen, verfolgten die Grünen damit das Ziel, die Unterstützung von einem signifikanten Anteil der überwiegend gentechnikkritischen Landwirte zu erhalten bzw. den eigenen Stimmenanteil unter den Landwirten bei der nächsten Landtagswahl zu maximieren.

Neben den gesetzgeberischen Aktivitäten der grün-roten Landesregierung erfüllen baden-württembergische Behörden im Bereich der grünen Gentechnik noch weitere, umfassende und komplexe Funktionen der Überwachung und Kontrolle. Diese Tätigkeitsbereiche stellen zwar keine Politikresultate der grün-roten Landesregierung dar. Sie sollen in diesem Beitrag jedoch berücksichtigt werden, um das gesamte Spektrum an Aktivitäten und Maßnahmen der baden-württembergischen Landesregierung in der Zeit von 2011 bis 2016 im Bereich der grünen Gentechnik zu erfassen.

Die Zuständigkeit für die Überwachung von Lebens- und Futtermitteln liegt in Deutschland bei den Bundesländern (vgl. Dressel et al. 2006). Wie in den übrigen Bundesländern führen auch Behörden in Baden-Württemberg amtliche Futter- und Lebensmittelüberwachungen durch, bei denen die Produkte in aufwendigen Verfahren unter anderem auf Bestandteile von gentechnisch veränderten Organismen (GVO) untersucht werden. Enthalten Lebens- oder Futtermittel GVOs, müssen sie nach europäischem Recht entsprechend gekennzeichnet werden (EU-Verordnung 1829/2003). Von der Kennzeichnungspflicht ausgenommen sind indes sehr geringe Mengen von GVOs, die zufällig oder technisch unvermeidbar beigemischt wurden und den europaweit geltenden Schwellenwert von 0,9 % nicht überschreiten.

Die amtliche Futter- und Lebensmittelüberwachung wird in Baden-Württemberg zudem von einem vorgelagerten GVO-Saatgut-Monitoring sowie einem GVO-Erntegut-Monitoring ergänzt. Saatgut kommt in der landwirtschaftlichen Produktionskette als deren grundlegende Ausgangsbasis eine besondere Bedeutung zu. Im Rahmen des baden-württembergischen Saatgut-Monitorings wird konventionelles Saatgut, insbesondere von Mais, Raps und Soja vor der Aussaat auf gentechnische Veränderung untersucht (vgl. GVO-Saatgutmonitoring Baden-Württemberg 2005–2015). Bei insgesamt 1310 Saatgutproben dieser drei Pflanzen wurden zwischen 2005 und 2015 insgesamt 35 Spuren gentechnischer Veränderungen gefunden. Während bei konventionellem Maissaatgut insbesondere Spuren von MON810 nachgewiesen werden konnten, wurde in den Jahren 2013 und 2015 jeweils einmal der innerhalb der EU zum Anbau nicht zugelassene, gentechnisch veränderte Mais TC1507 nachgewiesen (GVO-Saatgutmonitoring Baden-Württemberg 2005–2015). Während für die Höhe des GVO-Schwellenwerts bei Saatgut keine verbindliche europäische Regelung besteht, orientieren sich die zuständigen Behörden in Deutschland mittlerweile am Prinzip der Nulltoleranz, wonach entsprechendes Saatgut bereits bei gentechnisch veränderten Anteilen von unter 0,1 % vom Markt genommen wird. Entsprechend wurde im Rahmen der baden-württembergischen Saatgut-Überwachung im Jahr 2015 eine Tranche Maissaatgut vor der Aussaat aus dem Verkehr genommen (vgl. CVUA Freiburg 2016).

Bereits im Jahr 2004 wurde in Baden-Württemberg unter der von Erwin Teufel (CDU) geführten Koalitionsregierung aus CDU und FDP, ein bis heute in Deutschland einzigartiges GVO-Erntegut-Monitoring eingeführt. Ähnlich wie bei den Untersuchungen im Rahmen des GVO-Saatgut-Monitorings stehen gegenwärtig die Ernten von Mais, Soja, Raps sowie von Leinsaat im Fokus der Überwachung von Ernteprodukten (CVUA Freiburg 2016). Diese zählen zu jenen Nutzpflanzen, die weltweit häufig in gentechnisch veränderten Varianten angebaut werden. Das Land Baden-Württemberg versucht durch die aufwendigen Monitoring-Maßnahmen, die Untersuchung von Ernteerträgen sowie die vorgelagerten Saatgutuntersuchungen bereits zu Beginn der Produktionskette geringste Anteile von GVOs in landwirtschaftlichen Produkten zu identifizieren, um diese anschließend aus der Futter- und Lebensmittelproduktion ausschließen zu können. Seit der Einführung des GVO-Erntegut-Monitorings 2004 bis zum Jahr 2015 wurden in insgesamt 29 von 1021 Proben GVOs nachgewiesen, wobei die Funde ausschließlich auf die Ernten von Mais und Soja beschränkt waren (CVUA

Freiburg 2016). In 2015 wurden neben Mais, Soja, Raps und Leinsaat auch stich-
probenartige Untersuchungen von Zuckerrüben durchgeführt, wobei jedoch keinerlei GVOs nachgewiesen werden konnten (CVUA Freiburg 2016).

Insgesamt kann bestätigt werden, dass die staatlichen Kontrollen im Bereich
der grünen Gentechnik, wie im Koalitionsvertrag vorgesehen, deutlich verschärft
wurden. Zusammen mit der amtlichen Futter- und Lebensmittelüberwachung, dem
GVO-Saatgut-, und Erntegut-Monitoring ergibt sich ein eng geknüpftes Netz an
Regulierungen, Kontrollen und Verbraucherinformationen, welches dem Einfluss
der grünen Gentechnik in Baden-Württemberg entgegenwirken soll. Dabei umspan-
nen die Maßnahmen und Aktivitäten die gesamte Wertschöpfungskette von Lebens-
und Futtermitteln, beginnend vor der Aussaat bis zur Information der Verbraucher.

4.3   Die Eiweißstrategie als weiterführende Maßnahme

Etwa ein Jahr nach dem Regierungswechsel zu Grün-Rot, im Juni 2012, erfolgte
der Start der baden-württembergischen Eiweißstrategie. Nach einer ersten Lauf-
zeitbeschränkung bis Dezember 2013 wurde diese landwirtschaftspolitische
Maßnahme zwischenzeitlich bis Dezember 2018 verlängert. Im Rahmen der Strategie wurde der Anbau von Eiweißpflanzen im Jahr 2012 mit 200.000 EUR (vgl.
Landtag Baden-Württemberg 2013, S. 2) und in den Jahren von 2013 bis 2015
mit 240.000 EUR gefördert (vgl. Landtag Baden-Württemberg 2014, S. 11). Die
grün-rote Landesregierung zielte mit der Strategie darauf ab, den kommerziellen
Anbau eiweißreicher Hülsenfrüchte bzw. Leguminosen, wie Linsen, Bohnen und
Erbsen zur Produktion, insbesondere von Futter- aber auch von Lebensmitteln in
Baden-Württemberg auszudehnen (vgl. LTZ Augustenberg 2016a). Zudem sollte
durch die gezielte Nutzung und Förderung von Leguminosen eine Steigerung der
Eiweißerträge von Futtermitteln herbeigeführt werden. Ursächlich für die Attraktivität politischer Maßnahmen zur Ausweitung des landwirtschaftlichen Anbaus
von Eiweißpflanzen sind im Wesentlichen zwei Gründe: Zum einen gilt eine
Ausweitung des Anbaus von Leguminosen innerhalb der Europäischen Union
und Deutschlands als vielversprechende Möglichkeit, um die Abhängigkeit europäischer und deutscher Viehzüchter von importierten gentechnisch veränderten
Futtermitteln zu reduzieren. Zum anderen gelten Leguminosen aufgrund ihrer
spezifischen Eigenschaften als ökologische Antwort auf verschiedene Herausforderungen industrieller Landwirtschaft, etwa den Erhalt der biologischen Vielfalt
oder den Zielkonflikt zwischen dem zunehmenden Bedarf an Biomasse und der
Nachhaltigkeit moderner Landwirtschaft (vgl. Bundesministerium für Ernährung,
Landwirtschaft und Verbraucherschutz 2012).

Die Landesregierung versucht durch die Eiweißstrategie im Wesentlichen drei Ziele zu erreichen (vgl. LTZ Augustenberg 2016a): Erstens sollen Lebens- und Futtermittel ohne den Einsatz gentechnisch veränderter Pflanzen regional erzeugt werden, um die Rückverfolgbarkeit von Produkten tierischer Herkunft aus Baden-Württemberg zu gewährleisten. Zweitens soll die Produktion regionaler Eiweißpflanzen zur Erzeugung qualitativ hochwertiger Lebens- und Futtermittel erhöht werden. Und drittens soll die Eiweißstrategie zu positiven Effekten für regionale Wertschöpfungsketten und einer verbesserten Klimagas- und Energiebilanz der baden-württembergischen Landwirtschaft führen sowie zur Förderung der Biodiversität und der Ökosystemleistungen der Landwirtschaft in Baden-Württemberg beitragen.

Den zentralen Impetus für die baden-württembergische Eiweißstrategie stellte indes das Ziel der Landesregierung dar, die Abhängigkeit baden-württembergischer Viehzuchtbetriebe von Importen gentechnisch veränderter Futtermittel zu reduzieren. Um dieses Ziel zu erreichen sollten konventionelle, eiweißreiche Futtermittel in bedeutend größerem Umfang als zuvor in der regionalen Landwirtschaft erzeugt werden. Grün-Rot beschloss die baden-württembergische Eiweißstrategie vor dem Hintergrund, dass zwar der Großteil des Bedarfs an Eiweißfuttermitteln deutscher Viehzüchter durch europäische bzw. deutsche Produktion gedeckt wird, zur Deckung des übrigen Bedarfs jährlich jedoch etwa 4,5 Mio. Tonnen Futtermittel, insbesondere Soja, importiert werden müssen (Bundesverband des deutschen Lebensmittelhandels 2015).

Das für die deutsche und baden-württembergische Viehzucht bedeutsame Soja wird in den Hauptexportländern Brasilien, Argentinien und USA mittlerweile jedoch fast ausschließlich in gentechnisch veränderten Varianten angebaut (Landtag Baden-Württemberg 2013, S. 4). Zwar besteht für den Anbau gentechnisch veränderter Sojapflanzen innerhalb der EU keine Zulassung, EU-Importzulassungen erlauben es der Futtermittelindustrie aber große Mengen an gentechnisch verändertem Soja zu importieren und zur Fütterung einzusetzen. Tierische Produkte wie Fleisch, Käse und Eier werden in Deutschland also häufig auf Grundlage der Tierfütterung mit gentechnisch veränderten Soja produziert – und müssen darüber hinaus nicht speziell gekennzeichnet werden, da innerhalb der EU keine Kennzeichnungspflicht für tierische Produkte besteht, die auf Basis von gentechnisch verändertem Futtermittel erzeugt wurden.

Die Abhängigkeit der deutschen Viehzuchtindustrie von den Importen gentechnisch veränderter Futtermittel stellte sich in jüngster Vergangenheit als zunehmend problematisch heraus, da vor allen Dingen deutsche Verbraucher über ein hohes Bewusstsein hinsichtlich der grünen Gentechnik verfügen und diese in Lebensmitteln zunehmend ablehnen. In der Folge werden in Deutschland und

Baden-Württemberg immer mehr tierische Lebensmittel nachgefragt, bei deren Herstellung auf die Fütterung mit gentechnisch veränderten Futtermitteln verzichtet wurde (vgl. Deutsche Vilomix 2012/2013, S. 3). Das Befriedigen dieser gestiegenen Nachfrage ist für die deutsche Lebensmittelindustrie in den letzten Jahren allerdings immer schwieriger geworden. Hierfür gibt es im Wesentlichen zwei Gründe. Zum einen hat der weltweite Einsatz gentechnisch veränderter Pflanzen zur Produktion von Futtermitteln kontinuierlich zugenommen – das gilt insbesondere für führende Futtermittelproduzenten wie Brasilien, Argentinien und die USA (Landtag Baden-Württemberg 2014, S. 3). Zum anderen sind die Kosten für konventionelle Futtermittel durch die zunehmende Verbreitung gentechnisch veränderter Pflanzen in diesen Ländern, etwa aufgrund der zusätzlich notwendig gewordenen Trennungsmaßnahmen deutlich angestiegen (vgl. Landtag Baden-Württemberg 2014, S. 7).

Mit der Durchführung der baden-württembergischen Eiweißstrategie wurden das Landwirtschaftliche Technologiezentrum Augustenberg und das Landwirtschaftliche Zentrum für Rinderhaltung, Grünlandwirtschaft, Milchwirtschaft, Wild und Fischerei Aulendorf beauftragt (vgl. LTZ Augustenberg 2016a). Diese beiden Landesanstalten betreuen ein Netzwerk von insgesamt 17 konventionellen und biologischen Demonstrationsbetrieben, die in unterschiedlichen Regionen Baden-Württembergs angesiedelt sind. Das Netzwerk stellt den zentralen Bestandteil der baden-württembergischen Eiweißstrategie dar. Regionale Landwirte, die sich für den Anbau von Leguminosen interessieren, jedoch nicht über das nötige Wissen darüber verfügen, können sich von den Demonstrationsbetrieben über die praktischen Aspekte des Anbaus von Leguminosen beraten lassen. Die Demonstrationsbetriebe fungieren für regionale Landwirtschaftsbetriebe demnach als Anlaufstelle für praktisches Wissen über den Eiweißpflanzenanbau und dienen in diesem Zusammenhang auch als Veranstaltungsorte, etwa für Feldtage oder Feldrundgänge. Außerdem sollen die in den Demonstrationsbetrieben generierten Erkenntnisse sowohl als weitere Grundlage für die Anbauberatung dienen als auch weitere Forschungsbedarfe aufzeigen (LTZ Augustenberg 2016a).

Die Landesregierung Kretschmann versuchte den Anbau von Eiweißpflanzen über die Eiweißstrategie hinaus durch unterschiedliche weitere Maßnahmen zu fördern. Neben der Eiweißstrategie förderte die Landesregierung den Anbau von Leguminosen im Rahmen des „Förderprogramms für Agrarumwelt, Klimaschutz und Tierwohl" (FAKT). FAKT stellt ein breites Förderprogramm für landwirtschaftliche Unternehmen dar und beinhaltet insgesamt 40 Teilmaßnahmen (vgl. MLR 2016). Darunter ist in der Maßnahme der Fruchtartendiversifizierung vorgesehen, dass jährlich mindestens fünf unterschiedliche Kulturen auf einer landwirtschaftlichen Fläche in Baden-Württemberg angebaut werden müssen, wobei der Anteil von Leguminosen mindestens zehn Prozent betragen muss (Proplanta 2015).

Über die Fördermaßnahmen hinaus ist Baden-Württemberg mit dem landwirtschaftlichen Technologiezentrum Augustenberg an dem Verbundvorhaben „Soja Netzwerk" beteiligt, welches einen Bestandteil der Eiweißpflanzenstrategie des Bundesministeriums für Ernährung und Landwirtschaft und Verbraucherschutz darstellt (vgl. Soja-Netzwerk 2016). Ziel des bundesweiten Netzwerkes ist die Ausdehnung des Soja-Anbaus sowie die wissenschaftlich gestützte Optimierung der Soja-Nutzung. Um die Abhängigkeit von gentechnisch veränderten Futtermittelimporten zu reduzieren und den Anbau eiweißhaltiger Futtermittel in Europa auszuweiten ist die grün-rote Landesregierung außerdem dem im Jahr 2012 gegründeten Verein „Donau Soja" beigetreten. Ziel des Vereins mit rund 200 Mitgliedern aus Zivilgesellschaft, Politik sowie Unternehmen der gesamten Wertschöpfungskette von Lebens- und Futtermitteln ist die nachhaltige Förderung des Anbaus von gentechnikfreiem Soja in Europa sowie die Errichtung einer entsprechenden Infrastruktur (vgl. Donau Soja 2016). Donau Soja betreibt unter anderem Gütesiegel, welche die Herkunft von Soja aus dem Donauraum sowie Gentechnikfreiheit garantieren sollen. Neben seiner Mitgliedschaft engagiert sich die baden-württembergische Landesregierung auch mit finanziellen Mitteln für den Verein (Landtag Baden-Württemberg 2013, S. 8).

4.4   Bewertung der ergriffenen Maßnahmen

Insgesamt kann festgehalten werden, dass die grün-rote Landesregierung eine weitreichende Neuausrichtung im Hinblick auf den Einsatz von gentechnisch veränderten Pflanzen und Saatgut vorgenommen hat. Besonders interessant ist hierbei, dass gerade die Eiweißstrategie keine Maßnahme darstellt, die nur von der baden-württembergischen Landesregierung unterstützt wird. Vielmehr kann auch bei den anderen Parteien eine Verschiebung weg von der grünen Gentechnik beobachtet werden. Somit kann durchaus ein allgemeiner Trend in Richtung „grüner" Landwirtschaft konstatiert werden, der allerdings von den Grünen vehementer vertreten und konsequenter umgesetzt wird, als von den anderen Parteien.

5   Zusammenfassung und Fazit

Vor dem Hintergrund einer gestiegenen Relevanz von Landwirtschaftspolitik im Allgemeinen und Agrar- und Verbraucherpolitik im Speziellen für den Parteienwettbewerb in den Bundesländern widmete sich dieser Beitrag folgenden drei Forschungsfragen: Welche Ziele haben die baden-württembergischen Grünen im Hinblick auf die Agrar- und Verbraucherpolitik in der Wahlkampfphase definiert? Inwieweit konnten die Grünen ihre Zielvorstellungen im Rahmen der Koalitionsverhandlungen mit der SPD festschreiben? Inwiefern wurde eine „grüne" Handschrift bei der inhaltlichen Ausgestaltung der Agrar- und Verbraucherpolitik sichtbar? Die empirische Basis der Analyse stellten die Wahlprogramme von Grünen und SPD, der Koalitionsvertrag von 2011 sowie die gesetzgeberischen Aktivitäten hinsichtlich der grünen Gentechnik dar.

Zunächst wurde gezeigt, dass die Grünen in der Phase des Landtagswahlkampfs eine umfangreiche Programmatik im Hinblick auf Agrar- und Verbraucherpolitik vorgelegt haben, die dem Politikbereich einen weitaus größeren Stellenwert einräumt, als das Wahlprogramm der SPD. Der Vergleich der Wahlprogrammatik zeigt überdies, dass die Positionen der beiden Parteien in vielen Bereichen weitgehend deckungsgleich sind, die Positionen hinsichtlich Biogasanlagen, der Integration von Landwirtschaft und Naturschutz sowie die Umgestaltung des Jagdrechts jedoch differieren. Insgesamt streben die Grünen eine weitreichendere Neuausrichtung der baden-württembergischen Landwirtschaftspolitik an. Dies entspricht unserer theoretischen Erwartung, dass die Grünen aufgrund der Logik der Stimmenmaximierung im Vergleich zur SPD eine umfangreichere Programmatik im Hinblick auf die Landwirtschaft aufweisen sollten.

Hinsichtlich der zweiten Forschungsfrage wurde gezeigt, dass die Grünen ihre Idealvorstellungen bei den Koalitionsverhandlungen besser durchsetzen konnten als die SPD und die landwirtschaftspolitischen Inhalte des Koalitionsvertrages folglich eine ausgeprägt „grüne" Handschrift tragen. Der theoretischen Argumentation entsprechend konnten sich die Grünen in den Bereichen Biomasse, Natur- und Landschaftsschutz sowie der Novelle des Jagdgesetzes bei den Koalitionsverhandlungen gegenüber der SPD durchsetzen. Bei der Mehrzahl der Maßnahmen handelte es sich jedoch um solche, die von beiden Parteien in ihren Wahlprogrammen angekündigt bzw. gefordert wurden.

Die „grüne" Handschrift bei der inhaltlichen Ausgestaltung der Agrar- und Verbraucherpolitik wurde insbesondere im Bereich der grünen Gentechnik sichtbar. Im Rahmen der Neuausrichtung der baden-württembergischen Landwirtschaftspolitik fand in diesem Politikbereich ein weitreichender Politikwandel statt. Die Grünen waren 2011 mit einem entsprechenden Wahlprogramm in den Landtagswahlkampf gezogen und konnten ihre Idealpositionen in den Koalitionsverhandlungen mit der SPD umsetzen. In Anbetracht der Eiweißstrategie kann zudem durchaus ein allgemeiner Trend in Richtung „grüner" Landwirtschaft konstatiert werden.

Insgesamt zeigt die Analyse, dass die Agrar- und Verbraucherpolitik nach dem Regierungswechsel zu Grün-Rot deutlich „grüner" geworden ist. Die Landesregierung ergriff eine Reihe von Maßnahmen, um das Ziel einer „grünen Agrarwende" zu realisieren. Nach der Übernahme der Regierungsverantwortung wurde die Neuausrichtung der Landwirtschaftspolitik sowie der Agrar- und Verbraucherpolitik konsequent umgesetzt. Hierzu ist jedoch anzumerken, dass gerade die zunehmende Skepsis gegenüber gentechnisch veränderten Pflanzen heute kein Alleinstellungsmerkmal der Grünen mehr darstellt.

Literatur

Baden-Württemberg. 2012. Baden-Württemberg tritt Europäischem Netzwerk gentechnikfreier Regionen bei. http://www.baden-wuerttemberg.de/de/service/presse/pressemitteilung/pid/baden-wuerttemberg-tritteuropaeischem-netzwerk-gentechnikfreier-regionen-bei/. Zugegriffen: 26. Febr. 2016.

Baden-Württemberg. 2014. Landesregierung schützt sensible Naturschutzgebiete vor Verunreinigungen durch gentechnisch veränderte Organismen. Pressemitteilung Nr. 066/2014. Zugegriffen: 26. Febr. 2016.

Bäck, H., M. Debus, und P. Dumont. 2011. Who gets what in coalition governments? Predictors of portfolio allocation in parliamentary democracies. *European Journal of Political Research* 50 (4): 441–478.

Bräuninger, T., und M. Debus. 2012. *Parteienwettbewerb in den deutschen Bundesländern.* Wiesbaden: VS Verlag.

Budge, I., und H. Keman. 1990. *Parties and democracies. Coalition formation and government functioning in twenty states.* Oxford: Oxford University Press.

Bundesamt für Verbraucherschutz und Lebensmittelsicherheit (BVL). 2016. Öffentlicher Teil des Standortregisters. http://apps2.bvl.bund.de/stareg_web/showflaechen.do. Zugegriffen: 11. März 2016.

Bundesministerium für Ernährung, Landwirtschaft und Verbraucherschutz (BMELV). 2012. *Eiweißpflanzenstrategie des Bundesministeriums für Ernährung, Landwirtschaft und Verbraucherschutz.* Berlin: BMELV.

Bundesministerium für Ernährung und Landwirtschaft (BMEL). 2016. Tierseuchen. Anzahl der bestätigten BSE-Fälle in Deutschland. http://www.bmel.de/DE/Tier/Tiergesundheit/Tierseuchen/_texte/BSE-FaelleDeutschland.html. Zugegriffen: 07. Apr. 2016.

Bundesverband des deutschen Lebensmittelhandels. 2015. Position zur strategischen Entwicklung der Eiweißfütterung von Nutztieren. Zugegriffen: 08. März 2016.

Bündnis 90/Die Grünen. 2011. *Das neue Programm für Baden-Württemberg – JETZT!* Stuttgart: Bündnis 90/Die Grünen Baden-Württemberg.

Bündnis 90/Die Grünen und SPD. 2011. *Der Wechsel beginnt. Koalitionsvertrag zwischen BÜNDNIS 90/DIE GRÜNEN und der SPD Baden-Württemberg.* Stuttgart: Bündnis 90/Die Grünen Baden-Württemberg/SPD Baden-Württemberg.

CVUA Freiburg. 2016. Gentechnik Erntemonitoring 2015 – keine Auffälligkeiten. http://www.ua-bw.de/pub/beitrag.asp?subid=3&ID=2211&Thema_ID=17&lang=DE. Zugegriffen: 01. März 2016.

Deutsche Vilomix Tierernährung GmbH. 2012/2013. Eiweißstrategie – Gegenwärtiger Stand der Versorgung mit Eiweißfuttermitteln in Deutschland und Europa sowie Potentiale einheimischer Eiweißpflanzen für die Nutztierfütterung.

Dietrich, A., und J. Tosun. 2013. Forstzertifizierung in Europa: Eine Analyse der Beitrittsmotive von Staaten. *Zeitschrift für Umweltpolitik und Umweltrecht* 36 (3): 292–316.

Donau Soja. 2016. Wir über uns. http://www.donausoja.org/. Zugegriffen: 08. März 2016.

Dressel, K., S. Böschen, M. Schneider, W. Viehöfer, M. Wastian, und F. Wendler. 2006. Food safety regulation in Germany. In *Food safety regulation in Europe. A comparative institutional analysis,* Hrsg. E. Vos, und F. Wendler. Antwerpen: Intersentia.

Feindt, P. H. 2009. Interessenvermittlung in der deutschen und europäischen Agrarpolitik im Wandel. In *Interessenvermittlung in Politikfeldern,* Hrsg. Britta Rehder, Thomas von Winter, und Ulrich Willems, 68–89. Wiesbaden: VS Verlag.

Fischer, R. 2009. *Die Europäische Union auf dem Weg zu einer vorsorgenden Risikopolitik? Ein policy-analytischer Vergleich der Regulierung von BSE und transgenen Lebensmitteln.* Wiesbaden: VS Verlag.

Forsa. 2015. *Forsa-Bus 2014.* Köln: GESIS Datenarchiv.

Gemeinschaftsmarketing Baden-Württemberg. 2016a. Was ist das Qualitätszeichen? http://www.gemeinschaftsmarketing-bw.de/qualitaetszeichen-bw/was-ist-qz/. Zugegriffen: 25. Febr. 2016.

Gemeinschaftsmarketing Baden-Württemberg. 2016b. Qualitätszeichen ohne Gentechnik. http://www.gemeinschaftsmarketing-bw.de/qualitaetszeichen-bw/qzbw-ohne-gentechnik/. Zugegriffen: 25. Febr. 2016.

Gentechnikfreie Regionen. 2015. Gentechnikfreie Bundesländer in Deutschland. http://www.gentechnikfreie-regionen.de/regionen-gemeinden/gentechnikfreie-bundeslaender.html. Zugegriffen: 24. Febr. 2016.

Giessen, L., C. Hubo, M. Krott, und R. Kaufer. 2013. Steuerungspotentiale von Zielen und Instrumenten des Politiksektors Forstwirtschaft und deren möglicher Beitrag zu einer nachhaltigen Entwicklung ländlicher Regionen. *Zeitschrift für Umweltpolitik & Umweltrecht* 36 (3): 261–291.

GVO-Saatgutmonitoring Baden-Württemberg. 2016. GVO-Saatgutmonitoring Baden-Württemberg seit 2005. http://www.ltz-bw.de/pb/site/pbs-bw-new/get/documents/MLR.LEL/PB5Documents/ltz_ka/Arbeitsfelder/Saatgutanerkennung/Statistiken_DL/GVO%20Saatgutmonitoring%202005-2015.pdf. Zugegriffen: 10. März 2016.

Janning, F. 2011. *Die Spätgeburt eines Politikfeldes. Die Institutionalisierung der Verbraucherschutzpolitik in Deutschland und im internationalen Vergleich.* Habilitationsschrift, Konstanz, 2010. Baden-Baden: Nomos.

Jun, U. 2010. CDU und SPD: Der Kampf um die politische Dominanz im Lande Rheinland-Pfalz. In *Politik in Rheinland-Pfalz,* Hrsg. Ulrich Sarcinelli, Jürgen W. Falter, Gerd Mielke, und Bodo Benzner, 147–163. Wiesbaden: VS Verlag.

Künast, R. 2001. Agrarpolitische Konsequenzen aus der BSE-Krise – Eine neue Verbraucherschutz-und Landwirtschaftspolitik. *Wirtschaftsdienst* 81 (2): 71–74.

Landtag Baden-Württemberg. 2012. Antrag der Abg. Paul Locherer u. a. CDU und Stellungnahme des Ministeriums für Ländlichen Raum und Verbraucherschutz, „Eiweißstrategie für Baden-Württemberg" (Drucksache 15/1696).

Landtag Baden-Württemberg. 2013. Mitteilung der Landesregierung Bericht der Landesregierung zu einem Beschluss des Landtags, „Eiweißstrategie für Baden-Württemberg" (Drucksache 15/3552).

Landtag Baden-Württemberg. 2014. Antrag der Abg. Paul Locherer u. a. CDU, der Abg. Dr. Markus Rösler u. a. GRÜNE, der Abg. Thomas Reusch-Frey u. a. SPD und des Abg. Dr. Friedrich Bullinger FDP/DVP und Stellungnahme des Ministeriums für Ländlichen Raum und Verbraucherschutz; Auswertung der Ausschussreise nach Brasilien – Lebensmittel ohne Gentechnik erzeugen und vermarkten (Drucksache 15/5010).

Landwirtschaftliches Technologiezentrum Augustenberg (LTZ Augustenberg). 2016a. Eiweißinitiative (Körnerleguminosen). http://www.ltz-bw.de/pb/,Lde/Startseite/Arbeitsfelder/Eiweissinitiative+_Koernerleguminosen_. Zugegriffen: 12. März 2016.

Landwirtschaftliches Technologiezentrum Augustenberg (LTZ Augustenberg). 2016b. Greening und FAKT. http://www.ltz-bw.de/pb/,Lde/Startseite/Arbeitsfelder/Greening+und+FAKT. Zugegriffen: 11. März 2016.

Laver, M., und K. Shepsle. 1996. *Making and breaking governments.* Cambridge: Cambridge Universiy Press.

Lang, A., und J. Tosun. 2014. Policy Integration und verwandte Konzepte: Möglichkeiten der Theorieintegration. *Zeitschrift für Politikwissenschaft* 24 (3): 353–371.

Levidow, L., und K. Boschert. 2008. Coexistence or contradiction? GM crops versus alternative agricultures in Europe. *Geoforum* 39 (1): 174–190.

Linhart, E. 2010. Die Bedeutung der Landwirtschaft in Wahlprogrammen von Agrarparteien. *Zeitschrift für Vergleichende Politikwissenschaft* 4 (1): 79–103.

Linhart, E., und A.-K. Dhungel. 2013. Das Thema Vermaisung im öffentlichen Diskurs. *Berichte über Landwirtschaft* 91 (2): 1–24.

Linhart, E., und J. Windwehr. 2012. Die Bedeutung bestimmter Ministerien, Geschäftsbereiche und Politikfelder für die Parteien in den deutschen Bundesländern. *Zeitschrift für Parlamentsfragen* 43 (3): 579–597.

MLR. 2013. Verpflichtung zur gentechnikfreien Landwirtschaft auf neu verpachteten Landesflächen, Pressemitteilung 18/2013.

MLR. 2014. Freisetzung, Anbau und Ausbringung gentechnisch veränderter Organismen im Zusammenhang mit Natura 2000-Gebieten, Naturschutzgebieten und den Kern- und Pflegezonen des Biosphärengebiets Schwäbische Alb.

MLR. 2016. Agrarpolitik und Förderung. Förderprogramm für Agrarumwelt, Klimaschutz und Tierwohl (FAKT). http://www.foerderung.landwirtschaft-bw.de/pb/,Lde/Startseite/Foerderwegweiser/Agrarumwelt_+Klimaschutz+und+Tierwohl+_FAKT_. Zugegriffen: 11. März 2016.

Pappi, F. U., R. Schmitt, und E. Linhart. 2008. Die Ministeriumsverteilung in den deutschen Landesregierungen seit dem Zweiten Weltkrieg. *Zeitschrift für Parlamentsfragen* 39 (2): 323–342.

Proplanta – Das Informationszentrum für die Landwirtschaft. 2015. Soja in Baden-Württemberg: Anbau 2015 nahezu verdoppelt. http://www.proplanta.de/Agrar-Nachrichten/Pflanze/Soja-in-Baden-Wuerttemberg-Anbau-2015-nahezu-verdoppelt_article1438058881.html. Zugegriffen: 12. Febr. 2016.

Skogstad, G., und A. Verdun, Hrsg. 2010. *The common agricultural policy: Policy dynamics in a changing context*. London: Routledge.

Soja-Netzwerk. 2016. Das Soja-Netzwerk. https://www.sojafoerderring.de/aktuell/demonstrationsnetzwerk/. Zugegriffen: 11. März 2016.

SPD. 2011. *Regierungsprogramm der SPD Baden-Württemberg 2011–2016*. Stuttgart: SPD Baden-Württemberg.

Strøm, K. 1990. A behavioral theory of competitive political parties. *American Journal of Political Science* 34 (2): 565–598.

Strøm, K., und W. C. Müller. 1999. Political parties and hard choices. In *Policy, office, or votes?* Hrsg. W. C. Müller und K. Strøm, 1–35. Cambridge: Cambridge University Press.

Tosun, J., und S. Shikano. 2016. GMO-free regions in Europe: An analysis of diffusion patterns. *Journal of Risk Research* 19 (6): 743–759.

Über die Autoren

Prof. Dr. Jale Tosun forscht und lehrt seit 2013 am Institut für Politische Wissenschaft der Universität Heidelberg. Die Schwerpunkte ihrer Arbeit umfassen Umwelt-, Klima- und Energiepolitik, Risiko-Governance, Jugendarbeitslosigkeit und internationale Regulierungsregime sowie europäische Integration.

Ulrich Hartung, M.A. promoviert im Fach Politikwissenschaft an der Universität Heidelberg. Seine Forschungsinteressen sind die vergleichende Policy-Analyse und Governance sowie im Speziellen die Risikoregulierung grüner Gentechnik im europäischen Mehrebenensystem.

Energiewende in Baden-Württemberg: Ausmaß und Folgen

Stefan Wurster

Zusammenfassung

Der Reaktorunfall in Fukushima Daiichi im März 2011 leitete in Deutschland nicht nur eine beschleunigte Phase der Energiewende ein, sondern trug auch maßgeblich zum Machtwechsel in Baden Württemberg hin zu einer grün-roten Landesregierung bei. Der Artikel untersucht die Energiepolitik der neuen baden-württembergischen Landesregierung in den Bereichen Energieerzeugung, Energieverteilung und Energieverbrauch. Dabei stellt er nicht nur die energiepolitische Programmatik der Regierungsparteien vor, sondern untersucht auch, inwieweit sich das Regierungshandeln von dem der Vorgängerregierung unterschieden hat. Zusätzlich wird auch in den Blick genommen, welchen Beitrag Baden-Württemberg, unter der Regierung Kretschmann, für das Gelingen einer bundesweiten Energiewende leisten konnte.

1   Einleitung

Gleich zwei Ereignisse im März 2011 sollten die Energiepolitik des Landes Baden-Württemberg in der 15. Legislaturperiode (2011 bis 2016) maßgeblich prägen. Am 11. März 2011 ereignete sich im japanischen Kernkraftwerk Fukushima Daiichi ein schwerer Reaktorunfall. Im Zuge der geänderten öffentlichen Stimmungslage nahm daraufhin die amtierende schwarz-gelbe Bundesregierung

S. Wurster (✉)
Hochschule für Politik München an der Technischen Universität München,
München, Deutschland
E-Mail: stefan.wurster@hfp.tum.de

© Springer Fachmedien Wiesbaden 2017
F. Hörisch und S. Wurster (Hrsg.), *Das grün-rote Experiment in Baden-Württemberg*, DOI 10.1007/978-3-658-14868-3_10

Merkel ihren erst ein halbes Jahr zuvor gefassten Beschluss zur Laufzeitverlängerung von Atomkraftwerken in Deutschland zurück und leitet mit dem am 30. Juni 2011 vom Bundestag beschlossenen „13. Gesetz zur Änderung des Atomgesetzes" den Atomausstieg in Deutschland ein (Huß 2015, S. 544–547). Mit diesem Gesetz wurden auf bundesstaatlicher Ebene ambitionierte Vorgaben für eine gesamtstaatliche Energiewende gesetzt,[1] die auch die Politikgestaltung in Baden-Württemberg maßgeblich beeinflussen sollten.

Nicht zuletzt unter dem Eindruck der Ereignisse von Fukushima führte auch die baden-württembergische Landtagswahl vom 27. März 2011 zu einer politischen Zäsur. Durch die Abwahl der CDU-FDP-Regierungskoalition endete eine jahrzehntelange bürgerliche Regierungsdominanz. Damit ergab sich in Baden-Württemberg erstmals die Möglichkeit für eine grün-rot geprägte Landesregierung ihre energiepolitischen Ziele umzusetzen.

Vor diesem Hintergrund schienen zu Beginn der Regierungszeit unter Ministerpräsident Winfried Kretschmann die Voraussetzungen für grundlegende Reformen in der baden-württembergischen Energiepolitik besonders günstig. Auch wenn die Energiepolitik in Deutschland traditionell stark durch die nationale (und zum Teil die europäische und kommunale) Ebene geprägt wird, haben die einzelnen Bundesländer doch zahlreiche Möglichkeiten, um auf das Energiewesen in ihrem Bundesland einzuwirken, zumal es sich hierbei um einen wichtigen Bereich der regionalen Wirtschaftsförderung und Daseinsvorsorge handelt (Wurster 2010). Darüber hinaus sind die Länder in ein komplexes energiepolitisches Mehrebenensystem eingebunden und können gemeinsam über den Bundesrat und Bund-Länder-Kooperationsgremien länderübergreifende Aspekte (überregionaler Energietrassenausbau, etc.) mitbeeinflussen (vgl. Wurster und Köhler 2016).

Es stellt sich im Folgenden die Frage, ob und in welchem Umfang die neue grün-rote Landesregierung ihre energiepolitischen Möglichkeiten nutzen und markante Spuren in der energiepolitischen Staatstätigkeit des Landes Baden-Württemberg hinterlassen konnte. Im Einzelnen soll dabei Folgendes geklärt werden:

1. Welche energiepolitischen Ziele hat die erste grün-rote Landesregierung in Baden-Württemberg verfolgt und inwiefern grenzte sie sich von ihrer Vorgängerregierung ab?

---

[1]Neben dem Ausstieg aus der Atomenergie sollen bis zum Jahr 2050 die Treibhausgasemissionen in Deutschland deutlich reduziert und die Energieversorgung weitgehend auf erneuerbare Energiequellen umgestellt werden (Schreurs und Steuwer 2015).

2. Welche konkreten energiepolitischen Maßnahmen wurden von der neuen Landesregierung angestoßen und wie lassen sich dabei Reformrichtung und Reformtiefe bewerten? Wich die Regierungspolitik der grün-roten Landesregierung systematisch sowohl von der ihrer Vorregierungen als auch von den Politiken der Regierungen in anderen Bundesländern in den Jahren 2011 bis 2016 ab?

3. Welchen Beitrag konnte Baden-Württemberg in den Jahren 2011 bis 2016 zur Verwirklichung einer gesamtdeutschen Energiewende leisten?

Um diese Forschungsfragen beantworten zu können, wird in Abschn. 2 zunächst auf die Besonderheiten des Politikfelds Energie, die allgemeinen Herausforderungen der deutschen Energiewende und auf die energiepolitischen Handlungsmöglichkeiten auf Länderebene eingegangen. Abschn. 3 beschreibt die energiepolitische Ausgangsposition Baden-Württembergs im Jahr 2011 und stellt die energiepolitische Programmatik der Parteien sowie den grün-roten Koalitionsvertrag genauer vor. Dem kann sich dann in Abschn. 4 eine genaue Beschreibung der energiepolitischen Maßnahmen der grün-roten Landesregierung in den Bereichen Forschungsförderung, Energieprogramme und Zielvorgaben, Energieproduktion, Energietransport und Energieverbrauch anschließen. In einem abschließenden Fazit (Abschn. 5) wird sowohl die Reformrichtung als auch die Reformtiefe der grün-roten Energiepolitik vergleichend betrachtet, als auch deren Betrag für eine bundesweite Energiewende unter die Lupe genommen.

2 Energiepolitik – Ein besonderes Policyfeld

Die Energiepolitik ist kein Politikfeld wie jedes andere. Sie stellt einen besonderen Querschnittsbereich der Wirtschafts-, Struktur-, Forschungs-, Umwelt- sowie der Außen(handels)politik dar (vgl. Wurster 2010, S. 275), soweit unter ihr die Gesamtheit der institutionellen Bedingungen, Kräfte und Bestrebungen verstanden wird, „die darauf gerichtet sind, gesellschaftlich verbindliche Entscheidungen über die Struktur und Entwicklung der Bereitstellung, Verteilung und Verwendung von Energie zu treffen" (Schmidt 2010, S. 212 f.). Die existenzielle Bedeutung der Ressource Energie für leben und wirtschaften in einer modernen Gesellschaft führt dazu, dass sowohl eine sichere (verlässlicher Energiezugang und Netzstabilität) und preiswerte als auch eine umwelt- und ressourcenschonende (Vermeidung von Umweltrisiken und Treibhausgasemissionen) Versorgung mit Energie zu den staatlichen Kernaufgaben zählt (vgl. Kästner und Kießling 2009, S. 9; Wurster 2013).

Im Rahmen der bundesweit eingeleiteten Energiewende hat sich Deutschland, in diesem „Ausnahmewirtschaftsbereich" (Jochum und Pfaffenberger 2006, S. 21),[2] 2011 für eine folgenreiche Umstellung von einem fossil-nuklearen auf ein nicht-nuklear-regeneratives System entschieden (vgl. dazu Eichelbrönner und Henssen 1997, S. 468). Die dabei angestrebte Veränderung des nationalen Energiemix erfordert nicht nur den dezentralen Ausbau erneuerbarer Energien, bei zeitgleicher Abschaltung traditioneller fossiler und atomarer Energieträger, sondern auch die grundlegende Anpassung der Energietransportinfrastruktur auf geänderte Anforderungen (Ausgleich von Schwankungen bei Solar- und Windenergie, Stromtransfer vom windreichen Norden in die Wirtschaftszentren Süddeutschlands). Daneben werden nun für ganz Deutschland auch ambitionierte Vorgaben in Bezug auf die Verringerung des Gesamtenergieverbrauchs und die Erhöhung der Energieeffizienz verfolgt (vgl. BMWi 2015).

Um diese gesamtstaatlichen Ziele erreichen zu können, müssen neben dem Bund auch die Bundesländer mitwirken. Dies ergibt sich insbesondere aus der geteilten energiepolitischen Gesetzgebungskompetenz zwischen Bund und Ländern aus Art. 74 Abs. 1 Nr. 11 GG, der eine konkurrierende Gesetzgebungszuständigkeit für das Recht der Wirtschaft und explizit auch für den Bergbau, die Industrie und das Energiewesen festlegt.[3] Auch wenn es dem Bund in der Vergangenheit häufig gelungen ist, landesweit einheitliche Regelungen, unter anderem im Wettbewerbs-, Anlagen-, Verbraucher- und Umweltrecht (vgl. Eising 2000, S. 83f.) umzusetzen, so sollte die energiepolitische Bedeutung einzelner Bundesländer doch keinesfalls unterschätzt werden. Neben der Möglichkeit im Kollektiv, über den Bundesrat, länderspezifische Interessen (zumeist finanzieller Art) gegenüber dem Bund durchzusetzen, bieten die Mitwirkungsrechte im Rahmen der föderalen Politikverflechtung einzelnen Bundesländern auch die Chance,

---

[2]Das Energiewesen zeichnet sich traditionell durch Leitungsgebundenheit und hohe Hürden bei der Speicherung des Transportguts sowie die Existenz natürlicher Monopole, insbesondere im Bereich der überregionalen Hochspannungsnetze und der lokalen Verteilernetze, aus (vgl. Koenig et al. 2006, S. 22). Lange Zeit wurde der Markt für Energieproduktion und Verteilung dabei von wenigen Verbundunternehmen dominiert. Erst mit der Liberalisierung des deutschen Energiemarktes und dem Aufkommen dezentraler Energieanbieter hat sich die Situation verändert.

[3]Diese galt bis zur Föderalismusreform von 2006 auch für die Erzeugung und Nutzung der Kernenergie zu friedlichen Zwecken. Vor allem bei der Suche nach einem Atommüllendlager war so allerdings eine komplizierte Rechtslage entstanden, da der Bund prinzipiell zuständig war, der Bundesrat einer Entscheidung aber zustimmen musste. Daher wurde dieser Bereich 2006 in die ausschließliche Gesetzgebung des Bundes überführt.

landesspezifische Anliegen, die zumeist auf geografischen und wirtschaftlichen Besonderheiten beruhen, auf Bundesebene gesetzlich zu verankern. Darüber hinaus stehen jeder Landesregierung eigenständige Bereiche für eine energiepolitische Gestaltung offen. Diese trifft sowohl für die regionale Wirtschafts-, Energietechnologie- und Innovationsförderung, die Ansiedlung und den Bau von Energiekraftwerken und -speichern, Fragen der Anlagensicherheit und des kommunalen Wegerechts (Strom- und Gastrassenbau) als auch für Umwelt- und Klimaschutzmaßnahmen zu (vgl. Wurster und Köhler 2016). Ein landeseigener Gestaltungsspielraum ist somit durchaus gegeben, wobei die jeweilige Landesregierung auch auf eine Vielzahl an energiepolitischen Instrumenten (Planungs-, Raumordnungs- oder Genehmigungsrecht, etc.) zur Umsetzung ihrer energiepolitischen Ziele zurückgreifen kann. Schließlich bleibt, wie für die Mehrzahl der Politikfelder in Deutschland, auch für die Energiepolitik festzuhalten, dass grundsätzlich die Länder (Art. 83 GG), für das Gros des Gesetzesvollzugs zuständig sind. Insgesamt bedeutet dies, dass es einzelnen Bundesländern, wie Baden-Württemberg, nicht nur grundsätzlich möglich ist, eine eigenständige Energiepolitik zu betreiben, sondern dass zugleich der Erfolg einer bundesweiten Energiewende maßgeblich vom energiepolitischen Handeln in den einzelnen Bundesländern abhängt.

3   Energiepolitische Ausgangslage 2011

Betrachtet man die energiepolitische Ausgangslage Baden-Württembergs vor dem Regierungswechsel von 2011, so lassen sich markante Besonderheiten des Bundeslandes feststellen, die zum einen auf die spezifische geografisch-klimatische und wirtschaftliche Situation, zum anderen auf die jahrzehntelange bürgerliche Regierungsdominanz zurückgeführt werden können. Die Bruttostromproduktion basierte im Wesentlichen auf drei Säulen. Den größten Beitrag lieferte 2011 noch die Kernenergie mit einem Anteil von 43,3 % an der Bruttostromerzeugung (25.812 Mio. kWh, alle folgenden Zahlen AEE 2015b). Von den vier zu diesem Zeitpunkt noch vom Energieverbundunternehmen EnBW in Baden-Württemberg betriebenen Kernkraftwerken waren insbesondere zwei (Neckarwestheim I und Philippsburg I) aufgrund unzureichender Sicherheitsvoraussetzungen (veraltete Reaktordruckbehälter, fehlender Schutz bei Flugzeugabstürzen und Terrorangriffen) umstritten. Die Landesregierung Mappus und die zuständige „Energieministerin" Tanja Gönner (CDU, Ministerium für Umwelt, Naturschutz und Verkehr) galten auch innerhalb der Union als große Unterstützer der Atomkraft, die sich aktiv für eine Laufzeitverlängerung der Kernkraftwerke einsetzten. Bei den fossilen Energieträgern setzte das Land vor allem auf den Import von Steinkohle (26,1 % an der Bruttostromerzeugung, 15.534 Mio. kWh), während das deutlich weniger CO_2 freisetzende Erdgas (5,3 %, 3166 Mio. kWh) und auch alle weiteren fossilen Energiequellen nur eine sehr untergeordnete Rolle spielten. Die dritte Säule bildeten auch schon vor dem Regierungswechsel zu grün-rot die erneuerbaren Energien mit einem Anteil von 19,9 % an der Bruttostromerzeugung (11.846 Mio. kWh), ein Ergebnis, das im Bundesländervergleich leicht unter dem Gesamtdurchschnitt angesiedelt war (LAK Energiebilanzen 2015). Auch hier zeichnete sich Baden-Württemberg durch ein spezifisches Profil aus. Neben der traditionell bedeutsamen Wasserkraft (7,4 % an der Bruttostromerzeugung, 4404 Mio. kWh) hatte sich das Land vor allem auf den Ausbau der Biomasseverstromung (5,6 % an der Bruttostromerzeugung, 3340 Mio. kWh) und der Fotovoltaik (5,6 % an der Bruttostromerzeugung, 3320 Mio. kWh) verlegt,[4] während es bei der Nutzung der Windkraft (0,9 % an der Bruttostromerzeugung, 589 Mio. kWh) als großer Nachzügler galt (vgl. Mez et al. 2007, S. 174 und 192).[5]

Als Industriestandort mit einer großen Anzahl an energieintensiv produzierenden Unternehmen spielten Energieeffizienzmaßnahmen und die Erhöhung der Energieproduktivität im Land der „Tüftler und Ingenieure" schon früh eine wirtschaftlich bedeutsame Rolle. Auch wenn Baden-Württemberg hier im Bundesländervergleich, aufgrund hoher Investitionen seiner Industrie, insgesamt überdurchschnittlich abschnitt, zeigten sich doch zugleich auch erhebliche Defizite. Diese betrafen insbesondere den Bereich der privaten Haushalte und den Verkehrssektor (WM BW 2009, S. 9). Wie die schwarz-gelbe Landesregierung ihre sehr ambitionierten Energieeffizienzziele (jährliche Steigerung der Energieproduktivität um 3 %) erreichen wollte, blieb bis 2011 unklar. So wurden zwar im Energiekonzept 2020 der Landesregierung einzelne Punkte wie Maßnahmen zu Wärmedämmung von öffentlichen und privaten Gebäuden, der Ersatz von Nachtstromspeicherheizungen durch den weiteren Ausbau von Fernwärmenetzen

.

---

[4]Neben Landwirten profitierten insbesondere Hauseigentümer, als traditionelle Klientel der CDU, von der Förderung und dem dezentralen Ausbau in diesen Bereichen.

[5]Ganz im Gegensatz zum Ausbau und der Nutzung erneuerbarer Wärme, wo es der unionsgeführten Landesregierung gelang, bundesweiter Vorreiter zu werden. Im Jahr 2008 führte Baden-Württemberg als erstes Bundesland ein Erneuerbare-Wärme-Gesetz (EWärmeG) ein, daneben enthielt auch das Energiekonzept 2020 aus dem Jahr 2009 bereits technologiespezifische Ziele sowohl für den Strom- als auch für den Wärmesektor (WM BW 2009, S. 26–36).

(auf Basis erneuerbarer Energien) angesprochen, im Hinblick auf den Ausbau der Kraft-Wärme-Kopplung (KWK) als eine besonders wichtige Maßnahme zur Erhöhung der Energieproduktivität, die vor allem auf der Basis von Biogas erfolgen sollte, musste die Landesregierung allerdings einen leichten Rückgang und ein relatives Zurückfallen unter den bundesdeutschen Durchschnitt konstatieren (WM BW 2009, S. 10).

Betrachtet man abschließend die Struktur des baden-württembergischen Energiewesens, so war der Landesregierung Mappus 2010 ein regelrechter Coup gelungen. Mit dem Rückkauf von 45,01 % der Aktien der EnBW Energie Baden-Württemberg AG, dem zentralen Energieverbundunternehmen in Baden-Württemberg (Betreiber der überregionalen Hochspannungsnetze und aller baden-württembergischen Kernkraftwerke), vom französischen Energieversorger Électricité de France (EDF) setzte die Landesregierung eine der größten Verstaatlichungsaktionen der letzten Jahrzehnte ins Werk und sicherte sich damit erhebliche zusätzliche Einwirkungsmöglichkeiten auf das Energiewesen in Baden-Württemberg. Selbst die Oppositionsparteien hielten diesen Rückkauf in der Sache für richtig (Möglichkeit zur aktiven Industriepolitik). Heftige Proteste erzeugte allerdings die später vom Staatsgerichtshof Baden-Württemberg als verfassungswidrig eingestufte, intransparente Durchführung des Deals (Umgehung des Parlamentsvorbehalt unter Zuhilfenahme des Notbewilligungsrechts) und der möglicherweise zu hohe Rückkaufspreis (Brost und Schieritz 2012).

Die Regierungsparteien sahen, vor dem gezeichneten Hintergrund, die Energiepolitik des Landes insgesamt auf einem guten Weg. Sowohl die CDU als auch die FDP plädierten daher in ihren Wahlprogrammen für die Landtagswahlen 2011 für ein dezidiertes „Weiter so!" (CDU Baden-Württemberg 2011; FDP Baden-Württemberg 2011). Beide Parteien sprachen sich für die Erhaltung eines breiten Energiemix aus „erneuerbarer Energie, Kernkraft, Öl, Kohle und Gas" aus. Dabei sollte auch die Kernenergie als „verlässliche, kostengünstige und klimafreundliche Brückentechnologie" (CDU Baden-Württemberg 2011, S. 55) ihren Platz haben. Bei den energiebedingten CO_2-Emissionen bekräftigte die Landes-CDU zwar die Minderungsziele der amtierenden Bundesregierung (bis 2020 30 % Reduktion und bis 2050 80 % Reduktion gegenüber 1990), ging in ihrem Programm aber nicht über diese hinaus (CDU Baden-Württemberg 2011, S. 55). Der weitere Ausbau der erneuerbaren Energien wurde zwar pflichtschuldig versprochen, er sollte allerdings verantwortungsvoll erfolgen, ohne dass die CDU allzu ambitionierte Ziele formulierte. Große Skepsis klang insbesondere im Hinblick auf einen weiteren Ausbau der Windenergie an. Nur wo es „landschaftlich verträglich und technisch sinnvoll ist", sollte diese weiter ausgebaut werden (CDU Baden-Württemberg 2011, S. 56). Während das CDU-Programm nicht ohne Stolz auf die bundesweite Spitzenposition beim Einsatz erneuerbarer Energien zur Wärmeerzeugung verwies, wurden auch Defizite zumindest implizit angesprochen. So wurde die Bedeutung von Energieeffizienzmaßnahmen, energetischer Gebäudesanierung und eines Ausbaus des Wärmenetzes betont. Auch sollte der Anteil der KWK im Laufe der Legislaturperiode 2011 bis 2016 auf über 20 % verdoppelt werden. Der größte inhaltliche Dissens zwischen den Programmen von CDU und FDP betraf die zukünftige Rolle der nun mehrheitlich landeseigenen EnBW. Während die FDP im Zuge einer vollständigen Privatisierung der EnBW diese „möglichst vollständig von ihren Übertragungsnetzen trennen" wollte (FDP Baden-Württemberg 2011, S. 106), sah die CDU keine Veranlassung die gerade hinzugewonnenen Einwirkungsmöglichkeiten des Landes auf den Energieriesen wieder allzu schnell abzugeben.

Die Oppositionsparteien SPD und Grüne zeichneten im Vorfeld der Landtagswahl 2011 naturgemäß ein deutlich anderes energiepolitisches Bild als die amtierende Landesregierung. Abgesehen von zum Teil überzeichneter Oppositionsrhetorik (Laufzeitverlängerung von Atomkraftwerken als Generalangriff auf die Energiewende, erneuerbare Energien fristeten in Baden-Württemberg ein Schattendasein, etc.) legten sie dabei die Finger in die Wunden einiger landesspezifischer Defizite (Versäumnisse beim Thema Energieeffizienz, Windkraftförderung, KWK). Dabei zeigten sich auch programmatische Unterschiede zwischen den Oppositionsparteien.

Traditionell zählen Themen wie der Atomausstieg, Klimaschutz sowie ein ökologischer Umbau des Energiewesens zu den Kernthemen der GRÜNEN. So verwundert es kaum, dass diesen Punkten im Wahlprogramm eine große Aufmerksamkeit geschenkt wurde (hohe Issue-Salienz). Neben dem Ziel eines „Green New Deals" (Industriestandort Baden-Württemberg ökologisch umbauen) verfolgten sie die Leitidee, Baden-Württemberg beim Klimaschutz zur europäischen Musterregion zu entwickeln (BÜNDNIS 90/DIE GRÜNEN Baden-Württemberg 2010). Mit einem ambitionierten Energie- und Klimaschutzkonzept sollten die Treibhausgase bis 2020 gegenüber dem Jahr 1990 um 40 % verringert werden. Dazu stellte für die GRÜNEN ein zügiger Ausstieg aus der Atomkraft keinen Widerspruch dar. Vielmehr sollte mit dem Ende der Atomkraft die Marktdominanz der großen Stromkonzerne gebrochen und eine dezentrale auf erneuerbare Energien in Bürgerhand aufbauende Erzeugerstruktur erleichtert werden. Beim Ausbau der erneuerbaren Energien legten die GRÜNEN ein klares Bekenntnis für die Windenergie ab und konkretisierten, wie ein weiterer Ausbau

auch unter ungünstigen Bedingungen machbar sei.[6] Um einen Umstieg auf erneuerbare Energien zu ermöglichen, sollten die Energiespeicherkapazitäten ausgebaut werden, wobei eine frühzeitige und umfassende Beteiligung betroffener
Bürger- und Interessengruppen angestrebt wurde (BÜNDNIS 90/DIE GRÜNEN
Baden-Württemberg 2010, S. 33). Weitere Schwerpunkte der sehr umfangreichen
programmatischen Vorgaben umfassten die Gebäudedämmung (Einführung des
Passivhausstandards für alle Gebäude, die vom Land gebaut oder deren Bau
gefördert werden), Stromeinsparprogramme (Unterstützung der von Stadt- und
Landkreisen gegründeten Energieagenturen), die weitere Gründung von Bioener-
giedörfern[7] sowie der Ausbau der KWK mithilfe ordnungspolitischer Maßnahmen und finanzieller Anreize. Die Förderung der erneuerbaren Wärmeenergie
sollte weiter verstetigt werden. Im Hinblick auf die Energiemarktstrukturen sprachen sich die GRÜNEN sowohl für mehr Wettbewerb als auch für eine Rekommunalisierung aus.

Auch wenn die SPD viele der grünen Forderungen teilte (zügiger Atomausstieg, Ausbau der erneuerbaren Energien, Energiespeicher und KWK), so stellte
sie ihre energiepolitischen Vorstellungen im Wahlprogramm doch insgesamt stärker als Teil einer Industrie- und Handwerkspolitik dar und betonte die Chancen,
die mit einer Energiewende im Hinblick auf die Schaffung von neuen Arbeitsplätzen und der Stärkung des ländlichen Raums verbunden seien (SPD Baden-Württemberg 2011, S. 63). Während sie, ähnlich wie die GRÜNEN und in
Abgrenzung zur CDU, sehr ambitionierte Ziele im Hinblick auf den Ausbau der
Windenergie formulierte, lassen sich gerade, was die Industrie-, Handwerks- und
Landwirtschaftsförderung betrifft (Ausbau von Biomasse und Fotovoltaik im
ländlichen Raum), auch Parallelen zum Programm der CDU finden.[8] Neben einer
stärkeren Rekommunalisierung des baden-württembergischen Energiewesens

---

[6]„Dazu wollen wir das Landesplanungsgesetz ändern. Dort hat die bisherige schwarz-gelbe
Mehrheit starr vorgegeben, dass für die Windkraft nur Ausschluss- und Vorranggebiete
geplant werden können, nicht jedoch Vorbehaltsgebiete wie in den meisten anderen Bundesländern. Regionalpläne, in denen ungeeignete Vorranggebiete für Windkraft ausgewiesen sind, sollen von der Landesregierung nicht mehr zugelassen werden" (BÜNDNIS 90/
DIE GRÜNEN Baden-Württemberg 2010, S. 32).

[7]Dies wurde als zentrale Maßnahme zur Förderung der Bioenergie verstanden, die insgesamt, wie die Wasserkraft, aber nur noch „umwelt- und naturschutzverträglich" ausgebaut
werden sollte (BÜNDNIS 90/DIE GRÜNEN Baden-Württemberg 2010, S. 33 f.).

[8]„Durch eine abgestimmte „Energieoffensive Ländlicher Raum" werden wir sowohl die
Gewinnung von Energierohstoffen als auch die dezentrale Energiegewinnung aus Biomasse, Wind und Sonne gezielt im Ländlichen Raum vorantreiben" (SPD Baden-Württemberg 2011, S. 65).

(Stärkung der Stadtwerke) fordert die SPD auch explizit die an der EnBW erworbenen Anteile in Landeshand zu halten und für eine aktive Industriepolitik zu nutzen.[9] Bemerkenswert ist, dass die SPD in Baden-Württemberg, ganz im Unterschied zu SPD-Landesverbänden aus Bundesländern mit hoher fossiler Energieförderung, neben der Atomkraft auch den fossilen Energieträgern keine große Zukunft im Energiemix mehr zubilligte. Dies kann sowohl als Anpassung an die landesspezifischen Besonderheiten (kaum fossile Energievorkommen) als auch als Annäherung an den potenziellen grünen Koalitionspartner interpretiert werden.

Vor diesem Hintergrund verwundert es kaum, dass der gemeinsame grün-rote Koalitionsvertrag viel energiepolitisch Unstrittiges zwischen den Partnern enthielt. Während die Koalitionäre bei Themen wie beispielsweise „Stuttgart 21" offenen Dissens im Koalitionsvertrag zum Ausdruck brachten, waren sie sich bei den Grundlinien der Energiepolitik (Atomausstieg, Baden-Württemberg als führende Energie- und Klimaschutzregion etablieren, Energiewende voranbringen) weitgehend einig (Koalitionsvertrag 2011, S. 32–35). Als eines der vier zentralen Wachstumsfelder einer grün-roten Wirtschaftspolitik wurden „Umwelttechnologien, Erneuerbare Energien und Ressourceneffizienz" benannt (Koalitionsvertrag 2011, S. 17 f.). Der Konsens im Hinblick auf die Atomenergie (dauerhafte Stilllegung von Neckarwestheim I und Philippsburg I, Verhinderung einer Laufzeitverlängerung auf Bundesebene, sicherheitstechnische Nachrüstung noch bestehender Anlagen) gipfelte in der Forderung nach einem ergebnisoffenen, bundesweiten Suchverfahren für ein atomares Endmülllager.[10] Das Ziel, Baden-Württemberg zur führenden Energie- und Klimaschutzregion zu entwickeln, mündete in der ambitionierten Forderung, die CO_2-Emmissionen bis 2050 gegenüber dem Niveau von 1990 um rund 90 % abzusenken. Dazu sollte das Landesprogramm „Klimaschutz Plus" entsprechen ausgeweitet werden (Koalitionsvertrag 2011, S. 33).

Neben sehr ambitionierten Forderungen zum Ausbau der Windenergie (bis 2020 sollen mindestens 10 % des Stroms aus heimischer Windkraft kommen) und

---

[9]„Wir werden das Unternehmen nicht an der Börse dem Shareholder Value ausliefern, sondern die Atompolitik des Konzerns ändern. Die EnBW wird so zum Partner der Stadtwerke beim Ausbau der erneuerbaren Energien werden" (SPD Baden-Württemberg 2011, S. 66).

[10]Insgesamt deutete sich damit in der Atompolitik ein grundlegender Politikwechsel an, da sich das Land damit nicht nur zum Vorreiter des Atomausstiegs aufschwang, sondern auch die Bereitschaft signalisierte, im Falle der geologischen Eignung, ein atomares Endmülllager auf eigenem Territorium zu akzeptieren. Die Handschrift der GRÜNEN, als die Antiatomkraftpartei, wurde an dieser Stelle offensichtlich.

Fotovoltaik fällt eine deutlich kritischere Haltung zur Biomassenutzung („stärker entlang von Umwelt- und Naturschutzkriterien", Koalitionsvertrag 2011, S. 33) und Wasserkraft (Positivkartierung) auf. Hierin dokumentiert sich ein innerökologischer Konflikt (Natur- und Tierschutz versus Klimaschutz), der insbesondere für die GRÜNEN handlungsleitend gewirkt haben dürfte. Während auf die Errichtung neuer Kohlekraftwerke in Zukunft verzichtet werden sollte, wurde für den Übergang der Bau flexibler Erdgaskraftwerke (vorrangig als KWK-Anlagen) nicht ausgeschlossen, was tendenziell eher einer SPD-nahen Position entsprach (Koalitionsvertrag 2011, S. 34). Weitgehende Kontinuität wurde dagegen im Bereich der erneuerbaren-Wärme (Novellierung des EWärmeG, Ausweitung auf Nichtwohngebäude) und der energetischen Sanierung landeseigener Gebäude versprochen. Die Koalitionäre waren sich sehr wohl bewusst, dass für den Erfolg der geplanten Energiewende die Anpassung der Netzinfrastruktur und die Errichtung neuer Energiespeicherkapazitäten von zentraler Bedeutung sein würden. Um die Akzeptanz bei den Bürgern vor Ort für entsprechende planerische Eingriffe zu erhöhen (Not-in-my-backyard-Problematik), wurde sowohl im Koalitionsvertrag als auch in der Regierungserklärung von Ministerpräsident Kretschmann eine frühzeitige, transparente und umfassende Beteiligung der Bürger versprochen. Die neue Regierung subsumierte dies unter einer neuen „Politik des Gehörtwerdens" (Regierungserklärung 2011). Vor dem Hintergrund eines relativ geringen Konfliktgrads bleibt insgesamt zu konstatieren, dass sich die Positionen der GRÜNEN bei ihrem Kernthema Energie im Koalitionsvertrag etwas stärker wiederfinden lassen als die der SPD. Das zuständige Ministerium für Umwelt, Klima und Energiewirtschaft ging dann ebenfalls an die GRÜNEN, die mit Franz Untersteller ihren energiepolitischen Sprecher und stellvertretenden Fraktionsvorsitzenden im Landtag zum neuen Minister beriefen.

4 Energiepolitische Maßnahmen der grün-roten Landesregierung

Parteiprogramme und Koalitionsvereinbarungen sind das Eine. Im diesem Kapitel soll nun untersucht werden, welche der grün-roten Vorgaben in konkrete Regierungspolitik überführt werden konnten (Outputs) und welche tatsächlichen Resultate (Outcomes) so erzielt wurden.

4.1 Energieforschungsförderung

Als wichtige Grundlage für eine zukunftsweisende Energiepolitik lohnt sich dabei zunächst ein Blick auf die (finanziellen) Anstrengungen im Bereich der Energieforschung. Hier konnte die neue grün-rote Landesregierung auf ein breit gefächertes Förderungsprofil Baden-Württembergs aufbauen, das schon vor ihrem Regierungsantritt im Bundesländervergleich gute Vergleichswerte erzielte (fünfter Rang im Bundesländervergleich, PtJ 2013). Die jüngsten verfügbaren Vergleichszahlen aus dem Jahr 2013 weisen Baden-Württemberg bei den absoluten Ausgaben für die nichtnukleare Energieforschungsförderung, bei leichter Steigerung, einen sehr guten dritten Rang zu (hinter Bayern und Sachsen, vgl. Abb. 1). Zum einen fällt dabei das weiterhin breit gestreute Förderungsspektrum des Landes auf, zum anderen sind auch klare Förderschwerpunkte im Bereich erneuerbare Energien (insbesondere Fotovoltaik (Spitzenwert unter allen Bundesländern) und Windenergie), Energieeinsparung und Energiespeicher erkennbar. Betrachtet man die Forschungsausgaben für alle erneuerbaren Energien relativ zum Bruttoinlandsprodukt (BIP) so gelang es unter der neuen Landesregierung das 2011 unter dem Bundesdurchschnitt liegende Ergebnis (Baden- Württemberg 32 €/Mio. €; Bundesdurchschnitt 34,8 €/Mio. €) leicht über den bundesweiten

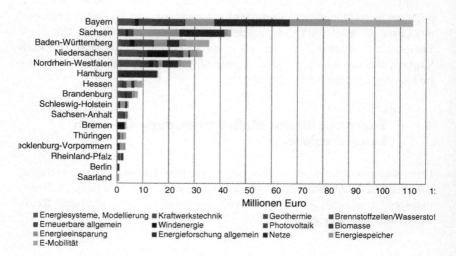

Abb. 1 Ausgaben der Bundesländer für nichtnukleare Energieforschungsförderung 2013 in Mio. €. (Quelle: PtJ 2015 ©)

Durchschnitt anzuheben (2013: Baden Württemberg 30,8 €/Mio. €; Bundesdurchschnitt 30,2 €/Mio. €; siehe AEE 2015b).

4.2 Energieprogramme und Zielvorgaben

Der insgesamt sehr breit angelegte energiepolitische Regulierungsanspruch in Baden- Württemberg spiegelt sich in einer Vielzahl an Energieprogrammen wider, die zum Großteil auf rechtlich verbindlicher Basis energiepolitische Zielvorgaben in praktisch allen politikfeldrelevanten Bereichen (Strom- und Wärmesektor, alle relevanten Energieträger außer Geothermie, Treibhausgasemissionen, Energieverbrauch, Energieeffizienz sowie KWK) festlegen. Während sich Baden-Württemberg so quasi flächendeckend auf quantifizierbare und zugleich technologiespezifische Ziele festgelegt hat, konzentrieren sich die programmatischen Vorgaben der meisten anderen Bundesländer zumeist nur allgemein auf den Ausbau der erneuerbaren Energien im Strombereich sowie die Reduzierung der Treibhausgas-Emissionen (AEE 2013, S. 35; AEE 2015a). Basis dieser programmatischen Vorreiterstellung des Landes waren wiederum Vorgaben, die zum Teil schon lange vor Regierungsantritt von Grün-Rot in Kraft traten. Die weiter unten noch im Einzelnen ausgeführten Programme bündelte die neue Landesregierung allerdings in sehr ambitionierte Kernziele, die unter dem Label 50/80/90 (50 % geringeren Energieverbrauch, 80 % erneuerbare Energien und 90 % weniger Treibhausgase (im Vergleich zu 1990) bis 2050) firmieren.

4.3 Veränderung des Energiemix

Neben den rechtlichen Vorgaben und Zielen spielt für die Beurteilung der Energiepolitik eines Landes die tatsächliche Entwicklung des Energiemix eine entscheidende Rolle. Hier lassen sich nun allerdings ab 2011 Entwicklungen aufzeigen, die nur eingeschränkt mit der Programmatik der neuen Landesregierung in Einklang zu bringen sind. Während nämlich der Anteil der Atomenergie an der Bruttostromerzeugung tatsächlich erheblich zurückgegangen ist (43,3 % in

2001 auf 35,6 % in 2014, 21.602 Mio. kWh; alle folgenden Zahlen AEE 2015b),[11] hatte die Steinkohleverstromung 2014 einen extrem hohen Stand erreicht (29,5 % (17.940 Mio. kWh) gegenüber 26,1 % in 2011). Trotz eines ebenfalls erkennbaren Anstiegs des Anteils erneuerbarer Energien am baden-württembergischen Energiemix (24,4 % in 2014 (14.800 Mio. kWh); 2011 noch 19,9 %) wurde der Rückgang des Atomstroms somit hauptsächlich durch den Einsatz besonders CO_2-intensiver Steinkohle kompensiert. Auch wenn diese Entwicklung maßgeblich auf den Preisverfall von CO_2-Zertifikaten im Europäischen Emissionshandelssystem (was die Kohleverstromung sehr preisgünstig machte) zurückgeführt werden kann, unternahm die Landesregierung doch kaum etwas, um dem entgegenzusteuern. Das deutlich weniger klimaschädliche Erdgas konnte in Baden- Württemberg dagegen kaum reüssieren (Steigerung von 5,3 % in 2011 auf deutlich unter dem bundesweiten Durchschnitt liegende 5,6 % (3406 Mio. kWh) in 2014), was ebenfalls im Widerspruch zu den Grün-Roten-Koalitionsvorgaben stand.[12] Welche Bedeutung fossilen Energieträgern auch unter der neuen Landesregierung für die Stabilität der baden-württembergischen Stromversorgung zugesprochen wurde, wurde auch durch eine Initiative der Landesregierung zusammen mit der Bayerischen Staatsregierung für die Einführung eines sogenannten Kapazitätsmodells im Strommarkt deutlich (vgl. Landesregierung von Baden-Württemberg und Bayerische Staatsregierung 2014). Bei diesem von den GRÜNEN verfochtenen Modell geht es darum, Energieversorgern finanzielle Anreize für die Errichtung bzw. In-Betrieb-Haltung fossiler Kraftwerke zu bieten, „damit auch nach dem Atomausstieg die Versorgungssicherheit erhalten bleibt" (MUKE BW 2014, S. 37). Diese Kraftwerke sollen bei Bedarf

---

[11]Dies ist im Wesentlichen auf das am 30. Juni 2011 vom Bundestag verabschiedete und später vom Bundesrat gebilligte „13. Gesetz zur Änderung des Atomgesetzes" zurückzuführen, wodurch die Atomkraftwerke Neckarwestheim I und Philippsburg I ihre Betriebserlaubnis verloren und vom Netz genommen werden mussten. Insgesamt spielt die Atomkraft für die Bruttostromerzeugung in Baden-Württemberg im Bundesländervergleich weiterhin eine überdurchschnittliche Rolle, bei erkennbar abnehmender Tendenz. Die neue Landesregierung setzte neben der Begleitung des Atomausstiegs auf Landesebene auch bundespolitisch ein wichtiges Zeichen, indem Ministerpräsident Kretschmann sich schon kurz nach der Landtagswahl für einen Neustart bei der Suche nach einem Atom-Endlager aussprach, wohl wissend, dass dafür auch Tongesteinsschichten in Baden-Württemberg in Betracht kommen könnten. Diese Initiative mündete schließlich auf Bundesebene 2013 in einem, im parteiübergreifenden Konsens von CDU/CSU, SPD, FDP und GRÜNEN beschlossenen, neuen Endlagersuchgesetz.

[12]Alle weiteren fossilen Energieträger, wie Braunkohle oder Mineralöl, spielen für den Energiemix in Baden-Württemberg weiterhin keine wesentliche Rolle.

zugeschaltet werden können, um Schwankungen in der Stromproduktion bei den erneuerbaren Energien auszugleichen. Kritik an diesem subventionistischen Markteingriff zugunsten traditioneller Anlagenbetreiber kam in Baden-Württemberg hauptsächlich von der FDP. Sie monierte, dass so vor allem die kostenintensiveren erneuerbaren Energien zum Zuge kämen, was zu erheblichen Mehrkosten im Zuge der Energiewende führen würde. Um den breit gefächerten Ausbau erneuerbarer Energien nicht zu gefährden, räumte die neue Landesregierung damit fossilen Energieträgern de facto auch weiterhin eine bedeutsame Rolle im baden-württembergischen Energiemix ein. Die lediglich moderate politische Einflussnahme auf die Geschäftspolitik des EnBW-Konzerns, der zwar nun verstärkt auf erneuerbare Energien setzte, zugleich aber auch wieder Gewinne machen sollte, unterstrich dies zusätzlich.[13]

4.4   Ausbau erneuerbarer Energien

Dass die neue Landesregierung beim Ausbau der erneuerbaren Energien einen besonderen Schwerpunkt setzen wollte, war aufgrund der spezifischen parteipolitischen Situation (erste grün geführte Landesregierung) wenig verwunderlich. Die ehrgeizige Programmatik spiegelt sich dann auch sowohl im 2013 verabschiedeten Klimaschutzgesetz als auch im 2014 beschlossenen „Integrierten Energie- und Klimaschutzkonzept (IEKK)" wider (Landtag BW 2013; MUKE BW 2014). Am 17. Juli 2013 verabschiedete der baden-württembergische Landtag mit den Stimmen der Regierungsfraktionen, aber auch mit Unterstützung der CDU-Fraktion, das „Gesetz zur Förderung des Klimaschutzes in Baden-Württemberg". Einzig die FDP verweigerte die Zustimmung zu dem Gesetz, in dem nicht nur ehrgeizige Treibhausgasminderungsziele verbindlich festgeschrieben wurden − der CO_2-Ausstoß Baden-Württembergs soll bis 2020 um mindestens 25 % und bis 2050 um 90 % sinken − und die Vorbildfunktion der öffentlichen Hand beim

---

[13]Trotz einer von ihr angestrengten Klage gegen EDF, wegen des zu hohen Kaufpreises, behielt die Landesregierung, entsprechend der Vorstellungen der SPD, die Landesanteile an EnBW und führte sogar eine Kapitalerhöhung durch, um den aufgrund des Atomausstiegs in finanzielle Schwierigkeiten geratenen Konzern zu stützen. Die Unterstützung ging dabei so weit, dass auch keine weiteren Anstrengungen unternommen wurden, die fossilen Großkraftwerke oder die verbliebenen beiden Atomkraftwerke des Konzerns frühzeitig vom Netz zu nehmen (klassische sozialdemokratische Industriepolitik).

Klimaschutz verankert werden konnte, sondern dem Klimaschutz auch der gleiche Gesetzesrang wie dem Naturschutz eingeräumt wurde. Damit ist Baden-Württemberg eines von nur vier Bundesländern, das ein eigenes Klimaschutzgesetz mit verbindlichen CO_2-Reduktionszielen festgeschrieben hat. Das auf Grundlage des Klimaschutzgesetzes im Jahr 2014 beschlossene IEKK listete dann insgesamt 108 konkrete Maßnahmen in den Handlungsfeldern Strom, Wärme, Verkehr, Landnutzung, Energieeffizienz, Modernisierung der Infrastruktur und beim Ausbau der erneuerbaren Energien auf, die vom Land mit vorangetrieben werden sollten. Im IEKK wurden dabei insbesondere die Ausbauziele für erneuerbare Energien im Strom- und Wärmebereich deutlich angehoben.[14] Trotz eines sehr breit angelegten öffentlichen Beteiligungsverfahrens kritisierte die Opposition aus CDU und FDP dieses als Alibiveranstaltung und lehnten das Konzept aufgrund unzureichender Priorisierung der Maßnahmen sowie fehlender Zeit- und Finanzierungspläne im Landtag ab. Nach anfänglicher Zustimmung zum Systemintegrationskurs der Landesregierung, im Hinblick auf die erneuerbaren Energien,[15] wurden bei diesen weitergehenden Maßnahmen nun also Vorbehalte der bürgerlichen Opposition deutlich sichtbar.

Betrachtet man den Ausbau der erneuerbaren Energien insgesamt, so war die Landesregierung mit ihrer Strategie erfolgreich. Deren Anteil konnte insgesamt gesteigert werden, lag aber immer noch leicht unter dem bundesdeutschen Durchschnitt von 25,9 % (siehe Tab. 1). So gelang es auch die CO_2-Emissionen, die sich aus dem Primärenergieverbrauch ergeben, in Baden Württemberg nicht noch zusätzlich weiter ansteigen zu lassen.[16]

---

[14]Der Anteil erneuerbarer Energien an der Stromerzeugung soll nun bis 2020 auf 36 % erhöht werden, der regenerative Anteil an der Wärmebereitstellung bis 2020 auf 21 % (MUKE BW 2014, S. 35 und 74).

[15]Die Systemintegration erneuerbarer Energien erfordert neben direkter finanzieller Förderung auch die Beseitigung rechtlicher und administrativer Hemmnisse (langwierige Genehmigungsverfahren, Abstandsregelungen, mangelnde Flächenausweisung oder natur- und artenschutzrechtliche Auflagen). Eine Befragung der Fachverbände für erneuerbare Energien sowie der zuständigen Landesministerien im Rahmen einer Bundesländervergleichsstudie ergab, dass Baden-Württemberg bei den Anstrengungen zur Systemintegration mittlerweile einen der Spitzenränge beanspruchen kann (AEE et al. 2014, S. 34 f.).

[16]Zwar sind diese Emissionen insgesamt von 6,3 t pro Kopf im Jahr 2011 auf 6,6 t im Jahr 2013 gestiegen, Baden Württemberg liegt damit aber immer noch deutlich unter dem bundesweiten Durchschnitt (AEE 2015b). Es zeigt sich, dass die Bundesländer, in denen die Kohle eine zentrale Säule der Stromversorgung ausmacht, deutlich mehr CO_2 emittieren, als Bundesländer, in denen dies nicht der Fall ist. Günstige Emissionswerte weisen neben den Ländern, die vor allem auf Erdgas- und erneuerbare Energien setzen, auch die „Kernenergieländer", also eben auch Baden-Württemberg, auf.

Tab. 1 Bruttostromerzeugung durch erneuerbare Energieträger (Anteil an der Bruttostromgesamterzeugung in %). (Quelle: AEE 2015b; LAK Energiebilanzen 2015)

	Erneuerbare Insgesamt	Windkraft	Fotovoltaik	Biomasse	Wasserkraft
Baden-Württemberg 2011	19,9	0,9	5,6	5,6	7,4
Baden-Württemberg 2012	23,9	1,1	6,9	6,9	8,5
Baden-Württemberg 2013	23,9	1,1	6,5	6,8	9,1
Baden-Württemberg 2014	24,4	1,1	7,7	7,4	7,9
Deutschland 2011	20,2	7,9	3,2	6,1	2,9
Deutschland 2012	22,8	7,9	4,1	7,1	3,5
Deutschland 2013	23,9	8,0	4,9	7,3	3,6
Deutschland 2014	25,9	8,9	–	–	3,1

Wirft man einen differenzierten Blick auf die Entwicklung bei den einzelnen erneuerbaren Energieträgern (vgl. Tab. 1), so fallen sowohl Licht als auch Schatten auf. Sehr erfolgreich, auch im Verhältnis zum bundesdeutschen Trend, verlief die Entwicklung bei der Fotovoltaik (von 5,6 % der Bruttostromerzeugung 2011 auf 7,7 % (4648 Mio. kWh) 2014). Das im Rahmen des IEKK aufgestellte Ziel bis zum Jahr 2020 einen Anteil von 12 % an der Stromerzeugung zu erreichen (MUKE BW 2014, S. 54), dürfte somit realistisch sein. Auch der parteipolitisch wenig umstrittene Ausbau der Wasserkraft verlief tendenziell positiv (von 7,4 % der Bruttostromerzeugung 2011 auf 7,9 % (4803 Mio. kWh) 2014), wobei hier, vor dem Hintergrund eines im Bundesdurchschnitt schon recht hohen Anteils, die Zubaupotenziale mittlerweile doch sehr begrenzt sind, wenn nicht massive natur- und tierschutzrechtliche Konflikte in Kauf genommen werden sollen (vgl. Gebhardt 2015, S. 224). Trotz Kritik vonseiten einzelner Naturschutzverbände am übermäßigen Anbau von Mais als Energiepflanze (Monokulturen) blieb die grün-rote Landesregierung auch bei ihrer Förderstrategie für die Biomasseverstromung.[17] Hier gelang es ebenfalls, deren Anteil an der Bruttostromerzeugung in moderater Weise zu steigern (von 5,6 % in 2011 auf 7,4 % (4466 Mio. kWh) in 2014).

---

[17]Nicht nur verwehrte sich die Landesregierung zusammen mit der Bayrischen Staatsregierung 2014 gegen eine vom Bund angestoßene Reduzierung der Förderung von Biogasanalgen (Die Welt 2014), in Baden Württemberg sind bis 2012 auch insgesamt 38 Bioenergiedörfer entstanden, so viele wie in keinem anderen Bundesland (AEE 2015b).

Den größten Sprung hatte die neue Landesregierung allerdings beim Ausbau der Windenergie versprochen. Um das ehrgeizige Ziel zu erreichen, bis 2020 mindestens zehn Prozent des Strombedarfs aus „heimischer Windkraft" zu decken, versuchte die Landesregierung 2012 mit der Änderung des Landesplanungsgesetzes und der Verabschiedung des Windenergieerlasses die Rahmenbedingungen für den Bau von Windkraftanlagen zu verbessern (Baden-Württemberg 2012; AEE 2013, S. 44).[18] Die Erfolge blieben dabei aber zunächst sehr bescheiden. Das Land dümpelte lange Zeit mit 1,1 % (679 Mio. kWh 2014) im Ländervergleich am unteren Ende der Rangliste (vgl. Tab. 1) und liegt auch mit dem für 2015 verkündeten „Rekordzubau" von 53 Windrädern 2015 nur bei geschätzten 1,3 % (vgl. Stuttgarter Zeitung 2016). Neben dem geografischen Problem der Kleinkammerung des Landes, in dem nur einige Mittelgebirgsregionen wirklich geeignet für die Windenergienutzung sind (ca. 2 % der Landesfläche, vgl. Gebhardt 2015, S. 227), ergaben sich immer wieder auch naturschutztechnische Probleme (Naturhabitate). „Wo im Land Platz und genügend Wind für ein Windrad wäre, ist fast immer auch eine geschützte Vogelart zu Hause" (Badische Zeitung 2014).[19] Die Planungs- und Genehmigungsverfahren erwiesen sich schließlich auch deshalb häufig als langwierig und schwierig, weil es erheblichen Widerstand einzelner vom Ausbau negativ betroffener Kommunen und Bürgerinitiativen vor Ort gab (Kiderlen 2015).

---

[18]Während zuvor die Regionalverbände sowohl Vorrang- wie Ausschlussgebiete für Windkraftanlagen ausgewiesen hatten, wurde nun die Rolle der einzelnen Kommunen gestärkt, indem die Regionalverbände nur noch eine Ausweisung von Vorranggebieten, jedoch keine Festlegung von Ausschlussgebieten mehr vornehmen können. Den Kommunen ist es nun auch möglich, außerhalb der ausgewiesenen Vorranggebiete Windkraftanlagen zu erlauben, solange die Anlagen innerhalb ihrer Flächennutzungspläne festgelegt werden. Neben Zustimmung stieß diese Flexibilisierung allerdings auch auf Kritik, da so ein konsistentes und einheitliches Verfahren nicht immer sichergestellt werden kann (vgl. Gebhardt 2015, S. 228). Insgesamt schneidet Baden-Württemberg bei der Bewertung der Systemintegration erneuerbarer Energien im Bereich Windenergie im Bundesländervergleich allerdings mittlerweile relativ gut ab (AEE 2013, S. 116).

[19]Exemplarisch lässt sich am Beispiel der Windenergie auch ein innerökologischer Konflikt verdeutlichen (Byzio et al. 2005, S. 167). Während die klassische Naturschutzbewegung deren Einsatz im Sinne einer Abgrenzung von Natur und Technik skeptisch sieht (Gefährdung von Zugvögeln, Verspargelung der Landschaft, Schattenschlag, etc.), wird sie von ihren Befürwortern als Element einer ökologischen Erneuerung des Wirtschaftssystems angesehen.

4.5   Ausbau erneuerbarer Wärme

An bisherige Erfolge unter dem EWärmeG konnte die Landesregierung dagegen beim Ausbau erneuerbarer Wärme anknüpfen.[20] Sie machte sich daher lediglich daran, das schon unter der Vorgängerregierung in Kraft getretene EWärmeG weiterzuentwickeln. Mit der am 01.07.2015 in Kraft getretenen Novelle des EWärmeG wurde der Pflichtanteil erneuerbarer Energien von 10 auf 15 % erhöht und der Geltungsbereich des Gesetzes auch auf Nichtwohngebäude ausgeweitet (Landtag BW 2015). Daneben wurden die technologischen Optionen zur Erfüllung dieser Vorgaben für die Hausbesitzer erweitert. Auch wenn diese Novelle auf bisherige Vorgaben aufbaute, fand sie nicht die Unterstützung der Opposition. So ging der CDU insbesondere die Einbeziehung von Nichtwohngebäuden zu weit. Da auf Bundesebene keine steuerliche Förderung von energetischen Sanierungen zustande kam, entschied sich die Landesregierung gemeinsam mit der L-Bank dafür, eigene Energieeffizienzprogramme für private Hausbesitzer sowie kleine und mittelständische Unternehmen aufzulegen. Dies erwies sich als sehr erfolgreiche Maßnahme und zeigte die Potenziale auf, die bei der Gebäudesanierung im relativ wohlhabenden Baden-Württemberg realisiert werden können. So wurden bislang „rund 20 % der deutschlandweiten KfW-Förderung von Hausbesitzern im Südwesten abgerufen, rund ein Drittel der Bundesmittel von Unternehmen im Land" (Stuttgarter Zeitung 2016). Der im Klimaschutzgesetz verankerten „Vorbildfunktion der öffentlichen Hand" wurde die Landesregierung bei der energetischen Sanierung landeseigener Gebäude auch weitgehend gerecht. Vor dem Hintergrund überraschend großer finanzieller Spielräume gelang es das CO_2-Emissionsminderungsziel bei Landesgebäuden von 40 % bis zum Jahr 2020 schon 2014 überzuerfüllen.

---

[20]Während der Ausbau erneuerbarer Wärme in vielen Bundesländern nur sehr zögerlich voranschreitet und geringe Priorität genießt, ist Baden-Württemberg weiterhin bis heute das einzige Bundesland, das ein Erneuerbare-Wärme-Gesetz verabschiedet hat und damit als Vorreiter gelten kann (AEE et al. 2014, S. 36 f.). Der Anteil der erneuerbaren Energien an der Fernwärmeerzeugung ist so auch von 14 % im Jahr 2011 auf beachtliche 21 % im Jahr 2013 angestiegen und liegt damit deutlich über dem Bundesdurchschnitt (siehe Tab. 2 weiter unten).

4.6   Energietransport

Neben dem Ausbau klimafreundlicher Energieproduktion spielen der Transport und die Speicherung von Energie für den Erfolg der Energiewende eine zentrale Rolle. Gerade für das stark von Stromimporten abhängige Baden-Württemberg kommt dem Netzausbau, zur Gewährleistung der Versorgungssicherheit, eine entscheidende Bedeutung zu.[21] Der aktuelle Stand des Netzausbaus bundesweit, aber auch speziell in Baden-Württemberg, verdeutlicht allerdings den nach wie vor sehr großen Handlungsbedarf. Abb. 2 zeigt die aktuellen Planungs- und Baufortschritte von Leitungsvorhaben im Hochspannungsbereich. Dabei fällt für Baden-Württemberg die hohe Anzahl an noch nicht einmal im Genehmigungsverfahren befindlichen Leitungsabschnitten auf. Diese machen die weit überwiegende Mehrheit der geplanten Bauprojekte in Baden-Württemberg aus. Diese Verzögerungen beim Netzausbau sind, wenn dann nur zum Teil auf die bei Großprojekten kaum zu vermeidenden technischen Probleme zurückzuführen. Vielmehr spielen Auseinandersetzungen zwischen Bund und Ländern und Ländern untereinander sowie lokale Proteste gegen einzelne Leitungsvorhaben eine entscheidende Rolle (vgl. Bruns et al. 2013).[22] Um die Akzeptanz für den Ausbau der Übertragungsnetze im Land zu erhöhen, setzte die Landesregierung auf ein frühzeitiges, informelles Dialogverfahren mit Kommunen, Verbänden und der betroffenen Bevölkerung (AEE 2015a, S. 43; MUKE BW 2015). Exemplarisch kann dabei der geplante Dialog zur länderübergreifenden SuedLink-Stromtrasse angesehen werden.[23] Bei diesem hochumstrittenen Infrastrukturgroßprojekt plant die Landesregierung Bevölkerung, Kommunen und Verbände bereits vor dem formalen Verfahren der Bundesfachplanung und Planfeststellung, im Rahmen eines

---

[21]Baden-Württemberg muss knapp 20.000 Mio. kWh Strom pro Jahr aus anderen Bundesländern importieren, um seinen Bedarf zu decken und ist damit hinter Hessen der zweitgrößte Nettostromimporteur Deutschlands (AEE 2015b). Diese hohe Abhängigkeit dürfte durch das Abschalten der baden-württembergischen Kernkraftwerke in Zukunft sogar noch weiter anwachsen.

[22]Dabei hat eine von der Bundesebene angestoßene Initiative mehr Erdverkabelung vorzunehmen das Potenzial, die Akzeptanz bei der Bevölkerung für die so ausgebauten Trassenabschnitte zu erhöhen, dies kann aber neben höheren Kosten auch zu weiterer Bauverzögerungen führen (Stuttgarter Zeitung 2016).

[23]SuedLink ist mit insgesamt rund 800 km Länge das größte Infrastrukturvorhaben der Energiewende, das Windstrom aus dem Norden Deutschlands in die Lastzentren im Süden (Baden-Württemberg und Bayern) transportieren soll (Stuttgarter Zeitung 2016).

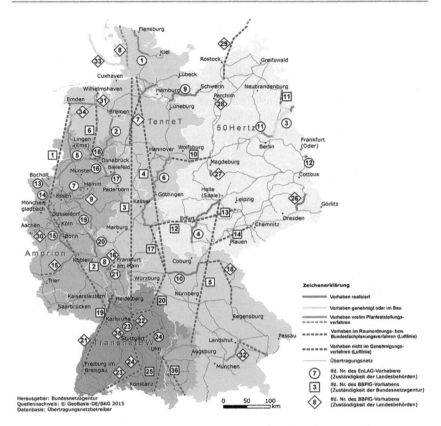

Abb. 2 Leitungsvorhaben aus dem Bundesbedarfsplangesetz und dem Energieleitungsausbaugesetz. (Quelle: Bundesnetzagentur 2015 ©)

informellen Dialogs, zu beteiligen.[24] Daraus spricht der Ansatz, die Energiewende nicht vorrangig als organisatorisch-technisches Problem, sondern als eines der Kommunikation und aktiven Einbeziehung der Bevölkerung zu begreifen

---

[24]In einer ersten Phase sollen zunächst Experten, Kommunen und Verbände über übergeordnete Aspekte der Trassenplanung diskutieren. In einer zweiten Phase sind dann öffentliche Bürgerdialoge mit interessierten Bürgern und Anwohnern der möglichen Trassenvarianten geplant. Darüber hinaus sollen auch dezentrale Bürgerveranstaltungen ca. alle 20 km entlang der geplanten Trasse stattfinden (MUKE BW 2015).

(Kiderlen 2015). Bis zu welchem Grad diese intensiven Dialogbemühungen auch zu einer Befriedung der Konflikte und dann auch zu einer zügigen Umsetzung beitragen können, bleibt aber jeweils im Einzelnen noch abzuwarten.[25] Dass die Landesregierung der Bürgerbeteiligung einen hohen Stellenwert beimaß, wurde auch durch das am 01.01.2015 in Kraft getretene Umweltverwaltungsgesetz deutlich, das eine frühzeitige Öffentlichkeitsbeteiligung bei besonders umweltbedeutsamen Vorhaben, eine gesetzliche Verankerung der Umweltmediation und eine Stärkung der Umweltverbände vorsah.[26]

4.7 Energiespeicher

Das Thema der Energiespeicher wurde in Baden-Württemberg, trotz relativ hoher Forschungsförderungsausgaben (dritter Rang im Bundesländervergleich, PtJ 2015), dagegen auch unter der neuen Landesregierung eher stiefmütterlich behandelt. Dies dürfte unter anderem daran liegen, dass der Bau solcher Speicher bei den Bürgern in unmittelbarer Nachbarschaft sehr unpopulär ist, zumal sie in aller Regel keine unmittelbaren Vorteile daraus ziehen können. Erst sehr spät am 25.03.2015 entschloss sich die Landesregierung, das Förderprogramm „Demonstrationsprojekte Smart Grids und Speicher" ins Leben zu rufen. Dabei stehen die Vernetzung von Stromerzeugern, Speichern und elektrischen Verbrauchern mittels moderner Informations- und Kommunikationstechnologien (Smart Grids) im Zentrum. Der Zubau von Speicheranlagen wird dagegen weiterhin nur sehr zögerlich behandelt.

4.8 Energieverbrauch

Der wirksamste Beitrag zum Gelingen der Energiewende dürfte die Verringerung des Verbrauchs und ein effizienterer Einsatz von Energie sein. Auffällig

---

[25]Festzuhalten bleibt, dass laut Umfrage die Akzeptanz von Netzausbaumaßnahmen als Voraussetzung für eine Versorgung mit 100 % erneuerbare Energien in Baden-Württemberg im Jahr 2012 mit 66,5 % über dem Bundesdurchschnitt von 63,5 % lag und die generelle Befürwortung der Energiewende mit 85 % Zustimmung im Jahr 2015, womit Baden-Württemberg den bundesweiten Spitzenplatz erreichte (Durchschnitt für Deutschland 77 %; AEE 2015b).

[26]Auch wenn die CDU-Opposition die grundsätzliche Wichtigkeit des Gesetzesvorhabens unterstrich, bemängelte sie die konkrete Ausführung („Prestigeobjekt", das keine wirkliche Vereinfachung bringe) und lehnte daher das Gesetz im Landtag ab.

bleibt, dass gerade auch hier die gesamtstaatliche Entwicklung in Deutschland die geringste Dynamik aufweist und nur wenige Bundesländer bis dato wirklich ambitionierte Ziele verfolgen. Dies dürfte zumindest zum Teil darin begründet sein, dass hier von der Bevölkerung tatsächlicher Verzicht eingefordert werden müsste, um wesentlich nach vorne zu kommen. Auch hier hat der Ministerrat in Baden-Württemberg wiederum erst sehr spät zum Ende der Legislaturperiode am 10.12.2015 den Entwurf einer „Landesstrategie Ressourceneffizienz Baden-Württemberg" zur Anhörung freigegeben. Ziel der Strategie soll es sein, unter Beibehaltung der Wirtschaftsstruktur das Wirtschaftswachstum vom Ressourcenverbrauch zu entkoppeln, die Rohstoffproduktivität bis 2020 zu verdoppeln und das Land zum Leitmarkt für Ressourceneffizienztechnologien zu entwickeln. Wie weit Baden-Württemberg von vielen dieser ehrgeizigen Ziele allerdings noch entfernt ist, macht Tab. 2 deutlich. Zwar erreicht das Bundesland beim Primärenergieverbrauch pro Kopf Werte, die unterhalb des Bundesdurchschnitts liegen, allerdings stagnierte die Entwicklung hier in den letzten Jahren. Eine signifikante Verringerung hat nicht stattgefunden, sodass der späte politische Vorstoß der Landesregierung als überfälliger Schritt angesehen werden muss. Etwas positiver sieht die Situation bei der Energieproduktivität aus (Tab. 2). Hier konnte eine

Tab. 2 Energieverbrauch und Energieeffizienz. (Quelle: AEE 2015b)

	Primärenergie-verbrauch pro Kopf in kWh	Energiepro-duktivität (BIP/ Primärenergie-verbrauch) in €/ kWh	KWK-Anteil in %	Anteil der erneuerbaren Energien an der Fernwärmeer-zeugung in %
Baden-Württem-berg 2011	37.911	0,97	9,2	14,0
Baden-Württem-berg 2012	36.606	1,02	9,5	20,1
Baden-Württem-berg 2013	37.487	1,06	10,4	21,0
Deutschland 2011	47.026	0,69	17,7	11,8
Deutschland 2012	46.387	0,71	18,0	15,2
Deutschland 2013	47.537	0,73	17,4	–

kontinuierliche Verbesserung erreicht werden, die sich auch deutlich vom bundesweiten Durchschnitt abhebt. Dabei haben die Einsparungsbemühungen der unter globalen Konkurrenzdruck agierenden Technologie- und Exportindustrien in Baden-Württemberg sicherlich einen maßgeblichen Beitrag geleistet.

Der im Hinblick auf eine effiziente Energienutzung sehr wichtige Ausbau der KWK schreitet, entgegen der Versprechungen der Koalition, dagegen nur sehr zögerlich voran (von 9,2 % im Jahr 2011 auf 10,4 % im Jahr 2013; siehe Tab. 2). Auch wenn gegenüber dem bundesdeutschen Abwärtstrend zumindest eine leichte Steigerung erreicht werden konnte, hinkt Baden-Württemberg hier immer noch deutlich dem Bundesdurchschnitt hinterher, ohne dass in der Legislaturperiode unter Grün-Rot ersichtlich geworden wäre, wie sich dies, vor dem Hintergrund des hier ebenfalls negativ wirkenden Preisverfalls der CO_2-Emissionshandelszertifikate, grundsätzlich ändern ließe.

5   Fazit: Ausmaß und Folgen

Betrachtet man zusammenfassend die energiepolitische Zielsetzung der neuen grün-roten Landesregierung in Baden-Württemberg, so lassen sich nicht nur programmatische Reformakzente und klare Abgrenzungspunkte zur bürgerlichen Vorgängerregierung erkennen (zügiger Atomausstieg, Abbau der Kohleverstromung, stärkerer Ausbau der Windenergie, mehr Bürgerbeteiligung bei Energieprojekten), es werden auch Kontinuitätslinien sichtbar (generelle Bereitschaft zur Förderung erneuerbarer Energien und erneuerbarer Wärme). Der Grad an Parteiendifferenz fällt so nicht nur innerhalb der Landesregierung, sondern insgesamt im Politikfeld, für die gewählte Untersuchungsperiode, eher moderat aus.[27]

Dass auch bei Betrachtung der konkreten energiepolitischen Maßnahmen der neuen Landesregierung ganz fundamentale Pfadbrüche die große Ausnahme blieben, hängt zum einen damit zusammen, dass sich das Bundesland schon unter der schwarz-gelben Vorgängerregierung in einigen Bereichen eine bundesweite Vorreiterstellung erarbeitet hatte (energiepolitische Forschungsförderung, Ausbau

---

[27]Dabei spielt neben dem generell eher technischen Charakter des Politikfelds (Wurster 2010, S. 334) sicherlich die Tatsache eine Rolle, dass wichtige parteipolitisch aufgeladene Konflikte (Atomenergieausstieg, Endmülllagersuche, Auseinandersetzung um das Fracking zur Erdgasförderung) entweder nicht (nur) auf der Landesebene angesiedelt waren, vor der grün-roten Regierungsübernahme entschärft werden konnten oder aufgrund landesspezifischer (geografischer und wirtschaftlicher) Besonderheiten in Baden-Württemberg geringere Bedeutung hatten.

erneuerbarer Wärme), auf die die grün-rote Regierung nur aufzubauen brauchte. Dies tat sie dann allerdings mit der nötigen Entschlossenheit, sodass in keinem dieser Felder ein Zurückfallen verzeichnet werden musste. Zum anderen gelang es der Regierung Kretschmann mitunter auch programmatische Schnittmengen mit der bürgerlichen Opposition zu nutzen, um konsensuale Entscheidungen (Verabschiedung des Klimaschutzgesetzes) herbeizuführen. Insofern lässt sich festhalten, dass sie mit ihrer Ankündigung: „Baden-Württemberg steht keine politische Revolution bevor, sondern eine ökologisch-soziale Erneuerung" (Regierungserklärung 2011, S. 3) in weiten Teilen der Energiepolitik Wort gehalten hat. Wirklich grundlegende landespolitische Pfadabweichungen lassen sich nur bei der nun massiv ausgebauten Förderung der Windenergie (bei noch sehr überschaubaren Erfolgen) und dem verstärkten Einsatz von Bürgerbeteiligungsverfahren erkennen. Insbesondere mit Letzterem setzte das Land im Bundesländervergleich neue Maßstäbe, auch wenn dies mitunter zu ambivalenten Ergebnissen in der Sache (Verzögerungen von Energiegroßprojekten) führte.

Fragt man nach dem Beitrag, den Baden-Württemberg unter der ersten grün-roten Landesregierung zur Verwirklichung einer gesamtdeutschen Energiewende geleistet hat, so fällt das Urteil tendenziell positiv aus. Ein hohes politisches Engagement (ambitionierte energiepolitische Programmatik, breite Förderprogramme) kann man der Landesregierung in dieser Hinsicht sicherlich nicht absprechen, wobei sie länderübergreifende Kooperationsbereitschaft, mitunter auch unter Hintanstellung landeseigener Interessen (ergebnisoffene Endmülllagersuche), gezeigt hat. Allerdings bleibt der Weg zu einer vollständigen Energiewende in Baden-Württemberg, gerade vor dem Hintergrund vorhandener „Erblasten", noch weit. Pfadabhängige Entwicklungen und Time-Lags bei der Umsetzung von Reformen waren keine Seltenheit und nicht in jeder Hinsicht (beispielsweise durch eine gezielte Einflussnahme auf die Geschäftspolitik von EnBW) hat die neue Landesregierung alles unternommen, um die Energiewende zu beschleunigen. Als traditionelles „Atomenergieland" ist der Transformationsdruck im Rahmen der Energiewende weiterhin sehr hoch (Stromimportabhängigkeit), auch wenn das wirtschaftlich leistungsfähige Bundesland über erhebliche (finanzielle und technische) Ressourcen verfügt, um die notwendigen Anpassungsmaßnahmen und Reformen voranzubringen. In der Legislaturperiode 2011 bis 2016 wurden zumindest einige Schritte in die entsprechende Richtung unternommen, auch wenn noch bei weitem nicht alle landespolitischen Hausaufgaben (Ausstieg aus der Kohleverstromung, zügiger Netz- und Speicherausbau, Verringerung des Energieverbrauchs) erledigt sind.

Literatur

Agentur für Erneuerbare Energien (AEE). 2013. *Bundesländer mit neuer Energie. Jahresreport Föderal Erneuerbar 2013*. Berlin.

Agentur für Erneuerbare Energien (AEE). 2015a. *Bundesländer mit neuer Energie. Jahresreport Föderal Erneuerbar 2014/15*. Berlin.

Agentur für Erneuerbare Energien (AEE). 2015b. Bundesländer – Übersicht zu Erneuerbaren Energien. http://foederal-erneuerbar.de/uebersicht/bundeslaender. Zugegriffen: 09. März 2016.

Agentur für Erneuerbare Energien (AEE), DIW Berlin und ZSW. 2014. *Vergleich der Bundesländer: Analyse der Erfolgsfaktoren für den Ausbau der Erneuerbaren Energien 2014. Indikatoren und Ranking*. Berlin.

Baden-Württemberg. 2012. *Windenergieerlass Baden-Württemberg. Gemeinsame Verwaltungsvorschrift des Ministeriums für Umwelt, Klima und Energiewirtschaft, des Ministeriums für Ländlichen Raum und Verbraucherschutz, des Ministeriums für Verkehr und Infrastruktur und des Ministeriums für Finanzen und Wirtschaft*. 09. Mai 2012.

Badische Zeitung. 2014. Energiewende versus Naturschutz: Der Milan stört die Windkraft. http://www.badische-zeitung.de/suedwest-1/energiewende-versus-naturschutz-der-milan-stoert-die-windkraft–95723520.html. Zugegriffen: 11. März 2016.

Brost, M., und M. Schieritz. 2012. Ein ganz normales Geschäft Der Kauf von EnBW gilt als einer der größten Skandale in Baden-Württemberg – aber stimmt das auch? *Die Zeit*, 11.10.2012. http://www.zeit.de/2012/42/Energiekonzern-EnBW-Baden-Wuerttemberg. Zugegriffen: 08. März 2016.

Bruns, E., M. Futterlieb, D. Ohlhorst, und B. Wenzel. 2013. *Netze als Rückgrat der Energiewende. Hemmnisse für die Integration erneuerbarer Energien in Strom-, Gas- und Wärmenetze*. Berlin: Technische Universität Berlin.

Bundesministerium für Wirtschaft und Energie (BMWi). 2015. *Ein gutes Stück Arbeit. Energie der Zukunft. Vierter Monitoring-Bericht zur Energiewende*. Stand November 2015.

Bundesnetzagentur. 2015. Leitungsvorhaben. http://www.netzausbau.de/leitungsvorhaben/de.html. Zugegriffen: 09. Jan. 2016.

BÜNDNIS 90/DIE GRÜNEN Baden-Württemberg. 2010. Das neue Programm für Baden-Württemberg. Jetzt. http://www.gruene-drogenpolitik.de/wp-content/uploads/2011/04/Landtagswahlprogramm-web.pdf. Zugegriffen: 04. März 2016.

Byzio, A., R. Mautz, und W. Rosenbaum. 2005. *Energiewende in schwerer See? Konflikte um die Offshore-Windkraftnutzung*. München: Oekom verlag.

CDU Baden-Württemberg. 2011. Chancen ergreifen. Wohlstand sichern. Regierungsprogramm der CDU Baden-Württemberg. http://www.cdu-bw.de/uploads/media/CDU-Regierungsprogramm.pdf. Zugegriffen: 03. März 2016.

Die Welt. 2014. Schwarz-grün-rote Allianz gegen Sigmar Gabriel. http://www.welt.de/politik/deutschland/article124233989/Schwarz-gruen-rote-Allianz-gegen-Sigmar-Gabriel.html. Zugegriffen: 10. März 2016.

Eichelbrönner, M., und H. Henssen. 1997. Kriterien für die Bewertung zukünftiger Energiesysteme. In *Energiepolitik Technische Entwicklung, politische Strategien, Handlungskonzepte zu erneuerbaren Energien und zur rationellen Energienutzung*, Hrsg. Hans Günter Brauch, 461–470. Berlin: Springer.

Eising, R. 2000. *Liberalisierung und Europäisierung. Die regulative Reform der Elektrizitätsversorgung in Großbritannien, der Europäischen Gemeinschaft und der Bundesrepublik Deutschland.* Opladen: Leske + Budrich.

FDP Baden-Württemberg. 2011. Vorn bleiben. Erfolgsmodell Baden-Württemberg. Das Regierungsprogramm der FDP/DVP Baden-Württemberg 2011–2016. https://www.fdpbw.de/docs/ltw2011_programm_web.pdf. Zugegriffen: 04. März 2016.

Gebhardt, H. 2015. Verkehr und Energie in Baden-Württemberg. In *Fünf Jahre Grün-Rot. Der Bürger im Staat,* Hrsg. Landeszentrale für politische Bildung Baden-Württemberg, Bd. 64, Nr. 4, 223–230.

Hall, P. 1993. Policy paradigms, social learning, and the state. The case of economic policymaking in britain. *Comparative Politics* 25:275–296.

Huß, C. 2015. Durch Fukushima zum neuen Konsens? Die Umweltpolitik von 2009 bis 2013. In *Politik im Schatten der Krise. Eine Bilanz der Regierung Merkel 2009–2013,* Hrsg. Reimut Zohlnhöfer und Thomas Saalfeld, 521–553. Wiesbaden: VS Verlag.

Jochum, G., und W. Pfaffenberger. 2006. Die Zukunft der Stromerzeugung. *Aus Politik und Zeitgeschichte* 13 (2006): 19–26.

Kästner, T., und A. Kießling. 2009. *Energie in 60 Minuten. Ein Reiseführer durch die Stromwirtschaft.* Wiesbaden: VS Verlag.

Kiderlen, E. 2015. Energiepolitische Ernüchterung im vierten Jahr Grün-Rot. https://gutvertreten.boell.de/2015/04/10/baden-wuerttemberg-der-gruen-rote-aufbruch-und-die-ernuechterung-im-vierten-jahr. Zugegriffen: 10. März 2016.

Koalitionsvertrag. 2011. Der Wechsel beginnt. Koalitionsvertrag zwischen BÜNDNIS 90/DIE GRÜNEN und der SPD Baden-Württemberg. https://www.gruene-bw.de/app/uploads/2015/10/Koalitionsvertrag-Der-Wechsel-beginnt.pdf. Zugegriffen: 04. März 2016.

Koenig, C., J. Kühling, und W. Rasbach. 2006. *Energierecht.* Frankfurt a. M.: Verlag Recht u. Wirtschaft UTB.

LAK Energiebilanzen. 2015. Energiebilanzen der Länder. http://www.lak-energiebilanzen.de. Zugegriffen: 09. Jan. 2015.

Landesregierung von Baden-Württemberg und Bayerische Staatsregierung. 2014. Energie für Deutschlands starken Süden: Energiepolitisches Positionspapier der Landesregierung von Baden-Württemberg und der Bayerischen Staatsregierung. https://www.baden-wuerttemberg.de/fileadmin/redaktion/dateien/PDF/140128_Positionspapier_Energiewende.pdf. Zugegriffen: 10. März 2016.

Landtag BW. 2013. Gesetz zur Förderung des Klimaschutzes in Baden-Württemberg (Erneuerbare-Wärme-Gesetz – EWärmeG). 17. Juli 2013.

Landtag BW. 2015. *Gesetz zur Nutzung erneuerbarer Wärmeenergie in Baden-Württemberg (Erneuerbare-Wärme-Gesetz – EWärmeG).* 17. März 2015.

Mez, L., S. Schneider, D. Reiche, S. Tempel, S. Klinski, und E. Schmitz. 2007. *Zukünftiger Ausbau erneuerbarer Energieträger unter besonderer Berücksichtigung der Bundesländer. Endbericht für das Bundesministerium für Umwelt, Naturschutz und Reaktorsicherheit.* Berlin: Forschungsstelle für Umweltpolitik Freie Universität Berlin.

Ministerium für Umwelt, Klima und Energiewirtschaft Baden-Württemberg (MUKE BW). 2014. *Integriertes Energie- und Klimaschutzkonzept Baden-Württemberg (IEKK).* Stuttgart.

Ministerium für Umwelt, Klima und Energiewirtschaft Baden-Württemberg (MUKE BW). 2015. Dialog zum SuedLink. https://um.baden-wuerttemberg.de/de/energie/versorgungssicherheit/ netzausbau/dialogverfahren-suedlink. Zugegriffen: 09. Jan. 2016.

Projektträger Jülich (PtJ). 2013. Förderung der nichtnuklearen Energieforschung durch die Bundesländer im Jahre 2011. https://www.ptj.de/lw_resource/datapool/_items/item_6619/laenderbericht_2011.pdf. Zugegriffen: 11. März 2016.

Projektträger Jülich (PtJ). 2015. Förderung der nichtnuklearen Energieforschung durch die Bundesländer im Jahre 2013. https://www.ptj.de/lw_resource/datapool/_items/item_6621 /laenderbericht_2013.pdf. Zugegriffen: 09. Jan. 2016.

Regierungserklärung. 2011. Regierungserklärung von Ministerpräsident Winfried Kretschmann am 25. Mai 2011 im Landtag von Baden-Württemberg. https://www.baden-wuerttemberg.de/fileadmin/redaktion/dateien/Altdaten/202/110525_Regierungserklaerung_MP_Kretschmann_Protokollfassung.pdf. Zugegriffen: 04. März 2016.

Schmidt, M. G. 2010. *Wörterbuch zur Politik*. Stuttgart: Alfred Kröner.

Schreurs, M., und S. Steuwer. 2015. Der Koordinierungsbedarf zwischen Bund und Ländern bei der Umsetzung der Energiewende aus politikwissenschaftlicher Sicht. In *Energiewende im Föderalismus*, Hrsg. T. Müller und H. Kahl, 45–67. Baden-Baden: Nomos.

SPD Baden-Württemberg. 2011. Regierungsprogramm der SPD Baden-Württemberg 2011–2016. https://www.spd-bw.de/dl/ltw11_regierungsprogramm.pdf. Zugegriffen: 04. März 2016.

Stuttgarter Zeitung. 2016. Energiewende in Baden-Württemberg Weichenstellung für Generationen. http://www.stuttgarter-zeitung.de/inhalt.energiewende-in-baden-wuerttemberg-weichenstellung-fuer-generationen.2f4ab0d9-23a3-4439-bff5-c3f64809060e.html. Zugegriffen: 10. März 2016.

Wirtschaftsministerium Baden-Württemberg (WM BW). 2009. *Energiekonzept Baden-Württemberg 2020*. Stuttgart.

Wurster, S. 2010. *Zukunftsvorsorge in Deutschland. Eine vergleichende Untersuchung der Bildungs-, Forschungs-, Umwelt-, und Energiepolitik*. Baden-Baden: Nomos.

Wurster, S. 2013. Zielkonflikte in der Energiepolitik. Ein OECD-Ländervergleich. In *Staatstätigkeit, Parteien und Demokratie, Festschrift für Manfred G. Schmidt*, Hrsg. K. Armingeon, 353–376. Wiesbaden: Springer VS.

Wurster, S. und C. Köhler. 2016. Die Energiepolitik der Bundesländer. Scheitert die Energiewende am deutschen Föderalismus? In *Politik in den Bundesländern: Zwischen Föderalismusreform und Schuldenbremse*, Hrsg. F. Wolf, und A. Hildebrandt, 283–314. Wiesbaden: Springer VS.

Über den Autor

Dr. Stefan Wurster ist Professor für Policy Analysis an der Hochschule für Politik München an der Technischen Universität München. Seine Schwerpunkte in Forschung und Lehre sind die Vergleichende Staatstätigkeitsforschung, der Demokratie-Autokratie-Vergleich, die Nachhaltigkeitsforschung sowie das Politische System der Bundesrepublik Deutschland.

Viel Kontinuität und wenig Wandel: Die Außen- und Europapolitik des Landes Baden-Württemberg unter Grün-Rot

Hanno Degner und Daniela Annette Kroll

Zusammenfassung

Der Beitrag untersucht die Außen- und Europapolitik der grün-roten Landesregierung Baden-Württembergs unter Winfried Kretschmann. Dazu werden theoretisch zwei Strategien, wie Länder ihre außenpolitischen Ziele realisieren können, differenziert: Indirekt über den Bundesrat, und direkt durch die Präsenz auf EU-Ebene sowie über bi-/multinationale Partnerschaften. Empirisch werden die außenpolitischen Wahlziele der Parteien, der grün-rote Koalitionsvertrag und das tatsächliche Regierungshandeln analysiert und mit der Politik der CDU-geführten Vorgängerregierungen verglichen. Dabei zeigt sich, dass trotz neuer Akzente, z. B. der stärkeren Betonung von Nachhaltigkeit und Zivilgesellschaft, unter Grün-Rot kein fundamentaler Wandel in der Außen- und Europapolitik Baden-Württembergs stattgefunden hat.

H. Degner (✉) · D. A. Kroll
Fachbereich Politik- und Verwaltungswissenschaft, Universität Konstanz, Konstanz, Deutschland
E-Mail: hanno.degner@uni-konstanz.de

D. A. Kroll
E-Mail: daniela.kroll@uni-konstanz.de

© Springer Fachmedien Wiesbaden 2017
F. Hörisch und S. Wurster (Hrsg.), *Das grün-rote Experiment in Baden-Württemberg*, DOI 10.1007/978-3-658-14868-3_11

1   Einleitung: Verfolgt Grün-Rot eine andere Außenpolitik als Schwarz-Gelb?

Verfolgt Grün-Rot eine andere Außenpolitik als Schwarz-Gelb? Diese Frage würde bereits mit Blick auf die Bundesebene merkwürdig anmuten, gilt doch die überparteiliche „Staatsräson" klassischerweise als wichtigster Faktor zur Erklärung der deutschen Außenpolitik (vgl. Zimmer 2009). Mit Blick auf die Länderebene erscheint sie dagegen auf den ersten Blick geradezu überflüssig: Welche (partei-)politischen Akzente kann die Regierung eines einzelnen Bundeslandes auf europäischer oder internationaler Ebene realisieren? Immerhin wird die Ausübung souveräner Außenpolitik als *die* Kernkompetenz nationaler Regierungen und überdies als eine der letzten „core state power" (Genschel und Jachtenfuchs 2013), die den EU-Staaten im Zuge der Europäischen Integration verblieben ist, definiert.

Der Frage nach der Bedeutung von Parteipolitik für die Gestaltung nationaler Außenpolitik im Allgemeinen und der Europapolitik im Speziellen wurde in den letzten Jahren jedoch immer mehr Aufmerksamkeit gewidmet (Broz 2005; Finke 2009; Kaarbo und Beasley 2008; Kaarbo und Lantis 2003; Leuffen 2007; Milner 1997; Milner und Tingley 2010; Risse-Kappen 1991). In Deutschland wurde hierbei insbesondere die rot-grüne Außen- und Europapolitik der Regierung Schröder (1998–2005) stark diskutiert (siehe z. B. Maull et al. 2003; Ostheim 2007; Pfetsch 2003; Risse 2004). Schließlich gibt es mittlerweile vielfache Untersuchungen zur außenpolitischen Rolle sub-nationaler und insbesondere regionaler Akteure. Während der Begriff der „Nebenaußenpolitik der deutschen Länder" (zitiert nach Knodt und Corcaci 2012; Nass 1986) bereits vor dreißig Jahren geprägt wurde, findet die Forschungsdebatte heute vor allem unter dem Schlagwort „Regieren im Mehrebenensystem" oder „multi-level governance" (Bache und Flinders 2004; Benz 2009) statt. Im amerikanischen Kontext findet eine lebhafte Diskussion zur sogenannten „paradiplomacy", die von subnationalen Akteuren betrieben wird (Aldecoa und Keating 1999; Kuznetsov 2015; Lecours 2002), statt. Joachim Blatter und Kollegen (2008) stellen in einer vergleichenden Studie zur außenpolitischen Aktivitäten von 81 europäischen Regionen und Gliedstaaten fest, dass Länderregierungen in Föderalstaaten einerseits einen stärkeren Einfluss auf die nationale Außenpolitik haben und andererseits, verstärkt eine autonome Außenpolitik verfolgen.

Vor diesem Hintergrund erscheint die Frage, ob der „historische Machtwechsel" (Wagschal 2012) von einer schwarz-gelben Landesregierung zu einer grünroten Koalition unter Ministerpräsident Winfried Kretschmann im Jahr 2011 einen Unterschied für die Außenpolitik Baden-Württembergs und Deutschlands macht, in einem anderen Licht: Die jahrzehntelange Geschichte einer eigenständigen Europapolitik Baden-Württembergs (Große Hüttmann und Eppler 2009), die starke Polarisierung der Landespolitik während der Regierungszeit von Stefan Mappus (Gabriel und Kornelius 2011) sowie die Tatsache, dass die Regierung Kretschmann seit Amtsbeginn in Opposition zur CDU-geführten Bundesregierung stand (2011–2013: CDU-CSU-FDP; seit 2013: CDU-CSU-SPD), machen die Außenpolitik Baden-Württembergs der Jahre 2011 bis 2016 zu einem „influential case" (Gerring 2007) für die Parteiendifferenzhypothese (Hibbs 1977): Falls es einen parteipolitischen Einfluss auf die Außenpolitik von Ländern gibt, müsste er hier sichtbar werden.

Um die Fragen zu beantworten, ob und in welcher Hinsicht Baden-Württemberg zwischen 2011 und 2016 eine grün-rote Außen- und Europapolitik verfolgt hat, geht unser Beitrag folgendermaßen vor. In Kapitel zwei beschreiben wir auf welche Weisen deutsche Länder eine eigenständige (Neben-)Außenpolitik betreiben. Daran anschließend untersucht das dritte Kapitel zunächst welche Ziele die Grünen, die SPD und die CDU für die Außenpolitik Baden-Württembergs in ihren Landtagswahlprogrammen von 2011 definiert haben. Die individuellen Prioritäten der Parteien werden in einem zweiten Schritt mit dem Koalitionsprogramm von Grün-Rot verglichen. Im Anschluss daran wird die tatsächlich verfolgte Außenpolitik der Regierung Kretschmanns auf der Basis von Primärquellen, z. B. Landtagsprotokollen oder den quartalsweise erstellten Berichten der Landesregierung zu aktuellen europapolitischen Themen, sowie Sekundärquellen, wie z. B. Zeitungsberichten, analysiert. Bereits hier wird deutlich, dass die Regierung Kretschmann in den allermeisten Bereichen bereits bestehende Politiken fortsetzte. Im vierten Kapitel vergleichen wir schließlich die grün-rote Außenpolitik mit der Politik ihrer Vorgängerregierungen. Dabei zeigt sich, dass ein „grundlegende[r] Politikwechsel", den die Grünen in ihrem Wahlprogramm angekündigt hatten (Bündnis 90/Die Grünen Baden-Württemberg 2010), trotz kleinerer Akzentverschiebungen zu „grün-roten" Themen, wie z. B. Bürgerbeteiligung, Nachhaltigkeit oder Klimaschutz, nicht stattgefunden hat. Vielmehr war die Außen- und Europapolitik Baden-Württembergs unter Ministerpräsident Winfried Kretschmann zwischen 2011 und 2016 von Kontinuität geprägt.

2 Die „Nebenaußenpolitik" der Länder

Theoretisch lassen sich zwei Wege unterscheiden, durch die deutsche Länder die Außen- und Europapolitik beeinflussen können (Blatter et al. 2008). Erstens können die Bundesländer ihre Ziele *indirekt* auf der nationalstaatlichen Ebene einbringen. Zweitens können die Länder *direkt* auf inter- und/oder supranationaler

Ebene selbstständig aktiv werden, z. B. über die Mitgliedschaft in Europäischen Institutionen oder durch bi- und multilaterale Abkommen mit Partnerregionen und -staaten.

2.1   Der indirekte Weg über den Bundesrat

Der indirekte Weg der Landesregierungen die Außen- und Europapolitik zu gestalten führt über den Bundesrat (Sturm 2006; Wolfrum 2007). Im Vergleich zu den Gliedstaaten anderer Staaten haben deutsche Länder eine bemerkenswert starke Stellung gegenüber der Bundesregierung und dem Deutschen Bundestag (Blatter et al. 2008). Der Bundesrat ist einerseits in die Außenpolitik eingebunden, wenn europäische Richtlinien in nationales deutsches Recht umgesetzt werden müssen. Andererseits muss der Bundesrat dem Beitritt Deutschlands zu völkerrechtlichen Verträgen zustimmen; dazu gehören sowohl die EU-Gründungsverträge als auch zwischenstaatliche Verträge, wie z. B. der Europäische Fiskalpakt oder der Vertrag über die Einrichtung des permanenten Europäischen Stabilitätsmechanismus ESM. Im Rahmen der Verhandlungen zur Ratifikation des Vertrags von Maastricht 1992 wurden die Rechte der Länder in der Europapolitik durch den neuen Artikel 23 im Grundgesetz (GG) gestärkt. Folglich ist der Bundesrat an der Willensbildung bei Angelegenheiten der Europäischen Union (EU) zu beteiligen, wenn „die Länder innerstaatlich zuständig wären". Die Bundesregierung ist nicht nur dazu verpflichtet den Bundesrat „umfassend und zum frühestmöglichen Zeitpunkt" über alle Angelegenheiten der EU zu informieren (Art. 23.2 GG), sondern muss auch die Meinung des Bundesrates maßgeblich berücksichtigen, „[w]enn im Schwerpunkt Gesetzgebungsbefugnisse der Länder, die Einrichtung ihrer Behörden oder ihre Verwaltungsverfahren betroffen sind" (Art. 23.5 GG). Wenn exklusive Gesetzgebungskompetenzen der Länder, z. B. in der Bildungs- oder Kulturpolitik, betroffen sind, sollen die Interessen der Bundesrepublik im Rat der EU von einem Mitglied des Bundesrates vertreten werden (Art. 23.6 GG). Trotz der gestärkten Partizipationsmöglichkeiten der Länder in der Europapolitik und der Veto-Macht des Bundesrats in zentralen EU-Fragen (Große Hüttmann und Knodt 2003) stellen Sturm (2006) und Wolfrum (2007) fest, dass die Bundesregierung einen sehr großen Gestaltungsspielraum in der Europapolitik besitzt und die Länder ihren Souveränitätsverlust, den sie im Zuge der Europäisierung von 1950 bis 1992 erlitten hatten (Scharpf 1994), auch durch die Änderung im GG nicht kompensieren konnten.

Dies liegt auch daran, dass ein einzelnes Land im Bundesrat grundsätzlich keine Beschlüsse erzwingen kann. So hat Baden-Württemberg – ebenso wie die anderen großen Länder Nordrhein-Westfalen, Bayern, und Niedersachsen – 6 von 69 Stimmen in der Länderkammer. Baden-Württemberg muss also mit anderen Bundesländern kooperieren, um die Außen- und Europapolitik zu beeinflussen (vgl. auch Nitschke 2016). Baden-Württemberg hat jedoch eine besondere Stellung in der europapolitischen Koordinierung der Bundesländer: Seit der Einrichtung des Bundesrats-Ausschusses für Fragen der Europäischen Union im Jahr 1993 hat das Land den Vorsitz inne und spielt damit eine wichtige Rolle in der Ausarbeitung nationaler deutscher Gesetze zur Implementation von EU-Beschlüssen (Sturm und Müller 2013). Während der Zeit der grün-roten Landesregierung wurde dieses Amt vom Minister für Bundesrat, Europa und internationale Angelegenheiten, und Bevollmächtigter des Landes beim Bund, Peter Friedrich von der SPD, besetzt. In letztgenannter Funktion war Friedrich auch Stimmführer für Baden-Württemberg im Bundesrat (Landesregierung BW 2016).

2.2   Der direkte Weg über Präsenz in Brüssel und bi-/ multilaterale Kooperationen

Neben dem indirekten Weg über die nationalstaatliche Ebene können die Länder ihre Interessen auch direkt auf europäischer oder internationaler Ebene einbringen. Auf EU-Ebene stehen dabei drei Mechanismen zur Verfügung: die Mitgliedschaft im Ausschuss der Regionen (AdR), die Büros der Landesvertretungen, sowie Kooperationen mit anderen europäischen Regionen. Darüber hinaus unterhält Baden-Württemberg internationale Partnerschaften mit Regionen und Staaten in der ganzen Welt.

Der 1994 im Zuge der Ratifikation des Maastrichter Vertrags gegründete AdR soll die Beteiligung der europäischen Regionen und Kommunen am Gesetzgebungsprozess der EU sicherstellen. Von den insgesamt 24 deutschen Vertretern stammt genau ein Repräsentant aus Baden-Württemberg. Unter der grün-roten Landesregierung war dies entweder Bundesrats- und Europaminister Peter Friedrich (SPD) oder sein Stellvertreter (und Amtsvorgänger) Wolfgang Reinhart (CDU). Da jedoch nur ein Vertreter der insgesamt 350 Mitglieder des AdR aus Baden-Württemberg stammt und der Ausschuss rein konsultative Funktionen im europäischen Gesetzgebungsprozess erfüllt, stellt der AdR kein wirksames Forum zur Durchsetzung von Partikularinteressen der Länder dar.

Die zentrale Rolle nehmen stattdessen die Landesvertretungen in Brüssel ein. Aufgrund ihrer Netzwerkfunktion erfüllen sie eine Schlüsselrolle bei der

Interessensvermittlung in der Europapolitik (vgl. auch Nitschke 2016).[1] Die baden-württembergische Landesvertretung, die 1987 als eine der ersten deutschen Landesvertretungen gegründet wurde und seitdem dem Staatsministerium untersteht, ist mit 23 Beschäftigten das viertgrößte Regionalbüro in Brüssel aller Regionen und Länder der EU *überhaupt* (Blatter et al. 2008). Im Allgemeinen unterstützt sie die Landesregierung bei der Entwicklung und Durchführung ihrer Europapolitik. Hierzu versorgt sie die Landesregierung zunächst einmal mit Informationen über Gesetzesvorhaben in der EU. Darüber hinaus stellt sie Kontakte mit diversen Akteuren auf der europäischen Ebene her, z. B. den EU-Institutionen oder anderen Mitgliedstaaten, um die Landesinteressen Baden-Württembergs möglichst frühzeitig in den Politikprozess auf EU-Ebene einzubringen (Grasl 2008; Rowe 2011).

Neben ihrer Präsenz in Brüssel versuchen die Bundesländer die Politik der EU auch durch interregionale Kooperationen zu gestalten. Hierbei können zwei Kooperationsformen unterschieden werden. Erstens, interregionale Kooperationen mit nicht-benachbarten Staaten oder Regionen, die der Vernetzung von Partnern mit ähnlichen Interessen zum gegenseitigen politischen oder ökonomischen Nutzen dienen. Zweitens, grenzüberschreitende Kooperationen, die die Integration in Grenzregionen stärken sollen (Fischer 2001). Bereits seit den 1980er Jahren arbeitet Baden-Württemberg mit der Lombardei in Italien, der französischen Region Rhône-Alpes und dem spanischen Katalonien in der Arbeitsgemeinschaft „Vier Motoren für Europa" zusammen (Fischer und Frech 2001). Da alle ökonomisch leistungsfähige Regionen sind und eine ähnliche Wirtschaftsstruktur aufweisen, verfolgt die Initiative primär das Ziel die Wettbewerbsfähigkeit der Regionen zu steigern. Obwohl die Gemeinschaft der „Vier Motoren" seit langem besteht, ist sie vergleichsweise schwach institutionalisiert (Fischer 2001).

Aufgrund der geografischen Lage Baden-Württembergs sind Kooperationen mit Nachbarregionen oder -staaten zentral für die Europapolitik des Landes. So ist Baden-Württemberg maßgeblich an der makroregionalen Donauraumstrategie der EU beteiligt, in der seit 2011 Regionen aus neun EU-Staaten mit Regionen aus fünf Nicht-EU Staaten zusammenarbeiten, um die Wirtschaft, die Umweltbedingungen und den Wohlstand der Einwohner der Donauregion zu steigern (Europäische Kommission 2016b). Seit 2015 ist das Land ebenfalls Gründungsmitglied

---

[1]Nicht alle regionalen Büros in Brüssel streben jedoch danach ihre Interessen aktiv auf EU-Ebene einzubringen. Blatter et al. (2008) weisen darauf hin, dass dieses Ziel lediglich von Vertretungen mit großem Budget und viel Personal verfolgt wird. Im Gegensatz dazu stellen kleine Büros ihren Regionalregierungen hauptsächlich Informationen bereit, um ihnen die Anpassung an die EU zu erleichtern.

der Alpenraumstrategie, in der Regionen aus fünf EU-Staaten mit der Schweiz und Lichtenstein kooperieren (Europäische Kommission 2016a). Weitere Foren zur grenzüberschreitenden Zusammenarbeit sind die Kooperationsräume „Alpenrhein-Bodensee-Hochrhein" und „Oberrhein", die von der EU durch das Förderprogramm INTERREG finanziell unterstützt werden (Landesregierung BW 2014). Zudem ist Baden-Württemberg Gründungsmitglied der Internationalen Bodensee Konferenz, in der die an den Bodensee angrenzenden Regionen Deutschlands, Österreichs, der Schweiz und Liechtensteins zusammenarbeiten, um die Bodenseeregion als Lebens- und Wirtschaftsraum zu fördern. Der Vorsitz der Internationalen Bodensee Konferenz im Jahr 2015 bot der baden-württembergischen Landesregierung hierbei die Möglichkeit ihre Präferenzen verstärkt einzubringen (Internationale Bodensee Konferenz 2016).

Internationale Partnerschaften mit Regionen und Staaten außerhalb der EU, z. B. Kanada, China, Burundi, Japan, Russland und Südafrika, sind schließlich eine weitere Möglichkeit für Baden-Württemberg eine eigenständige (Neben-) Außenpolitik zu betreiben. Diese Partnerschaften, die teilweise bereits in den 1980er oder frühen 1990er Jahre geschlossen wurden, betreffen insbesondere die Bereiche Wirtschaft, Umwelt und Wissenschaft sowie – besonders im Falle Burundis – die Entwicklungszusammenarbeit.

3   Gibt es eine grün-rote Außen- und Europapolitik?

Die Parteiendifferenzhypothese (Hibbs 1977) postuliert einen maßgeblichen Einfluss der parteipolitischen Zusammensetzung einer Regierung auf die Staatstätigkeit. Abhängig von den Interessen ihrer Wähler verfolgen Parteien unterschiedliche Politiken. Gemäß der Parteiendifferenzhypothese lassen sich folgende Erwartungen für die Außen- und Europapolitik formulieren: Während alle drei Parteien grundsätzlich pro-europäisch und gegenüber internationalen Kooperationen offen eingestellt sind (vgl. Bakker et al. 2015), sollte die SPD sozialdemokratische Themen wie Arbeitnehmergerechtigkeit oder mehr Sozialausgaben befürworten, während die Grünen die Themen Umwelt, Nachhaltigkeit und Klimaschutz stärker in den Fokus setzen sollten. Die CDU wiederum sollte freien Handel, geringere staatliche Eingriffe in die Wirtschaft sowie eine erzeugerfreundliche EU-Agrarpolitik anstreben.

Der Kritik an der Parteiendifferenzhypothese folgend, laut der die Annahme einer problemlosen Übersetzung von politischen (Wahl-)programmen in Regierungshandeln zu vereinfachend sei (Schmidt und Ostheim 2007), soll im

Folgenden zunächst untersucht werden, ob die Parteien unterschiedliche Politikziele in ihren Wahlprogrammen definiert haben. Danach wird analysiert, welche Ziele und Maßnahmen von SPD und Grünen sich im Koalitionsvertrag widerspiegeln, um diese schließlich mit dem tatsächlichen außenpolitischen Handeln der grün-roten Landesregierung zu vergleichen.

3.1 Die Wahlprogramme der Grünen, der SPD und der CDU im Vergleich

In den Wahlprogrammen von Grünen, SPD und CDU zeigen sich hinsichtlich der Außen- und Europapolitik trotz aller Differenzen im Detail viele grundsätzliche Gemeinsamkeiten. Alle Parteien wollen das Land als starken Wirtschafts-und Wissenschaftsstandort in der Mitte Europas erhalten. Grenzüberschreitender Handel und internationale Verflechtungen werden als zentrale Determinanten für den Wohlstand im Land anerkannt. Der Wandel, den Grüne und SPD anstreben, bezieht sich also vor allem auf die Umorientierung bestehender Politiken auf zusätzliche Ziele, nämlich die (ökologische) Nachhaltigkeit bei den Grünen und soziale Sicherheit für die SPD.

So bekennen sich die Grünen in ihrem Wahlprogramm (Bündnis 90/Die Grünen Baden-Württemberg 2010) klar zu Europa. Kernthemen der Partei, z. B. der sparsamere Umgang mit Energieressourcen oder der Klimaschutz, spiegeln sich in dem Programm in den Bereichen zur Europa- und Entwicklungspolitik wider. Um das Ziel einer ökologischen Wirtschaft in Baden-Württemberg realisieren zu können, müssten europäische „umwelt- und klimaschonende Rahmenbedingungen" geschaffen sowie eine „konsequente ökologische Energiepolitik, die den Herausforderungen des Klimawandels gerecht wird" betrieben werden (ibid., S. 19). Ebenso solle die ökologische Dimension in der Wirtschaftspolitik der EU stärker berücksichtigt werden. Im Hinblick auf europaweite Regeln für die Automobilbranche kritisieren die Grünen, dass die schwarz-gelbe Regierung den Kommissionsvorschlag zur CO_2-Regulierung für neu zugelassene leichte Nutzfahrzeuge abschwächen wollte und der Vorschlag im Bundesrat als wirtschaftlich nicht tragfähig erklärt wurde (ibid., S. 22). Im Gegensatz dazu würden die Grünen die Umsetzung der Richtlinie befürworten (ibid., S. 22) sowie die CO_2-Grenzwerte auf europäischer Ebene „mittelfristig" senken wollen (ibid., S. 19). Eine weitere zentrale Forderung im grünen Wahlprogramm ist die Reform der europäischen Agrarpolitik. Da die bisherige Agrarpolitik vor allem industriellen Landwirtschaftsunternehmen nutze, fordert die Partei eine Reform der EU-Agrarsubventionen sowie die Berücksichtigung von ökologischen Kriterien in

EU-Förderprogrammen (ibid., S. 70). Auch in der Flüchtlingspolitik verweisen die Grünen auf die Rolle der EU. Um die humanitäre Situation der Flüchtlinge zu verbessern, sollten Abschiebungen nach Griechenland ausgesetzt werden (ibid., S. 189) und Baden-Württemberg jährlich ein bestimmtes Kontingent an Flüchtlingen aufnehmen (ibid., S. 190 f.). Hinsichtlich der institutionellen Partizipationsmöglichkeiten fordern die Grünen eine stärkere Vernetzung des Landtags mit dem Europäischen Parlament und eine Reform des AdR (ibid., S. 233).

Die Grünen weisen in ihrem Wahlprogramm auch auf die internationale Ebene einer Außenpolitik Baden-Württembergs hin. Während die letzte Landesregierung ihren Fokus auf die wirtschaftliche Dimension der Außenpolitik gelegt habe, fordert die Partei, die Bildungspolitik in den Fokus der Entwicklungszusammenarbeit zu stellen (ibid., S. 39 f.). Daneben betonen die Grünen die Aspekte Umwelt, Nachhaltigkeit und Sozialstandards in der Entwicklungszusammenarbeit (ibid., S. 21, 23, 40 f., 66). Im Hinblick auf internationale Kooperationen fordern die Grünen die „Wiederbelebung" des Partnerschaftsprogramms mit Burundi.

Gemäß der Erwartung der Parteiendifferenzhypothese definieren die Sozialdemokraten in ihrem „Regierungsprogramm 2011–2016" ein sozialeres Europa mit „soziale[n] Mindeststandards, faire[n] Löhne, eine[m] guten Gesundheits- und Arbeitsschutz sowie Mitbestimmung und Teilhabe der Arbeitnehmerinnen und Arbeitnehmer" als Kernziel ihrer Europapolitik (SPD Baden-Württemberg 2010). Des Weiteren fordert die SPD eine größere Steuergerechtigkeit auf nationaler und europäischer Ebene (ibid, S. 89) sowie eine stärkere Regulierung der Finanzmärkte (ibid, S. 88). Während die Kompetenzen der EU im Finanzbereich gestärkt werden sollen, kritisiert die SPD die Vorschläge der EU zur Liberalisierung und Privatisierung der kommunalen öffentlichen Daseinsvorsorge (ibid, S. 95). Im Gegensatz zu Schwarz-Gelb würde die SPD „den landespolitischen Spielraum nutzen, um die Daseinsvorsorge in der öffentlichen Hand zu halten" (ibid, S. 95). Ebenso wie die Grünen fordern die Sozialdemokraten in ihrem Manifest eine effizientere und ressourcenärmere Energiepolitik (ibid, S. 64). Um die Zusammenarbeit mit den Grenzregionen zu vertiefen, sollen bestehenden Kooperationen am Oberrhein, Hochrhein und Bodensee transparenter und effektiver gestaltet werden, die Initiative „Vier Motoren für Europa" und Partnerschaften mit Osteuropa gestärkt werden (ibid, S. 107). Ebenso wie die Grünen will die SPD die Partnerschaft mit Burundi ausbauen. Des Weiteren sollten die Kommunen bei Aufträgen mit Entwicklungsländern die Erfüllung von sozialen und ökologischen Mindeststandards stärker berücksichtigen. Im Vergleich zum bildungspolitischen Schwerpunkt der Entwicklungszusammenarbeit der Grünen betont die SPD mehrere Ziele einer baden-württembergischen Entwicklungspolitik. Neben der Stärkung der Beziehung zwischen Staat und Zivilgesellschaft in den Entwicklungsländern und einem stärkeren Kulturaustausch wolle die SPD die wirtschaftliche Zusammenarbeit, die „im beiderseitigen Interesse" liege, verbessern (ibid., S. 109).

Die CDU schließlich fordert in ihrem Wahlprogramm ebenfalls eine aktive Rolle Baden-Württembergs in der EU (CDU Baden-Württemberg 2010). Zentral ist hier die Donaustrategie, die in den Bereichen Bildung, Wirtschaft und Forschung ausgebaut werden soll (ibid., S. 73). Im Gegensatz zu den Grünen und der SPD gehen die Christdemokraten in ihrem Programm auf die Erweiterungspolitik der EU ein, indem sie „Alternativen zu einer EU-Vollmitgliedschaft der Türkei" fordern (ibid., S. 73). In Übereinstimmung mit der Parteiendifferenzhypothese fordert die CDU zudem die Reduzierung von Regulierungen für Unternehmen „um 25 % bis 2012"; zur Erreichung dieses Ziels soll nach Ansicht der CDU ein „Europäische[r] Normenkontrollrat[…] nach deutschem Vorbild" eingerichtet werden (ibid., S. 73). Ebenso wie die SPD fordert die CDU eine stärkere Regulierung des Finanzsektors auf EU-Ebene (ibid., S. 74). Darüber hinaus wolle die baden-württembergische CDU mehr EU-Haushaltsmittel für die Bereiche Innovationen und Forschung sowie eine verstärkte Förderung wirtschaftsstarker Regionen in der zukünftigen europäischen Strukturpolitik erreichen (ibid., S. 74). Ebenso wie die Grünen geht die CDU in ihrem Wahlmanifest auf die Agrarpolitik der EU ein. Die Forderung der Partei ist dabei mit den Interessen der konventionellen Landwirtschaft, die traditionell eng mit der CDU verbunden sind (Rieger 2007), konform (vgl. Hartung/Tosun i. d. B.).

In ihrem Wahlprogramm formuliert die CDU auch Ziele auf internationaler Ebene. Neben dem Ausbau der Entwicklungszusammenarbeit anhand von „neuen gezielten Projekten" sollen Partnerschaften mit Entwicklungsländern im Bereich der beruflichen Ausbildung ausgebaut werden (CDU Baden-Württemberg 2010, S. 74). Während alle Parteien die bildungspolitische Dimension in der Entwicklungszusammenarbeit für wichtig erachten, ist der Ausbau internationaler Wirtschaftskooperationen mit aufstrebenden Märkten, wie z. B. den BRIC- und ASEAN-Staaten, ein weiterer Schwerpunkt für die CDU. Im Gegensatz zu den Grünen und der SPD wird die Partnerschaft zu Burundi im Wahlprogramm der CDU nicht erwähnt. Allerdings unterhält die CDU seit Jahren enge Verbindungen zu dem Land, die auch während der grün-roten Regierungszeit gepflegt wurden (Stuttgarter Zeitung 2015).

3.2   Der grün-rote Koalitionsvertrag

Der Koalitionsvertrag von Bündnis90/Die Grünen und SPD (2011) macht deutlich, wie stark eine Landesregierung für das Erreichen ihrer (Reform-)Ziele auf die Zusammenarbeit mit anderen Bundesländern, dem Bundestag und der Bundesregierung angewiesen ist. Mehrfach fordern die Koalitionspartner „bundesweite" oder „bundeseinheitliche" Regelungen, nehmen sich einen „Einsatz auf der Bundesebene" für oder gegen bestimmte Vorhaben vor, oder kündigen konkrete „Bundesratsinitiativen" an. Interessanterweise werden weder der Bundesrat noch die Bundesebene im Unterkapitel zur Europa- und Außenpolitik des Koalitionsvertrags erwähnt. Allgemein wolle die Koalition aus Grünen und SPD „Baden-Württemberg in Europa eine starke Stimme geben und auf der europäischen Bühne eine aktive Rolle spielen" (ibid., S. 73). Im Koalitionsvertrag finden sich die Kernforderungen beider Parteien wieder. Die Landesregierung werde sich sowohl für eine klima- und umweltschützende als auch für eine sozialere EU einsetzen (ibid., S. 73). Die Forderungen nach „soziale[n] Mindeststandards, faire[n] Löhne[n], den umfassenden Schutz vor Diskriminierung, einen guten Gesundheits- und Arbeitsschutz sowie Mitbestimmung und Teilhabe der Arbeitnehmerinnen und Arbeitnehmer" (ibid., S. 73) des Koalitionsvertrags sind dabei fast identisch mit dem Wahlprogramm der SPD. Weitere Ziele des Programms, die der SPD zugerechnet werden können, sind der Einsatz der Landesregierung für die Bewahrung des dreigliedrigen Bankensystems und eine kommunale Daseinsvorsorge in öffentlicher Hand (ibid., S. 74); wobei im Koalitionsvertrag die Wasserversorgung als zentraler Punkt der kommunalen Daseinsvorsorge neu hinzugekommen ist. Des Weiteren nimmt der Koalitionsvertrag die Forderungen der SPD nach mehr Effizienz und Transparenz bei den Partnerschaften am Oberrhein, Hochrhein und Bodensee (ibid., S. 75) sowie nach der Berücksichtigung von sozialen (und ökologischen) Standards bei der Vergabe von internationalen öffentlichen Aufträgen auf (ibid., S. 76). Die grüne Forderung einer ökologischen und nachhaltigen Wirtschaftlichkeit findet sich in der Absicht der Landesregierung ihre „Verantwortung für die Nachhaltigkeit und Stabilität, für eine soziale, ökologische, demokratische und transparente Europäische Union aktiv wahr[zu] nehmen" (ibid., S. 73). Die einzigen konkreten Maßnahmen dazu sind jedoch nur die (in keinem Wahlprogramm enthaltene, aber maßgeblich von den Grünen und der Heinrich-Böll-Stiftung entwickelte) Schaffung einer „Europäischen Gemeinschaft für Erneuerbare Energien (ERENE)" (Euractiv.de 2010) sowie die Ankündigung einer „Initiative für eine Revision des EURATOM-Vertrags" (ibid., S. 75). Zudem wird gemäß dem grünen Wahlprogramm die Teilnahme an bundesweiten Programmen zur Ansiedlung eines „angemessenen Kontingents" von Flüchtlingen („resettlement") angekündigt (ibid., S. 72). Auch wurde die grüne Forderung nach einer Reform des AdR in den Koalitionsvertrag aufgenommen.

Weitere europapolitische Ziele, die in den Wahlprogrammen der Parteien keine Rolle gespielt haben, sind die angestrebte Zusammenarbeit mit Kommunen,

Nichtregierungsorganisationen und Verbänden, die bei der Öffentlichkeits- und Bildungsarbeit zu Europathemen unterstützt werden sollen (ibid., S. 74). Zudem will die neue Landesregierung die „Europafähigkeit" der Verwaltung durch Fortbildungsmaßnahmen und einer Weiterentwicklung des „dynamischen Europapools" stärken (ibid., S. 74). Neu ist ebenso das Ziel die Mittelvergabe aus den europäischen Strukturfondsmittel transparenter, koordinierter und nachhaltiger zu gestalten (ibid., S. 74). Interessanterweise nimmt der Koalitionsvertrag mit der Donauraumstrategie einen Schwerpunkt des CDU-Wahlprogramms auf (ibid., S. 75). Da jedoch die Nachhaltigkeit der Makrostrategie im Koalitionsvertrag betont wird, ist der Einfluss der Grünen sichtbar. Wie von beiden Koalitionspartnern in ihren Wahlprogrammen gefordert soll der Bildungsaspekt in der Entwicklungspolitik gestärkt werden (ibid., S. 76). Während der Ausbau der Partnerschaft mit Burundi bereits in beiden Wahlprogrammen anvisiert wurde, ist der Koalitionsvertrag mit der Ankündigung einer Servicestelle in der burundischen Hauptstadt Bujumbura konkreter (ibid., S. 75).

Einige zentrale Ziele beider Parteien finden sich interessanterweise im Koalitionsvertrag nicht mehr wieder. Während die Forderungen der SPD nach einer Reform des Umsatzsteuerrechts und einer stärkeren Regulierung des Finanzmarkts nicht im Koalitionsvertrag enthalten sind, fehlen die Ziele von niedrigeren CO_2-Grenzwerte für Automobile und einer Reform der EU-Agrarsubventionen für die Grünen. Und obwohl die Zuständigkeit des Landtags für Europafragen im Koalitionsvertrag bekräftigt wird (ibid., S. 74), werden die konkreteren Maßnahmen des grünen Wahlmanifests zur verstärkten Partizipation nicht aufgegriffen.

3.3   Die Außen- und Europapolitik der grün-roten Landesregierung 2011–2015

Inwieweit wurde der Koalitionsvertrag tatsächlich in die Realität umgesetzt, und wie hat das politische Umfeld während der Legislaturperiode das grün-rote Regierungshandeln beeinflusst? In der ersten Regierungserklärung von Ministerpräsident Kretschmann vom 25.05.2011 werden außen- und europapolitische Themen kaum thematisiert (Landtag BW 2011a). Allgemein fordert Kretschmann, dass Baden-Württemberg als „europäische Kernregion [...] Motor einer nachhaltigen Entwicklung und Motor der weiteren Integration Europas gerade auch in schwierigen Zeiten sein" solle. Die (wenigen) konkreten Reformvorhaben in diese Richtung aus dem Koalitionsvertrag thematisiert er jedoch nicht.

Dennoch hat die Landesregierung an der Umsetzung vieler ihrer Vorhaben in diesem Politikfeld gearbeitet. Am 28.09.2011 hielt Europaminister Peter

Friedrich zum ersten Mal eine Regierungserklärung im baden-württembergischen Landtag, die sich ausschließlich mit Europa beschäftigte und dabei die Relevanz der Eurokrise für die Bundesländer sichtbar macht. In seiner Rede (Landtag BW 2011b) erklärte Friedrich die geplante Vergrößerung des temporären Europäischen Rettungsschirms (EFSF) und die Einrichtung des permanenten Europäischen Stabilitätsmechanismus (ESM) in Verbindung mit klaren Sparauflagen für Programmländer für notwendig und prinzipiell richtig. In der Abstimmung im Bundesrat stimmte Baden-Württemberg den entsprechenden Gesetzesvorschlägen ebenso wie alle anderen Länder mit Ausnahme Brandenburgs zu (FAZ 2012). Allerdings kritisierte Friedrich die Informationspolitik der Bundesregierung in Sachen Euro-Rettung. Es hätte im Jahr 2011 nicht „auch nur den Versuch" gegeben, den Bundesrat über die geplanten Änderungen bei der EFSF zu informieren, während zeitgleich „unter maximaler Fristverkürzung auf einen Tag" das entsprechende Gesetz nun im Bundesrat beschlossen werden solle. Daher habe Friedrich in seiner Funktion als Vorsitzender des Europaausschusses des Bundesrats in enger Kooperation mit Bayern als Sprecher der B-Länder[2] im Bundesrat und Berlin als Vorsitz der Europaministerkonferenz auf die Wahrung der Beteiligungsrechte des Bundesrats hingewirkt. Da Wolfgang Reinhart von der CDU die Forderung Friedrichs nach einer Beteiligung des Bundesrats an der Gesetzgebungsmaßnahme unterstützte, ist jedoch anzunehmen, dass eine CDU-geführte Landesregierung das gleiche Ziel verfolgt hätte. Die Forderung erscheint daher eher institutioneller Natur – vom Bundesrat als Kollektivorgan der Länder an die Bundesregierung gerichtet – als parteipolitisch geprägt zu sein.

Die Lösung der Euro-Krise war auch in den folgenden Jahren ein Schwerpunkt der Außen- und Europapolitik der grün-roten Koalition. In 10 von insgesamt 15 Berichten der Landesregierung zu europapolitischen Themen seit 2012 wird die Eurokrise thematisiert.[3] Häufig werden dabei auch die Beteiligungsrechte des Bundesrates an den Entscheidungen der Bundesregierung angesprochen. Nachdem ein erster, von Baden-Württemberg federführend entworfener Gesetzentwurf im Bundestag nicht mehr vor der Bundestagswahl 2013

---

[2]Die Unterteilung von A- und B-Ländern im Bundesrat orientiert sich an den Parteien der Landesregierungen. Während die SPD den Landeschef in A-Ländern stellt, sind Landesregierungen in B-Ländern CDU-geführt.

[3]Für das 3. Quartal 2012 wurde kein Bericht vorgelegt. Alle Berichte (Landtag BW 2012a, b, 2013a, b, c, d, 2014a, b, c, d, 2015a, b, c, d, 2016) decken auch außer-europäische Themen und mithin die gesamte Außen- und Europapolitik Baden-Württembergs ab.

verabschiedet werden konnte, initiierte die grün-rote Landesregierung 2014 einen neuen Anlauf zur Überarbeitung des „Gesetzes über die Zusammenarbeit von Bund und Ländern in Angelegenheiten der Europäischen Union" (Landtag BW 2015a). Allerdings wurde bis Februar 2016 kein neuer Gesetzentwurf ins parlamentarische Verfahren eingebracht. Ein zentrales Anliegen der Landesregierung, das jedoch nicht im Koalitionsvertrag vorhanden ist, konnte somit nicht erreicht werden.

Eine zentrale Rolle spielte die Landesregierung auch in der Asyl- und Migrationspolitik (vgl. Kostner i. d. B.), die seit Frühjahr 2015 im Zuge der europäischen Flüchtlingskrise breiten Raum in den Berichten der Landesregierung einnahm. Während sich die Landesregierung zu Beginn der Legislaturperiode zunächst – wie im Koalitionsvertrag angekündigt – an einem Resettlement-Programm für tunesische Flüchtlinge beteiligte (Landesregierung BW 2012), verfolgte sie bald eine deutlich restriktivere Asylpolitik, die Ministerpräsident Kretschmann den Ruf eines „grünen Hardliners" (Sueddeutsche Zeitung 2016) einbrachte. Auf Bundesebene konnte die Landesregierung – genau wie zuvor bei der Ausformulierung eines Atomendlager-Suchgesetzes (vgl. Wurster i. d. B.) – aufgrund dieser Positionierung im (ultra-)pragmatischen Flügel der grünen Partei jedoch einen vergleichsweise großen Einfluss ausüben. Insbesondere kam der Regierung eine besondere Rolle bei der Koordination derjenigen Länder zu, die zwischen 2011 und 2016 von den Grünen (mit-)regiert wurden. Während Baden-Württemberg im September 2014 noch entgegen der Position der Grünen im Bundestag und als einziges von SPD und Grünen regiertes Land dem ersten „Asylkompromiss" im Bundesrat zustimmte, womit es dessen Verabschiedung ermöglichte (Spiegel Online 2014), konnte im Oktober 2015 ein weiteres Asylpaket im Bundesrat mit den Stimmen Baden-Württembergs und diesmal auch mit breiter Mehrheit beschlossen werden. Die Grünen im Bundestag hatten sich hier der Stimme enthalten (Bayerischer Rundfunk Online 2015). Darüber hinaus hatte Baden-Württemberg bereits im Juni 2015 einen am 10. Juli verabschiedeten Antrag zur „Europäischen Migrationsagenda" in den Bundesrat eingebracht (Landtag BW 2015c, S. 3), der eine faire Lastenteilung in der Flüchtlingsfrage innerhalb der EU forderte. Dieses Ziel verfolgten Ministerpräsident Kretschmann und Minister Friedrich auch wiederholt direkt auf EU-Ebene in Gesprächen mit führenden Vertretern der EU-Kommission und EU-Botschaftern anderer Staaten, z. B. Polens (Landtag BW 2016, S. 5 f.). Bis zum Frühjahr 2016 konnten hier jedoch keine Erfolge erzielt werden. Da die Position der Landesregierung mit der Position der

CDU-geführten Bundesregierung sowie (grundsätzlich) der CDU Baden-Württembergs übereinstimmte, ist anzunehmen, dass eine schwarz-gelbe Landesregierung die gleiche Politik verfolgt hätte.[4]

Ein weiterer Schwerpunkt in der baden-württembergischen Europapolitik unter Grün-Rot lag auf der Umsetzung der Donauraumstrategie. Die Relevanz des Themas ist auch in den Berichten der Landesregierung sichtbar. In 13 von insgesamt 15 Regierungserklärungen wurde die Donauraumstrategie thematisiert. Im Jahr 2015 übernahm Baden-Württemberg für zwei Jahre den Vorsitz des Jahresforums der Donauraumstrategie. Bereits im Jahr 2014 hatte das Land zudem den Zuschlag für die Einrichtung einer Koordinationsstelle, den sog. „Danube Strategy Point", erhalten, dessen Mitarbeiter die Kommission und die Projektpartner unterstützen. Er wurde im Mai 2015 in den Räumlichkeiten der Landesvertretung Baden-Württemberg in Brüssel eröffnet (Europa Zentrum Baden-Württemberg 2016). Der Schwerpunkt der baden-württembergischen Präsidentschaft der „Vier Motoren für Europa" von Juli 2012 bis Oktober 2013 lag wie bereits im Koalitionsvertrag angekündigt auf den Themen Zivilgesellschaft und Bürgerbeteiligung (Stuttgarter Zeitung 2012). Zudem begann die grün-rote Landesregierung die „Vier Motoren" mit der Donauraumstrategie zu vernetzen (Staatsministerium Baden-Württemberg o. A. -a).

Generell zeigt die Auswertung der europapolitischen Berichte, dass die Landesregierung unter Ministerpräsident Kretschmann kontinuierlich an der Verbesserung der interregionalen Kooperation und der Pflege grenzüberschreitender Partnerschaften gearbeitet hat. In zehn Berichten werden diesbezügliche Aktivitäten erwähnt, wobei die Regierung durchaus auch strittige Fragen, wie z. B. die Anflugkorridore des Züricher Flughafens, die Schweizer Zuwanderungsinitiative, oder die von Deutschland geforderte Stilllegung des französischen Atomkraftwerks (AKW) Fessenheim, mit den Nachbarstaaten erörtert hat. Während in den ersten beiden Punkte zumindest Teilerfolge erzielt wurden – der geplante Deutsch-Schweizerische Flugverkehrsabkommen liegt auf Eis (Neue Zürcher Zeitung 2015), die Annahme der Zuwanderungsinitiative hat bisher keine praktischen Konsequenzen für die Arbeitsmobilität (Neue Zürcher Zeitung 2016) – ist der Zeitpunkt der Abschaltung des AKW Fessenheim unsicher (SWR 2015).

---

[4]Die inhaltliche Nähe Kretschmanns zu Bundeskanzlerin Angela Merkel wurde vom CDU-Spitzenkandidaten im Wahlkampf zur Landtagswahl 2016, Guido Wolf, stark kritisiert. Wolf forderte schließlich eine Distanzierung Merkels von Kretschmann (Spiegel Online 2016).

Auch der Bereich der Entwicklungspolitik stellte einen Schwerpunkt im außenpolitischen Handeln der Landesregierung dar. Dies betrifft insbesondere die Partnerschaft mit Burundi, die 2014 – dem Koalitionsvertrag entsprechend – auf eine neue vertragliche Basis gestellt wurde. Ebenfalls wurde im Mai 2014 ein Partnerschaftszentrum für alle Fragen der Zusammenarbeit zwischen den beiden Partnern in Stuttgart eingerichtet (Staatsministerium Baden-Württemberg o. A. -b). Die im Koalitionsvertrag angekündigte Einrichtung einer Servicestelle in der burundischen Hauptstadt ist hingegen bisher nicht erfolgt. Aufgrund gewaltsamer Ausschreitungen in Burundi im Herbst 2015 liegen zudem die offiziellen Kontakte zur burundischen Regierung seit Ende 2015 auf Eis (Staatsministerium Baden-Württemberg 2015a).

Während die bisher genannten Themen, mit Ausnahme der Flüchtlingskrise, den kompletten Zeitraum von 2012–2015 betreffen, gab es auch einige nur zeitweise wichtigen Themen. So wird in 7 Berichten zwischen 2012 und 2014 über die Verhandlungen zum mehrjährlichen EU-Finanzrahmen 2014–2020 sowie die Verteilung der Strukturfondsmittel innerhalb Deutschlands informiert. Seit Ende 2013 stand die neue EU-Alpenraumstrategie fast durchgängig auf der außenpolitischen Agenda. Weitere Themen, die in mindestens 4 Berichten thematisiert werden, sind die Erweiterung der EU (insb. um Kroatien), die Europäische Öffentlichkeitsarbeit, der sich die Landesregierung im Kontext ihrer „Politik des Gehörtwerdens" verschrieben hat, die Klima- und Energiepolitik, insb. im Kontext der Klimaverhandlungen in Paris Ende 2015, sowie das geplante Freihandelsabkommen TTIP zwischen der EU und den USA (vgl. Hörisch i. d. B.). Hinsichtlich letztem wurde im September 2015 der sogenannte TTIP-Beirat eingerichtet, der sowohl die Landesregierung beraten als auch die Zivilgesellschaft und andere Akteure, wie z. B. Kommunen oder Kirchen, über den Verhandlungsstand informieren soll (Staatsministerium Baden-Württemberg 2015b).

Keine Ergebnisse konnte die Landesregierung mit Blick auf die Schaffung der Europäischen Gemeinschaft für Erneuerbare Energien (ERENE) erzielen; auch die Revision des EURATOM-Vertrags wurde nicht aktiv verfolgt. Beide Ziele finden sich nicht in den Berichten der Landesregierung. Allerdings wurden sie von den Grünen als explizite Wahlziele für die Landtagswahl 2016 definiert (Bündnis 90/Die Grünen Baden-Württemberg 2015).

4   Kontinuität oder Wandel? Ein Vergleich der grün-roten Außen- und Europapolitik mit der Politik der Vorgängerregierungen sowie der Regierungen anderer Bundesländer 2011–2016

Um die Frage nach Kontinuität oder Wandel in der baden-württembergischen Außenpolitik unter Grün-Rot zu beantworten, soll diese mit der Außenpolitik vorheriger baden-württembergischer Landesregierungen verglichen werden. Zentrale Themen in der Außenpolitik unter der schwarz-gelben Landesregierung von 2006 bis 2011 waren der EU-Reformprozess mit dem Vertrag von Lissabon, die Bekämpfung der Eurokrise sowie die Verhandlungen zum Mehrjährigen Finanzrahmen 2007–2013 mit der dazugehörigen Verteilung der regionalen Fördermittel. Wie oben beschrieben finden sich diese Themen mit leicht veränderten Vorzeichen auch unter Grün-Rot. Sogar in Themengebieten der Außenpolitik, in denen ein Politikwechsel besonders wahrscheinlich erscheint, zeigen sich Kontinuitätslinien: In der Energiepolitik z. B. verfolgte Schwarz-Gelb unter Stefan Mappus zwar einerseits die Themen Versorgungssicherheit und Preisstabilität, z. B. durch die Schaffung eines einheitlichen Energiebinnenmarktes (Landtag BW 2007), andererseits setzte sich Baden-Württemberg auch auf Bundesebene für „europapolitisch wichtige Politikfelder wie Klimaschutz" (Landtag BW 2010, S. 13) ein. Auch startete die Landesregierung bereits im März 2007 eine umfangreiche Nachhaltigkeitsstrategie zur Umsetzung der entsprechenden EU-Strategie (Landtag BW 2007, S. 98) und ergriff konkrete Maßnahmen zur Steigerung der Energieeffizienz, um die vorgegebenen Ziele der EU-Kommission zu erreichen. Die stärkere Betonung von Nachhaltigkeit und Ökologie durch die Regierung Kretschmann stellt somit keinen grundlegenden Wandel dar.

Die bestehenden inter-regionalen Partnerschaften Baden-Württembergs wurden unter Grün-Rot weitergeführt bzw. ausgebaut. Dabei hat die Landesregierung in einigen Partnerschaften neue Akzente gesetzt, z. B. die stärkere Fokussierung der Vier Motoren für Europa auf die Themen Zivilgesellschaft und Bürgerbeteiligung und die Verbindung zur Donauraumstrategie. Tief greifende Reformen, wie z. B. die Schaffung neuer Partnerschaften, sind aber nicht erkennbar. Dies gilt auch für internationale Partnerschaften Baden-Württembergs. Die Verknüpfung zwischen Wirtschaft- und Außenpolitik, die die Grünen in ihrem Wahlprogramm an der schwarz-gelben Vorgängerregierung kritisiert hatten, wurde unter Kretschmann fortgeführt (Große Hüttmann 2015). Große Kontinuität zeigt sich schließlich auch bei der Umsetzung der Donauraumstrategie. Da der Grundstein der makroregionalen Strategie bereits im Jahr 2006 auf Initiative Baden-Württembergs gelegt wurde (Landtag BW 2007, S. 64) und Schwarz-Gelb stark für die

Verabschiedung der Strategie eingetreten ist (Landtag BW 2010), scheint die zentrale Rolle des Donauraums nicht parteipolitisch motiviert zu sein.

Ähnliche Pionierarbeit hat Schwarz-Gelb auch hinsichtlich der Partizipations- und Kontrollrechte des Landtags in der Europapolitik geleistet. Nach Aussage von Andreas Voßkuhle, dem Präsidenten des Bundesverfassungsgerichts, existierten im April 2012 „soweit ersichtlich, bisher keine vergleichbar weitreichenden Gesetze" wie das von Schwarz-Gelb vorangetriebene und im Februar 2011 in Kraft getretene Gesetz über die Beteiligung des Baden-Württembergischen Landtages in Angelegenheiten der Europäischen Union (Landtag BW 2012c).

Zusammenfassend weist die baden-württembergische Außenpolitik unter Ministerpräsident Kretschmann und Europaminister Friedrich eine große Kontinuität auf. Obwohl die grün-rote Koalition einige Schwerpunkte in der Außenpolitik neu gesetzt hat, fand der von den Grünen angekündigte „grundlegende Politikwandel" (Bündnis 90/Die Grünen Baden-Württemberg 2010) in der Außenpolitik nicht statt.

5   Fazit: Viel Kontinuität, wenig Wandel in der baden-württembergischen Außenpolitik unter Grün-Rot

Der Beitrag untersucht, ob und in welcher Hinsicht Baden-Württemberg zwischen 2011 und 2016 eine grün-rote Außen- und Europapolitik verfolgt hat. Unsere Analyse hat gezeigt, dass Grün-Rot sowohl über den Bundesrat als auch durch seine Präsenz in Brüssel und in internationalen Foren durchaus eigene Akzente, wie beispielsweise beim Umwelt- und Klimaschutz oder mit Blick auf die Bürgerbeteiligung bei europäischen und internationalen Vorhaben, gesetzt hat. Grundsätzlich führte die Regierung Kretschmann jedoch viele bereits von ihren Vorgängerregierungen verfolgte Politiken, z. B. in der Wirtschafts-, aber auch der Energiepolitik, fort. Auch bei den europäischen und internationalen Partnerschaften, z. B. mit Burundi, wurden bereits eingeschlagene Wege vertieft, aber nicht verlassen oder neu begangen. Das Ergebnis kann somit als „Viel Kontinuität, aber wenig Wandel" zusammengefasst werden.

Darüber hinaus wirft unsere Analyse Zweifel an der allgemeinen Gültigkeit der Parteiendifferenzhypothese auf. Vielmehr weist Große Hüttermann (2015) richtigerweise darauf hin, dass „das Thema Europa – trotz aller Krisen und Verwerfungen in den letzten Jahren – noch immer von einem breiten allgemeinen Konsens auf Seiten der Bürginnen und Bürger, der politischen Parteien und Verbände und insbesondere in der von den Exporten in den EU-Binnenmarkt profitierenden Wirtschaft in Baden- Württemberg getragen wird" (vgl. Hörisch i. d. B.), weshalb es sich schlecht für eine parteipolitische Profilierung eigne. Während der „permissive consensus" auf der nationalstaatlichen Ebene immer stärker von einem „constraining dissensus" abgelöst wird (Hooghe und Marks 2009), scheint dies auf die subnationale Ebene nicht zuzutreffen. Interessanterweise zeigt unser Beitrag selbst in ideologisch stark aufgeladenen Aspekten der Außenpolitik, wie z. B. der Energie- und Klimapolitik oder der Asyl- und Flüchtlingspolitik, keine bedeutsamen Unterschiede zwischen Grün-Rot und Schwarz-Gelb. Die Kontinuität lässt sich hierbei auch durch institutionelle Widerstände und Pfadabhängigkeiten erklären, die die Realisierung einer rein präferenzorientierten Nebenaußenpolitik des Landes verhindern. So sah sich die baden-württembergische Landesregierung ähnlich wie ein Jahrzehnt zuvor die rot-grüne Bundesregierung unter Gerhard Schröder „in fast allen Fragen, in denen [sie] zunächst versuchte, neue Wege zu beschreiten, […] rasch mit Sachzwängen und Reaktionen konfrontiert, die zu einer schrittweisen Rückführung der Neuansätze auf die Kontinuitätslinien deutscher Außenpolitik bis in die Details führten" (Maull 2007). So bleibt auch von Grün-Rot in Baden-Württemberg vor allem der Eindruck eines „neuen außenpolitischen Stil[s]" *(ibid.)* haften, der die Themen Nachhaltigkeit, Ökologie und Bürgerbeteiligung ins Zentrum des, zumindest rhetorischen, Handelns stellt.

Literatur

Aldecoa, F., und M. Keating. 1999. *Paradiplomacy in action. The foreign relations of subnational governments.* London: Frank Cass.

Bache, I., und M. Flinders, Hrsg. 2004. *Multi-level governance.* Oxford: Oxford University Press.

Bakker, R., C. de Vries, E. Edwards, L. Hooghe, S. Jolly, G. Marks, J. Polk, J. Rovny, M. R. Steenbergen, und M. A. Vachudova. 2015. Measuring party positions in Europe: The Chapel Hill expert survey trend file, 1999–2010. *Party Politics* 21 (1): 143–152.

Bayerischer Rundfunk Online. 2015. *Klare Mehrheit für schnellere Asylverfahren.* http://www.br.de/nachrichten/asylpaket-bundesrat-100.html. Zugegriffen: 01. Febr. 2016.

Benz, A. 2009. *Politik in Mehrebenensystemen.* Wiesbaden: VS Verlag.

Blatter, J., M. Kreutzer, M. Rentl, und J. Thiele. 2008. The foreign relations of European regions: Competences and strategies. *West European Politics* 31 (3): 464–490.

Broz, J. L. 2005. Congressional politics of international financial rescues. *American Journal of Political Science* 49 (3): 479–496.

Bündnis 90/Die Grünen Baden-Württemberg. 2010. *Das Neue Programm für Baden-Württemberg.* Stuttgart: Bündnis 90/Die Grünen BW.

Bündnis 90/Die Grünen Baden-Württemberg. 2015. *Grün aus Verantwortung für Baden-Württemberg.* Stuttgart:Bündnis 90/Die Grünen Baden-Württemberg.

Bündnis 90/Die Grünen Baden-Württemberg und SPD Baden-Württemberg. 2011. *Der Wechsel beginnt. Koalitionsvertrag zwischen BÜNDNIS 90/DIE GRÜNEN und der SPD Baden-Württemberg.* Stuttgart: Bündnis 90/Die Grünen Baden-Württemberg, SPD Baden-Württemberg.

CDU Baden-Württemberg. 2010. *Chancen Ergreifen. Wohlstand Sichern. Der Baden-Württemberg-Weg im Neuen Jahrzehnt. Regierungsprogramm der CDU Baden-Württemberg.* Stuttgart: CDU Landesverband Baden-Württemberg.

Euractiv.de. 2010. *ERENE-Initiative.*http://www.euractiv.de/section/energie-und-klimaschutz/linksdossier/erene-initiative. Zugegriffen: 30. Apr. 2016.

Europa Zentrum Baden-Württemberg. 2016. *Durchführung und Steuerung der Donauraumstrategie.* http://donauraumstrategie.de/akteure/durchfuehrung-und-steuerung/. Zugegriffen: 01. Febr. 2016.

Europäische Kommission. 2016a. *An EU strategy for the Alpine region.* http://ec.europa.eu/regional_policy/en/policy/cooperation/macro-regional-strategies/alpine. Zugegriffen: 01. Apr. 2016.

Europäische Kommission. 2016b. *EU strategy for the Danube region.* http://ec.europa.eu/regional_policy/en/policy/cooperation/macro-regional-strategies/danube. Zugegriffen: 01. Apr. 2016.

FAZ. 2012. *Bundestag und Bundesrat billigen Fiskalpakt und ESM.*http://www.faz.net/aktuell/politik/karlsruhe-prueft-klagen-bundestag-und-bundesrat-billigen-fiskalpakt-und-esm-11805001.html. Zugegriffen: 30. Apr. 2016.

Finke, D. 2009. Domestic politics and European treaty reform: Understanding the dynamics of governmental position-taking. *European Union Politics* 10 (4): 482–506.

Fischer, T. 2001. Die Europapolitik der deutschen Länder. In *Baden-Württemberg und seine Partnerregionen,* Hrsg. T. Fischer und S. Frech, 16–34. Stuttgart: Landeszentrale für Politische Bildung Baden-Württemberg.

Fischer, T., und S. Frech. 2001. „Vier Motoren für Europa" – Baden-Württembergs Partnerregionen. In *Baden-Württemberg und seine Partnerregionen,* Hrsg. T. Fischer und S. Frech, 9–15. Stuttgart: Landeszentrale für Politische Bildung Baden-Württemberg.

Gabriel, O. W., und B. Korneliu. 2011. Die baden-württembergische Landtagswahl vom 27. März 2011: Zäsur und Zeitenwende. *Zeitschrift für Parlamentsfragen* 42 (4): 784–804.

Genschel, P., und M. Jachtenfuchs, Hrsg. 2013. *Beyond the regulatory polity? The European integration of core state powers.* Oxford: Oxford University Press.

Gerring, J. 2007. *Case study research. Principles and practices.* Cambridge: Cambridge University Press.

Grasl, M. K. 2008. Trennen sich die Wege? Die Bundes- und Europapolitik der Länder. In *Die Politik der Bundesländer. Staatstätigkeit im Vergleich,* Hrsg. A. Hildebrandt und F. Wolf, 311–329. Wiesbaden: VS Verlag.

Große Hüttmann, M. 2015. Eine Bilanz der Europapolitik der grün-roten Landesregierung. In: *Der Bürger im Staat. Fünf Jahre Grün-Rot,* Hrsg. S. Frech, 231–239. Stuttgart: Landeszentrale für politische Bildung Baden-Württemberg.

Große Hüttmann, M., und A. Eppler. 2009. Die Europapolitik Baden-Württembergs im Dreieck Stuttgart-Berlin-Brüssel. In *Handbuch Europapolitik,* Hrsg. S. Frech, M. Große Hüttmann und R. Weber, 11–31. Stuttgart: Kohlhammer.

Große Hüttmann, M., und M. Knodt. 2003. „Gelegentlich die Notbremse ziehen...": die deutschen Länder als politische Teilhaber und Ideengeber im europäischen Mehrebenensystem. *Österreichische Zeitschrift für Politikwissenschaft* 32 (3): 285–302.

Hartung, U., und J. Tosun. i. d. B. Wie „grün" wurde die Agrar- und Verbraucherpolitik unter Grün-Rot? In *Das grün-rote Experiment–Eine Bilanz der Landesregierung Kretschmann*, Hrsg. F. Hörisch und S. Wurster. Wiesbaden: Springer VS.

Hibbs, D. 1977. Political parties and macro economic policy. *American Political Science Review* 71:1467–1487.

Hooghe, L., und G. Marks. 2009. A postfunctionalist theory of European integration: From permissive consensus to constraining dissensus. *British Journal of Political Science* 39 (01): 1–23.

Hörisch, F. i. d. B. Finanz- und Wirtschaftspolitik unter dem Eindruck der Finanzkrise. In *Das grün-rote Experiment–Eine Bilanz der Landesregierung Kretschmann*, Hrsg. F. Hörisch und S. Wurster. Wiesbaden: Springer VS.

Internationale Bodensee Konferenz. 2016. *Geschäftsberichte*. http://www.bodenseekonferenz.org/35457/Service/Veroeffentlichungen/Geschaeftsberichte/index_v2.aspx?addhilite=vorsitz. Zugegriffen: 30. Apr. 2016.

Kaarbo, J., und R. K. Beasley. 2008. Taking it to the extreme: The effect of coalition cabinets on foreign policy. *Foreign Policy Analysis* 4 (1): 67–81.

Kaarbo, J., und J. S. Lantis. 2003. The 'Greening' of German foreign policy in the Iraq case: Conditions of junior party influence in governing coalitions. *Acta Politica* 38 (3): 201–230.

Knodt, M., und A. Corcaci. 2012. *Europäische Integration Anleitung zur theoriegeleiteten Analyse*. Stuttgart: UTB.

Kostner, S. i. d. B. Asyl und Integration: Aufbrüche in stürmischen Zeiten. In *Das grün-rote Experiment – Eine Bilanz der Landesregierung Kretschmann*, Hrsg. F. Hörisch und S. Wurster. Wiesbaden: Springer VS.

Kuznetsov, A. S. 2015. *Theory and practice of paradiplomacy. Subnational governments in international affairs*. London: Routledge.

Landesregierung BW. 2012. *Baden-Württemberg nimmt Flüchtlinge aus Tunesien auf*. http://www.baden-wuerttemberg.de/de/service/presse/pressemitteilung/pid/baden-wuerttemberg-nimmt-fluechtlinge-aus-tunesien-auf. Zugegriffen: 30. Apr. 2016.

Landesregierung BW. 2014. *EU genehmigt INTERREG A-Programme „Oberrhein" und „Alpenrhein-Bodensee-Hochrhein"*. https://www.baden-wuerttemberg.de/de/service/presse/pressemitteilung/pid/eu-genehmigt-interreg-a-programme-oberrhein-und-alpenrhein-bodensee-hochrhein. Zugegriffen: 30. Apr. 2016.

Landesregierung BW. 2016. *Bundesratsminister Peter Friedrich*. https://www.baden-wuerttemberg.de/de/regierung/landesregierung/mitglieder-der-landesregierung/peter-friedrich. Zugegriffen: 30. Apr. 2016.

Landtag BW. 2007. *Drucksache 14/1780. Bericht über die Europapolitik der Landesregierung im Jahre 2006/2007*. http://www.landtag-bw.de/files/live/sites/LTBW/files/dokumente/WP14/Drucksachen/1000/14_1780_D.pdf. Zugegriffen: 30. Apr. 2016.

Landtag BW. 2010. *Drucksache 14/7000. Bericht über die Europapolitik der Landesregierung in den Jahren 2009/2010*. http://www.landtag-bw.de/files/live/sites/LTBW/files/dokumente/WP14/Drucksachen/7000/14_7000_D.pdf. Zugegriffen: 30. Apr. 2016.

Landtag BW. 2011a. *Plenarprotokoll 15/4, 25.05.2011*. https://www.landtag-bw.de/files/live/sites/LTBW/files/dokumente/WP15/Plp/15_0004_25052011.pdf. Zugegriffen: 30. Apr. 2016.

Landtag BW. 2011b. *Plenarprotokoll 15/13, 28.09.2011*. https://www.landtag-bw.de/files/live/sites/LTBW/files/dokumente/WP15/Plp/15_0013_28092011.pdf. Zugegriffen: 30. Apr. 2016.

Landtag BW. 2012a. *Drucksache 15/1706.* https://www.landtag-bw.de/files/live/sites/ LTBW/files/dokumente/WP15/Drucksachen/1000/15_1706_D.pdf. Zugegriffen: 30. Apr. 2016.

Landtag BW. 2012b. *Drucksache 15/2305.* http://www.landtag-bw.de/files/live/sites/LTBW/ files/dokumente/WP15/Drucksachen/2000/15_2305_D.pdf. Zugegriffen: 30. Apr. 2016.

Landtag BW. 2012c. *Festsitzung des Landtags von Baden-Württemberg. Am 25. April 2012 aus Anlass des 60. Jahrestags der Gründung des Landes Baden-Württemberg.* https:// www.landtag-bw.de/files/live/sites/LTBW/files/dokumente/informationsmaterial/Doku-mentation_60_Jahre_2012.pdf. Zugegriffen: 25. Febr. 2016.

Landtag BW. 2013a. *Drucksache 15/2853.* http://www.landtag-bw.de/files/live/sites/LTBW/ files/dokumente/WP15/Drucksachen/2000/15_2853_D.pdf. Zugegriffen: 30. Apr. 2016.

Landtag BW. 2013b. http://www.landtag-bw.de/files/live/sites/LTBW/files/dokumente/ WP15/Drucksachen/3000/15_3238_D.pdf. Zugegriffen: 30. Apr. 2016.

Landtag BW. 2013c. *Drucksache 15/3703.* https://www.landtag-bw.de/files/live/sites/LTBW/ files/dokumente/WP15/Drucksachen/3000/15_3703_D.pdf. Zugegriffen: 30. Apr. 2016.

Landtag BW. 2013d. *Drucksache 15/4133.* https://www.landtag-bw.de/files/live/sites/LTBW/ files/dokumente/WP15/Drucksachen/4000/15_4133_D.pdf. Zugegriffen: 30. Apr. 2016.

Landtag BW. 2014a. *Drucksache 15/4460.* https://www.landtag-bw.de/files/live/sites/LTBW/ files/dokumente/WP15/Drucksachen/4000/15_4460_D.pdf. Zugegriffen: 30. Apr. 2016.

Landtag BW. 2014b. *Drucksache 15/4990.* https://www.landtag-bw.de/files/live/sites/LTBW/ files/dokumente/WP15/Drucksachen/4000/15_4990_D.pdf. Zugegriffen: 30. Apr. 2016.

Landtag BW. 2014c. *Drucksache 15/5430.* http://www.landtag-bw.de/files/live/sites/LTBW/ files/dokumente/WP15/Drucksachen/5000/15_5430_D.pdf. Zugegriffen: 30. Apr. 2016.

Landtag BW. 2014d. *Drucksache 15/5967.* https://www.landtag-bw.de/files/live/sites/LTBW/ files/dokumente/WP15/Drucksachen/5000/15_5967_D.pdf. Zugegriffen: 30. Apr. 2016.

Landtag BW. 2015a. *Drucksache 15/6363.* https://www.landtag-bw.de/files/live/sites/LTBW/ files/dokumente/WP15/Drucksachen/6000/15_6363_D.pdf. Zugegriffen: 30. Apr. 2016.

Landtag BW. 2015b. *Drucksache 15/6719.* https://www.landtag-bw.de/files/live/sites/LTBW/ files/dokumente/WP15/Drucksachen/6000/15_6719_D.pdf. Zugegriffen: 30. Apr. 2016.

Landtag BW. 2015c. *Drucksache 15/7122.* http://www.landtag-bw.de/files/live/sites/LTBW/ files/dokumente/WP15/Drucksachen/7000/15_7122_D.pdf. Zugegriffen: 30. Apr. 2016.

Landtag BW. 2015d. *Drucksache 15/7616.* https://www.landtag-bw.de/files/live/sites/LTBW/ files/dokumente/WP15/Drucksachen/7000/15_7616_D.pdf. Zugegriffen: 30. Apr. 2016.

Landtag BW. 2016. *Drucksache15/7981.* https://www.landtag-bw.de/files/live/sites/LTBW/ files/dokumente/WP15/Drucksachen/7000/15_7981_D.pdf. Zugegriffen: 30. Apr. 2016.

Lecours, A. 2002. Paradiplomacy: Reflections on the foreign policy and international rela-tions of regions. *International Negotiation* 7 (1): 91–114.

Leuffen, D. 2007. *Cohabitation und Europapolitik. Politische Entscheidungsprozesse im Mehrebenensystem.* Baden-Baden: Nomos.

Maull, H. W. 2007. Deutschland als Zivilmacht. In *Handbuch zur deutschen Außenpolitil,* Hrsg. Gunther Hellmann, Reinhard Wolf, und Siegmar Schmidt, 73–84. Wiesbaden: VS Verlag.

Maull, H. W., S. Harnisch, und C. Grund Hrsg. 2003. *Deutschland im Abseits? Rot-grüne Außenpolitik 1998–2003.* Baden-Baden: Nomos.

Milner, H. V. 1997. *Interests, institutions, and information. Domestic politics and internati-onal relations.* Princeton: Princeton University Press.

Milner, H. V., und D. H. Tingley. 2010. The political economy of U.S. foreign aid: Ameri-can legislators and the domestic politics of aid. *Economics & Politics* 22 (2): 200–232.

Nass, K. O. 1986. „Nebenaußenpolitik" der Bundesländer. *Europa Archiv* 21 (2): 619–628.

Neue Zürcher Zeitung. 2015. *Berlin lässt Staatsvertrag in der Schublade.* http://www.nzz. ch/zuerich/region/berlin-laesst-staatsvertrag-in-der-schublade-1.18497053. Zugegriffen: 01. Febr. 2016.

Neue Zürcher Zeitung. 2016. *Der Volkswille spielt keine Rolle.* http://www.nzz.ch/schweiz/ zuwanderungsinitiative-und-freizuegigkeit-der-volkswille-spielt-keine-rolle-ld.4701. Zugegriffen: 01. Febr. 2016.

Nitschke, S. 2016. Niedersachsen im Bund und in der Europäischen Union. In *Politik und Regieren in Niedersachsen,* Hrsg. T. Nentwig, und C. Werwath, 381–399. Wiesbaden: VS Verlag.

Ostheim, T. 2007. Einsamkeit durch Zweisamkeit? Die Europapolitik der zweiten Regierung Schröder. In *Ende des rot-grünen Projekt. Eine Bilanz der Regierung Schröder 2002–2005,* Hrsg. C. Egle, und R. Zohlnhöfer, 480–509. Wiesbaden: VS Verlag.

Pfetsch, F. R. 2003. Die rot-grüne Außenpolitik. In *Das rot-grüne Projekt: eine Bilanz der Regierung Schröder 1998–2002,* Hrsg. C. Egle, T. Ostheim, und R. Zohlnhöfer, 381–398. Wiesbaden: Westdeutscher Verlag.

Rieger, E. 2007. Bauernverbände. Agrarische Interessenpolitik, institutionelle Ordnung und politischer Wettbewerb. In *Interessenverbände in Deutschland,* Hrsg. T. Winter, und U. Willems, 294–315. Wiesbaden: VS Verlag.

Risse, T. 2004. Kontinuität durch Wandel: Eine „neue" deutsche Außenpolitik? *Aus Politik und Zeitgeschichte* 54 (11): 24–31.

Risse-Kappen, T. 1991. Public opinion, domestic structure, and foreign policy in liberal democracies. *World Politics* 43 (4): 479–512.

Rowe, C. 2011. *Regional representations in the EU. Between diplomacy and interest mediation.* Houndmills: Palgrave Macmillan.

Scharpf, F. W. 1994. *Optionen des Föderalismus in Deutschland und Europa.* Frankfurt a. M.: Campus.

Schmidt, M. G., und T. Ostheim. 2007. Die Lehre von der Parteiendifferenz. In *Der Wohlfartsstaat. Eine Einführung inden historischen und internationalen Vergleich,* Hrsg. M. G. Schmidt, T. Ostheim, N. A. Siegel, und R. Zohlnhöfer, 51–62. Wiesbaden: VS Verlag.

SPD Baden-Württemberg. 2010. *Regierungsprogramm der SPD Baden-Württemberg 2011–2016.* Stuttgart: SPD-Landesverband Baden-Württemberg.

Spiegel Online. 2014. *Bundesrat: Kretschmann verteidigt Asylkompromiss.* http://www. spiegel.de/politik/deutschland/asylrecht-gruenen-ministerpraesident-kretschmann-verteidigt-zustimmung-a-992546.html. Zugegriffen: 01. Febr. 2016.

Spiegel Online. 2016. *Baden-Württemberg: Merkel soll sich von ihrem grünen "Stalker" distanzieren.* http://www.spiegel.de/politik/deutschland/angela-merkel-soll-sich-von-kretschmann-distanzieren-fordert-cdu-spitzenkandidat-wolf-a-1078766.html. Zugegriffen: 24. Febr. 2016.

Staatsministerium Baden-Württemberg. 2015a. *Friedrich begrüßt klare Worte des UN-Sicherheitsrates an burundische Regierung.* https://stm.baden-wuerttemberg.de/de/ service/presse/pressemitteilung/pid/friedrich-begruesst-klare-worte-des-un-sicherheitsrates-an-burundische-regierung/. Zugegriffen: 01. Febr. 2016.

Staatsministerium Baden-Württemberg. 2015b. *Landesregierung bringt TTIP-Beirat auf den Weg.* https://stm.baden-wuerttemberg.de/de/service/presse/pressemitteilung/pid/landesregierung-bringt-ttip-beirat-auf-den-weg/. Zugegriffen: 24. Febr. 2016.

Staatsministerium Baden-Württemberg. o. A.-a. *Bericht über die Präsidentschaft von Baden-Württemberg 2012/2013* https://www.baden-wuerttemberg.de/fileadmin/redaktion/dateien/PDF/4ME_Bericht_Praesidentschaft_B-W_2012_2013.pdf. Zugegriffen: 01. Febr. 2016.

Staatsministerium Baden-Württemberg. o. A.-b. *Partnerland Burundi.*https://stm.baden-wuerttemberg.de/de/themen/europa-und-internationales/entwicklungszusammenarbeit/burundi/. Zugegriffen: 01. Febr. 2016.

Sturm, R. 2006. Die Länder in der deutschen und europäischen Mehrebenenpolitik. In *Landespolitik in Deutschland*, Hrsg. H. Schneider, und H. G. Wehling, 23–49. Wiesbaden: VS Verlag.

Sturm, R., und M. M. Müller. 2013. Blockadepolitik in den Ausschüssen des Bundesrates – Offene Fragen und erste Antworten. In *Jahrbuch des Föderalismus 2013. Föderalismus, Subsidiarität und Regionen in Europa*, Hrsg. Europäisches Zentrum für Föderalismusforschung Tübingen, 142–154. Baden-Baden: Nomos.

Stuttgarter Zeitung. 2012. *Neuer Antrieb für die vier Motoren.* http://www.stuttgarter-zeitung.de/inhalt.vier-motoren-fuer-europa-neuer-antrieb-fuer-die-vier-motoren.96ebdbc1-a33d-4095-8a7c-06e3a6c65517.html. Zugegriffen: 23. Febr. 2016.

Stuttgarter Zeitung. 2015. *Das Netzwerk mit Ostafrika wird enger.* http://www.stuttgarter-zeitung.de/inhalt.baden-wuerttemberg-und-burundi-das-netzwerk-mit-ostafrika-wird-enger.9434d889-3b9b-4552-b375-b49f8a92586e.html. Zugegriffen: 30. Apr. 2016.

Sueddeutsche Zeitung. 2016. *Winfried Kretschmann–Grüner Hardliner in der Asylpolitik.* http://www.sueddeutsche.de/politik/fluechtlingspolitik-hardliner-in-gruen-1.2816648. Zugegriffen: 01. Febr. 2016.

SWR. 2015. *Abschaltung AKW Fessenheim. Verwirrung um Termin.* http://www.swr.de/landesschau-aktuell/bw/suedbaden/abschaltung-akw-fessenheim-verwirrung-um-termin/-/id=1552/did=16120500/nid=1552/1dt92hw/index.html. Zugegriffen: 01. Febr. 2016.

Wagschal, U. Hrsg. 2012. *Der historische Machtwechsel: Grün-Rot in Baden-Württemberg.* Baden-Baden: Nomos.

Wolfrum, R. 2007. Grundgesetz und Außenpolitik. In *Handbuch Deutsche Außenpolitik*, Hrsg. G. Hellmann, R. Wolf, und S. Schmidt, 157–168. Wiesbaden: VS Verlag.

Wurster, S. i. d. B. Energiewende in Baden-Württemberg: Ausmaß und Folgen. In *Das grün-rote Experiment – Eine Bilanz der Landesregierung Kretschmann*, Hrsg. F. Hörisch und S. Wurster. Wiesbaden: Springer VS.

Zimmer, M. 2009. Die Staatsräson der Bundesrepublik Deutschland vor und nach 1989. *Zeitschrift für Außen- und Sicherheitspolitik* 2 (1): 66–83.

Über die Autoren

Hanno Degner, M.A., D.N.M. ist Wissenschaftlicher Mitarbeiter und Doktorand am Lehrstuhl für Politikwissenschaft mit dem Schwerpunkt Internationale Politik an der Universität Konstanz. In Forschung und Lehre beschäftigt er sich mit dem kausalen Zusammenhang von Krisen und Europäischer Integration, insbesondere im Bereich der Wirtschafts- und Währungsunion. Dabei verwendet er sowohl qualitative als auch quantitative Methoden.

Daniela Annette Kroll, M.A. ist Wissenschaftliche Mitarbeiterin und Doktorandin am Lehrstuhl für Politikwissenschaft mit dem Schwerpunkt Internationale Politik an der Universität Konstanz. Ihre Schwerpunkte in Forschung und Lehre liegen auf den Prozessen der Entscheidungsfindung zwischen und innerhalb der EU-Institutionen, ins. auf dem Europäischen Rat und dem Ministerrat, sowie auf dem Prozess der Differenzierten Integration.

Die Politik des Gehörtwerdens: Zurück zum direktdemokratischen Musterländle?

Matthias Fatke

Zusammenfassung

Der Beitrag behandelt die Reformmaßnahmen zur Ausweitung der Bürgerbeteiligung in Baden-Württemberg, die unter der grün-roten Regierung erfolgten. Vor dem Hintergrund des angestrebten Politikwechsels hin zu einer „Politik des Gehörtwerdens" untersucht der Beitrag erstens, welche konkreten Maßnahmen getroffen wurden und wie diese zu bewerten sind, wie zweitens ein Ausbau direkter Demokratie anhand der Parteifärbung zu erklären ist und ob drittens die mit Bürgerbeteiligung verbundenen Hoffnungen letztlich begründet sind. Zur Beantwortung der dritten Frage wird erstmals im bundesdeutschen Kontext die Hypothese der bildenden Effekte („educative effects") empirisch geprüft. Die statistische Auswertung liefert dabei kaum Anhaltspunkte für einen positiven Zusammenhang von direkter Demokratie und politischer Involviertheit.

1 Einleitung

Am 25. November 2015 beschloss der baden-württembergische Landtag, die in der Landesverfassung festgelegten Hürden der direkten Bürgerbeteiligung zu senken. Nach langen Jahren zäher Verhandlungen war es schließlich gelungen, einen Kompromiss zwischen Regierungs- und Oppositionsparteien zu erzielen, sodass

M. Fatke (✉)
Geschwister-Scholl-Institut für Politikwissenschaft, Ludwig-Maximilians-Universität München, München, Deutschland
E-Mail: matthias.fatke@gsi.lmu.de

© Springer Fachmedien Wiesbaden 2017
F. Hörisch und S. Wurster (Hrsg.), *Das grün-rote Experiment in Baden-Württemberg*, DOI 10.1007/978-3-658-14868-3_12

mit der benötigten Zweidrittelmehrheit eine Verfassungsänderung verabschiedet werden konnte. Die zentralen Neuerungen finden sich in vermeintlich unscheinbaren Umformulierungen der Artikel 59 und Artikel 60. So heißt es bei Ersterem in Absatz 3, ein Volksbegehren könne nun zustande kommen, wenn es nur noch von mindestens zehn Prozent, und nicht mehr wie bisher von einem Sechstel der Wahlberechtigten gestellt wird. Bei Letzterem verlangt Absatz 5 die Zustimmung von mindestens 20 %, und nicht mehr wie bisher von einem Drittel der Wahlberechtigten, damit das Gesetz im Volksentscheid beschlossen wird.

Damit hat die grün-rote Landesregierung ein knappes halbes Jahr vor Ende der Legislaturperiode ein Vorhaben umgesetzt, das bereits im Wahlkampf fünf Jahre zuvor thematisiert und beworben worden war. Schließlich stand die Landtagswahl 2011, aus der Grüne und SPD als siegreiche Koalition hervorgingen, noch ganz im Zeichen der heftigen Auseinandersetzungen um das Infrastrukturprojekt „Stuttgart 21". Neben den ähnlich bedeutsamen Diskussionen über Bildungspolitik und – im Zuge des Reaktorunglücks von Fukushima – über Atomausstieg, war die Tieferlegung des Stuttgarter Bahnhofs das Thema, das den Wahlkampf dominierte und die Wahl maßgeblich entschied (Roth 2013). Vordergründig mobilisierten das Für und Wider des Projekts dessen Gegner und Befürworter. Darüber hinaus jedoch speiste sich die Intensität des Konflikts vor allem aus der Art, wie über „Stuttgart 21" entschieden worden war, die großen Teilen der Bevölkerung das Gefühl vermittelt hatte, kein Mitspracherecht eingeräumt zu haben. Die konfrontative Haltung der damaligen Landesregierung gipfelte ein halbes Jahr vor der Wahl in der Eskalation der Proteste gegen die Räumung des Stuttgarter Schlossgartens, als es am „schwarzen Donnerstag" zum gewaltsamen Aufeinandertreffen von Polizei und Parkschützern kam. Bilder von Wasserwerfern, Schlagstöcken und verwundeten Demonstranten bewegten und empörten die Menschen nicht nur über die Lager von Projektgegnern und -befürwortern hinweg, sondern ließen auch die Popularitätswerte von Ministerpräsident Mappus in den Keller stürzen und trugen so letztlich zu seiner Abwahl bei. Offensichtlich reflektierten diese Bilder in der Wahrnehmung vielen Wähler geradezu paradigmatisch die Missachtung des Bürgerwillens durch die Politik.

Nichts weniger als einen Paradigmenwechsel versprach der neue Ministerpräsident Winfried Kretschmann, als er eine „Politik des Gehörtwerdens" verkündete. Grundsätzlich sollte die Legislaturperiode geprägt sein von einer responsiven Art der Entscheidungsfindung, die den Bürgern eine Vielzahl von Möglichkeiten einräumt, ihre Wünsche in den politischen Prozess einzubringen, und auf ihre Anliegen reagiert. Politik sollte also nicht mehr an Bürgern vorbei, sondern gemeinsam mit ihnen auf Augenhöhe gemacht werden. Bezogen auf „Stuttgart 21" war die erste konkrete Maßnahme nach dem Regierungswechsel entsprechend auch das Initiieren eines Volksentscheids über den Ausstieg aus der Projektfinanzierung.[1] Auch wenn sich dadurch am Projekt selbst nichts ändern sollte, so wurden mit der Abstimmung die Legitimierung des Bauvorhabens gestärkt und der Konflikt in der Bevölkerung erheblich befriedet (Blumenberg und Faas 2013; Fatke und Freitag 2013a; Vatter und Heidelberger 2013). Doch die Volksabstimmung sollte nur der Auftakt zu einer ganzen Reihe von Neuerungen sein, die darauf abzielten, die Möglichkeiten der Bürgerbeteiligung auszuweiten. Wie bereits erwähnt, erfolgte mit der Absenkung der Hürden für direktdemokratische Verfahren die gravierendste Maßnahme erst zum Ende der Legislaturperiode. Und nicht nur die Landesverfassung verlangt eine geringere Zahl von Unterschriften, um ein Volksbegehren zustande zu bringen, auch die novellierte Gemeindeordnung sieht ein niedrigeres Unterschriftenquorum bei einer längeren Sammelfrist vor.

Diese Reformen wurden größtenteils positiv aufgenommen. Die im Landtag vertretenen Parteien hatten ohnehin zugestimmt und zivilgesellschaftliche Gruppen feierten den Beginn einer neuen Ära, in der Volksbegehren auf Landesebene endlich möglich und praktikabel seien. Doch woher rührt überhaupt dieses generelle Wohlwollen gegenüber direktdemokratischer Teilhabe? In der Tat wird mit solchen Reformen die große Hoffnung verbunden, die demokratische Malaise behandeln zu können (Geissel und Newton 2012). Angesichts sinkender Beteiligungsraten und veritabler Politikverdrossenheit in manchen Teilen der Gesellschaft versprechen sich die Befürworter direktdemokratischer Mitsprache, dadurch wieder mehr Bürgerinnen und Bürger für das politische Geschehen begeistern zu können. Bleibt die Frage, ob dem tatsächlich so ist. Sind die Menschen dort, wo direkte Demokratie dank niedriger Hürden möglich ist, auch wirklich mehr involviert, politisch interessierter, zufriedener und wissender? Dies soll im Folgenden Gegenstand einer empirischen Untersuchung sein.

Vor dem Hintergrund der jüngsten direktdemokratischen Reformen in Baden-Württemberg geht der vorliegende Beitrag also folgenden Fragen nach. Wie steht es nun um die Politik des Gehörtwerdens und wie schneiden die rechtlichen Regelungen im Vergleich zu anderen Bundesländern ab? Wie ist zu erklären, dass die grün-rote Regierung die direkte Beteiligung ausgebaut hat, und welche Ziele verfolgen die Parteien damit vermutlich? Und sind angesichts der empirischen Daten zu den deutschen Ländern ihre Hoffnungen letztlich

---

[1]Tatsächlich hatte der Koalitionspartner SPD trotz grundsätzlicher Befürwortung von „Stuttgart 21" bereits im Wahlkampf eine Volksabstimmung propagiert und versprochen. Auf diese Weise ließ sich also nicht nur der Konflikt in der Bevölkerung, sondern auch in der Regierung zwischen SPD und Grünen elegant befrieden.

begründet? Der Beitrag ist anhand dieser Fragen gegliedert und versucht in den folgenden Abschnitten jeweils auf diese Fragen Antworten zu geben. Um im vierten Abschnitt die Auswirkungen der Politik des Gehörtwerdens auf die Bürgerinnen und Bürger empirisch zu beurteilen, wird eine statistische Analyse präsentiert, die – zum ersten Mal überhaupt – den Grad direkter Demokratie in den deutschen Bundesländern auf verschiedene Variablen der politischen Teilhabe regrediert. Anschließend versucht der fünfte Abschnitt eine Bilanz der Politik des Gehörtwerdens zu ziehen. Der Beitrag schließt mit einigen zusammenfassenden und ausblickenden Bemerkungen.

2 Direkte Bürgerbeteiligung in Baden-Württemberg

Die grün-rote Regierung trat 2011 mit dem Versprechen an, Baden-Württemberg zum Musterland von Bürgerbeteiligung zu machen. Das impliziert das Verabschieden gesetzlicher Bestimmungen, die deren Möglichkeiten und Anforderungen regeln. Dabei könnte man sagen, Ziel sei es, Baden-Württemberg *wieder* zum Musterland zu machen (Wöll 2015). Denn als erstes Land der Bundesrepublik nahm der Südweststaat bereits 1956 direktdemokratische Elemente in die Gemeindeordnung auf. Außerdem spielte direkte Demokratie in der Gründungsphase natürlich eine prägende Rolle, als der Zusammenschluss der Länder Baden, Württemberg-Baden und Württemberg-Hohenzollern, wie das Grundgesetz in Artikel 29 vorschreibt, in einer Volksabstimmung beschlossen wurde. Seither hatte das ehemalige Musterland jedoch stetig an Boden und schließlich den Anschluss verloren, was die Mittel direktdemokratischer Teilhabe vor allem auf Landesebene betrifft. Die vergleichsweise restriktive Ausgestaltung bescherte Baden-Württemberg bis vor Kurzem den letzten Platz im Ranking von „Mehr Demokratie e. V." und das vernichtende Urteil als „bürgerfeindlich und prohibitiv" (Rehmet und Weber 2013, S 48). Im Folgenden soll nun erstens betrachtet werden, mit welchen Forderungen und Ankündigungen die großen Parteien im Wahlkampf auf- und die frisch gewählten Regierungsparteien die Legislaturperiode antraten. Zweitens soll dargestellt werden, welche Änderungen tatsächlich von der grün-roten Regierung umgesetzt wurden. Und drittens soll die Reichweite dieser Änderungen bewertet werden.

2.1 Reformvorhaben in Wahlprogrammen und im Koalitionsvertrag

Vor diesem Hintergrund erstaunt es vermutlich nicht, dass die grundsätzliche Ermöglichung der Bürgerbeteiligung im Vorfeld der Landtagswahlen nicht sonderlich kontrovers diskutiert wurde. Um die Parteidifferenz hinsichtlich einer Politik des Gehörtwerdens besser beurteilen zu können, bietet sich jedoch ein Blick in die Wahlprogramme der Parteien an. Dabei wird einerseits zwar ersichtlich, dass in der Tat alle größeren Parteien Bürgerbeteiligung thematisieren. So schreibt auch die CDU zu „Politik im Dialog", sie hätten aus den Auseinandersetzungen um Stuttgart 21 gelernt und wollten deshalb umfassend über neue Formen der Bürgerbeteiligung nachdenken: „Baden-Württemberg braucht ein starkes Parlament, aber auch verantwortungsbewusste und gemeinwohl-orientierte Bürger, die sich engagiert einbringen." Doch andererseits ergeben sich erhebliche Unterschiede im Hinblick darauf, wie umfangreich und konkret das Thema in den Wahlprogrammen behandelt wird. Während die CDU es bei unspezifischen Ausführungen und generellen Absichtserklärungen belässt, formuliert die FDP auf Seite 85 die konkrete Forderung, die Unterschriftenhürde für das Zustandekommen eines Volksbegehrens auf zehn Prozent der Wahlberechtigten und das Zustimmungsquorum auf eine Mehrheit von 20 % der Stimmberechtigten zu senken.

Die Salienz des Themas bei CDU und FDP ist hingegen verschwindend gering ausgeprägt, wenn man im Vergleich dazu die Programme derjenigen Parteien betrachtet, die schließlich die Regierung stellen sollten. Bei den Grünen wird bereits in der Präambel deutlich, dass sie eine selbstbewusste, teilhabende Bürgerschaft schätzen: „Wir stehen für einen Politikstil, bei dem Ideen und Einwände eingebracht und mitbedacht werden können. [...] Volksentscheide müssen endlich auch in Baden-Württemberg machbar sein. Kurz: Wir wollen mehr Demokratie wagen." Diese Absicht wird im fünften Kapitel des Wahlprogramms konkretisiert. Genaue Zahlen werden nicht genannt, wohl aber die Abschaffung des Ausschlusskatalogs und Sammelverbots außerhalb von Rathäusern sowie – mit dem bayrischen Vorbild vor Augen – die Ausweitung von Fristen und Quoren. Interessanterweise findet der Ausdruck von einer Politik des Gehörtwerdens genauso wenig Eingang in das Wahlprogramm wie explizite Forderungen nach informellen Verfahren der Bürgerbeteiligung. Diese werden wiederum von der SPD eingehend thematisiert. Überhaupt überrascht das sozialdemokratische Wahlprogramm mit noch ausführlicheren Beschreibungen und konkreteren Zielen. So stellt sich bei Betrachtung der Wahlprogramme die SPD als die Partei mit den weitestreichenden Forderungen dar.

Bei einer so großen Übereinstimmung der Wahlprogramme dürfte die Bürgerbeteiligung in den Koaltionsverhandlungen keine allzu tief greifende Kontroverse
verursacht haben. Entsprechend finden sich sowohl die konkreten Absichten als
auch der bürgerfreundliche Stil der Wahlprogramme im Koalitionsvertrag wieder.
Dort wird angekündigt, alle Formen von Hürden für Volks- und Bürgerbegehren
deutlich abzubauen, das Zustimmungsquorum abzuschaffen bzw. abzusenken und
die gesetzliche Grundlage für eine Volksinitiative zu schaffen. Somit kann der
Landtag beauftragt werden, sich mit einem Anliegen zu beschäftigen. Ergänzend
dazu sollen Möglichkeiten von Online-Petitionen aufgebaut und insgesamt eine
neue, bürgerfreundlichere Planungs- und Beteiligungskultur geschaffen werden,
wie auf Seite 59 verdeutlicht wird: „Eine moderne Demokratie bleibt nicht bei
plebiszitären Ergänzungen stehen, sondern verlangt neue Wege der Beteiligung
und des Dialogs. […] Ziel ist es, den Ausgleich zwischen den verschiedenen
Interessen anzustreben und die Umsetzung, Ausgestaltung und Akzeptanz der
Projekte positiv zu beeinflussen." Auch wenn an dieser Stelle ebenfalls nicht die
Politik des Gehörtwerdens genannt wird, lässt sich unschwer genau dieses Para-
digma herauslesen.

2.2   Alte und neue Regelungen direkter Demokratie im Vergleich

Wie war vor den Reformen die direktdemokratische Mitsprache in Baden-Württemberg geregelt, sodass sich alle Parteien berufen fühlten, Bürgerbeteiligung
auszubauen, dass es zu solch einem schlechten Abschneiden im Ranking von
„Mehr Demokratie e. V.", und dass es nur in Ausnahmefällen zu deren Anwendung kam? Und wie stellen sich im Vergleich dazu die aktuellen Regelungen dar?
Auf Landesebene sehen Verfassung bzw. Volksabstimmungsgesetz, ähnlich wie
in den meisten anderen Bundesländern auch, ein dreistufiges Verfahren bestehend aus Einleitungsphase, Volksbegehren und Volksentscheid vor, die jeweils
mit Beteiligungshürden verknüpft sind. In der Einleitungsphase müssen 10.000
Unterschriften, die die Unterstützung des Vorhabens bezeugen, gesammelt werden. Erst dann beschäftigt sich der Landtag mit dem Antrag. Vor der Gesetzesänderung mussten nach erfolgter Zulässigkeitsprüfung in nur 14 Tagen ein Sechstel
der Wahlberechtigten das Volksbegehren unterschreiben. Bei etwa 7,8 Mio. sind
das 1,3 Mio. zu sammelnde Unterschriften insgesamt oder knapp 93.000 Unterschriften täglich. Und selbst wenn mit dem Erzwingen des Volksentscheids die
dritte Stufe erreicht wurde, musste sich am Abstimmungstag aufgrund des rigiden
Zustimmungsquorums zusätzlich zur Mehrheit der Abstimmenden immer noch

ein Drittel der Stimmberechtigten, derzeit also etwa 2,6 Mio., dafür aussprechen, um das Gesetz tatsächlich zu verabschieden. Dazu galt – und gilt im Übrigen auch noch nach der Reform – das in Deutschland übliche Finanztabu, das Abgaben-, Besoldungs- und Staatshaushaltsgesetze explizit von direktdemokratischen Abstimmungen ausnimmt. Die rechtliche Prüfung der Volksbegehren wird streng gehandhabt.

Angesichts der bisherigen Hürden für Volksbegehren ist es wenig verwunderlich, dass einerseits die Baden-Württemberger selten an die Abstimmungsurne gerufen wurden, und dass sich andererseits die grün-rote Regierung vorgenommen hatte, diese Hürden abzusenken. Durch die Reformierung von Verfassung und Volksabstimmungsgesetz, auf die sich die Landtagsfraktionen schließlich einigen konnten, sind für ein erfolgreiches Volksbegehren nur noch Unterschriften von zehn Prozent der Stimmberechtigten vonnöten. Die Sammlung ist zeitlich auf die Dauer von sechs Monaten ausgeweitet und darf auch außerhalb von amtlichen Stellen stattfinden. Das Zustimmungsquorum ist auf 20 % herabgesunken (Wöll 2015). Zudem ist den Bürgerinnen und Bürgern mit dem sogenannten Volksantrag ein neues Instrument der Beteiligung an die Hand gegeben. Mit der Unterstützung von nur 0,5 % der Wahlberechtigten kann veranlasst werden, dass sich der Landtag mit einem gewünschten Gegenstand beschäftigen sowie dazu Stellung nehmen muss.

Auf kommunaler Ebene waren die Möglichkeiten für Bürgerbegehren zwar schon früher etwas großzügiger und bürgerfreundlicher geregelt.[2] Doch durch die Reformierung der Gemeindeordnung im Dezember 2015 sanken auch die benötigte Unterschriftenzahl bei Bürgerbegehren von zehn auf sieben Prozent (mit einer Obergrenze von 20.000 Unterschriften) und das Zustimmungsquorum von 25 auf 20 %. Zudem umfasst der Themenkatalog nun auch Bauplanverfahren. Tab. 1 fasst die aktuellen Regelungen für Volks- sowie Bürgerbegehren in Baden-Württemberg zusammen.

Nun stellen direktdemokratische Verfahren als formal verfasste und bindende Instrumente zwar die bekannteste, aber nicht die einzige Art der Bürgerbeteiligung dar. Über Volks- und Bürgerbegehren hinaus kann eine Regierung ihrer Bevölkerung weitere informelle Mitspracherechte wie Planungszellen, Bürgerräte und runde Tische einräumen. Auch diese Formen wollte die Landesregierung explizit stärken und fördern. Komplementär zum direktdemokratischen Prozedere

---

[2]Erst 2005 waren diese Regelungen erlassen worden. Davor lagen die jeweiligen Hürden auch auf Gemeindeebene noch höher und es existierte ein Postivkatalog statt eines Negativkatalogs.

Tab. 1 Gesetzliche Regelungen direktdemokratischer Teilhabe in Baden-Württemberg. (Quelle: Eigene Adaption und Aktualisierung der Darstellung von Fatke und Freitag 2013a, S. 177 und Wöll 2015, S. 17 auf Grundlage von Landesverfassung, VAbstG und GemO)

	Land		Gemeinde	
	„von unten": *Volksbegehren*	„von oben"	„von unten": *Bürgerbegehren*	„von oben": *Ratsbegehren*
Rechtliche Grundlagen	Art. 59, Art. 60 Verf § 25, § 41 VAbstG	Art. 60 Verf	§ 21 (3) GemO	§ 21 (1) GemO
Hürden	*Ausschluss:* Finanztabu		*Ausschluss:* Negativkatalog	
	Volksinitia- tive: 10.000 Unterschriften *Begehren:* Unterschriften von 10 % der Stimmberechtigten in 6 Monaten	1/3 Mehrheit des Landtages	*Begehren:* Unterschriften von ca. 7 % (Obergrenze von 20.000 Unterschriften)	2/3 Mehrheit des Gemeinderats
	Entscheid: 1/5 Zustimmungsquorum		*Entscheid:* 20 % Zustimmungsquorum	

wurde daher das Petitionsrecht weiterentwickelt und als Online-Petition bürgerfreundlicher gestaltet. Besondere Erwähnung verdient hierbei das Beteiligungsportal, welches das Land im Internet betreibt. Hier können sich Bürger nicht nur über Beteiligungsmöglichkeiten informieren, sondern auch Gesetzentwürfe direkt kommentieren.

2.3   Bewertung der Reformmaßnahmen

Wie sind diese Reformleistungen der Landesregierung abschließend zu bewerten? Wie im Einleitungskapitel ausgeführt, muss solch eine Bewertung in Relation zum verfügbaren Spielraum erfolgen. Schließlich verdeutlichen die beiden vorherigen Abschnitte ein gewisses Missverhältnis zwischen dem, was die Regierungsparteien im Wahlkampf forderten und im Koalitionsvertrag vereinbarten, und dem, was in der Legislaturperiode an formaler Gesetzgebung umgesetzt werden konnte. Dies war jedoch sicherlich nicht in einem Mangel an Ernsthaftigkeit begründet. Denn bereits kurz nach dem Regierungswechsel setzte die grün-rote Koalition durch die Einrichtung des Staatsministeriums für Zivilgesellschaft und Bürgerbeteiligung ein Zeichen. Dort wurden und werden unter Leitung von Staatsministerin Gisela Erler sämtliche Reformbemühungen in strategischer Weise koordiniert und forciert. Unter anderem findet der Gestaltungsprozess in enger Abstimmung mit wissenschaftlicher Expertise statt. Ferner sucht man den Erfahrungsaustausch mit Partnern aus Österreich und der Schweiz. Gerade die Gegenüberstellung mit dem Mutterland der Demokratie im Allgemeinen und dem Kanton Aarau im Speziellen zeigt, dass die informellen Bürgerbeteiligungsverfahren im Südweststaat mitunter schon sehr tief greifend und fortschrittlich modelliert sind. Die neu verabschiedeten Regeln zur formell verfassten, direktdemokratischen Teilhabe dagegen halten dem internationalen Vergleich indes nicht stand. Auch unter den Bundesländern kann Baden-Württemberg selbst mit reformierten Hürden keine vordere Platzierung im Ranking von „Mehr Demokratie e. V." erreichen. Immerhin kann bezüglich des oft als maßgeblich erachteten Unterschriftenquorums Sachsen über- und Bayern, Thüringen sowie Niedersachsen eingeholt werden (Eder et al. 2009).

Gleichwohl muss man die Reform in Anbetracht der in Sachen Bürgerbeteiligung längst nicht so euphorischen und daher sich sträubenden Opposition einerseits und der grundsätzlich inkrementellen Logik von Verfassungswandel andererseits würdigen. Dass die im Koalitionsvertrag beabsichtigten Änderungen nur teilweise und erst vier Jahre nach dem Regierungswechsel implementiert werden sollten, ist dem Kompromiss geschuldet, den die grün-rote Regierung insbesondere mit der CDU aushandeln musste, die die größte Fraktion im Landtag stellt. Die Christdemokraten stehen direktdemokratischer Bürgerbeteiligung traditionell skeptischer gegenüber, wie die Betrachtung der Wahlprogramme auch in diesem Fall deutlich vor Augen führt. So warnten die CDU im parlamentarischen Prozess vor einer Entmachtung der Repräsentativorgane und unzureichend legitimierten Entscheidungen. Doch Anfang 2015 erklärte sie sich schließlich bereit, den Kompromiss mitzutragen, und die Verfassungsänderung konnte am 25. November 2015 beschlossen werden. Auch bezüglich der Änderungen der Gemeindeordnung konnten die Fraktionen erst nach langem Ringen Übereinstimmung erzielen. Hier wurde Widerspruch vor allem in den Kommunen selbst laut, in denen auch grüne Politiker die Sorge äußerten, eine Minderheit könne dann unter Umständen über eine Mehrheit entscheiden.

So bleibt zu resümieren, dass die neuen Regelungen in Anbetracht des engen Spielraums, der Verfassungsänderungen zur Verfügung steht, vermutlich die faktisch maximal möglichen Änderungen in der ersten Legislaturperiode darstellen. Zudem schaffen sie zugleich die Voraussetzung, in Zukunft direktdemokratische

Mitsprache noch permissiver zu gestalten. Obwohl das Ergebnis im Vergleich zu Regelungen anderer Bundesländer also relativ bescheiden ausfällt, ist der zurückgelegte Weg in einem strukturell konservativen Umfeld zweifellos beachtlich. Das parteipolitische Profil tritt in den Reformen deutlich zutage, lässt sich doch kaum bestreiten, dass eine Regierung anderer Couleur solche Regelungen nicht umgesetzt hätte. Ebenso wenig ist zu erwarten, dass Regierungen in näherer Zukunft – und erst recht nicht unter grüner Führung – die Regelungen wieder rückgängig machen würden. In Anlehnung an die im Einleitungskapitel dargestellte Typologie von Politikreformen mag es insofern gute Gründe geben, die Politik des Gehörtwerdens als Reform dritter Ordnung zu klassifizieren (Hall 1993). Gerade in Anbetracht der informellen Wege politischer Beteiligung und der grundsätzlichen Ausrichtung auf eine responsivere Politik muss man von einem Paradigmenwechsel sprechen, da die Politik des Gehörtwerdens fundamental neue Ziele formuliert hat.

3   Gründe für den Ausbau direktdemokratischer Instrumente

An die Ausführungen zum jüngsten Reformprozess durch Grüne und SPD in Baden-Württemberg schließt sich die Frage an, weshalb Regierungen überhaupt das Ziel verfolgen, direktdemokratische Beteiligung zu ermöglichen und diese auch noch auszubauen. Schließlich bedeuten mehr direktdemokratische Rechte zunächst weniger Macht für die Repräsentativorgane. Politiker schränken sich in ihrem Handlungsspielraum ein, wenn sie Bürgern die Gelegenheit bieten, ohne das Zutun oder die Einflussnahme von gewählten Vertretern unmittelbar Gesetze zu verabschieden (Hug und Tsebelis 2002). Daher mag es auch nicht allzu sehr erstaunen, dass üblicherweise der Ausbau direkter Demokratie nicht von Politikern oder Regierungsparteien, sondern von Bürgern selbst durch Volksbegehren vorangetrieben wird. Das gilt sowohl für die Entwicklung in einigen deutschen Bundesländern als auch in der Schweiz (Solar 2015; Vatter 2014). Es müssen also gewichtige Hoffnungen mit solchen Instrumenten verbunden sein, um erklären zu können, warum Politiker, denen ja allzu gern eine Orientierung am Eigen- denn am Gemeinwohl unterstellt wird, freiwillig Macht an die Bürger abgeben (Scarrow 1999).

In der politikwissenschaftlichen Literatur lassen sich zwei verschiedene Auswirkungen unterscheiden, die im Zusammenhang mit direkter Demokratie vermutet werden (Smith und Tolbert 2007). Zum einen werden ihren Institutionen instrumentelle Effekte auf die Ergebnisse des politischen Prozesses, zum anderen bildende Effekte auf die Verhaltensweisen und Einstellungen der Bevölkerung unterstellt. Diese Einteilung geht zurück auf die Diskussion zu Beginn des 20. Jahrhunderts in den USA, als die Reformer der progressiven Ära diese zwei zentralen Argumente vorbrachten, weshalb die Bundesstaaten direktdemokratische Elemente aufnehmen sollten (Smith und Tolbert 2004).

Von den instrumentellen Effekten versprechen sich die Befürworter, direkte Demokratie würde im Gegensatz zum repräsentativen Prozess in stärker legitimierten und letztlich besseren Politikinhalten resultieren. Indem der Wählerschaft ein Mittel an die Hand gegeben wird, durch Politiker getroffene Entscheidungen rückgängig zu machen und eigene mehrheitsfähige Sachverhalte zu verabschieden, ist die Repräsentativität der Politikinhalte gewährleistet. Zudem ist das Handeln von Politikern einer stärkeren Kontrolle unterworfen, als wenn nur am Ende einer Legislaturperiode über ihre Abwahl entschieden werden kann. Sie werden gewissermaßen vom Bürger an einer kürzeren Leine gehalten (Bauer und Fatke 2014). So wird verhindert, dass Volksvertreter ihren eigenen Interessen anstatt der Wählerinteressen folgen (Smith und Tolbert 2004, S. xv). Diese Sichtweise setzt natürlich voraus, dass Wähler in politischen Fragen über ausreichend Kompetenzen verfügen und bereit sind, sich tatsächlich zu beteiligen, um informierte und ihren Präferenzen entsprechende Entscheidungen zu fällen (Hug und Tsebelis 2002). Freilich besteht bisweilen Uneinigkeit darüber, ob Wähler den Anforderungen von komplexen Sachentscheiden gerecht werden können, doch ein Großteil der Forschungsergebnisse erlaubt ein durchaus optimistisches Urteil (Lanz und Nai 2015).[3]

Zusätzlich zu diesen direkten, instrumentellen Auswirkungen auf politische Inhalte hoffen die Befürworter, positive Effekte direkter Demokratie würden sich zusätzlich auf Verhalten und Einstellungen der Bürger bezüglich Politik ausweiten. Diese werde deshalb im Englischen außer „educative" auch „secondary" oder „spill-over effects" genannt. Als Nebenprodukt der prozeduralen Teilhabe an direkter Volksgesetzgebung machen die Bürger Erfahrungen erster Hand mit Politik, sodass sie staatsbürgerliche Pflichten verinnerlichen, gezwungen werden, sich mit politischen Sachverhalten auseinanderzusetzen und eigene Vorschläge zu entwickeln, und insgesamt mehr politisches Engagement zeigen. Solche

---

[3]Oftmals folgen Wähler ohnehin den Parolen und Empfehlungen derjenigen Partei, der sie am nächsten stehen. Sie benutzen also ihre Parteipräferenz als heuristische Abkürzung, um zu einem Urteil zu gelangen (Milic 2011). Insofern unterscheiden sich die Wähler bei Volksabstimmungen nicht sonderlich von Politikern in Parlamentsabstimmungen, die meist auch nur so votieren, wie es der Fraktionsvorsitzende vorgibt.

pädagogischen Wirkungen sollten sich also in höherem politischen Vertrauen und Wissen, größerer Systemzufriedenheit und mehr Beteiligung niederschlagen (Fatke 2015a; Smith und Tolbert 2004). Angesichts der tendenziell widersprüchlichen empirischen Forschungsergebnisse, die sich erst seit einiger Zeit und fast ausnahmslos mit Daten zur Schweiz oder zu den USA der Fragestellung widmen, lässt die Literatur keine eindeutige Antwort zu, inwiefern die Hoffnung auf bildende Effekte direkter Demokratie berechtigt ist (Fatke 2014; Voigt und Blume 2015).

Verfolgt man aber die Diskussionen hierzulande zwischen Kritikern und Befürwortern, so ist es in der Tat bemerkenswert, dass im Gegensatz zur progressiven Ära nunmehr fast ausschließlich instrumentelle Folgen thematisiert und mögliche bildende Auswirkungen auf die Bevölkerung weitgehend außer Acht gelassen werden. Für Parteien und Politiker geht der Zusammenhang von direkter Demokratie und politischen Inhalten und Ergebnissen in erster Linie mit dem bereits erwähnten Machtverlust einher. In dieser instrumentellen Sichtweise erscheint es also kaum nachvollziehbar, weshalb regierende Parteien direktdemokratische Teilhabe propagieren sollten. Das hieße ja in der Konsequenz, sie gestünden ein, dass Bürger bessere Urteile treffen könnten als sie selbst. Aus Sicht der zweiten Argumentation jedoch lässt sich eher verstehen, dass auch sie Fürsprecher direkter Demokratie sein können. Schließlich profitieren Parteien unter Umständen von einer engagierten, interessierten und mobilisierten Wählerschaft. Das trifft allerdings – nach dem, was einen die politikwissenschaftliche Literatur zu Wählerklientelen lehrt – auf manche Parteien eher zu als auf andere.

Traditionell waren bislang sozialdemokratische und politische links orientierte Parteien auf eine hohe Beteiligung angewiesen. Viele der ursprünglichen Stammwähler sind aufgrund ihrer Ressourcenausstattung, empirisch gesehen, am ehesten gefährdet, den Weg zum Wahllokal zu scheuen und sich zu enthalten. Auch wenn sich, wie in den Kapiteln sowohl von Debus als auch von Faas und Blumenberg in diesem Band, zeigt, dass sich die Wählerklientel linker Parteien mitunter verändert hat, wäre es nur logisch, wenn die SPD (und ebenso DIE LINKE) in der Hoffnung auf eine politisch engagiertere Bevölkerung, höhere Beteiligung und folglich mehr Stimmenprozente für Einführung und Ausbau direkter Demokratie eintritt. Postmaterialistische Parteien wie die Grünen können im Gegensatz dazu auf eine leichter zu mobilisierende Unterstützung bauen. Deren Stammwähler sind vielfach bereits politisch interessiert und engagiert. Es sind solche Menschen, die sich wiederum am ehesten an Volksabstimmungen beteiligen oder Begehren selbst initiieren. Diese direktdemokratischen Formen politischer Beteiligung sind in der Regel anspruchsvoller und die zu entscheidenden Fragen komplexer als das Kreuz für eine Partei (Fatke 2015a). Das legt die Vermutung nahe, dass sich gerade das Wählerklientel der Grünen direktdemokratische Mittel zunutze machen und damit ihre Interessen umsetzen kann (Fatke 2015b; Schäfer 2015). Daher ergibt es für grüne Parteien durchaus Sinn, mit dem Versprechen, direkte Demokratie auszubauen, für sich zu werben.

Auf diese Weise lässt sich die im Einleitungskapitel dargelegte Parteien-differenz-Hypothese durchaus auf Politiken der Beteiligung anwenden. Denn selbstverständlich hatte die grün-rote Färbung der Regierungsparteien einen wesentlichen Einfluss auf die Entscheidung, direktdemokratische Teilhabe auszu-bauen, bzw. machte die Regierungsbeteiligung von Grünen und SPD einen sig-nifikanten Unterschied für das Politikergebnis, was letztlich auf die Präferenzen ihrer jeweiligen Wählerklientele zurückzuführen ist (Budge und Keman 1990). Diese Zusammenhänge mögen als Erklärungen dafür dienen, dass die grün-rote Landesregierung in Baden-Württemberg in ihrer ersten Legislaturperiode so vehement auf den Ausbau direktdemokratischer Beteiligung gedrängt hat, unge-achtet des scheinbar damit verbundenen Machtverlustes der Repräsentativorgane. Doch findet die These, direkte Demokratie könne Bürger zu politisch involvierten Menschen ausbilden, im Kontext der Bundesrepublik überhaupt Bestätigung?

4   Bildende Auswirkungen direkter Demokratie auf die Bürger

Der dritte Teil soll entsprechend einen empirischen Blick auf direkte Demokra-tie und politisches Verhalten in den deutschen Bundesländern werfen. Steht die Ausgestaltung direktdemokratischer Beteiligungsmöglichkeiten in einem syste-matischen Zusammenhang mit politischer Involviertheit? Konkret sollen folgende zehn Variablen in Betracht gezogen und getestet werden: Teilnahme an Wahlen und Demonstrationen, Mitarbeit bei Bürgerinitiativen, Mitgliedschaft in und Identifikation mit einer politischen Partei, Zufriedenheit mit dem Funktionieren der Demokratie, Häufigkeit politischer Gespräche, politischer Wissensstand sowie politisches Interesse und der Wunsch nach mehr Beteiligungsmöglichkeiten. Die Untersuchung referiert in einem ersten Schritt kurz Hintergründe und Literatur zu bildenden Auswirkungen direkter Demokratie, stellt zweitens die Datengrundlage und Methode vor und präsentiert drittens die Analyseergebnisse.

4.1   Hintergründe und Literatur

In der Tat gibt es bislang wenige Erkenntnisse über bildende Auswirkungen außerhalb der Schweiz und den USA – den Paradebeispielen direktdemokratischer Volksmitsprache. Einen Meilenstein in deren empirischen Untersuchung repräsentiert das Buch von Smith und Tolbert (2004). Darin weisen sie, wie auch in darauf folgenden Publikationen, zahlreiche Belege nach für einen positiven, politisch bildenden Zusammenhang in den amerikanischen Bundesstaaten. Jedoch ziehen neuere Studien diese Ergebnisse in Zweifel, indem mittels strikterer Messungen und Methoden entweder kein statistisch signifikanter, bisweilen gar ein negativer oder nur dann ein positiver Zusammenhang aufgezeigt werden kann, wenn man direkte Demokratie als die Anzahl an kurzfristig stattgefundenen Volksabstimmungen begreift (beispielsweise Dyck 2009; Dyck und Lascher 2009; Dyck und Seabrook 2010). In der Eidgenossenschaft scheint die Empirie ebenfalls nicht so eindeutig, wie die theoretischen Überlegungen aus der progressiven Ära vermuten lassen. In Kantonen mit stark ausgebauten Volksrechten sind Beteiligung und Demokratiezufriedenheit nicht signifikant höher, wohl aber das Vertrauen in politische Autoritäten (Bauer und Fatke 2014). Werden auf kantonaler Ebene häufig Volksabstimmungen abgehalten, verspüren die Bürger Wahlmüdigkeit und die Beteiligung sinkt tendenziell sogar (Freitag und Stadelmann-Steffen 2010). Die Demokratiezufriedenheit steigt dafür zwar, nicht aber, wie bisweilen unterstellt, die allgemeine Lebenszufriedenheit (Stadelmann-Steffen und Vatter 2012).

Die empirischen Befunde der wissenschaftlichen Literatur ergeben also kein einheitliches Bild. Zudem wird die Übertragbarkeit auf andere Länder, die kürzere Traditionen und ein geringeres Maß an direkter Demokratie aufweisen, oftmals infrage gestellt (Voigt und Blume 2015). Schließlich müssen, selbst wenn amerikanische und schweizerische Bürger positiv beeinflusst werden, bildende Effekte nicht zwangsläufig auch in Baden-Württemberg so zutage treten. Wie stellt sich also die Situation in der Bundesrepublik dar? Schenkt man dem von der grün-roten Landesregierung beauftragten Demokratie-Monitoring Glauben (Baden-Württemberg Stiftung 2015), so ist die Antwort auf die Frage nach bildenden Effekten – wenig überraschend – positiv. Demnach verlangen Bürger nicht nur mehr politische und insbesondere direktdemokratische Gestaltungsmöglichkeiten. Den Umfrageergebnissen zufolge steigern transparente, offene und verbindliche Beteiligungsprozesse auch die politischen Fähigkeiten der Bevölkerung. Interessanterweise äußern in erster Linie bildungsferne, sozial schwache und mit dem demokratischen Geschehen unzufriedene Wähler diesen Wunsch – gerade diejenigen also, von denen man aus wahlsoziologischer Perspektive politische Teilhabe am wenigsten erwarten würde. Im Gegensatz dazu gelangt Schäfer (2015) aufgrund seiner Analysen zu einer weitaus kritischeren Haltung gegenüber mehr Direktdemokratie. Unter anderem untersucht er die Ungleichheit der Beteiligung in sozioökonomischer Hinsicht bei den Volksentscheiden in Hamburg über die Schulreform und in Bayern über den Nichtraucherschutz. Aus den Resultaten schließt er, dass Verfahren, die unmittelbare Sachentscheidungen zum Ziel haben, eher von wohlhabenden, gebildeten Wählern genutzt werden und deshalb auch eher zu deren Gunsten bzw. zulasten sozial schwächerer Bürger ausfallen.[4]

4.2 Untersuchungsdesign

Um zu einer eigenen Einschätzung zu gelangen, lässt sich der Grad direkter Demokratie in den Bundesländer mit verschiedenen Variablen in Beziehung setzen, die die politische Involviertheit einer Person erfassen. Dazu kann man einerseits in formaler Hinsicht quantifizieren, wie niedrig die oben beschriebenen Hürden sind, wie einfach es also Bürgern gemacht wird, direktdemokratische Mittel zu ergreifen. Dabei sind, wie oben bereits ausgeführt, zwei Maße zentral (Eder et al. 2009). Erstens bemisst das Unterschriftenquorum die Zahl der Unterschriften anteilig an den Stimmberechtigten, die benötigt werden, um einen Volksentscheid zu erzwingen. Zweitens legt die Frist die Anzahl der Tage fest, in der die Unterschriften erbracht werden müssen. Andererseits lässt sich in prozeduraler Hinsicht quantifizieren, wie oft es überhaupt zu Volksbegehren in den Bundesländern kommt.[5] Zur Überprüfung der erhofften bildenden Effekte werden diese drei unabhängigen Variablen auf Variablen der politischen Involviertheit von Bürgerinnen und Bürgern regrediert.

Grundlage bilden die Umfragedaten, die als Nachwahl-Querschnitt der German Longitudinal Election Study (GLES) zur Bundestagswahl 2013 erhoben

---

[4]Fatke (2015a) widmet sich explizit der Frage, ob das Elektorat hinsichtlich des ‚sozioökonomischen Status' bei direktdemokratischen Abstimmungen in größerem Maß verzerrt ist als bei repräsentativen Wahlen. Seinen Analysen zur Schweiz zufolge ist dies nicht der Fall.

[5]Auch wenn Eder et al. (2009) für einen früheren Zeitraum zeigen konnten, dass die Dimensionen formaler und prozeduraler Direktdemokratie korrelieren, ist dieser Zusammenhang keineswegs zwangsläufig. In der Schweiz ist es beispielsweise nicht so, dass direktdemokratische Instrumente häufiger genutzt und Bürger an die Abstimmungsurnen gerufen werden, je bürgerfreundlicher die Regeln ausgestaltet sind (Barankay et al. 2003). Daher sollen hier beide Dimensionen Berücksichtigung finden.

wurden (Rattinger et al. 2014). Die Befragungen wurden bei einer Ausschöpfungsquote von 27,6 % als computergestützte persönliche Interviews (CAPI) mit 1908 Personen durchgeführt. Damit stehen hinreichend viele Respondenten in allen Bundesländern zur Verfügung. Als offizielle Wahlstudie enthält der Datensatz zudem eine Vielzahl von Items zu politischer Involviertheit. Es ist möglich, alle zehn genannten Variablen zu operationalisieren und mögliche bildende Effekte in einer umfassenden Weise abzubilden, wie es einzelnen Studien in der Regel nicht gelingt. Je nach Codierung der abhängigen Variablen werden entweder OLS- oder Logit-Modelle geschätzt. Items mit nur vier Antwortkategorien werden dabei dichotomisiert und ebenfalls mittels logistischer Modelle analysiert. Der Einfluss von Geschlecht, Alter, Bildung, Haushaltseinkommen und wirtschaftlicher Situation der Befragten sowie der (logarithmierten) Einwohnerzahl des respektiven Bundeslandes wird mittels Kontrollvariablen konstant gehalten.[6] Da mit Varianzunterschieden zwischen den Bundesländern zu rechnen ist, erfolgt die Schätzung der Standardfehler geclustert und somit konservativer. Wie Stegmüller (2013) zeigt, ist das explizite Modellieren der hierarchischen Datenstruktur durch Mehrebenenmodelle aufgrund der geringen Anzahl von Bundesländern auf der zweiten Ebene nicht möglich. Das Clustern der Standardfehler erreicht jedoch prinzipiell das gleiche Ziel einer konservativeren Schätzung.

4.3   Ergebnisse

Die empirische Analyse von möglichen bildenden Effekten fällt für die Befürworter direkter Demokratie ernüchternd aus. Es stellt sich heraus, dass in den Bundesländern kein systematischer Zusammenhang zwischen der Ausgestaltung direkter Demokratie und einer politisch gebildeten und involvierten Wählerschaft besteht (Wöll 2015). Von den zehn getesteten Variablen zeigen sich die meisten nicht statistisch signifikant stärker ausgeprägt, wenn die Hürden niedrig oder die Anwendungsfälle häufig sind. Vor allem nehmen Bürger nicht häufiger (oder seltener) an Wahlen teil, sie sind aber auch nicht eher in einer Partei oder fühlen sich

---

[6]Die tendenziell sparsamen Modelle vermeiden bewusst Post-Treatment-Kontrollen und räumen in gewisser Weise der erklärenden Variablen mehr Varianzaufklärung ein. Findet sich jedoch selbst mit dieser Spezifikation kein signifikanter Zusammenhang, kann davon ausgegangen werden, dass auch komplexere Modelle keine Signifikanzen zutage fördern würden. So verändert auch das Hinzufügen einer Dummy-Variable für die Kennzeichnung der neuen Bundesländer die Ergebnisse nicht.

einer Partei nahe, sie führen nicht häufiger politische Gespräche, verfügen über kein größeres politisches Wissen oder Interesse und äußern nach wie vor in gleichem Maße den Wunsch nach mehr Beteiligungsmöglichkeiten. Diese Ergebnisse stimmen im Großen und Ganzen mit den jüngeren Befunden zu den USA und der Schweiz überein, die die These der bildenden Effekte ebenso wenig bestätigen können (Dyck 2009; Dyck und Lascher 2009; Dyck und Seabrook 2010; Freitag und Stadelmann-Steffen 2010).

Die einzigen der 30 (aus zehn abhängigen und drei unabhängigen Variablen resultierenden) Zusammenhänge, die konventionelle Signifikanzniveaus erreichen, sind in der Tabelle im Anhang ersichtlich. Demnach steigt die Zufriedenheit der Wählerinnen und Wähler mit dem Funktionieren der Demokratie, wenn die Sammelfrist verlängert wird und Volksbegehren – entgegen der Erwartungen – häufig lanciert werden. Dieser Befund steht dem entgegen, was Stadelmann-Steffen und Vatter (2012) für die Eidgenossenschaft nachweisen. Die Wahrscheinlichkeit der Teilnahme Demonstrationen und Mitarbeit bei Bürgerinitiativen steht dagegen systematisch nur im Zusammenhang mit der Häufigkeit von Volksbegehren. Das wiederum widerspricht teilweise den Ergebnissen von Fatke und Freitag (2013b), denen zufolge direkte Demokratie in der Schweiz als Ventil wirken kann, das Proteste weniger wahrscheinlich werden lässt.

Aus den geschätzten Werten für Koeffizienten und Standardfehlern in Tab. 1 lässt sich allerdings nur schwerlich die Stärke der signifikanten Zusammenhänge ablesen. Daher illustriert Abb. 1, wie sehr sich die abhängigen Variablen der politischen Involviertheit bei Zunahme der direkten Demokratie verändern. Dabei zeigt sich, dass sich die Unterschiede sehr im Rahmen halten. Die Wahrscheinlichkeit, mit dem Funktionieren der Demokratie ziemlich oder sehr zufrieden zu sein, steigt von der geringsten zur höchsten Frist von 59 auf 74 % und sinkt von der seltensten zur häufigsten Anwendung direkter Demokratie lediglich von 68 auf 57 %. Die Wahrscheinlichkeit an Bürgerinitiativen oder Demonstrationen teilzunehmen bewegt sich hingegen durchweg auf sehr niedrigem Niveau und steigt im ersten Fall nur von 1,7 auf 5,1 %, im zweiten von 2,6 auf 5,5 %, wenn Volksbegehren am häufigsten sind. Konträr zu den Erwartungen und bisherigen Ergebnissen sinkt wiederum die Wahrscheinlichkeit, an Bürgerinitiativen mitzuwirken, von 3,4 auf 1,4 %, wenn die Sammelfrist maximal ausgestaltet ist.

Bis auf wenige Ausnahmen kann die Analyse insgesamt kaum die Existenz bildender Effekte nachweisen. Auch die Hoffnung, dass zukünftig die Bürger in Baden-Württemberg durch die Politik des Gehörtwerdens stärker politisch involviert wären, muss angesichts dieser Ergebnisse infrage gestellt werden. Es könnte jedoch sein, dass direkte Demokratie nicht unmittelbar auf politische Einstellungen und Verhaltensweisen wirkt, sondern mittelbar als Moderator fungiert.

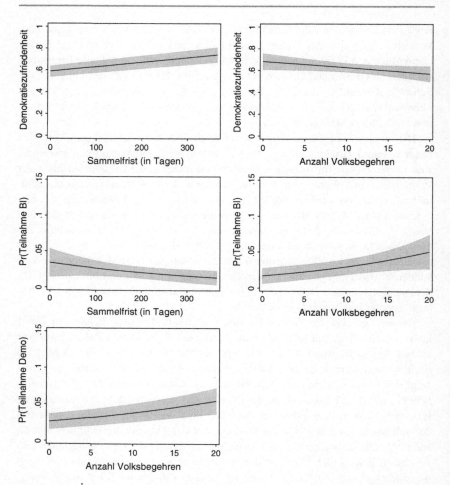

Abb. 1 Marginaleffekte der bildenden Wirkung direkter DemokratieAnmerkung: Graue Flächen entsprechen dem 95 %-Konfidenzintervall. Kontrollvariablen sind auf ihren Mittelwert fixiert. (Quelle: Eigene Berechnungen auf Grundlage der GLES-Daten zur Bundestagswahl 2013 Rattinger et al. 2014)

Ausgehend von den Ausführungen im vorangegangenen Abschnitt sollten Befürworter direktdemokratischer Institutionen gerade aus dem politisch linken Lager darauf hoffen, Beteiligungsmöglichkeiten aktivierten vielleicht nicht die gesamte

Wählerschaft, aber zumindest die sozial schwächeren Bürgerinnen und Bürger, die sich aufgrund ihres geringen ‚Sozialstatus' normalerweise von der Politik abgewendet haben. Um diesen Sachverhalt zu überprüfen werden analog zu den Analysen von Fatke (2015a) den Modellen multiplikative Interaktionsterme mit einem Indikator für die eigene wirtschaftliche Situation hinzugefügt. Der einzige Zusammenhang, für den sich ein signifikanter Moderationseffekt ergibt, ist in Abb. 2 visualisiert.

Wie erwartet, ist die Demokratiezufriedenheit unter denjenigen stärker ausgeprägt, die ihre Situation positiv beurteilen. Diese steigt aber nur marginal in Abhängigkeit häufig stattfindender Volksbegehren. Bei Befragten, die sich negativ über ihre wirtschaftliche Situation äußern, führen häufigere Volksbegehren allerdings entgegen den Erwartungen zu größerer Unzufriedenheit mit der Demokratie. Solche Auswirkungen hatten die Gesetzgeber sicherlich nicht im Sinn, als sie die Möglichkeiten für Volksbegehren in Baden-Württemberg ausbauten und deren aktivierenden Charakter anpriesen.

Abschließend sei aber noch auf den vorläufigen Charakter dieser Befunde verwiesen. Zum einen verbleibt die Analyse des Zusammenhangs auf der

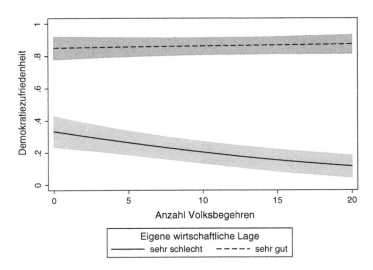

Abb. 2 Interaktionseffekte der bildenden Wirkung direkter Demokratie. Anmerkung: Graue Flächen entsprechen dem 95 %-Konfidenzintervall. Kontrollvariablen sind auf ihren Mittelwert fixiert. (Quelle: Eigene Berechnungen auf Grundlage der GLES-Daten zur Bundestagswahl 2013 Rattinger et al. 2014)

Landesebene. Es wäre daher denkbar, dass sich bei Betrachtung der kommunalen Ebene andere Ergebnisse offenbaren. Zwar unterscheidet sich die zugrunde liegende Logik der Beteiligung nicht sonderlich, aber die Replikation der Untersuchung mit Daten zur Hürdenhöhe und Anwendungshäufigkeit von Bürgerbegehren verspricht dennoch detailliertere Erkenntnisse. Dazu müssten sowohl Daten zur direkten Demokratie in den Gemeinden gesammelt, als auch Individualdaten zum politischen Verhalten diesen Gemeinden zugeordnet werden. Zum anderen muss festgehalten werden, dass mit den formellen Beteiligungsverfahren nur ein Teil der Politik des Gehörtwerdens analysiert werden konnte. Partizipation in informellen Verfahren wie Planungszellen oder dem Online-Portal ist mitunter einem noch selektiveren Prozess unterworfen. Weitere Forschungsarbeiten könnten sich deshalb den Mechanismen und Auswirkungen dieser Beteiligungsmöglichkeiten widmen.

5   Bilanz der Politik des Gehörtwerdens

Die Wahl einer grün-roten Landesregierung in Baden-Württemberg war ein bis dato einmaliges Ereignis in der Geschichte des Südweststaats. Mit Winfried Kretschmann stellten zum ersten Mal die Grünen einen Ministerpräsidenten in der Bundesrepublik. Dieser radikale Wechsel des politischen Personals war sowohl die Folge des in der Bevölkerung verbreiteten Wunsches nach einer anderen Politik als auch dessen Voraussetzung. Eines der meist diskutierten Politikfelder in dieser Hinsicht war die Bürgerbeteiligung. So profitierten zum einen die Grünen und die SPD von der Enttäuschung der Bürger über die unzugängliche und gerade bezüglich „Stuttgart 21" forsche Politik der Vorgängerregierung. Und zum anderen konnte so ein Kurswechsel zu einer Politik des Gehörtwerdens anvisiert werden, der Baden-Württemberg von der roten Laterne im Ranking zur Bürgerbeteiligung von „Mehr Demokratie e. V." befreien sollte.

Wie sich gezeigt hat, unternahm die Landesregierung durchaus achtbare Anstrengungen, um dieses Ziel zu erreichen. Insbesondere das Einrichten des Staatsministeriums für Zivilgesellschaft und Bürgerbeteiligung zeugt von ernsthaften Absichten, den Bürgern Gehör zu schenken. Dass es die Dauer von beinahe der gesamten Legislaturperiode benötigt hat, um konkrete Regelungen für mehr direktdemokratische Mitsprache im Landtag zur Abstimmung zu bringen, mag genauso den langwierigen Aushandlungsprozessen mit den Oppositionsparteien geschuldet sein, wie das überschaubare Ausmaß der Änderungen, die Baden-Württemberg keinesfalls zum bundesdeutschen Musterland direkter Demokratie werden lassen. Angesichts der Grundsätzlichkeit und Langfristigkeit des Paradigmenwechsels kann dennoch von einer Reform dritter Ordnung gesprochen werden (Hall 1993). Immerhin ermöglichen die neuen, abgesenkten Hürden in der Landesverfassung, dass Volksbegehren überhaupt als gangbare Alternative zum Wählen von Repräsentanten für politische Partizipation infrage kommen. Doch so inkrementell sich der Verfassungswandel mit Blick auf Beteiligungsbarrieren darstellt, so ernüchternd sind auch die empirischen Befunde zu den erhofften bildenden Effekten direkter Demokratie. In Anbetracht der Tatsache, dass in den deutschen Bundesländern die Hürdenhöhe und Anwendungshäufigkeit nicht in systematischer Weise mit politischem Engagement und Involviertheit zusammenhängen, erscheinen die Hoffnungen der Befürworter einer Politik des Gehörtwerdens diesbezüglich eher unbegründet.

Und tatsächlich ist sich die Landesregierung durchaus der Gefahren gewahr, dass Direktdemokratie unter Umständen auch unliebsame Einstellungen der Bürger zur Folge haben kann. So schreibt Staatsministerin Erler (2015, S. 14) selbst im Demokratie-Monitor, der Ruf nach mehr direkter Demokratie gehe vor allem in sozial schwachen und bildungsfernen Schichten – scheinbar paradoxerweise – mit einem antipluralistischen, bisweilen autoritären Demokratieverständnis einher:

> Dem liegt oftmals implizit ein plebiszitäres Demokratieideal zugrunde, dass von einem a priori feststehenden homogenen Volkswillen im Rousseau'schen Sinne ausgeht, den es lediglich zu erkennen und umzusetzen gilt. Politische Eliten in Form von Parteien und die Diskussionsprozesse in den Institutionen der repräsentativen Demokratie werden dabei als blockierende ,Gegenstück' [sic!] zu diesem Volkswillen empfunden. Diese Einstellungen werden von rechtspopulistischen Akteuren bedient, dem es genauso entgegen zu treten gilt, wie einem eher links-progressiven Heilsprechen der direkten Demokratie (Erler 2015, S. 14).

So ist die Landesregierung gut beraten, eine Politik des Gehörtwerdens nicht auf die formelle Ausgestaltung von direkter Demokratie zu reduzieren. Vielmehr umfasst dieses paradigmatische Leitbild auch eine grundsätzliche Haltung gegenüber den Bürgern und ihren Interessen. Schließlich ist es prinzipiell auch ohne direktdemokratische Beteiligung möglich – wenn auch weniger wahrscheinlich, wenn die Wiederwahl noch in weiter Ferne liegt –, dass sich die gewählten Vertreter der Anliegen im Volk annehmen und diese im parlamentarischen Prozess behandeln. Eine solche Politik verfolgt sicherlich hehre Ziele und der Landesregierung unter Winfried Kretschmann ist zugutezuhalten, dass sie den Bürgern mit größerer Bereitschaft zu Responsivität und Reaktion entgegen getreten ist, als es in den Jahren zuvor der Fall war.

6   Schlussbemerkung und Ausblick

Jedoch löst auch eine responsivere Haltung gegenüber den Wählern nicht unbedingt alle Probleme, die aus dem ungleichen Verhältnis zwischen Bürgern und Politik erwachsen, sondern schafft gegebenenfalls gar neue, wie das Beispiel des Nationalparks Nordschwarzwald der Landesregierung unlängst vor Augen führte. Der von der Regierung angestrebten „Gesellschaft des Dialogs" entsprechend, waren einerseits große Anstrengungen unternommen worden, die Bürger so früh und umfassend zu informieren wie bei keinem anderen vergleichbaren Projekt. Andererseits waren den Bürgern durch Veranstaltungen, Informationswanderungen, regionale Arbeitskreise, Info-Telefone und eine Online-Beteiligung zum Gesetzesentwurf zahlreiche Möglichkeiten eingeräumt worden, sich Gehör zu verschaffen und ihre Wünsche in das Gesetzesvorhaben einfließen zu lassen. Ungeachtet der dadurch offensichtlichen Opposition zahlreicher Bewohner wurde der Nationalpark dennoch durch die Regierungsmehrheit im Landtag beschlossen. Auch eine daraufhin von Gegnern angestrengte Bürgerbefragung änderte aufgrund ihres nicht bindenden Charakters nichts an der Entscheidung. Aber sie machte deutlich, dass die große Mehrheit der Abstimmenden mit dem Beschluss unzufrieden ist.[7] Und es scheint dabei nicht abwegig, zu vermuten, dass die Unzufriedenheit, die eigenen Interessen unberücksichtigt zu sehen, noch größer ist, nachdem doch eigentlich die Möglichkeit bestand, angehört zu werden und sich zu beteiligen. Das ist den Ergebnissen des Demokratie-Monitoring in Baden-Württemberg zufolge insbesondere der Fall, „wenn die Anbindung der Beteiligungsergebnisse an die formalen Entscheidungsprozesse unklar bleibt, Ergebnisse in der Schublade verschwinden und dialog-orientierte Beteiligungsprozesse als Alibi-Veranstaltungen wahrgenommen werden" (Vetter et al. 2015, S. 260).

Darin manifestiert sich abschließend das Dilemma einer Politik des Gehörtwerdens. Prinzipiell ist die verbindliche Allokation von Ressourcen innerhalb des Gemeinwesens Aufgabe von Politik. Das beschwört zwangsläufig Interessenkonflikte herauf, die mitunter autoritär entschieden werden müssen und entsprechend

---

[7]Bei nicht bindenden Plebisziten ist es durchaus üblich, dass sich eher Gegner der aktuellen Situation mobilisieren lassen. Befürworter sehen dagegen kaum einen Anlass, sich zu beteiligen, da die Situation ungeachtet des Abstimmungsergebnisses so bleibt, wie sie sie präferieren.

unzufriedene Seiten zurücklassen. Diese sind nicht per se damit zu lösen, dass sich mehr Menschen beteiligen. Über etwaige Niederlagen und Enttäuschungen in politischen Auseinandersetzungen müssen sich alle Beteiligten vorab im Klaren sein, damit durch responsivere Politik und ausgeweitete Beteiligungsverfahren nicht die ungerechtfertigten Erwartungen geschürt werden, das Ergebnis des politischen Prozesses fiele dadurch eher zu den eigenen Gunsten aus. Andernfalls wird bei anders lautenden Ergebnissen der Unmut noch gesteigert und – ebenso unbegründet, aber noch bedenklicher – dem Verfahren selbst die Schuld an der politischen Niederlage gegeben, wobei gerade hierzulande die Legitimität auf grundsätzliche Weise infrage gestellt wird.

Insofern bleibt abschließend festzuhalten, dass das Funktionieren der direkten Demokratie im Sinne eines guten und besonnenen Umgangs hierzulande noch Steigerungspotenzial besitzt. Man sollte daher auch nicht erstaunt sein, wenn sich Ergebnisse aus Kontexten, die eine weitaus größere direktdemokratische Tradition aufweisen, vorerst nicht in der Bundesrepublik replizieren lassen. Wie von Almond und Verba (1963) behauptet, müssen institutionelle Komponenten des politischen Systems im Einklang mit der vorherrschenden politischen Kultur sein, um ein stabiles und funktionierendes Fortbestehen zu gewährleisten. Entsprechend ist auch eine direktdemokratische Kultur vonnöten, damit eine Politik des Gehörtwerdens die gewünschten Effekte entfalten kann. Doch Kultur bedingt im reziproken Wechselverhältnis eben nicht nur institutionelle Abläufe, sondern – und das mag von Befürwortern als Silberstreif angesichts der für sie ernüchternden Einsichten aufgefasst werden – langfristig beeinflussen Institutionen natürlich auch politische Kultur (Fatke 2014, S. 27).

Anhang

Logistische Regressionsmodelle zu den bildenden Auswirkungen direkter Demokratie. (Quelle: Eigene Berechnungen auf der Grundlage der GLES-Daten zur Bundestagswahl 2013 Rattinger et al. 2014)

	(1) Demokratiezufriedenheit			(2) Partizipation bei Bürgerinitiative			(3) Partizipation bei Demonstration		
Unterschriftenquorum	−0,034			−0,052			−0,039		
	(0,021)			(0,038)			(0,028)		
Sammelfrist		0,002***			−0,003*			−0,002	
		(0,001)			(0,001)			(0,001)	
Anzahl Volksbegehren			−0,024*			0,057***			0,038***
			(0,013)			(0,022)			(0,008)
Geschlecht	0,047	0,074	0,091	−0,243	−0,166	−0,234	−0,562	−0,519	−0,555
	(0,107)	(0,111)	(0,110)	(0,453)	(0,468)	(0,444)	(0,428)	(0,427)	(0,420)
Alter	0,001	0,000	0,001	0,002	0,004	0,003	−0,031***	−0,031***	−0,031***
	(0,005)	(0,005)	(0,006)	(0,006)	(0,007)	(0,007)	(0,006)	(0,006)	(0,006)
Bildung	−0,034	−0,041	−0,031	0,692***	0,743***	0,742***	0,296**	0,326***	0,328***
	(0,050)	(0,050)	(0,054)	(0,121)	(0,144)	(0,154)	(0,118)	(0,121)	(0,115)
Haushaltseinkommen	0,051	0,058	0,049	0,029	0,028	0,035	0,034	0,034	0,035

(Fortsetzung)

(Fortsetzung)

	Demokratiezufriedenheit (1)			Partizipation bei Bürgerinitiative (2)			Partizipation bei Demonstration (3)		
Wirtschaftliche Situation	0,726***	0,711***	0,713***	−0,127	−0,149	−0,136	−0,093	−0,108	−0,097
	(0,040)	(0,037)	(0,037)	(0,069)	(0,069)	(0,072)	(0,047)	(0,046)	(0,046)
Einwohnerzahl (Log)	0,378***	0,262**	0,355**	0,135	0,193	0,054	0,118	0,150	0,054
	(0,137)	(0,114)	(0,140)	(0,303)	(0,261)	(0,210)	(0,155)	(0,176)	(0,120)
Konstante	−5,072***	−4,668***	−5,091***	−5,901**	−6,834***	−6,327***	−2,179	−2,752	−2,379
	(1,274)	(1,025)	(1,198)	(2,616)	(2,550)	(2,060)	(1,778)	(2,039)	(1,629)
Befragte	1604	1604	1604	1635	1635	1635	1634	1634	1634
Pseudo R²	0,0829	0,0871	0,0835	0,0875	0,0929	0,0978	0,0748	0,0770	0,0793
Devianz	1922	1913	1921	445	443	440	546	545	544
AIC	1928	1929	1937	461	459	456	562	561	560
BIC	1981	1972	1980	504	502	499	605	604	603

Anmerkung: Robuste Standardfehler geclustert nach Bundesländern in Klammern; *** p < 0.01, ** p < 0.05, * p < 0.1

Literatur

Almond, G., und S. Verba. 1963. *The civic culture*. Princeton: Princeton University Press.

Baden-Württemberg, Stiftung, Hrsg. 2015. *Demokratie-Monitoring Baden-Württemberg 2013/2014: Studien zu Demokratie und Partizipation*. Wiesbaden: Springer-Verlag.

Barankay, I., P. Sciarini, und A. Trechsel. 2003. Institutional openness and the use of referendums and popular initiatives: Evidence from Swiss Cantons. *Swiss Political Science Review* 9 (1): 169–199.

Bauer, P., und M. Fatke. 2014. Direct democracy and political trust: Enhancing trust, initiating distrust–or both? *Swiss Political Science Review* 20 (1): 49–69.

Blumenberg, J., und T. Faas. 2013. Stuttgart 21: Einstellungen und Emotionen. In *Der historische Machtwechsel: Grün-Rot in Baden-Württemberg*, Hrsg. U. Wagschal, U. Eith, und M. Wehner, 229–246. Baden-Baden: Nomos.

Budge, I., und H. Keman. 1990. *Parties and democracy. Coalition formation and government functioning in twenty states*. Oxford: Oxford University Press.

Dyck, J. 2009. Initiated distrust: Direct democracy and trust in government. *American Politics Research* 37 (4): 539–568.

Dyck, J., und E. Lascher. Jr. 2009. Direct democracy and political efficacy reconsidered. *Political Behavior* 31 (3): 401–427.

Dyck, J., und N. Seabrook. 2010. Mobilized by direct democracy: Short-term versus long-term effects and the geography of turnout in ballot measure elections. *Social Science Quarterly* 91 (1): 188–208.

Eder, C., A. Vatter, und M. Freitag. 2009. Institutional design and the use of direct democracy: Evidence from the German Länder. *West European Politics* 32 (3): 611–633.

Erler, G. 2015. Demokratie-Monitoring Baden-Württemberg: Bürgerbeteiligung stärkt die Demokratie. In *Demokratie-Monitoring Baden-Württemberg 2013/2014: Studien zu Demokratie und Partizipation*, Hrsg. Baden-Württemberg Stiftung, 11–16. Wiesbaden: Springer.

Fatke, M. 2014. The Political Sociology of Direct Democracy. Dissertation, Universität Bern.

Fatke, M. 2015a. Participation and political equality in direct democracy: Educative effect or social bias. *Swiss Political Science Review* 21 (1): 99–118.

Fatke, M. 2015b. Behavioral primes in the voting booth: Further evidence of priming effects in popular votes and elections. *Electoral Studies* 40:315–321.

Fatke, M., und M. Freitag. 2013a. Zuhause statt oben bleiben. Stuttgart 21 und die direkte Demokratie in Baden-Württemberg. In *Der historische Machtwechsel: Grün-Rot in Baden-Württemberg*, Hrsg. U. Wagschal, U. Eith, und M. Wehner, 207–228. Baden-Baden: Nomos.

Fatke, M., und M. Freitag. 2013b. Direct democracy: Protest catalyst or protest alternative? *Political Behavior* 35 (2): 237–260.

Freitag, M., und I. Stadelmann-Steffen. 2010. Stumbling block or stepping stone? The influence of direct democracy on individual participation in parliamentary elections. *Electoral Studies*. 29 (3): 472–483.

Hall, P. 1993. Policy paradigms, social learning, and the state. The case of economic policymaking in Britain. *Comparative Politics* 25:275–296.

Hug, S., und G. Tsebelis. 2002. Veto players and referendums around the world. *Journal of Theoretical Politics* 14 (4): 465–515.

Lanz, S., und A. Nai. 2015. Vote as you think: Determinants of consistent decision making in direct democracy. *Swiss Political Science Review* 21 (1): 119–139.

Milic, T. 2011. Correct voting in direct legislation. *Swiss Political Science Review* 18 (4): 399–427.

Newton, K., und B. Geissel, Hrsg. 2012. *Evaluating democratic innovations: Curing the democratic malaise?.* London: Routledge.

Rattinger, H., S. Roßteutscher, R. Schmitt-Beck, B. Weßels, und C. Wolf. 2014. *Nachwahl-Querschnitt* (GLES 2013). GESIS Datenarchiv. Köln: ZA5701 Datenfile Version 2.0.0. doi: 10.4232/1.11940.

Rehmet, F., und T. Weber. 2013. *Volksentscheids-Ranking 2013*. Berlin: Mehr Demokratie e. V.

Roth, D. 2013. Was entschied die Wahl? In *Der historische Machtwechsel: Grün-Rot in Baden-Württemberg*, Hrsg. U. Wagschal, U. Eith, und M. Wehner, 207–228. Baden-Baden: Nomos.

Scarrow, S. 1999. Parties and the expansion of direct democracy who benefits? *Party Politics* 5 (3): 341–362.

Schäfer, A. 2015. *Der Verlust politischer Gleichheit. Warum die sinkende Wahlbeteiligung der Demokratie schadet*. Frankfurt a. M.: Campus.

Smith, D., und C. Tolbert. 2004. *Educated by initiative: The effects of direct democracy on citizens and political organizations in the American states*. Michigan: University of Michigan Press.

Smith, D., und C. Tolbert. 2007. The instrumental and educative effects of ballot measures: Research on direct democracy in the American states. *State Politics & Policy Quarterly* 7 (4): 416–445.

Solar, M. 2015. Reformen direktdemokratischer Verfahren – Berlin, Bremen und Hamburg im Vergleich. In *Direkte Demokratie*, Hrsg. U. Münch, E. Hornig, und U. Kranenpohl. Tutzinger Studien zur Politik (6): 53–68. Baden-Baden: Nomos.

Stadelmann-Steffen, I., und A. Vatter. 2012. Does satisfaction with democracy really increase happiness? Direct democracy and individual satisfaction in Switzerland. *Political Behavior* 34 (3): 535–559.

Stegmueller, D. 2013. How many countries for multilevel modeling? A comparison of frequentist and Bayesian approaches. *American Journal of Political Science* 57 (3): 748–761.

Vatter, A. 2014. *Das politische System der Schweiz*. Baden-Baden: Nomos.

Vatter, A., und A. Heidelberger. 2013. Volksentscheide nach dem NIMBY-Prinzip? Eine Analyse des Abstimmungsverhaltens zu Stuttgart 21. *Politische Vierteljahresschrift* 54 (2): 317–335.

Vetter, A., S. Geyer, und U. Eith. 2015. Die wahrgenommenen Wirkungen von Bürgerbeteiligung. In *Demokratie-Monitoring Baden-Württemberg 2013/2014: Studien zu Demokratie und Partizipation*, Hrsg. Baden-Württemberg Stiftung, 223–242. Wiesbaden: Springer.

Voigt, S., und L. Blume. 2015. Does direct democracy make for better citizens? A cautionary warning based on cross-country evidence. *Constitutional Political Economy* 26 (4): 391–420.

Wöll, L. 2015. *Zurück zum direktdemokratischen Musterland? Möglichkeiten und sekundäre Auswirkungen der Bürgerbeteiligung in Baden-Württemberg*. München: LMU München.

Über den Autor

Dr. Matthias Fatke ist derzeit akademischer Rat auf Zeit an der Ludwig-Maximilians-Universität München. Er arbeitet als wissenschaftlicher Assistent am Lehrstuhl für Vergleichende Politikwissenschaft und forscht insbesondere zu Themen der politischen Soziologie und politischen Psychologie.

Organisierte Interessen und die grün-rote Landesregierung in Baden-Württemberg

Patrick Bernhagen, Saskia Geyer und Felix Goldberg

Zusammenfassung

Mit dem baden-württembergischen Machtwechsel im Mai 2011 ging ein Ruck durch die Verbandslandschaft. Insbesondere Unternehmen und Industrieverbände äußerten Befürchtungen, dass sich die Rahmenbedingungen ihrer Branchen aufgrund des Regierungswechsels verschlechtern könnten. Gleichzeitig bekundeten Bürger-, Umwelt- und Wohlfahrtsverbände sowie Gewerkschaften Hoffnungen, dass ihre politischen Ziele stärkere Berücksichtigung finden. Das Kapitel untersucht die Veränderungen des Verhältnisses zwischen Regierung und organisierten Interessen, die sich durch den Regierungswechsel zu Grün-Rot ergaben, indem sowohl die Aktivitäten der Verbände seit 2011 als auch die Gesetzgebungstätigkeit der grün-roten Landesregierung mit der Zeit der schwarz-gelben Vorgängerregierung verglichen werden. Im Ergebnis zeigt sich, dass sich im Alltag der Verbände nur wenig verändert hat. Insbesondere stehen Schwankungen der Verbandstätigkeit nur eingeschränkt mit einem parteipolitisch begründeten Politikwechsel in Verbindung.

P. Bernhagen (✉)
Abteilung für Politische Systeme und Politische Soziologie, Institut für Sozialwissenschaften, Universität Stuttgart, Stuttgart, Deutschland
E-Mail: patrick.bernhagen@sowi.uni-stuttgart.de

S. Geyer · F. Goldberg
Abteilung für Politische Systeme und Politische Soziologie, Institut für Sozialwissenschaften, Universität Stuttgart, Stuttgart, Deutschland
E-Mail: saskia.geyer@sowi.uni-stuttgart.de

F. Goldberg
E-Mail: felix.goldberg@sowi.uni-stuttgart.de

© Springer Fachmedien Wiesbaden 2017
F. Hörisch und S. Wurster (Hrsg.), *Das grün-rote Experiment in Baden-Württemberg*, DOI 10.1007/978-3-658-14868-3_13

1   Einleitung

„Ich habe große Sorge um unsere Werke in Baden-Württemberg, vor allem wegen der Grünen in der neuen Landesregierung." Mit diesen Worten kommentierte der Betriebsratschef und stellvertretende Aufsichtsratsvorsitzende der Porsche AG, Uwe Hück, die sich abzeichnende Bildung der grün-roten Landesregierung im Mai 2011 (Die Welt Online 2011). Die feindliche Haltung der neuen Landesregierung gegenüber den Autobauern gefährde laut Hück, der selbst Mitglied der SPD ist, Arbeitsplätze und Investitionen. Auslöser der Sorgen waren u. A. Äußerungen wie die des damals noch designierten Ministerpräsidenten Winfried Kretschmann: „Weniger Autos sind natürlich besser als mehr" (Spiegel Online 2011). Gleichzeitig bemühte sich Nils Schmid als zukünftiger Landesminister für Finanzen und Wirtschaft, die Wogen zu glätten: „Jede baden-württembergische Landesregierung hat Benzin im Blut. [...] Es werden nicht weniger, sondern schrittweise andere Autos vom Band rollen" (Spiegel Online 2011). Ob nun weniger oder andere Autos, die Aussicht auf eine grün-rote Landesregierung sorgte nach 58 Jahren CDU-Herrschaft für Unbehagen bei der bedeutsamen Auto- und Zulieferindustrie. Auf der anderen Seite stehen Interessengruppen, denen die früheren CDU-Regierungen weniger wohlgesonnen waren, v. a. Natur-, Umwelt- und Tierschutzverbände sowie Gewerkschaften. So kündigten beispielsweise die Landesverbände von BUND und DGB eine konstruktive Zusammenarbeit an; Bildungsverbände forderten das Einhalten von Wahlversprechen zur Verbesserung der Bildungseinrichtungen (Stuttgarter Zeitung Online 2011). Diese Eindrücke aus der Presse deuten an dass mit dem Machtwechsel in Stuttgart auch ein Ruck durch die Verbandslandschaft ging.

Zumindest in der Automobilbranche verflog die anfängliche Panik jedoch bald. Bereits im Herbst 2012 beschrieb Daimler-Chef Zetsche das Verhältnis als „pragmatisch, faktisch, gut" (Stuttgarter Nachrichten online 2012); Ministerpräsident Kretschmann betonte seinerseits die Bedeutung der Branche für die Wirtschaft Baden-Württembergs. Auch in anderen Bereichen machte sich Grün-Rot bei den organisierten Interessen im Land beliebt. Im Mai 2015 schließlich schuf die Landesregierung ein Verbandsklagerecht für anerkannte Tierschutzverbände (LT-Drs. 15/6593). Diese Beispiele lassen vermuten, dass sowohl anfängliche Ängste als auch Hoffnungen bald einem unaufgeregten Verhältnis zwischen organisierten Interessen und der grün-roten Landesregierung wichen. Fraglich ist jedoch, inwiefern diese Eindrücke einer systematischen Betrachtung der alltäglichen Regierungsarbeit standhalten. Um mögliche Veränderungen des Verhältnisses zwischen Regierung und organisierten Interessen theoriegeleitet erfassen zu können, umreißen wir im Folgenden zunächst den analytischen Rahmen dieser

Untersuchung. Anschließend geben wir einen Überblick der baden-württembergischen Verbandslandschaft und vergleichen danach die Gesetzgebungstätigkeit der grün-roten Landesregierung nach Politikfeldern mit der schwarz-gelben Vorgängerregierung. Diese beiden Abschnitte legen den Grundstein für eine medienbasierte Analyse der Verbandstätigkeit. Darauf basierend schlussfolgern wir das Verhältnis der grün-roten Landesregierung zu organisierten Interessen.

2   Theoretische Vorüberlegungen

Regierungswechsel können die politische Umwelt organisierter Interessen maßgeblich beeinflussen. Dabei können drei Mechanismen unterschieden werden, mittels derer eine Veränderung des Verhältnisses zwischen Regierung und organisierten Interessen zustande kommen kann. Erstens kontrollieren Regierungen im Wege der Gesetzgebung, Regulierung, Subventionierung und Auftragsvergabe viele der Ressourcen, die für die Aktivitäten und das Überleben von Organisationen wie Unternehmen und Interessenverbänden notwendig sind (Pfeffer und Salancik 1978). Hierdurch werden sowohl die Kosten als auch die Effizienz verbandlichen und unternehmerischen Handelns beeinflusst. Dies kann auch den Zugang zu politischen Entscheidungsträgern, etwa durch Veränderung der ideologischen Distanz, betreffen. Grüne Parteien gelten in Westeuropa als natürliche Alliierte vieler neuer sozialer Bewegungen (Poguntke 2006). Ihr Erstarken veränderte vor allem Ressourcen der lokalen Folgeorganisationen dieser Bewegungen, die nun erwarten konnten, dass ihre Forderungen stärker berücksichtigt werden.

Zweitens hat gemäß der Parteiendifferenz-Hypothese die parteipolitische Zusammensetzung der Regierung und der Legislative wesentlichen Einfluss auf die Policy-Entscheidungen und damit auf das Politikergebnis (Budge und Keman 1990; Laver und Budge 1992; Rose 1980). Dadurch verändern Regierungswechsel die Anreize für Unternehmen und Verbände, politisch tätig zu werden. Des Weiteren könnten durch eine grün-rote Landesregierung neue Interessengruppen angezogen werden. *Policy-Entrepreneure,* in unserem Fall die Interessengruppen, konzentrieren sich in einem politischen Mehrebenensystem auf diejenigen Gesetzgeber oder Länderparlamente, bei denen sie erwarten können, Gehör und Unterstützung zu finden (vgl. Baumgartner und Jones 2009, S. 222; Beyers und Kerremans 2012). Durch den Regierungswechsel zu Grün-Rot könnte Baden-Württemberg für unterschiedliche Akteure ein interessanterer Adressat Verbandlicher und unternehmerischer Lobbyarbeit geworden sein.

Drittens stärken Regierungswechsel die Machtpositionen bestehender Advocacy-Koalitionen und schwächen die von anderen; ebenso können sie die

Auflösung alter Koalitionen bewirken und die Bildung neuer Partnerschaften begünstigen (Sabatier 1988; Sabatier et al. 1993). Interessengruppen, die sich in einer Advocacy-Koalition mit der schwarz-gelben Landesregierung befanden, müssen sich möglicherweise umorientieren. Zahlreiche Studien belegen, dass traditionelle Verbindungen zwischen Parteien und anderen Organisationen im Zuge der Evolution der Massenparteien aufweichten (vgl. Allern und Bale 2012; Poguntke 2006). Für die Parteien bedeutet dies einerseits, dass sich losere Verknüpfungen zugunsten von mehr Flexibilität und neuen (temporären) Partnern auszahlen können, ohne dass allzu große Popularitätseinbußen in der Kernwählerschaft befürchtet werden müssen. Andererseits wird für organisierte Interessen ein Zugang eröffnet, der sich vor dem Hintergrund stabilerer Bündnisse nicht ergab. Folglich vergrößert sich neben dem Handlungsbedarf auch der Handlungsspielraum für die Verbände und Unternehmen.

Eine besondere Herausforderung für die Forschung besteht in der Untersuchung des Verhältnisses zwischen politischen Entscheidungsträgern und unternehmerischen Akteuren. Der politische Einfluss organisierter Interessen hängt primär von ihrer Fähigkeit ab, politische Entscheidungsträger mit relevanten Informationen zu versorgen. Während dies von allen Interessengruppen angestrebt wird, sind wirtschaftliche Akteure in dieser Hinsicht besonders gut positioniert. Unternehmen häufen im Zuge der Ausübung ihrer täglichen Aktivitäten eine Vielzahl von politisch relevanten Informationen an. Wirtschaftsverbände sind darüber hinaus sehr aktiv in der Erhebung politisch relevanter Daten über die Firmen ihrer Branche und in der Analyse der erwarteten Auswirkungen politischer Entscheidungen für sich und andere. Und schließlich genießen Unternehmen eine strukturell privilegierte Stellung im politischen Prozess. Da in marktwirtschaftlichen Systemen wichtige Investitionsentscheidungen in der Regel privat sind, haben öffentliche Entscheidungsträger Anreize, die politischen Präferenzen der Unternehmen in ihren Entscheidungen stärker als andere Interessen zu berücksichtigen (Offe 1975).

3   Interessenorganisationen in Baden-Württemberg

Verbände sind Zusammenschlüsse von Personen, Firmen oder Körperschaften, die auf freiwilliger Basis gemeinsame Ziele außerhalb des Marktes verfolgen und zu diesem Zweck eine Organisation schaffen (Jordan et al. 2004; von Alemann 1985, S. 5; Raschke 1978, S. 20 f.). Damit unterscheiden sich Verbände sowohl von Unternehmen (keine freiwilligen Zusammenschlüsse) als auch von kurzfristigen, themenorientierten Koalitionen (keine Organisationen). Verbänden,

Unternehmen und Zweckkoalitionen ist im gegenwärtigen Kontext jedoch gemein, dass sie Nichtmarktinteressen verfolgen. Um einen hinreichend breiten, aber dennoch nützlichen Begriff von Interessenorganisation anwenden zu können, der auch die beiden letztgenannten Akteurstypen einschließt, greifen wir auf die Definition von Baumgartner und Leech (1998) zurück, wonach es sich bei Interessenorganisationen um Organisationen handelt, die auf politische Entscheidungen Einfluss nehmen wollen, welche außerhalb ihrer rechtlichen Zuständigkeit liegen. Dieser erweiterte Begriff schließt etwa politisch aktive Industrie- und Handelskammern (keine freiwilligen Zusammenschlüsse) ebenso ein wie verbandliche Zusammenschlüsse von Städten und Gemeinden oder öffentliche Institutionen wie z. B. Hochschulen (Baumgartner und Leech 1998, S. xxii).

In einem nächsten Schritt synthetisieren wir unterschiedliche Klassifikationen von Interessengruppen anhand der einschlägigen Literatur. Eine erste Forschungsrichtung liefert eine eher lose Reihung ganz unterschiedlicher Interessenverbände, ohne diese bestimmten Tätigkeitsbereichen zuzuordnen. So identifizieren Baroni et al. (2014; siehe auch Baumgartner et al. 2009) unterschiedliche Lobbygruppen aufgrund ihrer Präsenz in politischen Auseinandersetzungen. Alternativ werden verschiedene Sektoren aufgezeigt, die von Interessenorganisationen bevölkert sind (u. a. Jordan et al. 2012, S. 149). In der deutschsprachigen Literatur lässt sich eine Zuordnung von Interessenorganisationen zu Handlungsfeldern ausmachen (u. a. von Alemann 1985; Straßner 2004). Dabei ist zu erkennen, dass verschiedene Sektoren wie etwa bei Jordan et al. (2012) zu Handlungsfeldern (Straßner 2004; von Alemann 1985) aggregiert werden können. Dies ermöglicht eine Zuordnung verschiedener Interessenorganisationen nach Handlungsfeldern. Dazu müssen die in der deutschen Verbandsforschung der 1970er und 1980er Jahre etablierten Handlungsfelder aktualisiert werden. So wurde mit Umweltinteressen ein heute wesentlicher Bereich weitgehend außer Acht gelassen. Ferner hat auch die Sichtbarkeit von Unternehmen im Zusammenhang mit landespolitischen Entscheidungen zugenommen. Und schließlich fehlten Ad-Hoc-Koalitionen, die sich spezifisch für ein Thema formieren. Vor dem Hintergrund steigender Unzufriedenheit mit politischen Entscheidungen, im Einklang mit der in Baden-Württemberg durch Grün-Rot proklamierten „Politik des Gehörtwerdens" (Wagschal 2013, S. 258), nehmen solche kurzzeitigen Interessengruppen einen wichtigen Stellenwert ein und müssen daher berücksichtigt werden. Eine synoptische Gegenüberstellung der wesentlichen in der Literatur verwendeten Klassifizierungen sowie unsere Synthese befinden sich in Anhang I.

Bei der Datenerhebung folgen wir dem Ansatz von Schneider (1987) und basieren unsere Zählungen auf dem Behördenverzeichnis Baden-Württemberg 2016. Das Behördenverzeichnis erfasst auf Basis amtlicher Unterlagen kommunaler und staatlicher Dienststellen zwar viele Verbände und Vereinigungen, jedoch ist es hinsichtlich nicht-staatlicher Stellen nicht erschöpfend. In unsere Zählung gehen neben den im Behördenverzeichnis aufgeführten Interessenorganisationen daher auch Issue-orientierte Koalitionen ein, die in der Medienanalyse (s. u.) erscheinen. Gemeinsam mit den im Behördenverzeichnis 2016 genannten Organisationen wurden diese Akteure anhand des oben beschriebenen Schemas von zwei unabhängigen Codierern den einzelnen Akteurstypen zugeordnet (siehe Codebuch im Online-Anhang). Im Falle von Uneinigkeit wurde der Code nach Diskussion vergeben.

Ähnlich wie in der vergleichenden Literatur kristallisieren sich zwei große Gruppen heraus, in denen Interessen organisiert sind. Dies sind zum einen Gruppierungen im Bereich Arbeit und Wirtschaft (Wirtschaftsverbände, Berufsverbände und Unternehmen) und zum anderen eine Gruppe, die in der Forschungsliteratur als „Citizen Groups" bezeichnet wird (u. a. Baumgartner et al. 2009). Hinter dem breiten Begriff der Citizen Groups verbergen sich, je nach Handlungsfeld, ganz unterschiedliche Interessen. Nach Berry (1999) können hier alle Interessengruppen subsummiert werden, die keine beruflichen oder geschäftlichen Interessen verfolgen. Auch auf der Landesebene ist, je nach Handlungsfeld, mit unterschiedlichen Themenschwerpunkten zu rechnen, weshalb wir uns dafür entscheiden, die Citizen Groups auszudifferenzieren.

Die Verteilung der baden-württembergischen Interessengruppen nach Handlungsfeldern ist in Abb. 1 dargestellt. Die in der Literatur belegte Tendenz einer Dominanz wirtschaftsorientierter Interessengruppen scheint sich auch in Baden-Württemberg zu bestätigen. 377 der insgesamt 1081 codierten Interessenorganisationen aus dem Behördenverzeichnis sind Interessenverbände im Bereich Wirtschaft und Arbeit. Das entspricht 35 % und deckt sich u. a. mit den Ergebnissen von Baumgartner et al. (2009) für die USA und Bernhagen und Trani (2012) für Großbritannien. Etwa 40 % der Interessenorganisationen gehören zu den Gebietskörperschaften und öffentlichen Institutionen, wobei die öffentlichen Institutionen und Zweckverbände stark hervorstechen. Während Baumgartner et al. (2009) noch pauschal von Citizen Groups sprechen, sehen wir in unserer Aufteilung, dass ein Großteil davon auf die Wohlfahrtsverbände (knapp 7 %) und Sport- und Kulturverbände (4 %) entfallen und nur ein kleiner Bruchteil (<1 %) zu den Umweltvereinigungen gehört. Substanziell stellen sich die Handlungsfelder wie folgt dar:

Den im Handlungsfeld *Arbeit und Wirtschaft* agierenden Interessengruppen ordnen wir die Gewerkschaften, Berufsverbände, Wirtschafts- und Arbeitgeberverbände zu. Da wir eine funktionale Definition von „Interessenorganisation" anlegen, schließen wir in diesem Feld auch die Unternehmen ein (siehe Anhang I). In Abb. 1 finden darüber hinaus die 50 staatlichen Unternehmen Eingang, die im Behördenverzeichnis genannt wurden (4,6 %). Dazu gehören „Flughäfen,

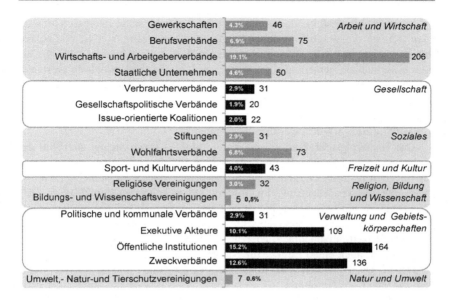

Abb. 1 Anzahl der Interessengruppen nach Handlungsfeldern. (*Anmerkung:* Gesamt-N = 1081. Quelle: eigene Berechnungen. Zahlen basieren auf Codierungen im Behördenverzeichnis Baden-Württemberg aus dem Jahr 2016. Zusätzlich berücksichtigt wurden die Issue-orientierten Koalitionen aus der Medienanalyse)

Glücksspielunternehmen, Häfen, Banken, Verkehrs- und Transportunternehmen ebenso wie wissenschaftliche Unternehmen" (MfW BW 2016).

Das Handlungsfeld *Gesellschaft* umfasst neben Verbraucherorganisationen wie die *Verbraucherzentrale Baden-Württemberg*, deren 23 Mitgliederverbände (wie z. B. *Aktion Bildungsinformation e. V., Deutscher Mieterbund e. V.* und *Verband Wohneigentum Baden-Württemberg e. V.*), und den *ADAC* auch gesellschaftspolitische Verbände *(1,9 %)*. Hierunter werden solche Vereinigungen verstanden, die nicht die Interessen ihrer Mitglieder, sondern allgemeine und öffentliche Interessen vertreten (Straßner 2004, S. 128). Typische Vereinigungen dieser Art sind bspw. Menschenrechtsorganisationen. Und schließlich finden sich hier *Issue-orientierte Koalitionen (2,0 %)*. Beispiele hierfür sind größere und kleinere Aktionsbündnisse und Initiativen wie etwa das Aktionsbündnis *Unser Nordschwarzwald* oder das *Aktionsbündnis gegen Stuttgart 21*.[1]

---

[1]Letztgenanntes ist möglicherweise ein Sonderfall, da hier davon ausgegangen werden kann, dass das Bündnis auch weiterhin, wenngleich mit verminderter Kapazität, bestehen bleibt.

In das Handlungsfeld *Soziales* fallen freiwillig organisierte Interessen im sozialen Bereich. Vereinigungen dieser Sparte vertreten eigene oder fremde soziale Interessen gegenüber dem Staat (Straßner 2004, S. 113; Schneider 1987, S. 26). Sie umschließen gemeinnützige Stiftungen *(2,9 %)* und Wohlfahrtsverbände *(6,8 %)*. Zu letzteren zählen sowohl Sozialleistungsverbände (z. B. *Caritas, DRK)* als auch Sozialanspruchsverbände (z. B. die *Liga der Verbände der Freien Wohlfahrtspflege im Netzwerk frEE,* in der u. a. der *Deutsche Paritätische Wohlfahrtsverband LV Baden-Württemberg e. V.* vertreten ist).

Das Handlungsfeld *Freizeit und Kultur (4,0 %)* unterscheidet sich von den bisherigen dadurch, dass Vereinigungen hier vorwiegend keine Auswirkungen auf die Politik beabsichtigen, sondern die gemeinsame Gestaltung der Freizeit oder eine ideelle Zielsetzung im Vordergrund stehen (Straßner 2004, S. 118). Die Trennschärfe zwischen Kultur- und Sportvereinen ist nicht immer eindeutig. Deshalb haben wir uns dafür entschieden, kulturelle Vereinigungen mit in den Bereich Freizeit aufzunehmen. Hierzu zählen wir v. a. Vereinigungen, die durch ihr Bestehen auch einen Beitrag für Nichtmitglieder leisten, da sie ideelle Ziele anstreben. Dazu gehören z. B. *Kunstvereinigungen* und *Kulturschutzvereinigungen* zur Pflege des Kulturguts.

Die Zielsetzungen der Vereinigungen im Handlungsfeld *Religion, Bildung und Wissenschaft* sind ideell und von Werten geleitet (Straßner 2004, S. 122; Schneider 1987, S. 29). In die Kategorie der *religiösen Vereinigungen (3,0 %)* fallen neben religiösen Verbänden (z. B. die *Religionsgemeinschaft des Islam Landesverband Baden-Württemberg e. V.*) auch die evangelischen *Landeskirchen* und die verschiedenen Untergliederungen der katholischen Kirche in Deutschland. *Wissenschaftsvereinigungen* sind häufig Auftragnehmer konkreter politischer und wirtschaftlicher Auftraggeber. Typisch für das Land Baden-Württemberg ist etwa das *Fraunhofer-Institut.*

Der Bereich *Verwaltung und Gebietskörperschaften* umschließt politische und kommunale Verbände, Exekutivorgane, öffentliche Institutionen sowie Zweckverbände. Zu den *politischen und kommunalen Verbänden (2,9 %)* zählen im Wesentlichen Vereinigungen der Gebietskörperschaften. Hierzu gehören z. B. der *Städte- und Gemeindetag von Baden-Württemberg.* Zu den *öffentlichen Institutionen (15,2 %)* zählen wir ferner öffentliche Trägerschaften (Baumgartner et al. 2009), wie z. B. *Universitäten* und *Krankenhäuser.* Schließlich nehmen wir *Zweckverbände (12,6 %)* in diese Kategorie auf.

Vereinigungen im Bereich *Umwelt und Natur* sind wertorientiert mit einer gesellschaftlichen Zielsetzung (Schneider 1987, S. 29). Sie sind vielfach überregional organisiert, so etwa *BUND* oder *Greenpeace*. Regionale Beispiele sind der

Landesnaturschutzverband Baden-Württemberg e. V. (LNV), der Schwarzwaldverein e. V. und der Landesjagdverband Baden-Württemberg e. V.

4 Legislative Aktivität der grün-roten Regierung im Vergleich zur Vorgängerregierung

Interessenvermittlung, insbesondere Lobby-Arbeit, kann sich auf alle drei Staatsgewalten beziehen. Eine zentrale Ordnungskategorie für die Analyse der Interessenvermittlung sind die Politikfelder bzw. Policy-Subsysteme. In diesen tummeln sich alle Akteure, die sich mit einem speziellen Policy-Problem oder einer Policy-Frage auseinandersetzen, also auch Interessengruppen (Sabatier 1988).

Zur Identifizierung von Politikfeldern auf Länderebene werden in der deutschen politikwissenschaftlichen Literatur drei Strategien verfolgt. Die erste basiert auf der Annahme, dass jedes wichtige Politikfeld durch ein Regierungsressort, üblicherweise in Form eines Ministeriums, repräsentiert wird. Eine zweite Strategie bezieht sich auf die Kompetenzverteilung zwischen Bund und Ländern (Hildebrandt und Wolf 2008, S. 11 f., 16 f.). Eine dritte Strategie greift schließlich auf die Analyse von Regierungsprogrammen zurück. In der international vergleichenden Politikwissenschaft wurde eine systematische Klassifizierung von Politikfeldern durch Jones und Baumgartner (2005) entwickelt. Um einen Überblick über die wesentlichen Politikfelder in Baden-Württemberg zu erlangen und dabei die Zahl der Subsysteme soweit zu reduzieren, dass eine übersichtliche, aber ausreichend ausdifferenzierte Menge trennscharfer Felder resultiert, führen wir die drei Strategien zusammen, und vergleichen sie mit der deutschen Version des Policy Agendas-Codebuches von Breunig aus dem Jahr 2011 (Bevern 2015, S. 253 f.). Durch diese Methode konnten elf Politikfelder identifiziert werden, die für die Ebene der Gliedstaaten relevant sind. Eine synoptische Gegenüberstellung der Klassifizierungen der Politikfelder sowie unsere Synthese befinden sich im Anhang im Online-Anhang. Danach grenzen sich die einzelnen Politikfelder wie folgt voneinander ab:

Politikrechtliches, Bürokratie und Verwaltungswesen: Die grün-rote Regierung warb mit einer „Politik des Gehörtwerdens" (Wagschal 2013, S. 258). Zielvorstellung dieses Slogans war, Bürger und Politik näher zueinander zu bringen. Auf institutioneller Ebene drückte sich das vor allem in der Gesetzgebung zum Thema Bürgerbeteiligung aus. In diesem Bereich der Institutionen gehören allerdings auch Wahlgesetzgebung und Gesetzgebung zur Verwaltung, da dort das Land mit den Landtagswahlen und den Regierungspräsidien eigene Zuständigkeiten hat.

Des Weiteren gehört zu diesem Politikfeld das Verhältnis von Land und Kommunen in ihrer Funktion als exekutive Verwaltungsorgane.

Wirtschafts- und Finanzpolitik: Aufgrund des begrenzten Handlungsspielraums der Länder in der Gestaltung der Steuern trennen wir Wirtschafts- und Finanzpolitik nicht in zwei Felder. Die Wirtschafts- und Finanzpolitik zu vereinen ist darüber hinaus auch wegen der starken Dependenzen sinnvoll. Die hochgradige Verflechtung durch Gemeinschaftssteuern und Länderfinanzausgleich sorgt für eine sehr schwache Einkommensautonomie (Müller 2008, S. 216 f.).

Verkehrs- und Infrastrukturpolitik: Neben baulicher Infrastruktur gehört hierzu auch die digitale Infrastruktur wie Internet oder Mobilfunk. Der Grad der Politikverflechtung in diesem Politikfeld ist enorm; bedeutende Handlungsspielräume seitens der Länder sind jedoch vorhanden (Schöller-Schwedes und Ruhrort 2008, S. 235).

Umwelt- und Naturschutz, Energiewirtschaft: Die Energiewirtschaft ist ein klassisches Querschnittspolitikfeld. Wir haben sie zur Umwelt- und Naturschutzpolitik anstatt zur Wirtschaftspolitik gezählt, da die Energiewirtschaft immer stärker unter den Paradigmen der Nachhaltigkeit und Umweltverträglichkeit steht. Dem Politikfeld zugehörig sind auch der Tierschutz sowie die Wasserversorgungswirtschaft (*Policy-Agendas*-Project 2014, S. 49 f.).

Bildung, Kultur und Wissenschaft: In diesem hoch aggregierten Politikfeld vereinen wir die primäre und sekundäre Ausbildung, Hochschulen, Wissenschaft und Kultur.[2] Trotz eines zunehmenden Unitarisierungsdrucks (Wolf 2008, S. 21 f.) sind sowohl Schul- als auch Hochschulpolitik Ausdruck der Kulturhoheit der Länder (Hildebrandt und Wolf 2008, S. 16 f.). Dies rechtfertigt, Kultur mit den beiden Bildungsfeldern zu vereinen.

Inneres und Justiz: Innere Sicherheit und Justiz sind ebenfalls derart eng verschränkt, dass eine Aggregation sinnvoll ist. Abgesehen von der Laufbahn, Versorgung und Besoldung von Bundesbeamten, wo der Bund über die ausschließliche Gesetzgebung verfügt, ist die Gesetzgebung im Bereich Inneres und Justiz konkurrierend, im Bereich der Polizei überwiegend Ländersache. Die Gestaltungsspielräume werden von den Ländern genutzt, was sich u. a. in einer pluralen Polizeistruktur zeigt (Frevel und Groß 2008, S. 71 ff.).

Landwirtschafts- und Verbraucherpolitik: Die Interessenkonflikte zwischen Wirtschaftlichkeit der Landwirtschaft und Preisgestaltung bzw. Qualität der Produkte oder zwischen Nutzung des ländlichen Raums als Erholungsgebiet und Bewirtschaftung verdeutlichen die engen Beziehungen zwischen Landwirtschafts- und

---

[2]Berufliche Ausbildung ordnen wir der Arbeitsmarkt- und Sozialpolitik zu.

Verbraucherpolitik. Wie die meisten Politikfelder unterliegen auch diese der konkurrierenden Gesetzgebung, wobei die Länder insbesondere bei der Verbraucherpolitik (z. B. Schutz, Tourismus) auf regionale Bedürfnisse eingehen können und dies auch tun.

Arbeitsmarkt- und Sozialpolitik: Während im Bereich der Sozialpolitik die Regelungsdichte im Bund bereits sehr hoch und dadurch der Handlungsspielraum der Länder entsprechend gering ist (Rothgang und Wessel 2008, S. 142), versuchen im Bereich der Arbeitsmarktpolitik die Länder vor allem in der Umsetzung Spielraum und Schwächen des Bundes zu kompensieren und innovative Politiken zu testen (Schmid und Hedrich 2008, S. 198).

Integrationspolitik: Die Integration wird oft als gesamtgesellschaftliche Aufgabe bezeichnet und ist daher ein klassisches Querschnittspolitikfeld. Dies spricht jedoch umso mehr dafür, es als eigenständiges Feld aufzunehmen. Die Eingliederung von jungen Menschen ohne Deutschkenntnisse in die Bildung oder von qualifizierter Arbeitskraft in den Arbeitsmarkt sowie die Integration in die deutsche (Rechts-)Kultur wäre bei einer Aufteilung in die jeweiligen Politikfelder untergegangen.

Europapolitik: Legislativ kann der Landtag zwar Europapolitik nicht direkt beeinflussen, Hildebrandt und Wolf weisen jedoch auf die hohe Lobby-Aktivität der Länder in Brüssel sowie ihre Mitwirkung über den Bundesrat hin (Hildebrandt und Wolf 2008, S. 12).

Kirche und Religion: Dieses Politikfeld bezieht sich auf das Verhältnis zwischen Kirche und Staat sowie die Bedeutung der Religion in der Gesellschaft. Religionen fallen als Bestandteil der Kulturpolitik in die ausschließliche Ländergesetzgebung. Bei jenen Themen, bei denen es um die Integration nichtchristlicher Religionsgemeinschaften geht (vgl. Integrationspolitik), sind die Handlungsspielräume der Länder aufgrund konkurrierender Gesetzgebung beschränkt.

Vergleicht man nun die Staatstätigkeit der CDU/FDP-Regierung in der 14. Wahlperiode mit der der grün-roten Landesregierung nach den soeben beschriebenen Politikfeldern, kann festgestellt werden, dass die quantitativen Unterschiede gering sind (Abb. 2). In der 14. Wahlperiode wurden 179 Gesetze beraten, in der 15. 186. Die Daten zu den Gesetzesinitiativen entstammen der Parlamentsdokumentation des Statistischen Landesamtes. Die Codierung nach den o. g. Politikfeldern erfolgte unabhängig durch zwei Codierer (siehe auch das Codebuch im Online-Anhang). Bei Ungleichheit der Codierentscheidung wurden die Gesetze nach Abstimmung der beiden Codierer untereinander zugeordnet.

Bei Betrachtung der einzelnen Politikfelder lassen sich quantitative Unterschiede in der *Bildungs-, Kultur und Wissenschaftspolitik,* im Bereich *Inneres*

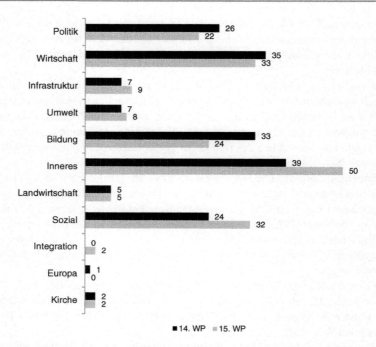

Abb. 2 Gesetzesinitiativen nach Politikfeldern. (*Anmerkung:* Gesamt-N = 179 (14. WP) bzw. 186 (15. WP). Quelle: eigene Darstellung nach Statistischem Landesamt BW)

und Justiz sowie bei der *Arbeitsmarkt- und Sozialgesetzgebung* feststellen. Die im Vergleich zur Vorgängerregierung geringere Zahl an Gesetzesinitiativen im Bereich Bildung ist ein Indiz für die Stagnation bei der Umsetzung des Bildungsplans, dem größten Bildungspolitikprojekt der Landesregierung. Die Wucht der Proteste gegen das Projekt bremste das Vorhaben aus. Die in der Folge eingerichteten dialogischen Verfahren (z. B. die Online-Anhörung für Bürgerinnen und Bürger) sorgten dafür, dass die Umsetzung in der 15. Wahlperiode nicht mehr abgeschlossen werden konnte. Umgesetzt wurden hingegen u. a. der Ausbau von Ganztagsschulen sowie die Abschaffung der Grundschulempfehlung (vgl. dazu Busemeyer und Haastert i. d. B.). Bei Hochschulen waren die Abschaffung der von der Vorgängerregierung eingeführten Studiengebühren sowie die verfasste Studierendenschaft wichtige Projekte (vgl. Busemeyer und Haastert i. d. B.). Auf der anderen Seite war Schwarz-Gelb mit Neuregelungen bei Hauptschulen (10. Klasse Werkrealschule) und Gymnasien (G9) sowie der dualen Ausbildung und der Exzellenzinitiative bei Universitäten sehr aktiv (Wagschal 2013, S. 249 f., 251).

Die Veränderung der Staatstätigkeit im Bereich des Inneren und der Justiz hängt mit der hohen wahrgenommenen Kompetenz der CDU auf diesem Politikfeld zusammen: Nach Jahrzehnten des Regierens gab es hier kaum Reformbedarf (Wagschal 2013, S. 252 f.). Grün-Rot reformierte die Struktur der Polizei und führte die Möglichkeit einer Landesverfassungsbeschwerde ein (vgl. Staff und Wenzelburger i. d. B.). Hier besteht also ebenfalls ein Zusammenhang zwischen der parteipolitischen Basis der Landesregierung und der Gesetzgebungsaktivität.

Im Bereich der Sozialpolitik sind die inhaltlichen Unterschiede eher gering. Grundsätzlich unterschiedliche Auffassungen gab es vor allem im Bereich der Kinderbetreuung, die Grün-Rot besonders für Kleinkinder stärker förderte (Wagschal 2013, S. 263). Da ansonsten innerhalb dieses Politikfeldes die Aufgaben sehr verschieden sind (Krankenhäuser, Wohngeld, psychiatrische Einrichtungen) und viele der Änderungen nationale oder europäische Vorgaben umsetzen, lassen die Differenzen in diesem Politikfeld nicht auf einen Zusammenhang zwischen Gesetzgebungstätigkeit und Regierungswechsel schließen.

Es finden sich demnach nur in zwei von elf Politikfeldern quantitative Hinweise auf eine Beziehung zwischen Staatstätigkeit und Regierungswechsel. Dies lässt folglich eine Veränderung der Ressourcenumgebung und Anreizstruktur organisierter Interessen in zwei, bestenfalls drei, Politikfeldern erwarten.[3]

5　Tätigkeit der Interessenorganisationen nach Politikfeldern

Nachdem in den vorangehenden Abschnitten die Verbandslandschaft und die wichtigsten Politikfelder in Baden-Württemberg beschrieben wurden, können beide nun zueinander in Bezug gesetzt werden. Hierzu vergleichen wir drei Zeiträume: das jeweils erste Regierungsjahr der 14. und 15. Wahlperiode sowie das Regierungsjahr 2015. So sollen einerseits Vergleiche zwischen der schwarz-gelben und der grün-roten Landesregierung ermöglicht und andererseits Veränderungen innerhalb der grün-roten Regierungszeit erfasst werden. Die dazu notwendigen Daten wurden mithilfe einer Medieninhaltsanalyse der *Stuttgarter*

---

[3]Trotz des geringen Gesetzgebungsaufkommens dürfte darüber hinaus der Bereich Integration durch die Schaffung eines gesonderten Resorts sowie einen Anstieg von null Initiativen in der 14. WP eine signifikante Veränderung der Ressourcenumgebung organisierter Interessen darstellen.

Zeitung und der *Stuttgarter Nachrichten* erhoben. Beide Zeitungen berichten so gut wie täglich über landespolitische Themen. Die Medienpräsenz organisierter Interessen wird in der Literatur als ein valider Indikator für das politische Aktivitätsniveau dieser Akteure behandelt (Bernhagen und Trani 2012; Binderkrantz 2012). Die Erfassung der Zeitungsartikel erfolgte anhand einer sorgfältig ausgearbeiteten Kombination in einer Schlagwortsuche nach bestimmten Ressorts mit Bezug zu Baden-Württemberg (siehe Codebuch im Online-Anhang). Von insgesamt 2114 Artikeln wurden 1305 codiert. Die übrigen Artikel wiesen entweder keinen politischen Bezug zu Baden-Württemberg auf, oder erwähnten keine Interessengruppen. Für jeden Artikel wurden das Politikfeld und die genannten bzw. sich äußernden Interessengruppen erfasst. Die Codierung erfolgte durch zwei zunächst unabhängig arbeitende Codierer. Die Übereinstimmung war sehr hoch (Krippendorffs Alpha $= 0,93$); die unterschiedlich codierten Fälle wurden anschließend besprochen und aufgelöst.

Da die Anzahl der Artikel nach Erhebungszeiträumen und Politikfeldern variiert, ist ein Vergleich von absoluten Zahlen nicht sinnvoll, wenn vergleichende Schlüsse gezogen werden sollen. Für unsere Analyse betrachten wir daher teilstandardisierte Häufigkeiten. Hierzu berechneten wir den Anteil der Artikel am jeweiligen Politikfeld, in denen eine bestimmte Interessengruppe erwähnt wurde. Der Vorteil dieser Variante ist, dass Unterschiede, die auf intensivere Berichterstattung zurückzuführen sind, herausgerechnet werden. Der Nachteil ist, dass bei sehr wenig Berichterstattung oder bei hohen Raten der Erwähnungen von Akteuren, der Quotient schnell gegen 1 strebt. Um daraus folgende Verzerrungen zu vermeiden, wurden diejenigen Politikfelder ausgeschlossen, denen nicht in jedem Erhebungszeitraum mindestens fünf Artikel zugeordnet werden konnten. Dies betrifft die Felder Politikrechtliches und Verwaltung, Integrationspolitik, Kirche und Religion sowie Europapolitik. Des Weiteren könnte erhöhte Verbandsaktivität für eine erhöhte Zahl der Zeitungsartikel im jeweiligen Politikfeld sorgen. Dies wird durch die Teilstandardisierung ebenfalls nivelliert. Daher soll die Verteilung der Berichterstattung nach Politikfeldern bei der Interpretation der Anteile ebenfalls berücksichtigt werden.

Tab. 1 beschreibt die Interessengruppenaktivitäten im Handlungsfeld „Arbeit und Wirtschaft" über die drei Erhebungszeiträume hinweg. Die teilstandardisierten Werte erlauben für jeden Erhebungszeitraum zeilenweise den Rückschluss auf die relative Aktivität unterschiedlicher Akteurstypen *innerhalb eines Politikfeldes* und spaltenweise auf die Aktivität der Akteurstypen über die *Gesamtheit der Politikfelder* hinweg. Der Prozentsatz der Erwähnungen nach Artikeln im Politikfeld (Zellenwert) zeigt die Bedeutung der jeweiligen Akteursgruppe innerhalb des entsprechenden Politikfelds. Vergleicht man beispielsweise die Werte von Gewerkschaften und Wirtschaftsverbänden im Politikfeld Arbeit und Soziales, sagt dies etwas über das Binnenverhältnis in diesem Subsystem aus.

5.1 Aktivität organisierter Interessen unter Schwarz-Gelb und Grün-Rot

Für das erste Jahr der 14. Legislaturperiode fließen, nach Ausschluss der o.g. vier Politikfelder, 364 Artikel mit 583 Codierungen, für das erste Jahr der 15. Legislaturperiode 365 Artikel mit 482 Codierungen und für 2015 504 Artikel mit 619 Codierungen ein. Alle vorgestellten Ergebnisse wurden auf Verzerrungen durch externe Einflüsse kontrolliert. Hierzu haben wir überprüft, ob bestimmte Akteurstypen in bestimmten Monaten auffällig häufig medial erwähnt wurden (siehe hierzu die Tab. 3 im Online-Anhang). Zwei Fälle mit stark überdurchschnittlichen Aktivitäten wurden identifiziert: Wirtschaftsverbände im Juli 2006 und Gewerkschaften im März 2012. Der Juli 2006 war ein Monat mit unterschiedlichen wirtschaftlichen Themen auf der politischen Agenda (u. a. Fusion der Informatik der Sparkassen, Ernteausfälle durch Hitze, Wohnungsnotstand und Ärztestreik). An dieser Stelle sind die Werte daher nicht durch einen exogenen Schock verzerrt. Anders ist es im zweiten Fall. Die hohe mediale Salienz der Schlecker-Insolvenz und damit verbundene Verbandsaktivitäten erhöhen den Wert für Gewerkschaften im Politikfeld Soziales und Arbeit beträchtlich.

Über alle Handlungs- und Politikfelder hinweg weisen Wirtschaftsverbände und Kammern die stärkste Präsenz unter den gesellschaftlichen Akteuren auf. Zwar nimmt die teilstandardisierte Häufigkeit dieser Akteure über die drei Erhebungszeiträume hinweg ab, im Detail finden sich jedoch einige interessante Entwicklungen, die den generellen Trend etwas relativieren. Im Politikfeld Wirtschaft und Finanzen bleibt die Aktivität der Wirtschaftsverbände zunächst konstant und nimmt dann während der Regierungszeit von Grün-Rot zu: Im zweiten Erhebungszeitraum äußerten sich Wirtschaftsverbände in 59 % der diesem Politikfeld zugeordneten Artikeln; im dritten in 69 % (siehe Tab. 1). Ein vorübergehender Anstieg (von 31 auf 53 %) ist im Politikfeld Infrastruktur und Verkehr, maßgeblich durch Stuttgart 21 und die Debatte um die sog. „Gigaliner" beeinflusst, zu verzeichnen. Ebenfalls zum Wechsel von Schwarz-Gelb auf Grün-Rot angestiegen sind die Nennungen von Verbänden im Zusammenhang mit Landwirtschaft und Verbrauchern (von 63 auf 72 %), wobei die Aktivitäten hauptsächlich dem Landesbauernverband zuzurechnen sind. In den Politikfeldern Inneres

Tab. 1 Medienpräsenz organisierter Interessen im Handlungsfeld „Arbeit und Wirtschaft", nach Akteurstypen und Politikfeldern. (Quelle: eigene Erhebung)

Politikfeld	2006/2007						2011/2012						2015					
	N	Gew.	Brfsv.	Wrts.	St-U.	Pr.U.	N	Gew.	Brfsv.	Wrts.	St-U	Pr.U.	N	Gew.	Brfsv.	Wrts.	St-U.	Pr.U.
Wirtschaft/Finanzen	82	0,28	0,02	0,59	0,12	0,35	61	0,16		0,59	0,05	0,34	90	0,16	0,02	0,69	0,06	0,43
Infrastruktur/Verkehr	13		0,15	0,31		0,62	38	0,11	0,05	0,53		0,26	47	0,11	0,09	0,38	0,04	0,32
Umwelt/Energie	25			0,32	0,04	0,32	52	0,06	0,02	0,33	0,06	0,37	52		0,10	0,23	0,04	0,25
Bildung/Kultur	45	0,27	0,09	0,18	0,02	0,09	52	0,38		0,23		0,08	99	0,37	0,07	0,24		0,08
Inneres/Justiz	27	0,41	0,04	0,37		0,26	30	0,40	0,03	0,07		0,10	68	0,21	0,01	0,13		0,10
Landwirtschaft/Verbraucher	19		0,11	0,63		0,11	25	0,04	0,12	0,72	0,08	0,36	25		0,16	0,60		0,20
Soziales/Arbeit	153	0,62	0,06	0,58	0,04	0,25	107	0,57	0,06	0,28	0,03	0,19	122	0,47	0,03	0,30	0,05	0,21
Σ	364	1,58	0,47	2,97	0,22	1,99	365	1,72	0,28	2,74	0,21	1,70	504	1,31	0,48	2,58	0,22	1,60
abs. Zahl der Codes		141	20	178	18	96		111	13	135	11	86		127	27	177	18	113

Anmerkung: Die Zellenwerte stellen den Prozentsatz der Erwähnungen in den Artikeln, die dem jeweiligen Politikfeld zugeordnet wurden, dar

Tab. 2 Medienpräsenz organisierter Interessen in den Handlungsfeldern „Soziales" und „Gesellschaft", nach Akteurstypen und Politikfeldern. (Quelle: eigene Erhebung)

Politikfeld	2006/2007						2011/2012						2015					
	N	Gesellschaft			Soziales		N	Gesellschaft			Soziales		N	Gesellschaft			Soziales	
		Vrbr.	Gesl.	Koalition	Stift.	Wohlfahrt		Vrbr.	Gesl.	Koalition	Stift.	Wohlfahrt		Vrbr.	Gesl.	Koalition	Stift.	Wohlfahrt
Wirtschaft/Finanzen	82	0,09	0,04				61	0,10		0,02			90	0,07	0,01	0,01	0,02	0,01
Infrastruktur/Verkehr	13	0,31	0,08	0,08			38	0,26	0,05	0,11			47	0,19	0,09	0,04		
Umwelt/Energie	25	0,12	0,08	0,08	0,08		52	0,10	0,06	0,15			52	0,08	0,06	0,10		
Bildung/Kultur	45		0,07		0,04	0,07	52		0,12		0,04	0,02	99		0,08	0,01	0,06	0,03
Inneres/Justiz	27	0,11	0,11		0,04	0,04	30	0,07	0,13	0,03	0,07	0,10	68	0,06	0,06	0,03	0,01	0,15
Landwirtschaft/Verbraucher	19	0,26		0,11			25	0,08		0,08	0,04		25	0,08	0,04			
Soziales/Arbeit	153	0,05	0,01			0,07	107	0,05	0,01	0,01	0,01	0,20	122	0,07	0,12	0,06	0,02	0,12
Σ	364	0,94	0,38	0,26	0,16	0,18	365	0,65	0,37	0,40	0,15	0,32	504	0,55	0,39	0,21	0,12	0,31
abs. Zahl der Codes		30	13	5	5	15		30	16	17	6	25		34	28	13	12	29

Anmerkung: Die Zellenwerte stellen den Prozentsatz der Erwähnungen in den Artikeln, die dem jeweiligen Politikgeld zugeordnet wurden, dar und Justiz sowie Soziales und Arbeit kann eine deutlich sinkende Präsenz der Wirtschaftsverbände beobachtet werden. In diesen Politikfeldern ist die Medienpräsenz dieses Akteurstyps nach dem Regierungswechsel jeweils 30 Prozentpunkte niedriger als unter Schwarz-Gelb.

Kein genereller Trend ist bei dem am zweithäufigsten präsenten Akteurstyp, den Gewerkschaften, zu erkennen. Eine Zunahme der Präsenz von Schwarz-Gelb zu Grün-Rot ist im Bildungs- und Kulturbereich auszumachen (von 27 auf 38 %). Dies reflektiert einerseits die Reformbemühungen der grün-roten Regierung, welche Aktivitäten etwa des Verbandes Bildung und Erziehung (VBE) und der Gewerkschaft Erziehung und Wissenschaft (GWE) hervorriefen. Gleichzeitig können in dieser Entwicklung auch der erweiterte Handlungsspielraum sowie die erhöhten Erwartungen der Gewerkschaften zum Ausdruck kommen. Bei wirtschaftspolitischen Themen nahm die Präsenz der Gewerkschaften, entgegen der Entwicklung bei Wirtschaftsverbänden, im ersten Jahr Grün-Rot im Vergleich zu fünf Jahren zuvor ab (von 28 auf 16 %). Im Verlauf der Grün-Roten Regierungszeit nahm die Präsenz der Gewerkschaften zudem in den Politikfeldern Inneres und Justiz sowie Soziales und Arbeit leicht ab.

Insgesamt weniger medial präsent sind private Unternehmen. Bei Berufsverbänden und *staatlichen Unternehmen* sind keine nennenswerten Veränderungen über die Messzeiträume hinweg zu verzeichnen.

Im Handlungsfeld „Gesellschaft" (Tab. 2) sind kaum spezifische Veränderungen zu verzeichnen. Nennungen von Verbraucherverbänden nehmen tendenziell ab. Auffällig ist jedoch die abnehmende Interessengruppenpräsenz im Politikfeld Landwirtschaft und Verbraucher von Schwarz-Gelb zu Grün-Rot (von 26 auf 8 %). Issue-spezifische Koalitionen sind im zweiten Erhebungszeitraum am präsentesten, was jedoch nicht an einem spezifischen Politikfeld, sondern eher an den sehr diversen Aktivitäten dieses heterogenen Akteurstyps liegt. Bei gesellschaftspolitischen Gruppen gibt es keine Veränderungen.

Wohlfahrtsverbände im Handlungsfeld Soziales (siehe Tab. 2) sind unter Grün-Rot präsenter als unter Schwarz-Gelb. Ein Anstieg ist nach dem Regierungswechsel im Politikfeld Arbeit und Soziales zu verzeichnen (von 7 auf 30 %). Auch diese Entwicklung dürfte den erweiterten Handlungsspielraum der nichtstaatlichen Akteure reflektieren, der sich durch den Regierungswechsel ergab. Generell halten sich jedoch mediale Nennungen auf niedrigem Niveau, so auch bei Stiftungen, bei denen keine Veränderungen zu entdecken sind.

Bezüglich der Umweltverbände (siehe Tab. 3) können zwei Beobachtungen gemacht werden. Erstens nimmt die Präsenz im Politikfeld Infrastruktur und Verkehr von Schwarz-Gelb zu Grün-Rot leicht ab (von 23 auf 16 %). Und zweitens

Tab. 3 Medienpräsenz der Umweltverbände im Handlungsfeld „Umwelt". (Quelle: eigene Erhebung)

Politikfeld	2006/2007		2011/2012		2015	
	N	Präsenz	N	Präsenz	N	Präsenz
Wirtschaft/ Finanzen	82		61	0,03	90	0,01
Infrastruktur/ Verkehr	13	0,23	38	0,16	47	0,15
Umwelt/ Energie	25	0,40	52	0,35	52	0,52
Bildung/ Kultur	45		52	0,02	99	0,01
Inneres/ Justiz	27	0,04	30		68	0,14
Landwirtschaft/ Verbraucher	19	0,16	25	0,16	25	0,16
Soziales/ Arbeit	153		107	0,01	122	
$\sum$	**364**	**0,83**	**365**	**0,73**	**504**	**0,86**
abs. Zahl der Codes		17		32		41

Anmerkung: Die Zellenwerte stellen den Prozentsatz der Erwähnungen in den Artikeln, die dem jeweiligen Politikgeld zugeordnet wurden, dar

steigt die Präsenz zwischen dem zweiten und dritten Erhebungszeitraum im Kernpolitikfeld Umwelt und Energie von 35 auf 52 % an (vgl. die Beiträge von Tosun und Hartung i. d. B. sowie Wurster i. d. B.).

5.2   Zufriedenheit mit den Landesregierungen in den Medien

Bisher bezogen sich die Ergebnisse ausschließlich auf die Quantität der Nennungen in den beiden Zeitungen. Die Medienpräsenz sagt jedoch nichts darüber aus, ob sich die Verbände positiv oder negativ zu den Landesregierungen äußerten. Hierzu haben wir die Richtung der Äußerungen von Wirtschafts- und Umweltverbänden zu bestimmten Gesetzen oder Projekten erfasst. Die Wahl fiel auf diese beiden Akteurstypen, weil sie in der Literatur mit bestimmten Policy-Positionen und Advocacy-Koalitionen verbunden werden, welche sich gleichzeitig widersprechen. Wirtschaftsverbände werden generell als politische Alliierte von konservativen und liberalen Parteien gewertet (Grant 1993), Umweltverbände hingegen von grünen Parteien (Poguntke 2006). Insgesamt wurden 209 wörtliche und indirekte Zitate von Akteuren zur Landespolitik codiert. Die Codierung erfolgte durch zwei unabhängige Codierer, wobei eine Aussage entweder neutral, positiv oder negativ sein konnte (siehe Codebuch im Online-Anhang). Die Übereinstimmung war sehr hoch (Krippendorffs Alpha = 0,89); bei unterschiedlichen Codes wurde die Verschiedenheit anschließend durch Besprechung aufgelöst. Die Ergebnisse sind in Tab. 4 zu sehen.

Überraschend zeigt sich für beide Akteurstypen, dass die Politiken von Grün-Rot deutlich besser konnotiert werden als die der Vorgängerregierung. Bei den Wirtschaftsverbänden ist festzuhalten, dass die negativen Äußerungen in allen drei Messzeiträumen den größten Anteil ausmachen. Allerdings sinkt im Verlauf der drei Erhebungszeiträume der Anteil der negativen Äußerungen bei gleichzeitigem Anstieg der neutralen und positiven Äußerungen. Heterogener sind die Beobachtungen bei den Umweltverbänden. Während vier von zwölf Äußerungen unter Schwarz-Gelb negativ waren, war nach dem Regierungswechsel beinahe die Hälfte der Äußerungen positiv. Im dritten Erhebungszeitraum war sogar deutlich mehr als die Hälfte positiv, allerdings stieg dort auch der Anteil der negativen Äußerungen auf knapp ein Drittel.

Insgesamt sind die Perzeptionen grün-roter Politik nach diesen Daten durchweg positiver als gegenüber Schwarz-Gelb. Insbesondere bei den Wirtschaftsverbänden zeigt sich zudem ein Anstieg der neutralen und positiven Äußerungen während der grün-roten Regierungszeit. Bei Umweltverbänden hingegen zeichnet

Tab. 4 Reaktionen von Wirtschafts- und Umweltverbänden auf Gesetze oder · Projekte der jeweiligen Landesregierungen (in %). (Quelle: Eigene Erhebung)

Reaktionen von Wirtschaftsverbänden				
	Negativ	Neutral	Positiv	N
2006/2007	65,0	22,5	12,5	40
2010/2011	49,1	32,7	18,2	55
2015	42,4	37,3	20,3	59
Reaktionen von Umweltverbänden				
2006/2007	75,0	16,7	8,3	12
2010/2011	17,4	34,8	47,8	23
2015	30,0	10,0	60,0	20
2015	30,0	10,0	60,0	20

sich ein zweigeteiltes Bild ab: Zwar steigt hier ebenfalls die Zahl der positiven Äußerungen; zugleich nimmt aber auch die Anzahl der kritischen Äußerungen zu.

5.3 Das Verhältnis von Grün-Rot zu Interessengruppen

Insgesamt sind die Veränderungen der Medienpräsenz aller Akteurstypen im Zusammenhang mit dem Regierungswechsel nur schwach ausgeprägt. In einigen Politikfeldern zeigen sich spezifische Entwicklungen. Um die Erkenntnisse aus den berichteten Mustern zusammenzufassen, konzentrieren wir uns abermals auf die Wirtschafts- und Umweltverbände. Wirtschaftsverbände werden im Verlauf der grün-roten Regierungszeit aktiver im Bereich Wirtschaft und Finanzen. Des Weiteren ist bei diesem Typ im Bereich Verkehr und Infrastruktur sowie Landwirtschaft und Verbraucher nach dem Regierungswechsel ein Anstieg zu verzeichnen. Obgleich es in der Wirtschaft, vor allem in der Automobilindustrie und bei den Landwirten, besorgte Stimmen gab, waren es vor allem politische Projekte wie Stuttgart 21 oder die Versuchsgenehmigungen für die sog. „Gigaliner", in deren Zusammenhang organisierte Interessen in Erscheinung traten. Wirtschaftsverbände äußerten sich gegenüber grün-roten Politiken, bei insgesamt sinkender Präsenz, überwiegend positiv. Die Salienz der beiden genannten Themen sank bis 2015. Die reduzierte Wirtschaftsverbandtätigkeit im landwirtschaftlichen Politikfeld sowie im Bereich der Umwelt- und Energiepolitik im Laufe der grün-roten Regierungszeit weist auf eine Normalisierung des Verhältnisses nach anfänglichen Bedenken hin. Zusammengefasst deutet nichts auf ein besonders angespanntes Verhältnis zwischen Wirtschaftsverbänden und grün-roter Landesregierung hin. Im Gegenteil kann das Verhältnis als ein konstruktives und zunehmend routiniertes Miteinander beschrieben werden.

Bei Umwelt-, Natur- und Tierschutzverbänden sind ebenfalls nur leichte Veränderungen zu beobachten. Zwischen 2011 und 2015 zeigt sich lediglich ein Anstieg der Medienpräsenz im Politikfeld Umwelt und Energie. Ein Blick auf die Richtung der Äußerungen zeigt, dass dieser Akteurstyp im Großen und Ganzen zufrieden mit Grün-Rot ist, wenngleich auch die negativen Statements zunehmen.

Bei den übrigen Akteurstypen schwankt das Engagement je nach Politikfeld. Insoweit der Regierungswechsel auch einen Politikwechsel bedeutete, wurden Verbände zur Einflussnahme angeregt. Vor allem einzelne Interessengruppen, die regelmäßige Konversationspartner einer jeden Regierung sind, wie z. B. der ADAC in Verkehrsfragen, Mehr Demokratie e. V. in Bürgerbeteiligungsfragen oder Lehrergewerkschaften in Bildungsfragen, setzen ihre regelmäßige Präsenz fort. Trotz zum Teil sehr unterschiedlicher politischer Vorstellungen scheinen diese Konversationen in ähnlich professionellen Modi zu verlaufen wie mit parteipolitisch anders gefärbten Landesregierungen. Mit anderen Worten, Interessenvermittlung in Baden-Württemberg kehrte bald nach dem grün-roten Regierungsantritt zum „business as usual" zurück.

Die grün-rote Landesregierung hat die Normalisierung des Verhältnisses zu den organisierten Interessen im Land bewusst betrieben. Dies wird bereits an den eingangs zitierten Worten von Nils Schmid deutlich, wonach jede baden-württembergische Landesregierung „Benzin im Blut" habe. Keine der beiden Koalitionsparteien wäre dazu bereit, die strukturelle Abhängigkeit des Staates vom Kapital zu ignorieren und Politiken zu verfolgen, die sich hemmend auf Konsum und Investitionen auswirken könnten. Wie weit die Sensibilität für die Bedürfnisse der Unternehmer gehen kann, ohne dass diese dafür beachtliche politische Anstrengungen tätigen müssten, zeigte sich nicht zuletzt an den sehr unternehmerfreundlichen Positionen des grün-roten Finanz- und Wirtschaftsministers bei der bundespolitischen Debatte um die Reform der Erbschaftssteuer sowie an der Zaghaftigkeit, mit der die Umwelt- und Verkehrsprobleme im Land angegangen wurden. Und wie andere Regierungen auch, hat Grün-Rot gelernt, mit dem Verhältnis zu Unternehmern in der Öffentlichkeit professionell umzugehen. Die potenziell skandalträchtigen Spenden vieler Unternehmen, einschließlich eines Waffenherstellers, für die sog. „Stallwächterparty" im Juli 2014 stellten eine Herausforderung für das Ansehen der Regierung dar, welche durch kluge Pressearbeit gemeistert wurde.

6   Fazit

Unsere Analyse des Verhältnisses der grün-roten Landesregierung zu organisierten Interessen legte die theoretischen Perspektiven der Ressourcenabhängigkeit von Organisationen, der Parteiendifferenz und des *Advocacy Coalition Frameworks* an. Alle drei Perspektiven ließen erwarten, dass sowohl bis dato etablierte organisierte Interessen als auch Außenseiter einen Anpassungsprozess durchmachen müssen, um sich auf die neue politische Umwelt einzustellen: Die einen müssen um den gewohnten Einfluss bangen, während die anderen auf mehr Einfluss hoffen können. Unser empirischer Vergleich der 14. und 15. Wahlperiode legt jedoch nahe, dass sich im Alltag der Verbände nur wenig geändert hat. Hauptsächlich werden Verbände dann aktiv, wenn Politiken ihre Klientel betreffen. Da mit dem Regierungswechsel in einigen Politikfeldern auch ein Politikwechsel einherging, konnten hier verstärkte oder verringerte Aktivitäten von Interessengruppen festgestellt werden. So zum Beispiel waren Wirtschafts-verbände im ersten grün-roten Jahr im Politikfeld Verkehr und Infrastruktur im Zusammenhang mit Projekten wie Stuttgart 21 und den Versuchsgenehmigungen für den „Gigaliner" sehr aktiv. Umwelt-, Natur- und Tierschutzverbände waren in den Medien v. a. im Bereich Umwelt und Energie präsent. Vom Regierungswech-sel eher unbeeindruckt, wurden sie bis 2015 zunehmend medial präsent. Überra-schend – und das gilt für beide hier näher betrachteten Akteurstypen – ist, dass die Äußerungen in den Medien zu grün-roten-Politiken durchweg positiver sind als zu schwarz-gelben.

Auf Basis dieser Resultate können wir festhalten, dass die Skeptiker, z. B. aus der Automobilindustrie, von der Landesregierung eher zum Schweigen gebracht wurden, während bei ideologisch alliierten Konstellationen zumindest teilweise die Hoffnungen nicht erfüllt werden konnten – wenngleich ein Verbandsklage-recht für Tierschutzorganisationen für diesen Akteurstyp eine große Errungen-schaft ist. Insbesondere bei Umwelt-, Natur und Tierschutzverbänden wurden die Reaktionen im Verlauf der grün-roten Regierungszeit prononcierter, bleibt jedoch überwiegend positiv.

Mit der Aktualisierung von Schneiders (1987) Werk und einer empirischen Studie zum Verhältnis der grün-roten Landesregierung zu organisierten Interes-sen gibt diese Arbeit einen ersten systematischen Überblick der Interessenvermitt-lung in Baden-Württemberg seit beinahe 30 Jahren. Weitere Forschung in diesem Bereich ist jedoch dringend nötig. Ziele dieser Forschung sollten eine systema-tische Erfassung von Interessengruppen über das Behördenverzeichnis hinaus sowie tiefer gehende qualitative und quantitative Analysen der Verbandstätigkei-ten sein, welche über die Untersuchung medialer Präsenz hinausgehen. Diese schließt per Definition nur jene Aktivitäten ein, die der breiten Öffentlichkeit zugänglich sind. Viele relevante Aspekte des Verhältnisses zwischen organisier-ten Interessen und politischen Entscheidungsträgern werden jedoch nicht medial aufgezeichnet. Neue Datenquellen wären hierfür demnach wünschenswert. Des Weiteren beschränken sich Verbandsaktivitäten ebenfalls nicht ausschließlich auf das Bewerben oder Verurteilen bestimmter Politiken, wie es in Medien ver-mittelt wird. Das Engagement der Verbände geht weit über das hinaus, was wir mit den uns verfügbaren Daten erfassen konnten. Da unser empirischer Ansatz auf medialer Präsenz basiert, ist unsere Messung in Richtung von *Outside*-Lobby-Strategien verzerrt. *Inside*-Strategien können anders verteilt sein, lassen sich aber mit unserer Methode nicht erfassen. Insgesamt hoffen wir jedoch, mit unserem Beitrag eine Grundlage für weitere Forschung zur Rolle organisierter Interessen in den Bundesländern geschaffen zu haben.

Literatur

Alemann, U.von 1985. Der Wandel organisierter Interessen in der Bundesrepublik. Erosion oder Transformation? *Aus Politik und Zeitgeschichte* B49 (85): 3–21.

Allern, E., und T. Bale. 2012. Political parties and interest groups: Disentangling complex relationships. *Party Politics* 18 (1): 7–25.

Baroni, L., C. J. Brendan, A. W. Chalmers, L. M. Munoz Marquez, und A. Rasmussen. 2014. Defining and classifying interest groups. *Interest Groups & Advocacy* 3 (2): 141–159.

Baumgartner, F. R., und B. D. Jones. 2009. *Agendas and instability in American politics*, 2. Aufl. Chicago: University of Chicago Press.

Baumgartner, F. R., und B. L. Leech. 1998. *Basic interests. The importance of groups in politics and in political science*. Princeton: Princeton University Press.

Baumgartner, F. R., J. M. Berry, M. Hojnacki, B. L. Leech, und D. C. Kimball. 2009. *Lobbying and policy change: Who wins, who loses, and why*. Chicago: University of Chicago Press.

Behördenverzeichnis Baden-Württemberg 2016. Stuttgart: Staatsanzeiger.

Bernhagen, P., und B. Trani. 2012. Interest group mobilization and lobbying patterns in Britain: A newspaper analysis. *Interest groups & Advocacy* 1 (1): 48–66.

Berry, J. M. 1999. *The new liberalism*. Washington: Brookings Institute.

Bevern, S. 2015. *Party communication in routine times of politics. Issue dynamics, party competition, agenda-setting, and representation in Germany*. Wiesbaden: Springer VS.

Beyers, J., und B. Kerremans. 2012. Domestic embeddedness and the dynamics of multilevel venue shopping in four EU member states. *Governance* 25 (2): 90–263.

Binderkrantz, A. S. 2012. Interest groups in the media: Bias and diversity over time. *European Journal of Political Research* 51 (1): 117–139.

Budge, I., und H. Keman. 1990. *Parties and democracy. Coalition formation and government functioning in twenty states*. Oxford: Oxford University Press.

Busemeyer, M., und S. Haastert. i. d. B. Bildungspolitik. Nicht alles anders, aber manches. In *Das grün-rote Experiment. Eine Bilanz der Landesregierung Kretschmann*, Hrsg. F. Hörisch und S. Wurster. Wiesbaden: Springer VS.

Crenson, M. A. 1971. *The un-politics of air pollution: A study of non-decisionmaking in American Cities*. Baltimore: Johns Hopkins University Press.

Dahl, R. A. 1961. *Who governs? Democracy and power in an American City*. New Haven: Yale University Press.

Die Welt online. 2011. Autofirmen haben Angst vor Grün-Roter Landesregierung. http://www.welt.de/wirtschaft/article13371623/Autofirmen-haben-Angst-vor-gruener-Landesregierung.html. Zugegriffen: 11. Febr. 2016.

Frevel, B., und H. Groß. 2008. „Polizei ist Ländersache!" – Politik der Inneren Sicherheit. In *Politik der Länder. Staatstätigkeit im Vergleich*, Hrsg. A. Hildebrandt und F. Wolf, 67–88. Wiesbaden: Springer VS.

Grant, W. 1993. *Business and Politics in Britain*. 2. Aufl. London: Macmillan.

Hildebrandt, A., und F. Wolf. 2008. Die Potentiale des Bundesländervergleichs. In *Politik der Länder. Staatstätigkeit im Vergleich*, Hrsg. A. Hildebrandt und F. Wolf, 11–20. Wiesbaden: Springer VS.

Jones, B. D., und F. R. Baumgartner. 2005. *The Politics of Attention: How Government Prioritizes Problems*. Chicago: University of Chicago Press.

Jordan, G., et al. 2004. Defining interests: Disambiguation and the need for new distinctions? *British Journal of Politics and International Relations* 6 (2): 195–212.

Jordan, G., F. R. Baumgartner, J. D. McCarthy, S. Bevan, und J. Greenan. 2012. Tracking interest group populations in the US and the UK. In *The scale of interest organization in democratic politics. Data and research methods*, Hrsg. D. Halpin und G. Jordan, 141–160. Houndsmills: Palgrave Macmillan.

Laver, M., und I. Budge, Hrsg. 1992. *Party Policy and Government Coalitions*. London: St. Martin's Press.

LT-Drs 15/6593: Gesetzentwurf der Landesregierung. Gesetz über die Mitwirkungsrechte und das Verbandsklagerecht für Tierschutzorganisationen.

MfW Ministerium für Finanzen und Wirtschaft Baden-Württemberg. 2015. Bericht über die Finanzhilfen des Landes Baden-Württemberg für die Haushaltsjahre 2013-2015 (Subventionsbericht). https://mfw.baden-wuerttemberg.de/fileadmin/redaktion/m-mfw/intern/Dateien/Downloads/Haushalt_und_Finanzen/Subventionsbericht_2013-2015.pdf. Zugegriffen: 02. März 2016.

MfW Ministerium für Finanzen und Wirtschaft Baden-Württemberg. 2016. Landesbeteiligungen sind Standortpolitik. https://mfw.baden-wuerttemberg.de/de/haushalt-finanzen/unternehmen-und-beteiligungen/. Zugegriffen: 06. März 2016.

Müller, M. M. 2008. Länderwirtschaftspolitik. In *Politik der Länder. Staatstätigkeit im Vergleich*, Hrsg. A. Hildebrandt und F. Wolf, 215–234. Wiesbaden: Springer VS.

Offe, C. 1975. The theory of the capitalist state and the problem of policy formation. In *Stress and contradiction in modern capitalism*, Hrsg. L. Lindberg, R. A. Alford, C. Crouch und C. Offe, 243–259. Lexington: D. C. Heath.

Pfeffer, J., und G. R. Salancik. 1978. *The external control of organizations: A resource dependence perspective*. New York: Harper and Row.

Poguntke, T. 2006. Political parties and other organizations. In *Handbook of political parties*, Hrsg. R. S. Katz und W. Crotty, 396–405. London: Sage.

Policy Agendas Project. 2014. Topic Codebook. http://www.policyagendas.org/sites/policyagendas.org/files/Topics_Codebook_2014.pdf. Zugegriffen: 02.März 2016.

Raschke, P. 1978. *Vereine und Verbände. Zur Organisation von Interessen in der Bundesrepublik Deutschland*. München: Juventa Verlag.

Rose, R. 1980. *Do Parties Make a Difference?*. London: Macmillan.

Rothgang, H., und A. C. Wessel. 2008. Sozialpolitik in den Bundesländern. In *Politik der Länder. Staatstätigkeit im Vergleich*, Hrsg. A. Hildebrandt und F. Wolf, 136–172. Wiesbaden: Springer VS.

Sabatier, P. A. 1988. An advocacy coalition framework of policy change and the role of policy-oriented learning therein. *Policy Sciences* 21 (1): 129–168.

Sabatier, P. A., und H. C. Jenkins-Smith. 1993. The advocacy coalition framework: Assessment, revisions, and implications for scholars and practitioners. In *Policy change and learning: An advocacy coalition approach*, Hrsg. P. Sabatier und H. C. Jenkins-Smith, 211–235. Boulder: Westview Press.

Sayre, W. S., und H. Kaufman. 1965. *Governing New York City: Politics in the metropolis*. New York: Norton.

Schmid, J., und H. Hedrich. 2008. Arbeitslosigkeit und Arbeitsmarktpolitik in den Bundesländern: Differenzierungen und Differenzen. In *Politik der Länder. Staatstätigkeit im Vergleich*, Hrsg. A. Hildebrandt und F. Wolf, 193–211. Wiesbaden: Springer VS.

Schneider, H. 1987. Verbände im Bundesland Baden-Württemberg. In *Verbände in Baden-Württemberg. Schriften zur politischen Landeskunde Baden-Württembergs*, Hrsg. H. Schneider, 17–48. Stuttgart: Kohlhammer.

Schöller-Schwedes, O., und L. Ruhrort. 2008. Länderverkehrspolitik. In *Politik der Länder. Staatstätigkeit im Vergleich*, Hrsg. A. Hildebrandt und F. Wolf, 235–256. Wiesbaden: Springer VS.

Spiegel Online. 2011. Grün-Rot in Baden-Württemberg: Kretschmann will weniger Autos. http://www.spiegel.de/wirtschaft/unternehmen/gruen-rot-in-baden-wuerttemberg-kretschmann-will-weniger-autos-a-758915.html. Zugegriffen: 11. Febr. 2016.

Staff, H., und G. Wenzelburger. i. d. B. Innere Sicherheit und Justiz: Zwischen Großreform und Kontinuität. In *Das grün-rote Experiment – Eine Bilanz der Landesregierung Kretschmann*, Hrsg. F. Hörisch und S. Wurster. Wiesbaden: Springer VS.

Straßner, A. 2004. Das Spektrum der Verbände in Deutschland. In *Verbände in der Bundesrepublik Deutschland. Eine Einführung*, Hrsg. M. Sebaldt und A. Straßner, 73–138. Wiesbaden: Springer VS.

Stuttgarter Nachrichten Online. 2012. Kretschmann versöhnt sich mit Autobauern. http://www.stuttgarter-nachrichten.de/inhalt.autobauer-kretschmann-versoehnt-sich-mit-daimler.ecf2164b-63f4-4650-b3e4-35de5ac6d124.html. Zugegriffen: 11. Febr. 2016.

Stuttgarter Zeitung Online. 2011. „Die Erwatungen sind hoch, aber erfüllbar". Reaktionen auf den Machtwechsel im Land. http://www.stuttgarter-zeitung.de/inhalt.reaktionen-auf-den-machtwechsel-im-land-die-erwartungen-sind-hoch-aber-erfuellbar.0fa29330-9b c6-40c4-99bf-773fe3638cf2.html. Zugegriffen: 11. Febr. 2016.

Tosun, J., und U. Hartung. i. d. B. Wie „grün" wurde die Agrar- und Verbraucherpolitik unter Grün-Rot? In *Das grün-rote Experiment – Eine Bilanz der Landesregierung Kretschmann*, Hrsg. F. Hörisch und S. Wurster. Wiesbaden: Springer VS.

Wagschal, U. 2013. Politikwechsel nach dem Machtwechsel: Die Regierungstätigkeit von Grün-Rot in Baden-Württemberg. In *Der historische Machtwechsel: Grün-Rot in Baden-Württemberg*, Hrsg. U. Wagschal, U. Eith, und M. Wehner, 247–267. Baden-Baden: Nomos.

Wolf, F. 2008. : Die Schulpolitik – Kernbestand der Kulturhoheit. In *Politik der Länder. Staatstätigkeit im Vergleich*, Hrsg. A. Hildebrandt und F. Wolf, 21–41. Wiesbaden: Springer VS.

Wurster, S. i. d. B. Energiewende in Baden-Württemberg: Ausmaß und Folgen. In *Das grün-rote Experiment – Eine Bilanz der Landesregierung Kretschmann*, Hrsg. F. Hörisch und S. Wurster. Wiesbaden: Springer VS.

.

Über die Autoren

Prof. Dr. Patrick Bernhagen ist Professor für Politikwissenschaft mit dem Schwerpunkt Vergleichende Politikwissenschaft an der Fakultät für Wirtschafts- und Sozialwissenschaften der Universität Stuttgart. In Forschung und Lehre beschäftigt er sich mit der politischen Beteiligung, Repräsentation und Einflussnahme von Bürgerinnen, Verbänden und Unternehmen in den politischen Prozessen verschiedener Länder sowie des europäischen Mehrebenensystems.

Saskia Geyer, M.A. ist wissenschaftliche Mitarbeiterin in der Abteilung für Politische Systeme und Politische Soziologie des Instituts für Sozialwissenschaften der Universität Stuttgart.

Felix Goldberg, M.A. ist wissenschaftlicher Mitarbeiter in der Abteilung für Politische Systeme und Politische Soziologie des Instituts für Sozialwissenschaften der Universität Stuttgart.

Sag, wie hältst Du's mit Grün-Rot? Die grün-rote Landesregierung im Urteil der Wähler 2011 bis 2015

Johannes N. Blumenberg und Thorsten Faas

Zusammenfassung

In unserem Beitrag analysieren wir, wie die Bürgerinnen und Bürger den Regierungswechsel und die Übernahme der Regierungsgeschäfte durch die neue grün-rote Regierung wahrgenommen, wie sich die Regierungs- und Parteienzufriedenheit (ausgedrückt durch die hypothetische Wahlentscheidung) im Zeitverlauf entwickelt haben und was die Determinanten der Zufriedenheit sind. Unsere Analysen basieren dabei auf insgesamt sechs repräsentativen telefonischen Befragungen im Zeitraum von November 2011 bis Oktober 2015. Wir können zeigen, dass im Laufe der Legislaturperiode die vor der Wahl stattgefundenen Ereignisse mehr und mehr an Bedeutung für die Bewertung der Regierungsleistung verlieren. Die Landesregierung gewinnt indes parteiübergreifend an Zustimmung und Akzeptanz. Der wichtigste Faktor ist hierbei die Zeit. So schafft es die Regierung um Ministerpräsident Kretschmann nach anfänglicher „Normalisierung" aus einer vorübergehenden polarisierenden und hoch emotionalen Phase als stabilisierender Faktor hervorzutreten und auch mittelfristig Wähler anderer Parteien, insbesondere auch der CDU, für sich zu gewinnen.

J.N. Blumenberg (✉)
GESIS – Leibniz-Institut für Sozialwissenschaften, Mannheim, Deutschland
E-Mail: johannes.blumenberg@gesis.org

T. Faas
Johannes Gutenberg-Universität Mainz, Mainz, Deutschland
E-Mail: thorsten.faas@uni-mainz.de

© Springer Fachmedien Wiesbaden 2017
F. Hörisch und S. Wurster (Hrsg.), *Das grün-rote Experiment in Baden-Württemberg*, DOI 10.1007/978-3-658-14868-3_14

1   Einleitung und Fragestellung

Die baden-württembergische Landtagswahl vom 27. März 2011 war in vielerlei Hinsicht eine besondere. Dies gilt sowohl mit Blick auf die Zeit vor der Wahl als auch für die Zeit danach. Schon die Zeit vor der Wahl war durch eine außergewöhnlich starke Emotionalisierung und Polarisierung geprägt. Im Februar 2010 übernahm Stefan Mappus (CDU) das Amt des Ministerpräsidenten von Günther Oettinger, der als EU-Kommissar nach Brüssel wechselte. Mit Mappus zog ein neuer Typus Ministerpräsident in die Villa Reitzenstein ein: ein Typ, der zuspitzen (und anecken) wollte. Gleichzeitig polarisierte die politische Themenlage in Baden-Württemberg und insbesondere in Stuttgart, wo das Großbauprojekt „Stuttgart 21" ganz besonders die Gemüter erregte. Montagsdemonstrationen gegen das von Bahn, Bund und Land vorangetriebene Bauprojekt mit mehreren tausend Teilnehmern wurden im Verlauf des Jahres 2010 der Regelfall, von denen sich die Regierung unter Stefan Mappus aber demonstrativ nicht beeindrucken lassen wollte. Seinen traurigen Höhepunkt fand diese Entwicklung am „schwarzen Donnerstag": Friedliche Demonstrationen im Stuttgarter Schlossgarten eskalierten, als die Polizei mit Wasserwerfern gegen die Demonstranten vorging. Auf beiden Seiten waren am Ende des Tages zahlreiche, teils schwer verletzte Personen zu verzeichnen, zudem gingen Bilder um die Welt, wie man sie aus dem sonst so geordneten und beschaulichen Baden-Württemberg in dieser Weise noch nie gesehen hatte. Nach dieser Eskalation lenkte die Regierung ein. Als Symbol dieses Einlenkens kann beispielsweise eine Schlichtungsrunde unter Leitung von Heiner Geißler gesehen werden, in deren Rahmen sich Befürworter und Gegner des Projekts an einem runden Tisch gegenüber saßen und teils kleinteiligst über das Bauprojekt diskutierten. Eine gewisse Befriedigung ging damit zwar einher, aber der vorgelegte Kompromissvorschlag verpuffte letztlich. Die Fronten blieben verhärtet.

Zu einer weiteren Emotionalisierung unmittelbar vor der Wahl führte die Atomkatastrophe von Fukushima. Das Ereignis wirkte sich auch direkt auf den sich in der heißen Phase befindlichen Wahlkampf aus, ließ es sich doch passgenau in die ohnehin schon vorhandene Konfliktstruktur einbetten: Mit Stefan Mappus stand ein Politiker an der Spitze des Landes, der „den Ausstieg aus dem Ausstieg" (aus der Kernenergie) mehr als andere forciert hatte. Dem standen die Grünen als traditionelle Partei der Kernkraftgegner gegenüber. CDU und Grüne definierten vor dem Hintergrund dieser beiden Konflikte die Pole der Auseinandersetzung im Wahlkampf 2011.

Am Ende des hoch emotionalen und polarisierten Wahlkampfs stand schließlich eine Wahl, welche ebenfalls durch ihre Einzigartigkeit heraussticht. So lag, ebenfalls hervorgerufen durch die soeben beschriebenen Effekte, im Vergleich zu 2006 die Wahlbeteiligung mit 66,3 % (gegenüber 53,4 %) besonders hoch. Vor allem aber hatten Grüne und SPD am Ende des Wahlabends eine Mehrheit vor CDU und FDP. Nach 58 Jahren fand die Zeit CDU-geführter Landesregierungen im Ländle damit ein Ende. Mehr noch: Weil die Grünen am Ende einen Prozentpunkt vor der SPD lagen, wurde eine deutsche Staatskanzlei erstmals von den Grünen als führender Regierungspartei übernommen. Winfried Kretschmann wurde am 12. Mai 2011 als erster grüner Ministerpräsident in Deutschland gewählt.

Damit waren die turbulenten Zeiten für Baden-Württemberg aber noch nicht gänzlich vorbei. Da sich die Grünen und SPD in den Koalitionsverhandlungen mit Blick auf das Bauprojekt „Stuttgart 21" nicht über den Inhalt, sondern nur auf ein Verfahren verständigen konnten, kam es am 27. November 2011 zu einer Volksabstimmung über das Bauprojekt. Während sich die Grünen noch im Wahlkampf eng an die Seite der Projektgegner gestellt hatten, unterstützte die SPD – zusammen mit CDU und FDP – das Projekt offiziell. Diese Uneinigkeit in einem wichtigen Thema stellte die neue Koalition direkt auf eine erste und zugleich ernste Probe. Der Abend der Volksabstimmung lieferte jedoch ein klares Votum und damit auch die Lösung: Baden-Württemberg hatte sich mehrheitlich, bei hoher Beteiligung an der Abstimmung, *für* das Bauprojekt ausgesprochen. Ministerpräsident Kretschmann erklärte umgehend, er werde dieses Votum akzeptieren, Stuttgart 21 würde somit gebaut. Da Kanzlerin Merkel auf Bundesebene zudem die Energiewende und den Atomausstieg auf den Weg brachte, waren die emotionalisierenden und polarisierenden Großthemen, die noch die Landtagswahl und den vorausgehenden Wahlkampf geprägt hatten, zumindest auf der Sachebene beschwichtigt. Der politische Alltag für die neue grün-rote Regierung konnte beginnen. Mit der ruhigeren politischen Lage konnten damit auch das Land und seine Wähler nach der Phase extremer Polarisierung wieder in weniger turbulentes Fahrwasser zurückkehren. Die Zeit war wieder reif für geregeltere politische Muster.

Aber wie sehen die Bürgerinnen und Bürger des Landes dies? Ob die Sachlage für sie, also diejenigen, die den Umbruch im Land verursacht hatten, genauso klar ist, bleibt eine empirische Frage. Und genau dieser möchten wir uns im Rahmen dieses Beitrags widmen: Wie haben die Bürgerinnen und Bürger den Regierungswechsel und die Übernahme der Regierungsgeschäfte durch die neue grün-rote Regierung wahrgenommen und bewertet? Ist die Polarisierung auch aus den Köpfen der Bürger verschwunden? Wie entwickelt sich die Regierungszufriedenheit im Zeitverlauf und was sind die Determinanten dieser Zufriedenheit? Um diese Fragen zu beantworten, nähern wir uns dem Phänomen der Wahrnehmung von Parteien und Regierung zunächst aus theoretischer Sicht und leiten aus der Diskussion Hypothesen ab. Im zweiten Schritt stellen wir unsere empirische Datenbasis vor, die aus einer Reihe von repräsentativen Telefonbefragungen in Baden-Württemberg im Zeitraum von 2011 bis 2015 besteht. Auf dieser Basis präsentieren wir dann unsere Ergebnisse.

2 Wie werden Parteien und Regierungen bewertet? Einige theoretische Überlegungen

Auch aus theoretischer Perspektive ist die Situation in Baden-Württemberg nach der Landtagswahl 2011 keineswegs trivial, was insbesondere für die Bewertung der Regierungsleistung und die Parteien gilt. Denn wie soll ein Wähler eine neue Regierung bewerten, von der er praktisch nichts weiß – vor allem, wenn diese ganz neu „im Geschäft" ist?

Einen möglichen ersten Ansatzpunkt liefert der Teil der politikwissenschaftlichen Literatur, der sich mit den Hintergründen von Kompetenzurteilen für Parteien beschäftigt. Um solche Kompetenzurteile seitens der Bürger verstehen und erklären zu können, haben Peffley et al. (1987) zwei Modelle vorgeschlagen: Zunächst diskutieren sie ein Modell des *intuitive statistician*. Wie ein Statistiker führt der Bürger demnach Buch über die Leistungen politischer Akteure und bewertet ihre Kompetenz entsprechend. Im Kern bedeutet dies: „The citizen forms expectations about party competence on the basis of past party performance" (Peffley et al. 1987, S. 101, siehe auch Fiorina 1981). In dieser Logik argumentiert auch Butt (2006, S. 747): Kompetenzbeurteilungen „are largely determined by the success or failure of the current government". Diesen Überlegungen stellen Peffley et al. (1987) ein Modell des *cognitive miser* als Alternative gegenüber. Demnach nutzen die Bürger bestimmte Heuristiken, um sich auch ohne eine tagtägliche Beobachtung tatsächlicher Ereignisse ein Bild der Kompetenzverteilung machen zu können. Gerade parteipolitischen Erwägungen kommt dabei eine wichtige Rolle zu. Eine Möglichkeit besteht darin, dass Wähler der Partei, der sie sich ohnehin langfristig verbunden fühlen, Kompetenzen in einzelnen Politikfeldern (oder auch übergreifend) zuschreiben. Das gibt ihnen eine sehr einfache und effiziente Entscheidungsregel. Als zweite Möglichkeit können Bürger auch auf bestimmte, langfristige Parteiimages oder ideologisch geprägte Heuristiken zurückgreifen: „The party's ideology consequently provides a convenient information short-cut for voters who cannot judge every detail expertly. In calculating likely utility outcomes, the voter can orient herself according to the general view promoted by the party. It is only rational to do this in the short term, however" (Evans 2004, S. 77). Natürlich kann dies nur funktionieren, wenn solche

Images oder die Ideologie auch politikfeldbezogene Diskriminierungen ermöglichen. Dafür, dass dies der Fall ist, gibt es auch Hinweise in der Literatur. Petrocik (1996) etwa hat die Idee eines *issue ownership* formuliert, wonach Parteien bestimmte Themen besetzen. Mit dieser erhöhten Salienz geht in der Regel auch eine Wahrnehmung seitens der Bürger einher, dass diese Parteien in diesen Bereichen besonders kompetent sind. Ein prototypisches Beispiel hierfür sind grüne Parteien, die Fragen des Umweltschutzes große Bedeutung beimessen und denen in der Regel auch eine hohe Kompetenz auf diesem Gebiet zugesprochen wird. Für den Bürger bietet auch dies eine vergleichsweise einfache Entscheidungsregel: Er muss a) ein Problem wahrnehmen und b) ein Bild von den zugehörigen Issueprioritäten (und damit verknüpft – kompetenzen) der Parteien haben, um eine Entscheidung treffen zu können.

Dieses Modell des *cognitive miser* sollte besonders bei Oppositionsparteien greifen, denn deren Fall bereitet dem alternativen Modell des *intuitive statistician* Probleme. Schließlich gilt, dass „for the opposition, current performance, over which the party has had no control, provides no such clues as to the party's competence" (Butt 2006, S. 747). Butt diskutiert am Beispiel des britischen Systems zwar die Möglichkeit, dass die Bewertungen der Opposition schlicht das genaue Gegenteil der Bewertungen der Regierung sind. Gerade für Oppositionsparteien aber erwartet auch sie, dass Parteiimages eine gewichtige Rolle zukommt – was für ein *cognitive mising* spricht.

Um zu einem unsere Analysen leitenden Modell zu kommen, wollen wir diese Überlegungen noch mit dem sozialpsychologischen Modell des Wählerverhaltens verbinden. Auch hier ergibt sich politisches Verhalten aus einem Zusammenspiel von kurz- und längerfristigen Faktoren: Unter Parteiidentifikation, dem zentralen langfristigen Faktor des Modells, wird eine „individual's affective orientation to an important group-object in his enviroment" (Campbell et al. 1960, S. 121) verstanden. Ihren Ursprung findet sie in der politischen Primärsozialisation im Elternhaus und wird durch die mehrmalige Beteiligung an einer Wahl weiter verstärkt. Gleichzeitig ist die stabile Parteiidentifikation das Destillat aller politischen Ereignisse, die das Verhältnis einer Person zu einer Partei im Laufe ihres Lebens geprägt haben. Die Parteiidentifikation ist allen anderen Elementen des Modells zeitlich und kausal vorgelagert und relativ robust (Franklin 1984, S. 459). Innerhalb der Determinantentrias des sozialpsychologischen Ansatzes, ist das Verhältnis des Einflusses der Parteiidentifikation somit asymmetrisch zugunsten der Parteiidentifikation verteilt (Schoen und Weins 2014, S. 159).

Vervollständigt wird der sozialpsychologische Ansatz durch zwei kurzfristige Faktoren, nämlich die Einstellungen zu politischen Sachfragen und zu den politischen Kandidaten, welche weitaus wechselhafter sind als die Parteiidentifikation.

Aus dem Zusammenwirken dieser drei Faktoren – wobei die Parteiidentifikation als Wahrnehmungsfilter auch die Bewertungen der kurzfristigen Größen beeinflusst – ergeben sich bei Campbell et al. (1960) dann Wahlentscheidungen. Als Regel kann zudem festgehalten werden, dass sich die starke Wahrnehmung von Sachthemen und die zugeschriebene Lösungskompetenz positiv auf Wahlbeteiligung und Parteienwahl auswirken. Die Wahlentscheidung ist zudem umso stabiler, je besser die drei Determinanten zusammenpassen. Unterscheiden sich die verschiedenen Einflussfaktoren jedoch, dann ist die Wahlentscheidung nicht mehr einfach zu bestimmen. „Die Parallele zum Konzept der cross-pressure ist augenscheinlich; allerdings mit dem Unterschied, daß Lazersfeld u. a. nicht angaben, über welche subjektive Begründung der individuelle Wähler sich aus seiner politischen Prädisposition löst. Dies wird im sozialpsychologischen Konzept dadurch angenommen, daß er entweder den Kandidaten oder die vorgeschlagenen Problemlösungen einer anderen Partei höher bewertet (Auflösung des kognitiven Spannungszustandes)" (Bürklin 1988, S. 55).

Im Kontext der Amtsübernahme einer neuen Regierung sind gewisse Anpassungen an das Wahl- und Bewertungsmodell des sozialpsychologischen Ansatzes nötig: Auch hier wäre zunächst zu erwarten, dass die die Regierung tragenden Parteien zunächst vor allem unter langfristigen Aspekten bewertet werden, da sie im Amt noch nichts geleistet haben können. Erst im Laufe der Zeit erlaubt das Regierungshandeln auch belastbarere Bewertungen von Sachfragen. Zugleich gilt natürlich auch, dass Parteien mit bestimmten Themen (und erst recht Kandidaten) im Wahlkampf präsent gewesen sind, wenn auch bezogen auf Sachfragen eher in Form von Versprechen und Ankündigungen.

Abb. 1 zeigt das bei den folgenden Analysen zum Tragen kommende Modell im Überblick.

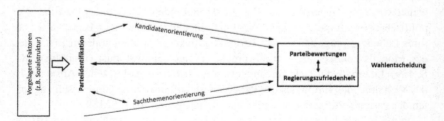

Abb. 1 Das erweiterte Modell der sozialpsychologischen Schule. (Quelle: Eigene Darstellung)

Gegeben unser Modell gehen wir davon aus, dass die Einstellungen zur neuen grün-roten Regierung in der ersten Zeit nach der Landtagswahl primär von den langfristigen Komponenten des Modells – erfasst durch vorgelagerte Faktoren und die Parteiidentifikation – sowie die mit der neuen Regierung verbundenen Hoffnungen (und Besorgnisse) beeinflusst werden. Wähler, die an dem Zustandekommen dieser Regierung mitgewirkt haben, dürften aus diesem Grunde der Regierung zunächst zu- und Wähler der Oppositionsparteien eher der Regierung abgeneigt sein.

Im Laufe der Legislaturperiode verändern sich diese Verhältnisse in Abhängigkeit von der Regierungsleistung: Durch ihr Handeln wird die Regierung auch durch den Wähler bewertbar. In Folge sinkt die Relevanz der vorgelagerten und langfristigen Faktoren im Bezug auf die Bewertung der Regierungsleistung. Statt dessen spielen Sachthemen und Politiker eine größere Rolle für die Bewertung der Parteien im Allgemeinen und die Bewertung der Regierung im Besonderen.

Regierungszufriedenheit und Parteibewertungen sind dabei interdependent. Diese Interdependenz dürfte jedoch asymmetrisch sein: Die Landesregierung, welche mehr als nur die Gesamtheit der Regierungskoalition ist, wird für ihr Regierungsgeschäft auch von den Parteien losgelöst bewertet. Gleichsam strahlen die Parteibewertungen natürlich auf sie aus und eine negative oder positive Regierungsleistung hat Einfluss auf die Parteibewertungen. In der wahlsoziologischen Literatur, aber auch im Mediendiskurs, findet sich dieser Effekt als „Regierungsbonus" und „Ministerpräsidentenbonus" (bei der Asymmetrie zwischen den Regierungsparteien) wieder.

Unsere Thesen für die Sachthemen lassen sich noch weiter konkretisieren. So gehen wir davon aus, dass – wenn die von der Regierung ergriffenen Maßnahmen greifen – sich die Relevanz von Stuttgart 21 für die Regierungsbewertung abschwächt.

All die zuvor geschilderten Überlegungen und Thesen münden schließlich stark verdichtet in der fiktiven Wahlentscheidung, welche wir zwischen den Landtagswahlen im Sinne einer Sonntagsfrage messen und welche in Ultimo für uns der Gradmesser für das Projekt erste grün-rote Landesregierung sein soll.

3   Kontext und Datenbasis

Um unsere Hypothesen auch empirisch prüfen zu können, stehen uns die im Rahmen der Studie „Volksabstimmung ‚Stuttgart 21'"[1] gewonnenen Daten zur Verfügung. Die insgesamt sechs telefonisch erhobenen Querschnittsbefragungen im Zeitraum zwischen dem 04.11.2011 und dem 08.10.2015 ermöglichen dabei einen jährlichen Einblick in die Bewertungen und Ansichten der Wähler. Mit Ausnahme der ersten beiden Befragungen wurden dabei die Befragungen stets im Spätsommer des jeweiligen Jahres durchgeführt. Die Abweichung bei den ersten beiden Befragungen ergibt sich dabei aus dem Zeitpunkt der Volksabstimmung zu Stuttgart 21. Ziel der Studie „Volksabstimmung ‚Stuttgart 21'" war es insbesondere den Effekt des Referendums zu untersuchen. Hierzu wurden zunächst zwei Befragungen durchgeführt: eine direkt vor und eine direkt nach der Abstimmung. Dies erklärt sowohl, weshalb im Jahr 2011 zwei Befragungen durchgeführt wurden, als auch, weshalb deren Erhebungszeiträume vergleichsweise nah beieinander liegen.

Die anschließenden Befragungen ab dem Sommer 2012 dienten hingegen primär der langfristigen Beobachtung der Einstellungen innerhalb der Bevölkerung, sodass längere Befragungszeiträume zugelassen werden konnten. Einen Überblick über die Fallzahlen und Erhebungszeiträume der Telefonstichproben gibt Tab. 1.

Im Rahmen der durchgeführten Studien wurden zudem – erneut aus dem Fokus des Projektes heraus – in Stuttgart überproportional viele Personen befragt, um deren spezifische Einstellungen zum Infrastrukturprojekt „Stuttgart 21" zu messen. Da dies jedoch nicht das Hauptinteresse der vorliegenden Analyse ist, wurden die Daten für die folgenden Analysen so gewichtet, dass Stuttgarter gemäß ihrem Anteil in der Bevölkerung repräsentiert werden.[2] Neben dieser Designgewichtung werden für die deskriptiven Analysen Design- und soziodemografische Gewichte verwendet.

---

[1]Diese Studie wiederum ist aus einer Studie zur baden-württembergischen Landtagswahl 2011, der „Wahlstudie Baden-Württemberg 2011" (siehe Faas und Blumenberg Faas 2012 für eine genauere Studienbeschreibung), hervorgegangen und wurde von dem Staatsministerium von Baden-Württemberg finanziert.

[2]Hierbei gibt es zudem noch einen Unterschied zwischen den ersten beiden Befragungen und den letzten vier Befragungen. Wurden im ersten Fall noch gesonderte Stichproben für Stuttgart gezogen, waren diese ab der dritten Befragung nicht mehr eigenständig. Das bedeutet, dass in der Hauptstichprobe für Baden-Württemberg ab der dritten Befragung keine Stuttgarter enthalten sind. Dies macht ab der dritten Befragung eine Designgewichtung notwendig.

Tab. 1 Übersicht über die Erhebungszeiträume, Fallzahlen und soziodemografische Zusammensetzung der Stichproben (ungewichtete Daten)

Institut	n	Befragungszeit-raum	Anteil Frauen (%)	Anteil hohe Bildung (%)	Arithmetisches Mittel des Alters
Landtagswahl 27.03.2011					
1	YouGov	1002	04.11.2011 bis 18.11.2011	50,8	47,8	52,5
Volksabstimmung 27.11.2011					
2	YouGov	1000	28.11.2011 bis 10.12.2011	53,5	50,8	50,2
3	Ipsos	1704	13.08.2012 bis 29.08.2012	53,4	48,4	53,3
4	Ipsos	1732	15.07.2013 bis 16.08.2013	54,5	53,2	53,7
5	Ipsos	1702	18.08.2014 bis 29.09.2014	54,6	56,3	53,4
6	Ipsos	1301	31.08.2015 bis 08.10.2015	53,8	56,1	55,5
Landtagswahl 13.03.2016					

Die Analysestrategie der folgenden Analyse baut auf zwei unterschiedlichen Zugängen auf. Zunächst werden die für den Untersuchungszeitraum (Landtagswahl 2011 bis Landtagswahl 2016) vorliegenden Daten deskriptiv dargestellt. Ein besonderes Augenmerk wird dabei auf der Bewertung der Regierung und Verschiebungen bei den prognostizierten Stimmenverhältnissen liegen. Anschließend erfolgt gemäß den formulierten Hypothesen eine multivariate Analyse des Einflusses des Erhebungszeitraumes und anderer Faktoren auf die Bewertungen der Regierung und die hypothetische Wahl ausgewählter Parteien des baden-württembergischen Landtages. Die Regierungszufriedenheit wird dabei durch eine direkte Zufriedenheitsmessung erfasst. Hierbei wurden die Befragten gebeten anzugeben, wie zufrieden sie mit den Leistungen der Regierung auf einer Skala von −5 „sehr unzufrieden" bis +5 „sehr zufrieden" sind.

Als Einflussfaktoren auf die Regierungszufriedenheit und die Parteiwahl werden die Parteiidentifikation (als langfristige Determinante), die Haltung zu Stuttgart 21 (als wichtigstes Sachthema vor der Wahl) sowie die sogenannten Skalometerdaten aufgenommen. In Ermangelung geeigneter Variablen muss die Kandidatendimension in unserer Analyse unberücksichtigt bleiben.

Die Parteiidentifikation wird durch mehrere Dummy-Variablen mit den Ausprägungen „CDU", „SPD", „B90", „keine" und „andere" Parteiidentifikation
ausgedrückt und basiert auf der für Deutschland üblichen Abfrage über die Zunei-
gung zu einer bestimmten Partei.

Die Haltung zum Positionsissue Stuttgart 21 ist bei den meisten Personen sehr
klar und über den Projektverlauf sehr stabil. Aufgrund dieses Umstandes wurde
die Haltung zu Stuttgart 21 auch in der Studie zur Volksabstimmung zu Stuttgart
21 sehr stark verdichtet abgefragt, in dem nur die Ausprägungen „Befürworter",
„Gegner" und „Unentschlossene" ohne weitere Abstufungen zugelassen wurden.
Die resultierende nominale Variable wurde ebenfalls dichotomisiert. Referenz-
gruppe ist bei allen Analysen die Gruppe der Befürworter des Projekts.

Bei den Skalometerdaten wurde danach gefragt, was die Respondenten auf
einer Skala von −5 („überhaupt nichts") bis +5 („sehr viel") von den Parteien in
Baden-Württemberg halten. Diese Variablen wurden unverändert in die Analyse
aufgenommen.

Neben den inhaltlichen Variablen gehen das Alter der Befragten, ihr
Geschlecht sowie der formale Bildungsgrad in die Analyse als vorgelagerte
Faktoren (siehe Modell) ein. Der formale Bildungsgrad ist gleichbedeutend mit
schulischer Bildung, welche auf die Niveaus niedrig (kein Abschluss und Hauptschulabschluss sowie Äquivalente), mittel (Realschulabschluss und äquivalent)
und hoch (Fachhochschulreife, Abitur und Äquivalente) verdichtet und abermals
dichotomisiert wurde.

4   Analysen

Bevor wir tiefer in die Analyse anhand unserer eigenen vorgestellten Daten ein-
steigen, möchten wir zunächst noch einmal einen Blick auf die Veränderungen
bei der sogenannten Sonntagsfrage im Zeitverlauf werfen, die von Markt- und
Meinungsforschungsinstituten regelmäßig erhoben wird und die einen ersten Einblick in den Verlauf der Bewertung der Parteien innerhalb des Zeitraumes gibt.
Abb. 2 stellt die aggregierten Sonntagsfragenergebnisse im Zeitraum sowie die
Ergebnisse der baden-württembergischen Landtagswahlen 2011 und 2016 in
Form einer geglätteten (LOWESS) Trendlinie dar. Die senkrechten Linien in der
Abbildung markieren dabei die wichtigsten politischen Ereignisse im Untersu-
chungszeitraum: die baden-württembergische Landtagswahl vom 27. März 2011,
die Volksabstimmung zu Stuttgart 21 vom 27. November 2011 sowie die Land-
tagswahl vom 13. März 2016.

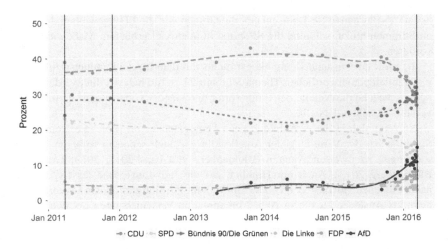

Abb. 2 Prozentuale Stimmenanteile bei den Landtagswahlen 2011 und 2016 sowie Ergebnisse der „Sonntagsfragen" verschiedener Institute (geglättet). (Quelle: Wahlrecht.de, eigene Berechnungen)

Wie bereits in der Einleitung skizziert, begann das Jahr 2011 aus politischer Sicht mehr als turbulent. Die Nachwirkungen des Fukushima-Unglücks, das Glaubwürdigkeitsdefizit der CDU und die Emotionalität des Themas Stuttgart 21 (Blumenberg und Faas 2013, Faas und Blumenberg 2013) hatten dazu geführt, dass die 58 Jahre „gouvernementale" Dauerpräsenz (Gabriel und Kornelius 2012, S. 784) der CDU in Baden-Württemberg durchbrochen wurde (Brettschneider und Schwarz 2013; Roth 2013).

Vor diesem Hintergrund ist auch die in der Abbildung zunächst deutlich werdende Polarisierung des Parteiensystems nach der Wahl zu verstehen: Während die CDU erneut zu ihrer alten Stärke zurückfindet, verlieren die Grünen nach einem Umfragehoch kurz nach der Wahl bis zu ihrem Tiefpunkt im Mai 2014 in Höhe von 21 % (also rund 9 Prozentpunkte niedriger als bei einer Prognose im Mai 2011) kontinuierlich. Die für die SPD vorhergesagten Werte bleiben im gleichen Zeitraum vergleichsweise stabil. Gehen wir davon aus, dass unsere oben formulierte Hypothese stimmt, dass die Regierungs- und Parteienperzeptionen nach der Wahl vornehmlich durch langfristige Komponenten geprägt sind, so ist die Polarisierung also nur als Normalisierungseffekt zu sehen.

Bemerkenswert ist jedoch, dass sich rund ein halbes Jahr vor der Landtagswahl 2016 das Bild noch einmal merklich verändert. Die (bundespolitisch) erstarkte Alternative für Deutschland, die Grünen und die FDP gewinnen deutlich an Stimmen hinzu, während die SPD und in noch viel größerem Maße die CDU verlieren.

Dass dieser Umstand wenig bis gar nichts mit dem für die Landtagswahl 2011 maßgeblich verantwortlichen Thema Stuttgart 21 zu tun haben sollte, verdeutlicht Abb. 3, welche die Anteile der Befürworter und Gegner von Stuttgart 21 im Zeitverlauf betrachtet darstellt.

So zeigt sich in dieser Abbildung auf Aggregatebene die gleiche extrem hohe Stabilität bei der Verteilung der Anteile, die wir auch schon in früheren Untersuchungen nachweisen konnten (Blumenberg und Faas 2012, 2013; Faas und Blumenberg 2013). Auch mit Hinblick auf die Individualebene lässt sich dies nachvollziehen (nicht gezeigt). Die Einstellung zu Stuttgart 21 sind somit auch nicht als Auslöser für die in Abb. 2 erkennbaren Verschiebungen bei den Stimmenverhältnissen zu verdächtigen.

Vielmehr dürfte die Ursache in der von uns formulierten These zu finden sein, dass die Bewertung der Regierungsleistung und der Parteien während der Legislaturperiode immer stärker von den Sachthemen und Politikerbewertungen abhängen.

War es so, dass die Regierung Kretschmann aufgrund äußerer (für die Grünen auch glücklicher) Umstände an die Regierung gekommen ist, konnte die

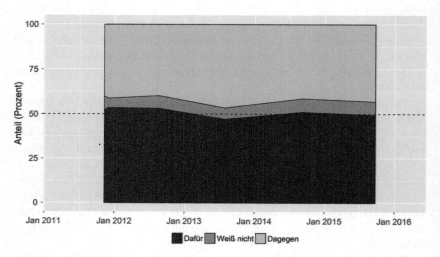

Abb. 3 Anteil Befürworter und Gegner von Stuttgart 21 im Zeitverlauf. (Quelle: Eigene Berechnungen)

Regierung ein halbes Jahr vor der Wahl vermehrt Wähler der anderen Parteien überzeugen. Dies ist auch aus dem Kontext heraus plausibel, da es zumindest im Mediendiskurs neben Stuttgart 21 keine Sachthemen gab, die in diesem Zeitraum größere Veränderungen hervorgerufen haben könnten.

Näherungsweise lässt sich auch diese Hypothese über die Betrachtung des Zeitverlaufes überprüfen. In Abb. 4 werden die Entwicklungen der Regierungs- und Parteibewertungen im Untersuchungszeitraum dargestellt. Die senkrechten Linien markieren erneut die beiden Landtagswahlen sowie die Volksabstimmung. Anhand der grauen senkrechten Schattierung im Hintergrund der Linien und der dazugehörigen Punkte sind die Befragungszeiträume der Telefonumfragen visualisiert.

In dieser Abbildung lässt sich zunächst eine Annäherung der Parteien CDU und die Grünen erkennen. Auch diese ist als Normalisierung zu interpretieren, wenn man davon ausgeht, dass die relativ schlechte Bewertung der CDU maßgeblich mit Fukushima und Stuttgart 21 zusammenhängt. Doch auch hier zeigt sich gegen Ende des Jahres 2015 eine gegenläufige Tendenz. Gleichzeitig ist auffällig, dass die Grünen zwar im ersten Teil des Beobachtungszeitraumes vergleichsweise positiv wahrgenommen werden, dies aber in der Mitte des Bobachtungszeitrau-mes abfällt. Stattdessen steigt die Regierungsbewertung nach einem Tief Mitte

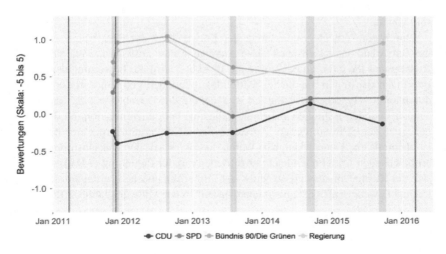

Abb. 4 Entwicklungen der Regierungs- und Parteibewertungen im Zeitverlauf. (Quelle: Eigene Berechnungen)

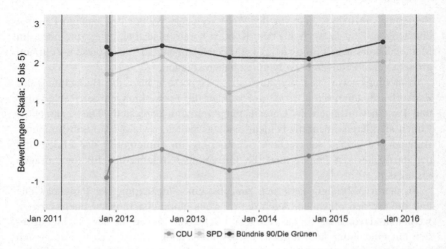

Abb. 5 Entwicklung der Regierungsbewertung im Zeitverlauf in Abhängigkeit von den jeweiligen Parteiidentifikationen. (Quelle: Eigene Berechnungen)

des Jahres 2013 um 0,5 Punkte auf der 11er Skala[3] an, während im gleichen Zeitraum alle Parteien in ihren Bewertungen absinken. Diese Perspektive bestätigt also die Vermutung, dass die Zufriedenheit mit der Regierung lagerübergreifend sein könnte.

Durch eine erneute Betrachtung der Entwicklung der Regierungsbewertung im Zeitverlauf lässt sich auch diese Aussage weiter absichern, wenngleich die Aussage auf die CDU zu begrenzen ist. In Abb. 5 wird die Bewertung der Regierung nach den unterschiedlichen Parteiidentifikationen getrennt dargestellt. Wie durch unsere Hypothesen formuliert ist dabei die Zufriedenheit mit der Regierung zunächst bei den Befragten am größten, die eine Parteiidentifikation mit den Grünen oder der SPD aufweisen. Aufseiten der CDU-Parteiidentifizierer hingegen ist ebenfalls ein Trend erkennbar: Waren diese kurz vor der Volksabstimmung im arithmetischen Mittel noch leicht unzufrieden mit der Regierung (−0,9), steigerte sich der Zufriedenheitswert ab Mitte 2013 im arithmetischen Mittel auf den Skalenpunkt „weder zufrieden, noch unzufrieden" in der Mitte des Jahres 2015.

---

[3]Der Umstand, dass es sich bei den dargestellten Fragen um eine sehr kleinteilige Skala handelt, welche nur aus Darstellungsgründen auf den Wertebereich −1 bis 1 begrenzt wurde, sollte bei der Interpretation unbedingt Rechnung getragen werden.

Aus der Deskription der Verläufe im Untersuchungszeitraum heraus wird also deutlich, dass der Erfolg der Grünen bei den Sonntagsfragen maßgeblich mit der parteiübergreifenden Zufriedenheit mit der Regierung zusammenhängen könnte. Wie formuliert nimmt im gleichen Atemzug die hohe Relevanz der langfristigen Determinanten für die Regierungs- und Parteienbewertungen ab.

Diese Befunde sichern wir im Folgenden auch mit einer multivariaten Analyse ab, welche zunächst die Einflussfaktoren auf die Regierungszufriedenheit auf der Individualebene untersucht und anschließend die Determinanten der Grünen- und der CDU-Wahl in den Mittelpunkt rückt.

Abb. 6 stellt die Ergebnisse einer linearen Regression mit der Regierungszufriedenheit als abhängige Variable grafisch dar. Abgetragen werden jeweils die Größen der jeweiligen Regressionskoeffizienten (Punkte). Als waagerechte Linien erscheinen die Konfidenzintervalle für ein Vertrauensniveau von 0,95. Da die Varianz der Residuen für die unterschiedlichen Niveaus der Regierungszufriedenheit signifikante Unterschiede aufweist (Heteroskedastie), basieren die berechneten Konfidenzintervalle auf robusten Standardfehlern. Die Modellgüte ist in der Quellenangabe der Abbildung abzulesen.

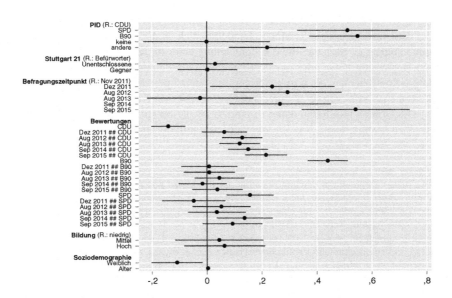

Abb. 6 Determinanten der Regierungszufriedenheit (OLS-Regression, robuste Standardfehler). (Quelle: Eigene Berechnungen; berichtet werden Regressionskoeffizienten; adj. $R^2 = 0,48$, RMSE $= 1,9$)

Zunächst ist dabei festzuhalten, dass sich eine mögliche Parteiidentifikation mit SPD, B90/Die Grünen oder einer anderen Partei im Vergleich zu einer Parteiidentifikation mit der CDU positiv auf die Regierungszufriedenheit auswirkt. Dies entspricht sowohl den formulierten Hypothesen. Gleiches gilt für die positiven Effekte der Skalometerdaten von SPD und B90/Die Grünen – wer eine der beiden Parteien „gut findet", der ist meist auch zufrieden mit der Regierung. Dies ändert sich auch im Zeitverlauf nicht.

Anders verhält es sich jedoch mit den Skalometerdaten der CDU. Ist dieser Effekt am Anfang der Befragungszeit noch statistisch signifikant negativ, dreht er sich spätestens zu den beiden letzten Befragungszeitpunkten im September 2014 und September 2015, wie anhand der Interaktionen gezeigt werden kann.[4] Dazu kommt der Effekt des Befragungszeitpunktes. So gibt es eine allgemeine Steigerung der Zufriedenheit mit der Landesregierung im Zeitverlauf, die nicht durch die im Modell vorhandenen Einflussfaktoren erklärt werden kann.[5]

Wie durch die hohe Stabilität der Verteilung von Stuttgart 21-Befürwortern und Gegnern bereits erwartbar, ist dieser Effekte dabei auch nicht auf das Sachthema Stuttgart 21 zurückzuführen.

Das für die Regierungszufriedenheit angewandte Modell wird im Folgenden auch auf die abhängige Variable „Grünen-Wahl" angewandt (Abb. 7). Anders als bei dem vorhergegangenen Modell handelt es sich an dieser Stelle um eine dichotome abhängige Variable, die die Berechnung einer logistischen statt einer linearen Regression notwendig macht. Abgetragen als Punkte werden in diesem Fall Logit-Koeffizienten, die dazugehörigen Konfidenzintervalle wurden erneut für ein Vertrauensniveau von 95 % berechnet.

Die Grünen profitieren dabei zumindest leicht von einer positiven Evaluierung der Landesregierung,[6] was die eingangs formulierte Hypothese der asymmetri-

---

[4]An dieser Stelle ist bei der Interpretation der Effekte zu beachten, dass die signifikanten Einflüsse der Interaktionen *nicht unabhängig* vom Skalometereffekt der CDU interpretiert werden können, sondern nur einen zusätzlichen Effekt im Zeitverlauf darstellen, der zur Gesamtbewertung verrechnet werden muss.

[5]Der Einbruch im August 2013 lässt sich dabei leicht mit der Nähe zur Bundestagswahl 2013 erklären. Zahlreiche Publikationen haben nachgewiesen, dass Erwägungen auf Landesebene auch immer stark mit der Bundesebene verknüpft sind (Dinkel 1977; Reif und Schmitt 1980; Völkl 2009). Dieser Effekt vergrößert sich mit der zeitlichen Nähe zur Bundestagswahl. Die Befragung im August 2013 stand also im Schatten der Bundestagswahl.

[6]Dies ist bei der (in diesem Artikel jedoch nicht gezeigten) SPD nicht der Fall. Weitere Analysen zur Situation der SPD und den Determinanten der SPD-Wahl in Baden-Württemberg siehe Debus (2017) in diesem Band.

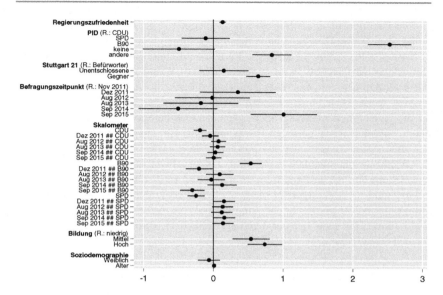

Abb. 7 Determinanten der Grünen-Wahl (Logit-Regression). (Quelle: Eigene Berechnungen; berichtet werden Logit-Koeffizienten; McFadden's adj. $R^2 = 0,43$; Count-$R^2 = 0,86$)

schen Interdependenz zwischen Regierungsbewertung und Parteibewertung bestätigt. Für einen positiven Effekt sorgen zudem die Parteiidentifikation mit den Grünen selbst sowie die positive Bewertung der Grünen bei den Skalometerdaten.

Die Grünen bleiben zudem auch nach der Wahl 2011 weiterhin die Partei, die die Gegner von Stuttgart 21 am ehesten vertritt. Auch wenn dies an dieser Stelle nicht dargestellt wird, so hat sich bei weiteren Analysen gezeigt, dass eine Interaktion dieser Variable mit dem Befragungszeitpunkt allenfalls einen vernachlässigbaren statistisch signifikanten Effekt ergibt.

Interessant hingegen sind die anderen in der Abbildung erkennbaren Effekte des Befragungszeitpunktes, insbesondere gepaart mit den Bewertungsfragen: So übt der Befragungszeitpunkt im September 2015, also rund ein halbes Jahr vor der Landtagswahl 2016, einen positiven Effekt auf die Grünen-Wahl aus – wenig überraschend, wenn dies mit den Sonntagsfragen zu diesem Zeitpunkt verglichen wird, die in Abb. 2 dargestellt wurden. Dass dieser Effekt jedoch in Kombination mit den Bewertungen der Grünen zu diesem Zeitpunkt negativ interagiert, kann als weiteres Zeichen für die Ablösung der Grünen aus den Kontexten vor der Wahl 2011 und dem Sachthema Stuttgart 21 gesehen werden.

Die Faktoren für die Wahl der CDU hingegen (Abb. 8) scheinen im Zeitverlauf keinen Schwankungen zu unterliegen. So führen hier gemäß dem Modell des sozialpsychologischen Ansatzes die Parteiidentifikation mit der CDU sowie die Bewertung der CDU als Partei zu einer höheren Wahlwahrscheinlichkeit. Weder die Interaktionen mit den Befragungszeitpunkten, noch die Befragungspunkte an sich weisen hier einen nennenswerten signifikanten Effekt auf. Gleichwohl ist die Regierungsbewertung auch hier ein modellierender Faktor, der aber nur einen vergleichsweise geringen Effekt aufweist: Bei einer Person, die ansonsten bei allen Faktoren einen durchschnittlichen Wert aufweist, liegt die Differenz in der Wahlwahrscheinlichkeit der CDU bei einer Abweichung von einer Standardabweichung um das arithmetische Mittel herum (also für rund 67 % aller Fälle) bei nur rund 11 %. Stuttgart 21 bleibt auch hier wenig überraschend weiterhin ein Faktor, der bei Zustimmung eher zu einer höheren Wahrscheinlichkeit der CDU-Wahl führt. Die auch bei der Landtagswahl 2011 vorherrschenden Positionen bleiben also erhalten.

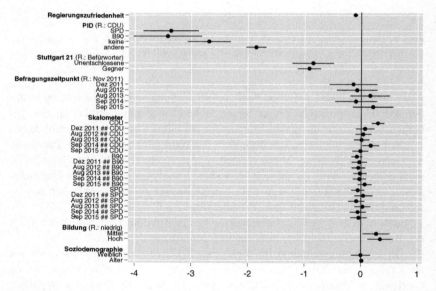

Abb. 8 Determinanten der CDU-Wahl (Logit-Regression). (Quelle: Eigene Berechnungen; berichtet werden Logit-Koeffizienten; McFadden's adj. $R^2 = 0,46$; Count-$R^2 = 0,87$)

5   Fazit

In unserem Beitrag haben wir uns empirisch den Fragen gewidmet, wie die Bürgerinnen und Bürger den Regierungswechsel und die Übernahme der Regierungsgeschäfte durch die grün-rote Regierung nach der Landtagswahl 2011 wahrgenommen und bewertet haben, ob die Polarisierungen vor der Wahl auch nach der Amtsübernahme Bestand hatten und wie sich die Regierungszufriedenheit, die Determinanten der Zufriedenheit sowie die Polarisierung des Parteiensystems im weiteren Verlauf der Legislaturperiode bis hin zur Landtagswahl 2016 entwickelten.

Hierbei gingen wir davon aus, dass die Wahrnehmungen der neuen Regierungen nach der Wahl zunächst durch Sachthemen und die Erwartung an die Regierung gefärbt wurden. Im weiteren Verlauf der Legislaturperiode, so unsere Hypothese, sollte die Relevanz der langfristigen Faktoren absinken und die Polarisierung des Parteiensystems, zumindest soweit primär durch die Themen vor der Landtagswahl 2011 hervorgerufen, wieder abnehmen.

Um unsere Fragen zu beantworten, standen uns die Daten aus insgesamt sechs repräsentativen Telefonbefragungen zur Verfügung, die den gesamten Zeitraum der Legislaturperiode abdeckten.

Das Ergebnis unserer Analysen weist dabei primär in eine Richtung: Driften die beiden „großen Parteien" des baden-württembergischen Landtages (Die Grünen und CDU) nach der Landtagswahl 2011 in ihren Stimmenverhältnissen zunächst auseinander (stellte sich also eine „Normalisierung" der baden-württembergischen Verhältnisse ein, bei denen die CDU die stärkste Kraft im Land war) kam es ab Mitte 2014 zu einer immer stärkeren (auf die Stimmenverhältnisse bezogen) Angleichung der Parteien, die schließlich bei der Landtagswahl 2016 zu einer Umkehr der bisherigen Konstellation führte. Die Gründe hierfür, so konnten unsere Analysen zeigen, liegen dabei weniger in den „Fehlern" der CDU begründet, als in der Stärke der grün-roten Regierung. Diese konnte nicht nur bei ihren eigenen Anhängern punkten, sondern auch die Anhänger der anderen Parteien immer mehr für sich gewinnen. Die Folge war ein parteiübergreifender Aufschwung der Regierungszufriedenheit.

Am Ende einer jeden Legislaturperiode steht schließlich immer eine Wahl, die auch die Zufriedenheit mit der letzten Legislaturperiode reflektiert. In diesem Wahlergebnis der baden-württembergischen Landtagswahl 2016 lässt sich dies sehr schön ablesen. So dürfte das starke Wahlergebnis der Grünen bei dieser Landtagswahl, während die Partei durch das Fehlen des Fukushima-Effektes in den anderen Landesverbänden starke Verluste erlitt, maßgeblich auf die fünfjährige Regierungsführung unter Winfried Kretschmann zurückzuführen sein.

Wie hielten es die Wähler also mit Grün-Rot? Man fühlt, sie stehen ihr gut. Ließen sie vielleicht auch nicht Leib und Blut – um weiter beim Faust zu bleiben – so waren zumindest einige CDU-Wähler bereit für die Konstellation ihre Stimme den Grünen zu geben (Infratest dimap 2016). Und das ist im Ländle wohl mindestens vergleichbar.

Literatur

Blumenberg, J. N., und T. Faas. 2013. Stuttgart 21: Einstellungen und Emotionen. In *Der historische Machtwechsel: Grün-Rot in Baden-Württemberg*, Hrsg. U. Wagschal, U. Eith, und M. Wehner, 229–246. Baden-Baden: Nomos.

Brettschneider, F., und T. Schwarz. 2013. „Stuttgart 21", die baden-württembergische Landtagswahl und die Volksabstimmung 2011. In *Stuttgart 21. Ein Großprojekt zwischen Protest und Akzeptanz*, Hrsg. F. Brettschneider und W. Schuster, 261–298. Wiesbaden: Springer VS.

Bürklin, W. P. 1988. *Wählerverhalten und Wertewandel*. Wiesbaden: VS Verlag.

Butt, S. 2006. How voters evaluate economic competence: A comparison between parties in and out of power. *Political Studies* 54 (4): 743–766. doi:10.1111/j.1467-9248.2006.00631.x.

Campbell, A., P. E. Converse, W. E. Miller, und D. E. Stokes. 1960. *The American voter*. New York: Wiley.

Debus, M. 2017. Verrückte Verhältnisse? Wahlverhalten und Parteienwettbewerb in Baden-Württemberg zwischen 2011 und 2016. In *Das grün-rote Experiment – Eine Bilanz der Landesregierung Kretschmann*, Hrsg. F. Hörisch und S. Wurster. Wiesbaden: Springer VS.

Dinkel, R. 1977. Der Zusammenhang zwischen Bundes- und Landtagswahlergebnissen. *Politische Vierteljahresschrift* 18 (2/3): 348–359.

Evans, J. 2004. *Voters & voting: An introduction*. London: SAGE.

Faas, T., und J. N. Blumenberg. 2012. Die Vermessung der Dynamik: Eine rollierende Panelstudie im Vorfeld der baden-württembergischen Landtagswahl 2011. *Methoden, Daten, Analysen (mda)* 6 (2): 157–183.

Faas, T., und J. N. Blumenberg. 2013. Jenseits der Volksabstimmung: Einstellungen zu „Stuttgart 21" und zur Demokratie in Baden-Württemberg, 2010–2012. In *Ein Großprojekt zwischen Protest und Akzeptanz*, Hrsg. F. Brettschneider und W. Schuster, 299–318. Wiesbaden: Springer VS.

Fiorina, M. P. 1981. *Retrospective voting in American national elections*, Bd. 394. New Haven: Yale University Press.

Franklin, C.H. 1984. Issue preferences, socialization, and the evolution of party identification. *American Journal of Political Science* 28 (3): 459. doi:10.2307/2110900.

Gabriel, O.W., und B. Kornelius. 2012. Die baden-württembergische Landtagswahl vom 27. März 2011: Zäsur und Zeitenwende? *Zeitschrift für Parlamentsfragen* 43 (4): 784–804.

Infratest Dimap. 2016. Wählerwanderungen Landtagswahl Baden-Württemberg. https://wahl.tagesschau.de/wahlen/2016-03-13-LT-DE-BW/analyse-wanderung.shtml#15_Wanderung_GRÜNE. Zugegriffen: 14. Apr. 2016.

Peffley, M., S. Feldman, und L. Sigelman. 1987. Economic conditions and party competence: Processes of belief revision. *The Journal of Politics* 49 (1): 100–121.

Petrocik, J.R. 1996. Issue ownership in presidential elections, with a 1980 case study. *American Journal of Political Science* 40 (3): 825–850. doi:10.2307/2111797.

Reif, K., und H. Schmitt. 1980. Nine second-order national elections – A conceptual framework for the analysis of European election results. *European Journal of Political Research* 8 (1): 3–44. doi:10.1111/j.1475-6765.1980.tb00737.x.

Roth, D. 2013. Baden-Württemberg 2011: Was entschied die Wahl? In *Der historische Machtwechsel: Grün-Rot in Baden-Württemberg*, Hrsg. U. Wagschal, U. Eith, und M. Wehner, 15–30. Baden-Baden: Nomos.

Schoen, H., und C. Weins. 2014. Der sozialpsychologische Ansatz zur Erklärung von Wahlverhalten. In *Handbuch Wahlforschung*, Hrsg. J. W. Falter and H. Schoen, 241–329. Wiesbaden: Springer VS.

Völkl, K. 2009. *Reine Landtagswahlen oder regionale Bundestagswahlen?: Eine Untersuchung des Abstimmungsverhaltens bei Landtagswahlen; 1990–2006*. Baden-Baden: Nomos.

Über die Autoren

Johannes N. Blumenberg, M.A. ist Wissenschaftsmanager für das Doctoral Programme von GESIS - Leibniz-Institut für Sozialwissenschaften. Seine Forschungsinteressen liegen in den Bereichen Wahl- und Wählerforschung, Politische Psychologie (insbesondere Identifikationsprozesse sowie Stereotype) sowie Survey Methodology.

Prof. Dr. Thorsten Faas ist seit 2012 Professor für Empirische Politikforschung an der Johannes Gutenberg-Universität Mainz. Zu seinen Forschungsbereichen zählen Wahlen, Wahlkämpfe und Wahlstudien.

Eine grün-rote Bilanz: Zwischen „business as usual" und „neuem Projekt"?

Stefan Wurster und Felix Hörisch

Zusammenfassung

Das abschließende Kapitel des Sammelbandes fasst die wesentlichen Befunde der einzelnen Kapitel in einer vergleichenden Systematik zusammen und zieht eine Bilanz der wesentlichen Reformen der ersten grün-roten Landesregierung Deutschlands in Baden-Württemberg in den verschiedenen Politikfeldern. Dabei wird analysiert inwieweit und in welcher Form die von Winfried Kretschmann geführte Landesregierung in Baden-Württemberg in den Jahren 2011 bis 2016 die unterschiedlichen genuinen landespolitischen Spielräume in den jeweiligen Politikfeldern auszunutzen wusste. Auf Basis dieses Vergleichs wird der Versuch unternommen, zu ergründen, welche der von Grün-Rot initiierten Politikwechsel auch über die grün-rote Legislaturperiode hinaus wirksam bleiben, und welche Reformen dagegen voraussichtlich keinen Bestand haben werden. Abschließend wird auf die elektorale Bewertung der grün-roten Koalition und die Ergebnisse der Landtagswahl 2016 eingegangen und analysiert, welche Folgen die grün-rote Koalition und ihre Bilanz für die Parteienlandschaft und den Parteienwettbewerb in Baden-Württemberg haben könnten.

S. Wurster (✉)
Hochschule für Politik München an der Technischen Universität München, München, Deutschland
E-Mail: stefan.wurster@hfp.tum.de

F. Hörisch
Institut für Politische Wissenschaft, Ruprecht-Karls-Universität Heidelberg, Heidelberg, Deutschland
E-Mail: felix.hoerisch@ipw.uni-heidelberg.de

© Springer Fachmedien Wiesbaden 2017
F. Hörisch und S. Wurster (Hrsg.), *Das grün-rote Experiment in Baden-Württemberg*, DOI 10.1007/978-3-658-14868-3_15

1   Programmatischer Aufbruch: Was bleibt inhaltlich von Grün-Rot?

Welche Politik hat die erste grün-rote Landesregierung in Baden-Württemberg bei einem strukturell konservativen Umfeld und unter dem Einfluss des langen konservativen Politikerbes verfolgt? Wurde hierbei ein spezifisches politisches Profil der grün-roten Regierung sichtbar? Diese leitenden Forschungsfragen standen im Mittelpunkt der Beiträge zu diesem Sammelband. Trotz eines klaren Machtwechsels von einer konservativen schwarz-gelben zu einer erstmals grün geführten Landesregierung in einer gemeinsamen Koalition mit den Sozialdemokraten, wurde nach der ersten Aufregung schon früh deutlich, dass ein grundlegender Politikwechsel nur in einigen Politikfeldern anstehen würde. Zwei der Hauptaufreger, die auch maßgeblich den Wahlausgang 2011 mit beeinflusst hatten, die Frage der Atomenergienutzung nach Fukushima (Wurster i. d. B.) und die Diskussion um das Verkehrsprojekt Stuttgart 21 wurden gleich zu Beginn der Legislaturperiode abgemildert. Während der Atomausstieg auf Bundesebene beschlossen wurde, gelang es mit der Volksabstimmung am 27. November 2011 den Konflikt um Stuttgart 21, sowohl innerhalb der Koalition, als auch in der öffentlichen Wahrnehmung zu entschärfen. Das klare Votum der Bürger, die mit 58,9 % für das Großbauprojekt stimmten, sorgte hier für eine eindeutige Entscheidung. Diese Diskussion um Stuttgart 21 wurde in der politikwissenschaftlichen Literatur bereits an anderer Stelle umfassend aufgearbeitet (Blumenberg 2013; Eith 2013; Fatke 2013; Frick 2013; Wagschal 2013). Für die Bilanz der grün-roten Landesregierung bleibt heute festzuhalten, dass es durch den Bürgerentscheid gelang, dieses potenziell auch für die Koalition konfliktträchtige Politikfeld Verkehr um ein wesentliches Streitthema zu entlasten. Die Verkehrspolitik verlief im Folgenden trotz einiger Konflikte um andere Großbauprojekte (zum Beispiel den Ausbau der Gäubahn sowie der Bahnstrecken am südlichen Oberrhein und die Streckenelektrifizierungen im Breisgau) in insgesamt deutlich ruhigerem Fahrwasser (vgl. zur Verkehrspolitik unter Grün-Rot Gebhardt 2015). Schwerpunkte der grün-roten Koalition bildeten dabei insbesondere der Umstieg von der Straße auf die Schiene (Vorrang für Nachhaltige Mobilität) sowie eine Erhöhung der Mittel für kommunale Verkehrsinfrastrukturprojekte. Die Abrufung von Bundesmitteln für den Straßenbau blieb dagegen über die gesamte Legislaturperiode umstritten, der Konflikt verlief aber auch hier in den üblichen Bahnen der Parteienkonkurrenz. Ansonsten galt für die Verkehrspolitik auch unter Grün-Rot: Die Steuerungsmöglichkeiten sind, „insbesondere was kurzfristige Erfolge betrifft, begrenzt" (Gebhardt 2015, S. 224).

Wie groß war jenseits dieser anfänglichen Aufregerthemen der parteipolitische Dissens in den einzelnen Politikfeldern und insgesamt zwischen der neuen
Regierung und ihrer Opposition sowie innerhalb der Regierung? Betrachtet man
die von der grün-roten Landesregierung durchgeführten Reformen und bewertet
sie nach ihrer Reformtiefe, so fällt zunächst auf, dass der Regierungswechsel hin
zu Grün-Rot in mehreren Politikfeldern zu keinem radikalen Politikwechsel oder
elementaren Pfadbrüchen geführt hat, in anderen Politikfeldern dagegen durchaus. Um die Reformtiefe einschätzen zu können, gilt es dabei, die Handlungsspielräume der Landesregierung im jeweiligen Politikfeld zu berücksichtigen.
Hierbei können die institutionelle Kompetenzverteilung zwischen den verschiedenen staatlichen Ebenen, wie die Auswirkungen sozio-struktureller Gegebenheiten
(Spezifika der Industriestruktur, etc.) je nach Politikfeld variieren und den Handlungsspielraum der Landesregierung erheblich beeinflussen. Vor dem Hintergrund
der in diesem Band versammelten Analysen zu den einzelnen Politikfeldern zeigt
sich ein durchaus differenziertes Bild.

In den beiden Politikfeldern mit dem mutmaßlich größten landespolitischen
Handlungsspielraum, Bildung und Wissenschaft, stellte sich, so die Ergebnisse
der Einzelanalysen in diesem Band, heraus, dass dieser Handlungsspielraum von
der neuen grün-roten Landesregierung durchaus genutzt wurde. Grundlegende
Veränderungen im Bildungssektor gingen so unter anderem mit der viel diskutierten Abschaffung der Grundschulempfehlung und dem Einstieg in strukturelle
Schulreformen durch die Einführung von Gemeinschaftsschulen einher. Unter
den zahlreichen kleineren Reformmaßnahmen stach insbesondere das kontrovers
diskutierte Thema des Umgangs mit der Inklusion hervor. Mit der Abschaffung
der Studiengebühren bei gleichzeitiger (Wieder-)Einführung der Verfassten Studierendenschaft hob sich die grün-rote Landesregierung auch im Hochschulbe-
reich markant von ihrer Vorgängerregierung ab. In beiden Politikfeldern gelang es
der neuen Landesregierung somit im Wesentlichen ihre programmatischen Zielsetzungen, wie sie im Koalitionsvertrag vereinbart worden waren, umzusetzen.
Die Politikergebnisse entsprachen dabei auch weitgehend den klassischen Erwartungen der Parteiendifferenztheorie.

In den Politikfeldern mit eher mittelgroßen landespolitischen Handlungsspielräumen (Wirtschafts- und Finanzpolitik, Innere Sicherheit und Justiz; Asyl
und Integration, Umwelt-, Agrar- und Verbraucherschutzpolitik, Energiepolitik)
ragt im Bereich Asyl und Integration, als Leuchtturmprojekt, dessen institutionelle Stärkung durch die Einrichtung eines eigenen Ministeriums heraus. Zudem
gewann dieses Politikfeld aufgrund des enorm gestiegenen Problemdrucks,
auch was seine finanzielle Ausstattung betraf, stark an Bedeutung. Die Polizeireform, welche vor Ort durchaus auf heftigen Widerstand stieß, stellte die große

Veränderung im Bereich „Innere Sicherheit und Justiz" unter Grün-Rot dar. Bei weitgehender Kontinuität hinsichtlich des übrigen Themenportfolio kam es unter dem SPD-Innenminister Gall an dieser Stelle zu einer tief greifenden Reform, deren Stoßrichtung durchaus mithilfe der Parteiendifferenz- und der Vetospielertheorie erklärt werden kann. In der Umwelt-, Agrar- und Verbraucherschutzpolitik konnten die Grünen durch Verbotsinitiativen im Bereich der Gentechnik ihre spezifische Handschrift hinterlassen. Dies führte in der Summe zu einem relativ weitgehenden Wandel hin zu einer stärker restriktiv ausgerichteten Gentechnikpolitik des Landes. Die aufgrund der Energiewende und des Atomausstiegs ebenfalls von großen Umwälzungen betroffene Energiepolitik spielte in den landespolitischen Auseinandersetzungen eine ebenfalls nicht zu unterschätzende Rolle. Bemerkenswert bleibt hier insbesondere der Versuch der neuen Landesregierung den Windenergiesektor auszubauen. Die durchaus vorhandenen Handlungsspielräume in der Wirtschafts- und Finanzpolitik nutzte die Landesregierung insbesondere zugunsten einer einnahmeseitigen Verbesserung der Landesfinanzen durch eine substanzielle Erhöhung der Grunderwerbssteuer, als umfangreichster Landessteuer, sowie durch den Ausbau von Personal in der Steuerverwaltung. Dies entsprach dabei durchaus einem sozialdemokratischen Parteiprofil gemäß den Erwartungen der Parteiendifferenztheorie. Wirtschafts- und finanzpolitische Kontinuität herrschte dagegen auch unter der Regierung Kretschmann im Hinblick auf die Vertretung von spezifischen Landesinteressen des Industriestandorts Baden-Württembergs in Fragen des Länderfinanzausgleichs und des Handelsabkommens TTIP. Eine zunächst befürchtete Abkehr vom Industrie- und Automobilstandort Baden-Württemberg fand dabei nicht statt. So zeigte sich auch in diesen Politikfeldern einerseits Reformaktivität im Sinne klassischer Parteiendifferenzen. Daneben lassen sich andererseits aber auch deutliche Spuren einer starken Pfadabhängigkeit finden, wenn vitale landesspezifische Interessen betroffen waren.

Eher begrenzten Handlungsspielraum bietet sich Landesregierungen schließlich in der Arbeitsmarkt- und Sozialpolitik sowie der Außen- und Europapolitik. Dies war auch in Baden-Württemberg unter Grün-Rot der Fall. Im Rahmen der überschaubaren Möglichkeiten wurden jedoch in der Arbeitsmarkt- und Sozialpolitik, mit der Ausgabensteigerung der Landesarbeitsmarktprogramme und im Bereich der Pflegepolitik klassisch sozialdemokratische Schwerpunkte gesetzt. Der deutliche Ausbau der Kinderbetreuung folgte dagegen eher einem landesübergreifenden Trend in den Jahren 2011 bis 2016. Weitestgehende Kontinuität herrschte in der Außen- und Europapolitik des Landes. Hier ließen sich lediglich einzelnen Versuche einer stärkeren Betonung von Nachhaltigkeit und der

Bedeutung von Zivilgesellschaft als spezifischem Profil der neuen grün geführten Landesregierung beobachten.

Den Versuch der Etablierung eines grundlegend neuen Politikstils in Baden-Württemberg startete die Landesregierung mit ihrer „Politik des Gehört Werdens". Damit erschloss man sich ein Feld mit bemerkenswertem landespolitischem Handlungsspielraum neu. Auf institutioneller Ebene manifestierte sich dieser Aufbruch in der Schaffung des Amtes einer Staatsrätin für Zivilgesellschaft und Bürgerbeteiligung im Staatsministerium Baden-Württemberg. Zudem äußerte sich ein Mehr an Bürgerbeteiligungs- und direktdemokratischen Partizipationsmöglichkeiten in der Initiierung mehrerer Volksabstimmungen auf regionaler Ebene, wie beispielsweise dem Filder-Dialog oder der Abstimmung um den Naturpark Nordschwarzwald, sowie auf Landesebene mit der Volksabstimmung zu Stuttgart 21. Zudem wurde die Quoren für Volksabstimmungen, nach langer parteipolitischer Auseinandersetzung, schließlich gesenkt.

Mit dem Ende der Regierungszeit stellt sich die Frage, was von Grün-Rot bleibt, und welche Reformen voraussichtlich keinen Bestand haben werden. Mit dem Wechsel nach der Landtagswahl 2016 von der grün-roten zu einer grün-schwarzen Landesregierung zeichnet sich schon heute ein veränderter Kurs in der Innen-, Justiz- und Integrationspolitik ab. Zwar wird der Problemdruck in der Integrationspolitik auch nach Aufspaltung des eigenen Integrationsministeriums bleiben, jedoch sind hier ebenso einzelne Korrekturen zu erwarten wie bei der Polizeireform. Auch in der Bildungspolitik werden nicht alle eingeschlagenen Pfade weitergeführt werden. So ist die Zukunft der nichtverbindlichen Grundschulempfehlung ebenso offen, wie die Frage eines weiteren Ausbaus von Gemeinschaftsschulen. Neben der erneuten Trennung von Finanz- und Wirtschaftsministerium ist auch eine wieder stärker wirtschaftsfreundlich orientierte Politik von der neuen Landesregierung zu erwarten. Den Baden-Württembergern erhalten bleiben wird dagegen die Erhöhung der Grunderwerbssteuer, deren zusätzliche Einnahmen, im Hinblick auf die Einführung der Schuldenbremse ab dem Jahr 2020, für das Land von großer Bedeutung sein wird. Dagegen können die Studierenden im Land weiterhin auf Studiengebührenfreiheit hoffen. Auch wird die neu geschaffene verfasste Studierendenschaft unter einer grünen Wissenschaftsministerin aller Voraussicht nach Bestand haben. Zugleich wird die im Ländervergleich übliche Aufstockung der Fördermittel für die Kleinkindbetreuung aller Voraussicht nach unter Grün-Schwarz ebenfalls weitergeführt werden. Auch in der Umwelt- und Gentechnikpolitik sollte unter einem grünen Minister eher Kontinuität zur Vorgängerregierung dominieren. So scheint sich selbst beim Streitthema Jagd ein Kompromiss zwischen Grün und Schwarz abzuzeichnen. Inwiefern die Reformen im Agrarbereich unter schwarzer Führung mit gleichem Fokus fortgesetzt werden, bleibt hingegen abzuwarten. Die grundsätzliche Herausforderung der Energiewende wird in jedem Fall bestehen bleiben. In einem Politikbereich mit ansonsten großem Konsenspotenzial könnte insbesondere die Frage des Windenergieausbaus einer der großen Streitpunkte in der 2016 neu zustande gekommenen grün-schwarzen Koalition werden. In Hinblick auf die Außen- und Europapolitik wird es hingegen auch in Zukunft heißen: Viel Kontinuität, wenig Wandel. Spannend wird schließlich die Frage sein, ob die „Politik des Gehört Werdens", die einen massiven Politikwandel impliziert hat, weiter geführt werden kann. Erste Indizien, wie die Beibehaltung des Amts der Staatsrätin für Zivilgesellschaft und Bürgerbeteiligung im Staatsministerium Baden-Württemberg, lassen erwarten, dass die Grünen unter Ministerpräsident Kretschmann hier auch weiterhin einen Schwerpunkt setzen wollen.

2   Grün-Rot und die Folgen für die Parteienlandschaft in Baden-Württemberg

Neben den inhaltlichen Punkten hat die erste grün-rote Landesregierung in Deutschland auch die Parteienlandschaft in Baden-Württemberg verändert. So gingen die Grünen aus der Landtagswahl am 13. März 2016 mit 30,3 % der Stimmen zum ersten Mal als stärkste Partei in einem deutschen Bundesland hervor. Im Gegensatz dazu verlor der kleine Koalitionspartner SPD massiv Unterstützung bei den Wählern, landete mit 12,7 % auf einem historischen Tiefstand und zog damit nur als viertstärkste Fraktion in den neuen Landtag ein. Auch die CDU musste herbe Verluste hinnehmen und kam lediglich noch auf 27 % der Stimmen. Auch dies war das historisch schlechteste Abschneiden der Konservativen in ihrem einstigen Stammland. Die AfD zog dagegen mit 15,1 % als neue Kraft erstmals in den Landtag ein. Auch die FDP schaffte den Wiedereinzug in den Landtag, sogar leicht gestärkt mit 8,3 %. Damit stellt sich die Frage, warum die Grünen unter Ministerpräsident Kretschmann vor dem Hintergrund der dargestellten Regierungsbilanz belohnt, sowohl die SPD als kleiner Koalitionspartner als auch die CDU als stärkste Oppositionspartei dagegen abgestraft wurden.

Die in diesem Band differenziert geschilderte Regierungsbilanz, mit der beide Regierungsparteien zur Wahl antraten, konnte sich – auch wenn man die ausgesprochen günstigen äußeren, wirtschaftlichen Rahmenbedingungen berücksichtigen muss – durchaus sehen lassen: Baden-Württemberg erlebte in den fünf Jahren grün-roter Regierungszeit eine sehr gute wirtschaftliche Entwicklung, auch im Vergleich zu anderen westdeutschen Flächenländern, mit hohen Wachstumsraten und niedriger Arbeitslosigkeit. Der Landesregierung insgesamt wurden von den Wählern hohe Zustimmungsquoten und Beliebtheitswerte attestiert. Wie lässt sich nun allerdings erklären, dass von dieser Regierungsbilanz nur der größere Koalitionspartner profitieren konnte, der kleinere hingegen nicht? Obwohl die SPD einige ihrer wesentlichen thematischen Schwerpunkte in der Koalition durchsetzen konnte, hat sie hiervon in der Wählergunst nicht profitiert und drang unter einem starken Ministerpräsident Kretschmann mit ihrer Bilanz nicht in gleichem Maße öffentlich durch. Dahingegen konnte Winfried Kretschmann die Grünen in Baden-Württemberg konsequent auf einen Mittekurs trimmen und den Grünen so neue Wählermilieus erschließen; schließlich hatte er weder großflächige Wahlabstinenz, noch das Abwandern großer Teile des linken Flügels der Grünen zu befürchten. Denn links und noch ökologischer als die Grünen gab es keine ernst zu nehmende Parteienkonkurrenz. Anders stellte sich die Situation für die SPD dar. Zudem ist des Weiteren festzuhalten, dass der alte Leitspruch der empirischen Wahlforschung „It's the economy, stupid!", also die Wirtschaftssituation entscheidet die Wahl, zwar immer noch gilt, allerdings nicht mehr für beide Koalitionspartner gleichermaßen (vgl. Hörisch 2016). In der zunehmenden Aufmerksamkeitskonkurrenz der verschiedenen Themen und politischen Ebenen hat es die Landespolitik ohnehin schwer, öffentlich wahrgenommen zu werden. Dies führt verstärkt dazu, dass positive Entwicklungen und wirtschaftlicher Aufschwung in der öffentlichen Meinung verstärkt dem Regierungschef und seiner Partei gutgeschrieben werden, und nicht die Koalition insgesamt profitiert (vgl. Debus et al. 2014). Hinzu kommt, dass die Profilierung im Landtagswahlkampf für einen Juniorpartner naturgemäß schwieriger ist als aus der Opposition heraus. Eingeklemmt zwischen einem populären Ministerpräsidenten und der Opposition ist es immer schwierig als kleinerer Koalitionspartner einen erfolgreichen Wahlkampf zu betreiben, dies hat auch die SPD in Baden-Württemberg einmal mehr deutlich zu spüren bekommen (vgl. Hörisch 2016).

Auch die CDU litt unter der neuen grün-roten Regierung und dem relativ erfolgreichen programmatischen Ausgreifen der Grünen hin zur Mitte. Es wurde im Laufe der Legislaturperiode nicht nur deutlich, dass das Bundesland auch ohne CDU-Regierung seine starke wirtschaftliche Stellung im Bundesländervergleich halten konnte. Die Bilanz des vorliegenden Sammelbandes zeigt auch, dass es der grün-roten Regierung in einigen Politikfeldern gelang, eigene Akzente zu setzen. Insgesamt lässt sich festhalten, dass die Ankündigung Kretschmanns „Baden-Württemberg steht keine politische Revolution bevor, sondern eine ökologisch-soziale Erneuerung" (Regierungserklärung 2011, S. 3), sich zumindest teilweise bewahrheitet hat. Daneben machte es die Positionsverschiebung der Grünen hin zur politischen Mitte, etwa mit wirtschaftsfreundlichen Positionen in der Diskussion um TTIP wie auch bei der Deklarierung weiterer sicherer Herkunftsländer in der Asylpolitik, unter dem „Realo" Winfried Kretschmann der CDU schwer, mit ihrem eigenen Profil zu punkten. Zusätzlich setzten der CDU bundesweite Entwicklungen wie die Flüchtlingskrise und das Aufkommen der AfD auch auf Landesebene zu.

Mit der nach der Landtagswahl im März 2016 ins Amt gekommenen grünschwarzen Landesregierung haben die Grünen unter dem alten und neuen Ministerpräsidenten Winfried Kretschmann nun die Chance, ihre Regierungspolitik unter veränderten Vorzeichen fortzuführen. Es wird sowohl inhaltlich, als auch was die weitere Entwicklung des Parteiensystems in Baden-Württemberg angeht, spannend sein zu beobachten, ob es ihnen wiederum gelingen wird, auch unter diesen Bedingungen zu reüssieren. Dem ersten grün-roten Experiment folgt nun in Baden-Württemberg ein zweites, diesmal grün-schwarzes, Experiment, wiederum das erste seiner Art auf Landesebene. Auf Basis der in diesem Sammelband vorgelegten grün-roten Regierungsbilanz wird es in Zukunft entsprechend möglich sein, das spezifisch grüne Regierungshandeln bei wechselnden Koalitionspartnern vergleichend zu analysieren. Aufschlussreich wird dabei sein zu beobachten, inwiefern sich Grüne und CDU-Positionen inhaltlich annähern werden, welche Konflikte diese Koalition nun mit sich bringen wird und wie die Bilanz von Grün-Schwarz am Ende der Legislaturperiode im Vergleich zur grünroten Landesregierung ausfallen wird.

Literatur

Blumenberg, J. N., und T. Faas. 2013. Stuttgart 21: Einstellungen und Emotionen. In *Der historische Machtwechsel: Grün-Rot in Baden-Württemberg,* Hrsg. U. Wagschal, U. Eith, und M. Wehner, 229–246. Baden-Baden: Nomos.

Debus, M., M. Stegmaier, und J. Tosun. 2014. Economic voting under coalition governments: Evidence from Germany. *Political Science Research and Methods* 2:49–67.

Eith, U., und G. Mielke. 2013. Volksentscheide versus Parteiendemokratie? Das Lehrstück Stuttgart 21. In *Der historische Machtwechsel: Grün-Rot in Baden-Württemberg,* Hrsg. U. Wagschal, U. Eith, und M. Wehner, 155–165. Baden-Baden: Nomos.

Fatke, M., und M. Freitag. 2013. Zuhause statt oben bleiben. Stuttgart 21 und die direkte Demokratie in Baden-Württemberg. In *Der historische Machtwechsel: Grün-Rot in Baden-Württemberg,* Hrsg. U. Wagschal, U. Eith, und M. Wehner, 207–228. Baden-Baden: Nomos.

Frick, L. 2013. Die Schlichtung zu Stuttgart 21 – Vorbild für eine neue Bürgerbeteiligung? In *Der historische Machtwechsel: Grün-Rot in Baden-Württemberg,* Hrsg. U. Wagschal, U. Eith, und M. Wehner, 167–179. Baden-Baden: Nomos.

Gebhardt, H. 2015. Verkehr und Energie in Baden-Württemberg. In *Fünf Jahre Grün-Rot. Der Bürger im Staat*. Landeszentrale für politische Bildung Baden-Württemberg 65 (4): 223–230.

Hörisch, F. 2016. Die Mitte ist schon besetzt. *Berliner Republik* 17 (2): 73–74.

Regierungserklärung. 2011. Regierungserklärung von Ministerpräsident Winfried Kretschmann am 25. Mai 2011 im Landtag von Baden-Württemberg. https://www.baden-wuerttemberg.de/fileadmin/redaktion/dateien/Altdaten/202/110525_Regierungserklaerung_MP_Kretschmann_Protokollfassung.pdf. Zugegriffen: 04. März 2016.

Wagschal, U. 2013. Die Volksabstimmung zu Stuttgart 21 – ein direktdemokratisches Lehrstück? In *Der historische Machtwechsel: Grün-Rot in Baden-Württemberg*, Hrsg. U. Wagschal, U. Eith, und M. Wehner, 181–205. Baden-Baden: Nomos.

Wurster, S. i. d. B. Energiewende in Baden-Württemberg: Ausmaß und Folgen. In *Das grünrote Experiment – Eine Bilanz der Landesregierung Kretschmann*, Hrsg. F. Hörisch und S. Wurster. Wiesbaden: Springer VS.

Über die Autoren

Dr. Stefan Wurster ist Professor für Policy Analysis an der Hochschule für Politik München an der Technischen Universität München. Seine Schwerpunkte in Forschung und Lehre sind die Vergleichende Staatstätigkeitsforschung, der Demokratie-Autokratie-Vergleich, die Nachhaltigkeitsforschung sowie das Politische System der Bundesrepublik Deutschland.

Dr. Felix Hörisch ist zurzeit Vertreter der Professur für Politische Wissenschaft (Prof. Dr. Jale Tosun; zu 50 %) sowie Projektmitarbeiter im EU-FP 7-Projekt „Kulturelle Pfade zu wirtschaftlicher Selbstsuffizienz und Unternehmertum: Familienwerte und Jugendarbeitslosigkeit in Europa (CUPESSE)" (zu 50 %) am Institut für Politische Wissenschaft der Universität Heidelberg. Seine Arbeit konzentriert sich auf die Politische Ökonomie und die Vergleichende Policy-Forschung, insbesondere in den Bereichen Arbeitsmarktpolitik, Sozialpolitik, Wirtschaftspolitik, Fiskalpolitik, Unternehmensmitbestimmung und Analyse politischer Strategien.

Printed by Printforce, the Netherlands